北京大学中国古代史研究中心
新疆师范大学西域文史研究中心

西域文史

（第十二辑）

朱玉麒 主编

科学出版社
北京

内 容 简 介

《西域文史》是由北京大学中国古代史研究中心与新疆师范大学西域文史研究中心合出的学术论集，本辑发表与西域相关的学术论文22篇，内容涉及考古、语言、历史、文学、民族、学术史等方面。

本书适合于从事西域考古、语言、历史、文学、民族等相关学科的专家学者及大专院校相关专业师生参考阅读。

图书在版编目(CIP)数据

西域文史. 第十二辑 / 朱玉麒主编. —北京：科学出版社，2018. 6
ISBN 978-7-03-058219-5

Ⅰ. ①西… Ⅱ. ①朱… Ⅲ. ①文史资料—西域 Ⅳ. ①K294. 5②K36

中国版本图书馆CIP数据核字（2018）第142307号

责任编辑：郝莎莎 / 责任校对：邹慧卿
责任印制：肖 兴 / 封面设计：邱 炯 陈 敬
封面题签：冯其庸

科 学 出 版 社 出版
北京东黄城根北街16号
邮政编码：100717
http: //www.sciencep.com

中国科学院印刷厂 印刷

科学出版社发行 各地新华书店经销

*

2018年6月第 一 版 开本：787×1092 1/16
2018年6月第一次印刷 印张：24 1/4 插页：2
字数：570 000

定价：158.00元

（如有印装质量问题，我社负责调换）

Center for Research on Ancient Chinese History
Peking University
Center for Studies of Literature & History on the Western Regions
Xinjiang Normal University

Literature & History of the Western Regions

Vol. XII

Zhu Yuqi Editor-in-Chief

Science Press
Beijing

《西域文史》编委会

主　编　朱玉麒

编　委（按姓名首字拼音排序）

阿不都热西提·亚库甫　（柏林—勃兰登堡科学院吐鲁番学研究所）
陈开科　（中国社会科学院近代史研究所）
贾丛江　（新疆社会科学院历史研究所）
李　肖　（中国人民大学国学院）
刘安志　（武汉大学中国三至九世纪研究所）
罗　新　（北京大学历史学系暨中国古代史研究中心）
孟　楠　（新疆大学中亚研究院）
孟宪实　（中国人民大学国学院）
荣新江　（北京大学历史学系暨中国古代史研究中心）
沈卫荣　（清华大学人文社科高等研究所）
施新荣　（新疆师范大学历史学院暨西域文史研究中心）
王　欣　（陕西师范大学中国西部边疆研究院）
王东平　（北京师范大学历史学院）
王冀青　（兰州大学历史文化学院）
王启涛　（西南民族大学民族研究院）
王一丹　（北京大学外国语学院）
乌云毕力格（中国人民大学国学院）
姚崇新　（中山大学人类学系）
于志勇　（新疆维吾尔自治区博物馆）
余　欣　（复旦大学历史学系）
张铭心　（中央民族大学民族学与社会学学院）
赵　莉　（新疆维吾尔自治区龟兹研究院）
朱玉麒　（北京大学历史学系暨中国古代史研究中心）

英文编审　王媛媛　蒋小莉

目　　录

南北朝唐代海上丝绸之路的拓展 …………………………………………………… 张庆捷（1）
唐朝西州与伊州的交通 ………………………………………………………… 孟宪实（19）
杜甫"观兵"诗新解——唐乾元二年西域援军再次入关史实钩沉 ………… 吴玉贵（33）
黄文弼先生与甘藏吐鲁番文献 …………………………………………………… 荣新江（51）
新出唐刘文祎墓志所见西域史事考 ……………………………………………… 王庆卫（59）
敦煌元代汉文官文书续考 ……………………………………………………… 党宝海（71）

卐符号的初传及其原始寓意 ……………………………………………………… 刘学堂（81）
新疆发现麻黄与大麻及有关问题 ……………………………………………… 刘文锁（107）
新疆地区发现的圭字形剑鞘的研究 …………………………………………… 林铃梅（127）
固原九龙山M33出土下颌托研究 ……………………………………………… 陈婧修（145）
唐代安西大都护府时期之龟兹当地用纸——日本龙谷大学所藏库车出土
　汉文书案例研究之一 …………………………………………… 庆昭蓉　江南和幸（159）

中国所出佉卢文书记载的古鄯善国刑罚及其源流 …………………………… 姜一秀（179）
高昌货币史上的毯本位时代 …………………………………………………… 裴成国（205）
移健与时健——源自亲属称谓的古突厥名号 ………………………………… 陈　恳（215）
葛儿罕称号考 …………………………………………………………………… 白玉冬（233）
中国元代景教碑铭纪年辨析 …………………………………………………… 马小鹤（249）
苏公塔碑——丝绸之路文化交融的标志 …… 乌苏吉　卡里米安　撰；徐维焱　译（277）

傅斯年图书馆藏内阁大库档案中的徐松资料 ………………………………… 朱玉麒（289）
近代伏尔加鞑靼民族主义运动中的"金帐汗国"想象与穆斯林认同
　——读阿雅兹·伊斯哈齐《亦德勒—乌拉尔简史》 ………………………… 周思成（307）
刘半农与美国自然史博物馆中亚考察团交涉始末 …………………………… 王冀青（319）
万里流沙双仲良——黄文弼与丁道衡的西北考察交谊 ………… 吴华峰　徐玉娟（349）
1949年前后的黄文弼 …………………………………………………………… 刘子凡（361）

《西域文史》第十二辑著译者单位及文章索引 ……………………………………（373）
《西域文史》简介与稿约 ……………………………………………………………（374）

Contents

Development of the Maritime Route from the Northern and Southern Dynasties to the Tang Dynasty ······ Zhang Qingjie (1)

Transportation between Xizhou and Yizhou in the Tang Dynasty ··· Meng Xianshi (19)

New Perspective on Poems Titled *Guanbing* of Du Fu: Studies on the Loyalist Reinforcements from the Western Regions in the 2nd year of Qianyuan Era ······ Wu Yugui (33)

Huang Wenbi and the Turfan Documents Preserved in Gansu Museum ····· Rong Xinjiang (51)

On the Historical Events concerning the Western Regions Recorded in the Newly Unearthed Epigraph of Liu Wenhui ······ Wang Qingwei (59)

Further Remarks on Official Manuscripts of the Yuan Dynasty from Dunhuang ······ Dang Baohai (71)

Early Spread of the Symbol "卐" and Its Original Implication ······ Liu Xuetang (81)

The *Ephedra* and *Cannabis* Discovered in Xinjiang ······ Liu Wensuo (107)

Research on Dagger Sheaths with Four-lobed Form Found in Xinjiang ······ Lin Lingmei (127)

A Study of the Chin-strap Excavated from the Tomb M33 of Jiulongshan in Guyuan ······ Chen Jingxiu (145)

Paper Used in the 8th Century Anxi Protectorate, Part I: Some Observations on the Chinese Document Fragments Kept in the Ryukoku University (Japan) Unearthed from Kucha ······ Ching Chao-jung & Enami Kazuyuki (159)

Punishment in Kharoṣṭhī Documents found in China and Its Possible Origin ······ Jiang Yixiu (179)

The Study of the Age of Blanket Standard in the Monetary History of Gaochang District ······ Pei Chengguo (205)

Yigän and Čïqan: Kök Türk Titles from Kinship Terms ······ Chen Ken (215)

On the Title *Gür-khan* ······ Bai Yudong (233)

Analysis of the Dating Systems of Nestorian Inscriptions from the Yuan Dynasty in China ······ Ma Xiaohe (249)

The Turfan Minaret Inscription: A Symbol of Cultural Confluence on the Silk Road ······ Mohammad Bagher Vosooghi and Hassan Karimian (tr. Xu Weiyan) (277)

Xu Song Materials in the Imperial Cabinet Archive Housed in Fu Ssu-Nien Library ······ Zhu Yuqi (289)
Imagined "Golden Horde" and the Muslim Identity for the Volga Tatars' Nationalism in Modern Russia: Ajaz Ischaki and His Nationalist Historiography ······ Zhou Sicheng (307)
On Liu Bannong's Dealings with the Central Asiatic Expedition of the American Museum of Natural History ······ Wang Jiqing (319)
The Friendship of Huang Wenbi and Ding Daoheng during the Northwestern Scientific Expedition ······ Wu Huafeng & Xu Yujuan (349)
Huang Wenbi in around 1949 ······ Liu Zifan (361)

Contributors ······ (373)
Introduction to the *Literature & History of the Western Regions* ······ (374)

南北朝唐代海上丝绸之路的拓展

张庆捷

南北朝时期，随着世界各地区之间联系的增加和了解，在陆地丝绸之路发展的同时，海上丝绸之路也得到长足发展。通过海上丝绸之路，中国大量的丝绸、陶瓷等远销东亚、东南亚、西亚、非洲甚至欧洲各地区，各地区的货物也陆续进入中国，促进了中国与其他国家的交流。本文即就各国已发现的部分考古资料为线索，探讨中国南北朝唐代海上丝绸之路的物质与文化交流。

魏晋南北朝时期，江南经济得到深度开发，农业经济和手工业经济追上黄河流域，同时，随着该时期航海技术的发展，周边许多国家通过海路访问中国，中国也派遣使者乘船访问诸国，这些交流在史书中有所记载。各国出土考古资料显示，该时期通过海上丝绸之路与中国交往密切的，主要是日本、百济和新罗。

早在东汉，日本已经和汉政府发生交往，《后汉书·东夷列传》记载："建武中元二年（57），倭奴国奉贡朝贺，使人自称大夫，倭国之极南界也。光武赐以印绶。"①有趣的是，该印于1784年在日本北九州地区博多湾志贺岛出土，现存福冈市博物馆，印为方形，边长2.3厘米，高2厘米，蛇纽，纯金质，篆体阴文，印文为"汉倭奴国王"五个阴刻篆字。实物资料与史籍记载相互吻合，反映出日本与中国早期交流的历史。

魏晋时期，两国继续保持着比较密切的交流，日本派使节赴华，向曹魏赠送礼品，曹魏回赠了各种纺织品、五尺刀、铜镜等，丝织品在中方赠品中数量最大，也很醒目，说明丝绸对日本来说是珍贵礼品②。

南北朝时期，两国联系依然保持，《南齐书·蛮、东南夷传·倭国》记载："倭国，在带方东南大海岛中，汉末以来，立女王。土俗已见前史。建元元年，进新除使持节、都督倭·新罗·任那·加罗·秦韩·慕韩六国诸军事、安东大将军、倭王武号为镇东大将军。"③萧齐建元元年是479年，这时期正是日本的古坟时代。日本古坟时代为公

---

① 《后汉书》卷八五，北京：中华书局，1973年，2821页。

② 《三国志》卷三〇《魏书·倭人传》记载："景初二年（238）六月，倭女王遣大夫难升米等诣郡，求诣天子朝献，太守刘夏遣吏将送诣京都。其年十二月，诏书报倭女王曰：制诏亲魏倭王卑弥呼：带方太守刘夏遣使送汝大夫难升米、次使都市牛利奉汝所献男生口四人，女生口六人、班布二匹二丈，以到。汝所在逾远，乃遣使贡献，是汝之忠孝，我甚哀汝。……今以绛地交龙锦五匹、绛地绉粟罽十张、蒨绛五十匹、绀青五十匹，答汝所献贡直。又特赐汝绀地句文锦三匹、细班华罽五张、白绢五十匹、金八两、五尺刀二口、铜镜百枚，真珠、铅丹各五十斤。"北京：中华书局，1964年，857页。

③ 《南齐书》卷五八，北京：中华书局，1872年，1012页。

元4—6世纪，与南北朝时期基本相当。倭国与南朝来往，政治联系只是一个方面，更重要的是学习南朝的文化技术。尽管史书不见有关记载，然而通对比可以看到，古坟时代无论是墓葬形制、石葬具，还是伴随的随葬品内容，如兵器、生活用具、马具、陶俑等，都带有南北朝文化的痕迹。举例来看，日本群马县观音山古坟出土了刀具、带具、马具、甲胄、铜镜、铜水瓶及轮埴等随葬器物，受中国和百济影响较大，有的甚至与北朝关系很大，最典型的是一件随葬的鎏金铜瓶，其外部形制与内部结构皆与太原北齐库狄迴洛墓出土的一个鎏金铜瓶一致，库狄迴洛墓铜瓶为细颈，卵形腹，圆底，圈足，盖顶为锥形纽，盖里衔接二铁片（似镊舌）插入瓶内，通高18.2厘米④；观音山古坟出土铜瓶，细颈，卵形腹，圆底，圈足，盖顶为锥形纽，盖里衔接二铁片（似镊舌）插入瓶内，通高31.3厘米⑤。两者比较，外形相同，只是大小有别；铸造技术和鎏金技术也相同。日本有学者经过研究，认定群马县观音山古坟出土铜瓶源自北齐，推测这种铜瓶的流传轨迹，极可能是入华日人从北朝学到技术，并携带样品回本土，随后又生产的。这个例子的意义在于，在北朝史书中没有记载与日本的交往，仅是出土文物信息透露出日本人可能到过北朝，还学了铸造技术，购买了北朝鎏金铜瓶。这个发现填补了史书记载的空白，书写了海上丝绸之路的交往细节。日本人喜爱鎏金铜瓶，各博物馆保存不少从北朝到唐代的铜瓶，特别是正仓院，保存着许多隋唐时期的铜瓶。有从中国过去的，也有本土生产的。

除铜瓶外，观音山古坟还出土一件带铭文的兽带铜镜，直径23.3厘米，镜背面内区中心为半球形纽，周围有九个小乳钉，有三个汉字，为“宜子孙”，外为三道环形弦纹，中区纹饰带为七个较大乳钉，其间配列四神三兽。外区有唐草纹、横纹和锯齿纹，镜缘较宽，有草叶底纹，有一圈铭文，铭文为：“尚方作镜真大巧，上有仙人不知老，渴饮玉泉饥食枣。□□□□□□□，寿如金石□□□兮。”在中国，这种铜镜纹饰主带上因有七个较大乳钉，称之为“七子镜”“七乳神（瑞）兽纹镜”或“七乳禽兽纹镜”。纹饰相近的兽带镜在日本多地出土，如福冈县冲ノ之岛21号遗迹、宫崎县山ノ坊古坟、宫崎县持田1号坟、熊本县国越古坟、奈良县藤ノ木古坟、三重县木ノ古坟、爱知县笹原古坟、熊本县江田船山古坟都出土过兽带镜⑥，形式基本相同。有的有铭文，有的没有。

观音山古坟出土的这面带铭文兽带镜，与百济武宁王墓出土的铭文兽带镜十分接近。百济武宁王陵出土铜镜三面。第一面为兽带镜，出自王妃头部。直径18.1、缘高0.6厘米。圆纽座，其周围有九个小乳钉。中区主要纹饰带为七个较大乳钉之间配列四神三兽。第二面为宜子孙兽带镜，出自王的头部。直径23.2、缘高0.7厘米。圆纽座，周围有九个小乳钉，其间有铭文“宜子孙”和似小兽形纹样。中区纹饰带为七个乳钉之间配以神兽，但腐蚀不清。外有一圈铭文，也已无法辨认。两枚铜镜的共同之处，就是在镜背纽座周围都有九个小乳钉，另在纹饰带上，都有七个较大乳钉和神兽；不同之处在于，

---

④ 王克林《北齐库狄迴洛墓》，《考古学报》1979年第3期，385—386页。

⑤ 群马县立博物馆《观音山古坟と东アジア世界》，日本上毎印刷工业株式会社，平成11年（1999），59页。

⑥ 群马县立博物馆《观音山古坟と东アジア世界》，83页。

一大一小，一个有铭文，一个没有。武宁王陵的第三面铜镜是一面方格规矩神兽纹镜，出自王的足部。直径17.8、缘高0.7厘米、在围绕中心圆纽座的方格内有小乳钉和十二辰文字。主要纹饰区是以中国汉代流行的方格规矩纹作地，上面浮雕刻画出神人狩猎的场面：四只兽围绕中心疾走，神人持戟追赶，上身裸体，下身穿简单的三角裤，头挽发髻。在狩猎纹外有圈铭文为“尚方作竟真大好，上有仙人不知老，渴饮玉泉饥食枣，寿□金石兮”[⑦]。

武宁王陵出土的第二面兽带镜，与观音上古坟出土兽带镜相比，纹饰相同，直径相差1毫米，几乎可以忽略不计，两者是同形镜。可惜武宁王陵出土这面兽带镜的铭文不清晰，但是反过来据观音山古坟出土铜镜铭文推析，铭文内容也应该相同。另外，武宁王陵出土第三面铜镜也有铭文，为：“尚方作竟真大好，上有仙人不知老，渴饮玉泉饥食枣，寿□金石兮。”与观音上古坟铜镜铭文相近，首句是“尚方作竟真大好”，相差一字。这种以“尚方作镜”为铭文首句的铜镜，一般称为“尚方镜”。

很明显，观音山古坟出土铜镜与百济武宁王陵出土兽带镜有很深渊源关系。再考察武宁王陵出土兽带镜的来源。可以看到又与中国有着很密切的关系，从铜镜纹饰和铭文看，显然来自中国铜镜。在中国汉代铜镜中，常见这种“七子镜”或“七乳神（瑞）（禽）兽镜”，有的直接简称“神兽镜”。如广州东郊沙河汉墓出一面汉镜，与武宁王墓出土镜相近，就称为“神兽镜”[⑧]。梁简文帝《望月诗》曰：“流辉入画堂，初照上梅梁。形同七子镜，影类九秋霜。桂花那不落，团扇与谁装。空闻北窗弹，未举西园觞。”诗中“七子镜”，指的就是“七乳神（瑞）（禽）兽镜”。这种铜镜出土不少，是东汉常见镜[⑨]。“尚方镜”是以铭文特征分类的名称，铭文有多种格式，这种依照铭文首句带“尚方”二字的，就称为尚方镜。“尚方”铭文见于多种镜种上，如湖南益阳东汉墓出土铜镜：“尚方作竟真大巧，上有仙人不知老，渴饮玉泉饥食枣，浮四海。”[⑩]广西贵县1978年广西贵县北郊汉墓出土铜镜铭文是：“尚方作竟真大巧，上有仙人不知老，渴饮玉泉饥食枣，孚由天下敖四海，寿如金石。”[⑪]贵州清镇平坝汉墓出土铜镜铭文是：“尚方作竟真大巧，上有仙人不知老。渴饮泉玉饥食枣，浮油天下。”[⑫]河南省洛阳西郊汉墓出土铜镜铭文为：“尚方作镜真大巧，上有仙人不知老，渴饮玉泉饥食枣，乐未央。”内：“子丑寅卯辰巳午未申酉戌亥。”[⑬]这类大同小异的“尚方镜”，见之于南北各地，流行于东汉至南朝，北朝少见。由上述例子可见，日本观音山古坟和韩国百济武宁王陵出土铜镜的铭文，其格式内容都是直接或间接源自汉镜

⑦ 贾梅仙《朝鲜南部武宁王陵简介》，《考古学参考资料》第6期，北京：文物出版社，1983年，72—73页。

⑧ 广州市文物管理委员会《广州东郊沙河汉墓发掘简报》，《文物》1961年第2期，56—57页。

⑨ 嘉祥县文物管理所《山东嘉祥县出土古代铜镜》，《考古》1986年第10期，956—958页；范平《湖北襄樊出土一件东汉铜镜》，《文物》1992年第12期，33页。

⑩ 湖南省博物馆、益阳县文化馆《湖南益阳战国两汉墓》，《考古学报》1981年第4期，545—546页。

⑪ 广西壮族自治区文物工作队《广西贵县北郊汉墓》，《考古》1985年第3期，210页。

⑫ 贵州省博物馆《贵州清镇平坝汉墓发掘报告》，《考古学报》1959年第2期，96页。

⑬ 中国科学院考古研究所洛阳发掘队《洛阳西郊汉墓发掘报告》，《考古学报》1963年第2期，23—24页。

铭文，其纹饰源于东汉魏晋铜镜[14]，可证当时中、韩、日之间的密切文化交流。

日本古坟时代，汉字和干支纪年法也通过海上丝绸之路传到日本和百济。1961年，日本奈良县栎本东大寺山古墓出土“百炼”钢刀一柄，全长103厘米，背部有34字错金铭：“中平□□五月丙上造作（支刀）百炼清刚上应星宿（下）辟（不详）。”[15]中平是东汉灵帝年号（184—189）。中国汉代刀剑的铭文格式大体为：年号（时间）+工官或工匠名称+吉祥语。如徐州汉墓出土“建初二年剑”，剑柄正面有隶书错金铭文“建初二年蜀郡西工官王愔造五十练□□□孙剑□”21字[16]。1974年，山东省临沂地区苍山发现一把东汉永初六年（112）制造的钢刀，全长111.5厘米，环首呈椭圆形，环内径2—3.5厘米，刀身有金错火焰纹，刀背有错金铭文：“永初六年五月丙午造卅湅大刀吉羊宜子孙。”[17]由此可知这把刀是汉安帝永初六年即公元112年经过三十次折叠锻打制成的。奈良天理市出土的这把大刀铭文基本上也是这个格式。1968年，日本发掘了琦玉县稻荷山古坟，出土了各种铁器、青铜器等随葬品，其中有一件铁剑，长73.5厘米，宽3.15厘米，经过X射线照相检测，发现其剑身带有“辛亥年七月中……”等共100余字的铭文[18]，故被研究者命名为“辛亥铭铁剑”，铁剑铭文多数是汉字，少数几个可能是日本模仿汉字新造的字。该墓的年代为5世纪，这把刀也属于这个时期。日本已经出土多个古坟时代带铭文刀剑，铭文多见干支，说明早在古坟时代，日本已经开始使用汉字和干支纪年。我们知道天干地支组成的干支纪年是中国特有的一种纪年方法，日本古坟时代出现这样的纪年，再次证明了中日早期的文化交流。

百济、新罗距离中国更近，因此南北朝与百济、新罗保持着更为紧密的关系，就考古资料看，最典型的例子是百济武宁王墓，不仅墓葬形制、结构以及壁画与南北朝关系密切，而且随葬品中有来自中国梁朝的铜镜、青瓷器皿、墓志、铁钱等[19]。还出土许多流行于南北朝的纹饰和百济王封印以及“梁官瓦为师矣”铭文的莲花纹砖。这与史籍中南朝梁向百济赠送《涅槃》等佛教经义，并派遣《毛诗》博士和画师、工匠等人员的记载正相吻合[20]。百济从中国引进的佛教典籍、技术、器物等，后来又陆续传向日本，形成明显的海上丝路文化传播轨迹。如日本观音山古坟出土铜镜与武宁王墓的相同，而武宁王墓的铜镜来自南朝。武宁王陵随葬铁五铢钱为一串、数量多达90余枚[21]，大小不一，铁钱或直径24、方形穿孔的宽度为8毫米；或其测量数据为直径22、穿孔宽7毫米。这批钱，也是来自南朝萧梁政权。据《通鉴·梁纪五》载：“梁初铸五铢钱，肉好周郭

---

⑭ 周裕兴《武宁王陵出土文物分析（2）——以铜镜为例》，《百济文化海外调查报告Ⅴ》，国立公州博物馆，2005年。

⑮ 梅原末治《奈良县栎本乐大寺山古坟出土の汉中平纪年の铁刀（口绘载说）》，日本《考古学杂志》48卷2号，1962年。

⑯ 徐州博物馆《徐州发现东汉建初二年五十湅钢剑》，《文物》1979年第7期，51—52页。

⑰ 刘心健、陈自经《山东苍山发现东汉永初纪年铁刀》，《文物》1974年第12期，61页、图版伍。

⑱ 埼玉县教育委员会《埼玉稻荷山古坟》，1980年，56—58页。

⑲ 金英媛《武宁王とその出土遗物》，群马县立博物馆《观音山古坟と东アジア世界》，103—107页。

⑳ 《南史》卷七九《东夷·百济传》记载：“（梁武帝）中大通六年（534）、大同七年（541），累遣使献方物，并请《涅槃》等经义、《毛诗》博士并工匠画师等，并给之。”北京：中华书局，1975年，1973页。

㉑ 邵磊《百济武宁王陵随葬萧梁铁五铢钱考察》，《中国钱币》2009年第3期，38—47页。

皆备，别铸无肉郭者，谓之女钱。民间私用女钱交易，禁之不能止。乃议尽罢铜钱，（普通四年）十二月戊午，始铸铁钱。”[22]萧梁五铢钱，在中国已有发现[23]，但是在海外发现不多。武宁王墓出土这批铁五铢钱，正是与南朝交流的信据。

武宁王墓出土的墓志最能说明百济与南朝的关系，武宁王陵出土志石2块，王和王妃各1块，均出自甬道中部石兽前面，王志石长41、宽35、厚5厘米。正面阴刻铭文六行：

宁东大将军百济斯
麻王年六十二岁癸
卯年五月丙戌朔七
日壬辰崩到乙巳年八月
癸酉朔十二日甲申安厝
登冠大墓立志如左

背面阴刻线上刻有天干地支（缺申、庚、酉、辛、戌）。

王妃志石长、宽同上块，厚4.7厘米，正面刻铭文四行：

丙午年十一月百济国王太妃寿
终居丧在酉地己酉年二月癸
未朔十二日甲午改葬还大墓
立志如左

背面阴刻铭文六行：

钱一万文右一件
乙巳年八月十二日宁东大将军
百济斯麻王以前件钱讼土王
土伯土父母上下众官二千石
买申地为墓故立券为明
不从律令[24]

该墓志的形制、内容书写方式以及买地券内容，与南北朝流行的墓志相同，也是南北朝与百济文化交流的一个物证。值得注意的是，志文中首句是“宁东大将军斯麻王”，这个“宁东大将军”是南朝的官职，是南朝授予百济王的。《梁书·诸夷·百济传》专门记载：“普通二年，王余隆始复遣使奉表……高祖诏曰：‘……宜率旧章，授兹荣命。可使持节、都督百济诸军事、宁东大将军、百济王。’”[25]墓志没记载“使持节、都督百济诸军事”，却记载了“宁东大将军斯麻王”，说明百济非常重视“宁东大将军”一

㉒ 《资治通鉴》卷一四九，北京：中华书局，1956年，4676页。

㉓ 陈浩《浙江省首次出土五铢铁钱》，《中国钱币》1984年第2期，12页；范卫红《南京出土萧梁钱范、铁钱初识》，《中国钱币》2000年第2期，4—7页；南京博物院《南京市灵山南朝墓发掘简报》，《考古》2012年第11期，58页。

㉔ 贾梅仙《朝鲜南部武陵王墓简介》，《考古学参考资料》第6期，75—76页。

㉕ 《梁书》卷五四，北京：中华书局，1973年，804页。

职，间接反映了与南朝的密切关系。该墓葬还出有15件瓷器，分青瓷、黑釉瓷和白瓷三种，学界都认为，青瓷和黑釉瓷出自南朝，没有争议，争议集中在白瓷的烧制地点和时间上。笔者不揣浅陋，认为有可能来自北朝，因为南方至今还没有发现唐代白瓷窑遗址，北方却有，已经成批量出口，故推测百济白瓷出自北方窑的可能性大。

还需要说明的是宋山里古坟群6号墓里的壁画，特殊之处在于它是用石壁垒起来的壁画。整个坟墓长4米，宽2.5米，南北呈长形隧道状，顶部则是椭圆形的屋顶。石壁上涂抹泥土做地杖，然后在上面绘画。画有青龙、白虎、朱雀、玄武的四神图。四神图在汉代墓葬已经出现，在两晋南北朝唐代，广泛见于南北各地，如南京市江宁区将军山西晋“太康七年（286）”纪年墓㉖、镇江南郊东晋“隆安二年（398）”纪年墓㉗、河南邓县学庄南朝壁画墓㉘、河北磁县东魏茹茹公主壁画墓㉙、山西忻州九原岗北朝壁画墓㉚、太原北齐娄叡壁画墓里都有㉛。宋山里6号墓所见四神图，显然受到南北朝墓葬文化的影响。

其他百济墓葬出土器物，也有的明显与南朝有密切关系。1997年，公州大学博物馆对忠清南道天安市郊外龙院里一带的百济古墓群做了发掘，有土圹墓，也有石室墓。出土了相当数量的随葬品，包括陶器、铁器、金铜耳饰和玉器，其中仅陶瓷器就有350件，且器种多样。据韩国学者研究，该批墓葬的年代大概是迁都公州之前，即4世纪到5世纪早期。其中，9号石室墓中出土一件黑釉鸡首壶。另外，百济至今还发现5件完整的青瓷鸡首壶，除了在圆光大学所藏的据说出土于清州外，其余尚不明确出土地点，现收藏于国立中央博物馆、忠南大各博物馆和韩南大学博物馆。2003年，在公州水村里第Ⅱ地区又发现了六座大型百济墓葬，其中在四号石室墓也出土一件黑釉鸡首壶㉜。鸡首壶是两晋南北朝时期常见的器物，亦称“鸡头壶”“天鸡壶”，因壶肩部塑鸡首而得名。北朝多见青黄釉鸡首壶，如太原北魏辛祥墓出土一件鸡首壶㉝，“釉色淡青，长颈盘口，龙首鋬，鸡首流，壶肩作四系，壶高27厘米”。太原北齐娄叡墓曾出土5件青黄釉鸡首龙柄壶㉞。东晋南朝有青釉鸡首壶也有黑褐色釉鸡首壶㉟，黑釉鸡首壶多见于浙江

㉖ 南京市博物馆、南京市江宁区博物馆《南京将军山西晋墓发掘简报》，《文物》2008年第3期，17—19页。

㉗ 镇江市博物馆《镇江东晋画像砖墓》，《文物》1973年第4期，51—55页。

㉘ 河南省文化局文物工作队《邓县彩色画像砖墓》，北京：文物出版社，1958年。

㉙ 磁县文化馆《河北磁县东魏茹茹公主墓发掘简报》，《文物》1984年第4期，1—2页。

㉚ 山西省考古研究所、忻州市文物管理处《山西忻州九原岗北朝壁画墓》，《考古》2015年第7期，51—74页。

㉛ 山西省考古研究所、太原市文物管理委员会《太原市北齐娄叡墓发掘简报》，《文物》1983年第10期，1—23页。

㉜ 赵胤宰《略论韩国百济故地出土的中国陶瓷》，《故宫博物院院刊》2006年第2期，95页。

㉝ 代尊德《太原北魏辛祥墓》，《考古学集刊》第1集，1981年，197—202页。

㉞ 山西省考古研究所、太原市文物管理委员会《太原市北齐娄叡墓发掘简报》，《文物》1983年第10期，13页。

㉟ 南京博物院《江苏丹阳县胡桥、建山两座南朝墓葬》，《文物》1980年第2期，8页；南京市博物馆《南京司家山东晋南朝谢氏家族墓》，《文物》2000年第7期，37、38、40、41、43页；扬州博物馆《江苏邗江甘泉六里东晋墓》，《东南文化》1986年第2期，24页；南京市博物馆《南京南郊六朝谢琉墓》，《文物》1998年第5期，5—6页、图12—14。

德清窑，在杭州东晋兴宁二年（364）墓[36]，和镇江东晋隆安二年墓[37]，均出土过德清窑的黑釉鸡首壶。在无锡赤墩里，一个东晋墓出土两个德清窑黑釉鸡首壶[38]。百济出土的黑釉鸡首壶无疑与德清窑关系更为密切，可以视为中韩交流的又一物证，已有学者就此问题做了讨论[39]，无需此文赘述。

文献记载，百济与南北朝都有来往，有的还记录了来往路线。472年，百济遣使到北魏。《魏书·高祖纪》记载："八月丙辰，百济国遣使奉表，请师伐高丽。"[40]北魏厚待使者，并派遣邵安与百济使臣齐去百济册封。《魏书·百济传》记载："安等从东莱浮海，赐余庆玺书。"[41]东莱即今天的莱州，位于渤海口内，从东莱到百济，显然是要从渤海口出发，穿过黄海直接到达朝鲜半岛西海岸，然后沿海岸南行到达百济。《梁书》也记载："自晋过江，泛海东使，有高句丽、百济，而宋、齐间常通职贡。梁兴，又有加焉。"[42]这是百济与南北朝往来的线路记载。

公元5—6世纪，新罗开展了积极的对外交流和大规模的征服活动，在扩大版图的同时，开始以里坊制为基础，改造建设王都。从出土资料看，建造的新罗王都在建筑形式或材料上有许多南北朝的影子，如新罗王京遗址出土的兽面瓦[43]，在山西忻州九原岗北朝墓葬壁画中可以看到[44]，在晋阳遗址内也曾经发现实物。这都是一种装饰性质的大瓦，用于建筑侧脊的头上，起着一种装饰的作用。新罗遗址出土这种侧脊的兽面大瓦与北朝所见的两相对比，大同小异，源流清晰，还各有时代和地方特色。

唐代，尤其是贞观之治后，经济发展迅猛，社会安定，商贸兴盛，海上丝绸之路更为发达，具体表现为：

第一，航海线路与对外贸易港口城市均有增加。随着航海技术的进步，黄海航线、东海航线和南海航线上来往的商船日渐增多，与沿海国家的交流更为频繁。黄海航线和东海航线被称为北线，始发港口主要有广州、扬州、泉州、明州、登州和海州，沟通了朝鲜半岛和日本，诸国来往更为便利；南海航线被称为南线，始发港口为扬州、广州、福州、明州，沟通了东南亚、印度洋，到达波斯湾诸国，延伸到非洲。

第二，唐代经济繁荣，技术发达，商品质量精良，特别是陶瓷产品，在各国需求量很大，吸引了外商前来采购。广州作为海上丝绸之路入华第一站，占了地利的位置，成为唐朝最大的通商口岸。为了有效管理，唐高宗显庆六年（661），创设市舶使于广州，总管海路邦交外贸，征收关税，监督和管理市舶贸易。

---

[36] 浙江省文物管理委员会《杭州晋兴宁二年墓发掘简报》，《考古》1961年第7期，359页、图版柒。

[37] 镇江市博物馆《镇江东晋画像砖墓》，《文物》1973年第4期，52页。

[38] 无锡市博物馆《无锡赤墩里东晋墓》，《考古》1985年第11期，1005—1007页。

[39] 成正镛等《中国六朝与韩国百济的交流——以陶瓷器为中心》，《东南文化》2005年第1期，24—30页；赵胤宰《略论韩国百济故地出土的中国陶瓷》，《故宫博物院院刊》2006年第2期，88—113页。

[40] 《魏书》卷七上《高祖纪》上，北京：中华书局，1974年，137页。

[41] 《魏书》卷一〇〇，2219页。

[42] 《梁书》卷五四，801页。

[43] 韩国国立文化财研究所《韩国考古学重大发现 2002—2007》，北京：科学出版社，2011年，80、104页。

[44] 山西省考古研究所、忻州市文物管理处《山西忻州市九原岗北朝壁画墓》，《考古》2015年第7期，67页。

第三，日本、新罗、百济诸国派遣很多遣唐使入华。以日本为例，日本圣德太子摄政时期（7世纪初期），为吸取中国的先进文化，向中国派出了四次遣隋使（600、607、608、614年）。唐朝建立，经济文化更为繁荣发达，日本又派出遣唐使。从630年第一次派出遣唐使，至838年，按照史料的记载，日本派出十几批遣唐使。使团成员包括大使、副使及判官、录事等官员，还有文书、医生、翻译、画师、乐师等各类随员和工匠。随着佛教东传，许多高僧也赴大唐学习佛法，最著名的如高僧圆仁，留唐十年，以日记形式记下了中国各地寺观风俗，汇成《入唐求法巡礼行记》，成为研究中国和日本的唐代历史和文化交流的重要文献。此书还记载了民间商船活跃在中国、朝鲜半岛、日本之间的海上航线，其中特别提到了朝鲜半岛新罗国的地方官员张保皋开展中韩日贸易的情况。

唐朝也多次派使者乘船到达日本，民间也有学者和高僧前往日本，最著名的是鉴真和尚应邀东渡，弘传佛法。鉴真通晓医学，精通本草，他把我国中药鉴别、炮制、配方、收藏、应用等技术带到了日本，并传授医学，兴建了招提寺，最后于唐广德二年（764）五月六日圆寂，葬于日本下野药师寺，立塔正面题“鉴真大和尚”五字。

中国官员有也有乘船沿海上丝绸之路出访丝路沿线诸国的，如陕西发现的唐杨良瑶墓碑记载：“（杨良瑶）以贞元元年（785）四月，赐绯鱼袋，充聘国使于黑衣大食，备判官、内傔，受国信、诏书。奉命遂行，不畏乎远。届乎南海，舍陆登舟。遐迩无惮险之容，凛然有必济之色。义激左右，忠感鬼神。公于是剪发祭波，指日誓众，遂得阳侯敛浪，屏翳调风，挂帆凌汗漫之空，举棹乘灏淼之气，黑夜则神灯表路，白昼乃仙兽前驱。星霜再周，经过万国，播皇风于异俗，被声教于无垠。往返如期，成命不坠，斯又我公仗忠信之明效也。”[45]杨良瑶以“聘国使”身份携带国信、诏书，从南海登舟，穿过马六甲海峡到印度洋，一直到两河流域，通过海路出使印度洋沿岸南亚、中东国家，最后到达大食，“往返如期，成命不坠”，这是首次有名有姓的中国人经过印度洋到达阿拉伯海的记录。

日本保存着许多唐代中日文化交流的遗迹或遗物，最显著者是平城京遗址。平城京模仿唐朝都城长安和北魏都城洛阳。其规模东西约6.3千米，南北约4.7千米，面积大约相当于长安城的四分之一。中央有宽85米的朱雀大路，将市区分为左右两京。京城内有平城宫和许多衙署寺院，其中平城宫占地东西1.3千米、南北1千米，有包括朱雀门在内的12个大门。其中正门朱雀门宽约25米、深约10米、算上基石的话高约22米。还有从飞鸟迁来的药师寺、元兴寺、大安寺和兴福寺，新建的金钟寺、唐招提寺、西大寺、西隆寺、法隆寺、香积寺等，都散发着浓郁的唐风。

从日本各地古坟来看，也出土不少与唐代有关系的随葬品。最典型的是高松冢古坟，高松冢古坟是位于明日香村的圆形古墓，据考证它建于7—8世纪[46]。该墓的墓葬形制、壁画布局和图像，都深受中国文化的影响，具体而生动地说明了当时中日两国文化

㊺ 张世民《杨良瑶：中国最早航海下西洋的外交使节》，《咸阳师范学院学报》2005年第3期，5页。部分标点、文字有改动。

㊻ 中国科学院考古研究所资料室《日本高松冢古坟简介》，《考古》1972年第5期，59页。

交流之密切。该墓北墙壁上绘有玄武、东西墙壁的中央绘有青龙、白虎等，而其左右则分别绘有女子群像图和男子群像图。从画中人物的装束、手持物品以及绘于墓顶上的精度极高的星宿图等来看，它受中国唐朝时期墓葬壁画的影响很深。四神图在唐代墓葬中也很流行，如太原焦化厂唐代墓葬，就有很好的四神图[47]。

高松冢古坟出土有海兽葡萄镜，直径为17厘米（王仲殊先生测定，实为16.8厘米）。海兽葡萄纹镜是唐代流行的铜镜，西安唐代独孤思贞墓就出土一枚海兽葡萄纹铜镜，直径为16.9厘米，这枚铜镜与日本高松冢古坟出土的铜镜可以说是完全相同，毫无差异。它和高松冢古坟的铜镜一样，纽作伏兽状，内区的花纹是六个兽类，并配以葡萄及其枝叶，外区的花纹由许多兽、鸟、蝶及葡萄纹组成，内区与外区之间有一周凸棱相隔，缘部呈斜面内倾，遍饰云花纹。特别是，独孤思贞墓的海兽葡萄镜与高松冢古坟的海兽葡萄镜属同范镜，这充分说明高松冢古坟的年代与独孤思贞墓的年代是很相近的[48]。高松冢壁画中的人物有男有女，其中女子的红绿白灰相间彩条裙和山西长治襄垣唐墓陶俑中的女子俑所着长裙很相似[49]，都是曳地彩条纹长裙。

日本还出土多方公元6—9世纪的墓志，其中最有名的是太安万侣的墓志，全文如下："左京四条四坊从四位下勋五等太朝臣安万侣以癸亥年七月六日卒之，养老七年十二月十五日乙巳。"[50]该墓志不是日本出土字数最多的墓志，却因为墓主太安万侣曾经编著日本史书《三国志》非常有名。从其墓志看，他住于"左京四条四坊"，透露出一个信息，左京采用的是来自唐代的里坊制，又完全使用汉字书写，干支纪年，说明唐代和日本的文化交流还是非常频繁。同时，在中国也出土有日本遣唐使的墓志，如日本人井真成墓志，志文提到："公姓井，字真成，国号日本，才称天纵。故能□（衔）命远邦，驰骋上国。"[51]

日本收藏中国古代文物的机构，以正仓院为代表，有铜器、金银器、玻璃器、丝绸、陶瓷器、木器、史籍，具体可分为绘画、剑、镜、武器、乐器、佛具、法器、文房四宝、服饰品、餐具、家具、玩具、图书、药品、香料、漆器、陶器、染织品、玻璃品等。仅就丝绸来讲，就有彩色印花锦缎、狮子唐草奏乐纹锦、莲花大纹锦、狩猎纹锦、大歌绿绫袍、鹿唐草纹锦、莲花纹锦等，还有不少中国工匠当时在日本制作的、兼具唐代风格与日本民族特色的丝织品。其中许多丝织品，在中国已经绝迹。可以说，正仓院就是一个小型的海上丝绸之路博物馆。

唐代海上丝绸之路发展的一个标志是，阿拉伯沿海国家的商船来唐朝展开贸易的很多，商船的载货量远大于驼队，因此唐朝和阿拉伯地区的贸易量空前增加，北方地区仍以沙漠丝绸之路为主，南方地区即以海上丝绸之路为主。交易商品，除旧有的丝绸商品

㊼ 山西省考古研究所《太原市南郊唐代壁画墓清理简报》，《文物》1988年第12期，50—52页。

㊽ 王仲殊《关于日本高松冢古坟的年代问题》，《考古》1981年第3期，277—278、276页。

㊾ 山西省考古研究所、襄垣县文物博物馆《山西襄垣唐墓（2003 M1）》，《文物》2004年第10期，43页，图十四—十九。

㊿ 王仲殊《日本最近发现的太安万侣墓》，《考古》1979年第3期，286页。

51 王建新《西北大学博物馆收藏唐代日本留学生墓志考释》，《西北大学学报》2004年第6期，18—19页。

外，陶瓷器的贸易额显著上升，与丝绸贸易等量甚至有超过丝绸贸易的趋势。这种变化通过“黑石号”沉船得到证明。“黑石号”是一艘阿拉伯商船，沉船装载的货物表明其来自唐朝，由广州经过印度洋前往波斯湾。1998年9月，德国人沃特法组织了对“黑石号”的打捞工作，至1999年6月基本完成，从2000年开始对打捞文物进行整理，2005年被新加坡“圣淘沙”机构出价3000多万美元收购。“黑石号”船身长约20米，排水量约150吨。船体保存基本完整，采用绳索缝合捆扎船体，从结构看是一艘印度或阿拉伯造的单桅缝合帆船。这种船体结构是典型的阿拉伯缝合船，制作船体时不使用铁钉。据测定，沉船所用木材主要产自非洲东北部、东部、西部和中西部的赤道非洲，尤以苏丹和扎伊尔为最[52]。

该船从中国装载了大量货物，在返经印度尼西亚勿里洞岛附近时，不幸触礁沉没。

这艘商船所载货物有金、银、铜、铁、陶瓷、骨、木、石、玻璃、香料等各类宝物多达6.7万件[53]，其中98%是中国陶瓷。比较珍贵的文物包括10件金器、24件银器、18枚银铤、30件铜镜、2件玻璃瓶、1件漆盘、象牙制游戏器具和砚、墨等。

沉船所载瓷器中，长沙窑瓷约56 500件，器型以碗为主，约有5万件，是该船最大宗商品，也证明这艘船的确是商船。“黑石号”上的长沙窑瓷碗有显著特征：口沿内外饰有对称的四块扇形褐斑，碗内釉下彩绘各种纹饰，也有少量书写文字者[54]。壶的数量仅次于碗，以模印贴花壶最多。还有罐、葫芦瓶、水盂、油盒、油灯、杯、熏炉、碟、盘、渣斗、瓷塑动物等少量生肖瓷塑，多是日常生活用品。可贵的是，有件瓷碗带有“宝历二年七月十六日”铭文，宝历二年（826）为唐敬宗年号。有的碗中写有“茶盏子”，明确标清了瓷碗的茶具用途。有的瓷碗带有商号名称，如写有“湖南道草市石诸孟子有名樊家记”，说明唐代商号已在利用出售的商品广做宣传。这批碗形制普通，但纹饰特殊，大量描绘有花叶、莲蓬、飞鸟、摩羯鱼纹，有着鲜明的阿拉伯文化风格[55]。这些带有阿拉伯风格图案和装饰的瓷器，反映出唐代长沙窑为适应西亚市场需求而主动调整了产品特色，也反映出这批瓷器很可能是预订瓷器，乃是由阿拉伯商人提供的纹饰或图案。海外经常发现长沙窑的瓷器或残片，学界认为，长沙窑可能是一个重点生产外销瓷的窑厂，这次“黑石号”沉船的发现，为确立长沙窑的外销瓷器窑场地位提供了新的证据。

沉船瓷器还包括200件浙江出产的越窑青瓷、350件河北邢窑出产的白瓷、200件河南巩县窑生产的白釉绿彩陶瓷、700余件广东地方窑口烧造的青瓷。这些瓷器多数是唐朝风格，说明这些瓷器并非预订，而是商人有意买下唐朝日常器皿，回去专门销售给喜欢外域陶瓷的客户。

值得注意的是，河南巩县白釉绿彩陶瓷器也带有阿拉伯风格，如“黑石号”打捞出

---

[52] 钱江《波斯人、阿拉伯商贾、室利佛逝帝国与印尼Belitung海底沉船：对唐代海外贸易的观察和讨论》，《国家航海》2011年第1期，96页。

[53] 陈锐《湖南省博物馆馆藏黑石号沉船长沙窑瓷器初探》，《湖南省博物馆馆刊》2010年第七辑，416页。

[54] 陈锐《湖南省博物馆馆藏黑石号沉船长沙窑瓷器初探》，《湖南省博物馆馆刊》2010年第七辑，417页。

[55] 谢明良《记黑石号（Batu Hitam）沉船中的中国陶瓷器》，作者著《贸易陶瓷与文化史》，台北：允晨文化实业股份有限公司，2005年，88—90页。

的一个龙首细颈盖壶，高120厘米，口径37厘米[56]。龙首柄壶以前在太原北齐娄叡墓曾有发现[57]，但是龙首是在壶柄顶部，而且无盖，与此壶相去甚远。扬州也出土有唐三彩龙首壶，龙首作流，柄部为龙形[58]。唯独此壶龙首为盖，截至目前，尚未见中国出土与此相同的器型。此壶腹部纹饰带有菱形纹饰，向外又饰放射状花叶纹，与阿拉伯风格相似。这种菱形纹饰也见于这批瓷器的个别碗中，如果说，这批瓷器也属于定制，那就可以推测，河南巩县也生产外销瓷器，唐代烧制外销瓷的窑口止长沙窑一家。

另外，这批白釉绿彩瓷中有两件碗盘在底足中央分别刻有“盈”字和“进奉”字样。“盈”字款瓷器以往曾发现过多批，在河北内丘城关邢窑遗址曾发现过20余件刻“盈”字款的碗底标本，在西安大明宫遗址也出土过这类刻款碗底。在河北易县唐咸通五年（864）孙少矩墓出土过“盈”字款白瓷注子[59]；在唐长安遗址曾出土过“盈”字款白瓷器[60]。研究界普遍认为它们是河北邢窑和河南巩县窑的产品，系为皇家大盈库所烧造[61]。

“黑石号”沉船所载瓷器中，最名贵的是3件唐青花瓷，是迄今发现的中国最早、最完整的青花瓷。据考证，这3件青花盘为河南巩县窑产品[62]，纹样与扬州发现的唐青花执壶、碗、枕等残件近似。唐青花中国国内存世作品极少，“黑石号”沉船上的唐青花瓷盘，证明至晚在826年前后，青花瓷制造技术已经成熟，并且是外销产品当中的一个小品种。2003年以来，河南省文物考古研究所与中国文物研究所在河南巩义市（原名巩县）黄冶窑址进行了新的发掘工作，出土产品中有白釉绿彩瓷和唐青花执壶残片，解决了唐青花的产地问题。值得注意的是，烧制青花瓷的钴料来自哪里？笔者认为，烧制青花瓷的钴料无疑来自阿拉伯地区，是通过海上丝绸之路运转内地。

由沉船发现，长沙窑瓷器最多，学界推测可能是在扬州采购的这批瓷器，因为20世纪70年代中期以来，扬州唐城考古出土了大批陶瓷器和碎片，几乎包括了当时中国南北各地主要窑口的产品[63]。专供外销的长沙窑产品在国内除明州成批出土过以外，其余各地都是零星出土，而扬州发现的长沙窑瓷片在出土瓷片总量中占有很大的比例，出土数量仅次于产地。

---

[56] 林亦秋《唐代宝藏——“黑石”号沉船》，郭景坤主编《古陶瓷科学技术：2005年国际讨论会论文集》，上海：上海科学技术文献出版社，2005年，141页。

[57] 山西省考古研究所、太原市文物管理委员会《太原市北齐娄叡墓发掘简报》，《文物》1983年第10期，13页。

[58] 古健《扬州出土的唐代黄釉绿彩龙首壶》，《文物》1982年第8期，70页。

[59] 河北省文物研究所《河北易县北韩村唐墓》，《文物》1988年第4期，86—87页。

[60] 尚民杰、程林泉《西安南郊新发现的唐长安新昌坊“盈”字款瓷器及相关问题》，《文物》2003年第12期，81—88页；翟春玲、王长启《青龙寺遗址出土“盈”字款珍贵白瓷器》，《考古与文物》1997年第6期，6—12页。

[61] 陈克伦《唐代“黑石号”沉船出水白釉绿彩瓷器研究》，《上海博物馆集刊》2012年，241—251页。

[62] 林亦秋《黑石号沉船上的唐青花瓷》，《收藏》2008年第1期。

[63] 南京博物院发掘工作组等《扬州唐城遗址1975年考古工作简报》，《文物》1977年第9期，16—30页、图版壹—伍；中国社科院考古研究所《江苏扬州市文化宫唐代建筑基址发掘简报》，《考古》1994年第5期，413—420页、图版肆—捌；李则斌《扬州新近出土的一批唐代文物》，《考古》1995年第2期，141—147页、图版伍—陆；徐忠文等《扬州出土唐代长沙窑瓷器研究》，北京：文物出版社，2015年。

但是沉船盛装日用瓷器的，却是一种岭南生产的大瓮，观察沉船日用瓷器的盛装方式，是将碗、盘等装入大瓮，整齐码在一起，草绳捆扎，在空隙处填以茶叶或香料等细软物品。通过沉船上的岭南大瓮，似乎“黑石号”船是在扬州进货后，行至广州做了最后包装，然后离开中国。但是也有学者认为，该船是先到广州，随后才到扬州[64]。不论何说，都认为“黑石号”曾到过广州和扬州。

沉船中的錾花金银器多达31件，其中錾花金器11件，鎏金银器20件，金器有金酒杯、金盘、金壶等，银器有银盘、银壶、银盒、银花瓶等，多数成双成对。金器之精美可媲美1970年西安何家村唐代窖藏出土金银器。其中的八棱伎乐人物金杯高10厘米，与何家村出土的八棱人物金杯器型纹饰相仿，但是更为高大。何家村出土的八棱人物金杯高6.7厘米，此杯高10厘米，比何家村的高出3.3厘米。银盒的花纹也很精美，多为花卉，工艺复杂，非常珍贵。

船上还有200余枚铜钱和30面铜镜，铜钱为唐代铜币，其中199枚是“开元通宝”，另有9枚是“乾元重宝”。面廓精良，面文字迹清晰，质量较高。开元通宝是唐代发行量最大，沿用时间最长的货币，从唐初沿用到末年。《旧唐书·食货志上》记载：“武德四年七月，废五铢钱，行开元通宝钱。……开元钱之文，为给事中欧阳询制词及书，时称其工。其字含八分及隶体。”[65]“乾元重宝”铸造于唐肃宗乾元元年，一枚当开元通宝十枚。在陆路丝绸之路沿线，也常发现中国历代货币。笔者曾就此事询问过乌兹别克斯坦撒马尔罕考古所前所长Kazim Abdullaev（卡其姆·阿布杜拉耶夫）教授，回答是唐代铜钱可以在西域诸国使用，有的地区为更方便流通，还在铜钱上面打上西域地名。黑石号沉船出现唐朝铜币，估计也是在海上丝绸之路沿线国家使用。外流铜币还有一种用途，即丝绸之路沿途国家，有的收集铜钱是为国内使用，如新安沉船所载28吨铜钱，有学者考证就是为日本国内铸造青铜佛像使用。还有的国家收集中国钱币，是当作标本，即模仿中国货币形式，然后铸行本国货币。方孔圆形钱币已成为许多国家的范本，如日本的“和同开珎”“万年通宝”“神功开宝”；韩国的“海东通宝”“三韩通宝”“三韩重宝”；越南的“太平兴宝”等，都采用了中国钱币的形式，汉字面文，本国铸行。

“黑石号”沉船上有30面铜镜，分汉式境和唐式镜两类，形状有圆形、葵花形、菱花形、方形等。汉镜如“四乳镜”，唐镜如真子飞霜纹镜和江心镜，江心镜相当罕见，是专贡皇室贡品，又称“江心镜”，背面饰四神八卦纹饰和铭文。铭文是“唐乾元元年戊戌十一月廿九日于扬州扬子江心百炼造成”，唐乾元元年为公元758年。由铜镜铭文，我们不仅知道这些铜镜是在扬州制造的，而且也成为沉船断代的根据之一。铜镜一直是丝绸之路的重要商品，是诸国喜爱的高档用品。无论海上丝绸之路沿途诸国，还是陆地丝绸之路诸国，均有从战国至唐代的铜镜陆续出土。

“黑石号”沉船是专门在海上丝绸之路来往贸易的阿拉伯商船，携带着海上丝绸之

---

[64] 谢明良《记黑石号（Batu Hitam）沉船中的中国陶瓷器》，作者著《贸易陶瓷与文化史》，117—126页。

[65] 《旧唐书》卷四八，北京：中华书局，1975年，2094—2095页。

路的许多信息；分析“黑石号”沉船及其货物，至少产生以下几点认识：

第一，沉船上的货物均为唐代特征，其中有纪年的器物有两件，一件是瓷碗，带有“宝历二年七月十六日”铭文，宝历二年为唐敬宗年号；另一件是江心镜，带有“唐乾元元年戊戌十一月廿九日”铭文，乾元元年为公元758年。依据遗址器物有多个纪年，依照后者断定时间的原则，可以知道，这艘船的进货和沉没时间当在826年之后。

第二，船上所载货物包括金、银、铜、铁、陶瓷、茶叶、骨、木、石、玻璃、香料等，分为食具、茶具、酒具、生活用具、奢侈品等，数量庞大，大多数是从中国贩往波斯湾阿拉伯诸国的日用商品，足以证明该船是一艘阿拉伯商船。

第三，该船货物中应该也有大量丝绸，但丝绸不易保存，已经不见，不便妄下结论，只能暂且存疑。就可见器物分析，外销瓷最多，说明这是一批预订的商品，也显示出瓷器已经与丝绸并列或者开始超过丝绸，成为中国通过海上丝绸之路外销的主要商品。

第四，船上多数瓷器有阿拉伯风格的装饰，说明唐朝许多窑口能生产外销瓷器，具体如长沙窑和巩县窑，都盯上了需求量很大的国际市场。

第五，该船上载有皇家盈字库瓷器和高档金银器，还有专供皇室的江心镜，这些是特殊器物，出现在“黑石号”沉船，不得不追究原因。皇家盈字库瓷器与江心镜不是市场销售商品，高档金银器也异常精美，像皇家用品，因此这部分器物不可能是从市场采购的，很可能是皇家委托船主赠给阿拉伯某国的礼品。反映出船主兼有某国使者或信使的身份，来回传递消息和礼品，这样的事例史书也有记载。

第六，从船上有许多茶具和茶叶可知，不仅茶叶已成为丝绸之路的重要商品，传到阿拉伯诸国，成为阿拉伯国家喜爱的生活必需品，而且阿拉伯地区还喜欢唐朝生产的茶具，形成饮用品和器具一起传播的典型例子。

第七，从船上所载物资的数量，可以窥视海上丝绸之路对外贸易的主要商品和次要商品，该船装载的最大宗商品是瓷器，其次是茶叶和铜镜，可知瓷器是主要外销商品。

据测量，“黑石号”沉船长约20米，排水量约150吨。前几年，日本角川文化振兴财团以日本飞鸟时代到平安时代（7—9世纪）的“遣唐使船”为蓝本，按当年尺寸和结构仿制了的“遣唐使船”。船长33.6米，宽9.2米，头尾高翘，共分三层。其长度与宽度与中国“南海一号”宋代沉船相近。唐朝的造船技术非常发达。但是史书缺载具体数据。北宋保留着造船的具体数据，北宋官员徐兢于宣和五年（1123）曾奉诏随行出使高丽，著有《宣和奉使高丽图经》一书，记录沿途亲身所见所闻，其中“海道”篇记述了使团船队的两种船，一种是“客舟”，“其长十余丈、深三丈、阔二丈五尺、可载二千斛粟。其制以全木巨枋，缠叠而成。上平如衡，下侧如刃，贵其可以破浪而行也”[66]。福建泉州发现的宋代沉船，长度也是30米。

另一种是“神舟”，“若夫神舟之长阔高大，什物器用人数，皆三倍于客舟

---

[66] 徐兢著、朴庆辉标注《宣和奉使高丽图经》卷三四，长春：吉林文史出版社，1991年，70页。

也”[67]。客舟长十余丈、深三丈、阔二丈五尺、可载二千斛粟。三倍即三十余丈、深九丈、阔七丈五尺，可载六千斛粟。一丈是3.3米，三十余丈就是100多米，远远大于“黑石号”沉船、“南海一号”沉船和日本遣唐使乘船。当然，这仅是宋代数据，比唐代晚一二百年，好在它和唐船是一脉相承，因此具有重要参考价值。推测唐代海船的长度，如以宋船长度30米至100米来估计，唐代大海船的长度即使介于宋船之间，那也不会小于50米，规模堪称宏大。

对于丝路来往贸易内容，仅凭考古资料绝对不够，需要借助史籍记载。据史书记载，在唐代，中国的物产经海路、陆路两道往西，多为丝绸、陶瓷、铜镜、精铁、胯带、生姜、刀剑和金银等。阿拉伯地区，多是乳香、玛瑙、鸵鸟、椰枣；印度则是胡椒、白豆蔻、郁金香、沉香；东非地区的外贸物品较为珍贵，如龙涎、象牙、犀角、玳瑁、狮子、斑马等。特别值得一提的，是中国丝绸纺织技术陆续传到诸国。

由“黑石号”沉船货物，可以联系到阿曼的苏哈尔古城，阿曼位于阿拉伯半岛东南部，地处波斯湾通往印度洋的要道。而苏哈尔是阿曼北部海岸的主要城市，巴提奈地区最大的城市，自古便是海湾地区著名良港。在苏哈尔古城堡内，经常发现许多唐代陶瓷残片甚至产自河南洛阳的唐三彩，还有唐代青花瓷片。中国学者在该地调查，“不仅在苏哈尔古城堡遗址的文化堆积里，采集到中国唐代陶瓷的残片，而且在马斯喀特阿曼国家历史博物馆里，见到了为数众多的中国河南烧制的唐代三彩陶、湖南烧制的唐代釉下彩瓷和河北烧制的唐代白釉瓷器及其标本”[68]。这里在与中国的贸易中，起过重大作用，是通向阿拉伯国家的必经之地和门户，也是通向东非和印度的中转站。“黑石号”如没有沉没，无疑要经过这里。阿拉伯早期地理著作《世界境域志》记载：“阿曼（Omman）是一个海岸上的大城镇，此地商人很多，是全世界的商业中心。城内的商人是世界上最富有的，东、西、南、北各方的商品皆运到该城，然后从这里再运往各地。”[69]阿曼向中国输入的商品，主要有乳香、蔷薇水、象牙、椰枣、马匹、木材等，中国向阿曼输入的商品，主要有陶瓷和丝绸。

另外，日本学者在埃及调查，在埃及的阿尔—福斯塔特遗址也发现许多唐代和五代时期的瓷片，这些瓷片来自邢窑、越窑和长沙窑，并且认为，这里也是中世纪伊斯兰世界和中国进行陶瓷贸易的重要地点[70]。由此可见，唐代，中国已经与非洲开展贸易，有了固定的航线。不过由于资料缺少，目前还不明白，这些贸易是直接交易，还是间接的转手交易。

海上丝绸之路的发展，直接推动了南北朝唐代港口城市的发展，当时著名港口广州、扬州、泉州、登州、明州等，都因外贸发达而兴盛，《南齐书》就记载：“至于南

---

[67] 徐兢著、朴庆辉标注《宣和奉使高丽图经》卷三四，71页。

[68] 朱江《中国的扬州与阿曼的苏哈尔》，《阿拉伯世界研究》1991年第4期，29页。

[69] 佚名著、王治来译注《世界境域志》第三十七章《关于阿拉伯国及其诸城镇》，上海：上海古籍出版社，2010年，170页。

[70] 弓场纪知《福斯塔特遗址出土的中国陶瓷——1998—2001年研究成果介绍》，《故宫博物院院刊》2016年第1期，120—132页。

夷杂种，分屿建国，四方珍怪，莫此为先。藏山隐海，瑰宝溢目。商舶远届，委输南州，故交、广富实，牣积王府。”[71]从南海、东海、黄海几条航线来往的船只，都是以这几个港口为始发港或终点港。据李肇《唐国史补》云：“南海舶，外国船也，每岁至安南、广州。师子国舶最大，梯而上下数丈，皆积宝货。至则本道奏报，郡邑为之喧阗。”[72]师子国，即今斯里兰卡。《唐大和尚东征传》记载广州海面情形：“江中有婆罗门、波斯、昆仑等舶，不知其数；并载香药、真宝，积载如山。其舶深六、七丈。狮子国、大石国、骨唐国、白蛮、赤蛮等往来居［住］，种类极多。”[73]

居住广州的波斯大食人数量可能比扬州的还多，这可以从一条史料可以看出，史载：“乾元元年，波斯与大食同寇广州，劫仓库，焚庐舍，浮海而去。”[74]仔细分析，为何“波斯与大食同寇广州”，显然与官府赋税过重和不堪忍受有关，这次“寇广州”，实际上就是抗争，但也反映出抗争人员数量很多。“大历六年，遣使来朝，献真珠等。”[75]波斯人才又来朝献，估计是为了弥补过错，重修旧好。经过这次事件之后，为保证海上丝绸之路畅通，唐政府也放宽了对外商的政策。外商又通过海上丝绸之路来到广州，“黑石号”就是其中的一艘商船。

唐文宗太和八年（834），再次专门下令说：“南海蕃舶，本以慕化而来，固在接以恩仁，使其感悦……深虑远人未安，率税犹重，思有矜恤，以示绥怀。其岭南、福建及扬州蕃客，宜委节度观察使常加存问，除舶脚、收市、进奉外，任其来往通流，自为交易，不得重加率税。”[76]这条诏令，给了海上丝路来的外商很大实惠，从此后，海上丝绸之路更加繁荣。

扬州早在南朝开始繁华，隋唐大运河的开凿，使扬州联通内外，成为一个著名商业港口城市，长期居住着数以千计的胡商，多数学者认为，“黑石号”从扬州采集物品，又在广州包装整理后开始出发[77]。唐代扬州迅速发展成为繁盛的工商业城市[78]，许多外商胡人乘风破浪，通过海上丝绸之路到达扬州，最近发现的一块唐代《唐故李府君墓志并序》可以为证，该墓志记载：墓主姓李（显然是入乡随俗，主动汉化，取皇族李姓为自己姓氏），父名“罗呼禄”，墓主称“摩呼禄”，“波斯国人也”，早年“舟航赴此”，后在扬州安居，七十五岁去世。去世日期是唐文宗“大和九年二月十六日”[79]，即公元835年3月22日。就是说，“黑石号”来扬州时（826年），墓主还活着。双方是否有商业来往，很难考证，但是从中反映出，居住在扬州的波斯商人不是少数。仅从墓主摩呼禄的墓志考察，就可以发现，他并非单独寓居扬州，和他在一起的，还有他的两

---

[71] 《南齐书》卷五八，1018页。
[72] 李肇《唐国史补》卷下，上海：上海古籍出版社，1979年，53页。
[73] 真人元开著、汪向荣校注《唐大和尚东征传》，北京：中华书局，2000年，74—75页。
[74] 《旧唐书》卷一九八《西戎·波斯传》，5313页。
[75] 同注[74]。
[76] 宋敏求《唐大诏令集》卷一〇，北京：中华书局，2008年，65页。
[77] 张海军《“黑石号”沉船有关问题再研究》，《东方收藏》2014年第11期，87—89页。
[78] 金相范《唐代后期扬州的发展和外国人社会》，《台湾师大历史学报》第44期，2010年，37—66页。
[79] 郑阳、陈德勇《扬州新发现唐代波斯人墓碑意义初探》，《中国穆斯林》2015年第3期，58—60页。

个侄子。因此可以推测，正因为扬州波斯商人多，“黑石号”才将入华首站选在扬州，毕竟扬州城外商很多，其中有不少波斯商人，同地区人，语言相同，习俗相近，便于洽谈生意。另外，《旧唐书·田神功传》也记载：“神功至扬州，大掠居人资产，鞭笞发掘略尽，胡商大食、波斯等商旅死者数千人。”[80]这条记载恰与墓志相互参证，证实扬州外商之多。外商在扬州做的生意无疑很复杂，但是海上对外贸易，一定是其中一项。因为不论陆地丝路胡商，或是海上丝路胡商，大食商人也罢，波斯商人也罢，骨子里继承的都是中亚或西亚的传统经商精神“利之所在，无所不至”[81]。他们凑集扬州，就是为开展海上丝路贸易。扬州的考古工作者通过考古发现，扬州出土很多全国各窑口的瓷器，而且还出土有波斯陶瓷器[82]，显然是波斯商人在扬州出售的本国陶瓷器，种种信息表明，扬州确实是一个繁盛的港口城市。

泉州是福建最重要港口城市，考古资料与文献资料都可以证明。如泉州湾宋代沉船，残长24.4米、残宽9.15米，出水货物有香料、药物、瓷器、皮革制品等，共计14类69项。又如华光礁宋代Ⅰ号沉船出水文物近万件，陶瓷器占绝大部分，陶瓷产地主要为福建和江西景德镇，陶瓷产品按照釉色分类主要有青白釉、青釉、褐釉和黑釉几种，器型主要为碗、盘、碟、盒、壶、盏、瓶、罐、瓮等。又如南海一号沉船，是一艘南宋时期福建泉州特征的木船，沉没于广东阳江市东平港以南约20海里处，长30.4米、宽9.8米，船身（不算桅杆）高约4米，排水量估计可达600吨，载重近800吨。船舱内超过6万件层层叠叠的南宋瓷器开始显现出来，瓷器主要源于中国福建、浙江、江西等地，其中有过半瓷器产自福建泉州德化窑和磁灶窑。据泉州的水下考古调查，从南朝起，泉州通过海上丝绸之路，迅速得到发展。

总括上文，可以归纳为几点：

首先，依据前述南北朝唐代与日本、韩国以及阿拉伯海（波斯湾）周边地区的贸易文化交流，可证中国南北朝唐代通过海上丝绸之路与诸国文化交流已有相当规模和深度。在交流中，加强了各国之间的了解和进步，促进了各国的社会文化发展。

其次，南北朝唐代海上丝绸之路的发展，打破了以往丝路偏重北方陆地的局面，使得海上丝绸之路在陆地之外，又增加了一条对外联系的大通道，海陆两条丝绸之路并驾齐驱，得以与更广泛国家展开交往和贸易，大大拓展了视野，输入更丰富的商品，唐代长安之所以成为国际性大都市，与海陆丝绸之路的贡献密不可分。

再次，文献记载，南北朝唐代，政府赐予通过海上丝绸之路到达中国的使节许多丝绸，但是通过对海上丝绸之路沿线发现的中国贸易商品考察，随着时代改变，陶瓷商品数量逐渐超越丝绸，成为外销主要商品，这是该时期的一个鲜明特点。瓷器生产技术也逐渐在各地区传播。这个变化，正是前期丝绸之路的自然结果，也是中国陶瓷生产能力大幅提高，在国际市场畅销的结果。

---

[80] 《旧唐书》卷一一〇《田神功传》，3313页。

[81] 《旧唐书》卷一九八《西戎传·康国》，5310页。

[82] 顾风《略论扬州出土的波斯陶及其在文化交流史上的地位》，《东南文化》1988年第1期，34—39页；周长源等《扬州出土的古代波斯釉陶研究》，《文物》1988年第12期，60—65页。

最后，由各国交往可见，东亚之间有多条航线，这些航线已经成熟，从南北朝唐代来看，有与韩国、日本的航线，有至东南亚各国的航线，也有了东亚通过印度洋至西亚，再到非洲的航线。这些航线把各国联系起来，形成海上交通网，促进了各国的交往。

港口城市遗址和沉船资料是研究海上丝绸之路的重要资料，海上丝绸之路涉及许多国家，这些国家的港口城市遗址和古代沉船数量庞大，据报道，在东南亚国家正式登记的已打捞出沉船的地点截至目前共有118处，大多为20世纪80年代以来所发现。其中以菲律宾最多，为41处，印度尼西亚27处，泰国23处，马来西亚17处，越南10处[83]。如果能对港口城市遗址出土资料和沉船资料系统整理，必将对研究古代海上丝绸之路的发生、发展，乃至具体过程都会发挥很大作用。

Development of the Maritime Route from the Northern and Southern Dynasties to the Tang Dynasty

Zhang Qingjie

The Maritime Route developed a lot in the Northern and Southern dynasties. Various goods imported into China which promoted exchanges between China and other countries. The archaeological findings show countries in close contact with China through the maritime route within this period were mainly Japan, Paekche and Silla.

The Tang Dynasty witnessed rapid economic development, social stability and flourishing commerce. The trading routes and the ports along the maritime route were developed. Through the major ports like Guangzhou, Quanzhou, Fuzhou, Mingzhou, Yangzhou, Haizhou and Dengzhou, communications between China and East Asia, Southeast Asia, the Persian Gulf countries and Africa, were established. In 661 A.D., a post of superintendent with Chinese title *Shibo shi* 市舶使was established in Guangzhou which was tasked with handling Tang's maritime diplomatic affairs and trading. In the meantime, some officials were sent to visit the countries along the maritime route, such as Yang Liangyao who finally arrived in Arabia. Arabian merchants and ships were particularly active in the sea trade of China, which could be seen as a sign of the maritime route development in the Tang Dynasty. Batu Hitam, as we all know, was just one of the merchant ships.

Maritime route development in the Northern and Southern dynasties and the Tang Dynasty changed the traditional trading situation mainly supported by the Silk Road across Europe and Asia, and the sea route provided an alternative to external communication. These two routes contributed greatly to making Chang'an a cosmopolis at that time.

---

[83] 丁刚《见证海上丝绸之路——揭开东南亚沉船蕴藏的宝藏与故事》，《人民网》2011年12月7日23版。

唐朝西州与伊州的交通

孟宪实

西州与伊州是相邻的两个边州，它们与天山北部的庭州共同组成犄角之势，在拱卫西域的历史进程中，发挥了重要作用。相邻的行政州郡，交通往来十分正常，又恰好居于丝绸之路的主干道，彼此的往来交通，不仅是丝绸之路的一部分，也是丝绸之路的一个缩影。本文主要利用出土文献，对于西州伊州的交通进行考察，希望对丝绸之路的理解提供一个具体的个案。

一、道　　路

唐代西州与伊州的交通，传世文献记载并不充分。幸有敦煌出土的《西州图经》残卷（P.2009）提供了非常重要的信息。在残留的56行文字中，37行属于西州通往各地的道路，而十一条道路每条都有自己的名称。出土文献再次弥补了传世记载的不足。为了充分利用这件出土文献，据《西州图经》残卷制表1如下①。

表1　西州道路一览表

名称	途径	路况	里程	到达
赤亭道	出蒲昌	?	?	?
新开道	出蒲昌	今见阻贼不通	?	?
花谷道	出蒲昌，西合柳中	丰水草，通人马	730里	庭州
移摩道	出蒲昌移摩谷，西北合柳谷	足水草，通人马车牛	740里	庭州
萨捍道	出蒲昌萨捍谷，西北合柳谷	足水草，通人马车牛	730里	庭州
突波道	出蒲昌突波谷，西北与柳谷合	足水草，通人马车牛	730里	庭州
大海道	出柳中，向东南	自负水粮，往来困弊	1360里	沙州
乌骨道	出高昌北乌骨山	唯通人径，马行多损	400里	庭州
他地道	出交河，西北通柳谷	足水草，唯通人马	450里	庭州
白水涧道	出交河西北	足水草，通车		处月以西诸蕃
银山道	出天山县西南	多沙碛，近烽处多水草，通车马	700里	焉耆国

① 唐耕耦、陆宏基编《敦煌社会经济文献真迹释录》第一辑，北京：书目文献出版社，1986年，54页。

《西州图经》是唐朝修撰的图书，当时有系统的制度规定，各个地方都要定期修撰这种图书，而此事归尚书省兵部职方司负责。《唐六典》的记载反映了唐朝的制度规定："职方郎中、员外郎掌天下之地图及城隍、镇戍、烽候之数，辨其邦国、都鄙之远迩及四夷之归化者。凡地图委州府三年一造，与板籍偕上省。"②之所以由兵部掌管地图，是因为地图涉及军事信息，属于军事资源。地图的编制，反映中国古代史学发达的一个侧面。志书实用性自不必说，学术价值早为学界所公认。通过《西州图经》可知，通往周边地区的西州道路，尤其是通往庭州的最多，竟然有六条之多。此外则一条往焉耆，一条往处月，一条往沙州。赤亭道和新开道文字有残，没有路况、里程以及目的地的书写，相信就是伊州，那么西州与伊州之间的道路就是两条：赤亭道和新开道。

交通通过道路实现，历史文献中，也都体现出对道路交通的重视。《新唐书·地理志》的记载比较详细。《新唐书》在"伊州伊吾郡"的条目下，记录了"纳职"这个下县。然后写道："自县西经独泉、东华、西华驼泉，渡茨萁水，过神泉，三百九十里有罗护守捉；又西南经达匪草堆，百九十里至赤亭守捉，与伊西路合。"③根据这个记载，我们获悉西州至伊州的道路，正式的名字为"伊西路"。其次，伊西路的中点是赤亭。在"伊州伊吾郡"条目下，《新唐书》不仅记录了伊西路，也记载了伊州至玉门关、阳关以及北庭的道路。但在"西州交河郡"的名目下，记载了西州通往焉耆、北庭和石城镇、播仙镇的道路，却偏偏没有记载通往伊州的道路。这不该看作是《新唐书》作者的遗漏，伊西路已经讲到赤亭，而赤亭在西州界内，这相当于已经完成了记载。从伊州纳职县前往西州，至赤亭便与伊西路汇合，从赤亭再向西自然便是西州之路。所以，赤亭道完全可以理解为从西州前往伊州的道路。那么《西州图经》所谓"赤亭道"与《新唐书》的"伊西路"是否为同一条路呢？如何理解新开道呢？这是西州与伊州交通首先遇到的问题。

郑炳林先生《敦煌地理文书汇辑校注》一书，在《西州图经》之后注释"赤亭道"时，叙述了三个含义。其一，"赤亭道，即指经赤亭之伊西道"。其二，"赤亭道自西州到伊吾，取伊吾道至瓜州"。这个叙述如果不涉及道路名称含义，可以不论。其三，"P.2005《沙州都督府图经》十九所驿从瓜沙之间的阶亭驿折向北经新井、广显、乌山、双泉、第五、冷泉、胡桐等驿到伊州柔远县赤崖驿。所指路线当即赤亭道东段"④。从《西州图经》的道路命名规律来看，如移萨道的命名是因为移萨谷，萨捍道是因为萨捍谷，突波道是因为突波谷，乌骨道是因为乌骨山，而他们的目的地都是庭州。以此来看待赤亭道，命名原理一致，因为必经重要的赤亭，所以也把伊西路称作赤亭道，或者唐朝原本称作赤亭道，《新唐书》称作伊西路。

《西州图经》称赤亭为赤亭守捉，这是比较晚的概念。罗振玉先生根据《西州图经》中称"前庭县"，而《新唐书·地理志》解释说："本高昌，宝应元年更名。"⑤

② 李林甫等撰、陈仲夫点校《唐六典》卷五，北京：中华书局，1992年，161—162页。

③ 《新唐书》卷四〇《地理·陇右道》，北京：中华书局，1975年，1046页。

④ 郑炳林《敦煌地理文书汇辑校注》，兰州：甘肃教育出版社，1989年，77页。

⑤ 《新唐书》卷四〇《地理·陇右道》，1046页。

所以认为该图经写成于“乾元之后，贞元以前”[6]，此说获得学界的肯定。这件唐后期的《西州图经》，其对赤亭的称呼也应该是这个时期的。根据吐鲁番出土文书提供的信息，赤亭最初是赤亭烽，赤亭镇与赤亭守捉都是后来的发展。

阿斯塔纳78号墓出土一组蒲昌县文书，是蒲昌县发给赤亭烽的通知，发放粮食以及让赤亭烽帮助寻找丢失的牛等事。赤亭归属蒲昌县管理，这在镇戍体系时代是正常的。但是，在这组文书中，有十件都是涉及赤亭烽的，但有一件文书值得特别注意，事关赤亭的级别到底如何理解的问题。这就是第16件文书《唐西州蒲昌县下赤亭烽帖为镇兵粮事》：

1 ______帖赤亭烽

2 ______斫

3 ______赤亭镇兵十______

4 ______依数给讫上______

5 ______令柳大[质]______[7]

文书整理者提示，本件盖有“蒲昌县之印”，根据同出文书，这些文书的发出单位都是蒲昌府，第1行“帖”字之前的残损部分，就应该是“蒲昌府”三个字，而赤亭烽的长官称作“烽帅”，证明赤亭就是一座烽，而此时长官具体名字是“冯怀守”。关键是第三行“赤亭镇兵十”如何理解，“镇”读如上属，则为“赤亭镇”，如下属则是“赤亭”的“镇兵”。如果是前者，则“赤亭镇”此时已经存在，而同时存在赤亭烽与赤亭镇。如果下属读法正确，则此地仍然是赤亭烽，但值班士兵都称作“镇兵”。赤亭所在地，今天依然可以找到，有可能既存在赤亭镇又存在赤亭烽吗？此地比较局促，赤亭烽与赤亭镇同时存在的可能性不大。从唐长孺先生的整理小组为此文书定名来看，整理组认为“镇兵”是一个词，即“镇”字下读，所以只有赤亭烽而没有赤亭镇。

阿斯塔纳78号墓是严怀保夫妻墓，夫人左氏先葬，根据出土的《严怀保妻左氏墓表》，贞观十六年（642）严氏去世时为四十五岁[8]。严怀保后葬，而赤亭烽这组文书随他埋入，时间不确切，估计最晚不过高宗时期。所以赤亭烽属于唐初应该没有问题。

吐鲁番阿斯塔纳226号墓出土一组开元十年（722）、十一年左右的文书，西州和伊吾军向北庭汇报营田数据，其中《唐西州都督府上支度营田使牒为具报当州诸镇戍营田顷亩数事》，是西州都督府的报告，其中提及西州管辖的多个镇戍的营田数量，而“赤亭镇兵肆拾贰人，营□□顷”，此外还有维磨戍、柳谷镇、酸枣戍、白水镇、银山戍等[9]。在军镇化之前，唐朝的边防体系主要是镇戍组织，镇有上中下三等，上镇将正六品下。戍也有三等，上戍主正八品下[10]。镇戍是边防预警系统的重要组织，且是国家组织的正式名称，之下再有烽、铺等更基层组织机构，已经不在国家正式级别之内。赤

⑥ 罗振玉《敦煌石室秘录》，见《罗振玉学术论著集》第二集，上海：上海古籍出版社，2010年，5—6页。

⑦ 唐长孺主编《吐鲁番出土文书》贰，北京：文物出版社，1994年，56页。

⑧ 侯灿、吴美琳《吐鲁番出土砖志集注》，成都：巴蜀书社，2003年，433—434页。

⑨ 唐长孺主编《吐鲁番出土文书》肆，文物出版社，1996年，101页。

⑩ 李林甫等撰、陈仲夫点校《唐六典》卷三〇，755页。

亭，由烽升级为镇，最初什么时间已经不可考，最晚到开元十年已经如此。

吐鲁番出土文书中，有一组申请过所的档案，时间是开元二十一年，当时赤亭的准确称呼是“赤亭镇”。这是王奉仙过所申请档案中透露的信息。王奉仙从京师到安西，从安西到西州，从西州到赤亭镇等过程，而对于赤亭的正式称呼是“赤亭镇”，证明至晚到开元二十一年还没有改称赤亭守捉[11]。开元二十一年赤亭镇依然如故，还没有改成守捉。根据阿斯塔纳509号墓出土的文书《唐开元二十二年杨景璿牒为父赤亭镇将杨嘉麟职田出租请给公验事》，第一行写作“镇押官行赤亭镇将杨嘉麟职田地七十六亩……”[12]。可见，开元二十二年赤亭镇依然没有改称。

西州都督府建立天山军，是西州军政体制的重要变化，但是有关天山军建立的历史记载并不清晰。根据刘安志先生的考证，天山军的建立可能在开元十五年之后[13]。那么赤亭从烽到镇的升级变化，是否随着天山军的成立一同完成的，现在还没有确切资料给予证明。至于从镇到守捉的再次升级，同样无法证明。但从道路交通的视角看，伊西路以赤亭为中心点，则是没有问题的。

有关伊西道路问题，在学者的认识中存在着严重分歧。《西州图经》中的赤亭道和新开道因为都是从蒲昌县出发，冯承钧先生认为也是通往庭州的[14]。程喜霖先生著《唐西州图经残卷道路考》，认为赤亭道和新开道都是西州通往伊州的。有关伊西路，程先生认为有两条路，一是从罗护守捉走北线，即天山南麓到赤亭，然后经过蒲昌到达西州的伊西北路，与今天的铁路、公路走向基本一致。另一条是从罗护穿过莫贺延碛到达赤亭，再西进经过蒲昌、柳中达到高昌，是传统的伊西路，应该称作伊西南路。“此道当为伊西南路，大概因自然条件恶劣，唐置西州之初，一度闭塞不通。贞观十六年又重开同行，故名新开道。”[15]

对于程先生的观点，陈国灿先生不赞同。陈先生认为，《新唐书》所记，由纳职县经罗护到达赤亭的道路，是伊西北道，即新开道，另有伊西南道，是传统的伊西路[16]。两位先生对于南道、北道理解完全相反，程喜霖认为南道是新开道，陈国灿认为北道才是新开道。同时，南北两道都路径赤亭守捉，双方并没有异议。伊州西州之间的道路，皆以赤亭为中心，赤亭以东，再可细分为南北两条道路。如此理解，两条道路都可以命名为赤亭道，观察《西州图经》的道路命名，似乎也是如此规律。

在《西州图经》的逻辑中，新开道是赤亭道之外的一条道路，而两《唐书》都未曾

---

⑪ 《吐鲁番出土文书》肆，292—293页。

⑫ 《吐鲁番出土文书》肆，311页。

⑬ 刘安志《唐代西州天山军的成立》，朱玉麒主编《西域文史》第二辑，北京：科学出版社，2007年；收入作者著《敦煌吐鲁番文书与唐代西域史研究》，北京：商务印书馆，2011年，206—225页。

⑭ 冯承钧《高昌城镇与唐代蒲昌》，《中央亚细亚》1942年第1卷第1期；收入《冯承钧学术论文集》，上海：上海古籍出版社，2015年，301—312页。

⑮ 程喜霖《唐西州图经残卷道路考》，唐长孺主编《敦煌吐鲁番文书初探二编》，武汉：武汉大学出版社，1990年，533—554页。

⑯ 陈国灿《唐西州蒲昌府防区内的镇戍与馆驿》，《魏晋南北朝隋唐史资料》第17辑，2000年；收入《陈国灿吐鲁番敦煌出土文献史事论集》，上海：上海古籍出版社，2012年，258—294页。

记载。《西州图经》残余的文字为："右道出蒲……观十六年……有泉井……之阨，今见阻贼不通。"[17]在《西州图经》的十一条道路记载中，只有这条道路有时间记录，因为其中的"观十六年"一定是"贞观十六年"。这个时间应该就是开发这条道路的时间。这个时间点的伊州、西州发生了什么事情，是否可以找到开发新路的动因，这是应该思考的一个方向。

贞观十六年，《唐会要》记载："十六年，咄陆既并沙钵罗之众，自恃强盛，遣兵寇伊州，安西都护郭孝恪击破之。"[18]对此，《资治通鉴》记载得更详细，其文如下：

> 西突厥乙毗咄陆可汗既杀沙钵罗叶护，并其众，又击吐火罗，灭之。自恃强大，遂骄倨，拘留唐使者，侵暴西域，遣兵寇伊州；郭孝恪将轻骑二千自乌骨邀击，败之。乙毗咄陆又遣处月、处密二部围天山；孝恪击走之，乘胜进拔处月俟斤所居城，追奔至遏索山，降处密之众而归[19]。

根据这个记载，安西都护、西州刺史郭孝恪是从乌骨道进击，"邀击"就是拦击，把乙毗咄陆可汗的军队在庭州之外进行拦截，保卫了伊州。看来，西突厥是沿天山北麓东行进行袭击的，而具体的目标是伊州。伊州在天山南麓，山北有伊吾县，伊吾县至少是攻击伊州的第一个目标。根据《西州图经》的记载，乌骨道是西州至庭州最近的道路，只有四百里，但道路艰难，平时只有人可以通过，如果骑马则损失很大。郭孝恪应该是为了争取时间，出其不意，给西突厥造成打击。然而，乌骨道是条固有的道路，从《西州图经》看，新开道与乌骨道是截然不同的两条道路。所以，西州可能因为这次西突厥的袭击，开辟了一条从西州至伊州的新道路。新开道，既不同于传统的伊西路，又不可能是乌骨道，如果仅仅是西州与伊州的道路的话，那么伊西路已经是最便捷的道路。所以，新开路应该是从西州前往山北的道路，又与伊州相关，比较大的可能是从蒲昌出发，经过赤亭翻山进入巴里坤盆地[20]。

可惜《西州图经》有关伊西路的记载已经残损，新开道到底是一条怎样的道路，毫无线索[21]。伊州的州府所在地在天山之南，而伊吾军在山北，甘露川（今巴里坤草原）中央偏南，在蒲类海（今称巴里坤湖）东，现有大河故城遗址，保存完好。其实，这里就是伊吾军。伊吾军，《元和郡县图志》记载是景龙四年（710）置[22]，在立军之前，该地应该也有相应的预警或军事设施。西突厥从天山北麓进攻伊州，第一个目标应该就是后来伊吾军所在地方。敦煌出土《沙州伊州地志》残卷，记录伊吾军比较详细，先

---

⑰ 唐耕耦、陆宏基编《敦煌社会经济文献真迹释录》第一辑，54页。

⑱ 《唐会要》卷九四《西突厥》，上海：上海古籍出版社，1991年，2007页。

⑲ 《资治通鉴》卷一九六，北京：中华书局，1956年，6177页。

⑳ 现在吐鲁番市东北部"七角井"，有唐代烽燧遗址，应该就是从吐鲁番进入巴里坤草原的必经之路。

㉑ 巫新华在《吐鲁番唐代交通路线的考察与研究》一书中，用较大篇幅考证西州与伊州的道路，最终没有得出确切结论，书中的表述为："新开道在赤亭道之后，自新开道再往后为西州通庭州诸道。根据《西州图经》叙述道路的逻辑顺序，它只可能是西州通庭州或西州通伊州的道路。我们认为，新开道是在原西州通伊州的道路之外新开的一条道路。"青岛：青岛出版社，1999年，127页。

㉒ 李吉甫撰、贺次君点校《元和郡县图志》卷四〇，北京：中华书局，1983年，1030页。《唐会要》卷七八，记载为"景龙四年五月置"，1690页。

记载伊吾军的建立时间“景龙四年五月日奉敕置，至开元六年移就甘露镇，兵士三千人，马一千卌疋”，又记载伊吾军的“四至”，内容为“东南去伊州三百里。西南去西州八百里。西去庭州七百八十里。东北接贼界”㉓。由此可知，伊吾军开元六年的新驻地，原来为甘露镇，而这里通往西州是八百里。唐代道路交通里程的记录，都是道路里程，那么西州到甘露镇显然是有道路相通，而这条路，记录很少，应该就是《西州图经》所记的新开道㉔。

新开道强化了天山南北的联系，甘露镇（后来的伊吾军）由此可以得到来自庭州、西州和伊州三个方向的支援。伊西庭作为一种战略犄角的态势，因为新开道的出现，相互协调的条件进一步完备起来。那么，伊西交通路线由此获得新知，西州与伊州的交通可知有两条道路，一是赤亭道（伊西路），西州至伊州；一是新开道，西州至伊吾军。新开道也是经过罗护守捉的，而罗护通赤亭的道路可能原本就存在，所谓新开，可能是罗护至甘露镇的部分㉕。

二、里　　程

道路里程是交通的一个重要方面，传世文献的重视程度也甚高。《旧唐书·地理志》记载到每一州郡，都会清楚地记录该地到京师与东都洛阳的里程。就伊州的情况而言，《旧唐书》的记载是“在京师西北四千四百一十六里，至东都五千三百三十里”㉖。关于西州，《旧唐书》的记载是“在京师西北五千五百一十六里，至东都六千二百一十五里”㉗。从西州前往京师，要经过伊州，那么西州到伊州的里程则用西州道京师的里数减去伊州到京师的里数即可，结论是一千一百里。同时，如果依东都洛阳来计算的话，西州至伊州的距离则是八百八十五里。如果记载正确，这个误差应该不存在。

利用《元和郡县图志》的记载，发现与两京的距离同样里程不一。伊州的“八到”：“东南至上都四千四百三十里。东南至东都五千一百六十里。”㉘西州的“八到”：“东南至上都五千三十里。东南至东都五千里。”㉙如西州条所记，怎么从西州前往长安比东都还远呢？显然是里程数字有误。同书关于伊西里程，记载清晰，是

㉓ S.0367，唐耕耦、陆宏基编《敦煌社会经济文献真迹释录》第一辑名为《唐光启元年书写沙州伊州地志残卷》，41页；郑炳林《敦煌地理文书汇辑校注》，68页。

㉔ 郑炳林先生认为新开道是“蒲昌县南通玉门关到敦煌的道路”。见郑炳林《唐五代敦煌新开道考》，郑炳林主编《敦煌吐鲁番文献研究》，兰州：兰州大学出版社，1995年，472—483页。

㉕ 当然，赤亭南北两道问题，尤其是《新唐书》所记道路究竟属于哪条路，还需要更多资料证明。

㉖ 《旧唐书》卷四〇《地理·陇右道》，中华书局，1975年，1643页。

㉗ 《旧唐书》卷四〇《地理·陇右道》，1645页。

㉘ 《元和郡县图志》卷四〇，北京：中华书局，1983年，1029页。敦煌出土《天宝年间地志残卷》，在伊吾郡下标注“京四千八百，都五千六百”，显然是里程数，所记又有差别，见唐耕耦、陆宏基编《敦煌社会经济文献真迹释录》第一辑，56页。

㉙ 《元和郡县图志》卷四〇，1031页。

七百三十里[30]。具体道路的里程，《新唐书》从纳职县到赤亭有一个总里程，三百九十加一百九十，共五百八十里[31]。而根据《元和郡县图志》纳职县“东北至州一百二十里”[32]，这样从伊州到赤亭就是七百里。

那么，西州到赤亭的里程，肯定不是三十里。继续按照《元和郡县图志》的说法，蒲昌县“西南至州一百八十里”[33]，蒲昌县到赤亭，按照现在图衡量，也将近一百五十里。如此，西州到伊州则是一千里。但是，也不能断然认为《元和郡县图志》记载有问题，比如伊州的纳职县距离伊州一百二十里，柔远县距离伊州二百四十里，这两个里程与敦煌出土的《沙州伊州地志残卷》所记分毫不差，或许他们的资料来源是一致的。

如此一来，根据这些记载求得各种里程数，可靠性都需要考虑。敦煌出土的《西天路境》一本，是简单的行路记录，或许这种文献，能够提供另外一种可靠的里程信息。这个资料中，从甘州到肃州，“又西行五日到肃州”[34]。而《元和郡县图志》记载甘州到肃州的里程是四百里。五日行四百里，这是可以认可的。不过，同是这份资料，从伊州出发，“又西行一日，至高昌国”。高昌国即西州，从伊州一日走到西州，这实在太可疑。当初玄奘从伊州到高昌，将近七日，是因为高昌王提供的马匹充足[35]，所以无论如何不能一天到西州[36]。

有关西州与伊州的里程，唐朝的出土文书也能提供一些重要信息。阿斯塔纳509号墓，出土一组过所申请档案，其中王奉仙的档案中，介绍了他在伊州、西州、安西之间往返的过程，对于我们理解西州到伊州之间的里程有所帮助。截取过录相关文字如下：

125 安西给过所放还京人王奉仙
126 右得岸头府界都游弈所状称上件人无向北庭行文，至
127 酸枣戍捉获，今随状送者。依问王奉仙得款贯京兆府华
128 源县，去年三月内，共行纲李承（胤）下驮主徐忠驱驴，送兵赐
129 至安西输纳了。却回至西州判得过所，行至赤亭为患，
130 复承负物主张思忠负承仙钱三千文，随后却趁来至
131 酸枣，趁不及，遂被戍家捉来。所有行文见在，请检即知
132 者。依检：王奉仙并驴一头，去年八月廿九日，安西大都护府
133 给放还京已来过所有实。其年十一月十日到西州，都督
134 押过，向东，十四日，赤亭镇勘过，检上件人无却回赴北庭来
135 行文者。又问王仙得款：去年十一月十日，经都督批得过
136 所，十四日至赤亭镇官勘过，为卒患不能前进，承有债
137 主张思忠过向州来，即随张忠驴驮到州，趁张忠不及，至

[30] 《元和郡县图志》卷四〇，1029页。
[31] 《新唐书》卷四〇《地理·陇右道》，1046页。
[32] 《元和郡县图志》卷四〇，1030页。
[33] 《元和郡县图志》卷四〇，1032页。
[34] 唐耕耦、陆宏基编《敦煌社会经济文献真迹释录》第一辑，78页。
[35] 慧立、彦悰《大慈恩寺三藏法师传》，北京：中华书局，2000年，18页。
[36] 前文引程喜霖、陈国灿、巫新华诸先生也征引清代行程记录，足资参考。

138　酸枣戍，即被捉来。所有不陈却来行文，兵丈不解，伏听
139　处分。亦不是请军镇逃走及影名假代等色。如后推问，
140　称不是徐忠作人，求受重罪者。又款：到赤亭染患，在赤
141　亭车坊内将息，经十五日至廿九日，即随乡家任元祥却
142　到蒲昌，在任祥傔人姓王不得名家停止。经五十日余。今年
143　正月廿一日，从蒲昌却来趁张忠，廿五日至酸枣，趁不及
144　______________________]州，所有不陈患由及却来文，
145　______________________]唝从西行到安昌城死讫者
146　______________________________]无过所，今[37]

从132行“依检”之后，开元二十年八月二十九日，王奉仙从安西大都护府出发，十一月十日获得过所向东出发，十四日过所在赤亭镇检验勘过，其后因病停留，再有行程。从这个过程中可以获悉，王奉仙从西州到赤亭镇行走五日。十四日，王奉仙已经在赤亭镇办好过所勘过手续，看来他不是日晚才到赤亭镇，即证明他并没有用满五整天。从西州出发也有过所勘过程序，似乎是到达西州办完手续就赶路出发。人行距离，每天约近百里，是考察道路里程的基本数据，由此出发，通过行路日期计算里程，也是可以获得相关信息的。

阿斯塔纳506号墓，出土一件《唐开元十九年康福等领用充料钱物等抄》，其中有多人领受程料的记录，其中，有多次八日程料的记录，可能与伊州西州交通有关。先抄录部分资料如下（数字，为文书的行数）：

23　吕璿傔贰、人仵（五）：马当、麹星々、赵如真、王义
24　宾等各捌日程新，共计陆伯肆拾文。
30　陇右市马使傔叁人，各捌日程料，
31　共计贰伯肆拾文。
34　杜泰八日程料，并典，共贰伯肆拾
35　文。
36　______]嘉琰、翟滔辉、康元庆等叁人捌日程料。
37　□月廿五日翟滔领，计叁伯贰拾文。滔。
40　折冲卫神福傔贰人，权太虚等
41　肆人各捌日程料，计陆伯肆拾文。
42　九月廿七日付将泰虚领。
43　折冲朱耶彦傔壹人，麹琰傔壹人，
44　卫神子壹人，各捌日程料，计陆伯肆拾
45　□□月廿七日付将泰虚领
46　梁既□神易并傔贰人，各捌日程料，
47　□叁伯贰拾文。九月廿七日付傔人

[37]《吐鲁番出土文书》肆，292—293页。

48　□易领。

55　伊吾军子将权戢等一十五人十二人（白身三人品官各八日）程料，计

56　钱壹阡肆伯肆拾文。十月三日康福领[38]。

如此多的八日程料，所行路程与目的地应该是一致的。尤其是伊吾军子将一行十五人，应该是返回伊州。所以，这些八日行程所指，应该都是伊州。陇右市马使也是返回陇右，但他们的程料看来是各地分别支付的，西州支付由西州到达伊州的程料，伊州以东至瓜州或者沙州，当由伊州支付。

伊州与西州的道路交通，按照《元和郡县图志》的说法是七百三十里。《沙州伊州地志》残卷记录，伊吾军与西州是八百里，大体都在八日行程的范围之内。因为传世文献的里程记载常常差异甚大，能否通过出土文书记载，进一步弄清里程问题，这里提供的仅仅是一个思路。

三、旅　　人

伊州、西州的道路上谁是旅人，这才是交通的重要问题。古代中国的交通道路，都是由国家建设、国家维护的。围绕道路，还有馆驿等设施，设有专业的管理机构负责运营，政府公干，往来的人马都有系统的供应。保障道路畅通，是国家运行正常的有机组成部分[39]。

往来西州、伊州之间，现在看到的资料，首先是军政组织内部的人员，他们通常都是在执行公务。以上文所引《唐开元十九年康福等领用充料钱物等抄》的情况看，两地的公务人员往来，还是比较频繁的。这件文书，是开元十九年九月一日至十月十日之间的记录，上文判断不误的话，八日程料是发给西州前往伊州人员的，在不足45天的时间里，有几十人前往伊州方向。如果有相应的伊州资料，前往西州的国家工作人员，数量也应该相仿。道路的繁忙情形，由此可见一斑。

同墓（阿斯塔纳506号）出土的几件文书，《唐天宝十四载（755）交河郡某馆具上载帖马食䭃历上郡长行坊状》，记录了天宝“十三载正月一日已后至十二月卅日以前”，即一年之内一个馆的马料支出情况。一年之内，凡是经过该馆的马匹、驴、骡，凡是属于长行坊即政府所有，都需要在当馆支取食料，而这份帐目57笔，这里往返算作一笔。

33　长行驴陆硕，三月十八日送酒菜，四月九日回，来往食麦叁㪷陆胜。付

34　驴子阎驾奴、李庭倩、郝宾。

馆驿繁忙程度，全由官府行为决定。比如当年的八月二十八日，就有多次付出马料的

[38] 《吐鲁番出土文书》肆，404—407页。

[39] 这个主题的研究，参见孙晓林《关于唐前期西州设“馆”的考察》，《魏晋南北朝隋唐史资料》第11辑，武汉：武汉大学出版社，1991年，256页；陈国灿《唐西州蒲昌府防区内的镇戍与馆驿》，见前注⑯；殷晴《唐西州等地的交通设施及其管理制度》，《吐鲁番学研究》2003年第2期，84—89页。

记录。

49　廿八日，细马伍匹，食麦粟伍㪷。付押官尚□宾。

50　同日，征马叁拾匹，食麦粟壹硕伍㪷。付槽头常大郎。押官尚大宾。

52　同日，征马叁拾匹，食麦粟壹硕伍㪷。付槽头常大郎。押官尚大宾。

53　同日，郡坊石舍回细马伍匹，并石舍送　大夫帖马伍拾伍匹，食麦

54　　粟贰硕伍㪷。付马子张什仵。

廿五彦

55　同日，大夫过驕北庭，征马伍匹，食麦䴬伍㪷。判官杨千乘[40]。

这件文书的写作主体，还不能确定是哪个馆驿，可能并不在伊西路上，但伊西路上的情形也可以大致如此想象，即唐朝官府的军政人员是行走在这条路上的主要旅人。

阿斯塔纳509号墓，出土一件文书《唐开元二十一年西州都督府案卷为勘给过所事》，是申请过所留下的档案资料。过所，即政府通行证，是旅行的合法证明。考察申请过所的人，多与政府行为有关，有的是政府官员，有的是归乡士兵，有的是执行公干的雇员，不一而足。他们，共同构成了伊西路上旅人的群像。

孟怀福是坊州人，文书中称他是“安西镇满放归兵”，即在安西镇结束了镇守任期的士兵。他本来是跟随军队组织集体行进的，但去年即开元二十年的十月七日，到达柳中县的时候发病，不能继续行路，只好留下来，“每日随市乞食，养存性命”，因为“其过所粮递并随营去”。现在病情好转，要返回家乡，所以请求过所。西州仓曹审查了历史记载，得知去年十月四日确实发放过程粮，然后给户曹发去公文，解决孟怀福的过所问题。档案文件从开元二十一年正月二十一开始，至二十九日决定发予过所[41]。坊州属关内道，在长安的正北方。孟怀福所在的行营不知多少人，作为军事调动与部署的一部分，这类行动一定此伏彼起、相互衔接，成为丝绸之路上的常见队伍。

阿斯塔纳509号墓出土《唐开元二十一年唐益谦、薛光泚、康大之请给过所案卷》，其中是第一段文字如下：

1　前长史唐侄益谦　奴典信　奴归命

2　　婢市满儿　婢绿珠　马四匹

3　　　问得牒请将前件人畜往福州，检

4　无来由，仰答者。谨审：但益谦从四镇来，见

5　有粮马递。奴典信、奴归命，先有尚书省

6　过所。其婢失满儿、绿叶二人，于此买得。

7　马四匹并元是家内马其奴婢四人，谨

8　连元赤及市券，白如前。马四匹，知不委，

9　请责保入案。被问依实。谨牒。元

10　　　开元廿一年正月　日，别将赏绯鱼袋唐益谦牒。

⑩ 唐长孺主编《吐鲁番出土文书》肆，421—436页。

⑪ 《吐鲁番出土文书》肆，282—286页。

11 连元白。

12 十一日

“福州长史唐侄益谦”，即唐长史的侄子唐益谦，他带两奴两婢和四匹马前往福州。他们来自四镇，有合法的“粮马递”证明文件。从下文看，唐长史名唐循忠，他有位薛姓的媵也同行，而薛氏所带有一名侄男，四位男奴，三个婢女，一个作人，八匹马，五头驴。

20 福州都督府长史唐循忠媵薛年拾捌

21 侄男意奴年叁拾壹　奴典信年贰拾陆

22 奴归命年贰拾壹　奴捧鞭年贰拾贰

23 奴逐马年拾捌　婢春儿年贰拾　婢绿珠年拾叁

24 婢失满儿年拾肆　作人段洪年叁拾伍

25 马捌匹一乌骠草八岁，一枣骝父九岁，一騘草八岁，一騂父六岁，一騘敦六岁，一骝父七岁，一骠父二岁，一騘父二岁。

26 驴伍头并青黄父，各捌岁。

27 右得唐益谦牒，将前件人马驴等往

28 福州。路由玉门、金城、大震、乌兰、僮（潼）关、蒲

29 津等关。谨连来文如前，请给过所者。

30 □检来文，无婢绿珠、失满儿，马四匹

31 □同者。准状问唐益谦得款：前件婢

32 □于此买得，见有市券、保白如前。其

33 马并是家畜，如不委，请责保者。依

34 □市券到勘，与状同者。依问保人宋守廉

35 等得款：前件马并是唐长史家畜，不

36 是寒盗等色。如后不同，求受重罪者[42]。

这是官员家属，一个庞大的队伍。其中，前福州长史唐循忠并没有出现，所有人都是他的随从而已。据《旧唐书·地理志》，福州属于江南东道，“开元十三年，改为福州，依旧都督府，仍置经略使”[43]。所谓都督府，属于中级，长史正五品上。五品官员，级别已经很高，应该有对等的接待制度，甚至过所也不必自己亲自办理。如同西域最高长官封常清也有路经某馆的记录，但相应手续肯定不必长官亲自办。

与唐长官同卷宗的薛光泚，甘州张掖县人，只有二十六岁。他的母亲赵氏，六十七岁，还有妻子张氏二十二岁。此外还有驴十头。他的申请过所辞中，是要“将母送婆神柩到此，先蒙给过所还贯”，“婆神柩”三字难解，整理者没有做专有名词，应该不是地名，“还贯”含义清楚，是回老家。去年已经给过所，但因为患病不能出发，现在病情好转，但过所已经过期，所以再次申请。卷宗的最后，是批准了他的请求[44]。这薛

㊷ 《吐鲁番出土文书》肆，268—270页。

㊸ 《旧唐书》卷四〇《地理·江南道》，1598页。

㊹ 《吐鲁番出土文书》肆，271—274页。

光沚申请过所，是所见唯一的个人缘由。薛光沚的个人情况，是在西州任职还是做工，完全不知情。

正月二十四日受，二十五日行判，是又一例申请过所事。申请人是“陇右别　　敕行官前镇副麹嘉琰”，他携带十六岁的儿子清、十二岁的奴乌鸡、十三岁的婢千年以及二十六岁的作人王贞子、二十三岁的作人骆敬仙同行，此外还有十头驴和一匹马。关于奴婢，特别强调“已上家生”，而作人也叙述了来龙去脉。麹嘉琰是去年开元二十年九月，从临洮军来此，而王贞子和骆敬仙就是当时被麹嘉琰雇佣而来，他们拥有更专业的称呼谓“驱驮客”，应该是专门为人充当帮手的。麹嘉琰被问及离开后的国家义务问题，而他弟弟麹嘉瓒承诺“所有户徭一事以上，并请嘉瓒衹承”，由此观察，麹嘉琰就是西州高昌人。麹嘉琰虽然有官职，即镇副，又是“别敕行官”，却很像是在临洮军做生意，不然也不会雇佣驱驮客[45]。往来丝路上的商人，自然是常见的旅人。

同时正月处理的王奉仙过所案卷，讲述了王奉仙在丝绸之路上的往返故事。王奉仙也是驱驮客，京兆府华源县人，开元二十年三月，“共行纲李承（胤）下驮主徐忠驱驴，送兵赐至安西输纳了”。“却回至西州，判得过所，行至赤亭，为身患，复见负物主张思忠，负奉仙钱三千文，随后却趁来，至酸枣趁不及，遂被戍家捉来。”王奉仙的上级负责人是徐忠，徐忠的头衔是驮主。驮主徐忠的上级负责人是行纲李承胤。行纲是运送兵赐的负责人，手下再有分工，驮主负责一个单位，而王奉仙和他的一头驴属于徐忠这个驮队。至于张思忠，他有自己的驼队，文中“张忠驴驮”，应该是另外一个驮主，可能也隶属于李承胤行纲，所以才有欠王奉仙三千钱的机会。安西送兵赐，肯定是为政府雇佣，当然也有正当身份与过所，而王奉仙因为在赤亭患病，所以耽搁行程，独自停留下来。得知张思忠前往西州，于是“随张忠驴驮到州，趁张忠不及”，在酸枣戍被查出没有过所，遭到扣押，需要解决过所问题[46]。运送政府物资的驮队，是丝绸之路上的搬运工，在这条大通道上来往不断，是丝绸之路上最醒目的人群。很自然地令人联想到丝绸之路上的代表性诗作张籍《凉州词》：“无数铃声遥过碛，应驮白练到安西。”没有这些驮队，丝绸之路的诗意也会淡化许多。

同类的故事主人公还有二十六岁的蒋化明。他是京兆府云阳县嵯峨乡人，在“凉府”就是凉州府被敦元暕雇佣“驱驮至北庭”，正赶上当地“括客”，就是调查户口，他就被就地入籍，成为金满县百姓。他没有别的营生手段，继续做驱驮客，为“郭林驱驴伊州纳和籴”，而郭林也写作“郭琳”，他的身份是北庭子将。开元二十一年正月十七日，到达西州主人曹才本家停，十八日欲发，遂即权奴子盗去蒋化明的过所，最后驴也死了，“所纳得练并用尽”，被北庭傔人桑思利追捉到了官府。傔人是唐朝军队的一种身份，专门为长官服务，只有节度使、副使一级才有傔人。北庭傔人，应该是北庭节度使的随员。此案到二十九日官府有了处理批复，允许桑思利把蒋化明带回北庭[47]。蒋化明，是郭琳作人，在这个案卷中也被称作“郭林驱驴人”，是依靠雇佣劳动获得生

[45] 《吐鲁番出土文书》肆，282—287页。
[46] 《吐鲁番出土文书》肆，290、293页。
[47] 《吐鲁番出土文书》肆，291—292页。

活资料的打工者。这个群体，竟然是丝绸之路上的常客。

商人的队伍中，石染典应该是最有名气的一位。他是西州百姓，也有游击将军的身份，他多次往来西州、伊州、沙州、瓜州和安西等地从事贸易。阿斯塔纳509号墓出土多件与他相关的文书。其中《唐开元二十一年染勿等保石染典往伊州市易辩辞》，是有人替他提供担保，最后官府批准了他前往伊州“市易”的要求。文书内容如下：

1 ______石染典计程不回，连______
2 罪者。谨审：但染勿 等保石染典在此见有家宅
3 及妻儿亲等，并总见在。所将人畜，并非寒詃等
4 色。如染典等违程不回，连答之人，并请代承课
5 役，仍请准法受罪。被问依实。谨辩。元
6 开元廿一年正月 日
7 石染典人肆，马壹，騾、驴拾壹。
8 请往伊州市易，责保
9 可凭，牒知任去。谘。元[48]

与石染典相关的过所文件，尤其是有着各个关津镇戍签押的文书[49]，是丝绸之路的珍贵文献，证明唐朝管理相关道路交通的有效性。

当然，也有许多国际友人。《新获吐鲁番出土文献》刊载一组文书《唐天宝十载交河郡客使文卷》，记录当年宁远国多个班次几十人的使者前往唐朝，而路经交河郡（西州）的情况就保留在这件残破的文书中。他们前往长安，自然要经过伊西路。在这些客人经过的文档中，有来自伊州的记录。“使伊吾县丞刘庭怀并典一人，九月十一日东到，至廿三日发向西”。延后一页，又有“伊吾县丞刘庭怀并典……”的文字[50]。作为伊州派出的使者，刘庭怀通过西州继续向西，多日以后一定是完成出使返回伊州，并在西州再次留下记录。可惜文书有残，不能获得更多信息，但作为丝绸之路的一部分，唐朝的伊西路是一条繁忙的交通线，这是没有疑问的。

荣新江先生曾用“写本之路”来定义丝绸之路[51]，论证写本不仅是丝绸之路的记录，也属于丝绸之路的一部分，在丝绸之路的研究中，写本的重要作用性更加无可替代。本文所讨论的西州与伊州的交通，主要利用的就是吐鲁番出土文书，若没有出土文献，丝路上的形形色色人群，我们无从得知。当初的写本，如今正变成重要的史料，对于丝绸之路的研究，发挥着无可替代的重要作用。

---

[48] 《吐鲁番出土文书》肆，277—278页。

[49] 《吐鲁番出土文书》肆，275—276页。

[50] 荣新江等主编《新获吐鲁番出土文献》，北京：中华书局，2008年，336—339页。有关这组文书的研究，参见毕波《怛罗斯之战和天威健儿赴碎叶》，《历史研究》2007年第2期；收入孟宪实等主编《秩序与生活：中古时期的吐鲁番社会》，北京：中国人民大学出版社，2011年，377—402页。毕波《吐鲁番新出唐天宝十载交河郡客使文书研究》，沈卫荣主编《西域历史语言研究集刊》第一辑，北京：科学出版社，2007年，55—79页；收入荣新江等主编《新获吐鲁番出土文献研究论集》，北京：中国人民大学出版社，2010年，344—376页。

[51] 荣新江《丝绸之路也是一条“写本之路”》，《文史》2017年第2辑，75—103页。

Transportation between Xizhou and Yizhou in the Tang Dynasty

Meng Xianshi

Xizhou and Yizhou were two adjacent prefectures in the Western Regions of the Tang Dynasty. Together with Tingzhou located in the north of Tianshan Mountain, they formed a mutually supportive strategic network which played an important role in governing the Western Regions and the Silk Road. Transportation between Xizhou and Yizhou was a microcosm of the Silk Road, so researching it with unearthed documents such as *Xizhou Tujing* could be helpful for understanding Tang's management of the Silk Road. Transportation was convenient between Xizhou with Tingzhou, so it was with Yizhou. According to this article, Xinkai Dao between Xizhou and Yizhou in the 16th year of Zhenguan era was a route connecting Xizhou and Ganlu town, a garrison for Yiwu Army later. This new route developed the transportation between Xizhou and Yizhou. Various kinds of people traveled along the road from Xizhou to Yizhou, in which the government employees was a very important part. That's why the Tang Dynasty maintained great input on the traffic construction.

杜甫“观兵”诗新解

——唐乾元二年西域援军再次入关史实钩沉

吴玉贵

一、缘　　起

安史之乱（755—763）爆发后，安史军队下河北，陷长安，两渡黄河，再破洛阳，唐朝中原腹地全面沦为战场，唐玄宗、肃宗先后征调朔方、河西、陇右、安西、北庭诸道兵马入朝勤王，唐前期一百多年苦心经营的北方及西北边疆防御体系全面崩坍。杜甫目睹了安西、北庭军队入关勤王的情景，创作了以“观兵”为主题的两首诗歌，留下了西域兵马内调的珍贵的现场记录。

其一为《观安西兵过赴关中待命二首》（以下称《观安西兵》）[①]：

四镇富精锐，摧锋皆绝伦。还闻献士卒，足以静风尘。

老马夜知道，苍鹰饥著人。临危经久战，用急始如神。

奇兵不在众，万马救中原。谈笑无河北，心肝奉至尊。

孤云随杀气，飞鸟避辕门。竟日留欢乐，城池未觉喧。

萧涤非先生主编的《杜甫全集校注》，总括历代学者的意见，对这首诗的写作背景做了详细解释。解题称：

> 黄鹤曰：“此诗当是乾元元年华州作。”《通鉴》唐肃宗乾元元年：“三月，镇西、北庭行营节度使李嗣业屯河内。”“六月，以开府仪同三司李嗣业为怀州刺史，充镇西、北庭行营节度使。”“九月庚寅，命朔方郭子仪、淮西鲁炅、兴平李奂、滑濮许叔冀、镇西·北庭李嗣业、郑蔡季广琛、河南崔光远七节度及平卢兵马使董秦将步骑二十万讨安庆绪。”浦注：“自怀州赴关中待命，道经华州，乃八月以前未赴讨时事也。”不曰镇西，而曰安西，循旧名也。

按，杜甫任华州司功参军在肃宗乾元元年（758）六月至二年七月[②]。解题所称“讨安庆绪”，就是历史上著名的相州（治今河北临漳县）战役。唐军收复两京后，安西、

---

① 萧涤非主编《杜甫全集校注》卷五，北京：人民文学出版社，2013年，1156—1160页。

② 参见《杜甫全集校注》“附录”一“杜甫年谱简编”，6535—6539页。

北庭行营节度使李嗣业在乾元元年三月率军进驻怀州河内郡（治今河南沁阳市）[3]，六月，兼任怀州刺史，继而率领安西、北庭行营将士参加了乾元元年九月正式开始的相州会战。如果杜甫在华州（治今陕西华县）目睹过李嗣业所率的西域军队，只能是在乾元元年六月至九月之间，即杜甫就任华州至相州战役开始这段时间。

相州战役是唐朝精心策划的一次规模恢弘的大会战。朝廷希望毕其功于一役，通过这次战役一举肃清安史叛军。早在乾元元年五月，战役就已经进入了实际筹划阶段[4]。驻扎在怀州的安西、北庭行营，处在与安史军队接战的第一线。战役开始前，李嗣业为了不误戎机，甚至将辎重军需都留在了怀州，率军轻装赴战[5]。如果按照上文解题中传统观点对《观安西兵》诗的解释，则大战在即，李嗣业首先率军从东方前线向西开拔，远赴千里之外的关中“待命”，然后再原道折返，东向参加相州会战。无论时间是否允许，这都是完全违背常识、不合情理的事。

浦起龙大概意识到了这个问题，因而特别强调《观安西兵》反映的是“八月以前未赴讨时事”，即将《观安西兵》诗与安西、北庭行营在本年九月参加相州战役区别开来。可是由所谓“九节度”率军参加的相州会战，是当时唐朝举国上下的头等大事，西域勤王兵马不仅参加了会战，而且是这次战役的中坚力量。诗中明确称“奇兵不在众，万马救中原”，又称“谈笑无河北，心肝奉至尊”，“救中原”，“无河北”云云，明显是指打击安史军队。如果《观安西兵》果真是杜甫在华州期间所作，则只能是反映安西军队参加相州会战“赴讨”之事，而不可能指其他军事行动。浦说显然也未得要领。

其二为《观兵》（以下称《观北庭兵》）[6]：

> 北庭送壮士，貔虎数尤多。精锐旧无敌，边隅今若何？
> 妖氛拥白马，元帅待雕戈。莫守邺城下，斩鲸辽海波。

《观北庭兵》下解题称：

> 黄鹤曰：“诗云：‘北庭送壮士’，按北庭即镇西、北庭节度之兵，元帅谓李嗣业。乾元元年九月，嗣业会九节度攻邺，是时，公有《观安西兵赴关中待命》诗，今诗云‘莫守邺城下，斩鲸辽海波’，乃邺师未溃之前作。公意欲且平吐蕃也。当是乾元二年春作，非秦州诗。”按“意欲且平吐蕃”之说，甚违诗意，盖黄鹤所用千家本列此诗于秦州诗中，受其他忧吐蕃诗之影响而生误会。其他论断，均较稳当。

《观北庭兵》解题主要也引用了黄鹤的观点，认为除了“意欲且平吐蕃”这种说法不妥外，黄鹤“其他论断，均较稳当”。但传统观点对这首诗写作背景的解释同样也存在无法解释的疑点。首先，黄鹤将《观北庭兵》的写作时间限定在“乾元二年春”“邺师

---

③　“安西、北庭行营”在唐代史料中称谓不同，或作“镇西、北庭”，或作“四镇、北镇”，具体讨论见下文第五节“两个安西北庭行营”。本文中除直接引用史料外，统一称“安西、北庭”。

④　《旧唐书》卷一〇《肃宗纪》载，乾元元年五月，“以荆州长史季广琛赴河南行营会计讨贼于河北”。北京：中华书局，1995年，252页。则此时已经开始筹划调集部队。

⑤　以上李嗣业率军参加相州战役的具体情况，请参见下文第二节“相州战役前后安西北庭行营的活动”。

⑥　《杜甫全集校注》卷五，1243—1245页。

未溃”之前，即相州战役期间。但乾元元年九月二十一日庚寅，安西、北庭行营在李嗣业统领下与诸节度会攻邺城，二年正月二十七日丙申李嗣业战死于邺城[⑦]，其间一直与行营战士在相州战场鏖战，而此时杜甫身在千里外的华州，根本没有在华州观送北庭壮士的可能。同年三月六日壬申唐军在邺城败散，“诸节度各溃归本镇”[⑧]，安西、北庭行营将士也护送李嗣业灵柩回到了怀州，唐朝廷在同月二十五日辛卯任命荔非元礼为安西、北庭行营节度使兼怀州刺史，正式接替李嗣业[⑨]。也就是说，不仅“邺师未溃”前不存在华州“观兵”的可能，即使是在相州溃败后，安西、北庭行营仍然没有回到关中，杜甫也无由在华州见到安西、北庭行营的军队，不可能在华州“观兵”。

总之，如果按照传统观点，将“观兵”诗的创作时间置于乾元元年至二年杜甫任华州参军期间，与历史背景多有违碍，无法自圆其说。杜甫“观兵”诗，直接反映了安西、北庭将士东调勤王的史实，有必要重新梳理安西、北庭行营入关及之后的线索，进而对“观兵”诗做出新的更合理的解释。

二、第一批内调勤王的西域军队

唐朝驻守西域军队的东调，是从唐肃宗北上灵武之后开始的。此前，在安史之乱初期，驻守在朔方、陇右、河西的唐军主力已经悉数东调，参加了潼关保卫战[⑩]。肃宗北上时，玄宗曾特别叮嘱称“西北诸胡，吾抚之素厚，汝必得其用”[⑪]。至德元载（756）七月，肃宗在灵武即位后，立即开始筹划征调安西、北庭节度使属下的军队东进勤王。《通鉴》肃宗至德元载七月下载：

> 上命河西节度副使李嗣业将兵五千赴行在，嗣业与节度使梁宰谋，且缓师以观变。绥德府折冲段秀实让嗣业曰：“岂有君父告急而臣子晏然不赴者乎！特进常自谓大丈夫，今日视之，乃儿女子耳！”嗣业大惭，即白宰如数发兵，以秀实自副，将之诣行在。上又征兵于安西；行军司马李栖筠发精兵七千人，励以忠义而遣之[⑫]。

《旧唐书》和《新唐书》“本纪”未载此事。《通鉴》本条前承七月二十七日己卯京兆尹崔光远自长安北抵灵武事，下接同月二十八日庚辰玄宗至成都事，可知征兵命令的

---

⑦ 《旧唐书》卷一〇《肃宗纪》，253—254页。

⑧ 《资治通鉴》（以下简称“《通鉴》”）卷二二一乾元二年三月，北京：中华书局，1956年，7069—7070页。

⑨ 《旧唐书》卷一〇《肃宗纪》，255页；《旧唐书》卷一二八《段秀实传》，3584页。

⑩ 在天宝十四载十二月颁发的亲征诏书中，玄宗曾下令：“其河西、陇右、朔方，除先发蕃汉将士及守军郡城堡之外，自余马步军将兵健等，一切并赴行营，各委节度使统领，仍限今月二十日齐到。”《亲征安禄山诏》，《唐大诏令集》卷一一九，北京：商务印书馆，1959年，626页。所谓“一切并赴行营”，就是除了必要的留守外，全部征调到了潼关。玄宗本人也曾对哥舒翰说：“河陇精锐，悉在潼关。”《新唐书》卷一四七《王思礼传》，北京：中华书局，1975年，4749—4750页；可与亲征诏书互相发明。

⑪ 《通鉴》卷二一八玄宗天宝十四载六月，6976页。“西北诸胡”，《旧唐书》卷一〇《肃宗纪》作“西戎北狄”，240页。

⑫ 《通鉴》卷二一八，6987页。

发布应在七月己卯，上距本月甲子（十二日）肃宗正式即位只有半个月的时间。《通鉴》称李嗣业为“河西节度副使”，《旧唐书·段秀实传》载：“肃宗即位于灵武，征安西兵节度使梁宰，宰潜怀异图。秀实谓嗣业曰：‘岂有天子告急，臣下晏然，信浮妄之说，岂明公之意耶？’嗣业遂见宰，请发兵，从之。乃出步骑五千，令嗣业统赴朔方，以秀实为援，累有战功。”[13]则李嗣业应是安西节度副使。其他如《旧唐书·李嗣业传》、《新唐书·段秀实传》、《册府元龟》（以下简称《册府》）等也都记载李嗣业自“安西”统兵五千赴难[14]，《通鉴》“河西”应是“安西”之误[15]。

李栖筠，或作李棲筠，是唐朝名相李吉甫的父亲，吉甫子德裕的祖父。《旧唐书·李吉甫传》说，李栖筠“国史有传”[16]；《旧唐书·李德裕传》也称，德裕“祖、父自有传”[17]，但在今本《旧唐书》中却没有李栖筠的传记。可知，在唐修国史中有李栖筠的传记，所谓“祖、父自有传”或“国史有传”，应该是《旧唐书》钞自国史的旧文。也就是说，在唐修国史中，李栖筠祖孙三人都有传记，因而在《李德裕传》和《李吉甫传》中都提示李栖筠自有传；修撰《旧唐书》时删去了李栖筠的传记，但在钞录国史中李德裕和李吉甫的传记时，却不慎保留了李栖筠有传记的旧文。

《旧唐书》的失误，为推测李栖筠入朝勤王记载的史料来源提供了重要的线索。除了上文《通鉴》外，《新唐书》和《册府》也记录了李栖筠率军勤王的事。《新唐书·李栖筠传》称：“（封）常清被召，表摄监察御史，为行军司马。肃宗驻灵武，发安西兵，栖筠料精卒七千赴难，擢殿中侍御史。”[18]《册府》亦载：“李栖筠为封常清安西行军司马。玄宗幸蜀，肃宗兴复于灵武，征兵于安西，栖筠以精卒七千人赴行在所。栖筠感以臣子大义，士皆有忘家死难之志。克复两京，迁殿中侍御史。”[19]比较诸书李栖筠率军勤王的内容，《新唐书》无《通鉴》“励以忠义而遣之”的记载，而《通鉴》则略去了《新唐书》“擢殿中侍御史”的内容；唯独《册府》的记载最为全面。根据《旧唐书》保留的李栖筠国史有传的记载，完全有理由推定，以上三书各自源出唐修国史，而《册府》因为是照录原文，所以保留的内容最完整。虽然相关细节尚不清楚，

---

⑬ 《旧唐书》卷一二八《段秀实传》，3284页。

⑭ 《旧唐书》卷一〇九《李嗣业传》，3299页；《新唐书》卷一五三《段秀实》，4848页；《册府元龟》（以下简称“《册府》”）卷三七三《将帅部·忠》，北京：中华书局，1960年，4443页；《册府》卷三九六《将帅部·勇敢》，4700页；《册府》卷七五九《总录部·忠》，9029页。

⑮ 刘子凡《瀚海天山——唐代伊西庭三州军政体制研究》已指出《通鉴》此处的讹误，并认为《通鉴》安西兵力分别由李嗣业、李栖筠率领，分两批勤王的记述不可靠。“当时节度使梁宰尚在安西，不应由行军司马李栖筠来发兵。且肃宗征兵五千，安西尚踟蹰不肯发兵，若真的再次征兵，岂会痛快地再发兵七千？《资治通鉴》的理解显然有误。”上海：中西书局，2016年，315—316页。此说否定了《通鉴》李栖筠在李嗣业之后率军入关的记载。今按，根据下文讨论可知，《通鉴》有关李栖筠率七千兵士入朝靖难的记载，源自唐修国史，并为后出诸史转录，有很高的史料价值；而李嗣业率军五千入关的记载，除了上文《旧唐书》卷一二八《段秀实传》（3284页）外，还见于《新唐书》卷一五三《段秀实传》（4848页）、《册府》卷七五九《总录部·忠》（8531页）。从“事理”立论，尚不足以否定《通鉴》的记载。

⑯ 《旧唐书》卷一四八《李吉甫传》，3992页。

⑰ 《旧唐书》卷一七四《李德裕传》，4509页。

⑱ 《新唐书》卷一四六《李栖筠传》，4735页。

⑲ 《册府》卷三七三《将帅部·忠》，4443页。

但大体可以肯定，至德元载七月后，安西节度使先后派出两批援军，一批五千人由节度副使李嗣业统率，一批七千人由行军司马李栖筠统率，兼程赶赴肃宗行营[20]。

约略与此同时，北庭节度使下的三千精兵也由将领马璘统帅东进入关。常衮所撰《马璘碑》载：

初，公自二庭，统甲士三千，赴凤翔行在。遂陈灭胡之策，先皇帝奇之，曰：“吾无忧于东方也。”[21]

同样出自常衮手笔的《马璘墓志》亦载：

公讳璘，字仁杰。（中略）年廿二，仗剑西游，横绝大漠。抵二庭之极塞，收万里之奇功。下上戎班，伯仲勋将。天宝逾纪，狂凶叛燕，岐阳兴复夏之师，天下会尊周之戍（戎）。公受命戎师，誓勤王家，与西州士大夫暨诸蕃君长涉乌弋，经赤庭，由陇及岐，视险如砥。躬擐甲胄，手捧兵符，献于行宫，凡数万。以二先皇穆然垂意，特以良将器之[22]。

碑、志俱称马璘自“二庭”赴肃宗行营勤王，其他如《旧唐书·马璘传》《新唐书·马璘传》《册府》也都如此表述[23]。肃宗宝应元年（762），唐朝将西州首县高昌和北庭首县金满，分别易名作前庭县和后庭县[24]，自此“二庭”便成了伊西庭节度（即北庭节度）的代称[25]。如代宗大历三年（768），朝廷计划将安西、北庭行营调往泾州，引发了一场兵变阴谋。在《册府》的记载中，保留了“四镇、二庭”的旧称，而《旧唐书》《新唐书》《通鉴》在记载同一事件时，则将原来的“二庭”，改成了习见的“北庭”[26]。又，撰写于建中三年（782）的《高耀墓志》，称赞伊西庭支度营田副使高耀勋绩卓著，“弘益二庭”等[27]，都是显例。另据《马燧碑》载，燧父璘，“仗剑万里，建绩二（府）〔庭〕”，长子燧生于“伊西”[28]。也可证明马璘确实是从“二庭”即伊西

⑳ 《旧唐书》卷一二八《段秀实传》，3284页；《新唐书》卷一四六《李栖筠传》，条4735页；《通鉴》卷二一八玄宗肃宗至德元载七月，6987页。

㉑ 原题《故四镇北庭行营节度使扶风郡王赠司徒马公神道碑铭》，《唐文粹》卷五七，宋绍兴九年（1139）临安府刻本，叶一七背。

㉒ 原题《大唐故四镇北庭行营节度兼泾原颍郑等节度观察使尚书左仆射扶风郡王赠司徒马府君墓志铭并序》，吴钢主编《全唐文补遗》第六辑，西安：三秦出版社，1999年，98—99页。“尊周之戍”，王育龙《唐马璘墓志铭述考》（《文博》1997年第6期，93—96页）“戍”作“戎”，是。王育龙文断句多误，此从《全唐文补遗》录文。又，马璘葬于代宗大历十二年，“二先皇”应指玄宗与肃宗。

㉓ 《旧唐书》卷一五二《马璘传》，4065页；《新唐书》卷一三八《马璘传》，4617—4618页；《册府》卷三五八《将帅部·立功》，4252页；《册府》卷三七三《将帅部·忠》，4443页。

㉔ 《新唐书》卷四〇《地理志》，1046页。

㉕ 陈国灿《安史乱后的唐二庭四镇》，荣新江主编《唐研究》第二卷，北京：北京大学出版社，1996年，415—416页。

㉖ 《册府》卷三六七《将帅部·机略》，4363页；《旧唐书》卷一二八《段秀实传》，3585页；《新唐书》卷一五三《段秀实传》，4850页；《通鉴》卷二二四代宗大历三年，7205页。《册府》本段记载与《旧唐书》基本相同。但“筹既差互”，《旧唐书》夺“筹”字，“二庭”，《旧唐书》作“北庭”，据此判断，二书同源，《册府》保留了更多的原始信息。

㉗ 《高耀墓志》，侯灿、吴美琳《吐鲁番出土砖志集注》，成都：巴蜀书社，2003年，642—646页。

㉘ 熊执易《武陵郡王马公神道碑》，《文苑英华》卷八九二，北京：中华书局，1966年，4694—4696页。“二府”，《全唐文》卷六二三作“二庭”，6289—6291页，据改。

庭地区率军勤王的。

《马璘墓志》称“公受命戎师，誓勤王家，与西州士大夫暨诸蕃君长涉乌弋，经赤庭，由陇及岐，视险如砥。躬擐甲胄，手捧兵符，献于行宫，凡数万”。这段文字需要略作解释。首先，上引诸书俱载马璘统众三千人关，《马璘墓志》之“数万”，显然是将“诸蕃君长”即西域胡国勤王兵马与北庭援军计算在了一起。由此可以推知，第一批东进勤王的西域土著国军队，很可能是随马璘所率北庭援军一起入关的。从传统文献中确切可知参加收复两京军事行动的有于阗、拔汗那、大食等西域胡国的军队，其中仅于阗王尉迟胜率领的军队就有五千人之众[29]；而肃宗在征发拔汗那兵的同时，还特别下令拔汗那“转谕城郭诸国，许以厚赏，使从安西兵入援”[30]。从这些迹象判断，墓志所称“数万”，与西域实际入关兵力的差距应该不是很大。“乌弋”即西域古国乌弋山离（约当今阿富汗西部之赫拉特）的简称，“赤庭”可能是指唐赤亭守捉所在地赤亭口（在今新疆鄯善县境内），从上文解释可知，“涉乌弋，经赤庭”云云，应该是对西域诸国援兵东来勤王的一般性描述，而不是对实际行经路线的记录。其次，马璘所率为伊西庭节度使下的军队，因而墓志特别强调“西州士大夫”。又，岐县为凤翔府属县，“由陇及岐”，是“赴凤翔”的另一种不同的表述方式。

综上所述，至德元年东调的西域唐军约为一万五千人，其中安西节度使派出两批一万二千人，占常设兵力总数的一半；北庭节度使三千人，占兵力总数七分之一强[31]。参加勤王的西域诸国兵力应该也在万人以上。

三、相州战役前后安西北庭行营的活动

安西、北庭勤王兵马入关初期，名义上由关内行营节度使王思礼统领。王思礼其人原为营州城傍高丽人，长期在河陇服役，曾担任关西兵马使、河源军使、金城郡太守等职，安史之乱后，任哥舒翰元帅府马军都将，随翰守卫潼关[32]。潼关陷落后，王思礼率溃军西归。至德元载六月，在京兆金城县（今陕西兴平市）与刚刚逃出长安的玄宗相遇，玄宗“以思礼为河西、陇右节度使，即令赴镇，收合散卒，以俟东讨”[33]。当王思

㉙ 《通鉴》卷二一九肃宗至德元载十二月，7010页；同卷至德二载正月，7014页；《唐会要》卷一〇〇《大食》，上海：上海古籍出版社，1991年，2127页；《册府》卷九七三《外臣部·助国讨伐》，11434页。刘子凡根据天宝年间于阗国总户数“四千四百八十七”的记载，对尉迟胜率兵“五千”的提出质疑，认为“所谓‘五千’，大概是指安西四镇入援的总兵力，尉迟胜的于阗兵只是其中一小部分，只不过史书在书写过程中讹为尉迟胜自率兵五千了”。这种质疑固然不无道理。但在没有确切史料证据的情况下，不宜轻易否定明显出于不同来源的相关记载，所谓“五千”，或者容有夸张，或者是包括了于阗之外的其他西域国的兵力，将它理解为“安西四镇入援的总兵力”，似乎不妥。

㉚ 《通鉴》卷二一九肃宗至德元载九月，6998页。

㉛ 开元二十一年定额，安西节度使兵力二万四千人，北庭节度使二万人。见《通典》卷一七二《州郡序目》，4479页。

㉜ 《旧唐书》卷一一〇《王思礼传》，3312页；《新唐书》卷一四七《王思礼传》，4750页。

㉝ 《通鉴》卷二一八肃宗至德元载六月，6973页。

礼到达平凉（治今宁夏固原县）时，得到河西胡人部落离乱的消息，于是转而前往庆州（治今甘肃庆阳）谒见肃宗，被肃宗任命为行在都知兵马使[34]。同年十月，肃宗任命房琯为招讨西京使，王思礼为副使，率军东征。未几兵败，又在同年十二月任命王思礼为关内行营节度使，驻守武功[35]。

“关内节度使”或称“关内行营节度使”，只存在了五年时间（756—761），是在肃宗即位后，征调西北边兵至关中集结，准备攻取东、西二京的背景下，为协调、督察各路勤王兵马而临时设置的官职[36]。在肃宗至德二载正月进攻西京前发布的诏书中称：“使郭子仪领朔方精骑三万，步卒五千，并回纥兵二万人；使王思礼领安西、北庭、河陇马步五万。”[37]同年十二月收复两京后发布的大赦诏中，王思礼的具衔是“开府仪同三司、御史大夫兼工部尚书、持节充招讨西京、并定武、威武、兴平等军兼关内节度、河西·陇右·伊西·四镇行营兵马使”，李嗣业的具衔为“开府仪同三司兼右金吾卫大将军同正员、仍充四镇·伊西北庭行军兵马使”[38]。安西、北庭行营兵马名义上由关内节度使王思礼统辖，但实际上仍然归安西、北庭行营节度使（或移兵马使）李嗣业指挥。

在至德二载收复西京的香积寺之战中，李嗣业率安西、北庭及西域兵马为前军，朔方、河西、陇右行营节度使郭子仪为中军，关内行营节度使王思礼为后军。两军对垒沣水，安史军兵力十万，唐军十五万，安西、北庭军队表现出了强大的战斗力。据《册府》记载：

> 贼将安守忠、李归仁悉以前军来逼，我师殆乱，前军节度使李嗣业谓子仪曰：“今日之事，若不以身啖寇雠，决战取胜，三军之士无孑遗矣。”言讫，乃仗长刀立阵前，解衣袒而大呼，手杀数十人，阵容方整。由是前军之士皆执长刀，如墙而进，所向摧靡。先是，贼伏一军于营东，候动则发。侦者知之，以告。帝亲率回纥锐卒剪其伏军，遂蹑大营背，与嗣业合势，表里夹攻。自辰及酉，斩首六万余级，贼军大溃，填沟涧而死者十七八[39]。

㉞ 《通鉴》卷二一八肃宗至德元载六月，6979页。据《旧唐书》卷一一〇《王思礼传》（3312页）、《旧唐书》卷一一一《房琯传》（4750页）、《册府》卷四三二《将帅部·立后效》（5146页）和于邵《为人请合祔表》（《文苑英华》卷六〇八，3151页）记载：至德元载九月，王思礼与潼关败将李承光、吕崇贲等同至顺化郡（庆州）谒见肃宗，肃宗以不能坚守，欲将众将斩首，经房琯救谏，始释王、吕，独斩李承光。《通鉴》未载李承光、吕崇贲事，将王思礼谒见肃宗事置于本年六月肃宗停留平凉期间，误。《通鉴》称“以思礼为行在都知兵马使”。按，本年六月，肃宗的身份还是皇太子，不可能称“行在”，《通鉴》无意中保留下来的“行在”的表述，同样表明王思礼来到顺化郡的时间，只能是在七月肃宗称帝之后，而不是登上皇位前的六月。

㉟ 《旧唐书》卷一〇《肃宗纪》，244页；《新唐书》卷一四七《王思礼传》，4750页。

㊱ 《新唐书》卷六四《方镇表》“朔方”，1766—1767页。

㊲ 《谕西京逆官敕》，《唐大诏令集》卷一一八，617—618页。

㊳ 参见《册府》卷八七《帝王部·赦宥》，1031—1035页。

㊴ 《册府》卷二〇《帝王部·功业》，215页。

《册府》本段史料的内容比其他相关记载更详尽[40]。“帝”指代宗。此时代宗为广平王，担任唐军元帅。《册府》内容详于诸书，且称代宗为“帝”，表明《册府》的记载应该出自《代宗实录》。从这段记载可知，安西、北庭行营军队与回纥精骑，在收复长安的战斗中起了至关重要的作用。

本年十月，在收复洛阳的关键一役新店战役中，“嗣业与子仪遇贼于新店，与之力战，数合，我师初胜而后败，嗣业逐急应接。回纥从南山望见官军败，曳白旗而下，径抵贼背，穿贼阵，贼阵西北角先陷。嗣业又率精骑前击，表里齐进，贼众大败，走河北。子仪遂收东都”[41]。与香积寺战役一样，新店战役的首功也归于安西、北庭行营与入唐回纥骑兵。

唐军收复两京之后，安庆绪退居相州，肃宗令安西、北庭行营节度使李嗣业等略定河南、河东州县[42]，河北郡县纷纷倒戈降唐，留守范阳的史思明见大势已去，也公开与安庆绪决裂，以所部河北十三郡投降朝廷，“虽相州未下，河北率为唐有矣”[43]。随着朝廷势力的向东推进，安西、北庭行营开进到了唐朝廷与安史乱军交界的前沿，在乾元元年三月进驻新收复的怀州。同年四月，安庆绪趁安西、北庭行营立足未稳，组织二万军队反攻怀州，被李嗣业击退。六月，朝廷特别以节度使李嗣业兼任怀州刺史，以便利征调军需物资，怀州成为安西、北庭军队相对固定的驻地[44]。同年七月，杜甫代替华州刺史郭某撰写了一篇状文，分析当时敌我军事态势，建议朝廷针对形势的变化，采取不同的应对策略，其中一条是，“贼之精锐，撮在相、魏、卫之州，贼用仰魏而给。贼若抽其锐卒，渡河救魏、博，臣则请朔方、伊西北庭等军，渡沁水，收相、卫”[45]。安西、北庭行营驻扎怀州，进可北收相、魏，压迫安庆绪在河北的心腹之地；退能南守河防，有效守卫东都洛阳，具有举足轻重的战略意义，安西、北庭行营在与安史战争中的重要地位也于此可见。

乾元元年九月相州战役正式开始后，李嗣业为了不贻误战机，将辎重留在怀州，奏请判官段秀实担任怀州长史知州事兼节度留后，负责后勤保障[46]；自己率军轻骑简装，先后参加了收复卫州（治今河南浚县）和围攻相州的战斗。与收复两京战役一样，安西、北庭军队勇猛善战，“诸将无功，独嗣业被坚数奋，为诸军冠”[47]，战斗力强大，

㊵ 主要参见《通鉴》卷二二〇肃宗至德二载九月，7033—7034页；《旧唐书》卷一〇九《李嗣业传》，3299页；《新唐书》卷一三八《李嗣业传》，4616—4617页；《旧唐书》卷一二〇《郭子仪传》，3451页；《新唐书》卷一四七《王思礼传》，4750页。《旧唐书》卷一二一《仆固怀恩传》，3478页；《新唐书》卷二二四上《叛臣传》上《仆固怀恩传》，6366页。

㊶ 《旧唐书》卷一〇九《李嗣业传》，3310页。

㊷ 《通鉴》卷二二〇肃宗至德二载十一月，7044页；《新唐书》卷一三八《李嗣业传》，4617页。

㊸ 《通鉴》卷二二〇肃宗至德二载十二月，7047—7048页。参见《旧唐书》卷二〇九《史思明传》，5378—5379页。

㊹ 《通鉴》卷二二〇肃宗乾元元年三月，7052页；同年四月，7053页；同年六月，7057页。

㊺ 杜甫《为华州郭使君进灭残寇形势图状》，《杜甫全集校注》卷二二，6407—6415页。“伊西北庭”，点校本作“伊西、北庭”。“郭使君”不详。状文末称“乾元元年七月日某官臣状进”。

㊻ 《旧唐书》卷一二八《段秀实传》，3584页；《新唐书》卷一五三《段秀实传》，4848页。

㊼ 《旧唐书》卷一〇九《李嗣业传》，3310页。

迥出诸军之上。

乾元二年正月丙申，李嗣业在相州城下中箭身亡，安西、北庭行营节度使由兵马使荔非元礼继任。三月，相州战役失利，六十万唐军作鸟兽散，退守洛阳，安西、北庭行营也在荔非元礼的率领下回到怀州驻地[48]，唐军攻势全面瓦解。此后，史思明杀害安庆绪，自称大燕皇帝，而唐朝也以李光弼替代郭子仪担任唐军主帅。乾元二年九月，史思明分兵四路，再次南渡黄河，自汴州（今河南开封）西进，李光弼放弃洛阳，移军坚守河阳（今河南孟县），九月二十七日庚寅，史思明入洛阳[49]，双方开始了新一轮较量。

四、洛阳再陷与第二批内调的西域军队

安史军队再次席卷而西，引起朝野巨大震恐，唐朝廷急忙在陕州（治今河南三门峡市）部署兵力，组成拱卫长安的战略防线。与此同时，继至德元载第一批西域唐军内调勤王之后，紧急征调第二批西域留守唐军入关勤王。《通鉴》乾元二年十一月下载：

> 发安西、北庭兵屯陕，以备史思明[50]。

《通鉴》本条不系日，下文接七日庚午纪事，其事应在十一月七日或稍前。《新唐书》也在乾元二年下记载称：

> 乾元二年十月，诏百官上勤政楼观安西兵赴陕州，有狐出于楼上，获之[51]。

一称“屯陕”，一称“赴陕州”，二书所载当是同一事件，但具体时间一在十月，一在十一月，略有差异。发兵赴陕州之前，肃宗曾在乾元二年十月初四丁酉下诏，计划在十月十七日率军亲征东京，被苏源明等众臣谏止[52]。苏源明在第三次上书进谏时，列举了肃宗亲征“甚不可”的十条理由，其中第八条认为，军事形势正在朝着有利朝廷的方向好转，肃宗不必动一时之怒，亲履险地。《册府》记载了苏源明上疏的比较详尽的文本，其中第八条称：

> 司空李光弼能拔河阳，尚书王思礼应下晋原，中丞卫伯玉劲卒接焉耆、过析支，不日且至，大夫王玄志压巫闾、临幽都，汝州刺史田南金乘阙口、遏二室，扬州长史邓景山凌长淮、饩梁汴。然而狂贼失身，蹙于缑氏山，北不敢逾孟津，东不敢过罂子，只待反接耳。陛下不坐而受之，而欲亲征，徇一朝之怒，甚不可八也[53]。

从肃宗下诏亲征及诏书中提到的计划亲征的日期可以推知，苏源明进谏的时间应该是在

---

⑱ 《旧唐书》卷一〇《肃宗纪》，255页。
⑲ 《旧唐书》卷一〇《肃宗纪》，255页；《新唐书》卷六《肃宗纪》，162页。
⑳ 《通鉴》卷二二一，7089页。
㉑ 《新唐书》卷三五《五行志》，923页。
㉒ 《旧唐书》卷一〇《肃宗纪》，257页；《通鉴》卷二二一肃宗乾元二年，7083页。
㉓ 《册府》卷五五二《词臣部·献替》，6620—6621页。

乾元二年十月四日至十七日期间[54]。苏源明在上书中说："臣等今月四日及七日上言，车驾幸东京不便。吁天而诉，稽首而祈，竭诚不精，留中不下。臣等自咎自毒，若惛若狂。"据此可进一步将第三次上书进谏的时间确定在十月七日稍后，即七日至十四日期间。苏源明在上书中提到"卫伯玉劲卒接焉耆、过析支"，卫伯玉率领的"劲卒"，包括了从西域征调的参加守卫陕州的军队（说详下文），可知迄止十月七日稍后，安西部队尚未赶到长安，但已"不日可至"。

综合以上记载判断，《新唐书》"十月"可以理解为安西军队到达长安的时间，而《通鉴》之"十一月"，则是到达陕州的时间。安西军队很可能是在十月中下旬到达长安，举行完勤政楼观兵仪式后，在十一月七日前赶到了陕州。

上文《册府》载苏源明说"中丞卫伯玉劲卒接焉耆、过析支，不日且至"，《新唐书》作"卫伯玉拂焉耆，过析支，不日可至"[55]。都没有明确提到卫伯玉所率勤王军队的来源。一年以后，肃宗上元元年（760）八月卫伯玉改任神策军节度使，《通鉴》追溯前事称：

> 初，哥舒翰破吐蕃于临洮西关磨环川，于其地置神策军。及安禄山反，军使成如璆遣其将卫伯玉将千人赴难[56]。

可知卫伯玉是由洮阳郡太守兼神策军使成如璆派遣的将领[57]，率军由陇右赴难。但《旧唐书·卫伯玉传》载：

> 卫伯玉，有膂力，幼习艺。天宝中杖剑之安西，以边功累迁至员外诸卫将军。肃宗即位，兴师靖难，伯玉激愤，思立功名，自安西归长安。初为神策军兵马使，出镇（陕州行营）[58]。

据此则卫伯玉是自安西入朝，出镇陕州[59]。将卫伯玉入朝与安西勤王兵马相联系，不仅与《通鉴》及《新唐书》所载肃宗令百官至勤政楼观"安西兵"赴陕州在时间和内容上高度契合，也与陕州保卫战立功后，卫伯玉在乾元二年年底正式受命为安西、北庭行营节度使相一致（参见下文第五节），但这些记载与卫伯玉自陇右领命，率军赴难的记载相矛盾。

上文苏源明所称"中丞卫伯玉劲卒接焉耆、过析支"，为理解两种不同的记载提供

---

[54] 《全唐文》四三《亲征史思明诏》（北京：中华书局，1983年，474—475页）称"即以今月十七日幸东京，率六军取北路进发"。《唐大诏令集》卷七九（455页）只保留了诏令的部分内容，并在注文中误系于"乾元二年九月"。

[55] 《新唐书》卷二〇二《文苑传》中《苏源明》，4848页。

[56] 《通鉴》卷二二一，7096页。据上文，卫伯玉入关在乾元二年十月下旬，《通鉴》称："及安禄山反，军使成如璆遣其将卫伯玉将千人赴难"，不确。

[57] 《唐会要》卷七八《节度使》，1689页。

[58] 《旧唐书》卷一一五《卫伯玉传》，3378页。"初为神策军兵马使出镇"文意未足。《册府》卷三五八《将帅部·立功》（第4252页）"出镇"下有"陕州行营"四字。《新唐书》卷一四一《卫伯玉传》（第4657页）亦称，卫伯玉"领神策兵马使，出镇陕州行营"，据补。

[59] 《新唐书》卷四〇《兵志》，1332页；《新唐书》卷一四一《卫伯玉传》，4657页；《册府》卷三五八《将帅部·立功》，4252页；《册府》卷三八五《将帅部·褒异》，4572页同。

了有益的思路。如所周知，析支是今青海省境内黄河河曲地区的古称[60]。苏源明将析支与焉耆并称，可以解释为安西军队从西域到达陇右，然后由神策军兵马使卫伯玉率领，与神策军勤王军队一起来到了长安。也就是说，东调守卫陕州的唐军由两部分组成，一是来自西域的安西、北庭留守军，一是陇右节度使属下的神策军。因为卫伯玉麾下除了神策军外，还有西域援军，所以有些记载称他是“自安西归长安”。

相关记载中，没有提到乾元二年第二次入关勤王的安西、北庭军队的数量。在现存的记载中，多称卫伯玉行营为“安西兵”，鲜有提到神策军的记载[61]，可知卫伯玉行营，主要是由安西、北庭兵力组成的。据此可以推测，乾元二年入关的西域军队，数量应该是很可观的。杜甫在《观安西兵》诗中称“奇兵不在众，万马救中原”，“万马”当然不能作为实际数字看待，但在诗人看来，“万马”并不算多，所以杜甫的描写可以作为入关数量的参考。据上文讨论，唐西域常设总兵力约四万四千人，至德元年第一次勤王的唐军大概是一万八千人[62]。如果二次入关以万人计，则乾元二年以后西域留守兵力只剩一万五千左右。

这里需要补充说明的一点是，史思明攻占洛阳在乾元二年九月二十七日庚寅，而在十月中上旬西域和陇右勤王军队已经到达长安，根据时间推断，内调西域军队应该是在洛阳失陷之前，即九月初史思明南渡黄河之后。

五、两个安西北庭行营

卫伯玉到达陕州后不久，就率军在陕州东的礓子阪与来犯的史思明将领李归仁展开了激战。《通鉴》肃宗乾元二年十二月：

> 史思明遣其将李归仁将铁骑五千寇陕州，神策兵马使卫伯玉以数百骑击破之于礓子阪，得马六百疋，归仁走。以伯玉为镇西、四镇行营节度使。李忠臣与归仁等战于永宁、莎栅之间，屡破之[63]。

安史之乱爆发后，以行营为名者有“镇西、北庭（或称‘安西、北庭’‘四镇、北庭’）行营”“关内行营”“朔方、河西、陇右行营”[64]“淮西、襄阳节度行营”[65]“河南、淮南、淮西、荆南、山南东五道节度行营”等[66]，未见有“镇西、四镇行营”的记载，而且“镇西”就是“四镇”的别称（参见下文），“镇西、四镇”文意也不通。《旧唐书·卫伯玉传》载此役称：“逆贼史思明遣伪将李归仁铁骑三千来

---

[60] 《后汉书》卷八七《西羌传》：“赐支者，《禹贡》所谓析支者也。南接蜀、汉徼外蛮夷，西北〔接〕鄯善、车师诸国。”北京：中华书局，1982年，2869页。即此。

[61] 稍后，朝廷甚至将这支军队径直命名为“四镇、北庭行营”。参见本节下文。

[62] 参见第二节“第一批内调勤王的西域军队”。

[63] 《通鉴》卷二二一，7089页。

[64] 《册府》卷一二二《帝王部·征讨》，1459页。

[65] 《旧唐书》卷一一四《鲁炅传》，3363页。

[66] 颜真卿《李光弼碑》，《颜鲁公文集》卷四，《四部丛刊》本，13—21页。

犯，伯玉以数百骑于疆子坂击破之，积尸满野，虏马六百匹，归仁与其党东走。以功迁右羽林军大将军，知军事。转四镇、北庭行营节度使[67]。”《新唐书·卫伯玉传》及《册府》多处记载礓子阪战役，俱作“四镇、北庭行营”[68]，显然《通鉴》“镇西、四镇”，应是“四镇、北庭”之误。可知，到达陕州两月，这支由西域和陇右将士组成的援军就得到了“四镇、北庭行营”的名号，并由卫伯玉担任了行营节度使。

据上文第二节讨论，此前在至德元载第一批入关的安西、北庭和西域诸国的援军，曾被整编为以李嗣业为指挥官的行营，沿用原来的安西、北庭节度名号，称“安西、北庭行营”或“四镇、北庭行营”，至德二载后，安西大都护府一度改为镇西大都护府[69]，所以有时又称“镇西、北庭行营”。相关史籍中，李嗣业的职衔或作“安西、北庭行营节度使”[70]，或作“四镇、北庭行营节度使”[71]，或作“镇西、北庭行营节度使”[72]，或作“四镇、伊西北庭行营兵马使”[73]；有时还可以省称作“北庭行营节度使”或“镇西节度使”等[74]。具衔的不一，反映了安西、北庭行营名号混杂的情形。李嗣业及此后担任安西、北庭行营节度使的军将如马璘、段秀实、李怀光、朱泚等人的具衔都有“四镇、北庭行营节度使”的称谓[75]，与卫伯玉的署衔相同，如果仅仅从署衔判断的话，则卫伯玉所率之“四镇、北庭行营”，完全可以视为是至德元载入关的“安西、北庭行营”的别称。

这里需要解释清楚的问题是，卫伯玉所率兵马是在肃宗乾元二年十月入关的安西、北庭援军，而第一批西域勤王兵马早在至德元载就已入关并参加了收复两京的战役。卫伯玉麾下的安西、北庭行营，与至德元载入关的安西、北庭行营到底是不是同一个行营？如果是，它们是何时、如何合并的？如果不是，二者之间有什么关系？

卫伯玉乾元二年十二月担任安西、北庭行营节度使，上元元年八月改任“神策军节度使”[76]，任期不满一年。在上文第三节中，我们梳理了至德元载入关的安西、北庭行营在相州战役前后的活动轨迹。乾元二年正月李嗣业阵亡后，安西、北庭行营由荔非元礼代理。相州之役唐军失利，荔非元礼在乾元二年三月回到怀州，正式受命为安西、北庭行营节度使，并与前任节度使李嗣业一样，兼任了怀州刺史[77]。肃宗上元二年二月邙

---

[67] 《旧唐书》卷一一五《卫伯玉传》，3378页。

[68] 《新唐书》卷一四一《卫伯玉传》，4657页；《册府》卷三八五《将帅部·褒异》，4247页；《册府》卷四一九《将帅部·以少击众》，4997页；《册府》卷四三四《将帅部·献捷》，5159页。

[69] 《新唐书》卷四〇《地理志》四，1047—1048页；《新唐书》卷六七《方镇表》四，1870页；《通鉴》卷二二〇肃宗至德二载，7051页。《地理志》误系于至德元载。

[70] 《新唐书》卷六《代宗纪》，166页。

[71] 《册府》卷三五八《将帅部·立功》，4248页。“四镇”，《册府》讹作“西镇”。

[72] 《册府》卷一二二《帝王部·征讨》，1459页。

[73] 《新唐书》卷六《肃宗纪》，159页。“伊西北庭”（或称“伊西庭”），是“北庭节度使”的全称。

[74] 《新唐书》卷一〇《肃宗纪》，253页；《通鉴》卷二二一肃宗乾元二年，7068页。

[75] 《旧唐书》卷一五二《马璘传》，4066页；熊执易《马钺碑》，《文苑英华》卷八九二，4694—4696页；《旧唐书》卷一一《代宗纪》，312页；《旧唐书》卷一二一《李怀光传》，3492页；《旧唐书》卷一二《德宗纪》，325页。

[76] 《通鉴》卷二二一肃宗上元元年八月，7096页。

[77] 《旧唐书》卷一〇《肃宗纪》，255页；《通鉴》卷二二一乾元二年三月，7072页。

山之役唐军兵败，史思明攻陷怀州[78]。此后，荔非元礼率军移镇绛州翼城。宝应元年三月，安西、北庭行营兵士因粮赐不足起事，杀害荔非元礼，推举安西胡人白孝德继任行营节度使[79]。在此期间（759—762），安西、北庭行营节度使的职务一直是由荔非元礼担任[80]。卫伯玉不可能在同时担任安西、北庭行营节度使（759—760）。换言之，在卫伯玉担任安西、北庭行营节度使期间，实际上存在两个以"安西、北庭"为名的行营。荔非元礼率领的安西、北庭行营，由至德元载第一次进入内地的西域勤王军队组成，主要活动在洛阳以北的怀州、翼城一带；卫伯玉率领的安西、北庭行营，由乾元二年十月第二批入关的西域军队与陇右神策军构成，一直驻守在陕州，承担拱卫长安的战略防御任务。

通过卫伯玉由安西、北庭行营节度使改任神策军节度使的相关记载，可以对两个安西、北庭行营的问题进行更深入的探讨。卫伯玉改任之事，以《唐会要》和《新唐书·兵志》的记载最为详尽。《唐会要》称：

> 及安禄山反，（成）如璆使其将卫伯玉领神策军千余人，赴难于相州城下。官军相州之败，伯玉收其兵，与观军容使鱼朝恩同保陕州。时西边土地已没，遂语（诏）伯玉所领军号神策军，以伯玉为军使，与陕州节度使郭英义同镇于陕，观军容使鱼朝恩亦在焉。敕伯玉以其兵东讨有功，遂加号神策军节度使[81]。

《新唐书·兵志》载：

> 上元中，以北衙军使卫伯玉为神策军节度使，镇陕州，中使鱼朝恩为观军容使，监其军。初，哥舒翰破吐蕃临洮西之磨环川，即其地置神策军，以成如璆为军使。及禄山反，如璆以伯玉将兵千人赴难，伯玉与朝恩皆屯于陕。时边土陷蹙，神策故地沦没，即诏伯玉所部兵，号"神策军"，以伯玉为节度使，与陕州节度使郭英义皆镇陕[82]。

除了阙载卫伯玉在就任神策军节度使之前曾担任安西、北庭行营节度使，以及《唐会要》错误地将相州战役中李嗣业和荔非元礼两位安西、北庭行营节度使的事迹误植在了卫伯玉身上之外，这两种记载都将卫伯玉担任神策军节度使的原因归结为"西边土地已没"或"神策故地沦没"，即神策军在陇右的原驻地陷落，因此下诏以伯玉所率勤王兵马为神策军，并任命卫伯玉为节度使。

---

[78] 《旧唐书》卷二〇〇上《史思明传》，5381页；《新唐书》卷二二五上《逆臣传》上《史思明传》，6431页。

[79] 《旧唐书》卷一二八《段秀实传》，3584页；《新唐书》卷一三六《李光弼传》附《荔非元礼传》，4591页。

[80] 《新唐书》卷一三六《李光弼传》附《荔非元礼传》，4591页；《旧唐书》卷一二八《段秀实传》，3584页；《新唐书》卷一三五《段秀实传》，4848页；《通鉴》卷二二二肃宗宝应元年建卯月，7120页；《册府》卷九四〇《总录部·患难》，11077页。

[81] 《唐会要》卷七二《京城诸军》，1533页。"遂语伯玉所领军号神策军"，下文《新唐书》卷五〇《兵志》"语"作"诏"，《唐会要》涉形近误。

[82] 《新唐书》卷五〇《兵志》，1332页。

按，神策军是天宝十三载哥舒翰在临洮城西八十里设置的军镇[83]，所谓“故土沦没”，就是指洮州陷蕃。据《新唐书》记载，吐蕃在肃宗宝应元年攻陷洮州[84]，《元和郡县图志》记为广德元年（763）[85]。两说虽然不尽相同，但都在上元元年卫伯玉就任神策军节度使之后。可知卫伯玉改任神策军节度使，与陇右神策军故地沦陷完全无关，《唐会要》和《新唐书·兵志》的记载不足为据。

据上文讨论可知，在乾元二年十二月至上元元年八月期间，卫伯玉率领的行营，与荔非元礼担任节度使的安西、北庭行营的番号完全相同。我们认为正是为了区别两个不同的行营，因此将卫伯玉行营改名为“神策军”，而卫伯玉本人也由安西、北庭行营节度使，转而成为了神策军节度使。《唐会要》称“语（诏）伯玉所领军号神策军，以伯玉为军使”，《新唐书·兵志》也称“即诏伯玉所部兵，号‘神策军’，以伯玉为节度使”，“所领军”（或“所部兵”）云云，也表明改变番号后的神策军，就是卫伯玉原来统领的兵马，即以“安西、北庭”为名的行营。卫伯玉行营本来就是由安西、北庭与陇右神策军勤王兵马两部分组成。最初大概因为西域兵马较众，所以径称“安西、北庭行营”，稍后又因为与荔非元礼所率行营名称相同，故而改作“神策军”。卫伯玉由安西、北庭行营节度使改任神策军节度使，是因为所率行营改换了番号，而不是改赴他任。

由于现存史料中没有留下卫伯玉行营名称改易的明确记录，因而在相关记载中出现了一些相互矛盾甚至错误的说法，从而造成了理解的困扰。比如上文《唐会要》和《新唐书·兵志》根本没有提到卫伯玉曾担任安西、北庭行营节度使，而《通鉴》先是在乾元二年十二月载，卫伯玉在礓子阪战后“为镇西、四镇（应为‘四镇、北庭’之误，见上文）行营节度使”，但一年之后，又在上元元年载，“及安禄山反，军使成如璆遣其将卫伯玉将千人赴难。既而军地沦入吐蕃，伯玉留屯于陕，累官至右羽林大将军。八月，庚午，以伯玉为神策军节度使”[86]。将担任神策军节度使之前的历官直接与右羽林大将军相衔接，从而略去了安西、北庭行营节度使的历官。

其实卫伯玉由神策军兵马使迁右羽林大将军，转安西、北庭行营节度使，再转神策军节度使，这一过程在相关记载中是很明确的。如《册府》在礓子阪战役下载，卫伯玉“以功迁右羽林军大将军、知军事，转四镇、北庭行营节度使，献俘百余人至阙下，迁神策军节度”[87]。《旧唐书》和《新唐书》本传虽然内容稍简，但也明确记载了神策军兵马使、右羽林军大将军、四镇北庭行营节度使、神策军节度使的历官顺序。我们认为，上文《唐会要》《新唐书·兵志》和《通鉴》阙载卫伯玉安西、北庭行营节度使历官，很可能是因为史书的编纂者不清楚这时存在两个安西、北庭行营的事实，无法解释

---

[83] 《元和郡县图志》卷三九《陇右道》，北京：中华书局，1983年，998页；《唐会要》卷七八《节度使》，1689页。参见《册府》卷九九二《外臣部·备御》，11655页。《元和郡县图志》称在临洮西八十里，《唐会要》及《册府》称“二百余里”。

[84] 《新唐书》卷四〇《地理志》，1040页；《新唐书》卷二一六上《吐蕃传》上，6087页。

[85] 《元和郡县图志》卷三九《陇右道》上，997页。

[86] 《通鉴》卷二二一乾元二年十二月，7089页；同卷上元元年八月，7096页。

[87] 《册府》卷三八五《将帅部·褒异》，4572页。

卫伯玉与荔非元礼同时担任安西、北庭行营节度使的现象，因而有意回避了卫伯玉在担任神策军节度使前任安西、北庭行营节度使的记载。

此外，《唐会要》称卫伯玉率神策军将士“赴难于相州城下。官军相州之败，伯玉收其兵，与观军容使鱼朝恩同保陕州”。相州战役早在乾元元年三月就已结束，而卫伯玉是在半年之后才率军入关。显然同样也是因为不了解这时有两个安西、北庭行营，因而张冠李戴，将李嗣业、荔非元礼所率行营参加相州会战之事，附会在了卫伯玉的名下。

六、杜甫“观兵诗”新解

上文通过对安西、北庭援军两次入关及与安史乱军作战的基本线索的梳理，考查了卫伯玉所率“安西、北庭行营”，与李嗣业、荔非元礼“安西、北庭行营”的关系，揭示了卫伯玉率军入关勤王的来龙去脉。在此基础上重新审视杜甫“观兵诗”，可以认定，“观兵诗”与参加相州战役的李嗣业“安西、北庭行营”无关。这两首诗的创作时间在乾元二年十月上旬杜甫流寓秦州（治今甘肃天水）期间，反映了卫伯玉“安西、北庭行营”勤王兵马入关勤王的史实。

首先，杜甫在乾元元年六月自左拾遗贬华州司功参军，二年七月，弃官携家流寓秦州，同年十月，离开秦州，南下同谷（今甘肃成县）[88]。卫伯玉率领安西、北庭和陇右的军队抵达长安的时间是乾元二年十月中下旬，在勤政楼前举行了观兵仪式，并于十一月七日到达陕州，与杜甫流寓秦州的时间（乾元二年七月至十月）前后衔接无隙。即杜甫在十月上旬赴同谷之前，在秦州见到了卫伯玉统领的西域勤王军队，并创作了“观兵诗”，这支军队在同月中下旬到达长安。《观安西兵》题称“过赴关中待命”，就是指这支部队途经秦州，开赴关中待命。

其次，《新唐书》称“诏百官上勤政楼观安西兵赴陕州”[89]，而杜甫两首诗也都以“观兵”为主题，两者表述完全一致。我们认为肃宗特别下诏，命令百官集勤政楼前观兵，不仅是为了提振开赴前线的军队的士气，而且是要借此凝聚民心。与勤政楼观兵一样，杜甫在秦州观兵，应该也是由秦州当地特别组织的欢迎安西、北庭军队的仪式[90]。也就是说，除了长安之外，在行营经过的沿途，也举行了类似的观兵活动。《观安西兵》所谓“孤云随杀气，飞鸟避辕门。竟日留欢乐，城池未觉喧”，应该就是对秦州观兵仪式的描写。

此外，“观兵诗”描述的内容，也与乾元二年九月史思明南渡黄河，攻克洛阳后

---

[88] 参见《杜甫全集校注》“附录”一“杜甫年谱简编”，6536—6542页。

[89] 参见上文第四节“洛阳再陷与第二批内调的西域军队”引。

[90] 很可能是因为卫伯玉所率援军以西域军队为主，而且在此前收复两京及相州战役中，第一支入关的西域军队表现出的强大的战斗力，在当时人的心目中留下了深刻的映像，所以“观兵诗”称“四镇富精锐”、“北庭送壮士”，而《通鉴》与《新唐书》则称“安西、北庭兵”或“安西兵”，都没有提到神策军。参见上文第四节“洛阳再陷与第二批内调的西域军队”。

的形势高度契合。《观北庭兵》“妖氛拥白马，元帅待雕戈”句，透露了此时战场形势的重要消息，对正确理解“观兵诗”非常重要。《杜甫全集校注》引《梁书·侯景传》称：“普通中，童谣曰：‘青丝白马寿阳来。’后景果乘白马，兵皆青衣。”[91]认为诗人以侯景所乘白马代指安史军队。我们认为此“白马”并非借称，而是洛阳白马寺的简称。史思明渡河后，李光弼在乾元二年九月庚寅主动放弃洛阳，撤军坚守河阳和陕州。史思明军队虽然得到了洛阳，但因为有河阳守军的压制，实际上并未入宫，而是“顿兵白马寺，南不出百里，西不敢犯宫阙，于河阳南筑月城，掘壕以拒光弼”[92]。直到上元元年四月，始正式率军入居洛阳[93]。在半年多的时间里，白马寺实际上就是史思明的前线指挥部。“妖氛拥白马”，是指史思明率军攻占洛阳，陈兵白马寺之事。由此可以进一步确认，“观兵诗”就是创作于乾元二年九月史思明攻占洛阳之后，杜甫离开秦州之前。

“元帅待雕戈”句，《观北庭兵》解题称认为“元帅谓李嗣业”。但李嗣业本人从来没有担任过元帅一职。在邺城会战时，朝廷因为郭子仪与李光弼资历、功业相当，难以相统属，因此特别不置元帅[94]。诗中的“元帅”不可能指李嗣业其人，甚至相州战役也没有“元帅”。相州战役之后，德宗始在乾元二年三月三十日丙申，任命郭子仪为“东畿、山东、河东诸道元帅”[95]，到同年七月，又以李光弼取代郭子仪为天下兵马元帅[96]。“元帅待雕戈”之“元帅”，只能是新任唐军统帅李光弼。“雕戈”代指卫伯玉率领的安西、北庭行营将士，“元帅待雕戈”表明了诗人对西域貔虎之师的热切期待。至于“莫守邺城下，斩鲸辽海波”，则是希望唐军吸取相州兵败的教训，直捣安史军队在辽东的老巢。不能因为有“莫守邺城下”的描写，就机械地理解为是在唐军围攻邺城时所作。

安史之乱爆发后，唐西域守军内调勤王，是8世纪中叶唐朝乃至内亚历史上一个意义重大的关键性事件。就唐朝而言，西域援军在长达八年的内战中始终处在与安史军队斗争的第一线，在平定安史之乱的过程中起了至关重要的作用，保障了唐政权能够维持危而不坠的局面。对内亚历史来说，西域守军的内调，使唐朝势力骤然从巅峰跌入谷底，彻底丧失了此前在内亚政治力量角逐中的支配性主导地位，从而影响或改变了此后内亚历史的发展方向。西域唐军两次入关史实的廓清，对评价西域援军在平定安史之乱过程中的作用，认识8世纪中叶内亚历史的转折，具有重要的参考价值。

---

[91] 《梁书》卷五六《侯景传》，北京：中华书局，1973年，862页。
[92] 《旧唐书》卷一一〇《李光弼传》，3307页。
[93] 《通鉴》卷二二一上元元年，7092页。
[94] 《旧唐书》卷一八四《宦官传·鱼朝恩》，4763页。
[95] 《旧唐书》卷一二〇《郭子仪传》，3453页。
[96] 《旧唐书》卷一一〇《李光弼传》，3305—3306页。

New Perspective on Poems Titled *Guanbing* of Du Fu: Studies on the Loyalist Reinforcements from the Western Regions in the 2nd year of Qianyuan Era

Wu Yugui

The two Poems *Guanbing* (concerning military parade) of Du Fu drew a vivid picture of the relief troops from Anxi and Beiting of the Western Regions to suppress the An Lushan Rebellion. The two poems have been mistaken for a work of Du Fu when he served as an official in Huazhou in the first year of Qianyuan Era (758 A.D.). After analyzing the historical sources concerning the loyalist reinforcements from the Western Regions, the author suggests the two poems *Guanbing* were actually written in the 2nd year of Qianyuan era when Du Fu stayed in Qinzhou, and the troops narrated in Du's poem was the second batch of reinforcements from Anxi, Beiting and the soldiers of Shence Army led by Wei Boyu. Though the second batch of reinforcements from the Western Regions accounted for an important position in the history of the Tang Dynasty and the Inner Asia, wrong recordation in traditional sources like *Jiu Tangshu*, *Xin Tangshu* and Zizhi Tongjian made the whole thing unacknowledged. Revealing the true story about the second batch of reinforcements from the Western Regions is of great significance in evaluating its role in suppressing the An Lushan Rebellion and understanding the political situation changes of Inner Asia after the mid-8th century.

黄文弼先生与甘藏吐鲁番文献

荣新江

黄文弼先生是中国吐鲁番文书和高昌历史研究的先驱者之一。他在1928—1930年之间，作为北京大学的代表，参加西北科学考察团，对吐鲁番盆地和塔里木盆地的古代遗址做了系统的考古调查和发掘，也沿途收集了不少文献资料。早在考察刚刚结束的1931年，他整理出版了《高昌砖集》[①]《高昌陶集》[②]，以后又陆续出版了《罗布淖尔考古记》[③]《吐鲁番考古记》[④]《塔里木盆地考古记》[⑤]等，对于其调查、发掘的经过以及所获资料，做了详细的解说和考释，并把自己所获的几乎所有文献和文物照片刊布出来，为学者使用。

我们从黄文弼先生的日记和论著中可以知道，他沿途也从其他人手中看到不少文献材料。其中一些黄文弼经眼的吐鲁番文献，今天收藏在甘肃省博物馆中。

甘肃省博物馆除收藏大量的敦煌写本外，也有少量的吐鲁番文献。1987年，秦明智先生发表《新疆出土的晋人写本潘岳书札残卷考述》一文，对其中所藏四片东晋书札残叶做了校录和研究，即所谓“潘岳书札”。秦先生在文章中还提到，甘博所藏吐鲁番文献原为民国年间新疆省财政厅长徐谦（字益珊）所藏，1958年由其次子徐懋鼎先生捐赠，包括潘岳书札、天山县田亩帐、如意元年杂写，以及1930年2月15日黄文弼先生在乌鲁木齐时写给益珊厅长的信，均黏贴在一个厚纸本上[⑥]。

2010年3月30日，笔者与徐俊先生一道访问甘肃省博物馆，承蒙俄军馆长的关照，得以见到秦先生所说的厚纸本，甘博对此册内容做了编号，其目如下：1 书札残页（东晋）；2（A）羊绢交易帐（唐），2（B）出卖驼毛等物帐（唐）；3（A）武周西州天山县田亩帐（唐），3（B）武周如意元年（692）高待义杂写（唐）。另外，甘博提供的目录中还有：4《论语》残纸；5（A）《诗经》残片，5（B）书信残片，但我们没有见到这三件写本的实物。

---

① 《高昌砖集》，北京：西北科学考查团理事会，1931年；第二版，北京：科学出版社，1951年。

② 《高昌陶集》，北京：西北科学考查团理事会，1931年。

③ 《罗布淖尔考古记》，北京：国立北平研究院史学研究所、中国西北科学考察团，1948年。

④ 《吐鲁番考古记》，北京：中国科学院，1954年；第二版，北京：科学出版社，1958年。

⑤ 《塔里木盆地考古记》，北京：科学出版社，1958年。

⑥ 秦明智《新疆出土的晋人写本潘岳书札残卷考述》，《敦煌学辑刊》1987年第2期，53—61页。

一、《延和八年（609）索众保墓砖》

黄文弼先生书信，前面附有吐鲁番出土延和八年（609）索众保墓砖文字，后面信文主要是考释该方墓砖的内容，用上海文明书局制笺。现先把书信照录如下（图1）：

益珊廳長台鑒：日前趨謁，領

益良多。承借六朝残卷，已抄畢，特奉還。

尊藏墓表，首書延和八年，按中曆改元

延和者有二，一爲魏太武帝，一爲唐睿宗，然

魏祇三年，唐祇五個月，與此文不符。又此磚出吐

魯番，爲故高昌國地，隋仁壽二年麴伯雅改

元延和，則延和八年即隋大業五年，其歲

朔均爲己巳，與此正合，故疑延和爲高昌年

號。且表書虎牙將軍、壁中中郎將，皆故高

昌官制，則此磚爲高昌故物，亦可信也。確否，請

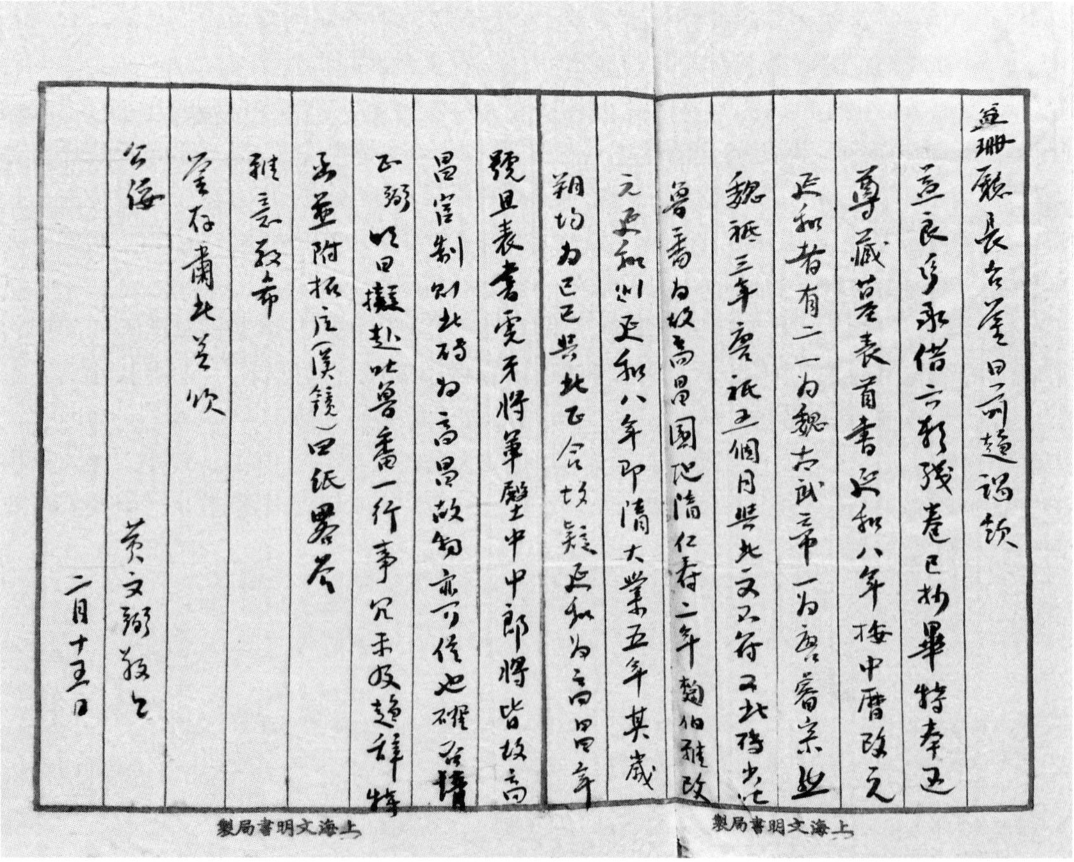
益珊廳長台鑒日前趨謁領
益良多承借六朝殘卷已抄畢特奉還
尊藏墓表首書延和八年按中曆改元
延和者有二一為魏太武帝一為唐睿宗然
魏祇三年唐祇五個月與此文不符又此磚出吐
魯番為故高昌國地隋仁壽二年麴伯雅改
元延和則延和八年即隋大業五年其歲
朔均為己巳與此正合故疑延和為高昌年
號且表書虎牙將軍壁中中郎將皆故高
昌官制則此磚為高昌故物亦可信也確否請
正弼 明日擬赴吐魯番一行事冗未及趨辭特
函並附拓片(漢鏡)四紙略答
雅意敬希
鑒存肅此並頌
公綏
黄文弼敬上
二月十五日
上海文明書局製
上海文明書局製

图1　黄文弼致徐益谦信

正。弼明日擬赴吐魯番一行，事冗未及趨辭，特
函並附拓片（漢鏡）四紙，略答
雅意，敬希
鑒存。肅此，並頌
公綏。　　　　　　　黃文弼 敬上
二月十五日

据秦明智先生上引文，此系黄文弼先生1930年第二次考察吐鲁番之前在迪化时所写，说明黄文弼所见徐谦（益珊）旧藏吐鲁番文献和墓砖，均为1930年以前出土。黄先生用另纸抄录这方墓砖，现粘贴在上述书信的前面，今照录如下（图2）：

吐魯番出現古磚文
延和八年己巳歲正月己巳日朔十六日甲
申，新除虎牙將軍，更遷殿中中郎將，
追贈殿中將軍，故墩煌索氏眾保，春
秋七十三，殯葬斯墓。

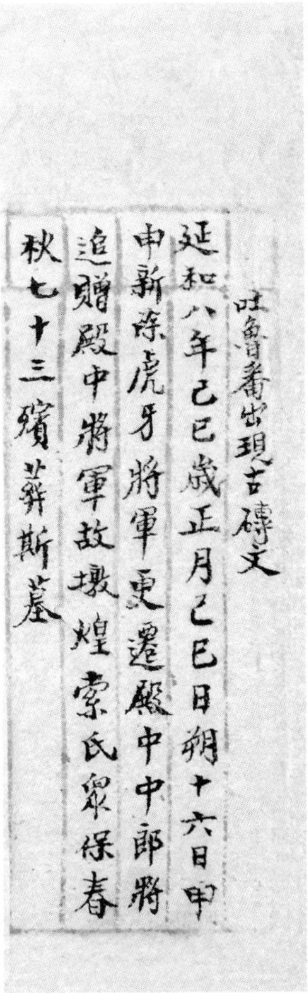
吐魯番出現古磚文
延和八年己巳歲正月己巳日朔十六日甲
申新除虎牙將軍更遷殿中中郎將
追贈殿中將軍故墩煌索氏眾保春
秋七十三殯葬斯墓

图2 黄文弼抄录《索众保墓砖》文

黄文弼在书信中正确地判断出这方墓志的“延和八年”为高昌国纪年，但这件延和八年（609）正月十六日的索众保墓志迄今原件不知所在，是否在甘肃省博物馆，亦不可知。笔者检索了收录高昌墓志最全的目录：关尾史郎、清水はるか编《吐鲁番出土汉文墓志集成（稿）——高昌郡·高昌国篇》，这方墓志的文字，也从未见后人提到过[7]。所幸墓砖文字，基本完整，为研究麴氏高昌国官制，补充一件资料。

按照侯灿等先生对于高昌国将军称呼的研究，索众保的虎牙将军是属于第八等级的戎号，后来转为戍卫系统第六等级的殿中中郎将，最后去世时追赠为戎号第五等级的殿中将军[8]。

索众保其人，又见吐鲁番阿斯塔那第520墓出土文书《高昌付官、将、兵人粮食帐》（二）第4—5行“永安虎牙索众保拾陆斛”[9]。按阿斯塔那520墓出土有《高昌延和六年（607）碑儿随葬衣物疏》[10]，而《高昌付官、将、兵人粮食帐》写于《高昌延昌

⑦ 参看关尾史郎、清水はるか编《トゥルファン出土汉文墓志集成（稿）——高昌郡·高昌国篇》，新潟大学人文学部东洋文化史研究室，2009年。
⑧ 关于高昌官制，参看侯灿《曲氏高昌王国官制研究》，作者著《高昌楼兰研究论集》，乌鲁木齐：新疆人民出版社，1990年，1—72页。
⑨ 《吐鲁番出土文书》第3册，北京：文物出版社，1981年，28页；《吐鲁番出土文书》第壹册，北京：文物出版社，1992年，315页。
⑩ 《吐鲁番出土文书》第3册，21—22页；《吐鲁番出土文书》第壹册，311页。

二十年（580）计月付麦帐》的背面[11]，年代应当在580—607年。从年代上看，这里的“永安虎牙索众保”应当就是延和八年墓砖的主人。由此也可以判定索众保的虎牙将军名号，得自580—607年，应当是比较靠前的时间。这件《高昌付官、将、兵人粮食帐》提到“永安常侍阿菌”“田地李（名残）”“安乐虎牙婆居罗”“高宁常侍浮图（残）”等官人、将军[12]，说明索众保是出身永安的将军。永安为麹氏高昌王国的一个县，在安乐县南面，入唐后降为乡，属于交河县。据木纳尔102号墓出土《唐宋武欢墓志》：“显庆元年（656）二月十六日葬于永安城北。”[13]则永安今地当在木纳尔墓地以南的地方。

又，阿斯塔那第24号墓出土文书《高昌司空□子等田帐》（一）第3行记：“将德勇下：田婆居罗二半六十步，王头六子三，索众保三亩六十步。”[14]本墓出土有《高昌延昌酉岁屯田条列横截等城葡萄园顷亩数奏行文书》，整理者据文中提到麹伯雅、麹绍徽等人物年代，考证酉岁最有可能是丁酉（577）[15]。因此，这里的索众保，应当和延和八年墓主是同一人。

《麹氏高昌延和八年索众保墓砖》的文字不多，但仍然为我们提供了一些高昌国史的信息。此墓砖文字赖黄文弼先生抄录而得以保存下来，实属难得。但黄先生当时行色匆匆，可能没有来得及录副，就直接把抄本还给了徐益珊。我们在黄文弼先生的论著中没有看到他对这件延和八年的高昌墓砖做什么研究，包括上述的《高昌砖集》是专门收录高昌墓砖的著作，也没有找到相关记录，略感遗憾。

二、《唐某年西州天山县籍》及学生习字

黄文弼先生在赴西北考察途中，常常与地方各级军政要员打交道，也从这些人手中看到不少资料，除了要给收藏者做一些解读工作外，黄文弼先生也把所见资料抄录下来，以备将来研究之需。上面信函中提到的已抄毕的“六朝残卷”，就是秦明智先生专门撰文介绍的“潘岳书札”（图3）。书札写于浅黄色麻纸上，现已被分割四片，通高24—24.5厘米，宽度分别是17、20.5、15.5、19.2厘米，总计存43行，460余字。秦明智先生据文中“岳白”云云，考证为晋人潘岳书札，可以信从。黄文弼先生虽然早已抄录了潘岳书札，但后来也没有见到他做什么研究，也可能是他自己发掘所得的材料已经够多，所以没有来得及整理发表而已。

粘在同一册页上的还有《唐某年西州天山县籍》，甘肃省博物馆现编号58.0070，文书存5行。前后均残，已折叠剪作腰带之用，其中间两折用浓墨涂黑，系腰带外侧，文

⑪ 《吐鲁番出土文书》第3册，23—30页；《吐鲁番出土文书》第壹册，312—316页。

⑫ 《吐鲁番出土文书》第3册，26—30页；《吐鲁番出土文书》第壹册，314—316页。

⑬ 荣新江等主编《新获吐鲁番出土文献》，北京：中华书局，2008年，103页。

⑭ 《吐鲁番出土文书》第5册，北京：文物出版社，1983年，7页；《吐鲁番出土文书》第贰册，北京：文物出版社，1994年，171页。

⑮ 《吐鲁番出土文书》第5册，2—4页；《吐鲁番出土文书》第贰册，168—169页。

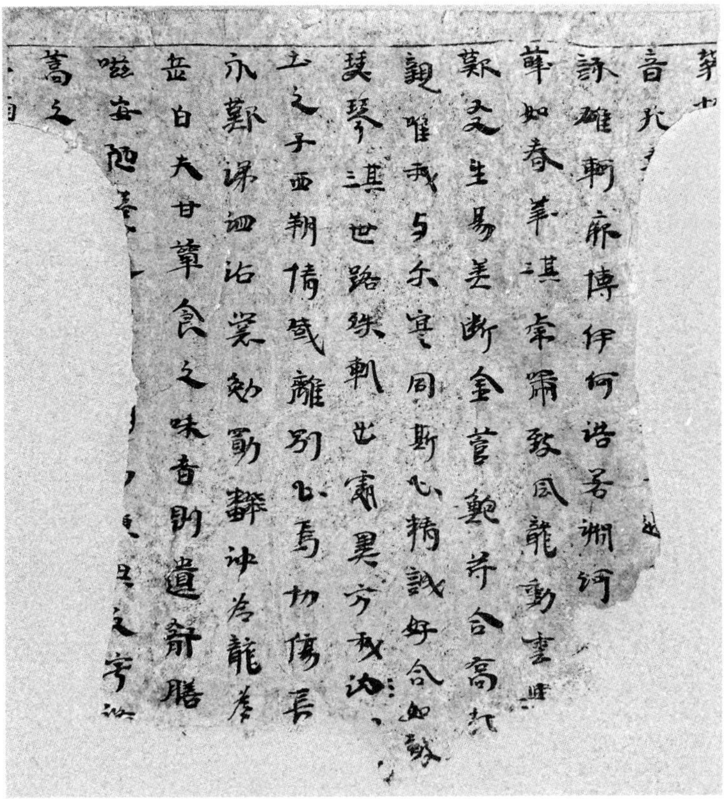

图3 《潘岳书札》局部

字也被遮住。从残存形制上看，当出自墓葬。上钤有朱印，据印痕可以定为“天山县之印”[16]，故此可知为唐西州文书。背面有如意元年（692）学生习字，用武周新字，据唐朝户籍州县留五比（15年）的规定，此户籍年代在仪凤二年（677）或之前。现录所存文字如下（图4）：

（前缺）

1	應受田叁拾陸畝		[	
2			廿　[	
3	一段二畝永業常田	城南一百步	東主薄 [	] 至道
4	一段一畝永業部田四易	城西七里	東劉□ [	] 至荒
5				] 張未

（後缺）

⑯ 新疆维吾尔自治区博物馆、西北大学历史系考古专业《1973年吐鲁番阿斯塔那古墓群发掘简报》，原载《文物》1975年第7期，此据新疆社会科学院考古研究所编《新疆考古三十年》，乌鲁木齐：新疆人民出版社，1983年，111页；孙慰祖、孔品屏《隋唐官印研究》，上海：上海书画出版社，2014年，168页。

图4　《唐某年西州天山县籍》

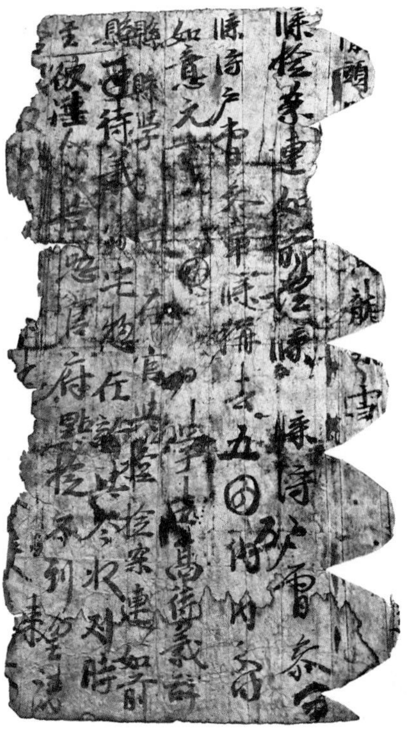

图5　学生高待义习字

户籍是研究唐代经济史和敦煌吐鲁番文书的学者历来最关心的材料，池田温《中国古代籍帐研究》[17]、唐耕耦等《敦煌社会经济文献真迹释录》[18]、山本达郎等《敦煌吐鲁番社会经济史文书集》第2卷《户籍》及第4卷《补编》等书[19]，对敦煌吐鲁番出土户籍文书有全面地收集整理。这一件虽然只有五行文字，但将来也会加入到户籍合集的大家庭当中去，特别是武周以前的西州户籍保存很少，所以对于户籍文书格式、文字的研究，也有一定参考价值。另外，西州天山县在吐鲁番盆地西南缘，县治在今托克逊（Toqsun），其周边没有听说发现过文书。过去吐鲁番阿斯塔那67号墓曾出土《武周西州天山县南平乡籍》[20]，北京大学图书馆和中国国家博物馆藏民国初年出土的《唐开元二十九年（741）西州天山县南平乡籍》[21]。据吐鲁番出土文书《唐神龙三年（707）

⑰　池田温《中国古代籍帐研究·概观·录文》，东京：东京大学出版会，1979年。

⑱　唐耕耦、陆弘基《敦煌社会经济文献真迹释录》第1辑，北京：书目文献出版社，1986年。

⑲　T. Yamamoto, & Y. Dohi, *Tun-huang and Turfan Documents concerning Social and Economic History*, II. Census Registers (A)(B), Tokyo 1985; T. Yamamoto, et al. *Tun-huang and Turfan Documents concerning Social and Economic History*, supplement (A)(B), Tokyo 2001.

⑳　《吐鲁番出土文书》第7册，北京：文物出版社，1986年，298—300页；《吐鲁番出土文书》第叁册，北京：文物出版社，1996年，440—441页。

㉑　荣新江《唐开元二十九年西州天山县南平乡籍残卷研究》，《西域研究》1995年第1期，33—43页。图版见北京大学图书馆、上海古籍出版社合编《北京大学图书馆藏敦煌文献》第2册，上海：上海古籍出版社，1995年，226—227页；《中国历史博物馆藏法书大观》第11卷《晋唐写经·晋唐文书》，东京：柳原书店、上海：上海教育出版社，1999年，182页。

正月高昌县开觉等寺手实》所记“城西六十里南平城”[22]，南平城在高昌故城西六十里的地方。又据1979年1月吐鲁番县五星公社出土的《唐永徽五（654）年十月令狐氏墓志》，南平县治在今吐鲁番县城南约7.5千米处的公商（Gunshang）古城遗址[23]。这里出土文书不多，是目前所知仅有的两种，从这点也可以看出此件天山县户籍的价值。

文书背面是如意元年（692）学生高待义习字，存8行，系学生利用废弃的唐西州天山县籍背面来习字，文字有武周新字，所习多为官文书用语，现照录如下：

（前缺）

1 □頭［ ］黃龍泉雪［

2 牒檢案連如前，謹牒。牒得户曹參軍

3 牒得户曹參軍牒稱，去五月五日內分付

4 如意元年 月 日 學生高待義辭

5 縣縣學 學在官興。檢，檢案連如前。

6 縣司，待義家宅，總在新興，今收刈時

7 至，使往人人拾，恐官府點檢不到，望請

8 □□□□［ ］□□［ ］□□［ ］□

（後缺）

在目前残存的纸片上，密密麻麻地写了很多字，似乎都出自一个人的笔迹，应当就是第4行的“学生高待义”的手笔。第1行残，第2行“牒检案连如前，谨牒”是一般官文书末尾的套话，后面的“牒得户曹参军”以及第2行的“牒得户曹参军牒称，去五月五日内分付”，又是一般牒文书的开头部分，所以这是作为学而优则仕的学生常常要练习的文字。第4行“如意元年 月 日”，没有填写月份数和日期数，也是一种模拟，最后用“辞”，正是符合学生的“庶人曰辞”的规定。后面一些文字虽然不成句，但透露了一些信息。特意写“县学”，似说明高待义是县学的学生。“检案连如前”则又是文书中的常用语。

“县司，待义家宅，总在新兴，今收刈时至，使往人人拾，恐官府点检不到，望请（后残）”，这好像是高待义给县衙门写的一份辞文，是说他家住新兴，现在遇到收割时间，县司命令人人都要去收拾庄稼，但待义住在新兴，不在点检的当地（天山？），如果找不到人，特请县司宽容，云云。新兴是吐鲁番古代地名，相当于今天的胜金乡所在[24]，位于高昌城北面，与天山县相去很远。我们不知道高待义为何家住新兴，却在较远的地方（天山县）上学。但可能也正是因为他在天山县上学，所以才能得到废弃的天山县户籍，用作习字之稿纸。

虽然内容简单，但古代学童努力学习、希望出仕为官的情形，跃然纸上。

无论如何，黄文弼等西北科学考察团的队员们，在中国非常艰苦的岁月里，筚路蓝缕，开拓了中国西北史地、吐鲁番学研究等等新天地，通过他们的身体力行，以各种方

㉒ 《新获吐鲁番出土文献》，52—53页。

㉓ 参看柳洪亮《唐天山县南平乡令狐氏墓志考释》，《文物》1984年第5期，78—79页。

㉔ 荣新江《从吐鲁番出土文书看古代高昌的地理信息》，《陕西师范大学学报》2016年第1期，18页。

式保存了古代珍贵的历史文献，也推动了许多学科领域的发展。今天，笔者只是藉助走访甘肃省博物馆所见黄文弼先生的一封书信，以及连带的吐鲁番出土文书，略加申说，目的是希望发掘散在各地的西北科学考察团的珍贵资料，为他们的先驱行动唱赞歌；同时，也为我们今天的“丝绸之路”研究，注入更大的活力。

附记：2017年12月18日完稿，提交12月23—24日“北京大学与丝绸之路——中国西北科学考查团九十周年高峰论坛”，2018年3月5日改定。

Huang Wenbi and the Turfan Documents Preserved in Gansu Museum

Rong Xinjiang

Huang Wenbi was one of the pioneers engaging in the researches on Turfan documents and Gaochang history. He attended “the Scientific Expedition to Northwest China” in 1928-1930 as a delegate of Peking University. In this expedition, he made archaeological investigation and excavation in the ancient sites of the Turfan Basin and the Tarim Basin, and also collected a lot of ancient documents. Gansu Provincial Museum preserves a letter written by Huang Wenbi on Feb. 15 1930 in Urumqi to Xu Yishan, a finance director of Xinjiang. Some documents were attached with this letter, such as a text of a tomb brick of Suo Zhongbao in 609 A.D. found in Turfan, letters of Pan Yue, census register of Tianshan County of the Tang Dynasty and some miscellaneous writing documents of 692 A.D. This article focuses on the tomb brick, the census register of the Tang Dynasty and the miscellaneous writing documents, with a hope to promote the Turfan studies and honor the members of “the Scientific Expedition to Northwest China” who found these valuable documents scattered around. Additionally, it is expected that the researches of this article would inject more vitality into today’s studies of the Silk Road.

新出唐刘文祎墓志所见西域史事考*

王庆卫

关于唐代前期西域战事的讨论，以前学者集中利用吐鲁番出土文书对不同问题进行辨析①。近些年来随着大量墓志的发现，又给相关研究带来了新的气象。出土材料中涉及昆丘道行军的墓志较为少见，在目前有三篇论文对两方墓志进行了分析②，而新出的刘文祎墓志再次为研究昆丘道行军的具体情况提供了重要的参考。除此之外，刘文祎还参与了招慰西域之事，再现了唐与吐蕃在大非川之战前后的政治状态。本文利用新出的刘文祎墓志，主要对贞观二十二年的昆丘道行军与咸亨元年的唐和吐蕃之间的史事作集中探讨，以其促进学界对此问题的理解。

一、刘文祎墓志略考

刘文祎墓志近年出土于西安地区，具体出土信息不详。墓志志石拓本高73、宽72厘米（图1），志盖拓本高宽均77厘米（图2）。盖题四行，行四字，篆书“大唐故左豹韬将军河间刘府君墓志铭”。志文38行，满行38字，有方界格，正书。谨逐录并标

* 本文为国家社会科学基金一般项目“唐代石刻史料编年辑证”（17BZS033）阶段性成果。

① 在吐鲁番文书中，主要是对飗海道、西域道、疏勒道、金山道、波斯道、定远道等行军的相关记载，有关研究可参考唐长孺《唐西州差兵文书跋》、《唐先天二年（七一三）西州军事文书跋》，作者著《山居存稿》三编，北京：中华书局，2011年，182—195、204—225页；黄惠贤《从西州高昌县征镇名籍看垂拱年间西域政局之变化》，《敦煌吐鲁番文书初探》，武汉：武汉大学出版社，1983年，396—438页；姜伯勤《吐鲁番文书所见的“波斯军”》，《中国史研究》1986年第1期，128—135页；薛宗正《安西与北庭》，哈尔滨：黑龙江教育出版社，1995年，65—77、112—136、182—200页；薛宗正《唐代的“行军”道与“安抚”道》，《吐鲁番学研究》2001年第1期，78—91页；孙继民《敦煌吐鲁番所出唐代军事文书初探》，北京：中国社会科学出版社，2000年，121—130页；刘安志《跋吐鲁番鄯善县所出〈唐开元五年（717）后西州献之牒稿为被悬点入军事〉》《唐代西州天山军的成立》，作者著《敦煌吐鲁番文书与唐代西域史研究》，北京：商务印书馆，2011年，177—205、206—225页；文欣《吐鲁番新出唐西州征钱文书与垂拱年间的西域形势》《吐鲁番阿斯塔那501号墓所出军事文书的整理——兼论府兵番代文书的运行及垂拱战时的西州前庭府》，《敦煌吐鲁番研究》第十卷，上海：上海古籍出版社，2007年，131—164、165—206页；程喜霖《吐鲁番文书所见定远道行军与定远军》，作者著《吐鲁番唐代军事文书研究·研究篇》，乌鲁木齐：新疆人民出版社，2013年，216—246页。

② 张全民《〈唐华文弘墓志铭〉所载唐朝经略边疆史事考略》，荣新江主编《唐研究》第十七卷，北京：北京大学出版社，2011年，441—454页；王素《唐华文弘墓志中有关昆丘道行军的资料——近年新刊墓志所见隋唐西域史事考释之一》，《西域研究》2013年第4期，81—89页；傅清音《新见武则天堂兄〈武思元墓志〉考释》，《文博》2014年第5期，66—71页。

图1　刘文袆墓志

点志文如下：

大唐故左豹韬卫将军上护军河间县开国男刘府君墓志铭并序

公讳文袆，字　　，河间鄚人也。汉河间献王之后，先因从官，家于雍州。粤若唐郊纂历，拥黄云而御宝图；泗上乘时，浮紫气而登璇极。廿四帝，两京之宫掖相望；四百余年，六合之封畿廓落。故得灵苗递茂，美裔交昌。国望人宗，著缇油而不竭；家声祖德，传简册以方遥。曾祖乔，北齐中书舍人、散骑侍郎、右光禄大夫、高邑县开国公，食邑五百户，赠骠骑大将军、仪同三司、蔚州诸军事、蔚州刺史，谥简公。含元诞粹，降纬凝精。纵天识于三端，敏生知于二允。横飞舌电，禀宣丹扆之言；雅吐温词，伏进青蒲之奏。武略权于八阵，文教扬于六条。祖清，北齐太子斋帅、中书舍人、司武右旅大夫、射

图2　刘文祎墓志盖

声校尉、侍中、祠部尚书，封广陵郡王，食邑一千户。历周左卫大将军、随开府左卫大将军、平恩郡开国公，食邑三百户，谥恭公。随珠耀彩，不假莹以方明；楚玉含辉，讵藉雕而始润。名登振鹭，德冠群龙。匡日御于虬庭，翊星重于鹤钥。仙台委务，居八座以提纲；栏锜捍城，肃五兵而设卫。父善会，随汉王库真、骠骑。虚心韫智，镜竹箭之洪澜；雅量栖仁，体莲峰之异嶷。近陪东阁，风朝侣赏于长裾；预奉西园，月夜参游于飞盖。王后干纪，图欲乱常。逆耳投言，犯颜不纳。相时而动，知郧侯之兆亡；见机而作，挹微子之违难。辞疾去任，挂冠归里。君骊川育质，千里骋其生奇；凤穴凝姿，五色彰其夙备。双腾剑气，欝欝冲星斗之间；孤秀邓枝，亭亭竦碧霄之上。加以英神洞敏，心镜悬明。忠孝之怀，誉流于龀岁；信友之行，性狎于龆年。银编周孔之书，怡然闇会；金革孙吴之术，禀识冥通。鹤响闻天，鸿飞克渐。贞观十二年，解褐左卫亲府长上校尉。属以雾起狼山，波惊浿水，纵长鲸于海浦，荐封豕于辽阳。太宗文武圣皇帝问罪三韩，亲临九伐，公时扈奉黄钺，深竭丹诚。追百战以轻生，敌万人而贾勇。帝嘉其绩，赏命屡优。横海提戈，始缴青丘之鸟；流沙拥祲，俄屯梓岭之蜂。廿二年，又征龟兹。威严夏日，气烈秋霜。发黄石之兵机，运白登之奇策。勋高后劲，效著前锋，频献捷于辕门，数申功于清庙。

永徽元年，丁艰去任。茹荼衔酷，践露攒悲。至孝感于神明，哀毁邻于灭性。显庆四年，授游击将军、同州临高府左果毅都尉，仍留长上。趋驰庭陛，近侍轩墀。擢武帐之英材，进戎昭之望列。于时吐蕃蚁聚，塞右鸱张。高宗天皇大帝特垂重寄，使公招慰。辩惊启郄，词捷解环。敷帝命而纵碧鸡，扬天威而骋黄马。于是蕃酋雾委，戎长云归。远自荒陬，随朝天阙。策功居最，遂加褒秩。授宁远将军、右卫勋二府郎将。寻加定远将军、左卫勋二府中郎将。吴戈夕卫，丹轩资其爪牙；楚甲晨环，紫掖寄其心膂。上元元年，授明威将军、守左领军卫将军、上轻车都尉。寻加壮武将军、守左威卫将军，封河间县开国男，食邑三百户。光宅元年，授左豹韬卫将军，加上护军。气慴三方，韬闲七纵。元戎上略，驰庙筭于寰中；天子玄谋，得武臣于阃外。寻更委献陵留守。痛深龙驾，奉弓剑于乔山；恨切象耕，侍园茔于苍野。岂谓漠南无事，将军成偃伯之功；天上须才，京兆降鹤书之使。太山千仞，俄摧日观之基；梁木万寻，忽败凌云之构。以永昌元年正月十日遇疾，薨于献陵公馆，春秋八十有六。其年十月廿三日，与夫人寿光县君魏国申氏合葬于雍州乾封县高阳原，礼也。恩敕吊赠，特加常数，葬事所须，并令官给。乌虖。淮南叶落，嗟大树之先凋；东海波深，叹楼船之不固。高门甲第，终辞钟鼎之欢；垅路泉扉，独结烟云之惨。嗣子瑾等，追昊天之罔极，伤幹流之易迁，寄徽猷于翠琰，希不变于桑田。其铭曰：

丹陵启瑞，紫气披祥。赤朝六合，车书八荒。千龄帝道，万古兴王。宝图虽变，灵派犹长。猗欤哲人，承休远庆。龟组递袭，球琳交暎。气郁芝兰，心融水镜。韫兹上德，频阶宠命。策名栏锜，委质钩陈。艺优百战，心雄万人。剑横牛斗，阵拥鱼鳞。东翦玄兔，西擒绛宾。钟鼎高勋，银黄宠位。道积忠烈，望优名器。心膂□凭，园茔是寄。顾惟簪绂，荣无与二。将军既去，大树云秋。楼船不返，惊波夜流。痛人生之易没，悲夕□之俄收。采佳城之秘篆，镂懿绩于泉幽。

据墓志，刘文袆，卒于永昌元年（689）正月十日，春秋八十六，则当生于隋仁寿四年（604）。刘文袆及其父祖，史传无载，不知是否与刘政会家族有关联？文袆贞观十二年（638）解褐左卫亲府长上校尉，时年已三十五岁，这在一般士族子弟起家时间中是比较少见的[③]。

志云“属以雾起狼山，波惊涓水”，指的乃是贞观十六年盖苏文执政高丽后，针对唐王朝做出了一系列挑衅事件，终于促使唐廷对高丽采取了最终手段来解决两者间的矛盾。

关于唐朝出兵高丽的原因，学界论述颇多[④]，高丽权臣盖苏文下陵上替、屡侵新

---

③ 关于唐代荫任的情况，可参考毛汉光《唐代荫任之研究》，《“中研院”历史语言研究所集刊》55本第3分，1984年，459—542页；黄正建《唐代的“起家”与“释褐”》，《中国史研究》2015年第1期，198—200页。

④ 主要观点可参考拜根兴《唐代高丽百济移民研究》，北京：中国社会科学出版社，2012年，14—19页。

罗、不听唐王朝诏令，直接挑战唐王朝“天可汗”的天下观与统治秩序[⑤]，故太宗于贞观十八年命张亮、李勣分别领兵从水陆两路征讨高丽，《资治通鉴》卷一九七唐太宗贞观十八年十一月条：“甲午，以刑部尚书张亮为平壤道行军大总管，帅江淮岭峡兵四万，长安洛阳募士三千，战舰五百艘，自莱州泛海趋平壤；又以太子詹事、左卫率李世勣为辽东道行军大总管，帅步骑六万及兰河二州降胡趣辽东，两军合势并进。”[⑥]十九年，“两军合势，太宗亲御六军以会之”[⑦]。《唐大诏令集》卷一三〇《讨高丽诏》云：“朕以君臣之义，情何何忍，若不剪诛遐秽，何以惩肃中华。”[⑧]此次太宗亲自征讨高丽，凡“拔玄菟、横山、盖牟、磨米、辽东、白岩、卑沙、麦谷、银山、后黄十城，徙辽、盖、岩三州户口入中国者七万人”[⑨]，虽然没有平定高丽，但从实际效果来看，唐王朝确定了在辽东的统治秩序，并且迁移大量人口归唐，可以说取得了初步的目的。在太宗亲征之时，刘文祎“扈奉黄钺，深竭丹诚”，虽然不一定参与了具体战事，不过在事后亦因出征之功获得了嘉赏。

刘文祎于贞观二十二年参与了平定龟兹的昆丘道行军，永徽元年丁忧，至显庆四年授游击将军、同州临高府左果毅都尉，仍留长上。游击将军，从五品武散。《大周故壮武将军行右鹰扬卫翊府右郎将王君（敏）墓志铭并序》：“载初元年，授右豹韬卫临高府长上果毅。”[⑩]光宅元年，改左右威卫为左右豹韬卫，文祎任临高府左果毅都尉，隶属于右威卫下。

上元之后，刘文祎步入三品高官行列，并于献陵留守，永昌元年薨于献陵公馆，然后与夫人申氏合葬于雍州乾封县高阳原。乾封元年，以长安县分置乾封县，长安三年废[⑪]。

二、征讨龟兹

高祖、太宗时，龟兹常遣使入贡，且同时臣服于西突厥。贞观十八年，安西都护郭孝恪伐焉耆，龟兹派兵援助，自此职贡断阙。贞观二十一年十二月，太宗以左骁卫大将军阿史那社尔、右骁卫大将军契苾何力、安西都护郭孝恪、司农卿杨弘礼为昆丘道行军大总管以伐龟兹[⑫]。关于此次战役，史称“昆丘道行军”，“自古相传，西域有昆仑

---

⑤ 高明士《天下秩序与文化圈的探索：以东亚古代的政治与教育为中心》，上海：上海古籍出版社，2008年，144—145页。

⑥ （宋）司马光《资治通鉴》，北京：中华书局，1956年，6214页。

⑦ （五代）刘昫《旧唐书》卷一九九上《东夷·高丽传》，中华书局，1975年，5322—5323页。

⑧ （宋）宋敏求《唐大诏令集》，中华书局，2008年，703页。

⑨ 《资治通鉴》卷一九八唐太宗贞观十九年十月条，6230页。

⑩ 周绍良主编《唐代墓志汇编》长安〇六五号，上海：上海古籍出版社，2011年，1037页。

⑪ （唐）李吉甫《元和郡县图志》卷一《关内道一》，北京：中华书局，1983年，4页。

⑫ 《资治通鉴》卷一九八唐太宗贞观二十一年十二月条：“龟兹王伐迭卒，弟诃黎布失毕立，浸失臣礼，侵渔邻国。上怒，戊寅，诏使持节、昆丘道行军大总管、左骁卫大将军阿史那社尔，副大总管、右骁卫大将军契苾何力，安西都护郭孝恪等将兵击之，仍命铁勒十三州、突厥、吐蕃、吐谷浑连兵进讨。”6250—6251页。

山，河源所出。又《尔雅》曰：三成为昆仑丘，故曰昆丘道”⑬。

墓志云：“廿二年，又征龟兹。威严夏日，气烈秋霜。发黄石之兵机，运白登之奇策。勋高后劲，效著前锋，频献捷于辕门，数申功于清庙。”贞观十二年刘文袆释褐为左卫亲府长上校尉，十九年参与了太宗亲征辽东之战，“公时扈奉黄钺，深竭丹诚。追百战以轻生，敌万人而贾勇”，从墓志记载来看刘文袆此时应该还在左卫任职，在辽东战事中一直居于太宗行在所，事后虽有嘉赏，其仍继续留任左卫。

昆丘道行军的四大总管中，除了郭孝恪之外，另外三人均参与了征讨辽东之战事，阿史那社尔当时率领的是北门左屯营禁军，契苾何力率领的是南衙右骁卫军队，而杨弘礼当时则专掌兵机之务，《旧唐书·杨弘礼传》载：“太宗有事辽东，以弘礼有文武材，擢拜兵部侍郎，专典兵机之务。弘礼每入参谋议，出则统众攻战。驻跸之阵，领马步二十四军，出其不意以击之，所向摧破。太宗自山下见弘礼所统之众，人皆尽力，杀获居多，甚壮之，谓许敬宗等曰：越公儿郎，故有家风矣。时诸宰相并在定州留辅皇太子，唯有褚遂良、许敬宗及弘礼在行在所，掌知机务。”⑭在辽东战事时刘文袆在太宗行在所，与杨弘礼较为熟悉，疑在昆丘道行军时，文袆应在杨弘礼军中随之征讨龟兹。

《旧唐书·杨弘礼传》：“（贞观）二十年，拜中书侍郎。明年，加银青光禄大夫。寻迁司农卿，兼充昆丘道副大总管，诸道军将咸受节度。于是破处月，降处密，杀焉耆王，降駁支部，获龟兹、于阗王。凯旋，未及行赏，太宗晏驾，弘礼颇忤大臣之旨，由是出为泾州刺史。永徽初，论昆丘之功，改授胜州都督。”⑮杨弘礼墓志近年出土于陕西省西安市，关于弘礼参与昆丘道行军的情况，《杨弘礼墓志》云：“龟月挺妖，城郭离贰。方诛姑翼，深伫常罗。廿二年，授昆丘道行军副大总管。盐泽疏源，鼓长波而沃日；昆峯发地，横峭壁而干天。金满城遥，玉关路阻。跨分流之绝隥，陟县度之危峦。鹤阵频开，龙韬数运。何止一日三捷，固亦所向无前。旌旆所临，凡平处月等六国，并获名王入朝。岂若将军拥节，空出白檀；校尉连兵，唯屠赤谷。俄而司勋命赏，言酬定远之功；胤子推恩，竟启忿生之邑。下诏封长子元嗣为修武伯。躬珪祚土，光裂壤于三河；玉树滋荣，沐濯枝于两叶。寻以边方寄重，司牧任殷。徙综六条，言辞九列。出为泾州刺史，迁胜州都督。”⑯杨弘礼本传言其杀焉耆王一事不见于墓志，“龟月”指的是龟兹与处月，“名王入朝”指的应是弘礼获龟兹、于阗王之事，志文言弘礼“平处月等六国”可与史传相比照，志与传合。

《华文弘墓志》载：“廿二年，充昆丘道右一军骑曹。昔陈汤矫诏以立功，傅介权宜以行事，终扫郅支之域，竟致楼兰之首。君之望古，彼独何人。”⑰王素以为实情应该是社尔擒获阿那支后将其移交给了杨弘礼，而弘礼矫诏杀之，并据华文弘墓志所言推

⑬ 《资治通鉴》卷一九八唐太宗贞观二十一年十二月条胡三省注，6250—6251页。

⑭ 《旧唐书》卷七七，2674页。

⑮ 《旧唐书》卷七七，2674页。

⑯ 王庆卫《唐贞观二十二年昆丘道行军再探讨：以新出〈杨弘礼墓志〉为中心》，《魏晋南北朝隋唐史资料》35辑，上海：上海古籍出版社，2017年，138—152页。

⑰ 张全民《唐华文弘墓志铭所载唐朝经略边疆史事考略》，444页。

断他很可能是杨弘礼之部属，且可能是弘礼诛杀焉耆王阿那支后送其首级回京师之人员[18]。两方墓志言华文弘与刘文祎均屡立战功，但从他们应在杨弘礼帐下来看，似乎并未参与大的战事，墓志所言不无夸大之词，西汉陈汤矫诏发兵灭北匈奴郅支单于，傅介子用计斩杀楼兰王是古人常用的两个典故，这和刘文祎墓志用韩信、陈平的典故来类比他在昆丘道行军战事中所发挥的作用相同，主要用以比拟在边疆僻远之地建功立勋，而并不一定乃是实指。

在昆丘道战事中，被杀的焉耆王是阿那支。《资治通鉴》卷一九九唐太宗贞观二十二年十月条："阿史那社尔既破处月、处密，引兵自焉耆之西趣龟兹北境，分兵为五道，出其不意，焉耆王薛婆阿那支弃城奔龟兹，保其东境。社尔遣兵追击，擒而斩之，立其从父弟先那准为焉耆王，使修职贡。龟兹大震，守将多弃城走。"[19]关于阿那支之死，《旧唐书》卷一九八《焉耆传》、《新唐书》卷二二一上《焉耆传》记载与《资治通鉴》同，两《唐书》阿史那社尔本传未言杀阿那支之事，而两《唐书》杨弘礼本传与《册府元龟》均言阿史那乃弘礼所杀，文献之间互有矛盾。《旧唐书》卷一〇六《李林甫传》："国家武德、贞观已来，蕃将如阿史那社尔、契苾何力，忠孝有才略，亦不专委大将之任，多以重臣领使以制之。"[20]昆丘道行军中阿史那社尔为军事主帅，杨弘礼则是负有监察诸军职责的重臣，处死焉耆王必然是阿史那社尔和杨弘礼都认可的。处死阿那支，说杨弘礼抑或阿史那社尔杀死都是可以的，其中杨弘礼的态度甚至更为重要。在诛杀阿那支一事上，杨弘礼功过都应该为第一负责人，故在其本传中说他杀了焉耆王也是顺理成章的事情，这样来看的话似乎对于弘礼在昆丘道行军中的功绩方有真实的理解。

昆丘道战事完成后，杨弘礼于贞观二十三年正月返回京师长安，至五月太宗去世，在这期间史传未载对弘礼论功行赏事，且史传载弘礼又因与大臣不合而贬官，王素指出这可能与杀阿那支一事有关[21]。从杨弘礼墓志记载来看，昆丘道行军结束后，朝廷已回赐杨弘礼其子勋爵，但未及奖擢本人官职而遭贬。唐代制度中，勋官和爵位在战事结束后即可论功赐予，但职事官需出现相应的官阙才可以任命。高宗即位后，杨弘礼不仅没有得到相应的迁转，反被贬为泾州刺史。本传所谓的"未及行赏"，指的应该是赏功的程序中途停止没有完成而已。"忤大臣之旨"，很可能是在是否续讨辽东的问题上，杨弘礼与长孙无忌等顾命大臣之间产生了对立，结果不仅杨弘礼本人遭到贬斥，昆丘道行军的代表杨弘礼和阿史那社尔亦不被朝廷认可，参与将士中的华文弘与刘文祎等人正是受此株连而被搁置起来，直至杨弘礼酬功后他们才分别得以仕进[22]。

---

⑱ 王素《唐华文弘墓志中有关昆丘道行军的资料——近年新刊墓志所见隋唐西域史事考释之一》，《西域研究》2013年第4期，82—89页。

⑲ 《资治通鉴》，6262页。

⑳ 《旧唐书》卷一〇六《李林甫传》，3239页。

㉑ 王素《唐华文弘墓志中有关昆丘道行军的资料——近年新刊墓志所见隋唐西域史事考释之一》，82—89页。

㉒ 王庆卫《唐贞观二十二年昆丘道行军再探讨：以新出〈杨弘礼墓志〉为中心》，《魏晋南北朝隋唐史资料》35辑，138—150页。

关于昆丘道行军的相关史事，吴玉贵论说甚详[23]，在吐鲁番出土文书中未发现与此次战事相关之史料，而在石刻文献中涉及昆丘道行军的资料则不乏其例，除了杨弘礼、刘文袆、华文弘墓志之外，还有六方墓志与昆丘道行军相关联，在这九方墓志中，华文弘与刘文袆在杨弘礼帐下，薛万备[24]、元武寿[25]、武思元[26]、执失奉节[27]，在阿史那社尔麾下，仵钦疑为社尔或契苾何力下属[28]，而侯仁恺则是在任天山县令时为昆丘道行军战事作准备过程中被敌对人员所杀害，分其部属的话应为郭孝恪之部下[29]。参与此次战事的中层官员以获得勋阶为主，职事官多未在此时获得升等，唯有薛万备的官职由虚转实，这应该与其招慰于阗王一事有所关联。

三、招 慰 西 域

墓志云："显庆四年，授游击将军、同州临高府左果毅都尉，仍留长上。趋驰庭陛，近侍轩墀。擢武帐之英材，进戎昭之望列。于时吐蕃蚁聚，塞右鸱张。高宗天皇大帝特垂重寄，使公招慰。辩惊启瓠，词捷解环。敷帝命而纵碧鸡，扬天威而骋黄马。于是蕃酋雾委，戎长云归。远自荒陬，随朝天阙。策功居最，遂加褒秩。授宁远将军、右卫勋二府郎将。寻加定远将军、左卫勋二府中郎将。"刘文袆在显庆四年至上元元年的生命历程中，最重要的乃是招慰西域事。显庆四年吐蕃势力进入西域，都曼之乱中吐蕃没有明面上与唐王朝对立，故墓志所言非此年事。龙朔二年，苏海政奉诏征伐疏勒、龟兹，弓月又引吐蕃军至疏勒之南拒唐军；龙朔三年十二月，以安西都护高贤为行军总管，以击弓月救于阗；麟德二年，疏勒、弓月引吐蕃侵于阗，西州都督崔知辩、左武卫将军曹继叔救之；咸亨元年四月，吐蕃陷西州十八城，又与于阗合众袭龟兹，此年薛仁贵所率之唐军与吐蕃战于大非川，唐军大败。根据唐王朝与吐蕃之关系来看，志云"吐蕃蚁聚，塞右鸱张"所指疑是咸亨元年的西域政局。

唐代初年经营西域以显庆三年为一个阶段，苏定方平西突厥阿史那贺鲁后于其地设羁縻府州，隶属于安西都护府，至此唐王朝完成了在西域的进取阶段[30]。显庆四年十一月，"思结俟斤都曼帅疎勒、朱俱波、谒般陁三国反，击破于阗。癸亥，以左骁卫大将

㉓ 吴玉贵《突厥汗国与隋唐关系史研究》，341—369页。

㉔ 胡戟《珍稀墓志百品》，西安：陕西师范大学出版社，2016年，69页。

㉕ 胡戟、荣新江主编《大唐西市博物馆藏墓志》，北京：北京大学出版社，2012年，173页。

㉖ 赵力光主编《西安碑林博物馆新藏墓志续编》，西安：陕西师范大学出版社，2014年，192页。

㉗ 中国文物研究所、陕西省古籍整理办公室《新中国出土墓志（陕西贰）》，北京：文物出版社，2003年，30页；吴钢主编《全唐文补遗》第三辑，西安：三秦出版社，1996年，362—363页。

㉘ 北京图书馆金石组《北京图书馆藏中国历代石刻拓本汇编》第十五册，郑州：中州古籍出版社，1989年，140页；孙兰风、胡海帆主编《隋唐五代墓志汇编》（北京大学卷），天津：天津古籍出版社，1992年，59页；周绍良主编《唐代墓志汇编》，526页；吴钢主编《全唐文补遗》第六辑，西安：三秦出版社，1999年，311—312页。

㉙ 赵君平、赵文成《秦晋豫新出墓志搜佚》，北京：国家图书馆出版社，2011年，146页；毛阳光、余扶危《洛阳流散唐代墓志汇编》，北京：国家图书馆出版社，2013年，7页。

㉚ 曾贤熙《唐代前期（618—755）对安西四镇的经营》，新北：花木兰文化出版社，2011年，117页。

军苏定方为安抚大使以讨之”[31]。都曼率三国之众破于阗，或许跟于阗亲唐有关，在都曼活动的俱兰、马头川、疏勒、朱俱波、于阗一线，正是以后很长时间内吐蕃在西域活动的主要地区，即所谓“俟斤地”，因此都曼此次攻于阗，可能与吐蕃有关联[32]。吐蕃介入西域事务，第一次是在贞观二十二年征讨龟兹时，吐蕃应唐王朝征召“逾玄菟而北临”[33]；第二次是显庆四年事，都曼破于阗后，苏定方“率兵至碎叶水，而贼堞马头川。定方选精卒万、骑三千袭之，昼夜驰三百里，至其所。都曼惊，战无素，遂大败，走马保城。师进攻之，都曼计穷，遂面缚降”[34]。之后，“弓月南结吐蕃，北招咽面”[35]，弓月是一个以弓月城为根基的粟特胡人部落，以祆教为宗教信仰，故此他们操控着突厥人的宗教生活，并因其在商路上的地位，连接吐蕃以对抗唐廷[36]。

在高宗咸亨之前，吐蕃因弓月部所引进入西域，虽然屡屡暗助弓月部以对抗唐王朝，但还没有产生大规模的军事冲突。至咸亨元年，吐蕃先后攻陷西州多地，《资治通鉴》卷二〇一唐高宗咸亨元年四月条：“夏，四月，吐蕃陷西域十八州，又与于阗袭龟兹拨换城，陷之。罢龟兹、于阗、焉耆、疏勒四镇。辛亥，以右卫大将军薛仁贵为逻娑道行军大总管，左卫员外大将军阿史那道真、左卫将军郭待封副之，以讨吐蕃，且援送吐谷浑还故地。”[37]八月，唐军与吐蕃战于大非川，吐蕃相论钦陵将兵四十万击之，唐军大败，死伤略尽，薛仁贵、郭待封、阿史那道真仅脱身免，与论钦陵约和而还。咸亨元年大非川之战，白桂思以为唐军此次失利标志着唐王朝对塔里木盆地地区二十年统治的结束[38]；而王小甫则认为在这个阶段吐蕃对于西域还处于与唐王朝的争夺僵持之中，并没有建立起任何形式的统治[39]；刘安志通过对相关吐鲁番文书的考证，以为唐虽然于咸亨元年被迫下令罢安西四镇，但由于西域形势的变化，实际上罢弃的只是于阗、疏勒二镇，龟兹、焉耆二镇仍属于唐王朝统治下，而并没有放弃[40]。王、刘二说为是。

对于了解此时的西域政局，阿史那忠是一个十分重要的关键人物。《唐故右骁卫大将军兼检校羽林军赠镇军大将军荆州大都督上柱国薛国公阿史那贞公（忠）墓志铭并序》：“西海诸蕃，经途万里，而有弓月扇动，吐蕃侵逼，延寿莫制，会宗告窘。以公为西域道安抚大使兼行军大总管。公问望着于遐迩，信义行乎夷狄，飧士丹丘之上，饮马瑶池之滨，夸父惊其已远，章亥推其不逮。范文后入，情不论功；汉异却坐，事非饰

㉛ 《资治通鉴》卷二〇〇唐高宗显庆四年十一月条，6319页。

㉜ 王小甫《唐、吐蕃、大食政治关系史》，北京：中国人民大学出版社，2009年，54页。

㉝ （宋）王钦若《册府元龟》卷九八五《外臣部·征讨四》，北京：中华书局，2010年，11572页。

㉞ （宋）欧阳修、宋祁《新唐书》卷一一一《苏定方传》，北京：中华书局，2006年，4138页。

㉟ 《资治通鉴》卷二〇二唐高宗咸亨四年十二月条，6372页。

㊱ 王小甫《唐、吐蕃、大食政治关系史》，58、200—229页。

㊲ 《资治通鉴》，6363页。

㊳ 〔美〕白桂思著、付建河译《吐蕃在中亚：中古早期吐蕃、突厥、大食、唐朝争夺史》，乌鲁木齐：新疆人民出版社，2012年，21—23页。

㊴ 王小甫《唐、吐蕃、大食政治关系史》，63—64页。

㊵ 刘安志《从吐鲁番出土文书看唐高宗咸亨年间的西域政局》，《魏晋南北朝隋唐史资料》第18辑，收入作者著《敦煌吐鲁番文书与唐代西域史研究》，65—98页。

让。”[41]关于阿史那忠为西域道安抚大使事，郭平梁、王小甫、陈志谦、陈瑜、杜晓琴等均认为这次阿史那忠到西域与薛仁贵至青海，乃是咸亨元年一次出征的两支军队，阿史那忠主要的职责是对受吐蕃辖制的地区和部落作招慰及招纳事宜[42]；荣新江通过志文“奉跸东京”一语推测阿史那忠出使西域约在咸亨二、三年间[43]；刘安志指出阿史那忠此次招慰西域约在总章二年，总章二年八月以前，吐蕃与弓月联手入侵西域，故此高宗派阿史那忠为西域道安抚大使兼行军大总管进行反击[44]。吐鲁番阿斯塔那61号墓出土有文书《唐西州高昌县上安西都护府碟稿为录上讯间曹禄山诉李绍谨两造辩辞事》，此文书年代上限不超过总章元年或二年，下限在咸亨四年三月末，其成稿时间当在咸亨二年[45]。其中第六部分对于了解总章咸亨年间的西域情况十分重要，兹摘录部分如下[46]：

（前缺）

1　人，从安西来，其人为突厥劫夺弓箭鞍马□

2　逢绍谨，若有胡共相逐，即合知见。二人□

3　敕函，向玉河军，二人为刘监军□

4　是（人）二月内发安西。请牒安西检去年□

5　使向刘监萧乡军使人问有胡□

（后缺）

文书讲的是李绍谨的辩辞，论述他从弓月城行数百里，遇到了二月从安西出发的四位使人，这四人在路途中被突厥人夺走了马匹、弓箭等物。咸亨元年四月，吐蕃与西突厥余部在西域勾连起兵，唐王朝被迫将安西都护从龟兹撤回西州，故文书方言这一行人未到达龟兹而改投西州，曹禄山还以为其兄长在此过程中失踪，而造成了诸多误会。如此来看，文书所记载当为咸亨元年事[47]。阿史那忠志文云“弓月扇动，吐蕃亲逼”，阿史那忠任西域道安抚大使无论从官职与资历都和薛仁贵相当，唐代行军中经常以行军大总管与安抚大使分别承担两种互补之职责，此次战事阿史那忠与薛仁贵乃一次出征的两路军队。

《大唐故右骁卫大将军薛国贞公阿史那府君（忠）之碑》：“寻又奉诏为西域道安抚大使兼行军大总管。乘□则发，在变以能通。杖义斯举，有征而无战。威信并行，羌

㊶　周绍良主编《唐代墓志汇编》，602页。

㊷　郭平梁《阿史那忠在西域》，《新疆历史论文续集》，乌鲁木齐：新疆人民出版社，1982年，189页；王小甫《唐、吐蕃、大食政治关系史》，68页；陈志谦《阿史那忠碑志考述》，《文博》2002年第2期，70—74页；陈瑜、杜晓勤《从阿史那忠墓志考骆宾王从军西域史实》，《文献》2008年第3期，29—37页。

㊸　荣新江《吐鲁番文书〈唐某人自书历官状〉所记西域史事钩沉》，《西北史地》1987年第4期，53—55页。

㊹　刘安志《从吐鲁番出土文书看唐高宗咸亨年间的西域政局》，65—98页。

㊺　黄惠贤《〈唐西州高昌县上安西都护府碟稿为录上讯间曹禄山诉李绍谨两造辩辞事〉释》，《敦煌吐鲁番文书初探》，353—354页；李方《唐西州官吏编年考证》，北京：中国人民大学出版社，2010年，30页；〔日〕荒川正晴《唐帝国とソグド人の交易活动》，《东洋史研究》第56卷第3号，1998年，188页；王小甫《唐、吐蕃、大食政治关系史》，67页。

㊻　唐长孺主编《吐鲁番出土文书》（录文本）第6册，北京：文物出版社，1985年，476页。

㊼　王小甫《唐、吐蕃、大食政治关系史》，67页。

夷是□，洎乎振旅，频加劳问。”[48]碑文所讲应该是羁縻都支、安辑其部众事，而此时在西域之地仅仅余下弓月、疏勒还在吐蕃支持下对抗唐王朝[49]。咸亨二年四月，“以西突厥阿史那都支为左骁卫大将军兼匐延都督，以安集五咄陆之众”[50]，龙朔二年十姓无主，有阿史那都支及李遮匐収其余众附于吐蕃，而咸亨二年都支复归于唐廷，很可能是阿史那忠安抚西域之功。都支与唐王朝关系并不密切，如果不是阿史那忠招慰西域，难以想象唐廷会允许都支这样一个西突厥首领负责安辑西域有关部众。对于此时之史事，刘文祎墓志云“蕃酋雾委，戎长云归”，指的很可能就是阿史那都支等人再次归附唐王朝之事，而刘文祎招慰西域，疑其当时在阿史那忠为西域道安抚大使的麾下，主要负责招抚都支，故志文才有“策功居最，遂加褒秩”之言。

关于阿史那忠此次招抚西域的随行人员，除了刘文祎之外，最负盛名的当属骆宾王。骆宾王从军西域时任奉礼郎，随阿史那忠招慰西域，目的地可能为轮台、疏勒等地，与薛仁贵军任务完全不同。骆宾王先后作有《早秋出塞寄东台详正学士》《夕次蒲类津》《晚度天山有怀京邑》《宿温城望军营》《军中行路难同辛常伯作》《边庭落日》《在军中赠先还知己》《久戍边城有怀京邑》等诗，从这些诗文的描述可以推断出阿史那忠在西域的行军路线与一些停留之地点[51]。骆宾王、刘文祎一起随从阿史那忠招抚西域，两个人应该在此后有着一定的来往，这对于理解二人的生平交游不无助益。

四、结　语

刘文祎墓志的发现，为进一步深入理解相关西域史事提供了新的资料。在相当长的一段时间内，利用敦煌吐鲁番文书是研究西域史事的主要路径，进而可以补正中原的制度史与唐王朝的政治史，近些年来两京地区大量出土的墓志材料则反过来可以透视西域的历史与社会，补充了许多关于西域史事的人物与事件，可以说“从文书到碑志是今后中古史研究的趋向之一”[52]。随着大量石刻史料的发现，对于西域的一些细节情况有了进一步的了解，如果说传世文献展现出西域史事的主体面貌，敦煌吐鲁番文书提供了弥足珍贵的地域文献，那么石刻史料则进一步把二者联系了起来，他们共同构建出了西域史事的全方位场景，可以说他们为今天窥视历史场景下的真实提供了不同的视角，而他们基于不同目的的历史书写，还有待于进一步的思考与比较。

㊽ 陈尚君《全唐文补编》，北京：中华书局，2005年，1809页。

㊾ 王小甫《唐、吐蕃、大食政治关系史》，68页。

㊿ 《资治通鉴》卷二〇二唐高宗咸亨二年四月条，6366页。关于阿史那都支前后事，森安孝夫曾有过讨论，可参作者著《吐蕃の中央アジア進出》，《金沢大学文学部论集·史学科篇》第4号，1984年，11—12页。

51 陈瑜、杜晓勤《从阿史那忠墓志考骆宾王从军西域史实》，《文献》2008年第3期，29—32页。

52 荣新江语，见于《中古碑志研究的新视野——“北朝隋唐碑志与社会文化”学术研讨会纪要》，《唐研究》第十七卷，北京：北京大学出版社，2011年，1页。

On the Historical Events concerning the Western Regions Recorded in the Newly Unearthed Epigraph of Liu Wenhui

Wang Qingwei

The newly unearthed epigraph of Liu Wenhui provides new clues for the studies of the Western Regions in early Tang period. The article at first explores the life story of Liu Wenhui, and then makes comprehensive researches on the expedition along the Kunqiu route with reference to another newly-found two epigraphs of Yang hongli and Hua Wenhong. After analyzing the appeasement of Liu Wenyi in the Western Regions, the article suggests that Liu should be a subordinate officer of Ashina Zhong who went on an expedition to the Western Regions in the first year of Xianheng era, and Liu's appeasing object should be Ashina Duzhi.

敦煌元代汉文官文书续考

党宝海

本文旨在对敦煌莫高窟北区石窟出土的三件元代汉文官文书进行释读和分析。因所论文书曾由敦煌研究院的学者初步整理和研究，故名续考。

一

1988—1995年，甘肃省敦煌研究院对敦煌北区石窟进行了考古发掘，在B53窟发现了数件元代官文书。2000年文物出版社出版的《敦煌莫高窟北区石窟》第一卷中刊布了这些文书的照片和录文。其中三件文书残片是从西夏文《金光明最胜王经》卷五的封皮上揭取的，分别编号为B53：16-1、B53：16-2、B53：16-3。纸张都是白麻纸，泛黄，纤维交织不匀，有横帘纹，纸薄，质软[①]。

我们先看B53：16-3，文书残宽12厘米，残高18厘米，上残存1行汉文，共10字，另有朱红色八思巴文印记一方。彩色图版见该书彩版一七（中）。由于钤盖的是八思巴字方形大印，这件文书属于元代无疑。因印章文字残缺，研究者未能读出印文。以下依现存印文，试做转写，残缺的八思巴字用？表示[②]：

1）?u džiw lu　2）?ŋ gon　3）?u jin

印文对应的汉字当为“？州路？管？印”。根据官印文字的读音和元代敦煌周边的状况，这方官印的完整印文可以构拟为：

1）［se］u džiw lu　2）［dzu］ŋ gon　3）［hṷ］u jin

相应的汉文是“肃州路总管府印”。元代上述汉文的八思巴字与文书残印上的篆体八思巴字无论完整文字还是部分笔画，均能准确对应[③]。

据《元史·地理志》：“肃州路，下。唐为肃州，又为酒泉郡。宋初为西夏所据。元太祖二十一年，西征，攻肃州下之。世祖至元七年，置肃州路总管府。户

① 文书的录文和图版都收入彭金章、王建军等编《敦煌莫高窟北区石窟》，北京：文物出版社，2000年，第一卷，录文见该卷191—192页。

② 本文的八思巴字转写方案见照那斯图、薛磊《元国书官印汇释》，沈阳：辽宁民族出版社，2011年，282—283页。

③ “肃州路总管府印”涉及的七个八思巴字，参见上引照那斯图、薛磊《元国书官印汇释》，肃，300页；州，307页；路，296页；总，307页；管，292页；府，292页；印，305页。

图1　文书B53：16-3

一千二百六十二，口八千六百七十九。至元二十七年数。”④

虽然上述文书在敦煌莫高窟发现，但它并不属于敦煌所在的沙州路。据《元史》：“沙州路，下。唐为沙州，又为敦煌郡。宋仍为沙州，景祐初，西夏陷瓜、沙、肃三州，尽得河西故地。金因之。元太祖二十二年，破其城以隶八都大王。至元十四年，复立州。十七年，升为沙州路总管府，瓜州隶焉。”该书同卷对元代沙州与肃州的关系也有记载：“沙州去肃州千五百里，内附贫民欲乞粮沙州，必须白之肃州，然后给与，朝廷以其不便，故升沙州为路。瓜州，下。唐改为晋昌郡，复为瓜州。宋初陷于西夏。夏亡，州废。元至元十四年复立。二十八年徙居民于肃州，但名存而已。”⑤

综上所述，元代肃州的地位要比沙州重要。这件盖有八思巴字官印的文书，应是元朝甘肃行省肃州路的官文书（图1）。

文书上仅存一行文字：（上缺）［省？］中统钞壹阡陆佰定［有］（下缺）。

二

下面讨论第二件文书。文书编号B53：16-1，残存5行60字，手写体。文书残宽12.2厘米，残高18.5厘米。彩色图版见彩版一七（右）。研究者的录文基本准确，但在关键人名的识读上存在错误。新的录文如下，补字写在方括号内：

第1行（前缺）仰李异奴籴粮钱内与本路正官（后缺）

第2行（前缺）可承此除外为本路同知小云赤［不］花元（后缺）

第3行（前缺）中统钞陆佰定不留收籴移准

第4行（前缺）该准同知小云赤不花□元（后缺）

第5行（前缺）佰定见已收顿外有（后缺）

文书中的“小云赤不花”在原书中被读为“小云素不花”，不确。这个名字是元

④ 《元史》卷六〇《地理志三》，北京：中华书局，1976年，1450页。

⑤ 前引《元史》卷六〇《地理志三》，1450—1451页。

代常见的突厥语男性人名，可还原为Sevinč Buqa，意为“快乐的牡牛”[⑥]。文书第4行方框内有疑问的文字残缺，原书识读为“至”，并不肯定，后标问号。从笔划来看，这个字应该不是“至”，若是年号“至元”，那么“元”字后面的文字应该与这个年号有关，应为汉文数字，但从残缺的文字来看，“元”后面肯定不是数字。

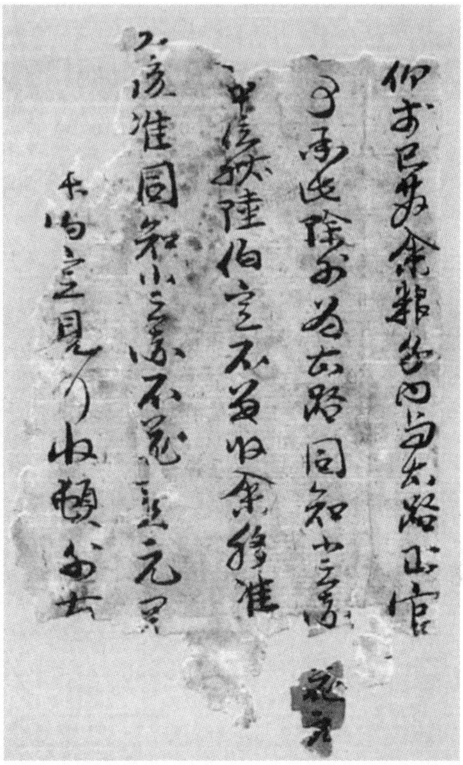

图2　文书B53：16-1

从内容判断，文书与某路政府从民间收购粮食的经费有关，具体负责这项事务的是该路的同知小云赤不花（图2）。

值得注意的是，在内蒙古黑城元代亦集乃路政府文书中，我们发现了官职相同、人名相同的小云赤不花。提到此人的文书共有三件，都与亦集乃路的钱粮事务有关，它们分别是税粮文卷F116：W463、F116：W465、F116：W610，李逸友先生将它们统一定名为《大德十一年税粮文卷》[⑦]。先看F116：W463号文书（参见图3），由两个断片组成，本文用A、B表示，录文各自按行编号，多字阙文用中空的方括号表示，单字阙文用方格表示。

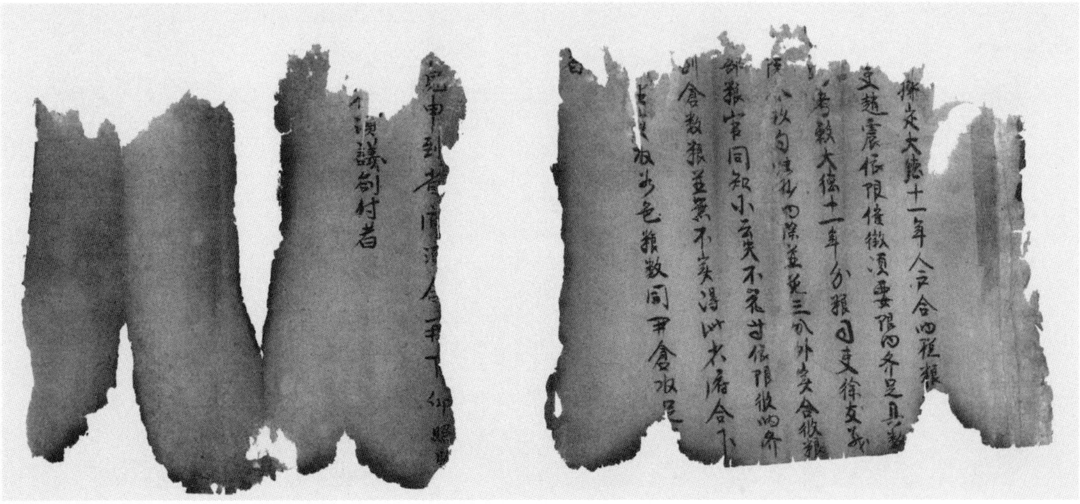

图3　文书F116：W463

⑥　Gerard Clauson, *An Etymological Dictionary of Pre-Thirteenth-Century Turkish*, Oxford: Oxford University Press, 1972, p. 790, p. 312; D.Cerensodnom and M.Taube, *Die Mongolica der Berliner Turfansammlung*, Berlin: Akademie Verlag, 1993, s.180.

⑦　李逸友编著《黑城出土文书（汉文文书卷）》，北京：科学出版社，1991年，115—116页。

A：
1　[　]拨定大德十一年人户合纳税粮□□
2　[　]吏赵震依限催征须要限内齐足具数
3　[　]考较大德十一年钱粮司吏徐友义
4　[　]陆合玖勺肆抄内除并免三分外实合征粮
5　[　]部粮官同知小云失不花等依限征纳齐
6　[　]到仓数粮并无不实得此省府合下
7　[　]坐实收各色粮数同开仓收足□
8　[　]者
B：
1　[　]见申到省府须合再下仰照验
2　[　]须议札付者[⑧]

再看Fl16：W465号文书（参见图4），也有两个断片：

A：
1　□训大夫亦集乃路总管府同知小云失卜花谨
B：
1　[　　　]叁撮

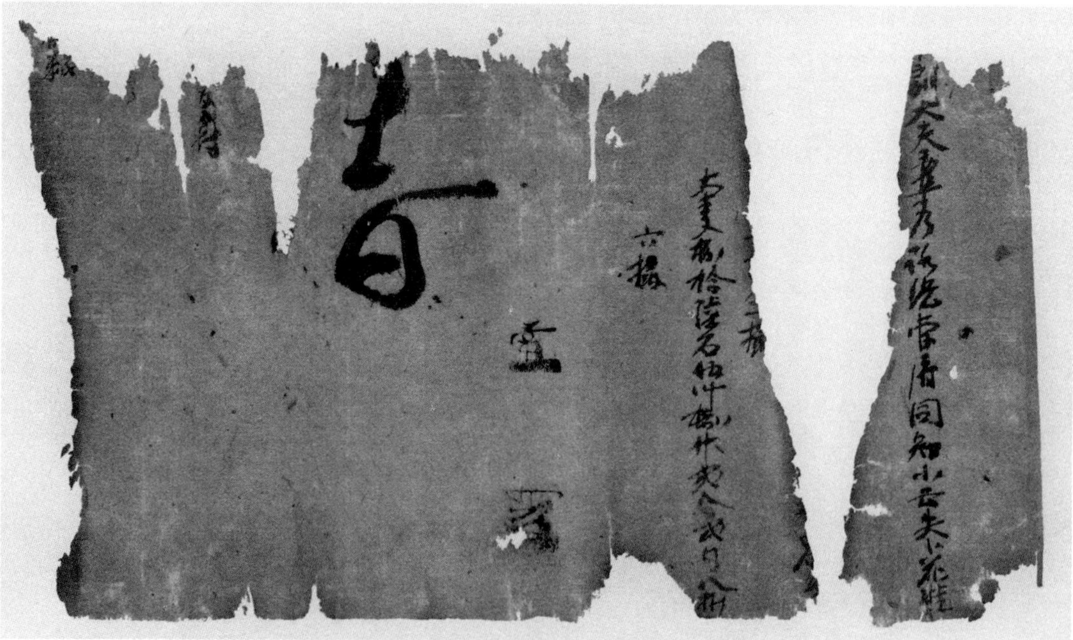

图4　文书Fl16：W465

⑧　上引李逸友编著《黑城出土文书（汉文文书卷）》，115页。本文的录文有改动。彩色图版见塔拉、杜建录、高国祥《中国藏黑水城汉文文献》，北京：国家图书馆出版社，2008年，第2册，291页。

2 大麦捌拾陆石伍斗捌升弍合弍勺八抄
3 六撮
4 押 押
5 十二日
6 [ ]札付
7 税粮[⑨]

第三件相关的黑城文书编号F116：W610，包括四个断片（参见图5），分别用A、B、C、D表示。每一断片的文字行数单独编号。

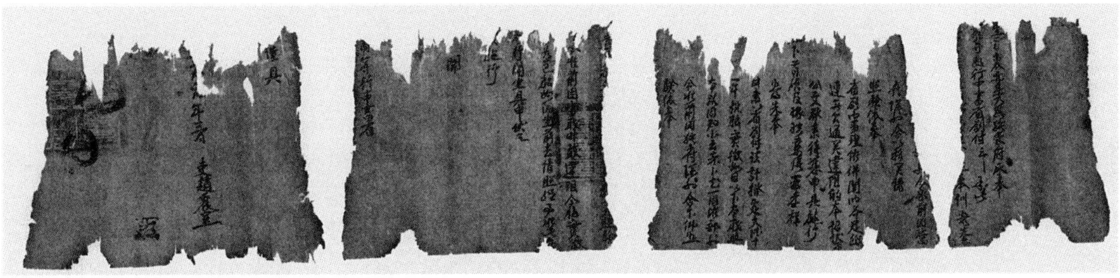

图5 文书F116：W610

A:
1 □□圣旨里亦集乃路总管府承奉
2 □肃等处行中书省札付云云承此
3 [ ]奉训照得先奉
B:
1 [ ]外今承前因当
2 府除外合行移关请
3 照验依奉
4 省札内事理催并闭纳齐足缴
5 连无欠通关违限的本招伏希
6 公文发来待凭具申施行
7 一下首领官提控案牍罗孝祥
8 照得先奉
9 甘肃行省札付该计拨定大德十
10 一年税粮实征数目以下本职与
11 本路同知小云赤卜花一同催部外
12 今准前因总府除外合下仰照

⑨ 上引《黑城出土文书（汉文文书卷）》，115页。彩色图版见上引《中国藏黑水城汉文文献》，第2册，292页。

13　　　验依奉

C：

1　　［　　］秃曾都［　　　　　　］关照验

2　　［　　］今准前因当职非敢违限今将实征

3　　［　　］各色粮数开坐前去请照验事准此□

4　　［　　］行开坐具申伏乞

5　　［　　］施行

6　　［　　］开

7　　□肃等处行中书省

D：

1　　谨具

2　　　至大元年三月　吏赵震呈

3　　　　　　　　　　押

4　　十六日　印[10]

此外，在《中国藏黑水城汉文文献》第四册“其他律令与词讼文书”中有文书提到了这位同知小云赤不花。文书原始编号为84H·F117：W24/1816，拟题为“文书残件”，文书共4件残片，残片一、三各存文字3行，残片二、四各存文字2行，均有涂改痕迹。第3个断片（参见图6）的第一行提到“同知小云赤不花”，第二行提到：“以致收受入仓，在后不记日”等[11]。这组文书在《黑城出土文书（汉文文书卷）》中漏收。

图6　文书84H·F117：W24/1816

上引第一件黑城文书提到的时间为大德十一年、第三件文书签署的时间为至大元年。由此可知，同知小云赤不花在亦集乃路任职的时间是在元成宗大德年间的后期和元武宗时期。小云赤不花的官职为亦集乃路同知，但所有文书都显示他还具体负责与征收税粮有关的工作。F116：W463号文书直接提到他是部粮官，“部”即置办、征集之意。F116：W610号文书提到，他和本路其他官员“一同催部”税粮。F116：W465号和84H·F117：W24/1816号文书也都显示他与税粮事

⑩　上引《黑城出土文书（汉文文书卷）》，116页，本文的录文有改动。彩色图版见《中国藏黑水城汉文文献》，第2册，278—281页。文书的原始编号误写为F116：W616。

⑪　张重艳、杨淑红《中国藏黑水城所出元代律令与词讼文书整理与研究》，北京：知识产权出版社，2015年，226页。彩色图版见《中国藏黑水城汉文文献》，第4册，出版编号为M1·0733，951页。

务有关。根据元朝的制度，每年政府征收税粮，要由地方政府的正官，担任部粮官，具体负责当地税粮的征集和运输入仓。具体到亦集乃路，正官包括达鲁花赤、总管、同知、判官。小云赤不花作为同知兼任部粮官，完全符合元朝制度。元朝强调，部粮官由正官充当，“若本处不差正官，权官部税，将来若有失陷，或税石不足，各处达鲁花赤、管民官、部粮官不分首从，一同断罪”[12]。

至于小云赤不花，他的正式官职是同知。按照官职的属性，同知属于佐贰官，院、府、寺等中央官署、各类专职总管府、地方宣慰司、路、府、州均有设置，正式名称为同知某某机构事，路同知的全称为同知某某路总管府事。上路从四品，下路正五品[13]。据《元史·地理志》：“亦集乃路，下。在甘州北一千五百里，城东北有大泽，西北俱接沙碛，乃汉之西海郡居延故城，夏国尝立威福军。元太祖二十一年内附。至元二十三年，立总管府。”[14]亦集乃路为下路，路同知为正五品官。

部粮的工作并不属于专职，而是类似于临时差遣。征粮结束，部粮官的职任会相应解除。有些辖区广阔、人口众多的地区，部粮官还可细分为总部官、分部官等，但部粮任务结束，要各回本司。“诸税石，严禁官吏、势要人等，不得结揽。若近下户计，去仓地远，愿出脚钱，就令近民带纳者，听。其总部税官，斟酌各处地里，定立先后运次，约以点集处所，觑得别无轻赍揽纳之数，令分部官，管押入仓，依数交纳，得讫朱钞，即日发还。惟总部官，直须州县纳尽，方许还职。”[15]具体到本文而言，相对于路同知的官职，部粮官只是小云赤不花的临时兼职。

亦集乃路公文所示同知小云赤不花所管部粮事务与敦煌文书提到的同知小云赤不花籴粮之事有很强的相关性。籴粮是政府收购粮食，属于地方政府所承担的粮食事务之一。它与部粮一样，都涉及地方粮食的收集与运输。

如果本文讨论的这件敦煌元代文书中的同知小云赤不花与亦集乃路的同知小云赤不花为同一人，那么，文书中的“本路”当为亦集乃路，文书的时间也应当属于元成宗后期到武宗时期，比研究者推测的“至元三十年”晚。

这件文书若是亦集乃路的官文书，它流传到敦煌是不足为奇的。在当时的甘肃行省，亦集乃路与河西走廊地区存在着密切的联系。文书的流转较为频繁。在出土的亦集乃路文书中，不乏外地文书。俄藏TK226号文书为肃州路官员名录，明显来自肃州路，

---

⑫ 《至正条格》“断例”卷一〇，“厩库·税粮限次”，至元三十年四月，韩国学中央研究院校注本，首尔：韩国学中央研究院，2007年，275页；《元典章》卷二四，户部十，“纳税·税粮违限官员科罪”，至元三十年四月，陈高华等点校，北京：中华书局、天津：天津古籍出版社，2011年，947页。

⑬ 前引《元典章》卷七，吏部一，“职品·内外文武职品”，201页。

⑭ 前引《元史》卷六〇《地理志三》，1451页。

⑮ 《通制条格》卷一七，“赋役·科差”，至元二十八年六月，中书省奏准《至元新格》，见方龄贵校注《通制条格校注》，北京：中华书局，2001年，495页。同一条文又见前引《至正条格》“条格”卷二七，“赋役·科拨差税”，至元二十八年六月。韩国学中央研究院校注本，71—72页；前引《元典章》卷二四，户部十，“纳税·下户带纳者听”，《至元新格》内一款，945页。

是外地文书传入黑城地区的很好例证[16]。另外，笔者曾在一篇旧作中指出，黄文弼先生在新疆吐鲁番、库车等地发现的汉文文书中，有至少两件来自元朝的亦集乃路地区[17]。亦集乃路文书出现在敦煌的石窟中，是完全可能的。

再进一步推论，上文提到的钤印文书B53：16-3为肃州路总管府钱钞文书，而这件B53：16-1号文书为亦集乃路总管府粜粮钱钞文书，那么，它们显然不属于同一件文书。另外，这两个总管府虽然都隶属于甘肃行省，但文书本身不是甘肃行省下发的。《敦煌莫高窟北区石窟》的作者认为，这两件文书与B53：16-2可能是一体的，统一定名为“元某行省残牒为□路正官中统钞锭事”，似未安。

三

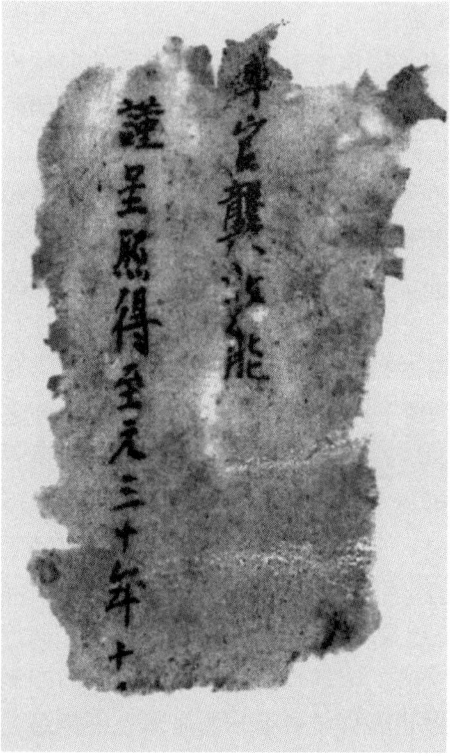

图7　文书B53：15-3

在B53窟发现的元代文书中，有一件编号为B53：15-3的文书（参见图7），残存汉字2行15字，手写体。文书残宽6.2厘米，残高9.8厘米。黑白照片见图版六二（2左）。《敦煌莫高窟北区石窟》的录文为：

第1行（前缺）库官龚汝能

第2行谨呈熙得至元三十年十

（后缺）

录文第2行的“熙得”当读为“照得”，这是元朝政府公文的常用语。元人徐元瑞《吏学指南》“发端·照得”条释义为：“谓明述元因者。”[18]朝鲜李氏王朝时期编纂刊刻的《吏文辑览》卷二“照得”条解释说：“具见始末曰照，谓照而得之也。凡文移发语，例曰照得。”[19]

在元代文献，尤其是《元典章》中，“照得”很常见，兹不列举。

---

⑯　详见杜立晖《俄藏黑水城肃州路官员名录文书考释》，杜建录主编《西夏学》第5辑，上海：上海古籍出版社，2010年；张笑峰《黑水城所出〈肃州路官员名录〉新考》，刘迎胜主编《元史及民族与边疆研究集刊》第29辑，上海：上海古籍出版社，2015年。原件影印本收入史金波等主编《俄藏黑水城文献》（汉文部分），第4册，上海：上海古籍出版社，1997年，228—229页。

⑰　党宝海《黄文弼先生所获元代汉文文书浅识》，荣新江、朱玉麒主编《西域考古·史地·语言研究新视野——黄文弼与中瑞西北科学考查团国际学术研讨会论文集》，北京：科学出版社，2014年，312—323页。

⑱　（元）徐元瑞《吏学指南》，杨讷校点本，杭州：浙江古籍出版社，1988年，37页。

⑲　（朝鲜李朝）崔世珍编《吏文辑览》，汉城：朝鲜印刷株式会社，1942年，319页。

Further Remarks on Official Manuscripts of the Yuan Dynasty from Dunhuang

Dang Baohai

New readings of three official manuscripts of the Yuan Dynasty from northern grottoes of Mogaoku, Dunhuang, are as follows:

The seal in Phags-pa script on the manuscript B53：16-3 could be read as 1)?u džiw lu 2)?ŋ gon 3)?u jin, then reconstructed as 1)[se]u džiw lu 2) [dzu]ŋ gon 3) [hu̯]u jin. So this manuscript is from Suzhou lu zongguanfu (Suzhou Route Command).

The name of officer Tongzhi (Vice-prefect) on the manuscript B53：16-1 should be read as Xiaoyunchi buhua小云赤不花, that is from a Turkic name Sevinč Buqa, not Xiaoyunsu buhua 小云素不花. According to the personal name and official duty, this Sevinč Buqa was a Tongzhi of Yijinai lu zongguanfu (Isine Route Command). The B53：16-1 was taken from Yijinai area to Dunhuang.

A word on the manuscript B53：15-3, which had been read as Xide熙得, should be Zhaode 照得, a common word used in Yuan official documents.

卐符号的初传及其原始寓意*

刘学堂

人类历史上存在过的难以统计的符号系统中，卐符出现的时代久远①，影响广泛，自古至今，为不同区域和文化群体的人们喜爱接受，是其他的符号难以类比的，饶宗颐因而称它是一个宇宙符号②。对于这个宇宙符号，多年以来，中外学者从不同的角度稽疑钩沉，但围绕着这个卐符号，迄今仍有许多疑谜难明的地方。本文梳理卐符号的发现与前人的研究成果，就它的初传和原始寓意再做探讨。

一、卐符号在欧洲、近东、中亚和印度的初传

卐从它出现以来，至今为止的历史，可以分为四个阶段。第一，是卐符号从最初的出现，到它成为佛教采用其作为标示符号前的阶段。第二，是卐作为佛教标示符号的阶段。第三，是卐作为一个汉字流行的阶段。第四，是近现代众多民族引入和借用卐符的阶段。本文所说卐符的初传，指的是第一阶段，绝对年代大体在公元前1000年前，往前溯至远古时期的新石器时代，刘昭瑞认为卐符是自新石器时代以来遍布世界各地的一种符号③。考古发现与研究表明，佛教传播之前上溯至新石器时代，卐符以西亚两河流域为中心，开始了它的跨文化传播之旅。

1. 卐符在欧洲、西亚和埃及的发现

新石器时代晚期开始，卐符就以不同的样式出现在欧洲许多地方的遗址中。居住在今意大利中部的伊特鲁利亚人早在新旧石器时代到青铜时代，就开始用卐符号进行艺术

---

* 本文系国家社会科学基金重点项目“楼兰地区史前遗存的多学科研究”（17AKG002）阶段性成果。

① 需要说明的是，佛教文化中广泛利用“卐”符号以来，它在写法上有左旋右旋之别，人们习惯称其为正“卐”和反“卍”字。佛教造像开始使用“卐”符号之前，考古材料中未发现人们赋予正、反“卐”字符不同的象征含义的证据，所以。文中除需要强调的地方外，均使用正写的“卐”符号。另外考古中所发现的“卐”字，特别是第一阶段的“卐”符，其笔架风格不尽相同，多呈直角转折，次为曲角或弧角转折，绝大多数为单张转折，个别为双线转折，极少呈多线转折，有的旋折处还做了艺术化的处理，使“卐”符呈现出千变万化的样式和变体，本文也都统一用正写的“卐”字来称谓它们。

② 饶宗颐《宇宙性的符号》，作者著《符号·初文与字母——汉字树》，上海：上海书店出版社，2000年，82—113页。

③ 刘昭瑞《谈考古发现的“卐”字等符号》，饶宗颐主编《华学》九、十辑，上海：上海古籍出版社，2008年，307页。

装饰[④]。东欧新石器时代早期陶器上的一些图形，图案简化的人物舞蹈姿势，双手略呈直角，屈举和下垂，一些陶片上刻划有简化了的人物图案[⑤]，双臂和人体组成的图形，明显地可以看出是卐符号的笔划构架（图1）。

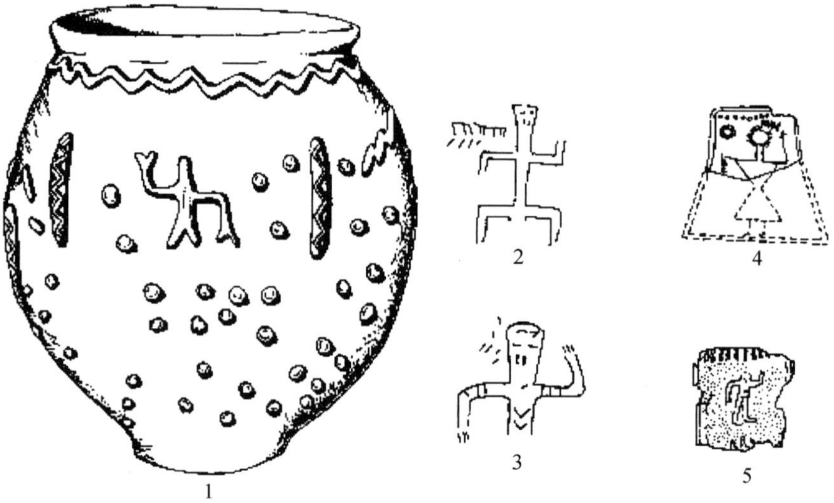

图1　东欧新石器时代陶器上的人物图案

1. 匈牙利公元前5500—前5400年　2、3. 保加利亚加拉诺夫文化　4. 萨丁亚的奥兹利文化，公元前4000—前3800年　5. 波兰的文那德安文化，公元前100年（《青海岩画——史前艺术中二元对立思维及其观念的研究》，69页，图206）

据饶宗颐介绍，卐符在西亚地区最早可能出现在美索不达米亚底格里斯河和幼发拉底河流域。这里新石器时代的哈苏纳文化和萨玛拉文化的陶片上，都见到了卐符。哈苏纳文化的年代在公元前5500—前5000年，萨玛拉文化的年代上限在始于公元前6千纪中叶，其下限大约在公元前6千纪和前5千纪之交[⑥]。

哈苏纳文化的陶器上见到手足状的卐形构图。萨玛拉期文化陶器上装饰的卐符更为复杂。属于萨玛拉文化早期的巴格达附近的梭万（ES-Sawavan）遗址，属于萨玛拉（Samara）文化第三层的R192，出土的彩陶片中已经见有呈卐的图案，是简化了的卐符，同一文化的第三期后段又在陶罐底部见到卐符，并在卐外加一不规则的圆圈，绘成卐的样子。乔加·马米遗址位于两伊边境区，比梭万遗址规模大，遗址中出土有刻划此类记号的陶片，刻划的卐随意简单，和其他纹样组合在一起，不同符号互证，有阴阳相合的寓意，也发现有规范、抽象的卐字符号（图2）[⑦]。杨建华将萨玛拉文化分为四期，第四期的陶片上，绘有复杂的动物纹样，主体是羊和狗，羊的身体绘成对顶的三

④　芮传明、余太山《中西纹饰比较》，上海：上海古籍出版社，1995年，57页。

⑤　汤惠生、张文华《青海岩画——史前艺术中二元对立思维及其观念的研究》，北京：科学出版社，2001年，67—68页。

⑥　杨建华《两河流域史前时代》，长春：吉林大学出版社，1993年，68、81页。

⑦　饶宗颐《宇宙性的符号》，82—113页。

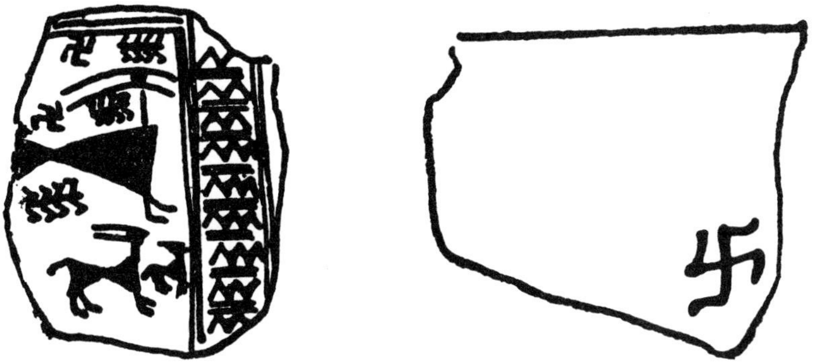

图2　萨玛拉文化陶片上卐字符

左：乔加·马米遗址出土陶片　右：梭万遗址第三层R192出土陶片

（杨建华《试论萨玛拉文化》，242页图七；245页图十，6）

角纹样，狗则用线描风格表示，陶片边缘处绘一个简化的卐字符⑧。其后，这一地区的哈拉夫文化，以及其后的欧贝德文化和乌鲁克文化遗址出土的陶器器表，不断发现用卐字符号进行装饰的例证。哈拉夫文化的年代在公元前5500年之后至前4500年间，这一文化的耶里姆遗址位于辛贾尔平原，遗址文化层均属于哈拉夫文化，文化层出土的陶片纹饰里见有卐字纹。死海东北的泰利拉特—加苏尔文化（Teleilat Ghassul），年代在公元前5000—前4000年，属于这一文化的石权杖头上也发现有卐符⑨。这一区域史前陶器上还见到四鸟和人物四角旋绕的图形，笔划构架也作卐状⑩。“土耳其境内出土的古代西亚彩陶纹饰中有‘卍’纹，据考‘卍’为地形，或为地母之形，‘卐’纹为天，或为太阳之形，阴、阳之合乃万物这生。”⑪

卐符号在埃及最早出现在公元前3千纪，见于埃及第十二王朝时期。塞浦路斯和卡里亚陶器残片上有卐符，这是由弗林德斯·皮特安（Flinders Petrie）在1889年就发现的⑫。公元前13世纪的古希腊称为伊诺斯（Inos）的特洛伊文化遗物中发现卐符号。公元前6—前5世纪在意大利中部的微兰诺微文化层中，发现有带卐纹的陶器。其后在埃及、希腊罗马文化中，卐字成了更为流行的装饰符号，对此，芮传明、余太山在《中西纹饰比较》一书中有过详细的介绍，不再赘述⑬。

2. 印度发现的卐符

印度河谷，比哈拉巴文明更早，是在次大陆俾陆支（Baluchistan）地区发现的米哈迦尔文明，年代估计在公元前5000到前3500年间。俾陆支与西北印度边界发掘

⑧ 杨建华《两河流域史前时代》，104—108页；杨建华《试论萨玛拉文化》，苏秉琦主编《考古学文化论集（一）》，北京：文物出版社，1987年，242—245页。

⑨ 饶宗颐《宇宙性的符号》，82—113页。

⑩ 芮传明、余太山《中西纹饰比较》，65页。

⑪ 安旭《略论“卐”纹源流》，《南开学报》1995年第6期，73—80页。

⑫ 芮传明、余太山《中西纹饰比较》，51页。

⑬ 芮传明、余太山《中西纹饰比较》第二节“世界各地的‘卐’字符”。

了一件属于这一文化的陶器，器表绘有圆圈纹，圆圈内画一卐符。饶宗颐引证印度天文学家悉哈（B. G. Sidharth）在《历法天文学、天文年代与考古：关于古物及其科学的一个新观点》中的意见，“极力强调米哈迦尔文化的人们，已经把卐符作为主题和重要性，他主张阿利安人不是哈拉巴人，而是大夏人，他说：‘通过对印度南部发现的骸骨进行分析后，发现多是与地中海区居民或是高加索人种相同，这就揭穿了有关达罗毗荼人说的真面目’”⑭。印度哈拉巴文化中见有带卐符的印章（图3）。其后，印度河谷的人们逐渐在各种器物上使用卐符装饰。莫亨朱达罗遗址位于印度河三角洲的东部，该遗址的年代在公元前3千纪到公元前2千纪，遗址中出土有带卐符装饰的器物。

图3　印度哈拉巴文化中见有带边框的卐符印章
（引自饶宗颐《卍（Swastlka）考》图四）

3. 中亚北部草原地带发现卐符

公元前3千纪末到前2千纪初辛塔什塔—安德罗诺文化典型的缸形器上，多见装饰有卐符号和变体的卐符号（图4）。出土于哈萨克斯坦北部 Biyrek-Kol （毕里日克湖）属于安德罗诺沃文化Fedorovo（费德罗沃）类型的一件陶器，颈部和肩部刻绘以折线几何纹样，腹部刻绘一周直角转折的卐字符。出土于哈萨克斯坦南部的tautary（塔乌塔利）墓群一件属于tautary类型的陶器，陶器略显折肩，上腹压印刻划出直线几何纹样，下腹刻绘出一个独立卐字符⑮。出自哈萨克斯坦北部Stepnol（斯特甫诺耶）地区的两件陶罐、出土于俄罗斯库尔干州Petrovka（彼得罗夫卡）墓群一件属于Petrovka类型的陶器，这些陶器均直口、折肩、斜腹、大平底，口沿和肩部和器腹底刻绘正倒三角纹，均在器底刻绘直角多线转折，呈“风车形”的卐字符。另外，俄罗斯车里雅宾斯克州Smolino（斯莫里诺）墓地出土有Fedorovo类型的陶器、哈萨克斯坦中北部 Tasty-Butak（塔斯特—布塔克）墓群出土有多件Kozhumberdy——阿拉库类型和费德罗沃的混合类型陶器、出土于俄罗斯—乌拉尔地区—奥伦堡州 Khabarnoye（喀巴尔诺耶）的一件属于Kozhumberdy（阿拉库类型和费德罗沃的混合类型陶器）、出土于Novy Kumak（诺夫库玛克）一件属于Kozhumberdy & Sol’-Iletsk（阿拉库类型和费德罗沃沃的混合类型陶器&索利伊列茨克类型）的陶器、出土于吉尔吉斯斯坦北部的Issyk-Kul（伊斯克湖）

⑭ 饶宗颐《宇宙性的符号》，102页。该文95页表7-1中，将米哈迦尔文化的年代定在公元前7000—前6000年，其所见的卍符也列为时代最早的考古例证。

⑮ 〔俄〕叶莲娜·伊菲莫夫纳·库兹米娜著、李春长译《丝绸之路史前史》，北京：科学出版社，2015年，图25，4；图26，5。

1 2 3 4 5 6 7 8 9 10 11 12 13

图4　中亚草原辛塔什塔—安德罗诺沃文化陶器上的卐字符（部分）

1. Fedorovo（费德罗沃）类型陶器——乌拉尔变体（出土地点未作说明）　2. 出土于哈萨克斯坦中北部 Tasty-Butak（塔斯特—布塔克）墓群　3. 俄罗斯—乌拉尔地区—奥伦堡州 Khabarnoye（喀巴尔诺耶）　4. 出土于 Novy Kumak（诺夫—库玛克）　5. 出土于哈萨克斯坦中北部Tasty-Butak（塔斯特—布塔克）墓群　6. 出土于吉尔吉斯斯坦北部的 Issyk-Kul（伊斯克湖）地区　7. 俄罗斯车里雅宾斯克州 Smolino（斯莫里诺）盐湖　8. 出土于哈萨克斯坦中北部 Tasty-Butak（塔斯特—布塔克）墓群　9. 出土于哈萨克斯坦北部 Biyrek-Kol（毕里日克湖）　10. 土于哈萨克斯坦南部的 tautary（塔乌塔利）　11. 塔那博尔根墓地出土的新塔什塔类型陶器　12. 土于哈萨克北部 Stepnoe I（斯特甫诺耶）　13. 土于俄罗斯库尔干州 Petrovka（彼得罗夫卡）（第11图采自叶莲娜・伊菲莫夫卡・库兹米娜《丝绸之路史前史》图10，4；余图采自Kuz'mina, E. E. (Elena Efimovna), et al. *The Origin of the Indo-Iranians*. Brill, 2007. ）

的一件属于Semirech'e（七河）类型的陶器的器腹下部，都见刻绘有变体的卐字符[16]。

二、早期卐符在中国的发现

1983年，饶宗颐参观青海省考古所，在民和县新民公社出土的数百件彩陶群里，意外地发现了一件罐形器，腹部绘有四个卍符号。此前饶先生只在“北京历史博物馆和上

⑯　邵会秋《〈印度—伊朗人的起源〉评介》，《边疆考古研究》第16辑，北京：科学出版社，2014年，366—375页；Kuz'mina, E. E. (Elena Efimovna), et al. *The Origin of the Indo-Iranians*, Brill, 2007.

海博物馆看见极少数的柳湾彩绘陶器，对于刻绘有符号的陶片，恨无机缘接触原物，不能加以描述”，颇为遗憾[17]。这次饶先生在眼花缭乱的彩陶海洋里，独识结构有所变化了的卐符，感到了意外的惊喜，说“为向来所未见，深喜眼福不浅”，并先后写作《说卐》（1985年）[18]、《说卐——青海陶文小记》（1990年）[19]、《卍（Swastlka）考》（1993年）[20]、《宇宙性的符号》（2000年）四篇文章[21]，介绍欧亚各地发现的佛教之前的卐字符，就卐字符的寓意和它向中国的传播，进行了考察，并不断补充与完善自己的结论。此后，中国境内先秦之前卐字符的发现，不断引起了学术界的关注。

1. 中国北方地区新石器时代的卐字符

王克林怀疑河北武安赵窑仰韶文化遗址中出土的圜底小口瓶肩部的彩绘，山西太谷白燕遗址仰韶文化晚期或庙底沟二期早段的彩陶罐、瓶上的符号，赤峰夏家店文化的彩绘陶罐、鬲等容器上装饰，山西右玉大川一晚商铜簋外壁所饰夔龙纹的头侧纹样，山西石楼二郎坡出土商代铜觥器身所饰龙纹身上所见图案，都有与卐符号的结构类似之处，假定其是卐的变体[22]，但其是否卐或者其变体，尚难以确指。内蒙古赤峰市西北30千米，翁牛特旗解放营子乡南沟村的石棚山上，发掘一处小河沿文化的墓地。小河沿文化晚于红山文化，早于夏家店下层文化，属于新石器时代晚期，据^{14}C测定的绝对年代，这一文化在公元前3500—前2500年。赵宾福将小河沿文化分为三期，石棚山墓葬出土器表装饰卐符号的陶器，多属小河沿文化中期[23]，年代可推断在公元前3000年前后。石棚山M52：1，是一件直筒罐，斜壁，靠近口沿处施一对小横耳。“器表周身刻绘一幅完整的原始图画。画面由图像和文字符号组成，左侧刻画一座圆形尖顶状的氏族房舍，房前画有方格园田，右侧画有五个图像文字”。陶器表面“图像文字”中有三个是“卍”符。中间和右侧边的两个卍字符，呈十字直角卷钩状，这两个十字直角卷钩的卍字符号之间的卍字符，十字端表现为三道平行折线，外形类似风车（图5，1、2）。M55：5，折口罐，短颈，鼓腹，圆唇外折，平底。肩部绘五组简略的十字直角卷钩的卍字符，花纹之间填绘六只长腿大耳的动物（图5，4下）[24]。M20：1，直口平底罐，腹部饰交错排列的折线三角和竖平行线，其中一折线三角下填绘十字直角卷钩状的卍字符（图5，4上）[25]。河南偃师二里头遗址的年代在公元前1900—前1600年，遗址中出土有陶鼎的腹部便有变化的卐符号[26]。河北徕水县渐

⑰　饶宗颐《宇宙性的符号》，82—113页。

⑱　《说卍》一文刊于《三上次男博士喜寿纪念论文集》历史篇，见饶宗颐《宇宙性的符号》，86页。

⑲　饶宗颐《说卍——青海陶文小记》，尹达等编著《纪念顾颉刚学术论文集》，成都：巴蜀书社，1990年，161—165页。

⑳　饶宗颐《卍（Swastlka）考》，作者著《梵学集》，上海：上海古籍出版社，1993年，1—14页。

㉑　饶宗颐《宇宙性的符号》，82—113页。

㉒　王克林《“卍”图象符号源流考》，《文博》1995年第3期，3—27页。

㉓　赵宾福、任瑞波《再论小河沿文化的分期与年代》，《边疆考古研究》17辑，134页。

㉔　李恭笃《昭乌达盟石棚山考古新发现》，《文物》1982年第3期，31—36页。

㉕　杨福瑞《小河沿文化陶器及相关问题再认识》，《赤峰学院学报（红山文化研究专辑）》2008年第S1期，114页。

㉖　宋丙玲《浅谈中国的“卐”字纹饰》，《四川文物》2006年第2期，59—63、70页。

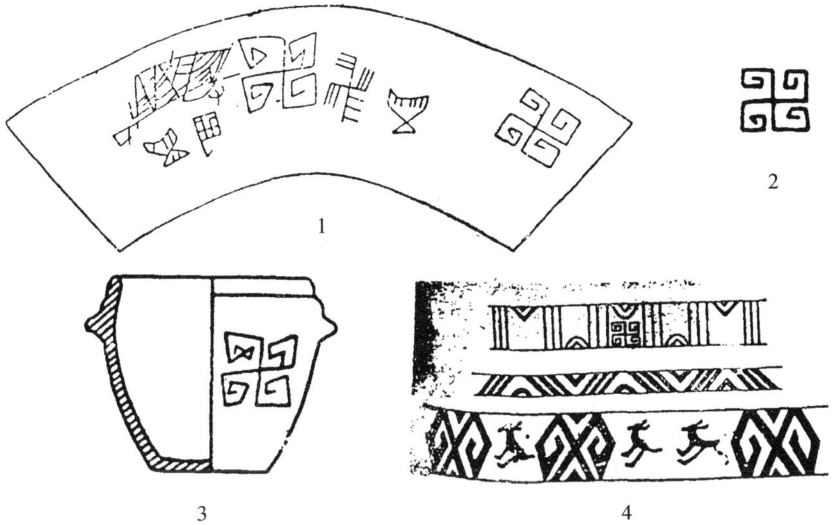

图5　小河沿文化中的卐符

1、2. 石棚山M52直筒罐上纹样　3、4上. M20直口平罐上纹样　4下. M55折口罐上纹样

村商代遗址出土一陶片上，有十字外折很短的简化卐字符号[27]，有点类似两河流域萨玛拉文化陶器上简化的卐字。郑州商城出土的一件夹砂红陶缸的底部，刻有一简略的、转折弯曲成钩状的卐字，为二里岗期的遗物（图6）[28]。

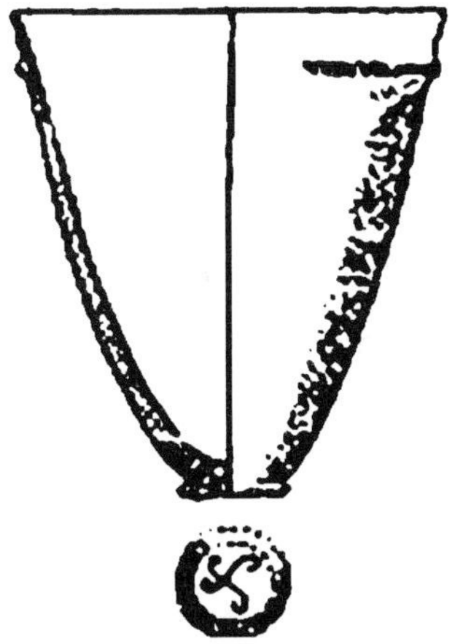

图6　郑州商城出土陶器底部的卐符（引自河南省文物研究所《郑州商城内宫殿遗址区第一次发掘报告》）

2．甲骨文和周代青铜器铭及其他器物上的卐字符

饶宗颐先生介绍了甲骨文中的发现的卐符，认为它们都是武丁时期的遗物。甲骨文中的卐符，据考证大体有三义：①天象，为云气象征，卜辞云：曰延雨……采卐；②卐舞，舞蹈形象。卜辞云，乙酉……雨卐……各云（　）……雨。丙戌卜……卐舞，雨，不雨？丙戌卜，于雨；③为人名，舞者人名。发现的材料中，除一个是人名外，余与天象有关。卜辞常见“万舞”一词，都与祈雨等天像有关，万字作卐形，裘锡圭读其为万，认为“万显然是主要从事舞乐工作的人”，“万舞是商族的传统祭祀乐舞”。其后，在西周、战国乃至西汉器物上，卍字符不断发现，有些卍字符绘成旋转状[29]。西周一铜钟上刻有卐，另一件子叔黑

[27] 《河北涞水渐村遗址发掘报告》，《文物春秋》1992年第S1期，227页。

[28] 河南省文物研究所《郑州商代城内宫殿遗址区第一次发掘报告》，《文物》1983年第4期，1—14、28页，图版壹、贰。

[29] 饶宗颐《宇宙性的符号》，100页。

臣簠盖的铜器上刻卐纹。山东枣庄出土战国早期越器戈内亦有加外圈的卐纹。春秋晋墓出土小方壶上刻有折角曲折变形的卐，江陵太晖观楚墓彩绘豆盘亦经卐为纹饰[30]。

3. 甘青地区新石器时代彩陶纹样中的卐字符

属于马家窑文化半山类型的青海民和县阳山墓地，年代在公元前2655—前2330年，墓地出土两件绘有卐符号的陶器。M124：5是一件彩陶盆，据原报告描述，彩陶盆“高6、口径11.4、底径6厘米。口沿处向外伸出二对称的扁形小泥突，上各有二小孔，唇上绘红彩，口沿内侧绘数个‘W’形黑彩花纹，内壁绘红黑双彩‘V’形纹”，实际是红带黑边的简化卍符号[31]。M160：13，是一件泥质彩陶长颈壶，原报告没有对纹样进行描述。这件器物高25.5、口径10.4、底径9.6厘米，长颈，垂鼓腹，下腹和颈肩有小耳，腹部用红黑线描绘等距四大圆圈，圆圈内填以卍符号[32]。马家窑文化马厂类型彩陶中卐符突然流行起来，尤其是青海乐都柳湾墓地的发现最为集中。马厂类型彩陶中的卐符，大体有这样的几种绘法，首先是单线卐字符，为标准型卐字符（图7），另外还其他多种异体卐，有双线或多线卐符等，绘成卐、卍、卐、卍、卍状的样子（图8）。李水城认为，卐字纹是马时期出现的新纹样，是十字的另一种变体，依配色及构图变化，可以分为四式。Ⅰ式，黑红复彩。红彩绘卐字，黑彩勾边，构图疏朗，卐字末端作回形内卷。Ⅱ式，黑色单彩。结构与Ⅰ式同，黑彩线条略粗，卐字末端弯折或内卷。Ⅲ式，黑色单彩。卐字作风信标状，末端顺时针折出三叉。Ⅳ式，卐字由纤细的梯格纹组成，卐字末端逆时针方向回形内卷[33]。王克林统计，马厂类型的卐字符有48种变形，将其分为羽毛式、手爪A型、手爪B型、风轮形、标准式A型、标准式B型、雷纹式、云纹式、出字形、倒出字形、米字形、方格米字形、巫字形、山字形、简体型、网状式、不规则矩形式、蝶状人体式、抽象人体式、人形式等19个类型[34]。但其中的巫字形、人形式符号不是卍字符，很可能属于另外的符号系统。稍后甘肃省西和县栏桥遗址的寺洼文化，卐字符多绘在“双马鞍形口”陶器的器耳上，多简化或变体，墓地的年代界于商周之间[35]。

4. 新疆史前彩陶纹样中的卐字符

新疆天山南麓焉耆—库车盆地一带的山前绿洲区域，分布着察吾呼沟文化。察吾呼沟文化的年代在公元前2千纪末到公元前1千纪上半叶。察吾呼沟文化彩陶发达，有通体彩，有局部彩。在一类单耳带流陶罐的器身，绘有特殊的斜腹带彩，即从器物的口沿斜向器底绘斜带彩。带彩填绘各种几何图案，其中被称为变形回纹或雷纹的图案[36]。这类纹样有可能是变体的卐字符（图9）。

㉚ 饶宗颐《宇宙性的符号》，101页。
㉛ 青海文物考古研究所《民和县阳山》，北京：文物出版社，1990年，71页，图六四，4。
㉜ 青海文物考古研究所《民和县阳山》，93页，图七七，6。
㉝ 李水城《半山与马厂彩陶研究》，北京：北京大学出版社，1989年，169页。
㉞ 王克林《“卍”图象符号源流考》。
㉟ 甘肃省文物工作队等《甘肃西和栏桥寺洼文化墓葬》，《考古》1987年第8期，678—691页，图版贰至肆。
㊱ 新疆文物考古研究所《新疆察吾呼——大型氏族墓地发掘报告》，北京：东方出版社，1999年，292页。

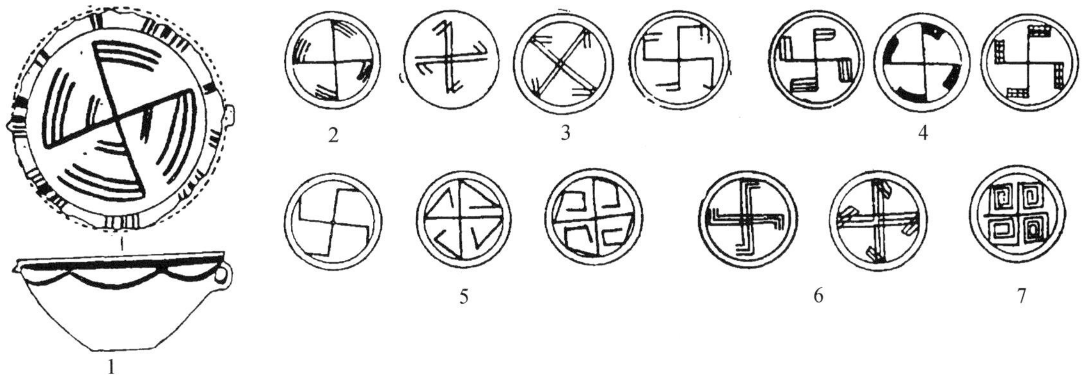

图7　马厂彩陶标准型卐的型式（引自《青海柳湾——乐都柳湾原始社会墓地》）

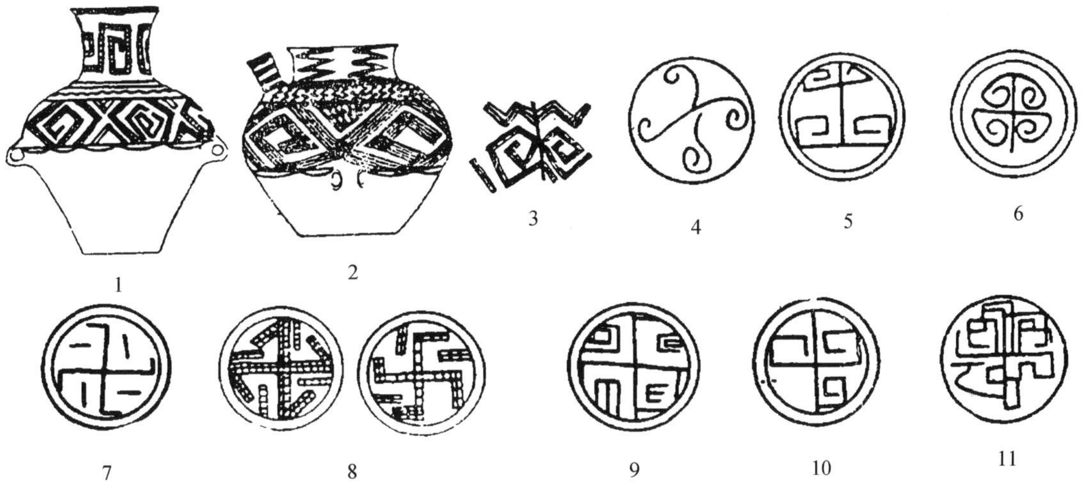

图8　马厂彩陶中的异体卐字符（引自《青海柳湾——乐都柳湾原始社会墓地》）

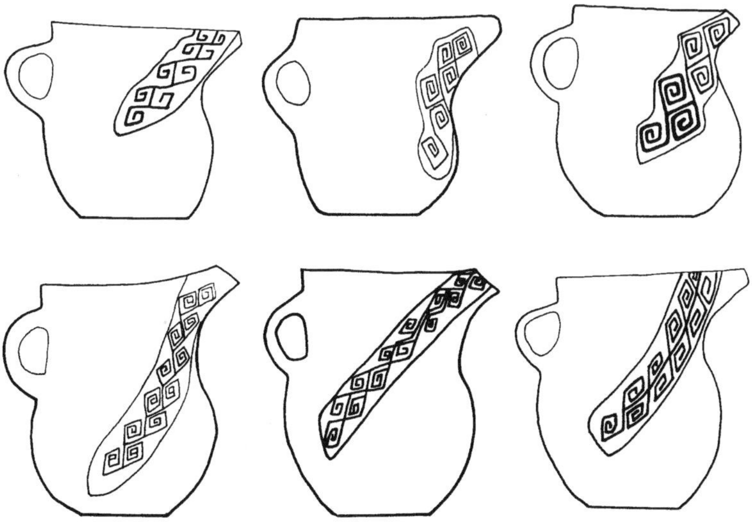

图9　新疆察吾呼沟文化单耳带流陶罐上的变体卐字符（引自《新疆察吾呼——大型氏族墓地发掘报告》）

三、康家石门子岩画人物体势符号与卍符

新疆呼图壁县康家石门子岩画，位于天山腹地峡谷，是一处世界罕见的以生殖崇拜为主体内容的岩刻画，是原始思维的化石。

1. 康家石门子岩画的内容和年代

岩刻画面展布东西长约14米，高约9米，面积120平方米。画面上满布大小不等、形态各异的人物，所刻人物形体大者过真人，小者仅10厘米，刻像有男有女、或站或卧，或衣或裸，男性多夸张生殖器，女性用浅浮雕手法表现丰隆的乳房，有多组男女交合的画面。岩画以其直白和热烈的集体仪式场面，原始地再现性爱情景，以宣泄人类性色的原始欲望，并以此祈求家族氏族子孙和万物的丰产。关于这幅岩刻画的作者和时代，王炳华认为它刻于公元前1千年前半期，是活动在这一地区的塞人所为[37]。数十年来，不少学者就这幅岩画制作的年代、作者和内容，提出过不同的意见，众说纷纭[38]。笔者认为康家石门子岩画作于公元前2千年初前后，可能与原始印欧人群在这一区域的活动有关[39]。将康家石门子岩画与罗布淖尔三角洲的小河墓地进行比较，会发现岩画的作者和墓地所葬者生前所在的社会都弥漫着完全相同和浓郁的与祈求生殖和丰产相关的原始宗教氛围；会发现两者都普遍存在着通过对男女生殖器官形象、具体和夸张地描绘与雕刻，并利用三角等象征符号进行重复表述[40]，来表达浓郁的生殖崇拜和丰产信仰，康家

㊲ 王炳华《新疆天山生殖崇拜岩画》，北京：文物出版社，1991年；王炳华《原始思维化石——呼图壁生殖崇拜岩刻》，北京：商务印书馆，2014年。

㊳ 如谭逢江在《关于新疆呼图壁县大型"生殖崇拜"岩画的时代问题》一文中认为："无论从历史学、民俗学、民族学、考古学材料论证，岩画所反映的服饰和宗教信仰都与旧石器时代晚期的生产力和生产关系相适应，因此，我们完全有理由认为，岩画是创作于母系氏族时期，距今二万年左右。"（《六盘水师专学报》1992年第2期）汤惠生、张文华在《青海岩画——史前艺术中二元对立思维及其观念的研究》一书中认为呼图壁岩画定年太晚，"就中国、西伯亚的情况而言，以研磨法制成的人面像（Mask figurrs）和人形像（anthropomorphic figures）岩画，时代一般都在新石器时代晚期或青铜时代早期，内容与生殖有关的岩画尤其如此"。林梅村在《吐火罗人的起源与迁徙》一文推测岩画的年代与孔雀河墓地和天山北路墓地年代大体相同或相近，上限在公元前二千年前后（《新疆文物》2002年第3、4期合刊）。胡邦铸在《康家石门子岩画试探》一文中认为这一岩画是元蒙时期，曾在这一带活动的原始人群所为，他们形为打扮怪异，游记里称他们为野人（《新疆艺术》1998年第6期）。李树辉在《康家石门子岩画的创作者和创作时代》一文中认为呼图壁县康家石门子岩画为月氏人所绘，创作年代在"公元前201年至公元前176年之间或更晚（《西北民族大学学报》2013年第4期）。钱伯泉在《呼图壁县康家石门子岩画的年代和族属问题新探》一文中认为"康家石门子岩画的主人应为嚈哒，公元5世纪后半叶时，嚈哒征服了波斯，其后嚈哒王派驻在东方的后妃，很可能设牙帐于今焉耆以西的巴音布鲁克草原……康家石门子正在其北方不远处。嚈哒王前来巡狩，看中了康家石子这块风水宝地，动用雄厚的人力和物力，在这里刻凿大型壁画，祈求人畜两旺，野兽丰盈"（《新疆文物》2016年第1期）。等等，不一而足。

㊴ 刘学堂《呼图壁岩画的时代和作者》，《新疆文物》2006年第3—4期合刊，49—62页。

㊵ 康家石门子岩画人物三角构图、小河墓地大量神秘的三角纹样说明了这一问题。关于三角纹的问题请参阅拙作《三角纹符号解译》，《中国文物报·考古版》2005年5月6日。

石门子岩画还利用平面画的有利条件，直接描绘男女交欢的场景。两者从内容到形式上都表现出了强烈的性崇拜、生殖崇拜的文化共性。另外，小河墓地和康家石门子岩画，还在三角纹艺术风格、夸张鼻子造型、面部涂白涂红、帽形与帽饰等符号元素突显其共性。小河墓地和康家石门子岩画是性崇拜、生殖崇拜文化方面具有相同的信仰、并采用十分相近的表现手法艺术再现的人群，在基本相同时代留下的不同形式的遗存[41]。

2. 康家石门子岩画人物体势符号

呼图壁岩画人物刻像绝大多数“上身稳定，两臂上、下摆动。当右臂平伸、右手上举时，则左臂平伸，左手向下，手指伸张。反之亦然”（图10），这种双臂平伸，一手上举，一手下垂的构图风格是呼图壁岩画人物造型上最为显目、突出的特征，这类造型的寓意，没有引起学界广泛注意。王炳华将其解释为舞蹈的形象，认为“因其激烈的动作，热烈的情绪，戏称之为‘古代迪斯科’” 它“对研究原始舞蹈的起源，提供了很有价值的新资料”[42]。

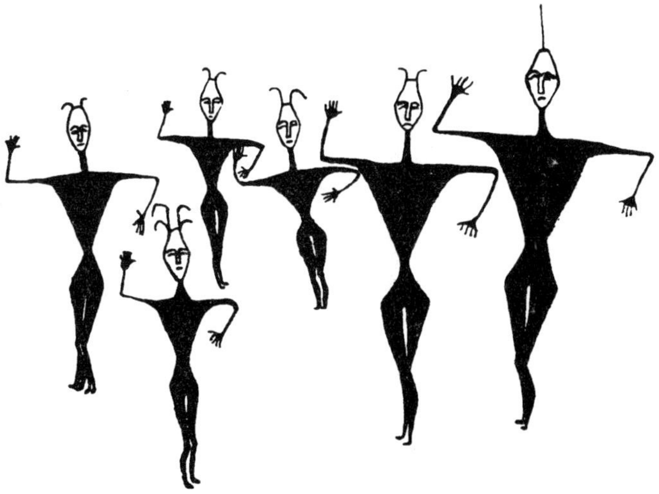

图10　左康家石门子岩画人物体势符号

康家石门子岩画人物体势，即是舞蹈语言符号，但其统一的舞蹈语言符号中，有凝聚着更深层的原始宗教上的寓意。康家石门子岩画是一幅史前时期的宗教画，画面中的所有的因素与原始宗教有关，表现神圣的宗教内容。岩画中夸张生殖器的男女形象、群体交欢图、连臂舞蹈、对马、老虎、弓箭等，都是围绕着性崇拜、生殖崇拜这一主题核心展开，关于这一点，笔者在《新疆史前宗教研究》一书中，有过论述[43]。从图案笔划

㊶ 刘学堂《呼图壁岩画的时代和作者》；刘学堂、李文瑛《公元前二千纪的新疆》（二），《新疆民族研究论集》，北京：民族出版社，2014年，73—98页。

㊷ 王炳华《新疆天山生殖崇拜岩画》，27页。

㊸ 刘学堂《新疆史前宗教研究》，北京：民族出版社，2007年，329—364页。

角度观察，康家石门子岩画人物上肢与身体形成的图案结构，与曾在欧洲大陆、印度及近东史前时期广泛流行的卐字符同源，也饶宗颐所说的世界符号的另一种表现形式。

康家石门子岩画中人物体势符号寓意的确认，为研究卐字纹传播途径找到了重要线索。新疆裕民县巴尔达库尔山发现一处岩画点，也是用磨刻的技法，表现人物、交媾内容。岩画中有的人物头上也装饰数根翎羽，有的人物也绘成一手上举，一手下垂的样子，文化内涵和时代都应该和呼图壁岩画一致。

3. 阿尔泰山岩画中对人舞图

境外阿尔泰山区的岩画群里，发现一些独立石头上刻有双人对舞的画面。其中一幅岩画，人物身长脚短，右侧人物表现单腿，左侧人物表现双腿。两人物腿略相向屈步，呈对舞形象。双手呈直角屈举，一手向上，一手向下，头表现为蒜头状，双拳握成蘑菇状。男性夸张生殖器，生殖器直对相接，中间为圆球状。右侧人物显得粗壮，还加有短尾饰；另一石头上的画面与前述姿势基本相同，只是呈直立状，两对舞者均加头饰，左侧人物为双腿，左侧人物还加尾饰（图11）。

图11　阿尔泰山北麓岩画发现的对人舞蹈图（阿尔泰山脉岩画，引自*Répertoire des pétroglyphes d'Asie centrale*）

阿勒泰市红墩镇多拉特村东南，阿尔泰南麓一花岗岩的岩体前发现一浅棚式岩洞，称巴尔也恩巴斯洞穴。洞口朝向东北，洞穴长7.5米，径深4.2米，高2.4米，洞穴的内壁有多处彩绘图像，整体被后人涂画破坏严重。可辨的动物有野牛、北山羊、狼及人物形象。制作方法是先凿刻形象图案，再涂以红彩。动物以野牛居多，人物均刻画为舞蹈图。其中一岩石平面绘两个对人舞蹈，结构形态与前述外阿尔泰发现对人舞蹈结构完全一致（图12）。彩绘人物头部绘呈圆形，一手直屈上举，一手卷屈下垂直，下腿向前弓屈。双人露出夸张的男性生殖器[44]。这些岩画人物体势结构，也都是卐字符的一种表现形式。

㊹　新疆维吾尔自治区文物局编《新疆岩画》（《新疆维吾尔自治区第三次全国文物普查成果集成》），北京：科学出版社，2011年，11页。

图12 新疆阿尔泰山麓巴尔也思巴斯陶洞穴彩绘岩画
（引自《新疆岩画》11页上图）

四、卐初传与史前青铜之路

国内外不少学者关注过卐的初传问题。

1. 卐初传的研究

据饶宗颐介绍，最早研究卐符传播的是比利时人Gobletd Akviekka，他于1891年著《符号的迁移》，第二章用50页的篇幅讨论卐字符号的问题。清末，中国学者曹金籀写《说卐》一文，介绍卐符在中国的发现，西方学者如Louis Gaillard著有《十字与卐字在中国》（光绪三十年，上海印行），这些文章都刊刻在《石屋文字》丛书中[45]。1929年D. A. Mackeraie著《符号的迁移》，对卐字状符号的种类及其分布进行了论述[46]。1939年王锡昌著《释卐》一文，较详细地论证了卐符的意义及源流，提出卐为雅利安（Aryan）族所有的符号。2000年，饶宗颐对卐符的起源与传播进行了归纳，认为卐字形符号普遍存在于古代的西亚、小亚细亚、希腊、印度，为不同的宗教所吸收，在形形色色的器物上，都能见到卐字形符号。饶宗颐认为卐符号溯源于特洛伊文化，它向东由高加索传入印度，向西则由Mvcenoe而希腊、小亚细亚、马其顿、西西里、罗马等，卐在欧洲和中亚传播的相当广泛[47]。但就卐符发现相对集中的印度次大陆而言，饶先生认为，卐并不与雅利安族向印度的迁徙符合，雅利安人进入印度之前，印度的钱

㊺ 饶宗颐《宇宙性的符号》，92页。
㊻ 转引自饶宗颐《宇宙性的符号》，92页，注⑧。
㊼ 饶宗颐《宇宙性的符号》，99页。

币上就十分流行卐符，他还指出，印度银币上的卐符的外面加一框，即所谓的曼德笆（Mandapa），显出明显的区域性特征。王克林对欧亚大陆早期那些崇尚卐符号的人群的族属进行大胆推测，他们大致是4、5千纪两河流域南部的苏美尔人、胡里特人，和公元前3千纪，从西部叙利亚高原迁徙于北部的游牧民族塞姆人。这些民族推测是《穆天子传》中的“西膜之人”和《汉书·西域传》中的“塞种人”，他们都是原居中亚的“Sahe”种，这些族群与黄河中上游公元前3千纪末或公元前2千纪初的鬼方等部族方国及其先祖有联系。卐符号就是上述这些游牧或畜牧为主的民族所创造，是文化传播和交融的结果[48]。

2. 卐最早起源与传播线路问题

卐最早起源与传播线路问题极为复杂，目前很难绘出一条明确和清晰的线路图。从目前的发现看，它最早出现在距今七八千年或更早的新石器时代，地点在东欧和西亚一线，特别是西亚很可能是卐符的最早起源地。然后迅速向外传播，首先进入近东埃及和印度，特别是卐传入印度后，这里成为卐符的集中流行区域，并重新赋予卐字符号各种神力。公元前2500到前2000年，卐字在整个中亚地区流行开来。中亚北部草原是它向外传播的重要通道，其中的一支文化人群，从中亚草原南下路过阿尔泰山地，到天山地区，并由天山地区经河西走廊，抵甘青的黄河上源马厂文化分布区，是他们将卐符号带到这些地区。另一支由中亚草原继续东进，到达东北、内蒙古和辽河一带，是他们将卐符号带到这些区域。公元前2000年前后开始，卐最终出现在中原地区，商代时候，卐以特殊的语意，进入甲骨文字系统。康家石门子岩画人物体势符号，是卐符的一种特殊表现形式，康家石门子岩画人物体势符号原始寓意的破解，将西亚、中亚、中国北方草原、天山地区、西北青海、东北辽宁、中原黄河流域的整个欧亚东部地区的卐联系起来，构绘出了背景更为广阔而深邃的关于卐字符流布的路线图。

3. 卐字符的初传与史前青铜之路形成的过程、方向和路径大体一致

青铜之路是21世纪以来学术界在研究前史东西文化交流过程中，提出的新概念[49]。这对深层研究欧亚东部区域史前人类迁徙历史，以及精神领域文化的互动，提供了极为重要的线索。世界上最早的铜器出现在西亚、近东地区新石器时代。最早在安诺（Anau）文化遗址就有小件的铜器，公元前4000年前，中亚西部地区逐渐进入到青铜时代，然后青铜冶铸技术从这些地区向周边传播。青铜冶铸技术向东的传播到印度的西北部，兴都库什地区，经过这里又向南亚次大陆传播。向北的传播速度和范围更快、更广，很快就把环黑海沿岸、高加索地区纳入到早期的世界青铜的贸易体系。公元前4千纪后半叶开始，辽阔的欧亚草原地区陆续进入青铜时代，自西向东，年代从早期到

---

⑱ 王克林《“卍”图象符号源流考》。

⑲ 易华《青铜之路——上古西东文化交流概说》，《东亚古物》A卷，北京：文物出版社，2004年，76—96页；刘学堂《青铜长歌》，兰州：甘肃人民出版社，2016年。

晚，兴起的青铜文化分别有竖穴墓文化（Yamnaya），年代在公元前3300—前2100年；阿凡纳谢沃文化（Afanasevo），年代在公元前3650—前2240年；切木尔切克文化，年代在公元前2840—前1680年；辛塔什塔文化（Sintashta），年代在公元前2040—前1730年；奥库涅夫文化（Okunevo），年代在公元前2885—前1693年，安德罗诺沃文化（Andronovo），年代在公元前1750—前1400年[50]。青铜冶铸冶术由欧亚草原向东发展过程中，大体有两条基本方向和传播路径，一是从阿尔泰山脉进入准噶尔盆地，长驱直入进入天山地区、河西走廊、黄河上游的河湟谷，最后作用到中原腹心区域，自中国的西北向东掀起了中国青铜时代革命浪潮[51]，并对中原早期文明的形成与发展产生深远影响[52]。二是由外阿尔泰地区继续向东，进入到中国北方地区和长城南北。史前青铜之路内涵极其丰富，除冶铜技术文化传播外，物质文化领域还包括有小麦的种植、牛羊和马的驯养、轻型战车、石构墓葬、土砖建筑，以及精神文化领域的火葬习俗、屈肢葬式[53]，和各种凝聚着原始信仰习俗的象征符号[54]。卍字符的传播就是一个典型的例证，它的传播线路、途径与青铜之路基本吻合。与卐符可以类比的有一个“尖顶冠形符号”，这类符号发现于马家窑文化宗日类型、齐家文化中晚期、四坝文化、辛店文化和察吾呼沟口文化早期，绝对年代约在公元前2600—前800年间。“尖顶冠形符号”在西亚地区可以追溯到纳马兹加二期晚段和三期的锯齿纹彩陶[55]。虽然目前未见到欧亚草原地区有这类符号发现的报道。但从西亚和黄河上游地区发现的情况推测，它的传播路径可能相同，时代接近，也是青铜之路研究的重要内容。

五、关于卐的原始寓意的讨论

卐的原始寓意是卐研究中的核心和关键问题。目前为止，关于卐符寓意国内外学者先后提出过不同的观点，归纳起来大体有以下几种意见。

1. 卐与性、生育和丰产有关，是女性生殖器的象征

霍夫曼（M. J. Hoffman）将这一符号视作雄性本原与雌性本原结合的的象征。伯德伍德（G. Birdwood）则认为它尤其是女性的象征[56]。关于左折和右折的卐字，“伯德伍德则有不同的解释：右折的swastika（卐）是善神迦涅什（Ganesh）之象征符号，代表阳性本原，代表着白天从东至西运行的太阳，并是光明、生命、荣耀的标志。而左折

---

[50] 张良仁《西西伯利亚南部的青铜时代分期》，《考古学集刊》20集，北京：社会科学文献出版社，2017年，234—235页。

[51] 刘学堂、李文瑛《史前“青铜之路”与中原文明》，《新疆师范大学学报》2014年第2期，79—88页。

[52] 刘学堂《青铜长歌》。

[53] 易华《青铜时代世界体系中的中国》，《全球史评论》第五辑，北京：中国社会科学出版社，2012年，68页。

[54] 刘学堂《彩陶与青铜的对话》，北京：商务印书馆，2016年。

[55] 韩建业《公元前3至1千纪中国和中亚地区的尖顶冠状形符号》，《西域研究》2015年第4期，142—146页。

[56] 转引自芮传明、余太山《中西纹饰比较》，74页。

swastika（卍），则是女神迦梨（Kali）之象征符号，代表阴性本原，代表着黑夜从西至东运行于地下世界的太阳，并且是黑暗、死亡、毁坏的象征”[57]。关于卐是女性的象征，“这种说法的主要根据是，古代少女神像的身上或身周都有卐形符号，诸如波斯的月亮女神、野生动物女神、狩猎女神阿尔蒂米斯（在希腊神话中，该女神乃是太阳神阿波罗的孪生姊妹；又相当于罗马神话中的月神狄安娜），希腊的主司婚姻和夫妻恩爱的女神以及孕妇与产妇的求助女神赫拉（相当于罗马女神朱诺）、希腊的丰产与农业女神及婚姻保护女神美特（相当于罗马的刻瑞斯女神）、腓尼基神话中的月神、丰产女神及性爱女神阿斯塔尔塔（相当于罗马的阿佛洛狄忒女神）等女神的形象中，经常可以见到卐形纹饰”[58]。美国著名考古学家金布塔斯（K. Gimbu-tas）在解释东欧地区的新石器时代的陶器上的呈卐符的体势舞蹈符号时，将其解释为生育女神[59]。日本人幸德秋水认为，卐字符号是两性结合的表现[60]。据说埃及人认为卐作为女人和几个男人结合的象征符号，表现的是四个男性生殖器侍奉着一个女性生殖器[61]。赵国华认为：青海马家窑文化中的“卍、卐纹样起初是蛙肢变形为‘雷纹’，蛙爪犹清晰地摹画出来；进一步演化是蛙爪的消失，变成单纯的‘雷纹’；尔后，所谓有‘雷纹’开始朝着四个不同的方向勾画，开始形成‘卍’字纹样。刚刚形成的‘卍、卐’纹样，有时故意不留下蛙爪的痕迹，以后才演变得简洁明快。不过，作为彩陶上的一种抽象蛙肢纹的纹样，卍、卐常常是变形的，而作为彩陶上的一种符号，卍、卐则是十分简明的没有赘笔，如同我们今天所见的一样”。因为蛙是女性生殖器的象征物，作为蛙肢纹的卐也是女性生殖器的抽象符号了。并说，印度河文明中的卐符号，也是蛙肢纹的变形，象征的也是女性生殖器[62]。安旭认为卐“阳刚之象，‘阳’‘胜’强雄之谓，《易经》曰：‘男女构精，万物化生’，生长繁衍为世事之喜；阴阳之交，天地之始，高媒之神，万物之枯，保护神之象。再从汉字的引申，可以找出许多同义词，如喜庆、吉祥、长寿、永葆、富贵、常青、英勇、无畏等。这些涵义应该是该纹样的原义和它在中外各地流传的基本意义”[63]。朱炳祥、普珍认为世界性的卐、卍因其角的转向不同，表达一个二元对立的哲学主题，蕴含的是万物的雌雄观[64]。杨甫旺认为，卍字符号与生殖崇拜有关，是女性生殖器崇拜并向两性结合转变的象征物[65]。马克斯·缪勒（Max Mŭjler）“研究卐字考证其繁，认为此Svastika乃代表春阳（VernalSun）以喻生命力”[66]。施利曼博士在特洛伊第三城（即所谓“火烧城”）中所见，乃是一铅质偶像，被学者们称为“迦勒底的阿尔

---

57 转引自芮传明《古代中国“卐”考》，王元化主编《学术集林》卷五，上海：上海远东出版社，1995年，252页。

58 芮传明《古代中国“卐”考》，257页。

59 转引自汤惠生、张文华《青海岩画——史前艺术中二元对立思维及其观念的研究》，69页图206。

60 〔日〕幸德秋水著、马采译《基督教何许人也——基督抹杀论》，北京：商务印书馆，1986年，294页。

61 O.A.魏勒著、史频译《性崇拜》，北京：中国文联出版公司，1988年，293—294页。

62 赵国华《生殖崇拜文化论》，北京：中国社会科学出版社，1990年，200—201、327页。

63 安旭《略论“卐”纹源流》。

64 朱炳祥、普珍《彝族吉符“卐、卍”研究》，《云南社会科学》2001年第5期，46—51页。

65 杨甫旺《“卍”符号与生殖崇拜初探》，《四川文物》1998年第1期，31—33页。

66 饶宗颐《宇宙性的符号》，97页。

蒂米斯·娜娜”（娜娜/Nana，古代两河流域所崇拜的女神），当是因其身份相当于希腊神话中的阿尔蒂米斯女神。以一个大三角表示女神的阴部，三角中则饰以直角左折卐字符，这被认为是卐字符象征生育、丰产的有力证据[67]。

2. 卐象征太阳与火

芮传明介绍了达尔维拉系统地论证卐为太阳之符号的观点。达尔维拉从四个方面比较具体地论证了卐形源于太阳的观点：①从外形上看，卐形的四臂分明代表着运动着的太阳光芒，有时卐的“臂”绘成五、六条之多，它象征太阳更为明显地表示出来。②所谓的“三肢纹”清楚地体现了卐为太阳之符号。见于塞尔迪贝里亚（Celtiberia，古西班牙的一地区名）一枚钱币上为典型三肢纹，中央为人脸状的一圆，人脸上放射出三条弯折，表示太阳的运动。之后所以使用三腿，是旨在表达太阳一天体中三个不同时期的运动位置，即清晨、正午、傍晚；若用四腿，则旨在表示四季，即春分、夏至、秋分、冬至。③卐形条纹频繁地与太阳或者太阳神同时出现。阿波罗为希腊神话中的著名太阳神，卐形纹样则经常出现在阿波罗神像或与其有关的器物上，这样的例子很多。最经常与卐形一起出现在画面上的则是日盘，这两种纹饰形影不离地出现在各种古代器物上，普遍存在于希腊人、罗马人、凯尔特人、印度人、中国人及日本人中。④有很多的证据表明，卐与“日”可以直接互换。印度乌贾因（Ujain，今中央邦西南部的城市）和安得拉（Andhra，今濒临孟加拉湾的邦）的古钱币上，始终存在着卐形与日盘相互更易的现象。珀西·加德纳曾发现一枚色雷斯梅塞姆布里亚城（Mesembna）的钱币，钱币上所镌刻该城城名的希腊文，意译为“正午城”或“日中城”（马克斯·缪勒释之为“南方城”或“太阳城”），而有的钱币上则用圆形太阳符号代替了字母。芮传明又举出了卐在中国古代流行及与太阳的关系的考古发现，认为在中国古代，尤其是上古时期，卐形主要作为太阳的象征。卐在中国，似应分成卐字“形”与卐字“字”两大阶段。早期它只是一种纹饰和图形，晚期是一个正式的汉字。当卐在早期单纯作为纹饰时，似乎作为太阳的象征符号[68]。卐符在欧洲史前艺术中，常与太阳纹共存。希腊壶上绘的有翼女神身旁伴随一只狮子，可能是瑞亚（Rhea），因为瑞亚的随侍动物通常为狮子。瑞亚女神身边，有三个明显的卐形纹饰。在希腊神话中，瑞亚乃是母神，最早祀奉她的地方是克里特岛，传说她在那里生下了最高天神宙斯。所以，瑞亚本身有“养育万物”的含义。围绕着瑞亚周身的卐，是具有生殖神力的符号，女神的身边还绘有3轮光芒四射的太阳。埃及尼罗河三角洲地区的瑙克拉底斯（Naukratis）出土有大量的古代遗物，其中有一只希腊花瓶，时代约为公元前5、6世纪，花瓶纹样是以鹿和禽鸟作为主体的图案，在鹿和禽鸟的周围填绘卐字纹样和太阳纹，卐字纹和太阳纹间，还填绘一些其他小的纹样。太阳纹绘的很形象，图案的中间是一个同心圆圈，圆圈外是表示太阳光线

---

[67] 关于欧洲考古和文献中发现的卐字纹，主要引自芮传明、余太山《中西纹饰比较》，36—89页；饶宗颐《宇宙性的符号》，82—113页。

[68] 芮传明《古代中国“卐”考》，259页。

的射线用连续的小点表示。卐字纹的四个小臂多向内回折。典型的罗德岛风格的希腊水壶上的纹样在器物的颈部、腹部分上中下三区构图，下部是草叶图案，中部是一排垂首的山羊，肩部是禽鸟，在山羊和禽鸟周围填绘许多卐字纹和太阳纹。发现于米洛斯岛的希腊水壶，腹部绘的是一只鹿的形象，鹿的周围绘上太阳纹和卐字纹，卐字纹有的四小臂绘成直角回折状，构图规整，或绘得较为简略。另一件希腊壶上，在一很像是狮子的动物的四周也绘上卐字纹和太阳纹[69]。

古印度的火神称为"阿耆尼"，卐符为火神"阿耆尼"的象征符号。卐之所以代表火，布尔诺夫认为与古印度人用以取火的火钻形状与卐相似有关。古印度人用的火钻是两木棍交叉而成，木棍的尾端稍呈弯曲状，十字交叉处有一个小孔，孔中插小木棒，猛烈旋转，便会生出火来。也有学者提出，卐外形与燃烧着的火焰相仿，故而成为它的标志。布尔诺夫引《吠陀》中关于圣火之神的传说道："年轻的女王，即火母，在其胸中神秘地藏着王室的婴孩。她是通常称之为'Arani'民族中的一位妇女，而Arani乃是通过摩擦而产生火的木质器具，亦即'卐'（Swastjka）。""显然，他将火钻与卐形等同起来，或者将前者视作后者的原型。"[70]宋丙玲认为："早期卐字纹的意义，目前尚无定论，这些纹饰的形态也不固定，但都具有运动、旋转的特性，可能与太阳运行、流水活动有关。""早期的'卍'字纹样形态不一，造型随意，有些可能是先民们在当时的审美思想指导下描绘的装饰纹样，有些则可能赋有原始崇拜意味，与太阳和火的关系密切。"[71]饶宗颐则说："总结卍一符号在中国各地分布的情况，因为卍是火的象征，各地都普遍接受。"[72]

3. 卐与雷电等自然现象有关

西方一些学者认为，卐是由两个Z字交叉在一起的，是雷电的象形。Z则往往用作闪电的符号[73]。格雷格曾说，卐形是整个大气现象的象征符号，或者即是控制整个大气现象的神灵的表征。而在这些气象和神灵中，雷电及雷电神则是最典型的代表[74]。中国学者陆思贤在解释东北小河沿文化中发现的卐符时，认为这些卍符表现的是雷、电、神。还说其中一个卐符呈交叉折羽纹，有回转之意，即鸟羽的旋转[75]。

4. 其他的不同解释

有学者认为卐纯粹是一种商标或仅为装饰符号，如印度大文法家波尔尼仙书中说卐号为牲畜的耳记[76]。战国时期中山国象征"王权"的青铜钺上铸有卐字符，这里的卐字被认为"是代表一个种族的图腾符号"，"或是一种独特的符号——族徽"，因

---

[69] 芮传明、余太山《中西纹饰比较》。

[70] 芮传明《古代中国"卐"考》，259页。

[71] 宋丙玲《浅谈中国的"卐"字纹饰》，《四川文物》2006年第2期，61—63页。

[72] 饶宗颐《宇宙性的符号》，106页。

[73] 芮传明、余太山《中西纹饰比较》，78页。

[74] 芮传明《古代中国"卐"考》，258页。

[75] 陆思贤《神话考古》，北京：文物出版社，1995年，100—103页。

[76] 饶宗颐《宇宙性的符号》，100—104页。

而隶定它是属于中国历史上商周以来，曾显赫一时的北方狄族[77]（ear-narkung）。印度人称卐字符“为Svastika，由sv=好+asti它是，意思是‘它是好的’”[78]。慧琳在其《一切经音义》卷二十一中，列数了许多种卐字之形，有九种还配有附图，各有其称谓，其中“塞缚悉底迦”乃是印度卐字许多称为中最常用的，慧琳在“塞缚悉底迦”的附图中释其义为“有乐”[79]。傅寿宗认为，卐、卍表述着科学内涵，左旋和右旋万字与八卦符号系统相联系的数学结构。万字符号的内部结构，来源于世界上最古老的三阶幻方思想和组合数学思想[80]。黄羲平认为，卐图案是由蛙形变来的，意义则说是因卐字“艺术最高，含义最深，这是由于蛙体神奇多变，启迪了陶工的思维，促进了陶工艺术的多变与发展，故为敬重古文化人们乐意接受，乐于保留和作为纪念的标志”[81]。王克林认为，卐“是出自中亚和东亚一些新石器时代彩陶文化上的一种彩绘符号，为笔者所称的陶符。深而言之，即取其象、寓意和创造者，不是别的，正是史前原始宗教萨满教‘灵魂不灭’观念或祖先崇拜的艺术表象，为亚洲北部及我国北方的史前氏族部落所崇奉的一种特殊宗教精神文化艺术”。“不难看出是与人体有着密切关系的图象”，他引用《周易·系辞》所记“古者包牺氏之王天下也，仰则观象于天、俯则观法于地、观鸟兽之文，与地之宜，近取诸身，远取诸物……以通神明之德，以类万物之情”，认为由“‘十’字四出末端外折内卷的构图形式，岂不是这些原始舞人伸臂屈膝和各种舞蹈姿势？因此对‘卍’符号图形的由来，便可以说是史前陶工或画匠，对原始舞蹈人物的种种动态姿势的抽象化或综合描绘的一种艺术表现”，他又说“由于‘卐’字符号是代表佛教‘轮回’的图象，所在将它当做‘吉祥标相’。但其来由，却非佛教原有的宗教艺术，似来源于亚洲北、中部史前原始萨满教祖先骷髅崇拜”。“揭其面纱，看其真颜，原来不是自中世纪以来民间传统说法的‘万’字，也不全是历史时期北魏以来为佛教表示吉祥的标记。而是距今六七千年前，亚洲北部地区一些民族或部族所崇尚的一种宗教信仰，‘灵魂不灭’、祖先崇拜的精神文化，是人类自身‘美化’了的符号艺术图象。”[82]

六、卐的原初寓意

饶宗颐在对国内外发现的卍字符系统考察后认为：“卐是世界流行最广泛最繁复的一个符号，是人类文化史上代表吉祥美好一面具体而微的表识，有人说它是太阳的象征。在未有文字以前，这个符号在史前新石器时代早已普遍存在，且分布于西亚、小亚

[77] 陈惠《内蒙古石棚山陶文试析——中同国族属探源》，《文物春秋》1992年增刊，75页。
[78] 饶宗颐《宇宙性的符号》，100—104页。
[79] 芮传明《古代中国“卐”考》，254页。
[80] 傅寿宗《羊文化学和万字符号文化哲学研究的新成果——评论〈彝族羊文化与吉符卍、卐〉一书》，《楚雄师范学院学报》2004年第2期，43—48页。
[81] 黄羲平《蛙与回文汉字》，《人民日报》（海外版）1993年3月18日。
[82] 王克林《“卍”图象符号源流考》。

细亚、希腊、印度……又为世界不同宗教所吸收，形形色色的器物上都把它作为纹样使用，以代表吉利的记号。**它的最原始形态尚无法弄清楚**（着重号为笔者所加）”；饶宗颐在西宁见到马厂类型陶器上所绘的卐符号后，也发出“**卐字到底代表什么意思？**”并说这是“**很值得探讨的问题**”[83]（着重号为作者所加）。芮传明也说：“长久以来，国外的学者（也包括少量国内学者）一直试图解释世界各地卐形纹饰的含义，或者致力于探讨它的最初发源地。然而始终没有比较一致的结论。”[84]

1. 欧亚古代美术作品中的神秘组合

国内外学术界就卐符号的寓意，提出和不断提出各种新的解释观点，莫衷一是。总体而言，同意卐符号的寓意与女性生殖、生育有关，标示太阳神力的学者占主流，并有大量的考古学和文献的材料支持（图13）。主张卐符号是太阳纹，蕴含太阳神力的学者中，以达尔维拉的论证最为系统。达尔维拉除考虑到卐符号的外形特征外，重点强调希腊、罗马等欧洲和近东的早期艺术作品中，卐符与太阳符号“形影不离”的关系。2010年，笔者也注意到了“欧亚古代美术作品中的神奇组合：猎人、动物、太

图13　希腊罗马美术作品中神秘组合

1—7分别引自芮传明、余太山《中西纹饰比较》图Ⅱ-13、14、22、58、39、21、23

⑧③　饶宗颐《宇宙性的符号》，89页。

⑧④　芮传明《古代中国“卐”考》，245页。

阳纹和卐字符”的现象[85]，通过破解这些充斥在北方山地狩猎岩画画面中所谓的“猎人”和“被猎动物”的真面目，指出历来为学术界众口一词的所谓的 “狩猎岩画”，实际上是祈求丰产的巫术岩画。岩画中那些持着象征男性生殖神力的弓箭，因“望图生义”被读成了“猎人”的结果。原来，那些夸张男根并持着弓箭的人物为“生殖男神”，这些“生殖男神”与动物形成的形影搭配，其巫术的目的不是狩猎，而是祈求动物的繁育，万物的丰产[86]。进而推论出欧洲的希腊罗马和近东早期艺术作品中呈现的“猎人”“动物”“太阳”、卐符号重复组合的画面，画面含寓着原始信仰，亦旧是生育与丰产。特别卐符号频繁地围绕着希腊、罗马和波斯神话中生育和丰产女神的艺术形象反复出现，加上中外学者所注意到的特洛伊第三古城出土的那件铅制的娜娜女神像（图14），再加上1907年伯希和在新疆库车地区吐勒都尔—阿库尔遗址的一个垃圾堆里，找到了两块刻有符号的土坯，一块土块上男根、阴茎和睾丸毕现，另一块上刻有卐字符等材料（图15）[87]，确信卐最初的原型是女阴的符号标志。关于太阳纹样，东西方早期信仰系统中，不约而同地将作为英雄和男性生育神的化身，中国汉字中的“日”字不仅指太阳神，同时还包含着男性交媾的意思，其原意一直传到现在。进而相信卐和太阳分别是女性和男性生殖神力的标志符号，这两个符号的组合旨意，在于祈求性欢神力的无限以及万物的繁荣昌盛。这有点类似中国北方传统文化中，新婚洞房或者年画中那幅小孩骑鱼图，是一幅蕴涵着生育和鱼水之欢双层含义的吉祥画面。

图14 特洛伊第三城出土的娜娜女神像（《中西纹饰比较》图Ⅱ-60）

2. 卐符的真相

学者们在论及卐符号、太阳纹在原始信仰体系中与生殖神力的关系时，常常将其归入生殖崇拜文化[88]。实际上，生殖崇拜文化有两义：一是生育、二是性欢。由于马克思、恩格斯提出过两种生产的理论，即“根据唯物主义观点，历史中的决定性因素，归根结蒂是直接生活的生产和再生产。但是，生产本身又有两种。一方面是生活资料即食物、衣服、住房以及为此所必需的工具的生产；另一方面是人类自身的生产，即种的繁衍。一定历史时代和一定地区内的人们生活于其下的社会制度，受着两种生产的制约”[89]。中国学术界便因而围绕着生育，即种的繁衍大做文章，借以阐发

---

[85] 刘学堂《欧亚古代美术作品中的神奇组合：“猎人”、动物、太阳纹和“卐”字符》，包铭新主编《丝绸之路——设计与文化》，上海：东华大学出版社，2008年，95—102页。

[86] 刘学堂《新疆史前宗教研究》，329—364页。

[87] 详见伯希和《吐勒都尔—阿库尔和苏巴什》第三卷（1967）、第四卷（1982）。转引自赵国华《生殖崇拜文化论》，北京：中国社会科学出版社，1990年，198页。

[88] 赵国华《生殖崇拜文化论》。

[89] 《马克思恩格斯选集》第4卷，北京：人民出版社，1972年，2页。

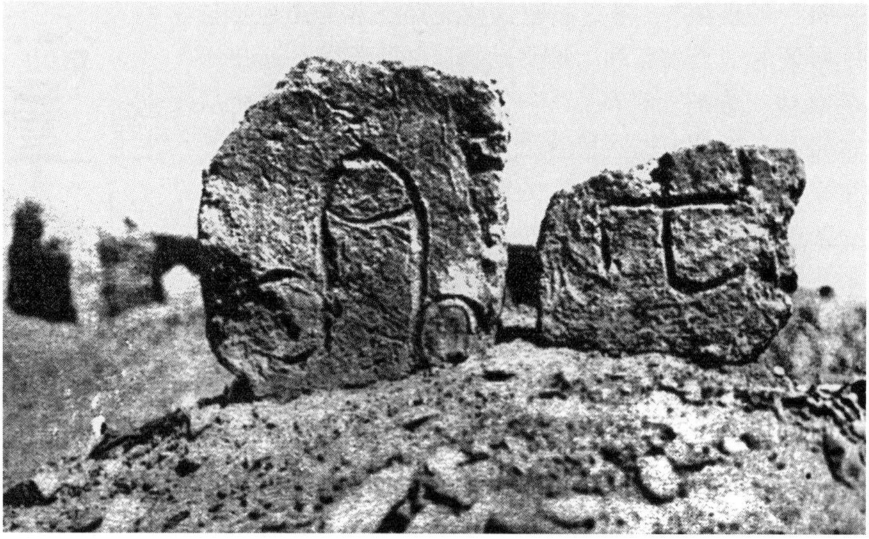

图15　吐勒都尔—阿库尔遗址土块上的符号
（《吐勒都尔—阿库尔和苏巴什》第三卷图十八，引自《生殖崇拜文化论》，198页图127）

马克思主义的历史唯物主义。对于生殖崇拜应该包含的第二层的要义，因为受到传统文化的约束，多数的学者讲到这一问题，常会摆出一幅正人君子的面孔，有些“谈性色变”，言及性爱应归入羞以启齿、有伤风化的“房中术”，难登学术研究的大雅殿堂，这阻碍和限制了人们对生殖崇拜的全面性研究，特别是对更为重要层面的男女鱼水之欢的讨论，更是噤若寒蝉。实际上，原始人群对两性关系的理解处于质朴和自然阶段，没有后来日益严格的婚姻制度、家庭伦理、文化教化、社会风尚和等级结构等内在的社会化约束，原始人群对男女鱼水之欢并不讳莫如深，对性爱的渴求是赤裸的和浓烈的。

呼图壁县康家石门子岩画就是一幅以性欢为主题的历史画卷，小河墓地男性墓棺前高大的女阴立木、女性棺前高大的男根立木，女性死者身边毫无例外地放置一个或两个木制的男根（图16），哈密焉不拉克等墓地男女木雕人像大胆直白地夸张其生殖器管（图17），还有阿尔泰山脉岩画中发现的那些淋漓尽致地表现男女性欢的场景画面……这些除从生育繁衍角度做社会化的解读外，更多表明的是在当时人们的日常生活中男女之事占据着的，不加丝毫掩饰的重要地位。对于性爱，孔子在《礼记》中用“饮食男女、人之大欲存焉”，《孟子·告子》还说 “食色，性也”，均是对人类最原始的、最基本的、最本质的，具有生命意义的追求进行的高度概括。西方学术界甚至存在人们对饮食男女的追求与占有，是推动人类历史的进步动力，一部人类历史说到底是饮食男女的历史的观点。弗洛伊德认为，人类的一切活动，都由男女性欲的冲动而来，是一切文化的基础，是人生哲学的最高问题。这些观点不见得全面和完善，但比之将男女之事简单地从生育繁衍后代这样物质层面考虑，将之与人类精神的、心

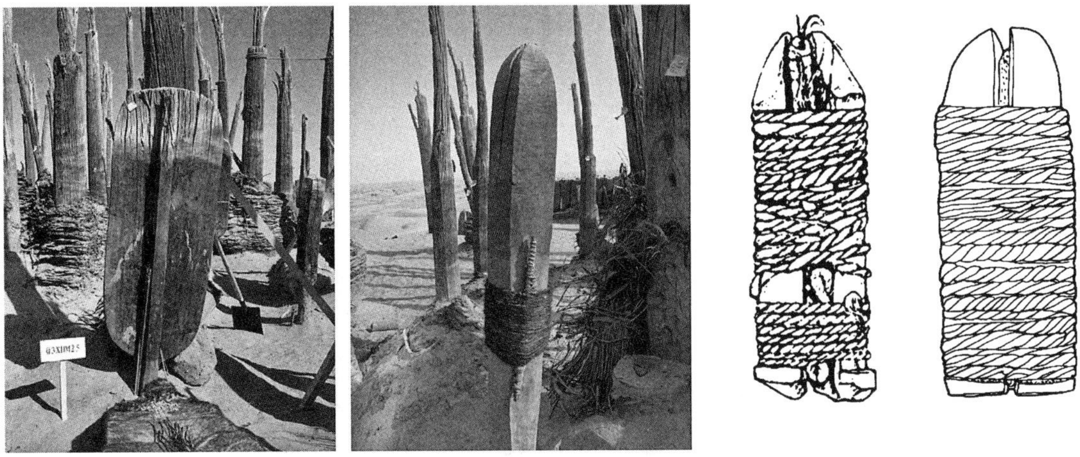

图16　小河墓地男根、女阴立木和木祖

理的、生理的层面结合起来分析问题，更接近历史的真实。

图17　哈密焉不拉克墓地出土的木雕人像

欧亚北方山地存在一条横跨欧亚的岩画文化带。岩画画面中并不罕见直白地描述男女交合的性欢场面。呼图壁康家石门子岩画画面画里，就有数组生动和夸张的男女交合图，人物的体势符号呈卐形结构。环阿尔泰山麓的洞穴和山前石头上，刻绘着的同样题材的对人舞蹈图，更直白地表现两人性欢的场景。因为这些场景中的当事人，均为男性，无例外地突起男根，相向而对。这并非是同性恋的再现，可能表示的是男性在男女鱼水生活中常常居有主动性和进攻性的地位。男女性欢的姿势，由形象的表述，到重点突出表现交欢状态中的折曲双臂与双腿的，图案结构逐渐呈形式化，最终演化为卐形的符号。卐形这一纹样的寓意，即是对男女之事形象化、概括式的记录（图18）。

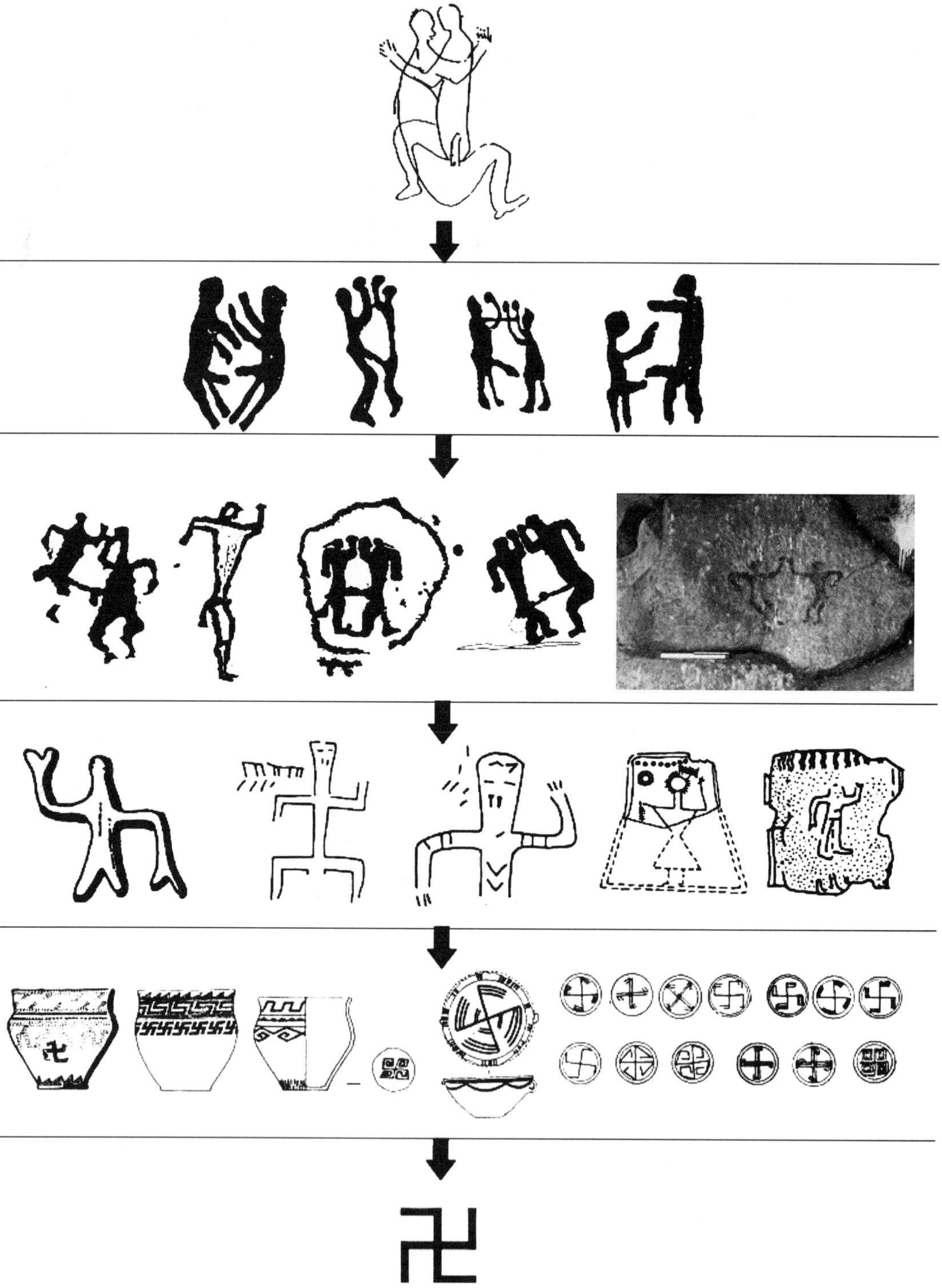

图18　卍从图案—纹样—符号—文字的演变示意图

（自上而下第1—3排的岩画均来自阿尔泰山脉）

七、结 语

《辞海》解释卐字云："古代的一种符咒，护符或宗教标志。通常被认为是太阳或火的象征。在古代印度、波斯、希腊等国家中都有出现。婆罗门教、佛教、耆那教等都使用。卐字在梵文中作Srivtsa（室利靺确），意为'吉祥之所集'。佛教认为它是释迦牟尼胸前的'瑞相'，用作'萬德吉祥的标志'。"因此无论是国外还是国内学者，都断定或者倾向性认为中国的卐字是随着印度佛教之输入而出现。佛教传入中土的时间，多推断到东汉明帝永平十年，即公元67年，卐符号自那以后才来到中土大地。《辞海》卐条云："武则天长寿二年（693），制定此字读为萬"，意为"万德之所集"。实际上卐在中国出现的时间比传统的认识早得多，可以溯至公元前3500年前的新石器时代，到了商末，从甲骨文中发现的卐字看，这个时候卐与万、萬三文已经互借、通用[90]。西汉时期，汉字"萬"就可以写作卐了[91]，西晋竺法護译《普曜经》卷三说："太子胸有卍字。"后秦弘始时佛陀耶舍等译《长阿含经》，言佛三十六相，十六为胸有萬字，卍字也写做萬[92]。芮传明认为"武则天恐怕只是将流行至少已达七八百年的文字卐，以官方的名义正式确定而已"[93]。卐符的历史如此悠久，它之所以能够在欧亚大陆，甚至美洲大陆跨区域、跨文化、跨时空的传播，与其包蕴着关乎人类最基本使命和命运，人类生命主题相关内涵，即它是对男女之事的抽象概括和表达密切相关。随着卐自早至晚、自西而东向新旧大陆的漂移，不同文化群体的人们不断赋予其新的、不同的内涵，但总与阴阳男女、吉祥兴隆、万德齐聚有关，都是卐符号原初寓意的历史的变化与衍伸而已。

Early Spread of the Symbol "卐" and Its Original Implication

Liu Xuetang

In the symbol system which is difficult to count in human history, "卐" has appeared for a long time and has a wide influence. Since ancient times, "卐" has been accepted by people from different regions and cultures, which other symbols could hardly be on a par with. So Mr. Rao Zongyi called it an amazing universal symbol. Archaeological finding and study shows that the "卐" first appeared in Mesopotamia in the Neolithic Age. It initially represented the reproductive power of men and women and evolved into a classic symbol of the prolific and

---

[90] 饶宗颐《宇宙性的符号》，101页。
[91] 芮传明《古代中国"卐"考》，245页。
[92] 钱文忠《读〈梵学集〉》，《学术集林》卷五，335页。
[93] 芮传明《古代中国"卐"考》，245页。

prosperous life of all things. With early migration of the people, "卐" spread rapidly in Eurasia. It went northward into the Eurasian steppe and westward into the Indus Valley. It spread to the Hexi Corridor and the Central Plains along the Tianshan Mountains, and to the cultural areas of North Chinaalong the northern grasslands of Eurasia. The transmission route of "卐" tied in with the bronze road in prehistoric period. It's an important symbol in the spiritual field witnessing the cultural exchange between the East and the West in prehistoric period.

新疆发现麻黄与大麻及有关问题

刘文锁

最近由科技考古专家公布的塔什库尔干吉尔赞喀勒墓地出土木火钵内壁残留物检测结果，从中发现了四氢大麻酚的遗存。这个发现使得关于这类器具以及古代内亚地区使用大麻和麻黄类致幻植物的问题再次凸显出来。这个老问题其实在一个世纪多前就已经被注意到了，只是那个时候的考古发现少，缺乏充分的比较研究的资料。现在有关的发现越来越多了起来，从而使问题显得越来越清楚了。本文希望就新疆地区目前见诸报道的麻黄和大麻考古资料，结合植物考古的研究结果和有关历史民族志记录，讨论几个有关的问题。

一、早期的发现与研究

新疆的早期发现都是麻黄，而且集中在罗布泊地区。1913年斯坦因第三次探险时，曾在罗布泊地区的L. F近旁墓地及L. Q和L. S地点，发现了6座墓葬中使用了麻黄，其做法都是在逝者斗篷的胸部位置扎成小包，每墓各有两个，里面分别包了小麦粒和碎麻黄枝①。他把这些麻黄交给了英国博物馆植物部主任伦德尔博士（A. B. Rendle），后者鉴定为麻黄（Ephedra）。1925年，伦德尔给斯坦因写信，告知他鉴定的结果，并提示他麻黄在喜马拉雅、西藏、中亚、西亚的干燥区有大量生长，乔治·华特爵士（Sir George Watt）的《印度经济作物辞典》（*Dictionary of the Economic Products of India*）里，记录有印度帕西（Pārsīs）人在琐罗亚斯德教仪式上所使用的豪麻（Homa）即被验证为麻黄。他还提到当时的观察，帕西人从波斯舶入孟买麻黄干枝作为他们仪式中使用的神圣豪麻；这个鉴定获得了艾启生博士（Dr. Aitchison）植物学研究报告的佐证，证实在阿富汗俾路支斯坦北部至波斯一带都有麻黄生长，在俾路支斯坦的哈利路德河谷（Hari-rud）麻黄被称作hu、huma、yehma。伦德尔在信中的一个注释里转引了《印度经济作物辞典》里一句重要的话："帕西祭司说，豪麻从不腐朽，他们在使用之前通常把它保存一个很久的时间。"根据这些发现，斯坦因撰写了一篇论文《麻黄考》，发表在1931

① Stein, M. A., *Innermost Asia, Detailed Report of Explorations in Central Asia, Kan-su and Eastern Iran*, Oxford at the Clarendon Press, Vol. I, 1928, pp. 265.

年的《伦敦大学东方学院院刊》上[②]。

斯坦因之后，1934年5月，中瑞西北科学考查团的斯文·赫定和陈宗器，在罗布泊地区的库姆河三角洲亦发现有孤立的随葬麻黄的古墓，编号为36号墓（Grave 36）。它的墓主是位老妪，在裹尸毛布斗篷的右上角扎出三个麻黄枝小包[③]。

另一位中瑞西北科学考查团的考古队员贝格曼（Folke Bergman），在罗布泊地区亦有发现。在《新疆考古研究》（*Archaeological Researches in Sinkiang*）一书中，他报告了1934年他在编号为5号墓地（即后来命名的小河墓地）的几座木棺里发现的类似的麻黄枝，出土情况是：

棺5A：尸体胸、腹部撒麻黄枝和麦粒，它们被发现“沉陷至尸体开敞的胸膛内”。贝格曼怀疑这些特别植物当时可能被塞在逝者的尸体内（图1）。

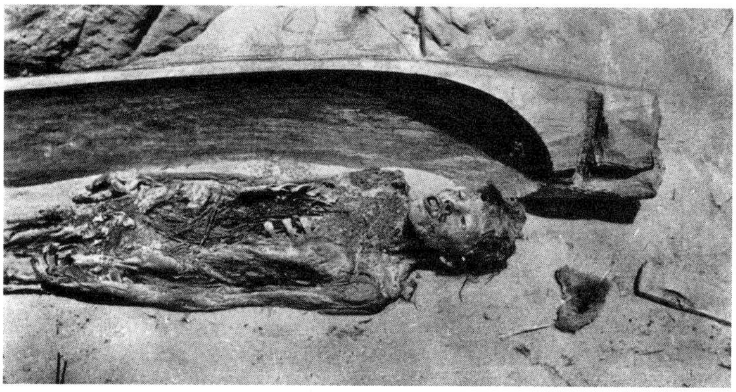

图1　5号墓地（小河墓地）棺5A麻黄的发现情况
（采自*Archaeological Researches in Sinkiang*）

棺5B：发现一些麻黄枝及一只秃鹫的下颌骨。

棺5D：随葬七捆麻黄枝，用红、黄、棕色毛线捆扎。共出的还有几件木制品，形状类似男性生殖器，有的上面还保存了缠绕的毛线。这种木制品还见于贝格曼在墓地地面的采集品，他把它们认作是男性生殖器的模型。它们可以和后来的有关发现相比较（图2）。

棺5E：类似5B，发现了麻黄枝和麦粒。

棺5F：逝者斗篷的胸部位置扎出三个小包，两个装麻黄枝，一个装小麦粒和谷粒[④]。

贝格曼接受了斯坦因关于麻黄的研究结论。他还列举了他认为的麻黄的可能功用：药材，尸体的防腐剂，常青植物的生命象征，印度拜火教徒祭祀用的苏麻汁

② Stein, Aurel, “On the Ephedra, the Hūm Plant, and the Soma”, *Bulletin of the School of Oriental Studies, University of London*, Vol. 6, No. 2, A Volume of Indian Studies Presented by His Friends and Pupils to Edward James Rapson, Professor of Sanskrit in the University of Cambridge on His Seventieth Birthday, 12th May, 1931, pp. 501-514.

③ Bergman, Folke, *Archaeological Researches in Sinkiang, Especially the Lop-nor Region*, Stockholm: Bokförlags Aktiebolaget Thule 1939, pp. 136-137, 139.

④ *Archaeological Researches in Sinkiang, Especially the Lop-nor Region*, pp. 70-73, 87-88, 91-92, 95, 99, Pl. VI, 8, 11.

（Soma），火葬时（藏族）防尸体臭味的熏香，日常的熏香。他认为麻黄枝原本是作为熏香被使用的，之后它被用于火葬的葬礼和祭仪中的焚烧牲体（燔祭），目的是祛除燃烧尸体或祭牲时的恶臭，并最终固定为一种祭品⑤。

这些观点是值得商榷的，因为在这座墓地中迄今未发现与焚烧麻黄有关的遗物或遗迹；更重要的是，无论斯坦因还是贝格曼都未能有机会见证更多的考古发现。不过，有一点值得提及的是，他当时在墓地粗略的考察后，意识到了在丧葬的遗物和遗骸中表达出的浓厚的生殖巫术现象，包括树立在墓葬上的木桨和木柱，还有木制的男性生殖器模型，以及雕成蛇形的木棍等。这一点被后来的发掘和研究所强调。

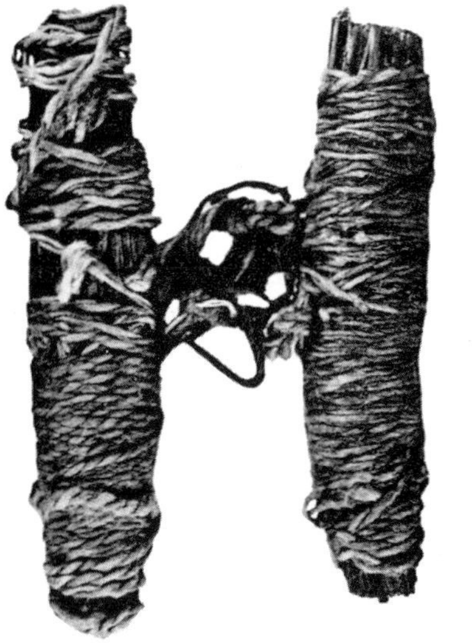

图2　5号墓地出土的麻黄枝束（采自*Archaeological Researches in Sinkiang*）

二、考古新发现

1. 孔雀河古墓沟墓地

1979年底由王炳华先生主持的孔雀河古墓沟墓地发掘，从第二种类型墓葬（地表不具七道放射状立木，36座）的13座墓中出土了麻黄。它们未见于第一种类型墓葬（具七道放射状立木，6座）。在13座墓葬中，麻黄出现的特征归纳起来有下述几点：

（1）除1例（79LQ2M35）外，其余墓葬之墓主人皆为婴幼儿或女性；

（2）所发现的麻黄主要是用裹尸布（毛毯或毛布）扎成的小包，位于胸部位置附近，麻黄枝束的情况很少见；

（3）一些墓葬还随葬了牛角或牛角杯，后者通常在一些古代和现代民族的祭仪中被用作祭器（酒器）。79LQ2M12中还随葬了木偶和骨制的腰铃等物（图3—图5）⑥。

表1　古墓沟墓地第二种类型墓葬麻黄出土情况一览表（据《古墓沟》）

墓号	墓主人	麻黄出土情况	相关遗物或遗迹
79LQ2M2	婴儿	右胸部裹尸毛毯扎碎麻黄枝小包1	
79LQ2M4	婴儿	右胸部裹尸毛毯扎碎麻黄枝小包1	牛角1
79LQ2M11	成年女性	毛布麻黄枝包2，毛布包麻黄枝及苇箭1	

⑤ *Archaeological Researches in Sinkiang, Especially the Lop-nor Region*, pp. 86-88.

⑥ 王炳华编著《古墓沟》，乌鲁木齐：新疆人民出版社，2014年，33—36、39—44、51—75、77—81、86—89、100—109、115—118、135—138、141—147、162页。

续表

墓号	墓主人	麻黄出土情况	相关遗物或遗迹
79LQ2M12	老妪	毛布麻黄枝包1	牛角3，女木偶（红彩）1，骨管制腰铃1套，木棺内壁绘红彩图案
79LQ2M13	幼儿	木杯内盛碎麻黄枝	牛角杯1
79LQ2M15	幼儿	裹尸毛布扎麻黄枝小包1	
79LQ2M19	成年女性	头部附近置麻黄枝小包1	胸部上置木雕人面具1
79LQ2M23	成年女性	胸部置麻黄枝小包1	
79LQ2M24	幼儿	裹尸毛布扎麻黄枝小包1	
79LQ2M25	成年女性	右胸部位存麻黄枝小包1	
79LQ2M27	幼儿	裹尸毛布扎麻黄枝小包1	
79LQ2M35	成年男性	麻黄枝束1	牛、羊角6
79LQ2M38	老妪	胸部裹尸毛毯扎出麻黄枝小包1	

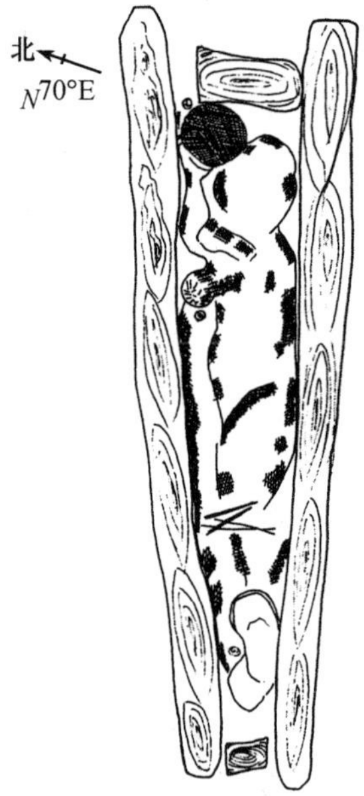

图3　79LQ2M4墓主装殓状况及麻黄枝小包（采自《古墓沟》）

墓地的年代，据分别检测的M4、M12、M23、M38共8个样本的放射性碳素经树轮校正数据，最早的为公元前2886—前2587年，最晚的为公元前358—前2年，其余6个数据介乎公元前2123—前1640年与公元前1875—前1530年[⑦]。由于发现了第一种类型墓葬打破第二种类型墓葬的证据，所以，这两种类型墓葬可以被看成是具有相对早晚关系的

⑦ 参见新疆文物考古研究所编《新疆文物考古新收获（1979—1989）》，乌鲁木齐：新疆人民出版社，1995年，608—609页。

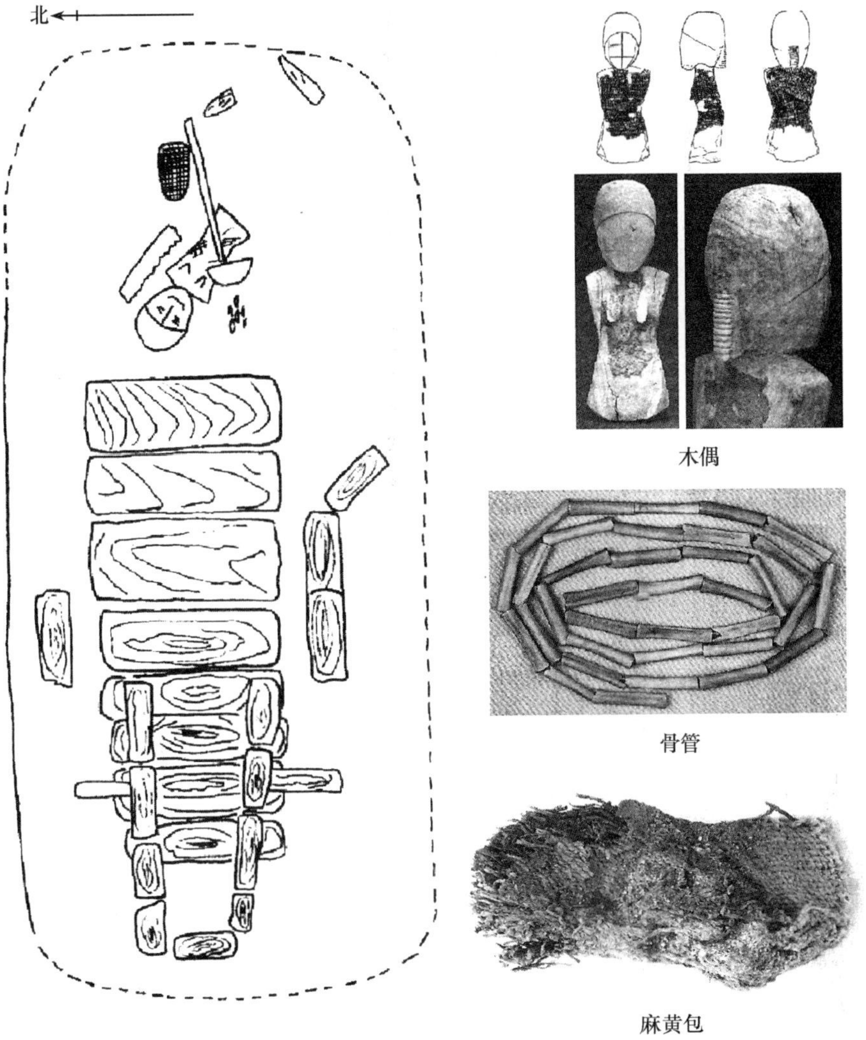

图4　79LQ2M12麻黄枝等出土物

两组，第一种类型墓葬的年代要晚于第二种墓葬。这两种类型的墓葬恰恰与体质人类学分析的结果存在着对应关系。根据韩康信的研究，他认为出自第一种类型墓葬的6具头骨与安德罗诺沃文化（南西伯利亚地区青铜时代中期）的头骨在测量上接近，而出自第二种类型墓葬的4具头骨则与年代较早的阿凡纳谢沃文化（南西伯利亚地区青铜时代早期）的头骨接近，它们都属于高加索人种，在不同的时间先后来到了罗布泊地区[8]。这个结论暗示了使用麻黄的墓主人，是较早时候迁来的阿凡纳谢沃文化的人群，在较晚的安德罗诺沃文化人群中则没有发现使用麻黄的迹象。

⑧　参见韩康信《新疆孔雀河古墓沟墓地人骨研究》，《考古学报》1986年第3期，361—384页，图版拾柒至贰拾。

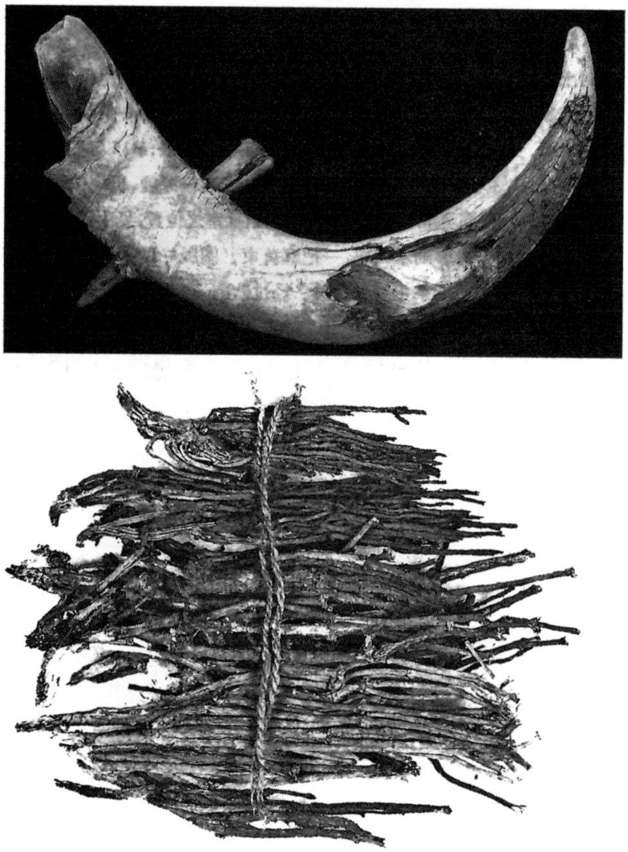

图5　79LQ2M35出土牛角及麻黄枝束（采自《古墓沟》）

2. 小河墓地

2002—2005年，在距离贝格曼的发掘七十年后，新疆文物考古研究所对小河墓地重做了调查和发掘。全部167座墓葬被发掘，现在已发表的是2002—2003年发掘的37座墓资料，都属于南区第一、二层（亦即晚期）的墓葬。该墓地位于孔雀河的南面，孔雀河的一条小支流小河流域（图6）。

根据刊布的资料，在37座墓中，有22座出土了麻黄，它们大部分是散撒在逝者身上或身下的麻黄枝，少数用毛线捆扎成束；一些墓葬中，还保存了在装殓尸体的毛毯或毛布斗篷的右角，用毛线扎成的装以碎麻黄枝的小包。另外，在墓地地面也采集到了麻黄枝4束，用草或双色毛线捆扎（图 7 、图 8 ）[⑨]。

⑨　小河墓地的考古报告和报道，参见：新疆文物考古研究所《2002年小河墓地考古调查与发掘报告》，《新疆文物》2003年第2期，8—46页；新疆文物考古研究所《2002年小河墓地考古调查与发掘报告》，《边疆考古研究》第3辑，北京：科学出版社，2004年，338—398页；新疆文物考古研究所小河考古队《罗布泊小河墓地考古发掘的重要收获》，《吐鲁番学研究》2005年第1期，114—119页；新疆文物考古研究所《2003年罗布泊小河墓地发掘简报》，《新疆文物》2007年第1期，1—54页；新疆文物考古研究所《新疆罗布泊小河墓地2003年发掘简报》，《文物》2007年第10期，4—42页。

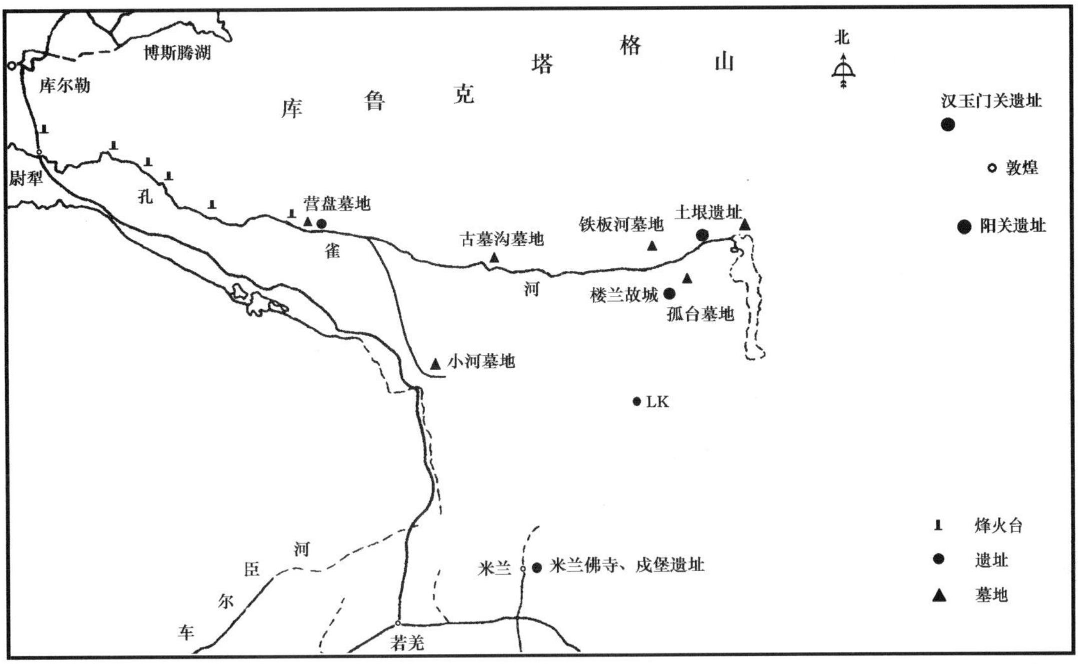

图6　罗布泊地区考古遗址、墓地分布图

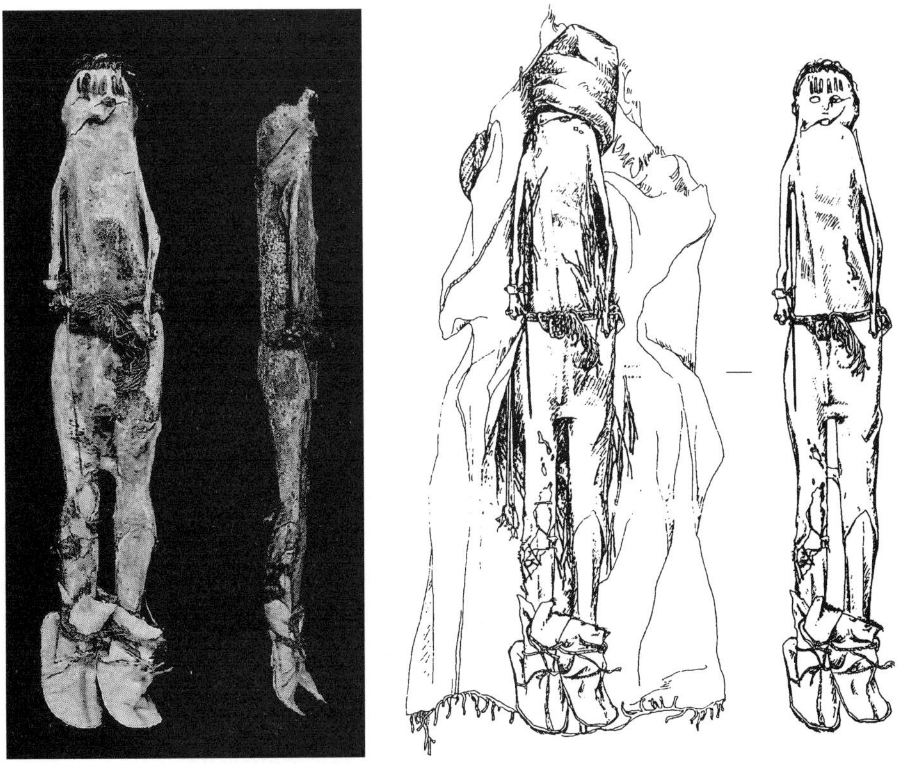

图7　M2木尸及斗篷内麻黄枝摆放情形

（采自《2002年小河墓地考古调查与发掘报告》）

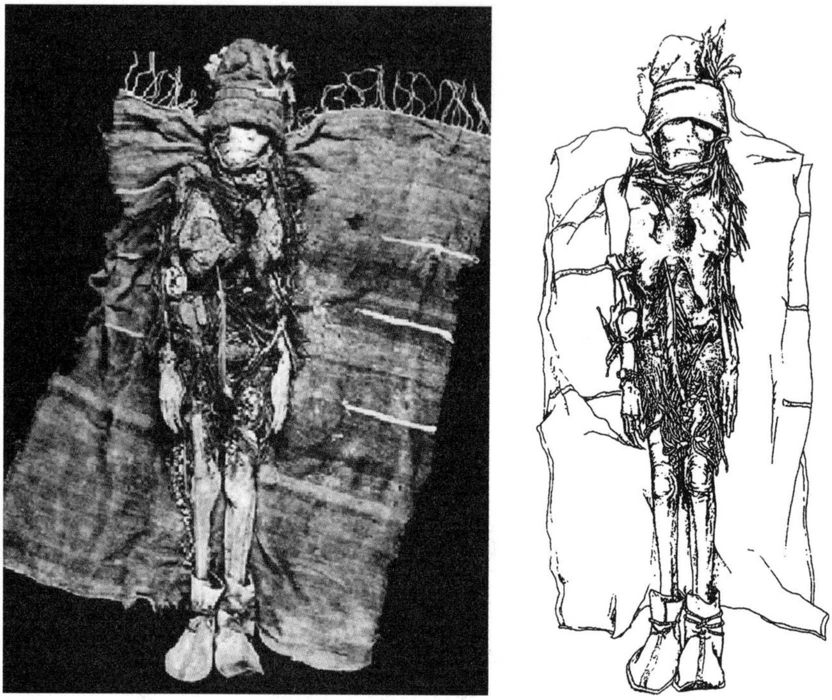

图8　M4尸体及麻黄枝摆放情形
（采自《2002年小河墓地考古调查与发掘报告》）

虽然刊布的资料尚不全面，但这种随葬麻黄的情况明显比古墓沟更普遍；而墓主人的情况则明显不同，在小河墓地并不曾显示出明确的规则，既有成年的男女，也有夭折的儿童（男童），甚至还见于代表男性的木偶（M2、M23、M33），以及一具用人头骨和木制躯体组合出的尸体上（M34）。根据刊布的采用加速器质谱分析经树轮校正的16个^{14}C测年数据（采自11座墓葬），分为两个阶段或早晚两期。早期（南区第四、五层）约在公元前2000—前1700年，晚期（南区第一至三层）约在公元前1700—前1450年⑩。其中，这个年代范围的上、下限都较晚于古墓沟第二种类型墓葬的测年数据（图9、图10）。

3. 洋海墓地

2003年发掘鄯善洋海墓地，从一号墓地的M90出土了大麻。该墓为B型墓（长方形竖穴二层台墓），墓主人有二，一位是年龄45—55岁男子（A），措置在用作葬具的木床上；另一位是年龄在30岁以上的女子（B），可能是二次葬，尸骨堆置于墓底西南隅。

在随葬品中，一件木盆（M90：10）里盛有大麻籽和碎叶。这件器皿形制特殊，腹部有一大一小两个把手，器表乌黑锃亮，意味着长期和被特殊使用。另一件草篓

⑩　夏训诚主编《中国罗布泊》，北京：科学出版社，2007年，401—402页。

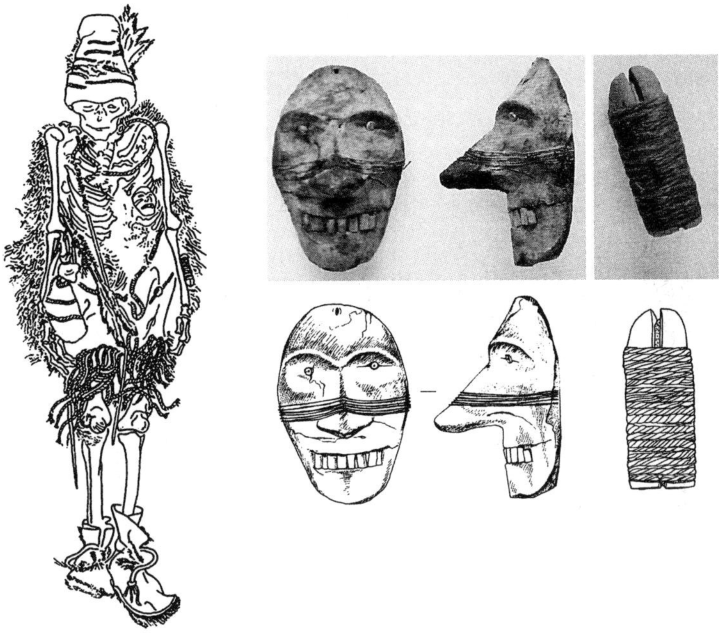

图9 M13尸体斗篷上的麻黄包及出土的特种随葬品
（采自《2003年罗布泊小河墓地发掘简报》）

图10 M34的组合尸身
及麻黄枝摆放情形

（M90：8），通体呈黑色，里面盛满大麻叶和籽。与这些特别遗物共出的，还有属于男墓主的一架竖琴，以及若干比较特别的器物。该墓放射性碳素测定并经树轮校正的年代，为公元前770—前480年，发掘报告推定A、B型早期墓的年代约为公元前12—前8世纪，属于青铜时代。其后，据发掘者所做的分期和年代研究，认为该墓所属的B型墓为第二期，绝对年代在公元前10—前8世纪（图11、图12）[11]。

除了这座墓葬，据发掘简报，在一些墓葬的墓口苫盖物中发现有大麻[12]。它们未得到检测。

M90出土的标本，得到了中国科学院系统与进化植物学国家重点实验室的检测，属于大麻遗存。在这篇检测分析论文中提出，该墓的男性墓主人是位萨满，这些放置在器皿中的大麻被用作仪式和医疗之物[13]。

另据报道，洋海墓地中也出土有麻黄，其标本亦得到检测[14]。

---

⑪ 发掘报告参见新疆吐鲁番学研究院、新疆文物考古研究所《新疆鄯善洋海墓地发掘报告》，《考古学报》2011年第1期，99—150页，图版壹至拾陆。分期与年代研究参见吕恩国等《洋海墓地分期与断代研究》，《吐鲁番学研究》2017年第1期，1—18页。

⑫ 新疆文物考古研究所等《鄯善县洋海一号墓地发掘简报》，《新疆文物》2004年第1期，1—27页。

⑬ 参见Jiang, Hong-en, *et al.*, “A new insight into *Cannabis sativa* (Cannabaceae) utilization from 2500-year-old Yanghai Tombs, Xinjiang, China”, *Journal of Ethnopharmacology* 108 (2006), pp. 414-422。

⑭ 马青云等《新疆洋海古代麻黄的化学成分研究》，《安徽农业科学》2012年第12期，7089—7090、7096页。

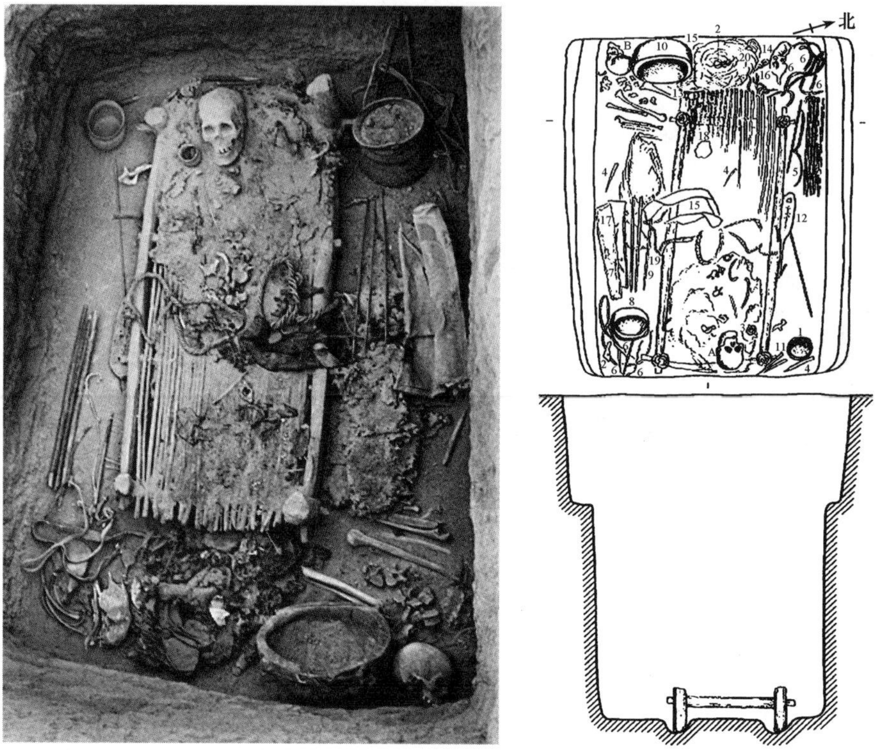

图11　洋海墓地M90男墓主清理后状况（采自《新疆鄯善洋海墓地发掘报告》）

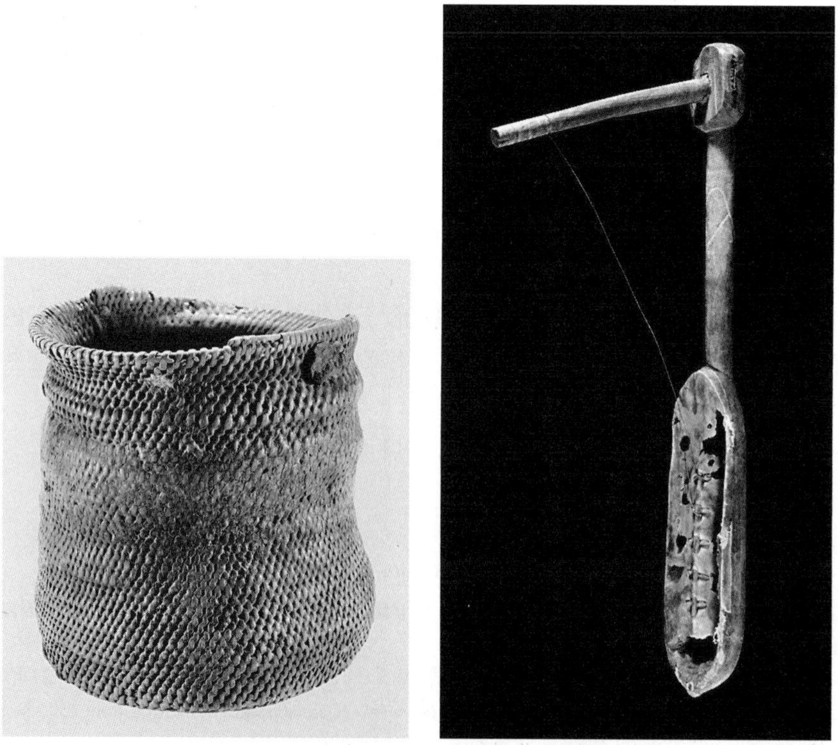

图12　M90出土的草篓和竖琴（采自《新疆鄯善洋海墓地发掘报告》）

4. 加依墓地

位于吐鲁番市亚尔乡加依村南，2013—2014年发掘。从M213中出土了13根保存完好的大麻株，带有根系、茎和叶，出土时发现它们被整齐地摆放在墓主的身上。此外，在墓地的其他3座墓葬中的陶器里，也发现了研碎的大麻。这些标本得到了中国科学院大学考古学与人类学系蒋洪恩博士的检测，他根据大麻株的保存状态推测为吐鲁番当地所出产⑮。该墓可能属于A型墓（椭圆形竖穴土圹墓），据发掘简报推测此型墓的年代约为公元前10—前8世纪，是墓地中年代最早的墓葬，属于青铜时代晚期⑯。

5. 吉尔赞喀勒墓地

位于塔什库尔干塔吉克自治县提孜那甫乡曲什曼村东、塔什库尔干河北岸台地上，2013—2014年发掘共39座墓葬。从6座墓葬（M9、M11、M12、M14、M15、M25）中出土了11件木火钵（被称作“火坛”）及1件陶罐，里面盛有烧灼过的石头，木钵内壁有烧灼痕迹。发掘者认为这种火坛与琐罗亚斯德教有关。据放射性碳素测年数据，墓葬的年代为距今2600—2400年。墓地中一些墓葬发现了焚烧墓室迹象，这一点与其附近的香宝宝墓地情形类似。在墓葬（M14、M16）中也发现了竖琴（图13、图14）⑰。

最近的一项研究，是由中国科学院大学考古学与人类学系检测了火钵内壁的残留物，发现了大麻的生物标记物大麻酚，即四氢大麻酚（Tetrahydrocannabinol）⑱。该检测结果尚未正式发表。

6. 其他相关发现

一些相关发现亦值得关注。据发掘报告，哈密五堡墓地的M151墓室二层台上所盖胡杨原木上苫有大麻草席⑲。该墓地1978年发掘时检测的4组^{14}C数据，为距今3200年前后（经树轮校正）。1991年发掘的2座墓，^{14}C（未经树轮校正）数据为距今2810 ± 70和3570 ± 70年。

鄯善县苏贝希墓群三号墓地M3：A，墓主为成年男子，与皮长袍共出几件小皮囊，内盛褐色半透明物（疑为雄黄）。另一件小皮囊内盛黄绿色粉状物，疑为麻黄末。该男子尸体的胸部、两肋存三道伤口。三号墓地年代被推测为相当于战国至西汉（公元

---

⑮ 发掘简报参见吐鲁番学研究院等《吐鲁番加依墓地发掘简报》，《吐鲁番学研究》2014年第1期，1—19页，图版壹至伍。该简报未公布有关大麻的发现情况。有关检测与分析见Jiang, Hongen, *et al.*, “Ancient *Cannabis* Burial Shroud in a Central Eurasian Cemetery”, *Economic Botany*, 70 (3), 2016, pp. 213-221。

⑯ 《吐鲁番加依墓地发掘简报》。

⑰ 参见中国社会科学院考古研究所新疆工作队《新疆塔什库尔干吉尔赞喀勒墓地发掘报告》，《考古学报》2015年第2期，545—573页，图版壹至图版拾陆；中国社会科学院考古研究所新疆工作队等《新疆塔什库尔干吉尔赞喀勒墓地2014年发掘报告》，《考古学报》2017年第4期，545—573页，图版壹至拾陆。

⑱ 参见杨益民《新疆吉尔赞喀勒墓地拜火教火坛内壁烧灼物的科技分析》，《交流与互动——第三届民族考古与文物学术研讨会会议手册》，北京：中央民族大学民族学与社会学学院考古文博系，2017年，22页。

⑲ 新疆文物考古研究所《哈密五堡墓地151、152号墓葬》，《新疆文物》1992年第3期，1—10页。

图13　吉尔赞喀勒墓地M9（B区）墓室木火钵等随葬情形
（采自《新疆塔什库尔干吉尔赞喀勒墓地2014年发掘报告》）

图14　吉尔赞喀勒墓地出土的木、陶火钵
（采自《新疆塔什库尔干吉尔赞喀勒墓地2014年发掘报告》）

前475—25）[20]。

吐鲁番阿斯塔那墓地，1973年9月发掘张氏家族茔院，从214号墓中出土1件彩绘泥塑男骑俑（73TAM214：32），马尾巴用一把大麻束制作[21]。据出土墓志，墓主人之一的麴氏葬于唐高宗麟德二年（665）[22]。

火钵或火坛的发现，亦见于吐鲁番和和硕（红山墓地）。

在新疆地区之外，麻黄的发现是很少见诸报道的，而大麻的发现则较为多见，如甘肃东乡林家遗址（属马家窑文化）、内蒙古赤峰二道井子遗址（属夏家店下层文化）、陕西蓝田新街遗址（仰韶文化晚期至龙山文化早期）等史前时代遗址[23]，并在汉代等历史时期的墓葬或出土古纸中检测出了大麻纤维，也发现了大麻的遗存[24]。这些发现显示出自史前末期至历史时期大麻在中国各地的栽培和使用情况，与新疆发现的情况很不同。

三、问题讨论

上述考古发现显示出麻黄及大麻使用的复杂情形，实在不能够简单化处理，需要还原到墓葬的情境中以考察它们在丧葬中的用途和意义。须知这些考古发现虽然引人瞩目，但它们仍然是一些案例。以下就若干问题略作申论。

1. 麻黄与大麻在墓葬中出现的不同情境

上述例子中，麻黄和大麻的发现地域及其在墓葬中出现的情境是很不同的。一个显著情况是：麻黄既集中发现于罗布泊地区，年代又比较早，属于青铜时代的文化现象；而大麻则较为集中地发现于吐鲁番盆地，此外还见于帕米尔高原（古代葱岭地区）的古墓，年代上亦较晚，在公元前1000年的早、中期，相当于本地的青铜时代末期至早期铁器时代。从这些发现容易推导出，麻黄和大麻的使用随时代和地域而变化，属于史前至原史时期内亚某些部族的文化。

罗布泊地区古墓沟墓地的早期墓葬中，常见的做法是在裹尸布上（通常是靠近右肩处）扎出小包，内盛以研碎的麻黄枝，具有特别意义的谷物（小麦）则装在草篓中

⑳ 新疆文物考古研究所等《鄯善县苏贝希墓群三号墓地》，《新疆文物》1994年第2期，1—20页。

㉑ 发掘报告参见新疆维吾尔自治区博物馆、西北大学历史系考古专业《1973年吐鲁番阿斯塔那古墓群发掘简报》，《文物》1975年第7期，8—26页，图版壹至陆；新疆文物考古研究所《阿斯塔那古墓群第十一次发掘简报》，《新疆文物》2000年第3、4期，168—214页，图版柒、捌。检测分析见Tao Chen, *et al.*, "Identification of *Cannabis* Fiber from the Astana Cemeteries, Xinjiang, China, with Reference to Its Unique Decorative Utilization", *Economic Botany*, 68 (1), 2014, pp. 59-66。

㉒ 侯灿、吴美琳《吐鲁番出土砖志集注》，成都：巴蜀书社，2002年，524—525页。

㉓ 参见西北师范学院植物研究所等《甘肃东乡林家马家窑文化遗址出土的稷与大麻》，《考古》1984年第7期，654—655、663页，图版柒；孙永刚等《内蒙古二道井子遗址2009年度浮选结果分析报告》，《农业考古》2014年第6期，1—9页；钟华等《陕西省蓝田县新街遗址炭化植物遗存研究》，《南方文物》2015年第3期，36—43页，等。

㉔ 参见赵志军等《双墩一号汉墓出土植物遗存的鉴定和分析》，《农业考古》2016年第1期，1—8页；李晓岑《甘肃汉代悬泉置遗址出土古纸的考察和分析》，《广西师范大学学报（自然科学版）》2010年第4期，7—16页。

随葬；另一种情形是随葬麻黄枝束，以及将碎麻黄枝盛在木杯里随葬；这些麻黄主要用在了夭折儿童和成年女性的墓中。它们显然是种特殊随葬品，并反映了一种特别的葬俗。

在小河墓地，麻黄的使用出现了新形式。除了将碎麻黄和小麦粒组合扎在裹尸斗篷上，还在尸身上和木棺里普遍撒麻黄枝，有些墓葬随葬有麻黄枝束；除了儿童（男童）和成年女人外，成年男人甚至用木头制作的假尸（木偶）或人头与木躯制作的合成尸体，作为墓主人都使用了麻黄。从古墓沟到小河墓地，麻黄的使用更趋普遍，代表了一种相同葬俗的延续。这种葬俗与墓地流行的丧葬巫术和祭祀行为有关。大量与巫术以及葬礼仪式有关的遗迹、遗物充斥在墓地的丧葬情境中，其中，与生殖（人与作物）有关的巫术遗存以及对逝者的祭祀遗存，是十分显著的。一种情形是在木棺前树立依男女墓主的性别区分的桨形或柱形立木，甚至儿童和作为尸体替身的木偶的棺前也配置了这种立木；由于它们与男女墓主之间的固定搭配（女墓主——木柱，男墓主——木桨），使人相信这种立木即是民族志记录中所说的分别代表了男、女性生殖器的象征物[25]。一些女墓主（M12—14、M28、M30）的尸身上放置了用木头和毛线制作的木祖，这些仪式行为都在表达对生殖巫术的信仰。另一方面，几乎所有的墓葬都发现了谷物（黍、麦粒），它们的使用方式与麻黄相同，或是扎在墓主裹尸布右胸部的小包里，或是撒在尸身上。此外，由后世一些民族志记录可知，诸如丧葬中使用偶像（尤其是人偶）、人面具、非实用的弓箭、动物的舌头或耳朵之类，以及祭牲（牛、马、羊）的头颅等物，都与葬礼上所实践的一套基于巫术的仪式行为有关。这些遗迹或遗物在小河墓地的墓葬中都被发现了。

年代较晚的吐鲁番洋海墓地和加依墓地，大麻的籽、叶或者研碎的大麻（类似于研碎的烟草）被装在木盆、草篓或陶器里随葬，也出现了在尸身上撒整株大麻的例子；墓主人都是成年男子；这种发现数量极少，似乎是个别现象。洋海墓地的墓主随葬以一套法器和装束，那些盛在便于携带的、耐用的木、草容器中的大麻籽和叶，显然属于这套法器里的一部分。

在帕米尔高原的吉尔赞喀勒墓地，大麻的使用出现另一种情形。由于在木火坛的内壁检测出了大麻酚，证实了这种器具是大麻熏烧器。从发现比率上说，6座墓葬（M9、M11、M12、M14、M15、M25）中出土了11件木火坛及1件陶火坛，这是比较普遍的现象而非个别现象。其墓主人的情形似无规则，2座墓是单人葬（M9、M12），尸骨受到了扰动或属于二次葬的敛骨葬；其余诸墓属于三至五位成年男女的合葬。1座墓葬（M14）的随葬品中出现了特殊情况，随葬了一套钻木取火器和一捆加工出的细木棍，以及一架木竖琴。M25显示出另外一种情形：二位成年男子和一位成年女人的三位墓主，随葬了2件木火坛和1件陶罐改作的陶火坛，其间似乎存在着某种对应关系。

---

[25] 参见王昆吾《从生殖崇拜到祖先崇拜——汉文化发生过程中的一个重要环节》，作者著《中国早期艺术与宗教》，上海：东方出版中心，1998年，111—143页。

2. 丧葬中使用麻黄和大麻的用途与意义

罗布泊地区发现的墓葬麻黄，是基于生殖巫术和墓葬祭祀的丧葬情境下所实践的一种葬俗。有一个显著的共存关系，即麻黄与作为谷物的小麦和黍共同用在了丧葬当中。在较早时候的古墓沟，小麦通常盛在草篓里随葬；在小河墓地时期则衍变为与碎麻黄枝一道，扎在逝者裹尸的斗篷上。后一种情形更加意味着小麦与麻黄一样是具有仪式性的特种植物。由于在古墓沟和小河墓地的墓葬中都发现了专门作为食物类随葬品的粟，一般是以粥的形式装在草篓里，这个情况可以说明那些撒在尸身上或扎在裹尸斗篷上的小麦包并非是被当作食物类随葬品入葬的。这一现象还见于洛浦山普拉墓地的类似例子，后者在长袍的下摆衣角处用毛绳扎成小包，里面分装黍或小麦粒[26]。

古代巫术中存在一种所谓的“谷精”信仰和仪式行为[27]。它的教理是使谷物增殖，这与促进人口增殖的生殖巫术教理是相通的。那么，在墓葬中仪式性的随葬谷物，是否也可以理解为“谷精”信仰的一种更为古老形式呢？在充斥着生殖巫术的丧葬情境中，它们是难免被赋予与增殖有关的巫术意义的。

与小麦共存的麻黄在墓葬中扮演了什么角色呢？麻黄的两种形式——扎在斗篷上的小包以及撒在尸身上或者扎成草束，很难将它们排除在早期巫术之外。在贝格曼列举的麻黄的各种功用——药材，尸体防腐剂，常青植物的生命象征，印度拜火教徒祭祀用的苏麻，火葬时防尸体臭味的熏香，日常熏香——中，显然存在着历时性和地域性。罗布泊地区发现的麻黄属于早期使用的阶段，它早于琐罗亚斯德教的豪麻（Homa）或苏麻（Soma），后者显然是从内亚的某种使用植物致幻剂传统中继承下来的。在《阿维斯塔》中，豪麻（Houm，Homa = Soma）是酒神、圣草之神，传说中的武士，前琐罗亚斯德教时期伊朗雅利安人奉祀的神，其固定修饰语为“纯洁的、祛除死亡的”（Dura-Osha）。通过《亚斯纳》篇章中琐罗亚斯德与豪麻（美男子形象）的对话，表明了豪麻的各项功用：

> 我是纯洁的、祛除死亡的胡姆（豪麻）。快抓住我，准备制作饮料！（第九章第二节）
>
> 向胡姆（豪麻）——善良的胡姆，美好而真诚的胡姆——致意！［它］是外观漂亮、心地善良的救世主；是枝条柔软、颜色金黄的胜利者；是可口的上等［饮料］，灵魂的最佳引导者。（第九章第十六节）
>
> 我轻吟“巴日”（Bāzh），赞美你使用的研钵底部，那里盛着［胡姆］的嫩枝。

㉖ 参见新疆维吾尔自治区博物馆《洛浦县山普拉古墓发掘报告》，《新疆文物》1989年第2期，1—48页。该墓地的年代范围据放射性碳素数据，约在前3—4世纪。

㉗ 弗雷泽在《金枝》里引述了一些“谷精”（Spirits of the corn）的民族志记录，这些记录来自北欧、美洲、东印度群岛、印度等地。这种精灵既可以表现为植物形象，也可以表现为人形（双重拟人化，即是妈妈，又是女儿）。〔英〕J. G.弗雷泽著、汪培基等译《金枝——巫术与宗教之研究》，北京：商务印书馆，2013年，641—677、680—698页。

我轻吟“巴日”，赞美你使用的研钵上部，赞美你以男子汉的［臂］力，捣碎里面的［胡姆枝］。（第十章第二节）

一丁点胡姆汁，一丁点胡姆酒，简短的胡姆颂歌，足以杀死成千上万的魑魅魍魉。（第十章第六节）

在采集胡姆的家庭，［只要为家人和家族］吟唱祛病禳灾、灵验非凡的胡姆［颂歌］，无论什么病魔缠身，都会立即康复。（第十章第七节）㉘

豪麻的功用包括了祛除死亡（永生）、灵魂导引、辟邪和禳灾、祛病等，其法式是将豪麻枝在一种研磨器里研碎了，煎成汁饮用。从第十章第十二节所说——“你生长在群山峻岭，呈黄色，多汁，种类繁杂。你的奇特功效与巴赫曼的喜悦相融合”㉙，可知豪麻的植物特征，与麻黄是类似的。这也是伦德尔、斯坦因和贝格曼等人，自然而然地将罗布泊发现的麻黄等同于印度拜火教徒祭仪上使用的苏麻或豪麻的缘故。在后期，在祭仪上饮用豪麻汁的法式演变为献祭豪麻汁（豪麻酒），米尔恰·伊利亚德解释为“通过献祭的力量以获得子嗣”（即人口增殖），他认为，在玛兹达教中，伊玛、豪麻酒祭和血祭都是受到赞美的，这是一个印度—伊朗传统㉚。意味着其历史可以追溯到雅利安部落的早期祭祀中。在古代伊朗，豪麻最初并非献给某位特定的神；只是到了琐罗亚斯德教中，它才常用于献祭密特拉（Mithra）㉛。这是说，麻黄的早期用法是普遍的。

在罗布泊地区的丧葬中的麻黄实践，似乎可以解释为一种为祛除死亡（永生）并导引灵魂的巫术仪式。这样可以和充斥在墓葬设施、尸体处理方式、随葬品等丧礼至葬礼程序中的与生殖有关的巫术行为相统一，它们都是围绕着生命力的延续而奉行的仪式。这与人类早期发现并利用麻黄的生物学和医药学性能有关。通过现代科学我们知道，麻黄中富含的麻黄碱是一种拟肾上腺素药，能兴奋交感神经，其药效较肾上腺素持久；它能够松弛支气管平滑肌、收缩血管，有显著的中枢兴奋作用㉜。通过兴奋中枢神经以达到迷幻效果，这可能是麻黄早期利用中的主要方式。在普遍信仰巫术的时代，这一功用容易被用于巫术的有关仪式中，并成为巫师或祭司的法物。通过饮用被煎熬成的麻黄汁所发挥的人体超能量，促使这种植物本身被视作是可以产生生命延伸力的神圣物，并受到崇敬。

一些研究显示出，麻黄是欧亚大陆上最早为人类发现并利用的神经致幻植物之一㉝。罗布泊地区麻黄的发现，提供了早期麻黄使用中的一种基本方式（丧葬仪式用物）和麻

㉘ ［伊朗］贾利尔·杜斯特哈赫选编、元文琪译《阿维斯塔——琐罗亚斯德教圣书》，北京：商务印书馆，2005年，84、89、94、96页。

㉙ 《阿维斯塔——琐罗亚斯德教圣书》，97页。

㉚ ［美］米尔恰·伊利亚德著、晏可佳等译《宗教思想史》，上海：上海社会科学院出版社，2004年，275—276页。

㉛ Harry Falk, “Soma I and II”, *Bulletin of the School of Oriental and African Studies, University of London*, Vol. 52, No. 1 (1989), pp. 77-90.

㉜ 参见丁丽丽等《麻黄化学成分与药理作用研究进展》，《中国中药杂志》2006年第20期，1661—1664页。

㉝ M. D. Merlin, “Archaeological Evidence for the Tradition of Psychoactive Plant Use in the Old World”, *Economic Botany*, Vol. 57, No. 3 (Autumn, 2003), pp. 295-323; Elisa Guerra-Doce, “The Origins of Inebriation: Archaeological Evidence of the Consumption of Fermented Beverages and Drugs in Prehistoric Eurasia”, *Journal of Archaeological Method & Theory*. Sep 2015, Vol. 22 Issue 3, pp. 751-782.

黄使用法的传布区域。《阿维斯塔》中记录的豪麻使用是这个古老传统的延续。

在罗布泊地区的发现之外，目前在新疆地区仅在吐鲁番洋海墓地发现了麻黄遗存。由于尚未有详尽的考古报道，这一发现暂且存论。在吐鲁番盆地的发现集中在了洋海墓地和加依墓地的大麻上，它们似乎说明在公元前1千纪大麻取代了麻黄成为主要的神经致幻植物。可能是因为大麻中的四氢大麻酚在毒性和药性上比麻黄碱更为强劲[34]，导致了大麻种植和使用的扩散。

洋海墓地提供了一例明确的大麻使用的情形：通常熏烧用的大麻籽和研碎的大麻叶被盛于木盆和草篓中，与其他几种巫师的专用器具一道随葬[35]。由此可知，那时的萨满在仪式上使用大麻，其方法是熏烧后吸入其饱含大麻酚的烟雾，以达致迷幻的出神效果。加依墓地则提供了另一幅大麻使用情境：除了随葬研碎的大麻，在逝者的身上也摆放整株大麻，这一做法类似于较早时候小河墓地在尸身上撒麻黄枝，其意义可能也是为祛除死亡并导引灵魂以达致永生。

3. 关于吉尔赞喀勒和巴泽雷克发现的大麻熏烧器

吉尔赞喀勒墓地所有随葬火坛的墓葬，都不曾发现类似于洋海墓地M90的表示墓主特殊身份的器具。从上述的墓葬情境可以推理出一个结论：这些大麻熏烧器并非专用于某种特定身份的墓主，它们与葬礼上的某种仪式有关。通过比较在阿尔泰山西北麓巴泽雷克墓地（Pazyryk）2号冢（barrow 2）出土的熏烧器，可以看出二者间的相似处和差异。

这两座墓地的年代大体相同，但是熏烧器的形制及墓葬情境有所不同。巴泽雷克的2号冢是一座冻土墓葬，因此熏烧器及大麻等得以完整的保存。在墓室的西南角和西半部靠北位置，各随葬了一套熏烧器。鲁金科（Sergei L. Rudenko）在《西伯利亚的冷冻墓葬》（*Frozen Tombs of Siberia, the Pazyryk Burials of Iron Age Horsemen*）一书中，对出土情形做了细致描述：

> 墓室的西南角摆放了一具由6根木棍组成的架子，下面摆放1件矩形青铜容器，四足，里面盛满打碎的石头。木棍长度122.5厘米，下部直径约2厘米，至终端处增大为直径约3厘米。每根木棍顶部有一个穿孔，以皮条将它们捆扎在一起。每根木棍都用桦树皮条呈螺旋形缠绕。
>
> 墓室西半部的靠北位置，摆放了1件“斯基泰鍑”（Scythian cauldron）形青铜器，里面装满石头。上面是一架同样由六根木棍支成的架子，上面盖了一

---

[34] 参见张开镐《大麻的药理学效应》，《中国临床药理学杂志》1990年第2期，111—114页；陆永利等《大麻素在神经系统中的作用》，《生理科学进展》2008年第2期，179—181页。

[35] 从现代萨满教民族志中可以看出，萨满（巫师）的基本器具包括了法衣、作为法器的响器（铃和鼓等）等，有的萨满在仪式上还使用一些表演的道具（如达斡尔族萨满的偶像和西伯利亚埃文克人的做成木筏和鱼形状的鼓等）。参见富育光、赵志忠编著《满族萨满文化遗存调查》，北京：民族出版社，2010年，84—86、96—122页；丁石庆、赛音塔娜编著《达斡尔族萨满文化遗存调查》，北京：民族出版社，2011年，200—202、220—222、250—261页；〔苏〕A. Ф. 阿尼西莫夫著、于锦绣译《西伯利亚埃文克人的原始宗教（古代氏族宗教和萨满教）——论原始宗教观念的起源》，北京：中国社会科学出版社，2016年，154—158页。

张大皮子。

每件青铜器内除了石头外，还有少量的大麻籽。在“斯基泰鍑”形青铜器上方的六根木支架之一上，绑缚了装有大麻籽的皮囊。被灼烧过的石头曾经放在炉子里，致使一部分大麻籽被烧焦。此外，鍑形炉的把手上缠有桦树皮，显然是因为石头的灼热致使其把手太过烫手而难以裸手把持它。

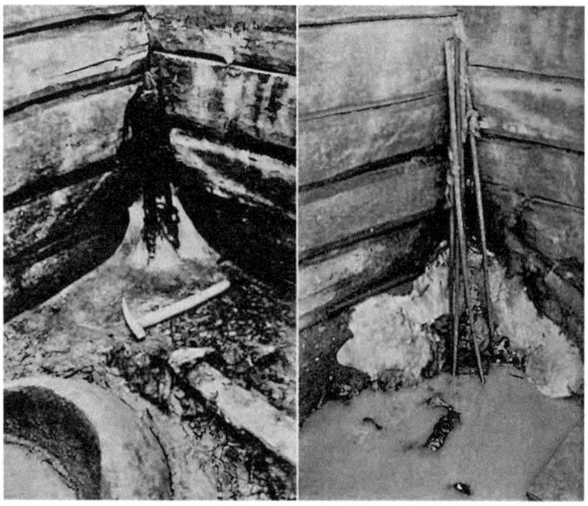

图15　巴泽雷克墓地2号冢随葬大麻熏烧器的出土情形（采自*Frozen Tombs of Siberia, the Pazyryk Burials of Iron Age Horsemen*）

如是，在2号冢里发现了两套烟具：装有火烧过石头的容器以及大麻籽；在它们上面是用六根木棍支撑的棚架，其一遮盖了皮子，另一件可能是用毡子遮盖，在墓室的西南角发现了大片的毡子。最后，有一件装有大麻籽的皮囊，固定在六根支架的一根上。这样就有了一整套的用于净化仪式的设备。值得注意的是，在所有的巴泽雷克墓冢里都随葬了烟熏大麻的套具，每座墓葬里都保存有做支架的木棍，尽管除2号冢外其他墓冢里的焚炉和盖布都被盗走了（图15、图16）[36]。

从这些考古发现上可知，在约公元前1千纪中叶的阿尔泰山地区，大麻在那些阿尔泰部落中被普遍的使用，其方法类似于“桑拿”（Sauna）。鲁金科根据希罗多德的记载，认为这是斯基泰人在葬礼后用火净化的惯习（烟熏法），被包括阿尔泰山区在内的欧亚草原上的部族所广泛实践过。关于斯基泰人的大麻使用法，《希罗多德历史》第四卷第73—75章有过细节性描写：

……在埋葬之后，斯奇提亚人使用下列的办法来弄干净自己的身体。他们擦洗他们的头，而至于身体，他们是把三根棒对立在一处，再把毛毡盖在上面。然后，在把棒和毛毡尽可能支放牢固之后，便在棒和毛毡下面中央的地方放一个深盘子，并把几块烧得灼热的石子抛到里面去（4·73）。

他们自己的国内生长着一种和亚麻非常相似的大麻，不同的只是这种大麻比亚麻要粗得多、高得多。这种大麻有野生的，也有人们种的，色雷斯人甚至用这种大麻制造和亚麻布非常相似的衣服。……（4·74）

斯奇提亚人便拿着这种大麻的种子，爬到毛毡下面去，把它撒在灼热的石子上；撒上之后，种子便冒起烟来，并放出这样多的蒸气，以致是任何希腊蒸气浴都比不上的。斯奇提亚人在蒸气中会舒服得叫起来。这在他们使用来代替

[36] Sergei L. Rudenko, translated by M. W. Thompson, *Frozen Tombs of Siberia, the Pazyryk Burials of Iron Age Horsemen*, Berkeley and Los Angles: University of California Press 1970, pp. 284-285.

图16 巴泽雷克墓地2号冢出土的大麻熏烧器支架和青铜容器
（采自*Frozen Tombs of Siberia, the Pazyryk Burials of Iron Age Horsemen*）

蒸气浴，因为他们是从来不用水来洗身体的（4·75）[37]。

这种大麻熏蒸浴与出于沐浴身体的希腊蒸气浴（以及后来的土耳其浴或芬兰蒸气浴等）显然是不同的，斯基泰人将之用于丧葬程式的葬礼之后，这与一些民族的葬礼后用火驱邪的净化仪式同理。因此，这种大麻熏蒸浴属于一种与信仰有关的行为。在一些民族志中，这种大麻熏蒸浴还用于医疗。在由巫术主导世界观和精神生活的古代欧亚草原社会生活中，身体的疾病被视作是邪灵的作用，这与墓地中可能遭受的邪灵的侵染是一样的。至于为什么将大麻用作祛除身体以及墓葬邪灵的工具，这个问题还可以再深究下去。

从洋海墓地的发现上，我们知道在早于吉尔赞喀勒墓地时代和巴泽雷克墓地时代之前数世纪，大麻已为早期的巫师（或萨满）所利用。这种特别植物原产于南亚的锡金、不丹、印度以及中亚地区，由于它的生物学和药理学特性十分突出，其主要有效化学成分四氢大麻酚（THC）在吸食或口服后有精神和生理的活性作用，所以被用在了巫术当中。而且，从新疆地区的考古发现看，它可能是早期使用的麻黄的替代物。从民族志上说，巫师在法式中使用大麻的目的，是达到一种所谓“出神”状态。他们可能也用大麻为人治病，这是古代巫师的技能之一。从洋海墓地的发现看，当时的方法是熏烧大麻籽

㊲ 王以铸译《希罗多德历史》，北京：商务印书馆，1997年，293—294页。

和大麻叶。这座墓地虽然没有发现专门的烟具或熏烧器，其熏烧方法可能如巴泽雷克和吉尔赞喀勒所发现的情形。

The *Ephedra* and *Cannabis* Discovered in Xinjiang

Liu Wensuo

Up to now there are a lot of archaeological discoveries of the *ephedra* and *cannabis* remains reported from the ancient tombs in Xinjiang region. The *ephedra* remains were mainly discovered from tombs in Lop-nur area such as the cemetery near L. F, the localities L. Q and L. S, the Gumugou Cemetery, the Xiaohe Cemetery (the Small River, Cemetery 5), and one example from Turfan area, the Yanghai Cemeteries. The *cannabis* remains were mainly from tombs in Turfan area, the Yanghai Cemeteries and the Jay Cemetery; one example from the Jirzan-kal Cemetery situated in the Tash-kurgan in Pamir Plateau, from whose tombs the residues of tetrahydrocannabinol have been recently detected from the internal wall of the wooden burned-pebbles-container. This article aims to sort out the reference materials of the *ephedra* and *cannabis* discovered in Xinjiang and to discuss some related questions in the perspectives of historical records and ethnography such as the different burial contexts of those *ephedra* and *cannabis* remains, the purpose and significance of the *ephedra* and *cannabis* practiced in the funeral rites, the relation between the burned-pebbles-container from Jirzan-kal and the smoking sets from Pazyryk barrows, etc.

新疆地区发现的圭字形剑鞘的研究*

林铃梅

圭字形剑鞘，在剑鞘的中部及上部位置两侧各延伸出半圆，形状如“圭”字。这种形制的剑鞘具有鲜明的游牧文化特色，最初是为了更好地将剑鞘固定在腿部，避免骑行时剑鞘脱落，利剑刺伤骑马者的情况。它起先是游牧人的实用器具，随后逐渐演变为贵族武士权力、身份的象征，为古代欧亚大陆极广泛的人群所使用。研究这种圭字形剑鞘的起源、传播与演变，为我们了解欧亚古代人群的文化联系提供了独特的视角。本文以新疆地区发现的圭字形剑鞘出发，探讨其反映的新疆与周边地区的文化联系。

一、新疆地区发现的圭字形剑鞘

新疆地区目前为止有三处出土了圭字形剑鞘。

1. 尼雅遗址墓地（图1）

尼雅遗址出土两件圭字形剑鞘，均与刀鞘同套出土。刀鞘和剑鞘各系于腰带的一端，刀鞘一端系于腰带上，剑鞘上端用皮带与腰带相连，下端圆弧处用皮带相连，骑马时绑缚在大腿部位。95MN1M1出土的剑鞘，三层皮革黏合而成，外髹黑漆、背面两侧贴红漆皮条，平面呈圭形，圆弧头，口部有方盖，上内穿皮条用于系连，鞘尾端与一条皮带相连。95MN1M8出土的剑鞘，木胎外包皮，皮面压花，鞘身以皮绳捆扎绑系，皮绳一端连有铁带钩。M8：48，长21.5、宽8.5厘米。两件剑鞘内未见短剑，可能是因为此类短剑较为贵重，舍不得入葬[①]。两个墓葬都是方形竖穴沙坑，葬具为矩形箱式木棺。M8棺内并排葬2人，一男一女。男尸上部右侧放置弓、箭、弓袋、箭箙及木叉，木叉上绕系刀鞘、锦帽、梳篦袋及“五星出东方利中国”织锦护臂、黄绢袍服等；女尸上部左侧放一木叉，上裹一毛织物及虎斑纹彩锦织袋、帛鱼及皮革木胎小圆木桶等。木棺中还随葬有木杯3件、木盆2件、木器座2件、带流陶罐2件，其中1件陶罐的颈部有墨书“王”字[②]。经学者研究，这批墓葬的年代大致在东汉晚期，相当于公元2世纪末至3世纪初[③]。

---

* 本文系国家社科基金重大项目“敦煌与于阗：佛教艺术与物质文化的交互影响”（项目编号：13&ZD087）的阶段性成果。

① 赵丰、于志勇主编《丝绸之路尼雅遗址出土文物——沙漠王子遗宝》，香港：艺纱堂，2000年，50页。

② 新疆文物考古研究所《新疆民丰县尼雅遗址95MNI号墓地M8发掘简报》，《文物》2000年第1期，6页。

③ 陈晓露《楼兰考古》，兰州：兰州大学出版社，2014年，64页。

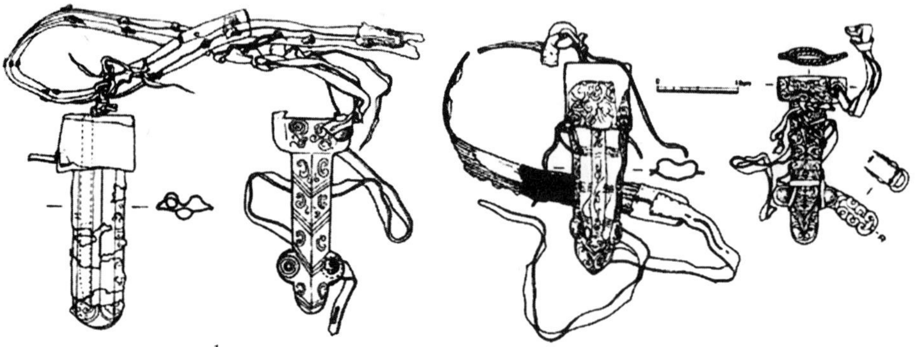

1　　2

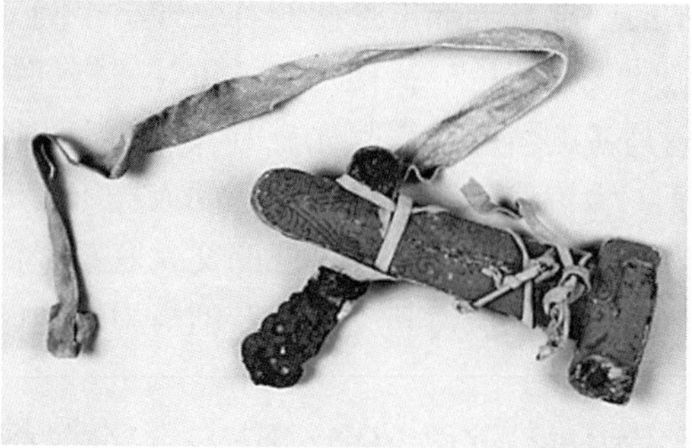

3

图1

1. 尼雅95MN1M1出土剑鞘　2、3. 尼雅95MN1M8出土剑鞘

2. 尼勒克县加勒克斯卡茵特墓地（图2）

尼勒克县加勒克斯卡茵特墓地是吉林台水库库区淹没范围内数处古墓群之一，位于喀什河南岸，加勒克斯卡茵特山北麓的一、二级台地上。2003年发掘出土一件圭字形剑鞘（M6：9），骨质，出土于墓主人股骨间，剑鞘残留一面，鞘顶端有方形豁口，鞘面中部、上部各有两半圆形饰板，中间穿孔，鞘尾呈弧形，也有穿孔。鞘面刻精美图案，主体部分为五个前后相续的鹰首，前后两鹰首呈现相反的侧面，每个鹰首都以条带纹相隔。在四个凸出的半圆形饰板处，也刻画了鹰首形象，喙部极尖锐，鹰首弯曲。鞘面顶端处还刻画了麦穗纹。剑鞘长15.2、宽4厘米。出土骨剑鞘的M6，墓口上有圆形土堆，土堆上铺一层山石和河卵石，石层上又堆封土，封土堆表层边缘铺1.2米宽的河卵石圈，封土堆中见有一较大的烧土坑。封堆直径12.4、高0.8米。墓室为梯形竖穴土坑，墓底南北两侧带二层台，边壁四周立有片石，北壁有一盗洞直达墓底。单人葬，女性成年，头骨及上肢已经扰乱。头骨上方随葬有羊颈骨1段，铜镜1面，鸟首形首铜簪1件，铁器残件，股骨间出骨剑鞘，填土中还出土3件金箔片和1枚带孔金箔球，1枚残玻璃珠。加勒克斯卡茵特墓群的年代集中在公元前5世纪至汉代[④]。

④　新疆文物考古研究所、伊犁哈萨克自治州文物局《尼勒克县加勒克斯卡茵特山北麓墓葬发掘简报》，《新疆文物》2006年第3、4期，4—5页；新疆文物考古研究所等《新疆尼勒克县加勒克斯卡茵特墓地发掘简报》，《考古与文物》2011年第5期，24页。

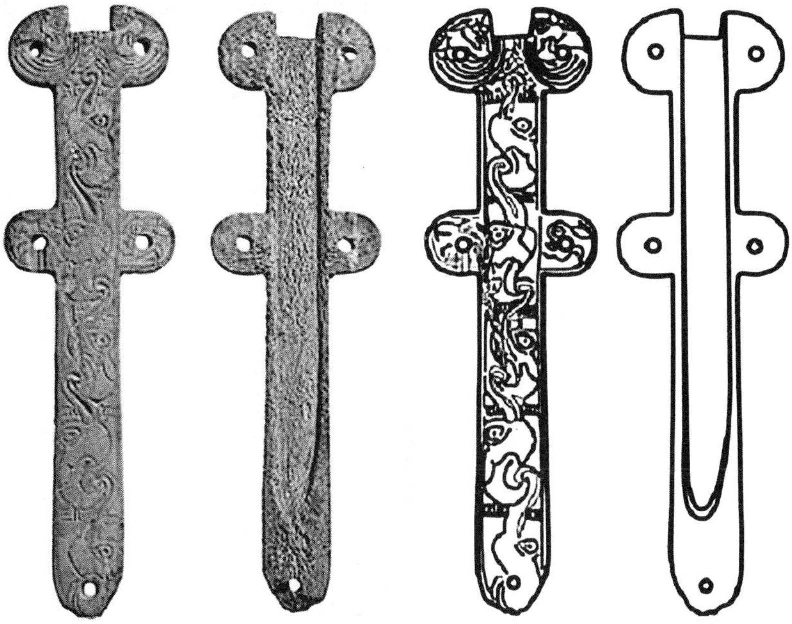

图2　加勒克斯卡茵特墓地出土骨剑鞘（M6：9）

3. 吐鲁番胜金店墓地（图3）

吐鲁番胜金店墓地位于新疆吐鲁番市胜金乡胜金店村南郊、胜金店水库与火焰山之间的坡地上，西距吐鲁番市40千米。2007年10月，吐鲁番学研究院考古研究所对墓地进行抢救性发掘，清理墓葬31座。其中，M1出土一件木剑鞘（07TSM1：16），剑鞘由圆木削刻成片状，平面呈长条形，木片内部掏挖出凹槽，近似等腰三角形，里边残留有腐

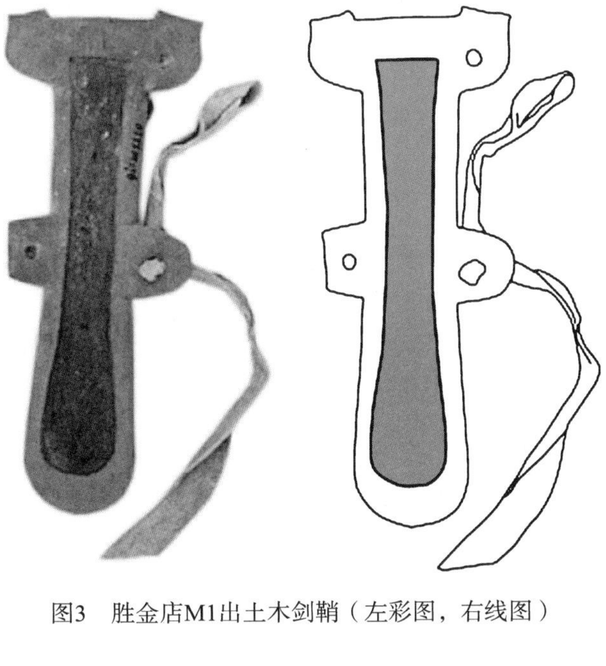

图3　胜金店M1出土木剑鞘（左彩图，右线图）

朽的铁器。剑鞘另一半已缺失，怀疑原来蒙了一层皮革制品。中部的双耳有穿孔，穿系皮带。上部双耳其中有一只也有穿孔。木剑鞘外部也掏挖有长条形浅槽，涂黑，鞘身涂红。木剑鞘长18、宽4厘米。M1为竖穴土坑墓，扰土层中有婴儿头骨，墓地有尸床，在床面及周边共发现5个人头骨，为三男两女，由于进水及人为盗扰，尸体骨骼扰乱较为严重，随葬品位置大多移位。墓葬清理出陶质、木质、皮质，如陶钵、陶杯、陶盆、弓、木带扣等各类器物，共26件。胜金店墓地的^{14}C测年数据为距今2200—2050年，约相当于西汉时期⑤。

新疆地区发现的这三例剑鞘，年代跨度从公元前5世纪至东汉时期不等，材质也有所差异，有骨质的，有木质的，尼雅出土的剑鞘尺寸较大，加勒克斯卡茵特墓地及胜金店墓地所出尺寸接近，从它们的尺寸判断，应为实用器。且加勒克斯卡茵特墓地及胜金店墓地出土的剑鞘都只发现了一面，很可能是因为另一面为皮革材质，长年累月被腐蚀殆尽，所以没有保存下来。这三例剑鞘的具体形制及装饰纹样的差异，可能反映了其所受文化的影响有所的不同。从墓葬伴出的随葬品来看，除了胜金店M1受到盗扰无法判断，其他两处都是同一墓群中等级较高的墓葬，墓主的身份地位比较特殊。尼雅M8男女墓主穿着奢华的服饰，男主人随葬“五星出东方利中国”织锦护臂，且随葬写有“王”字样的陶罐，表明他拥有“王”级别的身份，很可能就是精绝国国王，一起埋葬的则是其王后。加勒克斯卡茵特墓地M6在同类墓葬中也显得尤为特殊，因其随葬了不少精美的装饰品，如兽首形骨雕、鸟形首铜簪、人面形铜簪等，丰富的随葬品表明墓主人身份的不平凡。

二、境外发现的圭字形剑鞘

1. 圭字形剑鞘的起源：从塞人（米底人）剑鞘到巴泽雷克文化剑鞘

一般认为，圭字形剑鞘最早为欧亚草原东端的巴泽雷克文化和蒙古高原上的游牧人使用⑥。巴泽雷克文化一般认为属于欧亚草原斯基泰晚期阶段的一支文化，主要分布于阿尔泰山区，其墓葬年代集中在公元前5至前3世纪⑦。圭字形剑鞘在巴泽雷克墓葬中有较多发现。关于阿尔泰地区圭字形剑鞘的起源与流传，前苏联时期至现在俄罗斯的学者都有较多的研究，其代表人物为库巴列夫。

根据库巴列夫（В. Д. Кубарев）的研究，阿尔泰山区早期游牧人墓葬中发现的青铜短剑及木剑鞘，大多是模仿现实兵器制作，专门用于墓葬的，具有仪式性意义。它们往

⑤ 新疆吐鲁番学研究院《新疆吐鲁番胜金店墓地2号墓发掘简报》，《文物》2013年第3期，24页。

⑥ *Die Krim. Goldene Insel im Schwarzen Meer. Griechen-Skythen-Goten*, LVR-LandesMuseum Bonn und Primus Verlag, Darmstadt, 2013, S. 87.

⑦ V. I. Molodin, H. Parzinger, D. Ceveendorž, Das Kriegergrab von Olon-Kurin-Gol, *Im Zeichen des goldenen Greifen, Königsgräber der Skythen*, Staatliche Museen zu Berlin-Preußischer Kulturbesitz und Prestel Verlag, Münche · Berlin · London · New York, 2007, S. 148.

往制作成微缩的尺寸⑧，而且造型上呈现出极强的程式化倾向。经学者研究，阿尔泰山区早期游牧人的剑鞘划分为四种类型⑨：一型，形制简单的木剑鞘，又可细分为两式：一式，由两块木片合成，底部成圆形或椭圆形，表面涂红彩，内部刻出浅浅的凹槽，呈短剑的形状。一般外面套皮革套子，皮革套子中、上部各有皮绳连接，分别与腰间和大腿相连（图4，1、2）。这种皮革套子连接皮绳的情况，在郭勒—葛秋（Кор-Кечу）和杰别多克墓地出土的剑鞘上有所反映（图4，5、6）。二式，剑鞘只由半边的木片构成，也装在皮革套子中，如鄂洛（Ело）2号墓地3号大墓及丘亚水电站淹没区出土的剑鞘（图4，3、4）。

二型，皮革剑鞘。郭勒—葛秋和杰别多克（Тербедок）墓地出土的皮革剑鞘保存较好。剑鞘用一块皮革将铜短剑包裹严实，缝边。郭勒—葛秋的剑鞘在顶部缝边，将剑格也裹覆在皮剑鞘中，这种情况下，短剑是无法拔出来的。皮剑鞘的中、上部都有缝系的皮绳，分别用来与腰间、大腿相连（图4，5—7）。

不同样式的皮革剑鞘在帕米尔地区的塞人墓葬、在伏尔加河流域的萨尔马泰人墓葬及在米努辛斯克盆地的塔加尔文化墓葬中都有发现，这些皮剑鞘大多将短剑严实包裹缝合。有学者对这些皮革套子是否为实用器表示怀疑，并认为这些剑鞘很可能是专门用于墓葬的，包含某种意味：使得死者在另一个世界无法拔出短剑，对活人造成伤害⑩。

三型，博拉套（Боротал）I号墓地82号大墓出土的剑鞘，剑鞘由覆皮革的木片制成，从表面看，与一型的第一种样式非常接近，但仔细观察，这件剑鞘中间有双耳，由很厚的皮革制成的，与木剑鞘是一体的（图4，8）。这一型可认为是一型向二型的过渡形态。

四型，即圭字形木剑鞘，在鞘身中、上部有延伸的双耳，中间双耳或穿孔来系接皮绳，或雕刻出木纽，将皮绳绑缚其上（图4，5—8）；上部常见的是在右侧一耳穿孔，两耳都穿孔的情况也有少量的发现。穿孔的情况很好地反映了这种剑鞘的佩戴方法。剑鞘表面涂鲜红色彩，在剑鞘尾部雕刻圆形图案，剑鞘的背面缝合有皮革（图4，9—16）。一型和二型剑鞘的外形较为相近，两者不同之处在于，一型的绑缚功能通过皮革套子来实现，而二型则通过木剑鞘本身来实现。

根据库巴列夫的研究，一、二、三型剑鞘集中使用于公元前6至前5世纪，四型剑鞘则集中流行于公元前4至前2世纪⑪。当然，在公元前4世纪至前2世纪这一地区的墓葬中也常见前后两者共存的情况⑫。

---

⑧ 库巴列夫将阿尔泰山区发现的剑鞘按尺寸分为两类，一类是缩小尺寸的剑鞘，长15—19厘米；另一类是微型剑鞘，长9—14厘米。В. Д. Кубарев, П. И. Шульга, *Пазырыкская культура (курганы Чуи и Урсула)*, Издательство Алтайского государственного университета, Барнаул, 2007, с. 82.

⑨ В. Д. Кубарев, П. И. Шульга, *Пазырыкская культура (курганы Чуи и Урсула)*, с. 82-84.

⑩ Ч. Л. Членова, *Происхождение и ранняя история племен тагарской культуры*, Наука, 1976, с. 23.

⑪ В. Д. Кубарев, “Кинжалы из Горного Алтая”, Ответственный редактор канд. ист. наук Ю. С. Худяков, *Военное дело древних племен Сибири и Центральной Азии*, издательство «Наука» Сибирское Отделение, Новосибирск, 1981, с. 44-45.

⑫ В. Д. Кубарев, *Курганы Сайлюгрма*, Новосибирск, Наука, 1992, Табл. XX-10, 12.

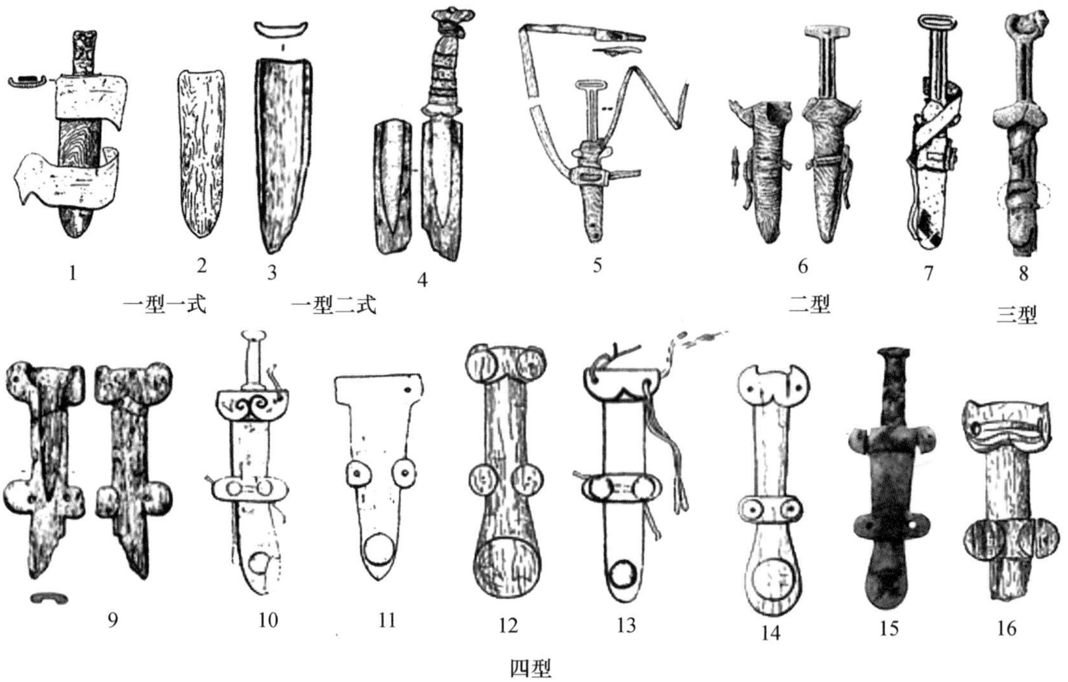

图4　阿尔泰早期游牧人的四种剑鞘类型

1. 巴卜噶孜（Барбургазы）2号墓地15号大墓[13]　2. 巴卜噶孜1号墓地1号大墓[14]　3. 鄂洛2号墓地[15]　4. 丘亚水电站淹没区[16]　5. 郭勒—葛秋墓地[17]　6. 杰别多克(Тербедок)2号墓[18]　7. 大艾拉曼（Большой Еломан）[19]　8. 博拉套I号墓地82号墓[20]　9. 博拉套3号墓地4号墓[21]　10. 乌兰雷克1号墓地7号大墓[22]　11. 巴卜噶孜1号墓地18号大墓[23]　12. 塔珊达（Ташанта）1号墓地1号大墓[24]　13. 巴卜噶孜1号墓地25号大墓[25]　14. 尤斯底1号墓地2号大墓[26]　15. 阿隆—库锐—高尔（Olon-Kurin-Gol）10号墓地1号墓[27]　16. 马尔塔路4号墓地25号大墓[28]

---

⑬ В. Д. Кубарев, “Кинжалы из Горного Алтая”, с. 42, рис. 8-2.

⑭ 同注⑬，с. 39, рис. 5-1.

⑮ В. Д. Кубарев, П. И. Шульга, *Пазырыкская культура (курганы Чуи и Урсула)*, с. 268, рис. 73-2.

⑯ В. Д. Кубарев, “Кинжалы из Горного Алтая”, с. 35, рис. 4-6.

⑰ В. Д. Кубарев, П. И. Шульга, *Пазырыкская культура (курганы Чуи и Урсула)*, с. 214, рис. 19.

⑱ В. Д. Кубарев, П. И. Шульга, *Пазырыкская культура (курганы Чуи и Урсула)*, с. 218, рис. 23.

⑲ В. Д. Кубарев, “Кинжалы из Горного Алтая”, с. 34, рис. 3-5.

⑳ В. Д. Кубарев, П. И. Шульга, *Пазырыкская культура (курганы Чуи и Урсула)*, с. 82-84.

㉑ В. А. Могильников, А. С. Суразаков, “Археологические исследования в долинах рек Боротал и Алагаил”, *Советская Археология*, 1980(2), с. 187, рис. 6-6.

㉒ В. Д. Кубарев, *Курганы Уландрыка*, Новосибирск, Наука, 1978, Табл. XVI-13.

㉓ В. Д. Кубарев, *Курганы Сайлюгрма*, Табл. XXIII -18.

㉔ В. Д. Кубарев, *Курганы Уландрыка*, Табл. LXXXVI -15.

㉕ В. Д. Кубарев, *Курганы Сайлюгрма*, Табл. XXX -17.

㉖ В. Д. Кубарев, *Курганы Юстыда*, Новосибирск, Наука, 1991, Табл. V-8.

㉗ V. I. Molodin, H. Parzinger, D. Ceveendorž, “Das Kriegergrab von Olon-Kurin-Gol”, *Im Zeichen des goldenen Greifen, Königsgräber der Skythen*, Staatliche Museen zu Berlin-Preußischer Kulturbesitz und Prestel Verlag, Münche · Berlin · London · New York, 2007, S. 154, Abb. 13; V. I. Molodin, H. Parzinger, D. Ceveendorž, “Das skythenzeitliche Kriegergrab aus Olon-Kurin-Gol: Neue Entdeckungen in der Permafrostyone des mongolischen Altaj, Vorbericht der russich-deutsch-mongolischen Expedition im Sommer 2006”, *Eurasia Antiqua*, Band 14, 2008, S. 260, Abb. 30.

㉘ В. Д. Кубарев, *Курганы Сайлюгрма*, Табл. LXX-3.

可以看到，阿尔泰山区公元前6至前5世纪游牧人使用的木剑鞘，往往装在皮革套子中，皮革套子的上部及中部与皮绳连接，上部与腰带系连，中部则绑缚在腿部。剑鞘的佩戴方式在这一地区发现的鹿石上有清楚的反映（图5）㉙。四型剑鞘继承了前三型剑鞘的佩戴方式，但其形制本身却与它们差别甚大，另有其形制上的渊源。

库巴列夫研究认为，阿尔泰山区的圭字形剑鞘的形制来源于公元前6至前5世纪塞人的剑鞘。这种剑鞘没有中间的双耳，但在鞘尾有凸出的球形装饰。剑鞘上部右侧有延伸的饰板，其上穿孔，用皮绳与腰带相连；剑鞘尾部凸出的球形部件不仅有装饰作用，而且有实用功能，用于绑缚皮绳，将剑鞘下端固定在腿部。从图像材料上来看，佩戴这种剑鞘时，下端的皮绳松垂（图6）。对这种剑鞘风格的归属，学术界也有不同的声音，李特文斯基（Б. А. Литвинский）认为这种剑鞘属于米底风格，与波斯风格有别，推测其是佩戴在腰带上的㉚。

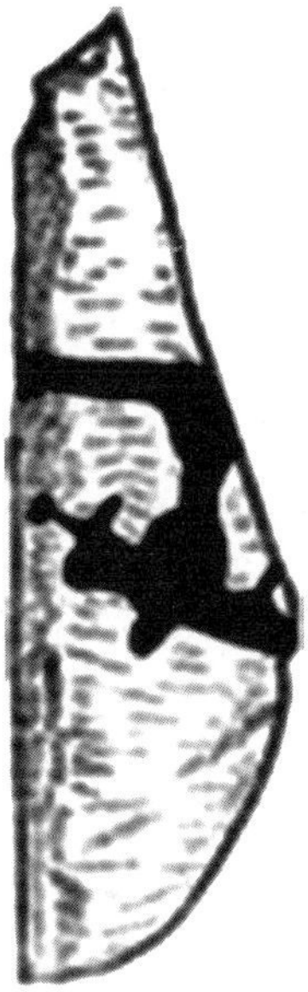

图5　阿尔泰山区尤斯底鹿石群中反映剑鞘佩戴的情况

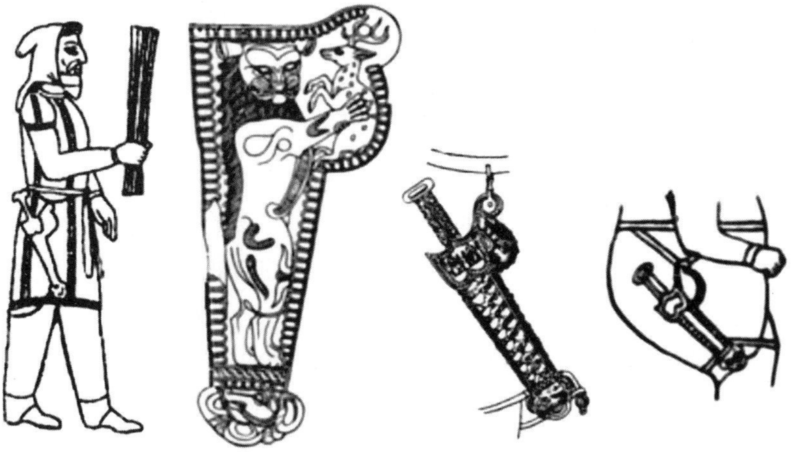

图6　塞人（或米底人）剑鞘㉛

1. 阿姆河宝藏金板　2. 阿姆河神庙骨剑鞘　3. 波斯波利斯浮雕　4. Эребуни金来通

㉙ В. Д. Кубарев, *Древние Изваяния Алтая* (*Оленные камни*), издательство «Наука» Сибирское Отделение, Новосибирск, 1979, 103, табл. V-8.

㉚ Литвинский Б. А. *Храм Окса в Бактрии* (*Южный Таджикистан*). *Т. 2: Бактрийское вооружение в древневосточном и греческом контексте*, Издательская фирма РАН «Восточная литература», 2001, с. 231. 转自：В. Д. Кубарев, П. И. Шульга, *Пазырыкская культура (курганы Чуи и Урсула)*, с. 86.

㉛ А. П. Уманский, А. Б. Шамшин, П. И. Шульга, *Могильник скифского времени Рогозиха-1 на левобережье Оби*, с. 178, рис. 57-7, 8, 12, 13.

可以看出，当塞人（米底人）剑鞘传到阿尔泰山区，这里的巴泽雷克文化人群根据本地惯有的佩戴剑鞘的方式对其形制进行了改造，保留了上部的双耳，其中一侧穿孔，中部则增设两耳，于是形成了圭字形剑鞘的原型。巴泽雷克文化人群承袭了塞人（米底人）的传统，他们在剑鞘尾部保留了“伊朗—阿尔泰风格”的圆形装饰，但它已经失去其实用功能，并逐渐消失㉜。

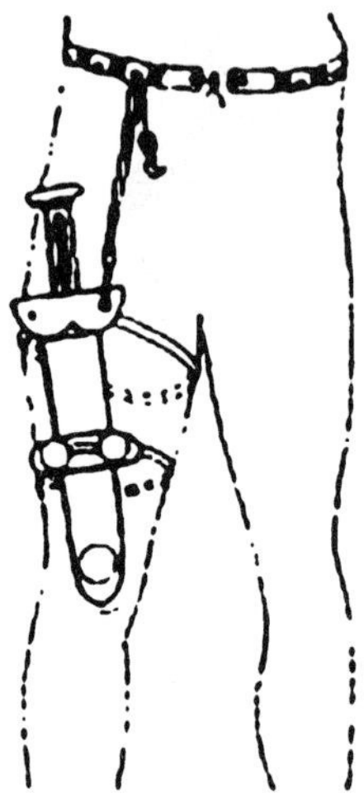

图7　圭字形剑鞘的佩戴方式复原㉞

库巴列夫对阿尔泰山区圭字形剑鞘的出土情况进行了细致考察，发现60%出土于尸骨右边，30%位于其左边，10%在大腿中间或髋骨之上㉝。这表明圭字形剑鞘一般是佩戴于右侧大腿上的。根据剑鞘的形制，学者对圭字形剑鞘的佩戴方法进行了复原。剑鞘往往在上部的右耳侧有穿孔，穿皮绳与腰带连接，上部和中部双耳都用皮绳与大腿绑缚（图7）。可以看出，圭字形剑鞘与塞人（米底人）剑鞘的佩戴方式有所区别，前者固定在大腿上，用皮绳与腰间相连，而后者则是垂挂于腰间，剑鞘底部虽用皮绳系连与腿部，但其灵活性较强。

此外，在阿尔泰山边缘的平原地带发现的几件剑鞘值得我们关注，因为它们反映了塞人（或米底人）剑鞘经这一地区传入阿尔泰山区的痕迹。

位于阿尔泰山前平原鄂毕河左岸的罗噶锡哈（Рогозиха）1号墓地出土了三件骨质剑鞘。3号大墓2号墓葬埋葬了一位14—16岁的女性，墓中发现了两片骨质（或角质）的剑鞘残片，一片为上部左耳部分，中间有穿孔；另一片为剑鞘下部，表面装饰鹿纹，鞘尾有穿孔。3号大墓3号墓葬埋葬了一位2—5岁的孩童，墓中清理发现了一截角质剑鞘的尾部。7号大墓2号墓葬可能在古代就已经被盗，根据保存的骨骼来看，墓主是一位40—50岁的女性。墓中还埋葬有一个5—6岁的孩童。在女墓主右股骨旁边发现剑鞘的角质衬板，鞘尾有蜷缩的猫科动物的纹样（图8，1—3）㉟。

1986年在俄罗斯阿尔泰边疆区维特基纳（Вяткино）村砖厂开采黏土时发现了一些古代墓葬，命名为乌斯季—伊什多夫卡（Усть-Иштовка）1号墓地。其中，M10埋葬了一名20—25岁的女性，其大腿边埋葬了一名婴儿。女性墓主股骨左侧发现一件用驼鹿角制成的剑鞘，只剩正面。在剑鞘内侧有铆钉的痕迹，猜测是用来固定背面的皮革的。鞘身正面雕刻了一纵列的猫科动物首的纹样。剑鞘的四耳处及鞘尾都有穿孔（图8，4）。

㉜　В. Д. Кубарев, “Кинжалы из Горного Алтая”, с. 51.

㉝　В. Д. Кубарев, “Кинжалы из Горного Алтая”, с. 52.

㉞　В. Д. Кубарев, “Кинжалы из Горного Алтая”, с. 52, рис. 10-2.

㉟　А. П. Уманский, А. Б. Шамшин, П. И. Шульга, *Могильник скифского времени Рогозиха-1 на левобережье Оби*, с. 126, рис. 5-1, с. 125, рис. 4-4,5, с. 139, рис. 18-2.

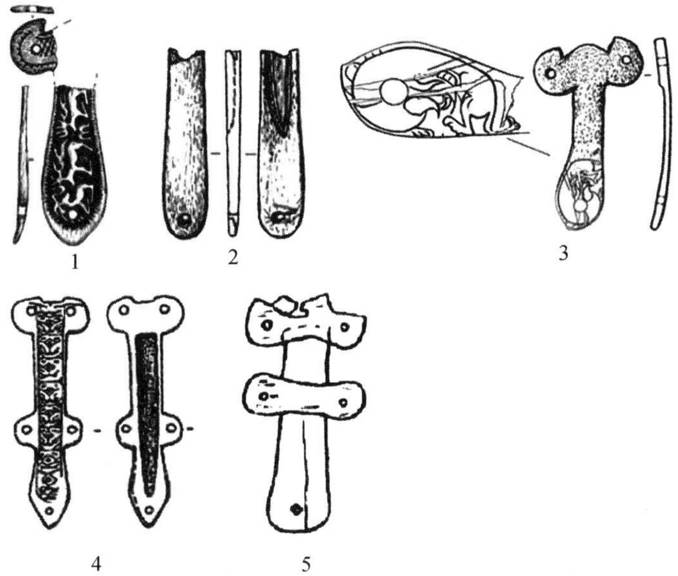

图8 阿尔泰山前平原和东哈萨克斯坦出土骨（角）质剑鞘
1. 罗噶锡哈1号墓地3号大墓2号墓葬 2. 罗噶锡哈1号墓地3号大墓3号墓葬 3. 罗噶锡哈1号墓地7号大墓2号墓葬 4. 乌斯季—伊什多夫卡1号墓地M10 5. 巴蒂墓地

乌斯季—伊什多夫卡1号墓地的年代大致定在公元前5至前3世纪[36]。

东哈萨克斯坦的巴蒂（Баты）墓地33号大墓埋葬一孩童，随葬了一件骨质剑鞘，底部有穿孔，剑鞘中、上部横贯两块稍窄的骨板，两端各有穿孔（图8，5）[37]。

罗噶锡哈1号墓地最早的剑鞘年代在公元前6世纪末至前5世纪中叶。它们的形制与塞人（米底人）剑鞘更为接近，没有中间的双耳，鞘尾呈椭圆形，有穿孔。它们的佩戴方式应该与塞人（米底人）一致。这种剑鞘与阿尔泰山区发现的早期的剑鞘（一型）时代相当，但仍未受到后者的影响。年代稍晚的乌斯季—伊什多夫卡和巴蒂墓地发现的剑鞘也在底部有穿孔，但在中部已经发展出双耳，它们反映了塞人（米底人）剑鞘发展至圭字形剑鞘的过渡形态，也反映出塞人世界与阿尔泰山区的传统在这一中间地带（阿尔泰山前平原地带和东哈萨克斯坦一带）碰撞、融合。

2. 圭字形剑鞘的流传（帕提亚—塞人—萨尔马泰人—博斯普鲁斯王国）

圭字形剑鞘最早为欧亚草原东端的游牧人所使用，后来传播到欧亚大陆广泛的地域，并且作为贵族的象征。

阿尔泰山区以北的哈卡斯和图瓦地区也发现了类似的圭字形剑鞘，年代到了公元1

---

[36] А. Л. Кунгуров, А. А. Тишкин, “Результаты Исследования памятника эпохи раннего железа Усть-Иштовка 1 на Алтае”, *Археология, антропология и этнография Сибири*, Сборник, посвященный памяти антрополога А.Р. Кима, Издательство АГУ, Барнаул, 1996, по. 127, рис. 3-28.

[37] Черников С. С., “Отчет о работах Восточно- Казахстанской экспедиции 1948 г.”, *Известия АН Каз. ССР*. Сер. археологич. No 3. Алма- Ата, 1951, с. 75, табл. V, IX. 转自А. П. Уманский, А. Б. Шамшин, П. И. Шульга, *Могильник скифского времени Рогозиха-1 на левобережье Оби*, рис. 57-6.

世纪（图9，1、2）。可以看出，它们受到明显来自于阿尔泰山区剑鞘的影响。从仪式功能上来说，阿尔泰山区的剑鞘与哈卡斯、图瓦所出差别甚小[38]。

伊朗及其周邻地区曾在很长一段时间（公元前1至公元4世纪）内流行这种剑鞘，尤其是帕提亚的雕塑及浮雕上有较多表现，往往作为君主或贵族的象征，对此，Sylvia Winkelmann有详细的研究[39]。目前能够确定的最早的圭字形剑鞘的图像来自科马根（Kommagene）的浮雕，约在公元前1世纪。在表现安条克一世（公元前70—前36年）与赫拉克勒斯会面场景的浮雕上，安条克一世佩戴着一把环首短剑，其剑鞘两侧及鞘尾都装饰了凸出的圆形装饰，为浮雕的猫科动物的纹样（图9，3、4）[40]。此外还有两例出自科马根安条克一世石碑上的剑鞘图像，剑鞘两侧及鞘尾装饰花形装饰，短剑带有蝴蝶形剑柄（图9， 5、6）[41]。沙米（Shami）出土的帕提亚王子铜像上也见此形制的剑鞘，铜像年代约在公元前1世纪[42]。值得注意的是，帕提亚王子在两侧各佩戴一件圭字形剑鞘（图9，7—9）。此外，在苏萨（Susa）、阿舒尔（Assur）的雕塑以及出土腰带扣等小饰件都能看到帕提亚早期遗存中圭字形剑鞘的形象[43]。帕尔米拉属于帕提亚晚期石棺宴饮图上也常见此类圭字形剑鞘（图9，10）[44]。

圭字形剑鞘延续使用至萨珊时期，在沙普尔三世时期的银盘上也可以见到圭字形剑鞘，年代在公元4世纪（图9，11）[45]。伊朗地区所见的圭字形剑鞘，形制与阿尔泰山区的相近，鞘尾也保留了圆凸的装饰。

该时期中亚地区的塞人和萨尔马泰人也使用圭字形剑鞘，在金质剑鞘表面装饰动物纹风格的浮雕，并镶嵌大量绿松石和肉红玉髓，制作精致华丽。阿富汗北部蒂利亚特佩（Tillya-Tepe）一般被认为是游牧人，或者说是塞人的墓葬，出土器物大致反映了介于希腊—巴克特里亚时期与贵霜时期阿富汗北部地区的物质文化面貌。墓葬出土的约两千件金饰，大多拥有相当一致的风格和工艺，很可能是本地制造的，甚至不排除出自同一家作坊的可能性[46]。蒂利亚特佩所见的金饰反映了众多文化因素的融合，包括中原的、

---

[38] В. Д. Кубарев, “Кинжалы из Горного Алтая”, с. 46, рис. 4, 5.

[39] Sylvia Winkelmann, “Eurasisches in Hatra? Ergebnisse und Probleme bei der Analyse partherzeitlicher Bildquellen”, in: Thomas Herzog, Wolfgang Holzwarth(Hg.), *Nomaden und Sesshafte – Fragen, Methoden, Ergebnisse*, Teil 1, Halle 2003(Orientwissenschaftliche Hefte 9; Mittelungen des SFB “ Differenz und Integration “ 4/1), S. 21-140.

[40] Ричард Фрай, *Наследие Ирана*, Издание второе, исправленное и дополненное, издательская фирма «Восточная литература» РАН, Москва, 2002, табл. 88. В. Д. Кубарев, “Кинжалы из Горного Алтая”, с. 47, рис. 9-6.

[41] Sylvia Winkelmann, “Eurasisches in Hatra? Ergebnisse und Probleme bei der Analyse partherzeitlicher Bildquellen”, S. 126, Abb. 13, oben recht.

[42] Die Krim. *Goldene Insel im Schwarzen Meer. Griechen-Skythen-Goten*, S. 87, Abb. 12. Sylvia Winkelmann, “Eurasisches in Hatra? Ergebnisse und Probleme bei der Analyse partherzeitlicher Bildquellen”, S. 118, Abb. 6, oben.

[43] Sylvia Winkelmann, “Eurasisches in Hatra? Ergebnisse und Probleme bei der Analyse partherzeitlicher Bildquellen”, S. 127, Abb. 14, S. 118. Abb. 6, S. 119, Abb. 7.

[44] Sylvia Winkelmann, “Eurasisches in Hatra? Ergebnisse und Probleme bei der Analyse partherzeitlicher Bildquellen”, S. 121, Abb. 9.

[45] В. Д. Кубарев, “Кинжалы из Горного Алтая”, с. 47, рис. 9-7.

[46] Edited by Fredrik Hiebert and Pierre Cambon, *Afghanistan, Hidden Treasures from the National Museum, Kabul*, National Geographic Society, New York, 2008, p. 63.

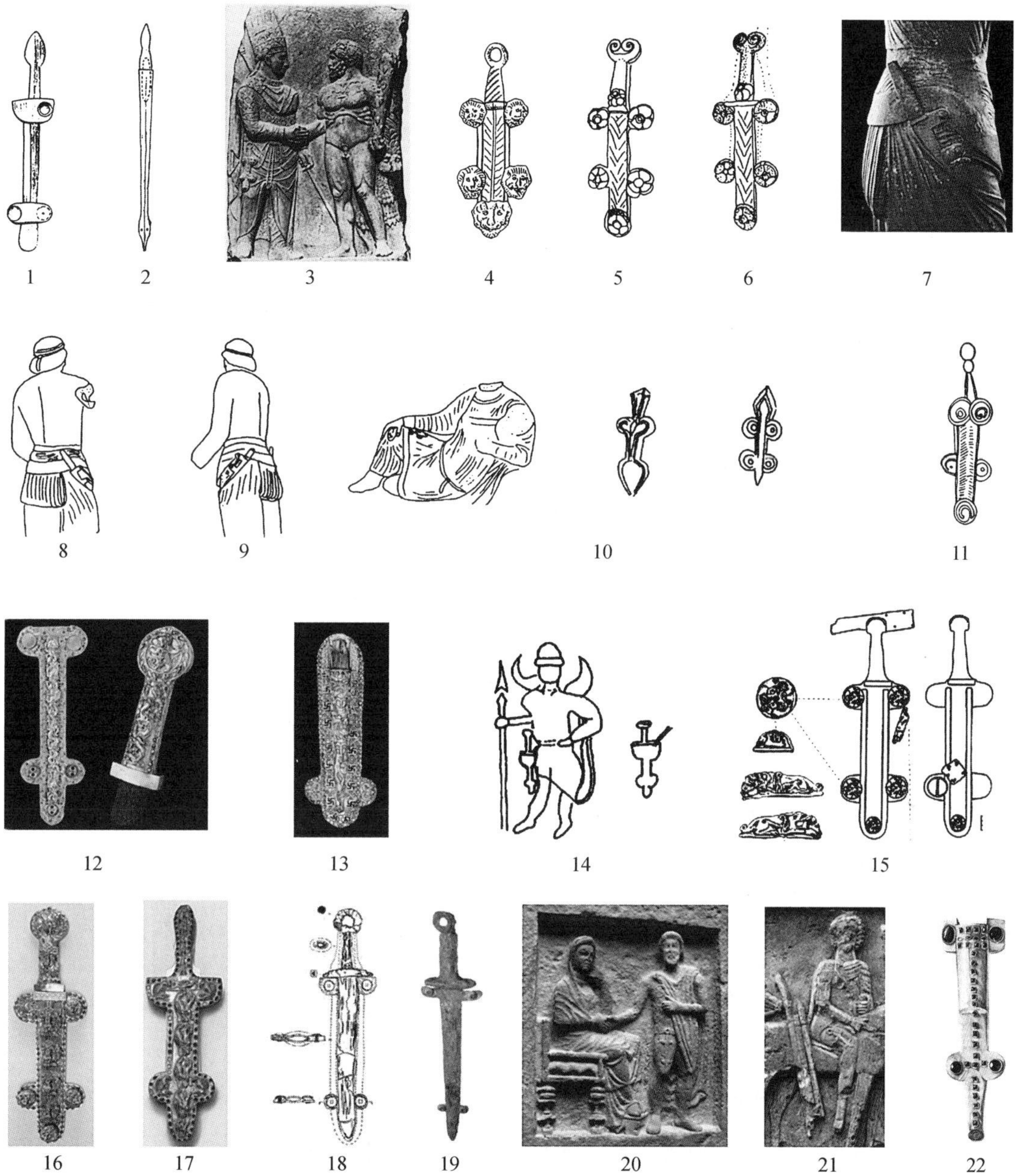

图9　伊朗、中亚地区圭字形剑鞘

1. 阿格拉达（Оглахты，位于哈卡斯）　2. 科格利亚（Кокэля，位于图瓦）　3、4. 科马根安条克一世浮雕及线图　5、6. 科马根安条克一世石碑　7—9. 沙米帕提亚王子铜像及线图　10. 帕尔米拉帕提亚晚期石棺宴饮图上的剑鞘图像　11. 萨珊沙普尔三世时期银盘　12、13. 蒂利亚特佩5号墓　14. 塞人钱币　15. 伊萨科夫卡Ⅰ号墓地3号墓　16. 大赤萨尔马泰墓葬　17. 戈尔吉皮亚　18. 乌斯季—阿立明斯克墓地700号墓　19. 瓦洛瓦Ⅰ号墓地25号墓1号墓室　20、21. 博斯普鲁斯王国发现的墓碑　22. 莫兹克塔—阿马兹1号墓

游牧人的、希腊—巴克特里亚、帕提亚、印度等文化影响[47]。其中5号墓男性墓主佩戴了一件贵重的带金柄短剑及圭字形金剑鞘，同出的还有一件金剑鞘，剑鞘下端两侧有半圆形金饰板（图9，12、13）[48]。在一件塞人的钱币上，也罕见地出现了圭字形剑鞘（图9，14）[49]。据学者研究，这种钱币类型铸造于里海东边，并随着塞人的迁徙传播至中亚甚至印度地区[50]。

属于萨尔马泰人的遗存中发现了较多的圭字形剑鞘。在南西伯利亚Sargat文化遗存伊萨科夫卡（Исаковка）Ⅰ号墓地3号墓中也有发现这类剑鞘，上边采用的动物纹及镶嵌绿松石、石榴石的装饰属于典型的萨尔马泰装饰风格（图9，15）[51]。在亚述海沿岸大赤（Dachi）的一座萨尔马泰墓葬也发现了一件非常相似的黄金剑鞘（图9，16）[52]。在伏尔加河和顿河之间的格斯加（Kossika），一座游牧人的墓葬封堆的表面表面也发现了一件相似的剑鞘[53]。在位于黑海北部的戈尔吉皮亚（Горгиппия）也发现了一件覆金衬板的剑鞘，表面有鹰捕捉兔子的浮雕图像（图9，17），这件剑鞘及短剑的形制与装饰图案都与蒂利亚特佩及大赤所出稍有区别，反映出本地的一些文化因素，有学者认为这件剑鞘应该是本地即博斯普鲁斯王国制造的[54]。在博斯普鲁斯王国领域内还发现一些圭字形剑鞘，年代在公元前1至公元1世纪，如位于顿河下游的乌斯季—阿立明斯克（Усть-Альминский）墓地700号墓及位于克里米亚西南部的瓦洛瓦（Валовый）I号墓地25号墓1号墓室所出，为木质（图9，18、19）[55]。学者指出，这两处出土剑鞘外形与沙米帕提亚王子铜像上所见剑鞘很接近，并强调与铜像情况相似，瓦洛瓦 I号墓地25号墓1号墓室中也发现了两件此类剑鞘，除了在墓主人右腿边的一件，在墓室边上还随葬一件[56]。这一时期的墓碑上也较多反映贵族武士佩戴圭字形剑鞘的情况（图9，20、

---

[47] Edited by Fredrik Hiebert and Pierre Cambon, *Afghanistan, Hidden Treasures from the National Museum, Kabul*, p. 229.

[48] Edited by Fredrik Hiebert and Pierre Cambon, *Afghanistan, Hidden Treasures from the National Museum, Kabul*, p. 272, fig. 113, 114; p. 274, fig. 115.

[49] Sylvia Winkelmann, "Eurasisches in Hatra? Ergebnisse und Probleme bei der Analyse partherzeitlicher Bildquellen", S. 131, Abb. 18, oben.

[50] Sylvia Winkelmann, "Eurasisches in Hatra? Ergebnisse und Probleme bei der Analyse partherzeitlicher Bildquellen", S. 70.

[51] Liudmila Koryakova, "On the Northern Periphery of the Nomadic World: Research in the Trans-Ural Region", in *The Golden Deer of Eurasia, Perspectives on the Steppe Nomads of the Ancient World*, edited by Joan Aruz, Ann Farkas, and Elisabetta Valtz Fino, Yale University Press, New Haven and London, 2006, p. 110, fig. 12.

[52] Edited by Fredrik Hiebert and Pierre Cambon, *Afghanistan, Hidden Treasures from the National Museum, Kabul*, p. 227.

[53] Edited by Fredrik Hiebert and Pierre Cambon, Afghanistan, *Hidden Treasures from the National Museum, Kabul*, p. 223.

[54] И. П. Засецкая, "Стилистические особенности декора трех кинжалов сарматской эпохи I в. до н. э.-II в. н. э.", *Война и военное дело в скифо-сарматском мире, материалы Международной научной конференции, посвященной памяти А. И. Мелюковой(Кагальник, 26-29 апреля 2014 г.)*, Изд-во ЮНЦ РАН, Ростов-на-Дону, 2015, p. 62, рис. 11, в.

[55] М. Ю. Трейстер, "Оружие сарматского типа на Боспоре в I-II вв. н. э.", *Древности Боспора*, том 14, ИА РАН, 2010, с. 518, рис.14, 1、2.

[56] М. Ю. Трейстер, "Оружие сарматского типа на Боспоре в I-II вв. н. э.", с. 519.

21）(57)。再往南格鲁吉亚的莫兹克塔—阿马兹（Mzkheta-Armazi）1号墓葬也出土了一件金剑鞘，装饰风格独特，墓葬年代在公元2世纪上半叶（图9，22）(58)这一地区发现的萨尔马泰装饰风格的圭字形剑鞘与萨尔马泰部落向西迁徙有关，同时，这一地区与帕提亚相邻，佩戴圭字形剑鞘无疑也受到了后者的影响(59)。

值得注意的是，贵霜艺术中缺乏帕提亚艺术中典型的短剑及剑鞘，从能够确认的贵霜的图像来看，贵霜贵族一般佩戴长剑(60)。

三、新疆发现的圭字形剑鞘与周边地区的联系

通过梳理境外出土的圭字形剑鞘的发现，及其起源、流传情况，可以对新疆地区发现的三例圭字形剑鞘的来源及其文化内涵有更深入的认识。

1. 尼勒克县加勒克斯卡茵特墓地出土的骨剑鞘

从形制上来看，尼勒克县加勒克斯卡茵特墓地出土的骨剑鞘与阿尔泰山前平原地区的乌斯季—伊什多夫卡及东哈萨克斯坦的巴蒂墓地发现的骨剑鞘较为一致（图10，1）。如前所述，这种圭字形剑鞘的形态是塞人（米底人）剑鞘经阿尔泰山前平原及东哈萨克斯坦地区传入阿尔泰山区的过渡形态，它既保留了塞人（米底人）剑鞘尾部穿孔的实用功能，又受到了阿尔泰山区于剑鞘中部穿绳绑缚的传统，增设两耳。

值得注意的是，罗噶锡哈、乌斯季—伊什多夫卡和巴蒂墓地发现的这几件剑鞘都是骨质（角质）的，而在阿尔泰山区发现几乎都为木质(61)。这可能反映了阿尔泰山前平原及东哈萨克斯坦一带的本地文化传统及制作工艺的特色。从材质和制作工艺来看，加勒克斯卡茵特墓地出土的骨剑鞘与上述地区有着较为密切的联系。骨剑鞘上雕刻的花纹也值得我们深入考察。夸张的鹰喙表现的应为格里芬形象，它是欧亚草原上的游牧人极为热衷的艺术形象，被广泛运用。骨剑鞘上格里芬首的形象与巴泽雷克文化人群文身所刻画的极为相似（图10，2）(62)。格里芬前后接续，并配合以水波纹的图案，与新疆巴里

(57) М. Ю. Трейстер, “Оружие сарматского типа на Боспоре в I-II вв. н. э.”, с. 485, рис. 1, 2, с. 505, рис. 10, 1.

(58) *Die Krim. Goldene Insel im Schwarzen Meer. Griechen-Skythen-Goten,* S. 87；古代オリエント博物館, 南ロシア騎马民族の遺宝展, 東京, 朝日新聞社, 1991, p. 135.

(59) Sylvia Winkelmann, “Eurasisches in Hatra? Ergebnisse und Probleme bei der Analyse partherzeitlicher Bildquellen”, S. 85.

(60) Sylvia Winkelmann, “Eurasisches in Hatra? Ergebnisse und Probleme bei der Analyse partherzeitlicher Bildquellen”, S. 67. Edited by Fredrik Hiebert and Pierre Cambon, *Afghanistan, Hidden Treasures from the National Museum, Kabul*, p. 272.

(61) 目前笔者发现的阿尔泰山区的剑鞘只有一例为骨质的，出土于尤斯底 I墓地4号大墓，墓葬年代在公元前4至前3世纪。В. Д. Кубарев, *Курганы Юстыда*, Табл. IX-7.

(62) Sergei I. Rudenko, translated and with a preface by M. W. Thompson, *Frozen tombs of Siberia: the Pazyryk Burials of Iron Age Horsemen*, J. M. Dent& Sons Ltd, London, 1970, p. 263, fig. 131.

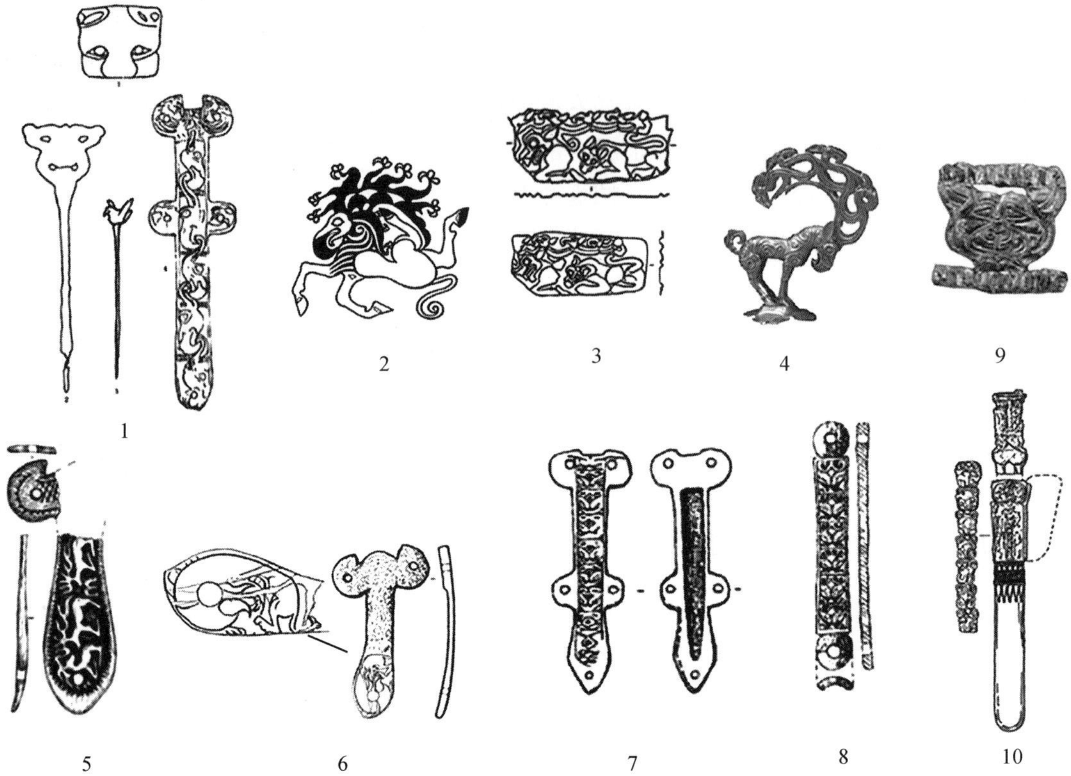

图10

1. 加勒克斯卡茵特墓地出土器物　2. 巴泽雷克墓葬文身　3. 巴里坤东黑沟出土金银饰片　4. 纳林高兔出土金饰
5. 罗噶锡哈1号墓地3号大墓2号墓葬出土骨剑鞘　6. 罗噶锡哈1号墓地7号大墓2号墓葬出土骨剑鞘
7. 乌斯季—伊什多夫卡1号墓地M10出土骨剑鞘　8. 新特洛兹卡2墓地15号大墓3号墓葬出土骨制品
9. 伊塞克金人墓出土金饰　10. 塔马科瓦—奥斯塔墓葬出土金剑鞘

坤东黑沟和陕西神木纳林高兔出土的金银饰所见比较接近（图10，3、4）[63]。罗噶锡哈1号墓地3号大墓2号墓葬出土的骨剑鞘上刻有大角鹿的形象，7号大墓2号墓出土的剑鞘尾部刻画猫科动物的形象，身体蜷缩，头部似有鸟喙（图10，5、6）。乌斯季—伊什多夫卡1号墓地M10出土的骨剑鞘上刻画一纵列猫科动物首的纹样（图10，7），这种猫科动物的形象在鄂毕河上游的一处墓葬中也有发现：新特洛兹卡（Новотроицкое）2墓地15号大墓3号墓葬，埋葬了一位男性，随葬有一件骨板，表面装饰有一纵列猫科动物首的纹样。骨板的背面有长期使用磨损的痕迹。骨板两端都有圆形构件，穿孔，出土于腰

63 П. И. Шульга, “Изображения копытных грифонов из Дунхэйгоу(Синьцзян) ”, *Древности Сибири и Центральной Азии*, № 3(15), Горно-Алтайск, 2010, рис. 1, 11, 12. 国家文物局编《丝绸之路》，北京：文物出版社，2014年，103页。

带处，具体使用功能不详（图10，8）[64]。这种猫科动物首的图案，与伊塞克金人武士服饰上装饰的金饰片较为接近（图10，9）[65]。在欧亚草原西端第聂伯河流域的塔马科瓦—奥斯塔（Томаковская Острая）墓葬出土金剑鞘上部也有一纵列的猫科动物首的装饰（图10，10）[66]，学者指出这种风格的图案显示出与东边的联系[67]。加勒克斯卡茵特墓地M6还出土了骨扣饰、人面形铜簪、鸟形首铜簪等，其中骨扣饰雕刻成猫科动物首的形象（图10，1）[68]。这也反映了该墓葬与阿尔泰山前平原的联系。

将这件骨剑鞘与阿尔泰山前平原及东哈萨克斯坦地区出土的同类物作比较，可将其年代大致定在公元前5至前4世纪。由于伊犁河流域仅发现了一件此类型的剑鞘，我们无法得知它是通过贸易途径从阿尔泰山前平原及哈萨克斯坦一带获得的，还是本地生产，受到中亚塞人（米底人）剑鞘和北边阿尔泰山区剑鞘传统的双重影响。但无论如何，加勒克斯卡茵特墓地出土的骨剑鞘无疑反映了与阿尔泰山前平原及东哈萨克斯坦一带的文化联系。

罗噶锡哈1号墓地3号大墓2号墓葬、罗噶锡哈1号墓地7号大墓2号墓葬、乌什特—伊舒多夫卡1号墓地M10随葬骨剑鞘的都是女性，这一情况引出了一个值得我们关注的问题，即女性墓出土包括剑鞘在内的武器，它们大多都为微缩的模型，具有很强的象征意义。这种情况在萨彦—阿尔泰和塔加尔文化森林草原地带有广泛的发现[69]，它们反映了这一地区存在着女性武士的角色，部落中的一些女性，在部落发生紧急情况时，也会参与战争，甚至充当指挥战争的角色。在欧亚草原的中西部也同样存在这种情况，希罗多德的《历史》就记载了英勇善战的阿玛宗女战士[70]。

在萨彦—阿尔泰一些地区的墓葬中，随葬武器的女性墓的比例较高，表明女性武士在这一地区是较为普遍的现象。如尤斯底（Юстыд）墓地有10座墓葬出土了剑鞘，其中有4座墓葬为女性墓主[71]。巴卜噶兹（Барбургазы）1号墓地，18号大墓埋葬了一位女性，她的颅骨被类似长锤一类的兵器凿穿。这表明她曾参与激烈的战斗，为敌人所杀。女墓主随葬了带木柄青铜长锤、带木剑鞘的木短剑以及野猪獠牙的饰物[72]。这些随葬品都表明了她作为部落中一名女性武士的身份，值得注意的是，这些随葬品似乎是武士身

---

[64] Могильников В. А., *Население Верхнего Приобья в середине – второй половине I тысячелетия до н. э.*, Пушкинкий научный центр РАН, Москва, 1997, рис. 41, 6.转自А. П. Уманский, А. Б. Шамшин, П. И. Шульга, *Могильник скифского времени Рогозиха-1 на левобережье Оби*, рис. 57-4.

[65] Dr. Claudia Chang, *of Gold and Grass: Nomads of Kazakhstan*, Access Industries, Washington, 2006, p. 113, table. 41.

[66] Ю. Б. Полидович, "Структура и символика декора ножен мечей раннескифского времени", *Война и военное дело в скифо-сарматском мире, материалы Международной научной конференции, посвященной памяти А. И. Мелюковой(Кагальник, 26-29 апреля 2014 г.)*, Изд-во ЮНЦ РАН, Ростов-на-Дону, 2015, с. 155, рис. 2, 1.

[67] Ю. Б. Полидович, "Структура и символика декора ножен мечей раннескифского времени", с. 158.

[68] 新疆文物考古研究所、伊犁哈萨克自治州文物局《尼勒克县加勒克斯卡茵特山北麓墓葬发掘简报》，28页，图六〇。

[69] А. П. Уманский, А. Б. Шамшин, П. И. Шульга, Могильник скифского времени Рогозиха-1 на левобережье Оби, издательство Алтайского университета, Барнаул, 2005, с. 20.

[70] 〔古希腊〕希罗多德注、徐松岩译注《历史》（上），北京：中信出版社，2013年，305—307页。

[71] В. Д. Кубарев, *Курганы Юстыда*, с. 41.

[72] В. Д. Кубарев, *Курганы Сайлюгрма*, с. 128.

份的固定配置，同一墓地其他男性武士也严格地遵循这一配置。在阿尔泰山前平原一带，出土剑鞘的女性墓往往随葬品丰富，明显较同一墓地的其他墓葬特殊，如乌什特—伊舒多夫卡1号墓地M10的女墓主，随葬制作精致的骨质剑鞘，墓主头骨前部散落105颗玻璃珠子，以及一件金耳环、两件垂饰。玻璃珠子呈淡绿、浅蓝、黄、白等色。垂饰由银箔片制成。在头骨右侧还发现了7件由银箔片冲压制成的牌饰，依发掘情况推测是缝缀在纺织品上的。可见，女墓主佩戴了一件华丽的头饰，其上缝缀了镶边、垂饰、牌饰和玻璃珠子等[73]。女性墓主的装束在整个墓地发现的情况来看是较为特殊的，其身份应该不低。除了武士身份这层象征意义，剑鞘还承载着社会身份地位的标识。尤其是发现了不少孩童随葬剑鞘等武器（模型）的情况，与其说是赋予其武士的身份意义，不如说是彰显其较高的身份和地位。

2. 胜金店墓地出土剑鞘

胜金店墓地出土的木剑鞘形制与阿尔泰山区发现的同类物较为接近，都在中间双耳及上部右耳穿孔，应具有相同的佩戴方式。但在具体的样式上又有所区别，阿尔泰山区的剑鞘多在在木块上雕刻凸出的双耳造型，或为圆凸的木纽，剑鞘有着很强的立体感，相比之下，胜金店墓地的这件木剑鞘则显得粗糙，底部也没有雕出圆形的装饰纹样。剑鞘的上部双耳则显得特别，与阿尔泰地区剑鞘上部或平直或向内呈鸟喙状不同。造型上的具体差异，表明胜金店墓地的这件剑鞘应为本地制作，适应本地的木器制作工艺和装饰风格。但究其来源，应与阿尔泰山区有密切的联系。

胜金店墓地出土了大量的木器，包括木质假肢、木棺罩、木冠、木框铜镜、木桶、木碗、木盒、木杯等，其中不乏做工精细的木制品，如彩绘桦树皮单耳杯，反映了胜金店墓地居民高超的木器制作工艺。这种木器制作的传统及一些具体的器物，都反映了吐鲁番地区与阿尔泰—南西伯利亚的联系。李肖先生曾将吐鲁番地区苏贝希、洋海、胜金店墓地出土的材料与阿尔泰—南西伯利亚地区的同类物做比较，包括木尸床、金项圈、文身、木冠、卷曲动物纹、木勺等，表明作为欧亚草原边缘的吐鲁番盆地，与发达的游牧文明中心阿尔泰—南西伯利亚地区存在着紧密的文化联系[74]。圭字形剑鞘的发现，也一再地反映吐鲁番盆地早期铁器时代晚期与阿尔泰山区在丧葬观念和习俗上的联系。

3. 尼雅出土剑鞘

尼雅出土的木剑鞘的形制与伊朗和中亚地区发现的剑鞘比较接近，尤其是蒂利亚特佩出土的黄金剑鞘，突出的一点是中间的双耳位置偏下，而阿尔泰山区及阿尔泰山前平

---

[73] А. Л. Кунгуров, А. А. Тишкин, “Результаты Исследования памятника эпохи раннего железа Усть-Иштовка 1 на Алтае”, с. 131.

[74] 李肖《吐鲁番盆地青铜时代至初铁器时代与周边地区的文化交流》，新疆吐鲁番学研究院编《吐鲁番学研究：第三届吐鲁番学暨欧亚游牧民族的起源与迁徙国际学术研讨会论文集》，上海：上海古籍出版社，2010年，3—20页。

原、东哈萨克斯坦发现的剑鞘则偏上。伊朗和中亚地区剑鞘双耳上保留了阿尔泰山区剑鞘的圆凸状装饰，尼雅的剑鞘上虽然没有立体的装饰，但其双耳处圆形的绘彩纹样仍然能看出其保留伊朗和中亚地区的传统。剑鞘上装饰的红黑色绘彩纹样，又反映了中原文化的影响。

《沙漠王子遗宝》一书认为这种剑鞘明显带有贵霜文化的影响[75]，这种观点是缺乏证据的，如前所述，贵霜时期的遗存中几乎不见圭字形剑鞘。本文认为，尼雅出土的剑鞘很可能受到帕提亚文化的影响。首先，基于目前发现的情况，圭字形剑鞘在帕提亚文化中较为流行，且尼雅出土的木剑鞘形制与其较为接近。其次，圭字形剑鞘往往作为帕提亚贵族的标识，这与尼雅墓葬出土的剑鞘的性质较为接近。尼雅出土的一件木剑鞘表面已经开裂，用皮绳绑缚，表明这件剑鞘是实用器，且作为贵族身份的象征物备受珍爱。再次，学者通过出土器物的分析，揭露了帕提亚文化对楼兰地区包括且末扎滚鲁克和尼雅遗址的影响[76]。尼雅地区受帕提亚文化的影响，采用圭字形剑鞘以表征贵族的身份地位，这一可能性是比较大的。

四、总结：圭字形剑鞘反映的古代欧亚大陆广泛的贸易、交流网络

圭字形剑鞘最早起源于阿尔泰山区，由这一地区游牧人传统佩戴剑鞘的方式与塞人（米底人）剑鞘样式创造性地结合而成。随后，圭字形剑鞘从阿尔泰山区向四周广泛传播，往北至哈卡斯、图瓦地区，往南至中亚、伊朗高原，往西到南俄草原，逐渐成为贵族武士的身份象征。这一起源于欧亚草原东端的剑鞘形制被广泛地认可与传播，表明公元前1千纪后半叶萨彦—阿尔泰地区作为游牧文明的中心地区具有强大的影响力，同时表明这一时期欧亚大陆各地区存在频繁、复杂的物质、文化交流网络。

新疆发现的三例圭字形剑鞘，各有其来源，成为不同时期新疆与周边地区文化联系的缩影。除了伊犁河流域出土的一例，其他两例都大致可确定为本地制作，反映了外来的原型与本地文化因素的结合。新疆特殊的地理位置，使其处于不同文明中心交汇的中间地带甚至是边缘地带，其早期古代遗存往往融合了与不同的文明中心的文化联系，尤其是新疆与中亚、欧亚草原连接的地区。新疆地区发现的一些器物，可能在新疆境内找不到同类物，但在周边的地区却有很多的发现。对这些器物进行研究，寻求其来源与流传，能够更深刻地认识新疆地区与周边地区的交流与互动，及其在古代欧亚大陆文明中的位置与角色。

㊵ 赵丰、于志勇主编《丝绸之路尼雅遗址出土文物——沙漠王子遗宝》，50页。
㊶ 陈晓露《楼兰考古》，313—322页。

Research on Dagger Sheaths with Four-lobed Form Found in Xinjiang

Lin Lingmei

Dagger sheaths with four-lobed form, which show distinct characteristic of nomadic culture, were initially used to tie the sheath to thigh in case the sheath slipped off when riding and hurt the rider. They were at first daily wares of the nomads, and later gradually became a symbol of power and status for the noble warriors. They were widely used by people in Eurasian continent. Researches on the origin, transmission and change of this type of sheaths offer us a distinct prospective to see the relationship among the ancient Eurasian groups. The article focuses on the dagger sheaths with four-lobed form found in Xinjiang, revealing the cultural connection about it between Xinjiang and the neighboring areas.

固原九龙山M33出土下颌托研究

陈婧修

“下颌托”是一种安置于人骨头部，固定死者下颌以防止其脱落的墓葬随葬品。这类随葬品在以往各地的考古发掘中本不乏发现，但由于数量少且多分布零星，一直鲜有针对性的研究成果发表①。

近年来，随着考古新发现的迭出，关于下颌托的研究推陈出新，不断涌现新说②。但相关研究中大都忽略了固原九龙山M33出土的这一件下颌托③，本文拟对该下颌托进行初步探讨。

一、下颌托的形制

2004年春，宁夏文物考古研究所在九龙山对该地发现的汉唐墓葬群进行考古发掘，出土下颌托的M33位于墓葬区南侧，形制为单室土洞墓，呈“丁”字形结构，由墓道、

---

① 1988年，山西大同南郊北魏墓群曾出土12件下颌托，其中M107出土的下颌托保存完好，发现时仍完整扣合在头骨上，揭示了该类器物的使用方法。发掘者在考古报告中对这类器物的定名、功能与来源进行了初步探讨，详见山西大学历史文化学院等编著《大同南郊北魏墓群》，北京：科学出版社，2006年，490—491页。2003年，德国慕尼黑大学宋馨检出古希腊时期墓葬使用下颌托的实例，以及陶瓶图像中死者使用布质下颌托的图案，由此指出墓葬中使用下颌托的传统可能渊源自希腊，详Shing Müller, “Chin-straps of the Early Northern Wei: New Perspectives on the Trans-Asiatic Diffusion of Funerary Practices”, *Journal of East Asian Archaeology*, Vol. 5, Issue1, 2003, pp. 27-71。

② 下颌托源自祆教说最早由冯恩学提出，详所撰《下颌托——一个被忽视的祆教文化遗物》，《考古》2011年第2期，62—66页。反对祆教来源说的文，详王银田《下颌托与祆教无关》，《中国文物报》2014年10月24日第6版；王银田、王亮《再议“下颌托”》，《暨南史学》第九辑，桂林：广西师范大学出版社，2014年，50—56页；付承章《中国古代北方民族下颌托问题初探》，《赤峰学院学报》2014年第7期，9—13页。吴小平提出墓葬中使用下颌托或与萨满教灵魂观有联系，详所撰《论我国境内出土的下颌托》，《考古》2013年第8期，97—104页。王维坤、赵今则撰文反对以上二说，认为下颌托的使用与中国古代“衣尸”“覆面”的丧葬习俗有关，详所撰《再论我国境内出土下颌托的性质及其来源——兼与冯恩学、吴小平二位先生商榷》，北京大学中国考古学研究中心编《两个世界的徘徊——中古时期丧葬观念风俗与礼仪制度学术研讨会论文集》，北京：科学出版社，2016年，3—36页。此外，宋馨亦撰文列举中外发现的下颌托，在前揭其文的基础上，进一步论证下颌托与祆教的关系，详参宋馨《中国境内金属下颌托的源流与演变——兼谈下颌托与流寓中国粟特人的关系》，宁夏文物考古研究所、北京大学中国古代史研究中心编《粟特人在中国：考古发现与出土文献的新印证》，北京：科学出版社，2016年，501—531页。

③ 葛承雍曾对此下颌托做简短介绍，惜未深论。详见葛承雍《从出土汉至唐文物看欧亚文化交流遗痕》，《故宫博物院院刊》2015年第3期，121页。案，下文所言“下颌托”，如未明指，则专指九龙山M33所出者。

过洞、天井、甬道及墓室组成，斜坡墓道位于墓室北侧，南接拱顶甬道，甬道内有残存的土坯封门，墓室平面呈梯形，南宽2.3、北宽2.54、进深1.56米，墓室顶部已坍塌，从四壁情况看原应为穹隆顶（图1）。该墓中没有发现葬具，两具人骨头东足西，分别置于墓室底部南北两侧，经鉴定均属西方欧罗巴人种④。

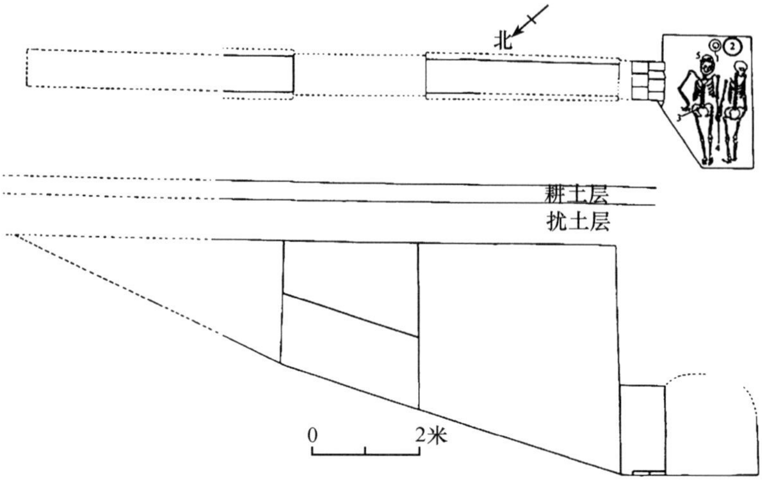

图1　固原九龙山M33平、剖面图

下颌托即出土于北侧男性墓主头部，分为颌托与冠饰两部分。冠饰部分主体为两端穿孔的弧形长条，径长39、高19、中间最宽为7厘米⑤，其上有三组从背面打压的联珠纹饰带。条带上正中有一对三角形横托，其上为一半月形图案，中间托一圆形物，图案边缘打压联珠纹，月牙中部有一道凸起。正中图案组合的两侧是一组对称的飞鸟形饰，曲颈，羽翼向上扬起。对鸟图案两侧为对称的一组半月形图案，同中部的图案结构近似，仅尺寸较小。这组图案两侧为一组较小的鸟形图案。颌托两侧为长条形，其上有从背面打压的联珠纹，两端穿孔，中间的托部呈枣核形外凸，两端有从背面打压的三角形凸棱，其外亦有一周联珠纹（图2）⑥。这种颌托与额带成组出现的情况在我国目前最早见于北魏墓葬中⑦，此后在隋唐⑧、辽代墓葬中也有零星发现⑨。

值得注意的是，这种与额带成组出现的下颌托在我国所见同类器中所占甚微，而固

④ 墓葬情况参见宁夏文物考古研究所编著《固原九龙山汉唐墓葬》，北京：科学出版社，2012年，124—131页。

⑤ 宁夏文物考古研究所《宁夏固原九龙山隋墓发掘简报》，《文物》2012年第10期，63页。

⑥ 宁夏文物考古研究所编著《固原九龙山汉唐墓葬》，129页。

⑦ 大同南郊北魏墓群出土12件下颌托，参上揭《大同南郊北魏墓群》；此外，内蒙古伊和淖尔出土一件北魏下颌托，详见王春燕、佰嘎力《内蒙伊和卓北魏下颌托的前世今生》，《中国文物报》2014年8月15日第6版。

⑧ 除本文所述九龙山出土下颌托外，另有固原史道德墓出土的一件下颌托，以及固原地区征集到的一件下颌托。分别见载于罗丰《固原南郊隋唐墓地》，北京：文物出版社，1996年，89—91页；宋馨《中国境内金属下颌托的源流与演变——兼谈下颌托与流寓中国粟特人的关系》，506页。

⑨ 辽代发现此型下颌托有内蒙古吐尔基山辽墓中出土一例，详见冯恩学《吐尔基山辽墓墓主身份解读》，《民族研究》2006年第3期，67—71页。

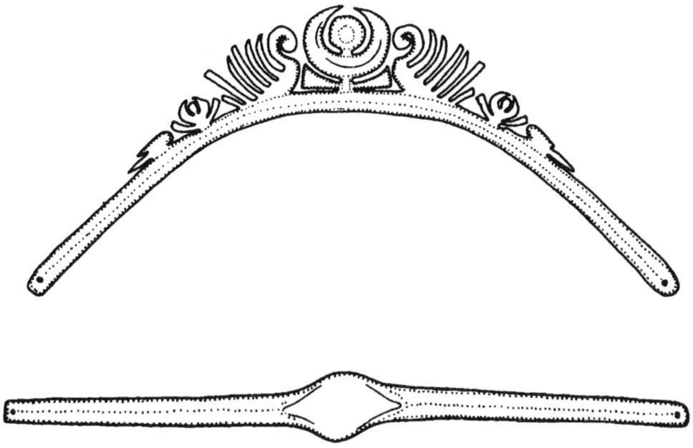

图2 固原九龙山M33出土下颌托线图

原地区独占三例，且额带中央都有装饰图案，这是其他同型器物中所未见的。宋馨特别指出，固原发现的三件下颌托似乎并不与额带连接，可能用于固定在覆面织物上，装饰性较大，而真正固定下颌的可能为一纺织品面罩[⑩]。据此可解释九龙山M33所出下颌托冠饰部分之所以呈弧形结构，且长度未能环绕颅骨一周，盖为其主要动因已脱离了一般下颌托的功用性范畴，而装饰意义更甚。其弧形结构与冠饰上部呈中心对称的装饰图案相呼应，正凸显了这种意图。

综上所述，在讨论固原地区发现的这三件下颌托时，犹须注意其与同类型器物动因的不同，可能是在后者形式上嫁接的产物，而以装饰性为主导。下文拟围绕九龙山M33出土下颌托的装饰图案展开论述。

二、冠饰部分的图案组合

若将冠饰上部的图案稍加整合，便可得到如下组合：鸟（小）—花叶图案—鸟（大，曲颈扬翅）—日月形饰—鸟（大，曲颈扬翅）—花叶图案—鸟（小）。整体而言，其两侧图案以中央的日月形饰呈左右对称。据此可将上述图像分解为三部分：即，两侧的组合“鸟（小）—花叶—鸟（大）”以及位于中央的日月形饰。

为使图像布局更明晰，笔者据上述分界将此金冠饰解构，如图所示（图3）。日月形饰居中，正对图示等边梯形上边，两侧对称的图案组合为等边梯形的斜边。若再附上颌托两侧的带子，这个形状的暗喻则更加明晰，似为模拟某种建筑物的结构。

在整个下颌托的平面图中，“屋顶”上方的一系列装饰格外引人注目，而其中最突出的无疑是位于中央的日月形饰。由于汉文史籍中素有祆教徒崇拜天地日月的记载[⑪]，考古发现此类日月形饰亦多与祆教有关，提示我们或可从中古时期一系列有关粟特艺术

⑩ 宋馨《中国境内金属下颌托的源流与演变——兼谈下颌托与流寓中国粟特人的关系》，508页。

⑪ 《旧唐书》卷一九八《西域传》载，波斯国“俗事天地日月水火诸神”，北京：中华书局，1975年，5311页；《新唐书》卷二二一《西域传》载，波斯国“祠天地日月水火”，北京：中华书局，1975年，6258页。

图3　九龙山M33出土下颌托解构示意图

图4　北周安伽墓围屏正面第一幅（局部）

的图像中寻找其关联者。

在北周安伽墓出土围屏石榻图像中，便有两幅日月形饰装点建筑顶部的案例，分别见于安伽墓石床正面屏风第一（图4）和第四幅（图5），而这两个建筑形制又极其相近，发掘报告中将其称为“方形帐篷”⑫。

方形帐篷，又称黑帐篷（Black-Tent），系用黑山羊毛、骆驼或牦牛毛制成的篷毡与支撑结构组合而成，与圆形的“蒙古包”相比，篷毡具有较好的张力与透气性，但防雨性较差（图6）。据民族志的研究，圆形“蒙古包”的分布范围西起里海，沿南俄草原一直东至西伯利亚及蒙古的欧亚大陆；而方形帐篷的分布西起北非以至中东的阿拉伯地区、东至伊朗、阿富汗和巴基斯坦、西藏高原以及四川西北部⑬，墓主安伽的故土粟特地区正是圆形帐篷与方形帐篷的交错分布地带。

在中古中国石葬具图像中，不乏帐篷元素的出现，其中圆形帐篷形象较常见⑭，而方形帐篷所见不多⑮，除上述安伽墓2例，还见于太原隋虞弘墓的椁壁浮雕第五幅中（图7）。

⑫　陕西省考古研究所《西安北周安伽墓》，北京：文物出版社，2003年，78页。

⑬　吕红亮《“穹庐”与“拂庐”——青海郭里木吐蕃墓棺板画毡帐图像试析》，《敦煌学辑刊》2011年第3期，70—82页。

⑭　见于安伽墓围屏正面第五幅、左侧第三幅，西安北周史君墓石堂浮雕N1以及日本Miho美术馆藏石棺床之C屏、E屏等。

⑮　程嘉芬认为石葬具图像中出现方形帐篷是中亚、西亚文化因素的传统延续，且陶器中方形帐房模型的文化来源与此殊异，应属鲜卑系统。详参程嘉芬《北朝时期的方形帐篷与族群互动》，《中原文物》2014年第4期，40—65页。

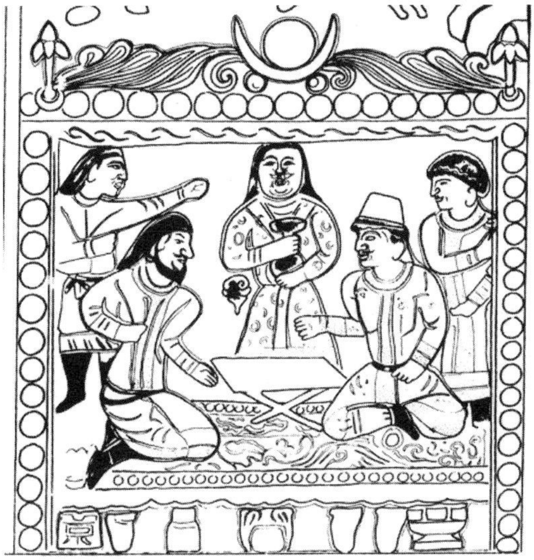

图5　北周安伽墓围屏正面第四幅（局部）

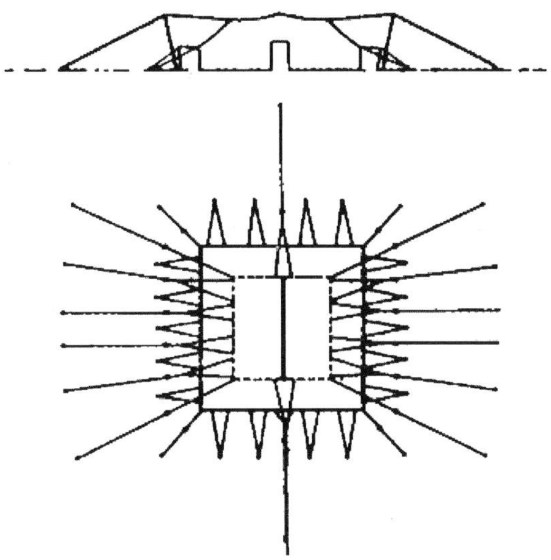

图6　方形帐篷示意图

图7　太原隋虞弘墓椁壁浮雕第五幅线图

该图像所在椁板位于石椁北壁浮雕的中央，正对椁门，在所有椁板中面积最大，内容最丰富，而其中占画幅最多的就是位于石板上部的大型方形帐篷。帐篷顶部呈梯形，中间高平，两侧呈斜坡向下，连接画面边缘的两立柱，帐篷顶部与两侧立柱上皆布满成串椭圆形联珠纹饰。与九龙山M33出土下颌托对照，二者形状颇为神似。该下颌托冠饰中央突出的部分相当于方形帐篷的顶部，冠饰两侧的弧形斜边略同于帐篷顶部两边的缓坡，而冠饰下方两侧的颌托带子则模仿帐篷的两个立柱。

我们将冠饰上的装饰图案加以整合，得到其布局及主要内容如下：

表1　九龙山M33冠饰上部装饰的布局与内容

左侧			中央	右侧		
鸟（小）	花叶	鸟（曲颈扬翅）	日月形饰	鸟（曲颈扬翅）	花叶	鸟（小）

再观察虞弘墓浮雕第五幅上的帐篷形象，帐顶中央为莲花座桃心形宝珠，两侧饰有一对相似桃心形宝珠，其下为双重联珠纹檐，两端双重起翘。檐下两侧有两根立柱，表面亦布满联珠纹，中间为垂花边式的幔幛及长流苏等饰物。帐顶左侧有一只颈间系带的鸟，右侧有两只鸟，靠近中部的一只颈部无绶带，外侧的颈部有系带。两侧帐顶的背景都是葡萄藤蔓和成串葡萄⑯。

将帐篷顶部的图像元素整合，得到以下内容：

表2　虞弘墓椁壁浮雕第五幅中帐篷顶部图像元素整理

帐顶左侧		帐顶	帐顶右侧		
葡萄藤蔓等	鸟（颈系带）	宝珠	鸟（不系带）	葡萄藤蔓等	鸟（颈系带）

表1、表2两相对比，不难看出二者在装饰布局及内容上的遥相呼应。虞弘墓椁壁浮雕第五幅中帐篷顶部正中饰桃心形宝珠，为建筑物顶所常用的装饰图案，而九龙山M33出土冠饰中央饰日月形图案，亦为波斯、粟特式冠中多见的样式⑰，此为装饰图案应用于不同载体之上的调整。两侧的图案组合则更具统一性，都具备了“鸟”和“花叶植物”这两项要素，唯冠饰上布局更整齐对称。虞弘墓椁壁浮雕第五幅中帐篷右侧有两只鸟，左侧仅一只。两侧背景均布满葡萄藤蔓和成串葡萄，这在石葬具图像的宴饮场景中是为一常见元素⑱，冠饰中以花叶图案代替。

要言之，九龙山M33出土下颌托不仅形状模拟虞弘墓椁壁浮雕第五幅中的方形帐篷，其装饰图案的布局和主题也与后者高度一致。由此推之，其为对虞弘墓椁壁浮雕第五幅中那类方形帐篷图像的模仿，当无疑问。

根据虞弘墓志，我们了解到墓主来自中亚，同该时期其他中古中国粟特胡人一样，也信仰祆教。这也进一步暗示了我们，有意将该图像嫁接到下颌托、并使用这一随葬品的墓主人，很可能也信仰祆教。

此外，还应注意到M33的墓道口朝北，有别于该墓地中其他同期的墓葬。根据以往

---

⑯ 山西省考古研究所等《太原隋虞弘墓》，北京：文物出版社，2005年，107—108页。

⑰ 如，虞弘墓椁壁浮雕之九骑马者所带头冠，以及北周史君墓石堂南壁两侧祭司所带日月形冠等，波斯萨珊银币中亦见带日月冠者。详罗丰《胡汉之间——“丝绸之路”与西北历史考古》，北京：文物出版社，2004年，162—168页。

⑱ 如，北周史君墓石堂N4、北周安伽墓围屏正面第二幅、美国波士顿美术馆藏安阳石棺床背屏宴饮图等。

的研究，祆教徒认为所有危险、邪恶都来自北方，犬视后尸魔会以苍蝇的形式飞向北方[19]；死尸无论停放在什么地方，头部都不能朝北[20]，而这一传统在中古中国粟特人墓葬中依然得以保留[21]。九龙山M33墓向为51°，两具尸骨头向东南，正是对这一传统的遵循。若再结合该墓女性墓主人处出土东罗马金币，以及唐前期粟特内婚习俗来看，则该墓墓主应为粟特裔[22]，且信仰祆教。

三、下颌托对帐幕形象的模拟

那么，M33的墓主为何要在冠饰上嫁接一个帐幕的主题呢？我们不妨把问题放到古代欧亚内陆草原的大背景下考虑，则该做法实际上表现了一个内亚丧葬传统中灵帐举哀葬俗的延续。

《周书》卷五〇《突厥传》中描述了突厥人的一个葬俗："死者，停尸于帐，子孙及诸亲属男女，各杀牛马，陈于帐前，祭之。绕帐走马七匝，一诣帐门，以刀剺面，且哭，血泪俱流，如此者七度，乃止。"[23]中亚托克卡拉（Tok-Kala）遗址出土的一件纳骨器表面对该场景进行了详尽描绘（图8）。该纳骨器的长方形器身两面皆描绘了相似的场景。画面中部为一死者仰面躺在榻上，其周围环绕悲哀的男女，手放在头部似作揪发、剺面之举。器盖形状近梯形，中间有一门，门上绘日月形饰，下部有两片叶子托举，表示死后永生的含义[24]。从纳骨器的形状看，器盖近梯形，中部门上亦饰日月图案，器身为长方形，颇似对方形帐幕的模拟，表现突厥人灵帐举哀的题材。此类表现"停尸于帐"主题的图像还见于片治肯特2号遗址南墙壁画[25]。画面上部是一个圆形帐幕式建筑，透过三个开着的窗户，可见其中停放了一具女尸，旁边三人手揪住头发作哀悼状，帐幕下方一群人有的在演奏乐器，有的举刀剺面（图9）。

图8 托克卡拉遗址出土纳骨器

迄至13世纪的蒙古，为死者举帐致哀的习俗依然保留，帐前有丰富的祭祀。蒙古大

---

[19] *The Zend-Avesta*, Part Ⅰ, in *Sacred Books of the East*, vol.Ⅳ, Translated by James Darmesteter, Motilal Banarsidass, 1988, pp. 97-98.

[20] 林悟殊《波斯拜火教与古代中国》，台北：新文丰出版公司，1995年，100页。

[21] 沈睿文《重读安菩墓》，《故宫博物院院刊》2009年第4期，14—16页。

[22] 沈睿文《太原金胜村唐墓再研究》，沙武田主编《丝绸之路研究集刊》第2辑，北京：商务印书馆，2018年，7—32页。

[23] 《周书》卷五〇《突厥传》，北京：中华书局，1971年，910页。

[24] 龚方震、晏可佳《祆教史》，上海：上海社会科学院出版社，1998年，165页。

[25] 张庆捷《"剺面截耳与椎心割鼻"图解读》，作者著《民族汇聚与文明互动：北朝社会的考古学观察》，北京：商务印书馆，2010年，559—569页。

图9　片治肯特2号遗址南墙壁画

汗死后人们“复因以为死者如生，故仍为之设帐，供食，献乳，置马，奉若生前”㉖。《柏朗嘉宾蒙古行纪》中对此葬俗的记载更加详尽：

> 当病人死后，如果他官居上品，便把他秘密地埋葬于田野中人们所乐意的地方。届时还要用他的幕帐之一陪葬，使死者端坐幕帐中央，在他面前摆一张桌子，一大盆肉和一杯马奶。同时还要用一匹母马及其马驹、一匹带缰绳和备鞍的牡马等陪葬。当把另一匹马的马肉吃完之后便用稻草把其皮填塞起来，然后再竖于两块或四块木头之上。这样一来，死者在另一世界也可以有一幕帐作栖息之地，有一匹母马以挤奶喝和饲养牲畜，同时也有可供作坐骑使用的公马㉗。

此处记载特别强调了蒙古人事死者如生，死者随葬帐幕盖为死后栖息之所，此外还准备了死后出行所用马匹及食物。

九龙山M33墓主使用模仿帐幕式下颌托，很可能是对上述“陈尸于帐”葬俗的继承㉘，用下颌托的模拟以象现实中的帐幕。墓主人头戴此寓意的下颌托入葬，表示将他的帐幕一同带入另一个世界，确保死后仍可享用。该墓对内亚风俗的继承，亦与当地掌管马政的史氏家族墓所表现出的内亚属性相映照㉙，表明其种族的同一性。

四、鸟形装饰图案的辨析

在冠饰部分日月形饰的两侧，有一组修饰精美的鸟形图案，十分引人注目。图案左

㉖ 袁国藩《元代蒙人之丧葬制度》，作者著《元代蒙古文化论集》，台北：台湾商务印书馆，2004年，32页。

㉗ 耿昇、何高济译《柏朗嘉宾蒙古行纪》，《柏朗嘉宾蒙古行纪·鲁布鲁克东行纪》，北京：中华书局，1985年，35—36页。

㉘ 关于该葬俗的梳理，可参沈睿文《Miho石棺床石屏的图像组合》，待刊。

㉙ 沈睿文《太原金胜村唐墓再研究》，176页。

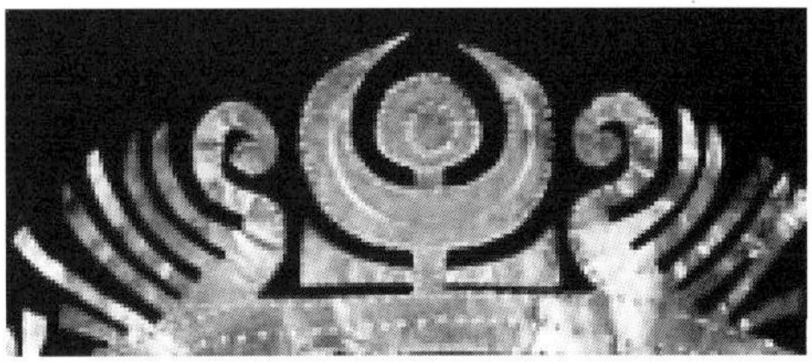

图10　九龙山M33出土金冠饰（局部）

右对称为一组，头颈向下弯曲，背部以六根向上的金片表现上扬的翼翅（图10）。考古报告中对其未有详述，仅泛言其或为祆教中的“吉祥鸟”，能“给人带来好运，如得到此神的保佑，则幸福荣耀，失去则厄运当头”，并比类于中国传统文化中的祥瑞[30]。

祆教艺术中的吉祥鸟，是祥瑞的象征，当它飞向某人，可以给对方带来幸运。在安息艺术中的衔铃鸟表达“赫瓦雷纳”（Hvarenah）的概念，表达好运、吉祥的意思；据波斯作家的资料，其通常与兽身鸟、光线、头光、火焰等表现形式联系在一起[31]。贝利（H. W. Bailey）考证，这个术语代表“生命中的吉祥”，给人带来吉祥、好运。姜伯勤进一步指出，这种Hvarenah吉祥鸟就是北朝—隋唐石葬具中出现的带头光、或颈部系有绶带的飞鸟[32]。这种形象的飞禽在虞弘墓椁壁浮雕以及青州北齐傅家画像石中都多次出现（图11）。其基本特征有颈系绶带、口衔祥云，有的还具头光，常常出现在画面的上部，呈展翅飞翔状，其下部表现单个人物或出行队伍，似照应了其“飞向某人”可带来吉祥福运的寓意。

图11　北朝—隋唐石葬具中的吉祥鸟

1—4. 虞弘墓石椁浮雕中的吉祥鸟形象　5、6. 青州傅家北齐画像石中的吉祥鸟形象

据此再考察冠饰中的这组鸟形图案，并没有出现一项上述常见与吉祥鸟组合出现的元素，其颈部未系绶带，也无祥云或头光的元素。诚然，丧葬图像与实物装饰的表达程式有别，删减部分图像中的元素或情有可原，而像这样全无对应元素，再将其比定为吉

㉚ 《固原九龙山汉唐墓葬》，138—139页。

㉛ Guitty Azarpay，Some Iranian Iconographic Formulae in Sogdian Painting，*Iranica Antiqua*, XI, pp. 168-185.

㉜ 姜伯勤《中国祆教艺术史研究》，北京：三联书店，2004年，48页。

祥鸟就令人难以膺服。

对于一段历史信息，图像有其独特的表达方式，相比于文字记录下的历史，它的表现形式更加抽象化；同时在物质载体的制约下，它的表达不能过于繁缛，故而每一点必定要落在实处，表现出高度浓缩的精华，因此也更易被忽略或曲解。考察这件冠饰上的装饰图形，尤为重要的一点是要观察其细部特征。据上所知，该下颌托的样式摹写自图像粉本中的一个场景，那么在将其嫁接到下颌托这一新载体的过程中，就很可能会发生要素的重整与删改，或为适应造器的需要，或为迎合墓主的个人志趣。总之，想要解读装饰的内涵，我们不能再以图像原本的要素为主要参考，而宜将注意力放到图形本身的特征上来。

如此考量下，不难发现该图形自有两个重要特征，是以往的观察所忽略的。其一是以六根弧形长条在背部表现的鸟的翼翅；其二亦尤为关键的一点则是鸟的头颈形状，其颈部下弯，头向前微曲，这样的表现形式让人很容易联想到天鹅。

无独有偶，天鹅的形象在粟特艺术中并非首次出现，在中亚阿弗拉西阿卜（Afrasiab）遗址人称“大使出行图”的壁画中就有作为献祭用的天鹅出现（图12）。整个画面描绘了中亚的新年庆典中，国王率领大队人马前往陵寝举行祭祀典礼的场景，队伍中的四只鹅可能是献给伊朗的时间之神祖尔万的[33]。祖尔万（Zurvan）是伊朗瑣罗

图12　中亚Afrasiab遗址壁画中的鹅

㉝ 〔法〕葛乐耐（Frantz Grenet）著、毛民译《粟特人的自画像》，《法国汉学》第10辑《粟特人在中国——历史、考古、语言的新探索》，北京：中华书局，2005年，307页。

亚斯德教中的重要神祇之一，为“永恒时间”之神、“命运”之神[34]。该教中神祇与动物之间存在一套系统的对应关系，天鹅所对应的正是祖尔万神，为后者的坐骑[35]。

荣新江在西安碑林博物馆藏的一件造像碑中辨识出了一对成组出现的鹅[36]。该造像碑表现释迦牟尼降伏外道的题材，释迦牟尼右手上举，手掌上方空悬一圆环，内为一坐在双马上方的外道，左手下垂，手掌下方亦浮一圆环，内有一坐于双鹅背托之圆毯上的外道（图13）。荣新江从外道人物的坐姿、连体坐骑的形态以及外道手举飘带的样式等三方面考辨此造像碑表现的外道应为祆教神祇，下部外道的坐骑最像鹅，对应的是祆教中的祖尔万神[37]。

图13 《释迦降伏外道像》中右下角外道细部

该造像的主题是要表现释迦降伏外道，以凸显释迦牟尼的威力神通，而其表现的外道却是祆教这个仅在少数胡人群体中流传的宗教，侧面揭示了其时在一定区域内，祆教可能对当时的社会生活产生过一些重要影响。而另一方面，选择以祖尔万为外道祆教的代表，也正说明了在当时的教外人群眼中，祖尔万神可以看作祆教神祇的代表。此足可见，在中古中国的粟特人中，信仰祖尔万神应该是主流，以至于那些不了解祆教教义的教外人士，也将其视为该教的代表。

前文讨论了九龙山M33墓主可能为信仰祆教的粟特裔，那么在此基础上再看这个形状似鹅的装饰图案，其内涵无疑是指向伊朗琐罗亚斯德教中的祖尔万神。而M33墓主有意将这一祖尔万的代表符号加入到冠饰中，并巧妙糅杂了其他琐罗亚斯德教的典型要素，揭示了其真实信仰应为祖尔万教。

五、关于祖尔万教在华传播之一二

祖尔万为伊朗琐罗亚斯德教中的时间之神，原本只是该教万神殿中的神祇之一，其上除了正统教徒信奉的最高神阿胡拉·玛兹达（Ahura Mazda），还有辅佐最高神的六联神。而到了阿契美尼德王朝统治时期，一部分教徒将祖尔万奉上最高神的位置，置于阿胡拉·玛兹达之上，由此触怒了其时为主流的正统琐罗亚斯德教教徒。信仰祖尔

㉞ 〔伊朗〕贾利尔·杜斯特哈赫选编、元文琪译《阿维斯塔：琐罗亚斯德教圣书》，北京：商务印书馆，2005年，546页。

㉟ 详荣新江《〈释迦降伏外道像〉中的祆神密斯拉和祖尔万》一文中祆神与动物形象对应表，作者著《中古中国与外来文明》，北京：三联书店，2001年，340页。

㊱ 荣新江《〈释迦降伏外道像〉中的祆神密斯拉和祖尔万》，326—342页。

㊲ 荣新江《〈释迦降伏外道像〉中的祆神密斯拉和祖尔万》，326—342页。

万教一度被视为异端，受到抨击。到了萨珊王朝统治时期，个别君主信仰祖尔万教，使其再度在伊朗境内盛行起来[38]。同样起源于波斯的摩尼教就借用了祖尔万教的部分教义，祖尔万教认为正统琐罗亚斯德教中的善恶二元——阿胡拉·玛兹达与安格拉·曼纽（Angra-Mainyu）皆为祖尔万所生，是双生子；摩尼教也把祖尔万奉为最高神，而以奥尔穆兹德（Ohrmezd），即阿胡拉·玛兹达，为祖尔万召唤出来与阿赫里曼斗争的善神[39]。我们知道，摩尼教在3世纪的萨珊波斯被视为异端，其教主摩尼本人也因此惨死，使得该教教徒不得不向中亚转移，又向东传教进入中国[40]。以摩尼教的传播观照祖尔万教，后者同样也曾在波斯本土受到正统打压，那么它是否也会如受到禁制的摩尼教一般向东流传，发展自己的版图呢？

亨宁（W.B. Henning）在研究粟特文献的时候，发现祖尔万神崇拜已在粟特地区传播[41]。而关于该教在中古中国的传播，西安碑林博物馆所藏《释迦降伏外道像》造像碑以祖尔万神为祆教神祇代表的情况，足可见，在中古中国的粟特人中，信仰祖尔万神应该是主流，以至于那些不了解祆教教义的教外人士，也将其视为该教的代表。已如上具。

此外，还有一些证据也为祖尔万教从波斯传至中国的行迹提供一二点参考（表3）。德国海德堡大学教授耶特马尔（K. Jettmar）领导的考察团曾在印度河上游丝绸古道旁的摩崖上发现粟特商人刻写的粟特文，内容为祖尔万神之名“Zrwm”[42]，提醒我们在往来于丝绸之路的粟特商胡中已有信仰祖尔万神。1963年，在西安东南郊沙坡村出土的一件鹿纹十二瓣银碗口沿下也发现錾刻的一行粟特文铭文，意为“祖尔万神的奴仆”[43]，暗示作器者为祖尔万的信徒。中古中国粟特胡的名字也多有取意于此的。池田温在敦煌文书中检出了粟特胡名“安射勿槃陀”[44]；姜伯勤在吐鲁番文书中查出一粟特人名“□射蜜畔陀”[45]。复原其胡语原名，大概意为“祖尔万神之奴仆”[46]，与西安发现粟特银碗上的粟特铭文一致，进一步印证了中古中国确有祖尔万教派的信徒存在。

从固原地区发现的史氏家族墓墓志来看，史射勿和史索岩的家族都是出身粟特，入

---

[38] 龚方震、晏可佳《祆教史》，199—200页。

[39] 马小鹤《光明的使者——摩尼与摩尼教》，兰州：兰州大学出版社，2013年，29—30页。

[40] 摩尼教在中国合法传播始于武后延载元年（694），而关于该教在中国传播的真正起点目前有三种认识：除延载元年外，还有唐以前、唐高宗时期两种认识，学界对此尚无定论。详王媛媛《从波斯到中国：摩尼教在中亚和中国的传播》，北京：中华书局，2012年，8页。

[41] W. B. Henning, A Sogdian God, *Bulletin of the School of Oriental and African Studies*, Vol. 28, No. 2 (1965), pp. 252-253.

[42] 参林梅村《中国境内出土带铭文的波斯和中亚银器》，《文物》1997年第9期，56页。

[43] 该铭文为辛姆斯·威廉姆斯（Nicholas Sims-Williams）教授释读。详林梅村上揭文，55—56页。

[44] 详池田温《8世纪中叶における敦煌のソグド人聚落》，《ユーラシア文化研究》第1号，1965年，49—92页；辛德勇汉译本题《八世纪中叶敦煌的粟特人聚落》，刘俊文主编《日本学者研究中国史论著选译》第九卷《民族交通》，北京：中华书局，1993年，140—220页。

[45] 姜伯勤《敦煌吐鲁番文书与丝绸之路》，北京：文物出版社，1994年，177页。

[46] 林梅村《固原粟特墓所出中古波斯文印章及其相关问题》，《考古与文物》1997年第1期，50—54页。

仕北朝从而落户于此的。其中，史射勿墓志中写道："公讳射勿，字槃陀。"[47]根据上文复原，粟特文中"射勿槃陀"意为"祖尔万神之奴仆"。若这一释读无误，那么固原史氏当为中古中国之祖尔万教徒，则无疑议。

表3 中古中国境内与祆教祖尔万神有关的资料一览

相关资料	出　　处	备　　注
胡名"安射勿槃陀"	敦煌文书，编号P.3559	
胡名"□射蜜畔陀"	吐鲁番文书，编号73TAM514：2[48]	该文书出土于阿斯塔那514号墓，年代在麹氏高昌时代
胡名"史射勿槃陀"	固原南郊史氏家族墓地史射勿墓志	葬于隋大业六年（610）
九龙山M33冠饰上的对鹅	固原九龙山M33出土	
鹿纹十二瓣银碗口沿下錾刻的粟特文铭文	西安东南郊沙坡村出土	另有14件唐代银器共出，出土地点在唐长安城春明门与延兴门之间
《释迦降伏外道像》下部外道	西安地区征集，现藏西安碑林博物馆	据荣新江考证为祖尔万神

六、余　　论

祖尔万教在波斯本土曾被视为异端并受到正统教派的打击，向外发展似为大势所趋。我们已知活跃在古丝绸之路上的粟特商胡中有信仰祖尔万者，那么是否可以合理推断，其中或有祖尔万教徒就此来华，甚至定居呢？笔者试对该教派在中古中国的传播路径进行构架，目前所见证据最远到达西安地区，而在西域与长安之间，固原地区的发现尤为引人注意。史射勿的胡名反映了其信仰祖尔万，则其家族很可能也信奉祖尔万教派。又有史索岩、史道德叔侄两座墓分列在史射勿家族墓葬的两端。罗丰指出，这两支史氏族源不同却得以葬在同一墓地，应该是在某种密切认同关系下聚族而葬[49]，现在看来，这种"密切的认同关系"很可能与共同信仰祖尔万教有关。固原史氏曾掌唐代原州地区马政并主持唐初的蕃马贸易，其间运筹斡旋离不开其家族及背后粟特聚落的力量。史诃耽曾祖尼为魏摩诃大萨宝、张掖县令，祖思为周京左师萨宝、酒泉县令，父陀（史射勿）为隋左领军、骠骑将军。而史诃耽在陇右监牧曾有数年经营，促进了蕃马制度的创立，基本奠定了唐陇右马牧的格局[50]。从史氏家族成员的履历来看，其家在北朝隋唐原州经营势力深厚，应为当地粟特聚落之政教首脑一类，则其所辖粟特族群信仰同一教派之可能性极大。九龙山M33墓主很可能即为其势力范围内的祖尔万教徒之一例。由此再推及其他地区，固原与西安之间的区域抑或有信仰祖尔万的粟特聚落，尚待考古发现。

不过，关于祖尔万教，笔者尚有一疑虑。虽有诸多资料显示，祖尔万神的信仰在中

㊼ 罗丰《固原南郊隋唐墓地》，17页。

㊽ 国家文物局古文献研究室等编《吐鲁番出土文书》第三册，北京：文物出版社，1981年，320页。

㊾ 罗丰《丝绸之路与北朝隋唐原州古墓》，《固原师专学报》1998年第5期，89页。

㊿ 李锦绣《史诃耽与唐初马政——固原出土史诃耽墓志研究之二》，《亚欧学刊》第10辑，261—276页。

亚粟特乃至中国内地都有迹可循，而这是否可以与信仰祖尔万教等同呢？受到崇拜的祖尔万，是作为琐罗亚斯德教神祇之一，抑或是祖尔万教的最高神，这其中必然需要一定程式的界定。目前发现的材料尚不足以作出这个判断，故而也不在本文可讨论的范围之内了。但至少，这些材料可为佐证，为祖尔万教的研究打开一个新局面。

A Study of the Chin-strap Excavated from the Tomb M33 of Jiulongshan in Guyuan

Chen Jingxiu

The chin-straps, as a kind of funerary device to hold the jaw of the deceased, were found in many regions of China. In 2004, a set of golden chin-strap was unearthed from tomb M33 of Jiulongshan of Guyuan, which was seldom discussed by the scholars. The article investigates the chin-strap's shape and decorative pattern, and indicates that its shape imitated the tent on the fifth stone slab of Yu Hong's tomb. In addition, the goose image on the top of the chin-strap suggests the potential religious belief of the tomb owner——Zurvanism, a branch of Zoroastrianism, in which the divinity Zurvan was worshipped as the primordial creator deity. In light of this, the article offers pieces of evidence concerning Zurvanism in China, especially in Guyuan, to prove the spread of Zurvanismin China during the Sui and Tang dynasties.

唐代安西大都护府时期之龟兹当地用纸*

——日本龙谷大学所藏库车出土汉文书案例研究之一

庆昭蓉　江南和幸

一、导　　言

1930年，黄文弼先生在罗布泊附近烽燧遗址发现一件汉代古纸[①]。《罗布淖尔考古记》述云：

> 麻质，白色，作方块薄片。四周不完整。长约四〇糎，宽约一〇〇糎[②]。质甚粗糙，不匀净，纸面尚存麻筋。盖为初造纸时所作，故不精细也。按此纸出罗布淖尔古烽燧亭中，同时出土者有黄龙元年之木简，为汉宣帝年号，则此纸亦当为西汉古物也[③]。但后汉书蔡伦传曰："自古书契多编以竹简，其用缣帛者，谓之纸。缣贵而简重，并不便于人，伦乃造意用树肤，麻头及弊布、鱼网以为纸。元兴元年（105）上之，和帝善其能，自是天下莫不从用，咸称蔡侯纸。"是纸创始于蔡伦。而蔡伦乃后汉和帝时人也，然则纸不始于西汉乎。案前汉书外戚传云："武发箧中，有裹药二枚，赫蹏书。"[④]孟康注曰："蹏，犹地也，染纸素令赤而书之，若今黄纸也。"应劭曰："赫蹏，薄小纸也。"据此，是西汉时已有纸可书矣。今余又得实物上之证明，是西汉有纸，

---

* 本文为执笔者承担2015年度沼田研究奖（Numata Fellowship）"Manuscripts from Kucha in the Otani Collection"（大谷收集品中的库车出土文书）项目成果之一。在此感谢日本龙谷大学世界佛教文化研究所西域文化研究会入泽崇、三谷真澄、橘堂晃一，古籍数字化典藏研究中心冈田至弘以及大宫图书馆大木彰等诸位先生协助。

① "纸"在学界定义纷纭。下文基本用义，是以植物纤维为主原料漉制而成的薄片状书写媒材，借以与最初字义，也就是丝絮（基本成分为动物性蚕丝蛋白）加工成的薄片相对。由于我们探讨主要对象是3—4世纪以后纸品，对于汉代出土物达到多大比例的叩解（捣浆）与帚化程度始宜客观定义为"纸"，不在本文论限。

② 40毫米×100毫米之误。见潘吉星《中国造纸技术史稿》（下称《史稿》），北京：文物出版社，1979年，25页。

③ 《史稿》168页径将该"纸"置于公元前49年，即黄龙元年。实际《罗布淖尔考古记》108页说明，该址出土汉简年代分布于宣帝黄龙元年至成帝元延五年（前8），共42年。然而，《罗布淖尔考古记》与黄烈整理《黄文弼蒙新考察日记（1927—1930）》（北京：文物出版社，1990年）并未详载此纸具体出土经过与出土层位关系。又，以下为避烦冗，略去诸位学者尊称。

④ 参见《汉书》卷九七下，北京：中华书局，1962年，3991页。籍武传信于囚乃汉成帝元延元年（前12）事。

毫无可疑。不过西汉时纸较粗，而蔡伦所作者更为精细耳[⑤]。

残纸原物下落不明[⑥]，但后来考古工作者在其他汉代遗址发现更多古纸以及纸状物[⑦]，让西方人总算承认纸的发明乃是华夏文明一大贡献[⑧]。然而，纸张书写文化之西传，仍有不少问题尚未充分解决。例如钱存训曾解释：

过去很多人说中国人把造纸的方法秘而不宣，直到8世纪时，一些造纸工匠被阿拉伯人俘虏，造纸术才向外流传[⑨]。这个说法显然是不准确的。造纸术西传之所以迟迟不前，主要是由于地理上与文化上的隔绝，而不是由于人为的保密；……纸向东北方向传至朝鲜和日本，向东南方向传入印度支那，都为时较早，唯独沿着丝绸之路向西方传播的过程比较缓慢。考古资料证明，距离中国本土越近的国家，发现的古纸的时代就越早。

纸约在3世纪从敦煌开始西传。斯文·赫定与斯坦因在楼兰地区曾发现3世纪纸的残片。在吐鲁番与高昌地区，于20世纪初期由普鲁士及日本考查队发现了4到5世纪的古纸。……很可能在7世纪以前，纸已陆续向西传入了阿拉伯世界[⑩]。

钱氏推测纸张西传早于7世纪的看法甚是，然则彼时阿拉伯文明尚未兴起，有必要进一步研究藉丝路将纸张加以西传的行动者到底是哪些人。潘吉星《中国造纸史》等该氏著作亦触及前伊斯兰时期的新疆与中亚：

1907年，斯坦因在甘肃敦煌掘出九封用中亚粟特文写的信[⑪]，用的是中国麻纸。……因此康国人早在4世纪就成为使用中国纸的中亚人。在新疆和甘肃敦煌还出土中亚吐火罗（Tokhara）文、西亚波斯文、叙利亚文以及欧洲希腊文等纸本文书，都是3世纪至6世纪时在中国境内用中国纸写的[⑫]。

---

⑤ 黄文弼《罗布淖尔考古记》，北京：北京大学出版部，1948年，168页，并参见该书图版二三之图25。

⑥ 参见王菊华等《中国古代造纸工程技术史》（下称《工程技术史》），太原：山西教育出版社，2006年，76页。

⑦ 承注①，藤枝晃以为纸乃蔡伦发明，见氏撰《文字の文化史》，东京：岩波书店，1971年，126—127页。中国亦有专家认为，包括黄文弼发现在内的西汉纸状物，只能说是纸的雏形或原始纸，见《工程技术史》46—76页。本文倾向于假定纸的发明是个连续不断的进程，蔡伦的突破可能在于发展出以韧皮纤维为主原料的制品并改良若干工序，使质量稳定的高效率生产成为可能，参见凌纯声《树皮布印纹陶与造纸印刷术发明》，台北："中央"研究院民族学研究所，1963年，23—24页；钱存训《中国纸和印刷文化史》，桂林：广西师范大学出版社，2004年，8页；Enami et al., "Origin of the difference in papermaking technologies between those transferred to the East and the West from the motherland China", *Paper History: Journal of the International Association of Paper Historians*, vol. 14 (2010), issue 2, p. 3。

⑧ 参见钱存训《中国纸和印刷文化史》，274页。

⑨ 这里指的是怛罗斯战败后中国纸工俘至撒玛尔罕的传说，有关记述详见钱存训《中国纸和印刷文化史》，6页。有关战役的最新历史背景考证参见毕波《怛罗斯之战和天威健儿赴碎叶》，《历史研究》2007年第2期，15—31页。

⑩ 全文引自钱存训《中国纸和印刷文化史》，275页。

⑪ 关于这组信件残片之内容与有关重要研究，参见荣新江《北朝隋唐粟特人之迁徙及其聚落》，原载《国学研究》第六卷，1999年，收入作者著《中古中国与外来文明》，北京：三联书店，2001年，尤见54—56页；并参见同氏《从撒马尔干到长安（代前言）——中古时期粟特人的迁徙与入居》，作者著《中古中国与粟特文明》，北京：三联书店，2014年，5—6页之综述。

⑫ 引自潘吉星《中国造纸史》，上海：上海人民出版社，2009年，498—499页。类似但内容稍有差异的对应段落见《史稿》，153页。

康国人，也就是撒玛尔罕地区出身的粟特人，目前看来是以凉州武威为大本营，在往返洛阳、敦煌、楼兰等地乃至于撒玛尔罕的路上使用纸张通信的⑬。荣新江即已指出："敦煌藏经洞中保存的最早一批写本和敦煌西北长城烽燧下发现的几封纸本粟特文古信札，成为西晋和十六国初期纸向西传播并取代木简的有力物证。"⑭不过，敦煌、新疆境内发现的波斯文、叙利亚文以及"吐火罗文"——后者实指婆罗谜文字书写的龟兹语及焉耆语文献——有不少年代未定或属于唐代以降者⑮。也有若干写本疑似抄写境外而后东来⑯。尤其是潘氏《中国造纸史》图9-8例举的"日本京都龙谷大学藏20世纪初新疆库车出土的8世纪中亚吐火罗（Tokhara）文纸本文书（寺院出纳账）"，乃是安西大都护府时期龟兹某寺小麦破用历，吐火罗语学界习称为Ot. 12，馆藏编号为"西域文化资料0541"（龙谷大学古籍数字化典藏研究中心（DARC）流水号作MS00541，下同）。从内容看来，Ot. 12大约写于8世纪后半，语言则为龟兹语俗语或晚期龟兹语⑰，不足以充分说明7世纪以前的西域人士如何适应中国纸，又如何进而发展出适合固有书写工具、阅读习惯与保存程序的书写文化。有关课题虽然在日本与欧美古纸学界受到关切，然而由于各种现实因素，往往只能得出差强人意的结果⑱。

有鉴于此，我们从2015年5月起合作分析龙谷大学收藏新疆古纸的纸浆主要原料、掺杂物与纤维分布形态概观（general morphology），在龙谷大学古籍数字化典藏研究中心2000年以降发展出的非破坏性观测方法及研究资料积累的基础上，重新探索纸张书写文化西传的具体进程。作为一系列合作成果的先导，本文拟从其中两大宗主要类别，也就是吐鲁番地区出土汉文书以及库车地区出土汉文书的比较与对照出发，以资后续系列成果的探讨基础。

---

⑬ 荣新江《从撒马尔干到长安（代前言）》，5页。

⑭ 荣新江《敦煌学十八讲》，北京：北京大学出版社，2001年，266页。

⑮ 例如所谓"西亚波斯文写本"，倘若这主要指涉以中古波斯语《摩尼教赞美诗集》M1为代表的一系列中古波斯语文献，那么M1本身据学者研究，乃是762或763年开始抄写的，参见王媛媛《中古波斯文〈摩尼教赞美诗集〉跋文译注》，朱玉麒主编《西域文史》第二辑，北京：科学出版社，2007年，129页。至于所谓"欧洲希腊文写本"，要是意指学界习称"嚈哒文"（Hephthalitisch）的草体希腊文残纸，那么承辛维廉（Nicholas Sims-Williams）2017年8月30日指教，这批柏林科学院藏品实际以比较晚期的大夏语写成，该氏释录即将刊布。

⑯ 承荣新江2017年12月11日指教，德藏摩尼教写本中几件尺寸特别纤小者，其用纸恐怕是西方制品。执笔者目睹原件时也曾感到类似疑惑（参见文末补注）。

⑰ 参见庆昭蓉《唐代"税抄"在龟兹的发行——以新发现的吐火罗B语词汇*ṣau*为中心》，《北京大学学报》2012年第4期，137—144页。

⑱ 一个例子是日本、瑞典合作"スウェン・ヘディン将来考古学术资料の总合的研究"（斯文赫定所获考古学资料总合研究）期间，黎谢尔（Anna-Grethe Rischel）女士进行的未刊楼兰纸品分析。由于彼时当地缺乏高倍率显微设备，黎谢尔仅能粗略判定纸浆含有3—5种原料，主成分为苎麻、大麻或亚麻叩解纤维，可能还有这些麻类的"再生纤维"（案：指从旧布、旧纸等既制品提取的纤维），并间或掺混未叩解的桑、竹、稻草、雁皮、沉丁花之类纤维。但是该氏也强调那只是初步判断，仅供参考。见氏撰《楼兰古纸の科学的分析》，载富谷至编《流沙出土の文字资料——楼兰・尼雅文书を中心に》，京都：京都大学学术出版会，2001年，215—249页，尤见241—242页。

二、问题意识：龟兹人如何接触并运用纸张书写文化？

在讨论康国等外邦人如何接受并适应中国纸张书写文化以前，我们首先应当考虑，汉朝经略西域时，是否可能将这项最新发明同时传播出去。虽然汉籍未见汉廷颁赐纸张给外国来使的纪录，但单以年代先后而论，假使黄文弼发现的楼兰烽燧古纸果然属于西汉宣帝年间，那么彼时恰好也是龟兹王绛宾、丞德父子在西域发扬华夏文化的时期。说不定绛宾就曾经在居停长安期间，或往返西域路上，得知类似制品的存在。当然，与其如此泛泛臆测，不如切实考虑蔡伦（？—121）的时代背景。蔡伦其实约略与班超（32—102）、班勇父子同时。尤其倘若史载蔡伦于和帝元兴元年（105）大功告成而呈献“蔡侯纸”之年代足够精确，那么这虽然发生在班超于和帝永元十四年（102）从西域回到洛阳之后，却在班勇于安帝延光二年（123）出任西域长史之前。我们不应当忽略在汉朝武功鼎盛时期，中原与西域文化交流的可能深度⑲。

然而，即令我们假定汉代西域诸国可能藉朝觐通使等途径，得悉洛阳最新产品，纸张的稳定供应，乃至于取代简帛、皮革等材料而成为各国公私文书的主要媒材，显然要经历更漫长的过程⑳。“蔡侯纸”最初以进献御前而见载青史，之后才逐步推广。从晋代左思（?—303以后）撰《三都赋》而令“洛阳纸贵”故事可以看出㉑，纸是京城豪绅追逐流行、附庸风雅的物质媒介之一。是以西晋末年写就的粟特语古信札，不但反映出这些丝路商人之阔绰，也间接透露他们对于京畿地区畅销品的敏锐嗅觉。

纸张之传播还涉及典籍西传㉒。尤其晋代以降抄写愈广的汉译佛典，也就是纸质经卷，在胡人眼里也是可供书写的材料。这种作法广泛见于回鹘、粟特、于阗㉓，但其实龟兹、焉耆亦有类似习惯。在焉耆语（又称吐火罗A语）、龟兹语（又称吐火罗B语）存世文献中，这类写本数量甚稀，但不少学者忽略了，著名的焉耆硕尔楚克出土龟兹语“头陀行”（Dhūtaguṇas）写本THT558-562，正是裁切并贴住汉文佛经卷有字的一面，

---

⑲ 自黄文弼《塔里木盆地考古记》，北京：科学出版社，1958年，1—12页考证汉朝在焉耆、龟兹之间的驻防屯田区域以来，学者多有论述，兹予从略。

⑳ 参见大庭脩《魏晋南北朝告身杂考——木から纸へ》，《史林》47/1，1964年；富谷至《3世纪から4世纪にかけての书写材料の变迁——楼兰出土资料を中心に》，载氏编《流沙出土の文字资料》，477—526页；王元林《考古学视野下的简纸并用时代——兼谈古纸的起源与使用》，载张德芳编《甘肃省第二届简牍学国际学术研讨会论文集》，上海：上海古籍出版社，2012年，360—374页，等众多论著。

㉑ 原文为：“于是豪贵之家竞相传写，洛阳为之纸贵。”见《晋书》卷九二，北京：中华书局，1974年，2377页。

㉒ 荣新江《丝绸之路也是一条写本之路》，《文史》2017年第2期，75—103页。对于唐代以降之典籍西传，亦参见氏撰《唐代龟兹地区流传的汉文典籍——以德藏“吐鲁番收集品”为中心》，《国学学刊》2010 年第4期，77—83页。

㉓ 参见荣新江《敦煌学十八讲》，312—313页。

重制为两面空白的“经页”再书写而成[24]。出土时经页散开，露出了内面的汉文内容（图1、图2）[25]。

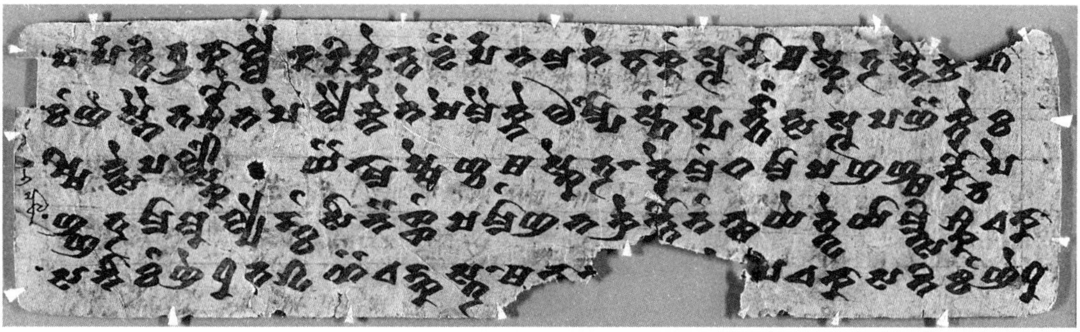

图1 德国国家图书馆藏焉耆硕尔楚克出土龟兹语头陀行THT558正面

2004—2005年间，玉井达士获得特许，选几种德藏龟兹语写本样本并剪下小块送交^{14}C定年实验室。检验结果是样本中的THT558最为古老，树轮校正年代落在公元339—424年此一区间。由于这件写本的婆罗谜字体与龟兹语均缺乏古老特征，据此玉井于2008年柏林召开的吐火罗语破译百年纪念研讨会提出，龟兹语的书写传统或许可以提到4世纪或者更早。桑德则当场指摘，汉文内容理当抄写在先，所以鉴定结果更靠近汉文写卷年代，而不是龟兹语内容的抄写年代[26]。从收藏单位与吐火罗语文献学者的立场来看，如此粗率选取样本并诠释数据，徒然对写本造成不必要的破坏；不过从丝路研究的宏观视角来说，倒是提供了极为难得的资料。

实际上，THT558等系列写本的内面，乃是鸠摩罗什等人于弘始六年（405）前后在长安译出的《十诵律》[27]。书法稍具凉人笔意，虽似出自汉人手笔，但顾及当时丝路上的高昌、敦煌、凉州等地族裔交杂，亦不能排除为原籍西域的居民学习汉文书写兼或汉

㉔ E. Sieg and W. Siegling, *Tocharische Sprachreste, Sprach B*, *Heft 2, Fragmente Nr. 71-633,* Göttingen: Vandenhoeck & Ruprecht, 1953, p. 351. 当时西格（Emil Sieg）、西格凌（Wilhelm Siegling）已经指出，这一组龟兹语写本是从汉文写经裁切、加工而成。

㉕ 图1、图2版权属于Depositum der BERLIN-BRANDENBURGISCHEN AKADEMIE DER WISSENSCHAFTEN in der STAATSBIBLIOTHEK ZU BERLIN-Preußischer Kulturbesitz Orientabteilung。其中标志的正面和背面，在国外馆藏单位，通常以写本的主要内容（基本上是指当时专家认为最能代表写本研究、收藏价值的内容）来给予上架编号，另一面则称为背面，但不一定反映写本书写的先后年代关系。而如果一件双面写本的两面内容彼此前后连续，则在前的部分通常称为a面（正面），在后的部分称为b面（背面）。如果两面前后关系不定，则a、b打圆括号。应注意德语与非德语系国家的正反面缩写容易混淆：在英、法语系国家，正面（recto）、背面（verso）缩写分别为r、v。在德语系国家，R、V则可以分别用为背面或后面（Rückseite）、正面或前面（Vorderseite）的缩写。

㉖ 参见L. Sander “Was kann die Paläographie zur Datierung tocharischer Handschriften beitragen?”, in: Y. Kasai et al. (eds.), *Die Erforschung des Tocharischen und die alttürkische Maitrisimit: Symposium anlässlich des 100. Jahrestages der Entzifferung des Tocharischen, Berlin, 3. und 4. April 2008*, Turnhout: Brepol, 2013, pp. 277-305, esp. pp. 298-299。

㉗ 内文与《大正新修大藏经》所辑诸本微有差异，兹另文论列。

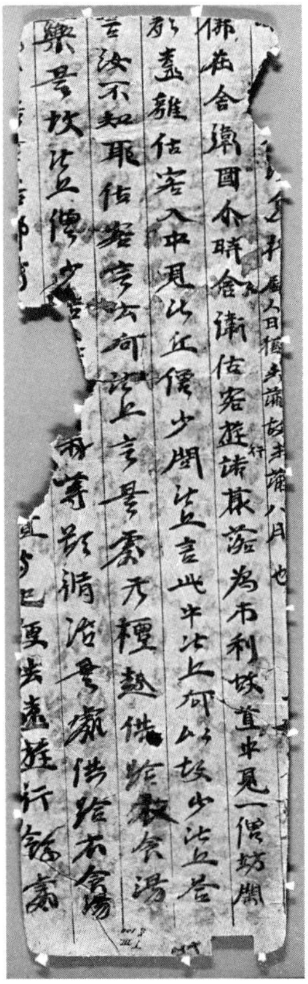
图2　THT558背面，抄写在先的鸠摩罗什译《十诵律》

地佛教而抄下的手稿或习作。具体来说，目前无法断定这是在何时何地抄成，但最后它辗转裁成龟兹语佛典的抄写用纸。这个例子足以启发人们考虑下述可能性，即纸不只可以被携带、传递或推销，也有可能是在汉地胡人主动学习、传抄的环境下传播到西域。1986年，桑德（Lore Sander）便已提出：

> 早期新疆［婆罗谜文］写本（约3—4世纪）的鉴别性特征之一是书写载体。从西北印度来的《大庄严论经》式写本都写在棕榈叶上，来自新疆的则写在纸上。所有迹象都指示，龟兹人（尤其是克孜尔）乃是塔里木盆地北缘中首先使用这种印度［笈多］文字的绿洲居民[28]。

虽然她的论点随着日后更多佉卢桦皮写本等资料的出现而有所更易——最重要的调整，是将其框架中新疆地区出现最早期的婆罗谜字体，即新疆笈多字体（Turkestan Gupta type），其概略年代从3—4世纪下修到4—5世纪，并把之后发展出来的早期新疆婆罗谜文（Early Turkestan Brahmi）的北道（Type 1）与南道（Type 2）变体均下修为5—6世纪[29]——上述看法仍然有其吸引力[30]。仅以物质环境而言，或许是由于贝叶、桦皮等材料或加工技术的稀缺，龟兹人最初开始书写自己的语言，其实与纸的推广互为表里。

对此，我们不妨思考，汉地纸质典籍西传之后，发挥了哪些作用。在文化交流高峰阶段，汉文经籍料想有启迪教化、经国治世之功；一旦功成身退，亦可转从物质层面促进各国识字教育与文化发展。一个有趣的例子是克孜尔出土德藏THT553：西格与西格凌只说从汉

㉘ 这里根据该氏论文的上下文，在译文中补充文意。原文为："One of the distinguishing features of the early Turkestan manuscripts (c. 3rd to 4th century A.D.) is the writing material. Manuscripts from Northwest India of the Kalpanāmaṇḍitikā-type are all writing on palm-leaf, those originating from Turkestan on paper. Every indication points toward the Tocharians of the oasis of Kučā (especially Qizil) as having been the first on the northern rim of the Tarim basin to have adpoted the India script."，引自氏撰 "Brāhmī scripts on the Eastern Silk Roads", *Studien zur Indologie und Iranistik*, vol. 11/12, 1986, p. 162。

㉙ L. Sander, "Remarks on the Formal Brahmi script from the Southern Silk Route", *Bulletin of the Asia Institute*, New Series, vol. 19, 2005 [2009], pp. 133-143, esp. p.135. 据该文分析，使用新疆笈多字体书写的是梵语及龟兹语佛典。不过必须注意，当年桑德氏分析主要对象是德藏佛典，基本不涉及文书、题记等类别，对于南道资料的调查也比较片面，所以其理论并非绝对性的。

㉚ 关联课题是，为何龟兹人选用婆罗谜文字——而不是早已广泛行用的佉卢文或其他文字——来写自己的语言。执笔者执行2015—2017年京都大学日本学术振兴会资助项目 "Dynamics of writing traditions on the Silk Road: a case study of Tocharian and other languages"（丝绸之路书写文化的互动与消长：以吐火罗语等诸胡语为例）期间，以 "Gāndhārī manuscripts and documents from Kuchean Buddhist monasteries" 为题，报告于第十八届国际佛学大会（2017年8月21—25日，多伦多大学），论文待刊。

文经卷剪裁重制而成[31]，它其实正是鸠摩罗什译《妙法莲华经》卷七，书法典雅而亦似十六国时期[32]。此刻难以推定鸠摩罗什译经究竟何时回溯本国，可是这些由汉地专业经生花了功夫制作的经卷，最终却被加工成抄写龟兹经典的书册。可见至少在某个历史阶段，大乘佛典并未受到充分尊重，即使其汉译主持者正是来自龟兹，并且相传出身王室贵胄[33]。

迄今，库车地区写本未曾充分受过古纸学检测[34]。然而如果要探讨在龟兹当地，纸张如何渐渐取代木简等材料，而这类字体比较特殊的婆罗谜文字以及龟兹语又是如何逐步代替了原本通行于西域诸国的佉卢文字与犍陀罗语，古纸分析或许能成为解决这一系列问题的方法之一。

三、浅介近年古纸分析进展

相较于以往古纸鉴定者习惯抽取少量纤维或纸缘零余进行玻片观察等消耗性分析，龙谷大学古籍数字化典藏研究中心开发了各种非破坏性方法。近年该团队最频繁使用的设备，是具备照相功能以及三维影像合成功能的高精度数字化光学显微镜Keyence VHX 500[35]，以及新一代结合微软Window 7窗口操作系统的Keyence VHX 5000[36]。它们样本台足够宽大，并搭配手动设定白平衡等自由调整参数功能，可以在不需制作玻片标本，也不需进行染色的条件下拍摄精致影像。

这类技术的应用，从许多方面推进甚至于修正了既有认识。举例而言，过去大谷收集品整理者注意到，其所谓《唐西州兵役关系文书》的大谷3028等系列文书以“粗纸”

㉛ E. Sieg and W. Siegling, *Tocharische Sprachreste, Sprach B, Heft 2, Fragmente Nr. 71-633,* Göttingen: Vandenhoeck & Ruprecht, 1953, pp. 348-349.

㉜ 执笔者与荻原裕敏于2010年7月完成了这类写在汉文佛经背面的写本原件调查工作，释录另行发表。附带一提，要是香川默识《西域考古图谱》（东京：国华社，1915年）下卷《佛典及佛典附录》（4）、（5）所刊库车《西凉建初七年（411）写妙法莲华经卷》等文献的出土地点记载无误，那么这些古老的写经也有可能是一度被视为制作龟兹本地经卷的书写素材而被保存下来的。

㉝ 伯希和（Paul Pelliot）对于鸠摩罗什生平采取了较具批判性的观点，参见张广达等译《关于鸠摩罗什札记》，朱玉麒主编《西域文史》第十辑，北京：科学出版社，2015年，1—14页。

㉞ 2014年7月，国际古纸学家协会（International Association of Paper Historians，简称IPH）会长黎谢尔曾短暂访问柏林科学院与柏林国家图书馆。可惜样本夹在老旧玻璃内，当下亦缺乏高倍显微镜，无法充分观测。另一方面，2013年1月29日，江南和幸以上一代设备Keyence VHX 500观察前述龙谷大学藏龟兹语小麦破历Ot. 12（MS00541）。唯当时未能有效鉴定纸浆成分，资料亦未发表。我们对于Ot. 12的纸质分析将另行发表于“Paper used in eighth-century Kucha: Discovery of cotton fibres within Chinese and Kuchean documents”，待刊。续见文末补注。

㉟ 三维合成影像：指显微镜以操作者设定的间距参数（最小到1μm = 1/10000 cm），自动连拍不同深度的表面影像，通常拍摄量为20张乃至150张照片。该组照片通过显微镜内建程序，合成为带有三度空间坐标轴而可以任意旋转的3D影像。将各深度聚焦最清楚的部分自动合成为二维之平面照片，称为三维合成影像。在本文及图版中标示星号*者均为三维合成影像。

㊱ Keyence VHX 5000倍率可达2000倍，解像度达20 000×20 000 Pixel。

图3　显微镜下的李柏文书
参见《文字の文化史》139页图52所刊照片，并见K. Enami et al. , “Origin of the difference”, p. 4附图

写成，掺有青色碎布[37]。显微分析确认这些青布的质料是大麻[38]（图版1，1）。麻布碎片不仅见于唐西州文书，还出现于4世纪李柏文书。它含有明显大麻线头及织物碎块，藤枝晃氏曾径述为旧麻布再制者[39]（图3）。可见虽然东汉以后，树皮捣浆渐趋主流，故衣旧网等再生资源的重要性仍不可小觑。至于经籍用纸，藤枝晃认为，大谷探险队在莫高窟买来的其中一件长卷《比丘含注戒本》，其纸背裱贴的另一件初唐风格书法的《大智度论》卷五〇乃是典型的唐代麻纸[40]。但是高倍率镜头下，这卷《大智度论》显然是楮纸[41]。

非破坏性显微观测的一大长处，在于能从各种倍率观察纸浆纤维的交错形态及其掺杂物分布。这对于分析原料复杂的纸品尤为便利。大宫图书馆藏北馆文书残片（大谷1003、1259）、周氏一族纳税文书（大谷5796-5799、5827、5832-5834）等著名吐鲁番出土唐代文书，纸表不时透出粟（foxtail millet，学名*Setaria italica*）的茎部表皮、刚毛，偶尔甚至出现内外稃皮（图4）[42]。这促始研究者收集各种现代植株标本，并发现包括大谷11032《前秦建元廿二年（386）大女刘弘妃随葬衣物疏》以及上述北馆文书、周氏一族纳税文书在内的不少吐鲁番出土汉文书，其纸浆主原料在麻、碎麻布等成分之外，还有粟的秸秆（以下略称“粟秸”）以及待定草类。惟其比例多寡不一，并间或施以淀粉[43]。若干文书例如大谷4886《高昌延昌二十（？）

[37] 参见小田义久编《大谷文书集成》第二卷，京都：法藏馆，1990年，7页。文欣在小田义久、陈国灿、刘安志、黄惠贤、荣新江等人研究的基础上，将这组文书定名为《唐垂拱三年（687）西州前庭府贾文聪诸色人等名籍（三）》，参见氏撰《吐鲁番阿斯塔那501号墓所出军事文书的整理——兼论府兵番代文书的运行及垂拱战时的西州前庭府》，《敦煌吐鲁番研究》第十卷，上海：上海古籍出版社，2007年，165—205页。

[38] K. Enami et al., “Origin of the difference”, pp. 8-9. 根据该文研究，间杂青麻布碎片的文书有大谷3021、3028、3381，皆与军事有关。

[39] 藤枝晃《文字の文化史》，138—140页。前几年坂本昭二在江南和幸、冈田至弘等人指导下分析李柏文书，观测资料尚未公布。

[40] 藤枝氏纸质鉴定见上山大峻编《敦煌写本本草集注序录·比丘含注戒本》，京都：法藏馆，1997年，210页。

[41] K. Enami et al., “Origin of the difference”, pp. 6-7; K. Enami et al., “Approach to the history of social and cultural life in Medieval China and Central Asia through the scientific analysis of paper”, in: Irina F. Popova 波波娃 and Liu Yi 刘屹(eds.), *Dunhuang Studies: Prospects and problems for the coming second century of research* 敦煌学：第二个百年的研究视角与问题，St. Petersburg: Slavia, p. 39。

[42] 此处刚毛（bristle）与稃皮（floret）的命名参照李扬汉《禾本科作物的型态与解剖》，上海：上海科学技术出版社，1979年。茎表皮鉴定主要依据中国科学院植物研究所编著《草类纤维》，北京：科学出版社，1973年等图鉴。

[43] 包括小麦淀粉与粟米淀粉。参见K. Enami et al., “Paper made from millet and grass fibre found in the secular documents of pre-Tang and Tang dynasty”, *Papers of the XXXIst International Congress of Paper Historians: Basel and the Upper Rhine Region 16 - 20 September 2012* [IPH Congress Book 19], Malmedy: IPH Office, 2012, pp. 149-159。

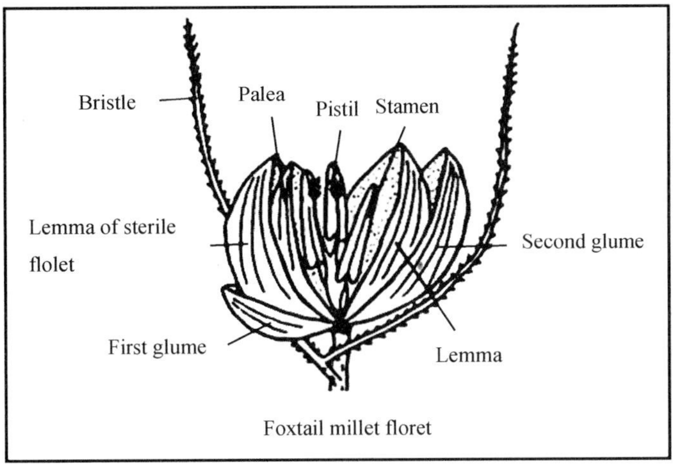

图4 粟的颖果构造（阪本宁男制图，江南和幸加工）

三年（583？）举钱契》，其桑科韧皮纤维间混杂木本表皮碎块，经鉴定为白桑（Morus alba），也就是最常供以养蚕的品种之一[44]。这些掺杂物的显著出现，一方面说明不少文书用纸的制造工序简易，不足以沉淀、滤除各种杂质；一方面也表明，西方人所谓“纸桑”（paper mulberry，可概指构树〈榖树〉、楮树一类）以及麻类的新鲜韧皮纤维在古代中国（包含吐鲁番地区）往往不敷供应[45]，以致纸工仍有必要混入旧布、绳网甚至于各种秸秆藁草。例如吐鲁番出土带有则天文字的大谷3370，经鉴定主成分可能是破布与粟秸[46]，历史学者则分析这件文书应当是武周圣历二年（699）沙州（敦煌）豆卢军为迎吐谷浑归朝之公文案卷[47]。敦煌吐鲁番文书的古纸学分析，推翻过去中日学界以为“草纸”——尤指稻草等藁草制作者——在宋代以后才开始出现的刻板印象[48]。

四、8世纪安西大都护府时期的龟兹当地用纸情况

相对于4世纪以降，纸张逐渐行用楼兰、高昌，龟兹情况又如何？648年以前，该地

㊹ K. Enami et al., “Origin of the difference in papermaking technologies”, pp. 4-6; K. Enami et al.; “Approach to the history of social and cultural life”, pp. 39-41. 本件年代尚有疑义，例如池田温读为卅（？）三年，《大谷文书集成》第三卷55页录为廿三年。陈国灿、刘安志《吐鲁番文书总目（日本收藏卷）》，武汉：武汉大学出版社，2005年，303页从池田说。

㊺ 承潘吉星、钱存训等人指出，高昌已经自行制纸，例如72TAM151：52《高昌逋人史延明等名籍》有“纸师隗头六奴”，参见唐长孺主编《吐鲁番出土文书》第贰卷，北京：文物出版社，1994年，106页。

㊻ K. Enami et al., “Origin of the difference in papermaking technologies”, p. 7, Table 1. 不过根据同一表格，文旨相同的沙州豆卢军案卷大谷3369、3366均为楮纸；另一件陈国灿、刘安志（上揭书104页）拟名为《武周长安二年（702）十二月沙州豆卢军牒敦煌县为征欠死官马肉钱付玉门军事》的大谷2840亦为楮纸，仅大谷3379为混合纸。

㊼ 参见陈国灿、刘安志《吐鲁番文书总目（日本收藏卷）》，168页。

㊽《史稿》92页；同氏《中国古代四大发明——源流、外传及世界影响》，北京：中国科学技术大学出版社，2002年，86页。

公私文书载体主要是木简。纸张之书写，基本限于佛教典籍之传抄。为了明了唐纸在当地的推广，我们2015年开始观测大宫图书馆藏库车出土汉文书。随即我们发觉，除了表面偶尔出现蛹蜕等虫体碎片，以及随处可见的污渍、沙粒、碳粒等附着物[49]，这些文书纸浆成分之复杂仍远远超出预期。以下选出几件略加说明（表1）：

表1

流水号	大谷文书编号	题名	出土地［整理者标注］	纸浆最主要原料	备注
1	1503	糜计量文书	D.A.［汉第一］	大麻、粟以及待定混合原料	发现凫禽羽绒
2	1514	性质不明文书断片	D.A.［汉第拾一］	大麻、旧纸 禾本科草料、芦苇等	实为税草或草料搬运文书
3	1529	社邑文书断片	D.A.［汉第廿一］	粟	
4	1546	官厅文书断片（第一片）	库车地区［库车地方汉第一］	大麻、粟、旧纸、破布、待定草料等	
5	8040	唐天宝五载典曹英俊牒状	库车地区［史九の一］	大麻	
6	8071	烽子阎敬元状上	库车地区［史一八の二］	大麻 粟（？）	
7	8074	安西（龟兹）差科簿	库车地区［史一八の五］	大麻 大麻制品（？）	

众所周知，唐代公文主要使用麻纸。表1中第5、6、7号样品都牵涉到缮写者后续的呈报递送，也就是说它们相对较符合藤枝晃、富谷至等学者对于“公文”的严格定义，不仅仅是个人手边记录。而这三件残纸的最主要原料确实都是大麻。兹录三件内容并重新拟名如下：

样本5—大谷8040《唐天宝五载二月典曹英俊牒为通掏拓单数事》

［前缺］

1　　　右被責令，通□□[50]掏拓單數如前。

2　牒件狀如前。謹牒。

3　　　　　　天寶五載二月　日典曹　英俊牒

样本6—大谷8071《唐年次未详烽子阎敬元状为请雇碛外代役者事》

---

[49] 许多附着物以及沾染的水状、油状物质乃因多数残片埋藏于灰坑或垃圾堆所致，参见庆昭蓉《重议柘厥地望——以早期探险队纪录与库车出土文书为中心》，朱玉麒主编《西域文史》第六辑，北京：科学出版社，2011年，167—189页。

[50] 应可复原为“上件”二字。

［前缺］

1　　　　　＿＿＿＿装，又蒙安置軄[51]，賞敬元種

2　　　　＿＿＿＿磧內烽館之人，具悉知委。先已

3　　　　＿＿＿＿烽子，東西交不自由，見今形體

4　　　＿＿＿＿斷悶其躲＿＿＿＿□君子急告

5　　＿＿＿＿君，今欲雇一人代役，請向磧外徵

6　　　　＿＿＿＿□請乞商量，聽裁。謹狀。

7　　　　＿＿＿＿狀

8　　　　＿＿＿＿年二月　日　烽子閻敬元狀上

样本7—大谷8074《唐年次未详（8世纪）龟兹差科簿》

［前缺］

1　　張遊藝　竇常清

2　六　人　鋤　苜　蓿

3　　吴兵馬使兩園家人拓羯　來富　拔勿爛　蘇達　素石　奴鷄子

4　三　人　花　林　園　役

5　　白支陁羡寧　□達磨大斯　姐渠元裕作人俱滿提

6　廿　人　單　貧　老　小　不　濟

7　　王子芝　□□□　田叔良　貴奴　任□□

8　□奴　　□＿＿＿＿　＿＿＿＿□＿＿＿＿

9　下[52]玉琳　□孝義　阿師奴　達磨失雞　□＿＿＿＿

10　元金剛　□崇俊　安拂延　李庭俊　＿＿＿＿

11　一　百　□　十　□　人　＿＿＿＿

［後缺］

样品5、6、7之纸质均甚粗糙。其中看起来最像纯麻纸的样本5《唐天宝五载二月典曹英俊牒为通掏拓单数事》纸色暗褐，麻筋明显（图版1，2、3），比一般唐代公文用麻纸更粗。新读出的“掏拓”二字（图5，1），提手边甚为完整，“拓”字右半部宛然可见，应无可疑[53]。

样本6《唐某年二月烽子阎敬元状为请雇碛外代役者事》亦可概略划分为粗麻纸（图版1，4），但含有疑似粟或縻的禾本科皮层，纸面亦浮出不少纤长的粟纤维（图版1，5、6），并非纯以大麻制成。内容方面，第2行开头与第8行末尾有同一件文书碎片之沾黏。第2行开头右上方沾黏的碎片有2行字（图5，2），第1行可以读为“□路”，

---

[51] 疑此处脱漏一“田”字，是则疑指安置于职田佃种或封赏职田而言。

[52] 可能是“下”或“方”。

[53] 其余讨论见庆昭蓉《第一次大谷探险队在库车地区的活动——从探险队员日记与出土胡汉文书谈起》，论文宣读于“丝绸之路与新疆出土文献”国际学术研讨会（旅顺，2017年11月5—8日），会议论文集待刊。

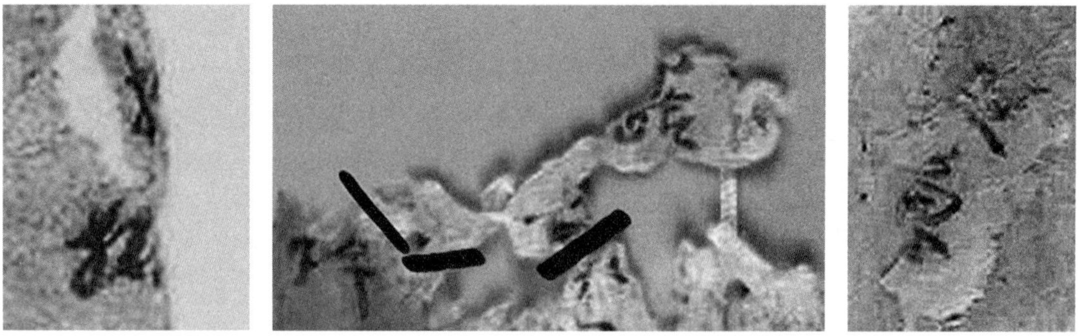

1　　2　　3

图5

1. 样本5（大谷8040）之"掏拓"残字　2. 样本6（大谷8071）之沾黏同件文书碎片一（黑线标示错误拼接处）

3. 样本6（大谷8071）之沾黏同件文书碎片二

（底图版权属于日本京都龙谷大学大宫图书馆）

其中第一个字右下角形似"ア"，第2行可以读为"石"，有可能本来位于这件文书最开头的部分。另一件沾黏碎片可读为"捉急"（图5，3），两件碎片均难以与残存本文直接拼缀。不过我们或许可以如此诠释：阎敬元其人或许可能是一名参战有功而行动不便的伤员。他被当局安置于龟兹，并分派田地耕种。由于某些原因，他得以豁免或减轻轮番上烽的义务，有关烽馆都知情。然而似乎有新上司到来，或者新规定发布，他被重新动员，催促上烽，甚至可能被拘束人身行动（"断闭其体"）[54]，只好紧急请求地位较高的收信人——不排除就是当初给他衣装、赏他种子的某一派军方势力——帮忙从碛外现有烽子中征求代役者。不易推定这样的紧急征调是否必然与四镇防势转趋严峻有关，不过这件文书仿佛透露了安西大都护府如何安置伤员老兵，而这些人又面临怎样的生活压力。

样本7历经众多学者阐析[55]，在此仅略修订右缘记载人数及若干胡名。其中，新读出的达磨大斯表示"法奴"，也就是梵语*Dharmadāsa*-或其胡语形式，例如龟兹语化形式*Dharmadāse*，前头疑冠胡姓而不能卒读。达摩失鸡乃龟兹语人名*Dharmaśke*的音写，义为"小法"，所谓"法"指佛教徒讲究的"正法"而言。俱满提应该是音写龟兹语化的梵语形式*Kumpante*或*Kumpanti*"葫芦"[56]。在发配锄苜蓿的六人之中，鹞子

---

[54] 断闭可指道路被隔断，例如《东观汉记》卷八《邓禹传》："道路断闭，委转不至，军士悉以果实为粮。"济南：齐鲁书社，2000年，64页。但这里看上下文，似乎更像是阎敬元个人的行动被限制了。

[55] 文欣已在王永兴、陈国灿、朱雷、池田温、西村元佑等人工作的基础上有所综合分析，见氏撰《唐代差科簿制作过程——从阿斯塔那61号墓所出役制文书谈起》，《历史研究》2007年第2期，43—59页，此不赘论。

[56] 存世文献并未提到龟兹葫芦栽培，但这里不妨指出，新编大谷11121—11140乃库车发现瓢皮文书，见2010年出版《大谷文书集成》第四卷203—204页。虽然在可以鉴定的范围内，其文字均属回鹘文与阿拉伯文，但由此可知瓢皮，也就是把葫芦瓜皮肉相连部位旋开成片而制成的葫芦干，也可以作为书写载体。《太平御览》卷七九七《四夷部》辑释道安《西域志》云"拘夷国北，去城数百里山上，有石骆驼，溺水滴下，以金铜铁及木器手掌承之皆漏，唯瓢瓠不漏，服之令人身臭，毛皮尽脱乃止"云云；玄奘《大唐西域記》卷一则载翻越跋禄迦以北之凌山"不得赭衣持瓠"，似均可证古代龟兹栽植葫芦。

令人想起辞义被推测含糊为乌鸦（crow）或八哥（myna）的龟兹语阴性名词*wrauña*，而*Wrau*是乃常见人名，虽然两者音义不完全吻合。素石的唐代发音经蒲立本（E. G. Pulleyblank）构拟为*sɔ-ʂhiajk[57]，是则可以联系到龟兹语“氐宿”的*suśākh*，佛教梵语形式为*viśākhā*-[58]。据此可以视苏达（*suə̆-tɦat）为另一人，可能是汉名，但也可能是简写含有梵语*sudhā*-开头的胡人名字[59]。拓羯一般认为与历史上以骁勇闻名的柘羯有关，不过这个词语之用于龟兹居民人名，或许只是因为这个名号在龟兹受到欢迎[60]。

样本7主原料也是大麻，并且整体纸质较样本5、6略佳。不过纸面依然随处可见未充分叩解的大麻纤维（图版1，7），还可以见到状似捻搓过的麻纤维。虽然我们不排除古人能够捻搓如此细致的麻线，不过这也可能是纸面浮出的麻纤维在收卷、埋藏或后续发掘、调阅的过程中偶然卷成（图6；图版1，8）。纸面还偶尔冒出染色纤维（图版2，1）。在此应当指出，从旧布、旧纸等既制品提取出来的再生纤维，由于已经遭受反复使用磨损，又再次捣烂入浆，其性状其实不易鉴定，亦难以计算精确百分比。更精准的数据，恐怕只有应用生物化学领域方面的成分分解或质谱分析之类的检验法才能导出，但这涉及标本的剪取或消耗，宜审慎为之。

图6　100倍镜头下的大谷8074（蓿字下方）*：疑似捻搓成束状的麻纤维（参见图版1，8）

过去定名为《糜计量文书》的样本1，实为同一文书的两件断片，纸面撕裂揉皱，彼此无法缀合，拟录如下：

样本1—大谷1503《唐某年安西（龟兹）行客等用粮帐》

（第一片）

［前缺］

1　______□[61]□合加五折稻計當□[62]______　______計月[63]粮玖佰叁拾玖佰叁拾玖______

---

[57] Edwin G. Pulleyblank, *Lexicon of reconstructed pronunciation in Early Middle Chinese, Late Middle Chinese, and Early Mandarin.* Vancouver: UBC press, 1991.

[58] 2018年1月25日获原裕敏指教。

[59] 该字义为“（1）安乐、愉快，美；（2）甘露、牛乳，白土、石灰”，见荻原云来《汉译对照梵和大辞典》，东京：讲谈社，1986年新装版，1480页。

[60] 庆昭蓉《库车出土文书中的粟特佛教徒》，《西域研究》2012年第2期，61页。

[61] 应可拟为“胜”字。

[62] 此残字似有“禾”字边，不排除为“税”字。

[63] 此残字亦似“日”或“用”，无法决定。

2　　壹□碩叁斗伍勝貳合床　貳伯

貳拾碩□______

3　　______□　陸伯捌碩

叁斗伍勝壹合______

［後缺］

（第二片）

［前缺］

1　□伯叁拾陸人行客□______

2　粮十九日計生陸□陳狀______

［後缺］

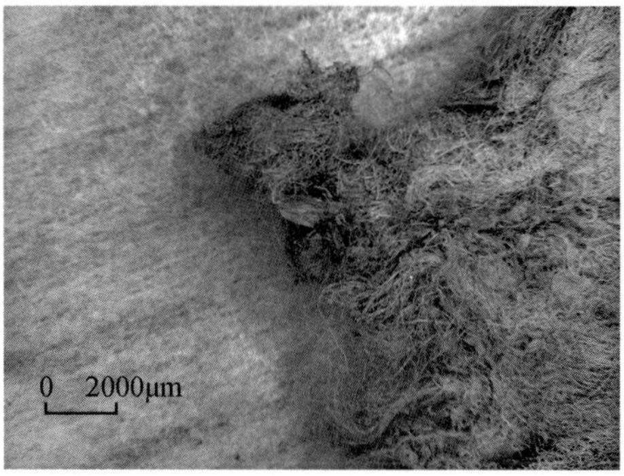

图7　20倍镜头下的大谷1503第二片纸缘一隅

这两片纸质极粗，颜色微泛红，放大后明显可以看出粗细、颜色、卷曲度与帚化程度有别的各种纤维，渗染墨痕的旧纸纤维，并掺混多种草本植物部位（图版2，2），包括粟的叶片基部里面（图版2，3），以及粟的叶片末端里面（图7；图版2，4）。它的内容有可能仅仅是仓曹等单位会计人员记下以备自己点算用，但如果录文“计生陆□陳狀”没有大谬，则这件出纳帐疑由“计生”所制[64]，也算是一件严格意义上的公文。

第二片新读出的“伯叁拾陆人行客”表示该月或该季度供应了包括行客在内至少136人以上的粮食，怀疑该项记录的是馆驿开支。至于第一片上出现的“稻”字，则是目前库车出土汉文书之孤例。执笔者曾指出，《大唐西域记》卷一载焉耆有“宿麦”（即播种越冬而发芽之春麦），但那可能是“稻、麦”之讹写[65]；同卷又载龟兹有“粳稻”[66]。稻米（龟兹语*klu*）并非龟兹主要粮食，不过当地不乏湿地，并且气候偏暖，疑稻米与孔雀类似，乃是从外地引进，精心栽培之特供。我们固然不妨假定，玄奘在龟兹见到的粳稻乃是外地贸易而来[67]，但這件文书现存第1行“加五折”令人联想到唐前期租庸调法中稻三斛折粟二斛之成规，即1.5份稻折为1份粟[68]。虽然唐前期羁縻州原则上不纳赋税[69]，并且稻作为“折色”主要应用于江南地区；可是既然这件纸质极为粗糙的

---

[64] “计生”一称尚乏例证，待考。

[65] Ching Ch.-j., *Secular documents in Tocharian: Buddhist economy and society in the Kucha region*, Paris：École Pratique des Hautes Études, Dissertation thesis, p. 62 n. 11.

[66] 季羡林等《大唐西域记校注》北京：中华书局，1985年，51页。

[67] 《汉书》卷九六上，3885页云汉代罽宾（犍陀罗地区）“地下湿、生稻”。

[68] 参见李锦绣《唐代财政史稿》第二册，北京：社会科学文献出版社，2007年，27—49页，尤见29—30页。

[69] 参见李锦绣《唐代财政史稿》第二册，24页。

文书上明白无误的提到“稻”以及供应行客等事项，亦可以假定唐代龟兹仍有小规模稻作，并且其征收与用度统计恐怕仍然套用唐代通行之恒等式。不论如何，这件文书的计算到合，数目、单位采用大写，就算它只是一件草稿，内容也是相当严谨的。

最近阐明为税草或草料搬运文书的样本2《崔进达等出车搬草簿》录文如下[70]：

［前缺］

1　□□□

西薩波

2　~~僧厄黎~~村崔進達車[一][乘]　□

3　　三[71]日般[孫]通六十束[五]日六十束　[六]日[五][廿]□

［后缺］

巧的是这件文书乍看像是粗麻纸（图8、图9），放大后却可以看到其他草本科纤维，树皮纤维含量相对不明显。我们看到墨迹斑驳的旧纸纤维，理论上不排除其中含有大麻、楮皮、苎麻等唐纸常用原料，不过在此之外，我们也注意到其中掺杂的一些植物遗留并不像麻，包括疑似粟的茎部表皮（图版2，5、6）以及疑似芦苇等草料的纤长纤维（图10、图11；图版2，7、8）。很难说这项巧合是否其来有自——也就是说，是否这件文书就是当地征来草料现作而成——然而这至少说明，安西大都护府时期的一部分地方官署用纸，使用掺混旧纸及大量草料的复合纸浆。不过由于这件文书含有厚重胶结剂，且表面污渍严重，在非破坏性检测前提下，不易一一鉴定原料品种。值得一提的是，继2009年发现高昌回鹘时期文书大量使用苇纸以来[72]，2012年龙谷大学团队又在武周时期西州柳中县官田租谷簿大谷1305发现线头与芦苇稃皮，尽管它的纸浆主成分是粟

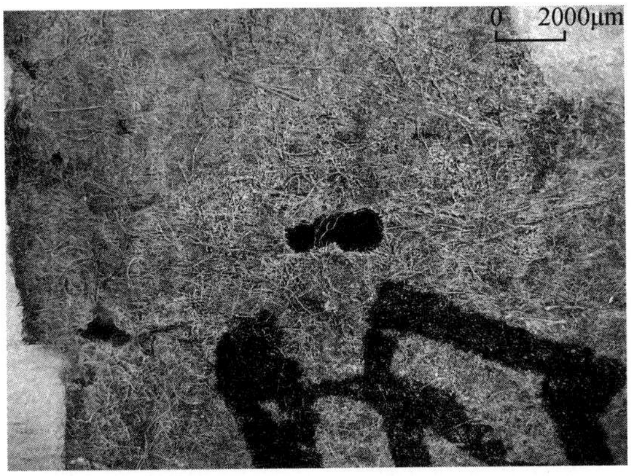

图8　20倍镜头下的大谷1514“西”字右方

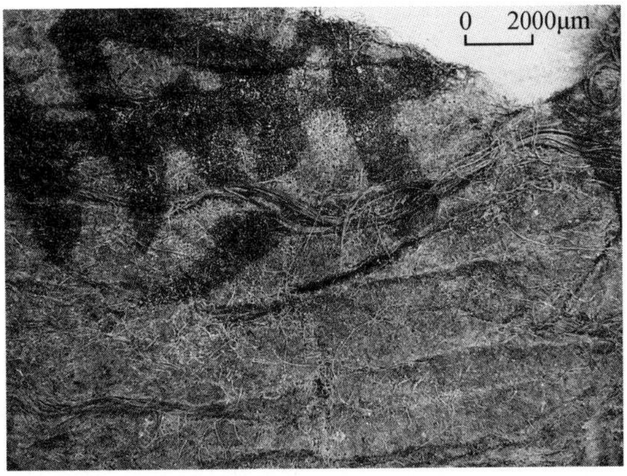

图9　20倍镜头下的大谷1514第二行“车”字

⑩ 录文参见庆昭蓉《离离原上草——从吐鲁番与库车出土文字资料谈西域北道之草资源》，载孟宪实、朱玉麒主编《探索西域文明——王炳华先生八十华诞祝寿论文集》，上海：中西书局，2017年，87—101页。

⑪ 疑实为“二”字，上头不慎多加墨点。

⑫ K. Enami et al., “Approach to the history of social and cultural life”, pp. 44-45.

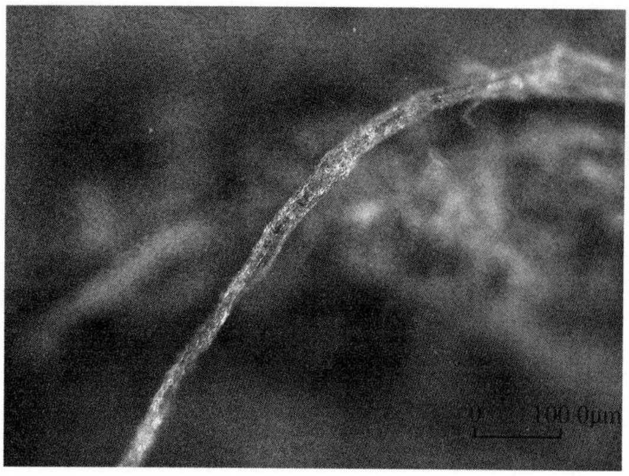

图10　500倍镜头下大谷1514第二行“车”字附近纤维*（图版2，7、8中柱状纤维往上延伸部分的放大）

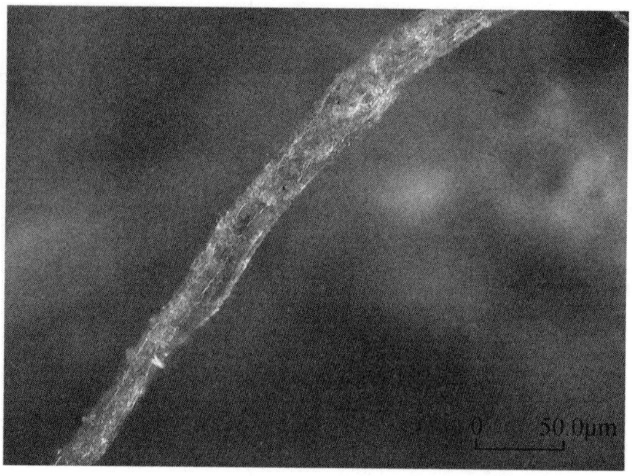

图11　同图10，1000倍镜头*（疑似芦苇或待定草料）

秸[73]。都勒都尔·阿护尔出土的样本2既暗示渭干河流域可能存在规模较大的屯田（粟草收割）以及沼泽、草甸开发活动，也促使我们考虑，唐代龟兹当地其实具备了造纸业所需的材料、水源与劳动力。

与此对照的是样本3之民间文书，兹录如下：

样本3—大谷1529

1　［　　］社户等——　［　　］

2　上件社户等，一望已後□［　　］

3　喧動社邑，牽及上下，恶口贏罵，□［　　］

4　□□望，不依社　［　　］

5　［　　］者，仰［　　］

［後缺］

其纸浆主原料是粟秸，但也含有其他次要成分，至少纸浆纤维间掺杂多种植物遗存（图版3，1—3）。以内容而言，它涉及某座佛教社邑内部纠纷以及社方仲裁，疑为公告于佛寺或信徒聚会场所布告，或者社内传阅的判决通知，由于前后有缺，性质上不排除为社司转帖，抑或是社条中的“偏条”或“偏案”[74]。

有趣的是，都勒都尔·阿护尔出土的大谷1503、1508、1535、1536等文书，均掺杂微量水鸟羽绒（图版3，4、5）。这类掺杂物在吐鲁番出土高昌回鹘时期文书屡见不鲜。羽绒之掺入，可能是使用芦苇等沼泽或草原植物制纸时，不小心混入茎叶间勾缠的羽毛所致。虽然理论上河陇以东也同样可能制造过类似的粗劣纸张，但至少以龙谷大学既有研究资料而言，至今并未在敦煌以东地区发现的古纸上看到羽绒掺杂。

---

[73] K. Enami et al., “Paper made from millet and grass”, p. 151, Table 1.

[74] 孟宪实《唐代西域的结社》曾对这件残文书有所触及，判断为社条一类，《西域研究》2009年第1期，1—12页。至于“偏条”或“偏案”，参见郝春文《中古时期社邑研究》，台北：新文丰出版公司，2006年，396页。

五、唐开元年间之“孝节”文书

表1中最有趣的是写有“孝节”字样的库车不明遗址出土样本4（图12）。鉴于“开”残字疑表示年号，且纸色偏浅白、具有一定透光度且表面略带绒感，这件文书和疑似与“孔目司文书”同时出土于克孜尔石窟的上述龟兹语佛寺小麦破用历Ot. 12[75]，成为准备本文之际最需核定纸质之首选。兹录前者如下：

大谷1546，第一片[76]

［前缺］

1　　　　開□

2　用府印　　□

3　　　　□□

4　將過孝節[共]□

［後缺］

倘“开”字理解为开元无误，这便是龙谷大学所藏库车出土汉文书之中纪年最早者[77]。“孝节”疑即开元七年即位龟兹王之白孝节[78]。虽然难以决定这件文书是否正巧写在其人即位前后，但倘若上述诠释不谬，则判词中提到孝节一行“将过”，也就是即将通过或访问某处的说法来看，第2行未钤印之某府，更可能是安西大都护府，而不是制度上由龟兹王自己统领的龟兹都督府。这呼应到第2行仅称“府”而不名：看来这件文书用不着发到龟兹之外的地区，倒像是安西大都护府与所辖机构的公文往来。

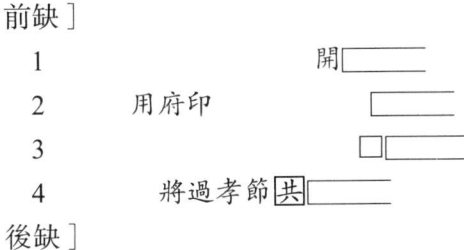

图12　大谷1546，第一片
（© 日本京都龙谷大学大宫图书馆）

在库车出土品中，这件文书本文字体尤显纤洁，判词则笔力遒劲，暗示其府署有司文笔娴熟，不似泛泛地方小吏。可堪玩味的是，要是这确实是安西大都护府行文并涉及

[75] 最近其出土地点进一步勘认到克孜尔石窟谷内区，参见《第一次大谷探险队在库车地区的活动》。

[76] 本号第二片内容与第一片无关，纸质亦不全然相同，兹从略。

[77] 大谷1521背面有一“开”字，亦可能是开元。“开”字亦有其他例证，例如库车出土大谷8062写有“右奉开府状上”，刘安志拟系于8世纪后半，见氏撰《唐代安西都护府对龟兹的治理》297页。唯以大谷1546而言，“开”字恰好位于“用府印”之前，与已知“张君义”文书等公文格式相比，更可能表示玄宗年号。“张君义”文书录文可参见刘安志《敦煌所出张君义文书与唐中宗景龙年间西域政局的变化》，载氏撰上揭书，117—119页。

[78] 整理者读为“李节”。白孝节事迹略考参见庆昭蓉《龟兹石窟现存题记中的龟兹国王》，《敦煌吐鲁番研究》第13卷，上海：上海古籍出版社，2013年，387—418页。

白孝节，且本来准备用印发递，那么判词之所以径称孝节其名而不称“王”或“都督”等头衔，恐怕书判者（疑即当时的安西大都护或暂代职务者）实权高于龟兹王族，所以如此从简。只是文书毕竟缺乏钤印，它是否确实发递出去仍属未知。虽然文书性质并未完全解决，兹将样本4暂时拟题为《唐开元某年安西大都护府行文为孝节将过事》。

样本4纸料复杂，放大后可以看到纸面冒出若干纤维团块，显然是从各种旧布捣制而来（图版3，6、7）。纸浆随处嵌有粟米刚毛（图版3，8），也见到疑似粟米（？）外壳的种壳（图版4，1），以及禾本科或芦苇的表皮或内皮（图版4，2）。在深色种壳的衬托下，可以认出楮皮（疑来自旧纸）、粟秸等多种成分。也就是说，纸浆主原料包括故纸、旧布与草料。尤其有趣的是，这件样本掺杂颜色较白皙的线头，以及若干色浅而纤长的纤维（图版4，3）。仔细观察之下，这张纸不但掺有染色麻等多种织物纤维，其所含小麦淀粉、小米（粟或糜）淀粉以及矿物性添加剂也是7种样本中最明显的（图版4，4、5）。类似线头与细长纤维，随即发现于同一天（2017年11月30日）观测的龟兹语寺院文书Ot. 12，本文执笔者假定其中若干带光泽而略为扭曲者是棉[79]。以往多数学者以为，由于成本考虑与栽植普遍性等原因，棉花很晚才应用于制纸[80]。但既然唐代龟兹已有规模可观的棉花栽植与织造，我们不妨考虑下述可能性，即8世纪龟兹语佛寺小麦破用历以及“孝节”文书的用纸都是西域制品，而且不排除就是龟兹本地生产者。

六、结语与展望

丝绸之路对于人类文明的重大贡献，向为学者津津乐道。要深入从物质文化与技术面探索其中纸张西传之课题，古纸学亦是不可或缺的一门领域。最近北京大学中国古代史研究中心“散藏吐鲁番文献整理小组”重新从大谷收集品、黄文弼收集品等多种收藏缀合出一份案卷，定名为《唐开元十六年西州都督府请纸案卷》。这件案卷表明，唐代公文用纸已有黄纸、案纸、次纸等几大类别[81]。可见唐代已经存在一般公文用纸与次等纸品的常态性区分。案纸、次纸质料差距如何，又是否可能进一步观测出产地差异，将是我们今后分析唐代官私文书纸质资料的方向之一。

---

[79] 理由是纸质虽薄，质感却与法国制Arches纸略有所似，而这种现代畅销水彩画纸传统上乃由100%旧棉布制成。在接下来的十天之内，我们共同确认了包括上述大谷11032《前秦建元廿二年大女刘弘妃随葬衣物疏》，以及2008—2010年江南和幸受吉田豊等氏委托观察过的佉卢字纸大谷6102、粟特字纸大谷6117等早期西域古纸，确实都含有棉纤维。我们将另行撰文发表，参见注34、85。

[80] 潘吉星《史稿》，7页；同氏《中国造纸史》，11—12页；钱存训《中国纸和印刷文化史》，2、60—61、62、276页。

[81] 雷闻《吐鲁番出土〈唐开元十六年西州都督府请纸案卷〉与唐代的公文用纸》，樊锦诗等主编《敦煌文献·考古·艺术综合研究——纪念向达先生诞辰110周年国际学术研讨会论文集》，北京：中华书局，2011年，423—444页。这里尤其应当指出，西州存在纸坊，并且当局发配囚犯去纸坊工作（参见72TAM167：3《唐配纸坊驱使残文书》，《吐鲁番出土文书》第肆卷，北京：文物出版社，1996年，385页），可知西州以及安西四镇流通的纸，恐怕有相当比例是吐鲁番地区制造者。既然西州有纸坊，便不能排除安西（龟兹）也有纸坊，毕竟从对于造纸业很重要的水资源上说，龟兹更加充足。

以现阶段结果而论，安西大都护府时期库车出土汉文书凸显了当时文书用纸的三大特点：一，纸浆原料的多样性；二，造纸工序的简化；三，旧纸、旧布的回收与再应用[82]。然而这只是西域用纸分析的出发点。由于既有图鉴收录品种有限[83]，我们分析时往往感到困难。尤其是龟兹地区用纸出现过去学者未曾见过的羼合料。例如性质同样属于税草或草料搬运文书的大谷1536，除了疑似粟的茎秆或者叶缘开裂碎片的植物部位（图版4，6、7），还含有其他带刺（图版4，8）或牙状突起者，目前难以鉴定物种。与其说这类纸张粗制滥造，不如说民间与官军物尽其用，将有限的物资发挥到最大效力。库车出土唐纸中的棉纤维更是深具启发性。由于以往据称含有棉纤维的西域古纸只有一种[84]，需要较多篇幅论证[85]，但棉料最初之用于制纸，恐怕与粟特、龟兹等胡人有关。如果这个看法没有太大偏差，那么棉纸（cotton paper）或棉混合纸（cotton mix paper）的出现，不但印证西域邦国之富庶，亦揭示造纸术在丝路上的转化与创新。然而，7世纪中期以降的龟兹，很快面临纸量需求繁重的唐朝公文运作制度。当地军民究竟如何运输、筹集或制造纸张，仍是未来必须继续研讨的课题。

论文执笔、图像加工：庆昭蓉

显微影像拍摄：江南和幸（图3之外的所有影像）、庆昭蓉（图10、图11）

显微影像版权：龙谷大学古籍数字化典藏研究中心

补注：本文临脱稿之际，承辛维廉（N. Sims-Williams）教授指教（2018年2月15日），得知黎谢尔女士在2014年夏季柏林行后，获得柏林亚州艺术博物馆提供小件叙利亚文景教写本纸样，在丹麦进行显微分析。该氏认为该种纸样不含楮皮、桑皮而含有比例较高的亚麻，其结果发表于2017年底出版的E. Hunter, J-F Coakley (eds.), *A Syriac service-book from Turfan: Museum für Asiatische Kunst, Berlin MS MIK III 45* [Berliner Turfantexte 39], Turnhout: Brepols附录。该书作者据此主张该件景教写本于木鹿抄制而成。由于该书提供的分析结果并未仔细解释何为亚麻纤维之特征，以及大麻、亚麻、苎麻等麻类纤维之区分，我们对此暂持保留态度，并期待看到更清晰的图像与分析。

---

[82] 目前关于古代中国再生纸（还魂纸）制造的资料不多。王菊华等《中国古代造纸工程技术史》238页疑宋代“杜纸”亦为一种再生纸，杜为假之意。

[83] 例如新疆地区分布的普通芦苇主要有三个生态种，但纤维或表皮图鉴并不指述这些区别，此外许多耐旱植物通常亦不在这类图鉴之列。

[84] 据称斯文·赫定曾将楼兰出土的3世纪古纸送交德国政府检验局鉴定，得知主成分为麻，并含少许棉、毛纤维，参见陈大川《中国造纸术盛衰史》，台北：中外出版社，1979年，60页及61页转载插图。图中清晰拍摄出棉纤维，陈氏怀疑是纸料使用高昌产棉布，或者纸品由华南输入所致。最近《工程技术史》在收入此项参考文献，存而不论之外（99—100页），另于214—215、279—287页指出，宁夏贺兰拜寺沟方塔出土西夏文佛经《吉祥遍至口和本续》之封皮由棉、麻制成，应为西夏后期制品，乃“迄今我国最早用棉花造纸的实物证据”（214页）。

[85] 详见Ch.-j. Ching et al., “Cotton fibres within pre-Islamic paper fragments unearthed from Chinese Turkestan”（新疆出土前伊斯兰时期古纸中的棉纤维），论文摘要于2018年1月23日提交El’Manuscript 写本遗产与信息技术2018年度大会。

Paper Used in the 8th Century Anxi Protectorate, Part I: Some Observations on the Chinese Document Fragments Kept in the Ryukoku University (Japan) Unearthed from Kucha

Ching Chao-jung & Enami Kazuyuki

Being an essential breakthrough of writing cultures, the invention of paper was one of the most important achievement in the cultural history and the history of technology. The spread of Chinese paper further promoted the scripture development and cultural exchange on the Silk Road. On the basis of Pan Jixing's *Zhongguo zaozhi jishu shigao* 中国造纸技术史稿 and other previous studies, the scientists affiliated to the Digital Archives Research Centre, Ryukoku University, have used non-destructive methods to analyze paper fragments unearthed from the Western Regions, which were collected by Otani Expeditions and now kept in the Omiya Libraryof Ryukoku University, as well as numerous Dunhuang scrolls kept in the *Bibliothèque nationale de France* and other institutes. Since 2015, under the project of "Manuscripts found from Kucha in the Otani Collection", we have started to observe ancient paper from Kucha and made important progress on the usage of paper and the development of paper industry on the northern rim of the Tarim Basin. As an introductory presentation of a series of our collaborative research papers, the present article selects several samples of Chinese documents in the Tang period, including Otani 8074, and gives brief historical, philological and microscopic explanation on them.

中国所出佉卢文书记载的古鄯善国刑罚及其源流

姜一秀

引　言

以佉卢文书写的犍陀罗语文献是丝绸之路上的重要史料，从19世纪后期开始，数百件佉卢文书在中国境内尼雅、楼兰等地出土，中国所出佉卢文世俗文书以国王诏书、法律文书、私人文书与账簿为主，记载了公元2—4世纪左右数代鄯善王二百余年间的大小事件。

本文讨论的是中国所出佉卢文书中的刑罚问题。虽然并没有任何一件文书直接揭示当时鄯善国的刑罚体系，但我们可以从大量文书提供的真实案例中窥知其体系及细节。佉卢文司法文书中多有对罪犯的判罚；大量司法文书与契约中，为了防止毁约和再次起诉，规定了对质疑宣判或试图毁约者的刑罚；而国王的诏令以及官员之间的通信，也有对特定案件给出判罚意见。

在段晴教授领衔的国家重大项目“丝路南道非汉语文书的释读与研究”课题的推动下，笔者得到研究新疆博物馆所藏三十余件未经释读的佉卢文书的机会。以这些文书提供的新信息为契机，笔者将在这篇文章中对中国所出佉卢文书中的刑罚问题做出汇总，从受刑者身份、罪行以及刑罚方式等方面考察鄯善的刑罚类别与特征。并且，结合同时代鄯善国周边文明中涉及刑罚的传世文献与出土文书，探寻其异同，并推测佉卢文书中刑罚可能的来源。

主要符号对照表

缩略语

KI. *Kharoṣṭhī Inscriptions, discovered by Sir Aurel Stein in Chinese Turkestan*. A. M. Boyer, E. J. Rapson, E. Senart & P. S. Noble. 1929. Oxford: Clarendon Press.

佉卢文书转写特殊符号

.... 字迹模糊，不可释读

(　) 字迹依稀辨认

[　] 字迹模糊或残缺，据相关材料复原

Obv. 正面

Rev. 背面
C. O. 封牍正面
C. R. 封牍背面
U. O. 底牍正面
U. R. 底牍背面

一、中国所出佉卢文书中的刑罚

资料来源

为了分析中国所出佉卢文书中的刑罚，我们考察的范围包括所有已发表的佉卢文书，特别是提及刑罚的数十件文书，即斯坦因发掘的、收录于*Kharoṣṭhī Inscriptions, discovered by Sir Aurel Stein in Chinese Turkestan*以及*Further Kharoṣṭhi Documents from Niya*之中的30余件文书，林梅村教授在其论文《新疆尼雅发现的佉卢文契约考释》中释读的放妻书，段晴教授释读的中国国家图书馆藏佉卢文书BH5-3《元孟八年土地买卖楔印契约》，和藏于青海藏医药文化博物馆的文牍0001、0002（详下注引），以及笔者释读的藏于新疆博物馆的3件文书。

佉卢文书中的刑罚类别

讨论佉卢文书中的刑罚类别，最直接的方法即是按文书中涉及刑罚的词汇来分类考察。综合所有相关文书，可以总结出10个表示不同刑罚范畴的词汇与词组。

需要注意的是，由于四种情况，不同文书中特定词汇的拼写常常有细微差异：首先，由于书吏自身的发音、书写习惯不同，特定词汇的拼写会略有不同，这就导致了佉卢文书中同一词汇的鼻音时有时无，清浊音、送气不送气音常常混淆的现象，有时候，这种差异是历史音变造成的，比如“国王”一词从raja到raya的变化[①]；第二，佉卢文中一些字母形态比较相近，特别是t、d一组，r、v、s一组，ts、bh一组，这三组字母在释读时常常相互混淆，一些表示元音的字母也较难辨认，比如“aṃ”仅用字母下方的一个弯勾表示，有时候表示“aṃ”的弯勾会和字母自然的弯曲混淆，加上这些文书历经千年的历史，字迹常有不清之处，导致释读者对同一个词所作的转写也会略有不同；第三，由于犍陀罗语是一种印度俗语，同梵语一样是一种高度屈折的语言，同一个动词词根常衍生出动名词、必要分词、过去分词等多种形式，因此，在讨论具体的词汇时候，也应考虑它的形态变化；最后，书吏们时而也会犯与语言习惯本身无关的错误，比如漏写、倒写字母等。因此，综上所述，在讨论具体词的时候，应该考虑它的近似形式、讹误和衍生形式，下文中默认的词汇形式均是文书中最常见的形式。

---

① 林梅村《佉卢文时代鄯善王朝世系研究》，《西域研究》1991年第1期，41页。

Daṃḍa

这个词与梵语中的daṇḍa同源，本义为“棍棒”，后引申出“权威”“惩罚”的含义。Daṃḍa在佉卢文书中出现的不同形式包括taṃṭa（KI. 429）、daṃḍa（KI. 345、461、489）、dhaṃḍa（KI. 580）、dhaṃta（KI. 348、419）。此外，还有它的必要分词形式daṃḍadavo（KI. 489）。

“Daṃḍa”一词常常与“prapta ca”连用，构成一个词组，例如taṃḍa prapta ca（KI. 425）、taṃḍa praptaṃ ca（KI. 437）、daṃḍa prapta ca（KI. 345）、daṃḍa praptaṃ（BH5-3）、daṃḍa prapta（放妻书、BH5-3）。Prapta相当于梵语的prāpta，是词根āp加前缀pra的过去分词，意为“达到的”、“得到的”，引申为“固定的”、“适宜的”，而“ca”一般认为等同于梵语“ca”，即连词“和”。关于这一词组的含义，有两种解释，有些学者，如林梅村教授在《新疆尼雅发现的佉卢文契约考释》中所述，认为“prapta”同样意为“惩罚”[②]，而布罗（T. Burrow）则认为这或许是Boyer等人转写方面的讹误，这个词组应转写为“daṃḍa praptaṃca”，因为“-aṃca”是尼雅的犍陀罗语中一种较为常见的表示复数的后缀[③]。考虑到包含“daṃḍa praptaṃ ca”的文书如KI. 345、KI. 437中动词使用的均是复数，而没有“ca”的几份文书，如段晴教授释读的中国国家图书馆藏佉卢文书中的“sarva eta daṃḍa prapta paḍicheyati”显然使用的是单数动词，因此，个人认为布罗一说似更为合理，这个词组可译为“既定的惩罚”。

“Daṃḍa”是中国所出佉卢文书中最常见的词汇之一，它的应用以以下文书为例，我将引文中的“daṃḍa”一词加粗，凸显出它在具体文书中的应用：

KI. 345，僧人Anaṃdaṣena在Cuǵopa处欠债30milima的粮食和15khi的酒，并且他有一位奴隶叫Budhagoṣa，Budhagoṣa偷窃了主簿Larsu以及Cuǵopa的丝绸、牲畜以及其他织物等财物[④]，价值100muli。僧人将这些钱归还给了他们，僧人欠王庭一头牛的罚款（se śramamna dvaraṣa aviṃdhama daraṃdaǵa huta go 1）。Larsu与Anaṃdaṣena商定，僧人将奴隶Budhagoṣa送给Larsu，抵偿他欠下的价值110muli的粮食以及绢，于是结清：“若之后有人想要改变审判结果，那么他在王庭便失去权威，他应受既定的惩罚，应付给国家（rayaka）绢30匹[⑤]，全部惩罚给出后，仍不能改变如上所写的判罚。”（puna eta aṃnyatha icheyaṃti karaṃnae maṃtra-vivata uthaveyaṃti taha te rayadvaraṃmi moha coraṃna apramaṃna **daṃda praptaṃ** ca bhaveyaṃti deyeyaṃti rayakaṃmi paṭa 20 10 sarva eta **daṃda** daditva avaśe ca eva eta bhaveyati yatha upari lihita）

---

② 林梅村《新疆尼雅发现的佉卢文契约考释》，《考古学报》1989年第1期，123页。

③ T. Burrow, *The Language of the Kharoṣṭhī Documents from Chinese Turkestan*, Cambridge: at the university press, 1937, pp. 25-26.

④ “cozbo”源自汉语“主簿”，见段晴教授《公元三世纪末鄯善王国的职官变革——以大主簿索哲伽为个例》，段晴、才洛太《青海藏医药文化博物馆藏佉卢文尺牍》，上海：中西书局，2016年，39—41页，下同。

⑤ paṭa即梵语paṭṭa，“绢”，在佉卢文书中没有修饰“paṭa”的量词，paṭa的数量在文书中从1至30不等。根据汉地习俗，如《明纪》中“死罪入缣二十匹”。转引自沈家本《历代刑法考》，北京：中华书局，1989年，443页。本文中的“绢”的量词也均暂用“匹”，这个问题仍待更深入的讨论。

KI. 348，这是一件契约，Tsuǵeṣra卖给Kilýaǵi一件kalaśa，立定契约，由Budharakṣi书写，并且宣布有一百年的时效。最后规定："谁在将来改变此法令，将给所有僧团绢5匹作为惩罚。"（ko pacākalami maṃtra nikhaliśati **dhaṃta** dheśati sarva saṃgaṣa paṭa 4 1）虽然似乎交易双方均不是僧人，只有书吏是僧人，但是若有人想要否认这件契约，应将惩罚交给所有僧团。

KI. 419，这是一份僧人之间买卖土地的契约，在契约最后规定："若有人将来第二次想要改变判决，他便在比丘僧团面前丧失权威，罚金绢5匹，惩罚为50下杖罚。"（ko a pacima-kalami bhiti vajo maṃtra nikhaleyati vikarida karaṃnae bhikṣu-saṃghaṣa puraṭhida apramana avidhama paṭa 4 1 **dhaṃta** prahara 20 20 10）

KI. 425，这是一份僧人参与的交易，文书有损毁，以至于内容并不完全清晰，文书最后规定："谁在将来要改变这纷争的判决，将在……面前（失去）权威，既定的惩罚piṃgaṃtsa……"（ko pacima kalaṃmi ichiyati aṃñatha karaṃnae vivata ga ... [muha]cotǵa apramana siyati tatra **taṃḍa prapta** ca piṃgaṃtsa...）

KI. 437，这是一份关于买卖女孩的契约，契约规定将来想要违约者："在王庭上将不再具有权威，并应接受相应的惩罚，一匹4岁的马匹，以及五十下杖罚。"（taha rayadvaraṃmi muha codataṃna apramaṃna ca bhaveyati **taṃḍa praptaṃ ca** deyāṃti [śam]ta catuvarṣaǵa aśpa paṃcaśa prahara）

KI. 461，这件楔形文书残破较多，应为大王诏书，有"śramaṃna sumata muṃtra biṃnita **daṃḍa**…"的文字，意为"沙门Sumata扰乱命令，惩罚是……"。

KI. 489，这是一份关于僧团纪律的文书。"若有比丘不参与僧团之事，应罚绢1匹；若有比丘不参与posatha仪式，他的惩罚是绢1匹；若有比丘于posatha仪式的征召时穿了家主的衣服，他的惩罚应是绢1匹；若有僧人杖罚其他僧人，轻则罚绢5匹，中则绢10匹，重则14……"（yo bhikṣu saṃgakarani na anuvarteyati taṣa .... dadavo paṭa 1 yo bhikṣu posathakam̄aya nānuvarteyati tasya **daṃḍa paṭa** 1 yo bhikṣu posathakam̄a nimaṃtresu grihasta coḋina praviśayāti taṣa **daṃḍadavo** paṭa 1 yo bhikṣu bhikṣusya prahara deyati mṛduka paṭa 4 1 madya paṭa daśa 10 asimatra paṃcadaśa 10 4 1...）

KI. 568，一件关于牲畜的契约，契约最后规定："将来想要改变关于羊的命令者，（将丧失）权威，并得到既定惩罚。"（yo pac̄a kalaṃmi paśu prace maṃtra nikhaleyati pramana **daṃḍa praptaṃ ca** bhaveyati）

KI. 580，这是一份安归伽王治下的契约，对于未来违反契约有两条规定，第一是："由此，谁若在将来询问、咨询、不同意，那么他于此王庭上将丧失权威。"（taha ko pacima kalaṃmi veteyati coteyati sajeyati taha iśa rayadvaraṃmi apramana muho codaṃna siyati），第二是："谁若第二次起诉这关于土地交易的命令，他的惩罚是交出3匹nakriṭha马匹，处70下杖罚。"（ko bhiti vara bhuma karaṃna maṃtra uthaveti taṣa **dhaṃḍa** deyaṃti aśpa tre nakriṭha prahara satati）

KI. 661，这篇文书是一份契约，但是不同于其他佉卢文书，契约日期记录的并非在某个鄯善王治下，而是于阗王Hinaza Deva Vijitasimha3年。这是一份关于骆驼交易的契约，虽然文书的语言似为一种方言，但是文书的内容、结构与其他文书没有什么区别，文书最后规定："谁未来若是对此骆驼一事质疑或问询，起诉此纷争，那么他将按照国法得到惩罚。"（yo pacema kali tasya uṭasya kidȧ cudiyadi vidiyadi vivadu uthaviyadi tȧna tatha **dhaḍu** dhinadi yatha rajadham̄u syadi）

BH.5-3，段晴教授释读的中国国家图书馆藏佉卢文书BH5-3《元孟八年土地买卖楔印契约》，在判定土地的所有权后，规定："谁日后欲得他种处理，他于王庭的状诉都将无效，将得到惩罚：四岁骟马，杖七十，这一切是将获得的惩罚。虽如此，以上所书，仍将维持。"（Ko pacima kalaṃmi icheyati eta aṃñatha karaṇae rayadvaraṃmi muhacotaṃna apramana bhaveyati **daṃḍa praptaṃ** taṃ catuvarṣaga śaṃḍa aśpaṇa prahara satati sarva eta **daṃḍa prapta** paḍicheyati emu eta bhaveyati yatha upari lihitaga）⑥

由林梅村教授发表于1989年第1期《考古学报》的《新疆尼雅发现的佉卢文契约考释》是一份离婚契约，2016年由吴赟培重新释读，并发表于《西域研究》2016年第3期上。其中便有一段非常具有典型性的对刑罚的规定，离婚协议已定，见证人已具名之后，契约又有如下一段话："日后凡对此尺牍欲谴责者，其申诉皆无效力。惩罚将受：将上交四岁之马一匹，杖七十。一切责罚已偿，此事仍依上书。"（ya vivata uthavaṃna ya ede muhacotaṃna apramāna siyati **daṃḍa prapta** dasyati catuvarṣaǵa aśpa 1 prahara 20 20 20 10 sarva eta aviṃdama śodhiṣyaṃti ema eda bhavayāti yatha upari lihitaǵa）⑦

新疆博物馆藏的两件编号不同的文书也包括了这个词汇，从内容和形式来看，这两件文书联系紧密，可能为同一件简牍的两部分，故将两件的转写、翻译均收入本文。

这是一份矩形木简，封牍部分封泥已缺损，正反面均有字，字迹清晰；底牍部分单面有字，有一块较大的缺损，但并不影响理解。

转写：

C. O.

封泥右侧：

1. itaṃ ca lihitaǵa śramaṃna śrirmi
2. traṣa paride bhrata praceya svarcika
3. ṣa aja thavitavo

封泥左侧：

4. eśa mudra śramaṃna śrirmitra saṃna

C. R.

1. śramaṃna saṃghadhiya sakṣi itaṃ ca lihitaǵa mahi tivira suǵe
2. yaṣa śramamna śrirmitra svarcikaṣa ca ajeṣaṃnae
3. sakṣi balobha sakṣi priyavata sakṣi ari salov́eta

---

⑥ 段晴《元孟八年土地买卖楔印契约国图：BH5-3》，《中国国家图书馆藏西域文书：梵语、佉卢文卷》，上海：中西书局，2013年，225—231页。

⑦ 吴赟培《和田博物馆藏佉卢文尺牍放妻书再释译》，《西域研究》2016年第3期，77页。

4. ko pačema kalaṃmi vivata utha[ve]yati **daṃḍa** davya ya aśpa vito 1

5. prahara 20 20 10

U. O.

1. saṃvatsare 20 maharayadirayas̱a mahanuava mahajiṭugha mayiri devaputras̱a mas̱e

2. [4] 4 1 divas̱e 10 4 iśa kṣ̄unaṃmi śramaṃna śrirmitras̱a uthida svarcikas̱a ajeṣaṃna

3. ....na bhratas̱a praceya saṃma saṃma sarajitaṃti nic̄aya kiḍaṃti bhetena praceya śra-

4. maṃna [śri]rmitras̱a putǵetsa uṭa 1 dida svarcikas̱a giṃnidavo aju kṣ̄una uvadaya-

5. -e bha ... ridena danagrahana nasti svarcikas̱a bhratas̱a praceya śramaṃna

6. śrirmi[tra] ... na gaṃdavo tatra sakṣ̄i ajhade jaṃna sakṣ̄i apsu voku sakṣ̄i

7. tsmaya....cara sakṣ̄i korara vuǧata sakṣ̄i śramaṃna mokṣ̄apriya....

翻译：

C. O.

这份文书来自沙门Śrirmitra，关于兄弟，请Svarcika现在保存。

此印为沙门Śrirmitra所承认。

C. R.

沙门Saṃghadhiya作为见证者，并且此文件由我、书记Suǵeya在沙门Śrirmitra与Svarcika的邀请下所写，证人Balobha、证人Priyavata、证人尊者Salov̓eta，任何人在未来有异议，惩罚是他应给出vito马一匹，杖罚50下。

U. O.

王中王大鄯善国大侍中马伊利天子20年9月14日，于此朝中，沙门Śrirmitra起诉，出于Svarcika的请求，关于兄弟得出了一致决定，关于兄弟，沙门Śrirmitra给出一头putǵetsa骆驼，Svarcika应得到它，从这一刻起……交易不存在，关于Svarcika的兄弟，沙门Śrirmitra……不应得到，于此，见证人众高贵的百姓，见证人水曹Voku，见证人Tsmaya……cara，见证人Korara Vuǧata，见证人沙门Mokṣ̄apriya。

综合以上文书，可知daṃḍa一词在两种情况下使用：在契约或判罚中对于第二次起诉、质疑的人使用；或者对于挑战权威者使用，如KI. 461中对于违反主簿命令者，KI. 489中对于扰乱僧团秩序的僧人。由于挑战、质疑判罚与契约实际上仍是在挑战王庭或僧团的权威，因此，可以说，这两种情况均是用以惩罚挑战权威者。

根据KI. 345可知，想要改变判罚的人应将daṃḍa上交给国家（rayaka），而在KI. 348之中，或许由于书吏是僧人，对于想要改变契约的人，惩罚应上交给僧团。由此推断，daṃḍa的执行者应是权威本身，惩罚若以罚金的形式施行，上交的对象即是权威机构。

Daṃḍa在文书中既可指罚金，亦可指杖罚等体罚，也可能由罚金与体罚两部分共同构成。当罚金与体罚都有时，daṃḍa一般作为它们的总称，只有在KI. 419中，daṃḍa特指了杖罚，没有包括进罚金，但这种情况很少。

因此，佉卢文书中daṃḍa应是权威机构对其挑战者施行的体罚或罚金的总称。

Aviṃdhama

这个词在佉卢文书中多次出现，借自巴克特利亚语的αβιυδαμο，可参考粟特语β nd'm[⑧]，含义为“惩罚”“罚金”。

“Aviṃdhama”一词在佉卢文书中也有多种形式，包括它的异写aviṃtama（KI. 209、571）、avitama（青海藏医药文化博物馆文牒二）、avidama（KI. 187、462）、aviṃdama（KI. 482、639、665、676、放妻书）、avidhama（KI. 419）、aviṃdhama（KI. 144），以及它的使动过去分词aviṃdamavita（KI. 204）。

包含了这个词汇的文书有以下数件：

KI. 144，Lẏipeya有奴隶名叫Kacana，Soǵana将Kacana殴打致死，如果调查清楚Kacana确实死于殴打，那么将以一个男人作为罚金（yati soǵanaṣa taḋidaǵena kacana mṛdaǵa siyati **aviṃdhama** manuśa vyochiṃnidavya）。

KI. 187，Kuv́aya、Moǵata、Cimola、Lẏimiṃna是四兄弟，从祖辈继承共同的农庄，并平分财产。其中幼弟Cimola殴打长兄Kuv́aya并且使其骨折，现在Cimola已被惩戒，他受了七十次杖罚，已受重伤。罚金是5 diṭhi[⑨]高的一个男人，这补偿已给出。从今以后，幼弟（应）被长兄打，儿子（应）被父亲打——于此便应有针对此（问题）的终结，这份文书针对家族，针对一而再（的问题），无论这些兄弟中的任何人互相针对，他们都应被阻止。（avi eṣu kaniṭhaǵa cimola kuv́ayaṣa taḋita aṭhi bhinita ahuno cimolaṣa śiṭha kiḋa prahara dita 20 20 20 10 bahu bhiṃna **aviṃdama** kiḋa maṃnuśa paṃca diṭhi taha ahuno ajuvadae kaniṭhaǵa bhrata jeṭha bhrata taḋeyati putra pita taḋeyati iṃthu taṣa śira kartavo utiśa eda lihikikaka piteyaṣa vaṃti yo eka bitiya ṣa vaṃti ede bhratarana avarajeyaṃti te varidavo）

KI. 204，这份文书只记录了头衔为jeṭha的Saṃjaka Mitro受罚金1头羊，30下杖罚（jeṭha saṃjaka mitroṣa ca tatra **aviṃdamavita** paśu 1 prahara 20 10），没有记载原因。

KI. 209是一份契约：“他们达成一致后，在证人面前做了决定，制定了若违反的合适罚金，并断绳……立下惩罚，对于在未来想要改变的人有适当的罚金，适当的罚金是一匹vito马与70下杖罚。”（samena sama sarajitaṃti sakṣ̄a purāṭha niceya kritaṃti **satriśa aviṃtama** sutra chiṃnitaṃti……tatra **satriśa aviṃtama** kritaṃti ko pačima aṃñatha iṣeyaṃti karaṃnae **satriśa aviṃtama** kritaṃti aśpa vito prahare 20 20 20 10）

KI. 345，此文书上文已录，僧人Anaṃdaṣena在Cuǵopa处欠债30milima的粮食和

---

⑧ N. Sims-Williams, *Bactrian Documents from Northern Afghanistan, II: Letters and Buddhist Texts*. Studies in the Khalili Collection, Volume III., 2007, London: The Nour Foundation, p. 184, p. 322.

⑨ maṃnuśa paṃca diṭhi，张雪杉译为“五尺男童”（《佉卢文世俗文书国际会议会议手册》，北京，2014年，31页），diṭhi相当于梵语中的disṭhi，W. Henning认为这个词相当于阿维斯陀语中的dištay-，即古希腊的度量衡λιχάς，拇指到食指的最大距离（W. B. Henning，“An astronomical chapter of the Bundahishn”，*Journal of the Royal Asiatic Society,* 74 (3-4), 1942，pp. 235-236），布罗不同意这个观点。段晴教授认为“尺牍”仿译自汉文“hasta-lekha”（Duan Qing，“Deed，Coins and King’s Title as Revealed in a Sanskrit Documenton Cloth from the 6th Century”，*Eurasian Studies IV*，2016，pp. 182-195），因此直接用“尺”直接对译diṭhi也并不准确。不过无论这一度量衡相当于汉尺或是阿维斯陀的dištay，五diṭhi的男人均应是未成年男子的身高。

15khi的酒，并且他的奴隶Budhagoṣa偷窃了主簿 Larsu以及Cuǵopa的丝绸、牲畜以及其他织物等财物，价值100muli。僧人将等值的钱付给了他们。僧人还欠法庭一头牛的罚金（se śramamna dvaraṣa **aviṃdhama** daraṃdaǵa huta go 1）。

KI. 419，这是一份僧人之间买卖土地的契约，契约规定，若有人将来第二次想要改变判决，他在比丘僧团面前丧失了权威，罚金绢5匹，惩罚为50下杖罚（ko a pac̄ima-kalami bhiti vajo maṃtra nikhaleyati vikarida karaṃnae bhikṣ̄u-saṃghaṣa puraṭhida apramana **avidhama** paṭa 4 1 dhaṃta prahara 20 20 10）。

KI. 462，这是一份人名列表，并有一段话："未到者处罚金：份粮10khi，杖罚15。"（ko tatra na aǵachati **avidama** paḱe aṃna khi 10 prahare 10 4 1）这份名单可能是应服徭役者的名单。

KI. 482，这是大王写给主簿的诏令，关于十户长与Karsenava（官职）侵吞Gaka的土地并砍伐Gaka树木的案件："之前的法律区分（两种情况），如果砍了有根的树，树仍存在，罚金为一匹马，如果树枝被砍断，则罚金为一头牛，并应受惩戒。"（purva dham̄a vibhaktaǵa yena samula vṛkṣ̄a chiṃnati tatra saṃta vṛkṣ̄a varidavo aśpa **aviṃdama** vṛkṣ̄aṣa lada chiṃnati [go] aviṃdama śiṭhidavya）

KI. 571，这是一份账簿（pravaṃnaga），涉及了若干交易，末尾有两条规定，一是："未来若谁（在）库吏与aǵeta（面前）询问、咨询，那么他在王庭上将丧失权威。"（ko pacima kalaṃmi v́asu aǵeta coteyati veteyati taha rayadvaraṃmi muho coṃdaṃna apramana siyati）⑩二是："谁若第二次对此命令起诉，罚金是一匹śaṃḍa马匹，处70下杖罚。"（ko bhitivara maṃtra uthaveyati śaṃḍa aśpa **aviṃtama** satati 20 20 20 10 prahara dadavo）

KI. 639，这是鄯善王给tasuca Kunala的诏令，精绝人因为他占道："如果根据他们自己的要求，他们要求一头牛作为桥的罚金。"（yati svachaṃtaǵa gachaṃti pirovaṣa **aviṃdama** gava pruchaṃti）

KI. 665，这是一件损坏严重的皮革文书，应为一封诏书，提到**aviṃdama**，但内容不详。

KI. 676，这是关于贼偷牛并食用一案的判决，盗贼偷走并吃掉了Tsimaya的六龄牛："考虑如此，我们决定（处以）三重罚金。Porbhaya、Tameca与Varpeya应给出六龄牛及牛犊一只，Racǵeya、Tsordhoe应交出三龄及牛犊一只，众盗贼应该交出这些，Tsimaya应带走。我们已决定给出五十下杖罚。"（udiśa triguna **aviṃdama** chiṃnidama ṣovarṣi gavi 1 vatsiya eka pāta porbhaya tameca varpeyaṣa ca viyoṣidavo trevarṣaǵa go 1 vatsiya tre pāta racǵeya tsordhoe viyoṣidavo edeṣa corana viyoṣidavo tsimayaṣa nidavo paṃ[caśa] paṃcaśa prahara ditama nic̄e[ya]）

和田博物馆藏佉卢文尺牍放妻书，上文已录："日后凡对此尺牍欲谴责者，其申

---

⑩ 关于"库吏"一词的翻译，见段晴《萨迦牟云的家园——以尼雅29号遗址出土佉卢文书观鄯善王国的家族与社会》，《西域研究》2016年第3期，54—64页。

诉皆无效力。惩罚将受：将上交四岁之马一匹，杖七十。一切责罚已偿，此事仍依上书。”（ya vivata uthavaṃna ya ede muhacotaṃna apramāna siyati daṃḍa prapta dasyati catuvarṣaǵa aśpa 1 prahara 20 20 20 10 sarva eta **aviṃdama** śodhiṣyaṃti ema eda bhavayāti yatha upari lihitaǵa）⑪

青海藏医药文化博物馆藏佉卢文书文牒二："若另有第二人推翻此项议案，杖50，以一匹（三）岁马作惩罚，而那个推翻此项议案的人仍然无效。”（ko bhiti eda maṃtra nikhaliśati prahara 20 20 10 **avitama** aśṕa [tri]varṣa apramana siyati）⑫

以上文书中作为aviṃdhama的有男人（manuśa）、牛（go）、羊（paśu）、马匹（aśpa）、绢（paṭa）、粮食（aṃna），根据语境，两处作为"aviṃdhama"的男人即奴隶。因此，在佉卢文书中，充当aviṃdhama的均是当时具有交换价值的"货品"。

Aviṃdhama作为罚金，上交的对象并不唯一。在KI. 345中，奴隶犯了偷窃罪，奴隶的主人既要向被盗者偿清偷窃物品的价值，又要交给法庭（dvara）一头牛作为aviṃdhama，在这件文书中，还明确说明想要改变审判结果的人，应将daṃḍa上交国家所有（rayaka）。而在KI. 676之中，盗贼交出的aviṃdhama，应由受害人带走。虽然大部分文书没有明确说明aviṃdhama应该交付谁，不过根据这两件文书分析，aviṃdhama作为罚金，既有补偿给受害方的情况，也有上交给法庭归国家所有的情况。

在大部分文书中，daṃḍa可以指代aviṃdhama，或者包括了aviṃdhama和其他刑罚，而aviṃdhama并不包括其他刑罚，只指罚金。仅在两份文书中不尽如此，一是KI. 676中的"triguna aviṃdama"，三重中包括了两重罚金与一重杖罚；而"放妻书"之中的aviṃdhama包括了罚金与杖罚两方面。可见，尽管aviṃdhama主要指赔偿或罚金，aviṃdhama与daṃḍa的界限并不完全清晰。

在佉卢文书中，aviṃdhama主要指赔付给利益被损失一方或交付王庭的具有交换价值的货品。

Muǵesa

这个词只出现于一件文书（KI. 591），布罗认为它的意思应该与aviṃdhama相近⑬，词源不清。

KI. 591这份文书是关于马的交易契约，最后规定："未来若谁询问、咨询（此事），那么他在王庭上将丧失权威；若谁在将来起诉想要改变此纷争，罚金是一匹śaṃḍa马与五十下杖罚。”（ko paċe kalaṃmi coteyati veteyati rayadvaraṃmi muho coṃdaṃna apramana siyati ko paċe kalaṃmi vivatha uveyati aṃñatha icheyati karaṃnae **muǵesa** giḋaṃti śaṃḍa aśpa 1 prahara 20 20 10）

从这件文书判断，这个词汇与aviṃdama是可互换的。

---

⑪ 吴赟培《和田博物馆藏佉卢文尺牍放妻书再释译》，77页。

⑫ 段晴、才洛太《青海藏医药文化博物馆藏佉卢文尺牍》，14页。

⑬ T. Burrow, 1937, p. 111.

Śiṭha

Śiṭha与梵语词根śās同源，意为“教诫、修正、惩戒”等，śiṭha是它的过去分词形式，布罗将此词译为“punished”或“punishment”，段晴教授认为此词意为“教训”[14]。在此文中，为了对佉卢文书中的刑罚进行全面的考察，亦把涉及此词的文书加入考察范围中。在以下的文书中，有时这个词汇既可能意为“教训”也可能意为“惩戒”，有些情况下，“教训”一词似更合适，而还有些情况下，“惩戒”一词似乎更合适。

Śiṭha这一形式出现于KI. 187、248、371、517，此外，还有它的必要分词形式śiṭhidavya（KI. 482）。

KI. 187，这件文书在aviṃdhama一节已引用过，Cimola殴打兄长之后：“现在cimola已经得到惩戒。”（ahuno cimolaṣa **śiṭha** kiḍa）

KI. 248，官员间的通信，提到应对女巫施行惩戒与追捕（……**śiṭha** nigraha siyati iṃthu ami ahuno khakhorna striyana **śiṭha** nigraha kartavya）。

KI. 371，鄯善王写给主簿的诏令，提到人人都应遵守主簿的命令，对于那些不遵守命令的dhamaka庄园的人（goṭhadar[e]），鄯善王与主簿将讯问他们，这些人将接受惩戒（iśemi **śiṭha** paḍichiṣyati）。

KI. 482前文已引用，伐树者除了交出相应的罚金之后，还应该受惩戒（**śiṭhidavya**）。

KI. 517，Cvalayiṃna和主簿给tasuca的令书，列出一系列名单后说明：“若你带来这里的人数不够，那么你要承受这些人的惩戒。”（ede jaṃna tade omaǵa iśa aniṣyatu yaṃ ca teṣa jaṃnasya **śiṭha** tuo paḍichiṣyatu）

在以上文书中，“śiṭha”的对象有女巫、殴打兄长者、不遵守主簿命令者、私自伐木违反法律（dhama）者、失职的官员，并没有“daṃḍa”一节中常见的想要改变契约或审判的情况。可能正如“śiṭha”一词本义所暗示的，这个词更偏重于对犯人的教诫，在KI. 248、KI. 371以及KI. 371之中，似乎“教训”或“惩罚”均可。而在KI. 517中，个人偏向翻译为“惩罚”，因为这件文书十分接近KI. 554：主簿命令，若水曹、tasuca与僧人没有带来信中要求的人员，应处杖罚；并且，在KI. 462，KI. 609中，没有按要求集中的平民，皆要受罚金与杖罚，这可能便是KI. 517“这些人的惩戒”的所指。

Prahara

佉卢文书中的体罚中最常见的便是prahara，这个词相当于梵语的“prahāra”，来自词根hṛ加上前缀pra，本义为向前带，引申为“抛出、打击”，在佉卢文书中一般表示一种“打击”的刑罚，布罗多译为“blow”。

Prahara在佉卢文书中的形式有单数prahara（KI. 187、204、325、419、437、BH5-3、放妻书、青海藏医药文化博物馆文牒一），复数形式prahare（KI. 209、462，554，

---

⑭ 段晴、才洛太《青海藏医药文化博物馆藏佉卢文尺牍》，50页。

609），以及必要分词praharidavo（KI. 125、青海藏医药文化博物馆文牍二）。

以下文书提及了具体的“prahara”：

KI. 125是楔形木简，为鄯善王下达的诏令，如果尊者Apeṃna作为一位acoviṃna（含义不清）而“没有带来任何马或骆驼[15]，他的兄弟与子嗣要被杖罚”（kiṃcana stora na aneṣyati bhradara putra **praharidavo**）。

KI. 187，上文已录，殴打了兄长的Cimola受了70下杖罚。

KI. 204，上文已录，头衔为jeṭha的Saṃjaka Mitro被罚1头羊以及30下杖罚（jeṭha saṃjaka mitroṣa ca tatra aviṃdamavita paśu 1 **prahara** 20 10），原因不详。

KI. 209，上文已录，这是一份契约，对于想要改变契约的人，既定的惩罚是一匹vito马与70下杖罚。

KI. 325，这份文书残破不全，应也是一份契约，最后规定：“若有谁将来（提出异议），应处50杖罚，胡子全部剃掉。”（ko pačima ... tasyati **prahara** 20 20 [10] maṣu ṣarva khoritaǵa）

KI. 419，上文已录，此文书是僧人之间的地契，末尾规定，若有人将来第二次想要改变判决，他将在比丘僧团面前丧失权威，罚金绢5匹，惩罚为50下杖罚。

KI. 437，上文已录，这是一份买卖女孩的契约，违约者的惩罚包括一匹4岁的马匹，以及50下杖罚。

KI. 462，上文已录，可能是对未服徭役者的惩罚，处罚份粮10khi，杖罚15。

KI. 554，这是两位主簿给水曹、tasuca与僧人下达的命令，让他们今日尽快领来自Puṃni以来的一切官员、家主、僧人、婆罗门以及vurcuǵa，若他们没有带来这些人，受50下杖罚。（ede jaṃna aja na iśa anisyatu **prahar**[e] 20 20 10）

KI. 609，人名列表，并说明：“没有来这里的人，处以杖罚30，一只vito羊。”（kiṃna atra na eśati triśa **prahare** 20 10 vito paśu 1）

中国国家图书馆BH5-3，上文已录，对于未来想要改变判决的人，罚四岁骟马，杖七十。

和田博物馆藏佉卢文尺牍放妻书，将来谁若谴责判罚，应上交四岁马一匹，杖70。

青海藏医药文化博物馆藏佉卢文书文牍一：“若是有人第二次提出意见，将被杖打一百，将被放置木楔于生殖器中，将被割除睾丸。”（ko biti vara maṃtra uthaviśati śada **praharidavo** jivyami khila tharidavo muṣǵa chiṃnidavo）[16]

青海藏医药文化博物馆藏佉卢文书文牍二：“若另有第二人推翻此项议案，杖50，以一匹（三）岁马作惩罚，而那个推翻此项议案的人仍然无效。”

此次新释读的新疆博物馆藏买卖骆驼的契约书（全文见“muṣǵa chiṃnidavo”一节），规定：“谁若是第二次提出起诉，将会给予他杖罚，并且割掉他的睾丸。”（biti vara garahiṣyati sya[ti] **prahara** dadavo gvuṣka muṣǵa chinidavo）

---

⑮ T. Burrow, 1937, p. 132.

⑯ 段晴、才洛太《青海藏医药文化博物馆藏佉卢文尺牍》，6页。

另一篇上文已录的新疆博物馆藏关于沙门Śrirmitra的判决书，规定："任何人在未来有异议，他应受惩罚：vito马一匹，杖罚50下。"（ko pačema kalaṃmi vivata utha[ve] yati daṃḍa davya ya aśpa vito 1 **prahara** 20 20 10）

还有一篇未发表的、此次释读的新疆博物馆藏简牍也提到了prahara，这是一件矩形简牍的底牍部分，封检可能已丢失，木牍破损严重，有纵向三道主要裂痕，横向一道裂痕，还有些较浅的裂痕，有字迹面左下部分缺损。单面有字，字迹较为清晰，但由于底牍断裂处较多，部分字迹难以辨认。现将这份文书的转写与翻译录于下方：

转写：

1. saṃvatsare 20 2 maharayadirayaṣa mahanuava mahajiṭuga mayiri devaputraṣa maṣe prathame (di)vaṣe 4 1 iśa kṣunammi kreyabala

2. (....rma)ṣa ca sarajitam ti asti puṃñabalaṃmi tivira lẏipa ca v́asu saluv́eya ṣaca uthitaṃti ca(lma)[da]naṃ(de) cina soṃdaraṣa ma....yae

3. ....(rśa) (a)nitaṃti ede tivira lẏipatǵa v́asu saluv́eyaṣa ca na(ra) mṛtaṃti cina soṃdara agata bhaṭaae karaniyaṃnae .... u

4. thita cina soṃdarena saṃñati kṛta yathā purvikaṣa bhaṭaae pita jana lẏipatǵa saluv́eya ṣaca aniti huati bhiti vara a

5. hunu kreya soṃdaraṣa paride niyida yo goṭhi yi(ṭha) ḍhi [ra](ya)kaṃmi hu(da) priyojena sa(dha) jivaṃti aṃgoñkasya ṣa puraṭha ni....

6. kṛtaṃti kathā eva bhiti ichiṣyati asimatra bhaṭanae (oḍiti) ichiṣyati dura oḍitaṃnae avi ca kreya uthiṣyati

7. bhaṭaae ichiṣyati dvara oḍitaṃnae yathā purva tivira [lẏipatǵa] v́asu saluv́eya ṣaca paride (sa)kṣi la(dha)ǵa (tri)thā lekha lihi

8. taǵa tena hastalekhena bhaṭaaeni bhavitavo kathā (bhaṭaae) uthiṣyati ....(ya)na ichiṣyati dura oḍitaṃnae caǵu....

9. jiviṣena sadṛṛkṣani bhavidavo lihitaǵa pura(ṭha) maha(tvaa)na rajadharaǵena (cozbo) (asi)yata (na)ṭha.... ṣaca anati....

10. ....mahi divi maṃtra ca .... kri.... e bhayāti karaṃnae prahara daṃdati 20 20 20 10 dada[vo]

翻译：

王中王、大侍中、大鄯善天子马伊利22年岁首5日，于此时，Kreyabala与……达成一致，于Puṃñabala之中，书吏Lẏipa以及库吏Saluv́eya一同起诉，从Calmadana带来了Cina（的）Soṃdara的……书吏lẏipatǵa与库吏saluv́eya拥有的男人死去了，Cina的Soṃdara来了，为了买Bhaṭaae……起诉，cina的Soṃdara得知，正如之前Bhaṭaae的父亲一样买下了，人们再次带来Lẏipatǵa同Saluv́eya，这是第二次了。现在Kreya从Soṃdara那里被带来，庄园的yiṭhaḍhi收为国家所有，同Proyaja一同生活。Aṃgoñkasya在场……他们买了，由于他再次非常希望释放Bhaṭaae，他想要远远地释放他。并且，Kreya将来若起诉，若希望如同之前从书吏Lẏipatǵa与库吏Saluv́eya两人处释放Bhaṭaae一样，他得到证人并第三次写下信件，这尺牍应属于Bhaṭaae，若Bhaṭaae以后起诉并想远远地释放……Caǵu、Jiviṣena应属于Sadrṛkṣa，这是在伟大的王权见证下写下的，主簿同……领命……我的第二次命令……应给杖罚70下。

根据以上文书，可以概括出prahara的一些施行细则。首先，已知文书中prahara的次数可分为5档，即15下、30下、50下、70下和100下，其中以50下杖罚出现的次数最多，有6次，其次为70下、30下，而100下与15下杖罚的情况仅仅出现过2次。至于受刑人，无论他的身份是僧人还是官员如水曹（apsu）、Tasuca，在重新上诉或违反权威的情况下，都一样会受杖罚，杖罚的次数也并不会比相同情形下平民所受的少。对于杖罚的刑具、在哪里施行、由谁来施行，文书均没有提到，我们只能根据KI. 187的70下杖罚已能造成重伤这一事实推测70下杖罚应为重刑。

佉卢文书中的prahara是一种击打类的体罚，70下便会造成严重的伤情，官员及僧人没有豁免权，具体行刑方式不详。

Nigraha

这个词与梵语词根ni-grah同源，表示抓住，引申为“惩罚”、“囚禁”，在佉卢文书中出现过两次，即KI. 248、272。

KI. 248是一封书信，提到应对女巫施行惩治与囚禁。（......śiṭha nigraha siyati iṃthu ami ahuno khakhorna striyana śiṭha **nigraha** kartavya）

KI. 272是鄯善王的诏令，在书信最后，国王规定违抗主簿索哲伽者应送至王庭，并接受囚禁。（yo maṃnuṣa cozbo soṃjakena abomata kariśati se maṃnuśa iśa rayadvaraṃmi viṣajidavo iśemi **nigraha** labhiṣyati）

两处被判处nigraha的对象均类似于被śiṭha的对象——针对女巫以及违抗主簿命令的人，由于文书中没有提供任何细节，难以判断nigraha是广义的“惩罚”还是狭义的“囚禁”，若是狭义的囚禁，具体的场所与规定也是未知的。

Hastagada

这个词等同于梵语hasta-gata，字面意思为“掌控”，引申为“控制着”，布罗译作“in custody”，林梅村教授译作“拘捕”、“关押”[⑰]，即候审时的羁押。这个词在佉卢文书中出现次数极多，它通常是大王审理案件的诏书中的固定用语，出现在文书的最后一句，“ede hastagada rayadvaraṃmi viṣajidavo”（他们应押送至王庭）。含有此词汇的文书包括KI. 1、6、7、9、11、12、15、18、24、27、29、32、33、37、39、45、47、49、53、61、62、63、71、124、140、192、223、235、240、262、265、286、297、312、352、356、364、386、393、399、408、423、433、471、473、479、480、481、482、492、503、508、526、528、530、537、538、540、542、545、548、551、

⑰ 林梅村《沙海古卷：中国所出佉卢文书（初集）》，北京：文物出版社，1988年，36—37页。

555、606、636、719、729、734、736、738、739、741、769。

举例而言，应押送至王庭审讯的情况有两种：

KI. 356，这是大王写给主簿的诏令，让主簿处理Budhasena和Kolýisa关于骆驼的争端，若有他种情况和不清楚之处，他们应被押送到王庭，再做决定。（yadi aṃñatha siyati atra na bujiśasi **hastagada** abramo iśa rayadvaraṃmi visajidavo niče hakṣ̄ati）

KI. 399，这件文书是Oǵu Ciṃnaphara与主簿 Cinyaśa写给主簿 Ṣamaṣena的长信，提到主簿若不同意，则应将犯人押送到王庭审问。（yati na sarajiśatu **hastagata** iśa rayadvaraṃmi ativaditavya）

一般包含hastaga一词的文书均是大王或其他官员写给主簿的信件，可见主簿多负责判案。另外无论是情况变化，还是主簿对案情有不清楚、不同意的地方，总之凡是出现需要口头审讯的情况，案件中的双方都应押送至王庭。

Baṃdhana

Baṃdhana与梵语词根“bandh”同源，baṃdhana是其动名词形式，意思有多重，包括“丝线”“束缚”“囚禁”等，在佉卢文书中，“baṃdhana”多次以“丝线”的含义出现，而“束缚”这个意象仅在KI. 347中出现，布罗做“take into custody”，即“囚禁”解。

KI. 347是一封书信，此时主簿正带着关于potǵe的令书赶来，“Caule既不能够阻断他的去路也不能囚禁他”（ma imci caule paṃtha chiṃniṣya nevi **baṃdhana** ṣayiṣyati）。从字面的意思理解，Caule应是王庭或关卡等重要位置的守卫，若有人私闯，便会阻断他的去路或囚禁此人，baṃdhana或许是特指此种囚禁，但是资料不足，无法得出确切结论。

Maṣu Khoritaǵa

Maṣu与梵语śmaśru同源，即胡须，khoritaǵa与梵语词根khur同源，是这个词的被动过去分词形式，意为“剃除”，这种刑罚仅出现一次，即在KI. 325之中。虽然这份文书残破不全，但根据上下文推断，应也是一份契约，最后规定：“若有任何人将来（提出异议），应处50杖罚，胡子全部剃掉。”（ko pačima ... tasyati prahara 20 20 [10] **maṣu ṣarva** khoritaǵa）

Muṣǵa Chiṃdavo

Muṣǵa即梵语muṣka，原意“小老鼠”，引申为“睾丸”，chiṃdati与梵语词根chid同源，意为“切断”，这里是它的必要分词形式。此种刑罚出现在两件文书中，第一件是段晴教授解读的青海藏医药文化博物馆藏的一份契约：“若是有人第二次提出意见，将被杖打一百，将被放置木楔于生殖器中，将被割除睾丸。”（ko biti vara maṃtra uthaviśati śada praharidavo jivyami khila tharidavo **muṣǵa chiṃnidavo**）

另一份则藏于新疆博物馆，它的释读还未曾发表，现将转写、翻译录于下方。这是一份矩形简牍的一部分，封检已遗失，只剩下木牍，单面有字，字迹清晰：

转写：

1. saṃvatsare [20] 10 mañanuava maharaya jiṭumǵa aṃguv́aka devaputrasa̱ mase̱ 2 divase̱ 4 iśa kṣ̄unaṃmi rayadvaraṃmi vyokṣ̄iṃ

2. nidadi [gu]śura viharavala vugaj́a aṭhama ajhi [ḍha]payasa̱ ca hastama pruchidaṃdi cayaasa̱ paride sig̃aya pa

3. rvadami [pa]rikrayena ut a nida se uṭa mṛta tasa̱ lote trevarṣi uṭi caya nida mṛ[ta]ǵa uṭasa̱ muli paśu paṃ....

4. ta 10 sig̃ayasa̱ viyoṣidavo cayaasa̱ paḍichidavo punu sig̃ayasa̱ duvarṣa [2] uṭana cayaasa̱ taṃti mṛta

5. vaṃti du[va]rṣaǵa uṭa cayaasa̱ viyoṣidavo sig̃ayasa̱ paḍichidavo yo e[da] vivada biti vara garahiṣya

6. ti sya[ti] prahara dadavo (gvuṣka) **muṣǵa** chinidavo⑱

翻译：

于大鄯善大王侍中安归伽天子30年2月4日，在此朝上、王庭之中做出裁决，宰臣精舍护卫Tugaj́a、Aṭhama、Dhapaya共同问询了此件纠纷：从Cayaa那里，Sig̃aya在山中通过租借带走了一只骆驼，这骆驼死了，它的补偿是三岁的母骆驼，Cayaa领走了，这死去的骆驼的价钱（值）10只牲口，Sig̃aya应交出，Cayaa应接受，还有一次，Sig̃aya的两头二岁的骆驼给了Cayaa，针对那死去的（骆驼），Cayaa应交出两岁的骆驼，Sig̃aya应接受。谁若是第二次对此争议提出起诉，将会给予他杖罚，并且应割掉他的睾丸。

在这两份文书中，“muṣǵa chiṃdavo”都是对于第二次提请诉讼者而提出的预防性刑罚，并且与杖罚同时出现，取代了一般同时与杖罚判处的罚金。作为与杖罚同时出现的、预防性的肉刑，无论是“割除睾丸”还是上一节的“剔除胡须”，都是旨在去除男性化特征。由于这两种都是预防性的措施，并且在佉卢文书中，其实并无第二次上诉并得到相应惩罚的记录，这些刑罚很难说是否确实施行过。

佉卢文书中的判罚

佉卢文书中的刑罚，一些意图在于解决纠纷，另一些则用以解决其他不当行为。

佉卢文书中的法律文书、诏书谕令记录了大量民间纠纷（hastama，vivada），其中只有一小部分纠纷被判处了罚金（aviṃdhama）或惩罚（daṃḍa）。

在佉卢文书记录的纠纷之中，有很多今天看来一方属于犯罪行为的案件却并没有被

---

⑱ gvuṣka一词暂时不明，从字体角度来看，最接近cuṣbha，但不可解，或许可读为gvuṣka，接近巴列维语gōš-，耳朵，加入指小的后缀-ka，割去耳朵也是较为常见的刑罚，如中国的“刵刑”，《尚书》传曰：“刵，截耳，刑之轻者。”转引自沈家本《历代刑法考》，194页。也可能为gvuṣṭa，接近巴列维语gund-，同样意为“睾丸”，但这两种解释均较为牵强。

明确判罚罚金或体罚。例如偷窃行为，KI. 17，Maṣḍhiǵe与Pǵeya偷窃了Kreya与Ṣulẏita隐藏的pothi（具体含义仍未破译），国王仅仅诏令他们归还所取得的，过多的不应不法地给出（eda edeṣa vyoṣidavya ajhi adhaṁena na iṃci vyoṣidavya）；又如在KI. 33中，Suǵi偷窃自己奴隶的财产，国王诏令应返还（eṣa suǵi giḍaǵa hakṣati eda tanu dasyati）；KI. 62中Opǵeya抱怨Lẏimina 借走一匹马，Lẏimina死后，他的继承人不愿归还，对于此案的判罚是：应调查Lẏimina的继承人继承的财产，并且让他迅速归还马匹。以上诸多例子证明，针对偷窃行为，犯罪者只需原物归还，并不会被判处罚金或体罚。又如KI. 719，这是一件从今天角度来看情节恶劣的强奸案，Lẏimiṃna的女人Caṃtaṃnoae被Saǵapeya与Pǵo带走并强奸，而国王只是命令二人把Caṃtaṃnoae作为Lẏimiṃna的财产（tanuv́aǵa）归还他，没有对Saǵapeya与Pǵo的额外处置。甚至对于凶杀的情况，解决方式也并非一般意义上的惩罚，例如KI. 58记载，若有一位女人确实被杀，并且她不是女巫（khakhorni）的话，Puǵo与Lẏipeya应得到对此女的补偿（teṣa jaṃnaṣa sā stri tatiyemi patena stavidavya puǵo-lẏipeyaṣa ca nidavya），patena stavidavya即“应被补偿”[19]，而非常见于其他司法文书中的“罚金”（aviṃdhama），KI. 63的案情非常相似，三个女巫被带走，其中属于Lẏipeya的女巫被杀害，Lẏipeya应为了此人被补偿（tena vidhanena lẏipeyaṣa stri patena stavidavo），在这两件凶杀案件中，无论被害者是否为女巫，判罚仅是被害者的主人应被补偿。

之所以即便这些纠纷中的一方以今天的角度来看做出了犯罪行为，却没有被判处罚金或体罚，很大程度上由于当时的鄯善国还施行奴隶制，大量人口买卖文书例如KI. 590明确规定：“从今开始，书吏Ramaṣotsa拥有此女人，可以殴打她、囚禁她、买卖她、将她给别人作为礼物，交换她，抵押她、对她做所有他想做的。”（ajuv́adae atra tivira ramaṣotsaṣa eśvari huda taḍaṃnae baṃnaṃnae vikranaṃnae aṃña no v́a prahu deyaṃnae namaṃniya deyaṃnae badho deyaṃnae ṣarva boǵa kikama karaṃni siyati）因此，当奴隶、女巫等人的安全、性命、财产被侵犯时，另一方并不需向国家或法庭付出罚金或者惩罚，即便要付出罚金，也不会被判处杖罚等体罚。

纠纷一方被判处了罚金（aviṃdhama）的案例仅有两件，在KI. 144中，Lẏipeya的奴隶Kacana被Soǵana殴打致死，Soǵana付出一个男人的罚金，在KI. 345中，僧人的奴仆偷窃，僧人既要偿还赃物的价格，又亏欠了法庭罚金。这两件纠纷——一例殴打、一例偷窃——之所以被判处罚金，可能由于KI. 144造成了奴隶的死亡，KI. 345奴隶偷窃了自由人的财产，因此这两件纠纷相较起来性质更加严重，被判处明确的罚金。

而纠纷一方既要付出罚金又要被体罚的例子，则有KI. 187，即上文多次引用过的幼弟殴打长兄一事，幼弟被判处杖罚和罚金；KI. 676，盗贼偷牛并杀牛食用一事，盗贼不但应交出罚金补偿被盗者，还应接受杖罚。这两件纠纷被告的一方均被处以双重惩罚，或许是由于它们均涉及当时鄯善国的一些原则。KI. 187陈述案情后补充道：“从今以后，幼弟（应）被长兄打，儿子（应）被父亲打——于此便应有针对此（问题）的终结，这份文书针对家族，针对一而再（的问题），无论这些兄弟中的任何人互相针对，

⑲ T. Burrow, 1937, p. 40.

他们都应被阻止。”这样的规定类似于中文语境中的“父为子纲”“长幼有序”，幼弟打长兄是非常严重的僭越行为，KI. 187中的被告者显然违反了当时的纲常伦理，因此会被判杖罚70下的重刑。KI. 676是对于屠牛食牛一事的惩罚，屠牛在中国古代属于重罪，例如唐律规定故杀他人牛“徒一年半”[20]，《宋刑统》则为“脊杖二十, 随处配役一年放”[21]；在犍陀罗文化的源头南亚次大陆，食用牛肉也常被视为禁忌，在古印度法律经典如*Āpastambha Dharmasūtra*之中便有禁止食用一部分牛肉的规定[22]。通过这两件文书，我们可以推测，破坏长幼秩序、屠牛在当时的鄯善国属于社会禁忌，因此不仅仅用“罚金”便可以解决，还会被判处“杖罚”（parahara）。

综合佉卢文书中众多的纠纷案例而言，较轻的犯罪如偷窃，或伤害奴隶、女巫利益的纠纷，只需抵偿损失，并不需要接受刑罚。需要付出罚金（aviṃdhama）的纠纷，则是涉及自由人较大利益的纠纷。而既需付出罚金也被判处体罚的纠纷，可能均违反了当时鄯善国的社会禁忌。

鄯善的刑罚除了用于解决民间纠纷外，还有一些意图在于惩戒其他不当行为。

首先，大量契约与司法文书中规定了对于未来想要改变契约、判罚者的惩罚，这些人通常应上交给国家（或如KI. 348，在书吏是僧人的情况下交给僧团）罚金，并且受到杖罚等体罚。实际上，虽然这样的规定见于数十件文书，然而目前所见的佉卢文书中却并未有任何一件文书记载了确实有人因要求改变契约、判罚而受到相应的刑罚。因此，这种判罚的主要意义应在于预防，如KI. 209文书规定判罚“一匹vito马，70下杖罚”在当时显然属于经济上、肉体上双重的重刑，威慑作用应该十分明显。

另外，在国王的谕令以及官员之间的信件之中，有不少判决提议显示了对民间纠纷外的违法行为的惩治。有以下四种情况：

对于违抗权威者，例如KI. 272，国王认为违抗主簿索哲伽者，应接受囚禁（nigraha）。

对于逃脱徭役者，如KI. 462，要上交份粮10khi，判处杖罚15；又如KI. 609，应处以逃脱者杖罚30下，一只vito羊。

对于失职的官员，如KI. 554，主簿声明，若水曹、tasuca与僧人没有按规定带来相应人员，应处50下杖罚；又如KI. 517，Cvalayiṃna和主簿命令Tasuca按要求带来相应人员，如果不够，则要承受那些人的惩戒（śiṭha）；KI. 471是大王写给主簿的谕令，他提出应将违法抢劫流民财物的守卫押送到王庭。

还有两份文书则是根据宗教方面的罪行而给出判罚。在KI. 489中，根据情节不同，对于扰乱僧团秩序者各罚以不同数量的绢。在KI. 248中，主簿写信下令女巫应被惩治、囚禁。关于女巫的问题，上文已提到，女巫若是死亡，她的主人可以得到补偿，但对于谋杀女巫一事，官方并没有对凶手下达更多判罚，从KI. 248来看，官方甚至鼓励惩罚

⑳ 刘俊文笺解《唐律疏议笺解》卷一五，北京：中华书局，1996年，1107页。

㉑ 窦仪等撰、吴翊如点校《宋刑统》卷一五，北京：中华书局，1984年，236页。

㉒ Patrick Olivelle, *Dharmasutras: The Law Codes of Ancient India*, New York: Oxford University Press, 1999, p. 28.

女巫。佉卢文书中的女巫引起过很多学者的兴趣，从这件文书的角度，我个人倾向于认为，在古鄯善国，女巫代表的是对作为权威的佛教这一宗教的侵犯，因此如同侵犯王权一样，被处以重刑，甚至鼓励被私刑。

观察以上这些官方对不当行为的处罚，可以得出结论，这些不当行为实际上均为违抗权威——或王权或教权的行为。违反大王、他的亲信主簿索哲伽、官员的命令以及审判即是违反王权的行为，这些人均要被处以或监禁或肉刑，有些也要付出罚金。而违反僧团中的长老、违反僧人给出的判决，以及宣传佛法之外的巫术，则是违反教权。

二、佉卢文书中的刑罚与周边地区刑罚比较

在整理、讨论了中国所出佉卢文书中记录的鄯善国的具体刑罚以及其判罚情况之后，另一个值得关注的问题即是这些刑罚可能的源流。在鄯善国周边的文明中，有传世文献详细记载特定历史阶段刑罚体系的，只有中国中原、印度以及伊朗的文明；此外，出土文书也提供了大量具体的刑罚资料，提供了同时代更多地区实际的刑罚实例。

在这一部分，笔者将简要对比佉卢文书中所反映的鄯善国刑罚体系以及中国中原、印度、伊朗的刑罚体系；并对佉卢文书中四种特定的刑罚可能的源流做出详细的分析。

从《尚书》开始，汉语史籍便有大量关于刑罚的记载。与鄯善国使用佉卢文时期相近的两汉、魏晋的刑罚与变迁均被详细地记录在了相应史书的《刑法志》及其他史籍之中。

例如，晋朝的主要刑罚体系据《唐六典》记载是：“其刑名之制，大辟之刑有三：一曰枭，二曰斩。三曰弃市。髡刑有四：一曰髡钳五岁刑，笞二百；二曰四岁刑；三曰三岁刑；四曰二岁刑。赎死，金二斤；赎五岁刑，金一斤十二两；四岁、三岁、二岁各以四两为差。又有杂抵罪罚金十二两、八两、四两、二两、一两之差。弃市以上为死罪，二岁刑以上为耐罪，罚金一两以上为赎罪。”[23]死刑、徒刑（与髡刑紧密相连）、赎金分成三个主要等级，其下又有细分。

大体上，将这一时期中原王朝的刑罚与当时鄯善国的刑罚相对比，有几点值得注意。首先，从具体刑罚分类来说，在佉卢文书中从未见有流徙以及城旦舂等一类的劳役刑罚。这可能是由于鄯善国作为沙漠中的一个绿洲国家，并没有中原王朝如汉朝一般辽阔的疆域与众多的人口，因此，鄯善国的刑罚自然没有汉晋刑罚丰富、完善、系统化。其次，从刑罚的层次来说，根据前文分析，鄯善国的刑罚层次其实清晰，对于普通纠纷，均以罚金解决，对于涉及社会原则性的问题，会判罚杖罚，对于涉及违反权威的情况，则会有体罚、囚禁等重刑。在这一点上，与晋朝的刑罚原则较为相近。最后，史书中给出的是常常是当时刑罚的总体情况，而具体细节与地区差异，则需要考察出土文

㉓　李林甫等撰、陈仲夫点校《唐六典》卷六，北京：中华书局，1992年，181页。

献。例如敦煌文书《后晋开运二年寡妇阿龙牒》中的“如先悔者，罚壮羊壹口”[24]，便很类似于佉卢文书中对第二次上诉者处罚罚金（aviṃdhana）的规定，不过这些敦煌文书时代较晚，因此文中主要参考的是张家山汉简等时代相近的出土文书。

另外，由于犍陀罗语是一种印度俗语（Prakrit），并且尼雅曾出土《摩诃婆罗多》残片等带有明显印度文化烙印的文物，因此，印度文明中的刑罚对古鄯善国刑罚可能的影响也在本文的考察范围内。印度并不像中国中原地区的文明一般重视对历史的记录，对印度古代的刑罚的认识需要依靠印度经典法律文献如诸法经（dharmasūtra）、法论（dharmaśāstra）、经典政治学文献《利论》，以及阿育王石柱等考古证据。其中法论中最重要的《摩奴法论》成型于公元3到4世纪[25]，与鄯善一带使用佉卢文的时期比较接近。

这些文献为我们勾勒出了当时印度刑罚的大致状况：审理案件的应是国王本人，或者他委派的婆罗门[26]，惩罚措施是“对于有罪之人，他应该首先用申斥惩罚，然后用责骂惩罚，第三用钱惩罚，最后用肉体惩罚”[27]。古印度的刑罚有两大特点，其一是刑罚与罪行对应关系紧密，比如，从吠陀时期开始便有以何器官犯罪就要割去此器官的习惯[28]，或者如《摩奴法论》规定“造成的痛苦有多重，国王所施的刑罚就应该有多重”[29]；其二，古印度刑罚的阶层性很强，特别是在种姓制与部分奴隶制的前提下，常常给予不同阶层的犯人不同的刑罚[30]。《利论》第四篇与《摩奴法论》第八章均有十分详细的刑罚条款，也可见古印度刑罚的复杂与丰富。以上这些古代印度刑罚的原则与佉卢文书中记载的刑罚体系区别较大：佉卢文书中的刑罚常常是罚金与体罚并行的，并且体罚或肉刑与罪行对应关系并不紧密，虽然佉卢文书中记载了一些婆罗门（如KI. 554）,但据刑罚实例来看，奴隶与其主人之间的阶层对立远比种姓对立显要。

至于古代伊朗文明，特别在帕提亚时期，家庭内部的纠纷均在家庭内部解决，并由家主决定判罚，除了涉及国事的纠纷外，国王鲜少参与到判决中[31]，而鄯善国经常由王庭甚至大王本人给出判罚；至于体罚与肉刑，在萨珊王朝之前，也曾有鞭刑（srōšočarnām）与割去鼻子等肉刑，但萨珊王朝时便已几乎为罚金取代，在*Mādigān ī hazār dādistān*中已经找不到具体的肉刑规定, 萨珊时期罚金（tāwān）与赎金（tōzišn）有明确区分[32]，这些都显著区别于佉卢文书中的刑罚。

---

[24] 刘进宝《敦煌文书〈后晋开运二年寡妇阿龙牒〉考释》，《敦煌研究》2016年第3期，60页。

[25] Patrick Olivelle, *Manu's Code of Law*, New York: Oxford University Press, 2005, pp. 24-25.

[26] 蒋忠新译《摩奴法论》，北京：中国社会科学出版社，1986年，137页。

[27] 蒋忠新译《摩奴法论》，149页。

[28] G.Geldner, “History of corporal punishment”, *Encyclopedia of Criminology and Criminal Justice,* Springer New York, 2014, pp. 2109-2110，如《摩奴法论》第八章282颂。

[29] 蒋忠新译《摩奴法论》，162页。

[30] M. Roth, *An Eye for an Eye: a Global History of Crime and Punishment*, London: Reaktion Books, 2015, p. 28.

[31] *Encyclopædia Iranica,* Vol. XV, Fasc. 2, pp. 177-180, http://www.iranicaonline.org/articles/judicial-and-legal-systems-ii-parthian-and-sasanian-judicial-systems.

[32] ibid, pp. 181-196，http://www.iranicaonline.org/articles/judicial-and-legal-systems-iii-sasanian-legal-system.

Prahara

Prahara与梵语中的prahāra同源，意为“打击”，并没有限定“打击”的工具，杖罚、鞭打均可。在文书中，除了70下杖罚能够造成重伤以及通常的杖罚数目限于15—100下之间这两条线索外，具体怎么打、用什么打、打哪里、谁来打均未曾提及。尼雅也未出土明确的刑具，文物中接近刑具的仅有一些用途不明的木杖、木棒，但这些更可能是用于纺织、玩具等生产生活的[33]，无法用以断定鄯善国当时刑具的形制。而中原地区的“打击”类刑罚，则有“扑”“笞”“杖”“鞭”多种，因此，将prahara与中原王朝的刑罚比较，首先在术语的应用上便有困难。

中原王朝打击类的刑罚根据刑具的不同有着明确区分，到晋朝为止主要分为笞杖与鞭两大类。

笞、杖在隋朝之前并不做区分，在隋朝之后因鞭刑被撤除而被区分[34]，由于鄯善国使用佉卢文时期必早于隋朝，因此本文对笞、杖也不作区分。从汉朝开始，笞刑作为肉刑的替代见于史册，“孝文十三年，定律曰……当劓者，笞三百；当斩左止者，笞五百”[35]。汉景帝规定了“笞”刑刑具的标准形制，它应“长五尺，其本大一寸，其竹也，末薄半寸，皆平其节”，至于行刑部位，则是“当笞者笞臀”[36]。而到晋朝，笞杖之刑已经有了相当完善的规定，《晋令》规定：“应得法杖者以小杖，过五寸（按：五十）者稍行之。应杖而髀有疮者缓臀也。”[37]至于笞杖的次数，有比较明确记载的是北周，此时杖刑分五等，范围则是从一十到五十[38]。

而鞭刑在两汉之间均主要作为“官刑”，如《后汉书》记述：“吏人有过，但用蒲鞭罚之，示辱而已，终不加苦。”[39]由晋朝开始，鞭刑开始用来惩罚犯人，如《晋律》规定：“诸有所督罚，五十以下，鞭如令。平心无私而以辜死者，二岁刑。”[40]《晋令》也有类似说法：“应得法鞭者，执以鞭，过五十，稍行之。有所督罪，皆随过大小，大过五十，小过二十。”[41]

比较佉卢文书中的“prahara”及中原王朝的笞杖、鞭刑，会发现它们有不少相似之处。首先，佉卢文书中的“prahara”有明确的等级，可以分为15到100五档，并且主要集中在30—70杖罚之间，超过50下，便会造成重伤，这一点与笞杖、鞭刑均一致（“过五十”则“稍行之”）。关于prahara打击的部位，如果将KI. 187中的“bahu bhiṃna”

[33] 中日共同尼雅遗迹学术考察队《中日共同尼雅遗迹学术考察调查报告书》卷一，京都：中村印刷株式会社，1996年，48—50、60—61、71—73页。

[34] 沈家本《历代刑法考》，361页。

[35] 《汉志》，转引自沈家本《历代刑法考》，357页。

[36] 《汉书》卷二三，北京：中华书局，1962年，1100页。

[37] 沈家本《历代刑法考》，360页。

[38] 沈家本《历代刑法考》，66页。

[39] 沈家本《历代刑法考》，379页。

[40] 沈家本《历代刑法考》，379页。

[41] 沈家本《历代刑法考》，380页。

理解为“多处骨折”，则或许是打击在背部，然而，“bhid”也完全可能表示受伤、破裂，所谓“皮开肉绽”，因此，很难判断鄯善的“prahara”与“笞杖”行刑的位置是否相同。至于当时鄯善国所用的刑具，由于资料的缺乏，也难以将它与中原地区的“笞杖”“鞭刑”对比。

“prahara”一词在《摩奴法论》中也曾出现。如第八章299—300条规定：“妻子、儿子、奴隶、仆人和胞弟犯过失之后，应该用绳子或者竹条予以鞭笞，但是，应该打身体的背部而绝不打头部”[42]，梵语原文即用了pra-hṛ的动词形式，在这里，“prahāra”指的是用绳子或竹条打在身体背部的刑罚，对象是有过失的妻儿奴仆弟弟。在《摩奴法论》中，这样的“杖罚”的具体法令也出现过，如第八章369条规定“亵渎少女的少女应处罚款二百……还应该受十下鞭打（āpnuyād daśa）”[43]。虽然prahara一词与梵语中的“prahāra”同源，但《摩奴法论》等法律经典文献中此词出现的频率较之佉卢文书中“prahara”出现的频率低很多，表达鞭刑或杖罚的次数也很少。在《摩奴法律》中，表示体罚、肉刑的词汇中出现频率较高的是“vadha”，但这个词并不特指“杖罚”、“鞭打”等打击类的体罚。

在《利论》之中，对于罪人，“通行的刑罚有4种：杖击6次、鞭挞7次”（ṣaḍ daṇḍāḥ, sapta kaśāḥ），对于重罪者则有“藤杖9次；鞭挞12次……水黄皮杖击打20次”（navavetralatādvādaśakaṃ...viśatirnaktamālalatāḥ）[44]。可见《利论》中类似“杖罚”的刑罚词汇仅与刑具有关，没有“prahāra”一词，并且打击次数均较少。

从以上例子来看，佉卢文书中的“prahara”与梵语经典中的“prahāra”有不少区别。虽然佉卢文书从未记录prahara的具体执行人，但由于prahara多作为对违反社会重要原则或者违抗权威者的惩罚，可以推测其是由王庭等权威机构施行的。仅有KI. 187一件佉卢文书提及“从今以后，长兄应惩罚弟弟，父亲应惩罚儿子”，但此处原文为“taḍeyati”，与梵语词根“taḍ”同源，意为“打、击、惩罚”，这一条接近于《摩奴法论》第八章299条的规定，或许在鄯善，也有家庭权威施行的惩罚。另外，《摩奴法论》中关于“杖罚”的具体法令很少，唯一的条令中的“10下鞭打”显然少于佉卢文书中常见的次数，同样，《利论》中无论以任何材质的杖或鞭进行惩罚，次数均不超过20，而鄯善的杖罚多处于30—70下之间，这很可能是由于二者执行用的刑具或是打击的身体部位不同导致的。可以说，鄯善的“prahara”与印度文献中的“prahāra”除了语言上同源外没有什么联系。

aviṃdhama

上文已经提到，“aviṃdhama”的词源为巴克特利亚语“αβιυδαμο”一词[45]。N. Sims-Williams于2000—2007年之间释读了多件出土于阿富汗的巴克特利亚语文书，这批

---

[42] 蒋忠新译《摩奴法论》，163页。

[43] 蒋忠新译《摩奴法论》，169页。

[44] 朱成明《〈利论〉译疏——导言、译文、疏证》，北京大学博士学位论文，2015年，216页。

[45] N. Sims-Williams, *Bactrian Documents from Northern Afghanistan, II: Letters and Buddhist Texts*. p. 324.

文书也给我们提供了大量关于4—8世纪巴克特利亚地区契约与刑罚的珍贵资料。比照这些巴克特利亚语司法文书与尼雅出土的佉卢文犍陀罗语司法文书，我们可以发现，它们在体例上存在着明显的相似。

例如，巴克特利亚语司法文书C，“日后，若有任何人——无论是我、我兄弟、我儿子或者我的后代，想要与你、或与你的兄弟、或与你的儿子、或与你的后代索取或争辩于此描述的土地以及临近的水源，则他的索取与争辩无效，我们须将二十第纳尔金币付给王室金库，并且也应将等量的金币付给对方”㊻，可以与尼雅出土的佉卢文书例如KI. 345比对，“日后，若沙门adaṃdasena、或其子、或其孙、或其亲戚、或其亲戚之子想要改动此决定，或引发争端，那么他的提议在王庭上并无权威，他应受既定的惩罚，应付给国家（rayaka）绢30匹，全部惩罚给出后，仍不能改变如上所写的判罚”。又如，本次释读新疆博物馆所藏的一件遗嘱，格式也相仿，仅仅缺少具体的惩罚措施，“往后的时间中，不应增添其他的命令，（其）兄弟、或兄弟之子、或后代之子在王庭之中提出的要求将不会有权威”（pacima kalaṃmi aṃñeṣa matra upatiśati bhrata bhrata putra va putra putra va rayatvarami muha codana apramana）。以巴克特利亚语文书C以及佉卢文书KI. 345为例，此种司法文书尤其是契约中防止毁约的条例有六项共同元素：①假定未来②契约一方（或任何人）③及其家属④引发争端（或意图改变契约判决）⑤改变无效（无权威）⑥应交付国家若干罚金。巴克特利亚语文书如文书F、J、L、N、O、Q、U、V、W、aa、ab、ad，虽然具体措辞不尽相同，基本均包含以上元素，少数佉卢文书如KI. 437包含了以上所有元素。而大部分司法类的佉卢文书，则稍简略，如KI. 209，KI. 571，KI. 580没有③⑤两项，KI. 368，KI. 419，KI. 591，BH5-3没有③一项。另外，多件巴克特利亚语文书中的条例还包括了毁约者应交付契约另一方罚金，此条例罕见于佉卢文书；佉卢文书对毁约者除了处以罚金外，也多有各种体罚，而体罚则未见于这批阿富汗北部出土的巴克特利亚语文书。

巴克特利亚语契约文书的这种体例也可与帕提亚的契约文书相比照，目前出土的帕提亚司法文书较少，其中最完整的是一件出土自Avroman以希腊语写成的契约（公元前88或87年）㊼，文书最后对毁约者如此规定，“Baraces，或他的子孙（兄弟），或他的子孙（兄弟）剥夺Gathaces（的葡萄园）是非法的，若有人试图剥夺其（财产）则是无效的，最终将被驱逐，种种（所议）均不成立，他将失去权力，应双倍偿还所得到的，交付二百德拉克马罚金，并将同样的数量交给国库”㊽。在强调两方亲属及后代、尝试作废契约无效、毁约者失去权力或权威、毁约者须上缴国库罚金四方面，帕提亚、巴克特利亚与尼雅出土的契约文书有着明确的一致性。

㊻ N. Sims-Williams, *Bactrian Documents from Northern Afghanistan, I: Legal and Economic Texts*. Studies in the Khalili Collection, Volume III., 2000 London: The Nour Foundation, p. 40.

㊼ Jamsheed K. Choksy, “Loan and Sales Contracts in Ancient and Early Medieval Iran”, *Indo-Iranian Journal* 31（1988）, p. 215.

㊽ Ellis H. Minns, “Parchments of the Parthian Period from Avroman in Kurdistan”, *The Journal of Hellenic Studies*, 35（1915）, p. 31，参考Jamsheed K. Choksy, “Loan and Sales Contracts in Ancient and Early Medieval Iran”, p. 196，后者翻译略有不同。

更早的契约文书，例如藏于柏林国家博物馆的公元前5世纪写于莎草纸上的阿拉米语契约，“若有人起诉你或你的子女，他应付你……（罚金）”[49]。也包含了罚金这一关键要素，但显然比较简略。

至于其他西域语言以及汉语契约，例如庆昭蓉与荻原裕敏在其论文“A Tocharian B sale contract on a wooden tablet”中比较的几件吐火罗语B与于阗语契约[50]，林梅村教授在《粟特文买婢契与丝绸之路上的女奴贸易》中引录的粟特文契约[51]，或乜小红在《中古西域民汉文买卖契约比较研究》中引录的几件回鹘语、粟特语、于阗语以及汉语契约[52]，除了一件敦煌所出的、年代较晚的《宋淳化二年（991）年韩愿定卖妮子契》（“两共面对商议为定，准格不许翻悔，如若先悔者，罚楼绫壹疋，仍罚大羯羊两口，充入不悔人”）之外[53]，均不含有本文所讨论的，也是帕提亚、巴克特利亚以及中国所出佉卢文契约文书的关键因素——对违约者罚金的规定。

综合以上所引用的文书可知，不仅佉卢文书中“罚金”一词词源为巴克特利亚语，并且，佉卢文司法文书的体例，特别是契约中对于违约者的惩罚条款，与帕提亚以及巴克特利亚契约文书十分相近。N.Sims-Williams在其著作中列出可能的尼雅犍陀罗语中源自巴克特利亚语的借词15个，多数与经济活动相关，例如“税务”（harga）、“礼物”（laṣi）、“（葡萄）园”（ṣada）等[54]，或许佉卢文书中的“罚金”（aviṃdhama）一词以及契约条例的巴克特利亚因素正是来自两者之间经济活动。

Maṣu Khoritaǵa与髡刑、耐刑

在KI. 325文书中，提到对于未来提出异议者，应判处剔除胡须。

自古以来，中原王朝也有许多涉及须发的刑罚。秦汉时期便有明确记载的“髡刑”[55]，即用剃头作为一种惩罚，多与流徙、劳役等相伴，最晚对实施髡刑的记载直到晋朝[56]。除了髡刑外，汉朝还有一种称为“完刑”或“耐罪”的刑罚，沈家本认为“髡者剃发，完者仅去须发，实不同也”[57]。至于“完”与“耐”的区别在于，“完”是一种轻刑，唯去颊毛及鬓，不剃发，常与劳役相伴；“耐”则是剃去犯罪人鬓发，不与

㊾ Bezalel Porten, “An Aramaic Papyrus Fragment from the First Half of the Fifth Century B. C. E.”, *Journal of Near Eastern Studies*, Vol. 49, No. 3（Jul., 1990）, p. 292.

㊿ Ching Chao-jung and Ogihara Hirotoshi, “A Tocharian B Sale Contract on a Wooden Tablet”, *Journal of Inner Asian Art and Archaeology* 5, pp. 111-112.

51 林梅村《粟特文买婢契与丝绸之路上的女奴贸易》，《文物》1992年第9期，49—54页。

52 乜小红《中古西域民汉文买卖契约比较研究》，《西域研究》2011年第2期，58页。

53 敦煌文书S. 1946号，见唐耕耦、陆宏基《敦煌社会经济文献真迹释录》第2辑，北京：全国图书馆文献微缩复制中心，1990年，49页；转引自乜小红《中古西域民汉文买卖契约比较研究》，《西域研究》2011年第2期，58页。

54 N. Sims-Williams, *Bactrian Documents from Northern Afghanistan, I: Legal and Economic Texts*, p. 254; N. Sims-Williams, *Bactrian Documents from Northern Afghanistan, II: Letters and Buddhist Texts*, p. 324.

55 刘洋《“髡刑”的法人类学考察》，《云南大学学报（法学版）》2008年第6期，128页。

56 沈家本《历代刑法考》，300—301页。

57 沈家本《历代刑法考》，302页。

劳役相伴[58]。另外，《礼记·文王世子》曾记载“公族无宫刑”，其疏曰：“公族既犯宫刑，当髡去其发，故《掌戮》云，髡者使守积。”[59]将“宫刑”与“髡刑”联系在一起，或许是由于这两种刑罚都含有侮辱的意义。

除了从刑罚角度分析之外，我们发现，在秦汉时期，人为地破坏他人头部毛发也是一种冒犯、侮辱的罪行，例如睡虎地秦简《法律答问》中记载“拔其须眉”与“斩人发结”同样是罪行[60]。在此次释读的另一件新疆博物馆藏佉卢文书中，也有因剔除他人头发而被控诉的案例（...garahitaṃti keśa khoriṃtaǵa praceya），证实当时鄯善的居民有着相似的观念。

因此，可以得出结论，“maṣu khoritaǵa”一刑十分接近于汉朝的“耐”，都是通过剔除胡须达到侮辱犯人的目的。另外，由于《礼记》疏提到应受宫刑的王族应以髡刑替代，似乎这两种刑罚有可替代性，只是受刑者等级不同。在佉卢文书中，对于“未来提出异议者”，既可能判处类似宫刑的惩罚，也可能判处类似“耐”的惩罚，然而，从现存的文献，无法得出KI. 325的潜在受刑者的地位高于提到“割除睾丸”的文书中的潜在受刑者。

muṣǵa chiṃdavo与宫刑

通过最新释读的两份佉卢文书，我们得知，对于再次提请改变判决或契约者有“割除睾丸”的惩罚。

由于司马迁的缘故，众所周知，西汉有一种割除下体的刑罚——宫刑。宫刑可以上溯到周朝，它在《周礼·秋官·司刑》便有提及，郑玄于此注道，“宫者，丈夫割其势”，“势”即指“睾丸”[61]。由于这种刑罚使得受刑者失去生殖能力，受刑后会仿佛阉人、太监，因此，对于这种刑罚的性质也有多种说法，例如《太平御览》便曾称宫刑为“淫刑”[62]。然而，纵观史书中的受此刑罚者和罪行，我们会发现受刑人鲜有因男女关系而判刑的，除了司马迁之外，在东汉时期记载的七次宫刑，也均是因大逆不道或死罪而判刑的，东汉的宫刑是“以宫赎死”，所谓“死罪”亦多是因为冒犯了皇上[63]。宫刑在汉朝史籍中出现较多，魏、晋以及梁、陈南朝未见此刑，只有北朝的史籍明确记载了这种刑罚。《魏书·刑罚志》规定：“大逆不道腰斩，诛其同籍，年十四已下腐刑，女子没县官。”[64]虽然此处宫刑只针对十四岁以下的男性，但明确地将此种刑罚和“大逆不道”联系到了一起。值得一提的是，据《汉书·西域传》记载：“征和元年，楼兰王死，国人来请质子在汉者，欲立之。质子常坐汉法，下蚕室宫刑，故不遣。”[65]可知，宫刑这一刑罚曾直接影响楼兰。

---

⑱ 万荣《浅析张家山汉简〈二年律令·贼律〉所见刑名的刑等》，《江汉考古》2006年第3期，90—94页。
⑲ 转引自沈家本《历代刑法考》，185页。
⑳ 《睡虎地秦墓竹简》，北京：文物出版社，1978年，112—113页。
[61] 转引自沈家本《历代刑法考》，183页。
[62] 《太平御览·尚书刑德放》，转引自《历代刑法考》，186页。
[63] 艾永明、钱长源《宫刑论二题》，《苏州大学学报》1991年第2期，41页。
[64] 《魏书》卷一一一，北京：中华书局，1974年，2874页。
[65] 班固《汉书》，北京：中华书局，1962年，3879页。

另外，在青海藏医药文化博物馆藏佉卢文尺牍文牒一中，对于再次提出异议者，还规定“jivyami khila thavidavo”，段晴教授译为“木楔将被置于生殖器之内”，并且她认为“这一句具体翻译了中国古代之宫刑针对女性的实施方式”[66]。在《尚书》的书传中，除了“男子割势”之外，还解释宫刑对于妇人是“幽闭”[67]，对于这一词，历来讨论甚多，很有可能便是佉卢文书中此句的含义。佉卢文书中男女宫刑的规定与中原王朝的规定如此一致，应不是巧合，在这项刑法上，中原王朝很可能影响了古代鄯善。

在印度的多部法经、法论中也有割除下体的刑罚。如《摩奴法论》中第十一章103—104颂规定：“玷污师父床笫者必须坦白罪过……不然，他可以亲自割去其男根和睾丸，并且把它们捧起来合上双手向恶魔的世界笔直走，直到倒下为止。”[68]《毗湿奴法论》《摩奴法经》中也有基本一致的规定。又如《摩奴法论》第八章124—125颂，规定对于作伪证者如此判罚：“自在之子摩奴在三个低等种姓身上规定了受刑的十个部位；婆罗门则应该不受刑而去。生殖器（upastha），腹部，舌头，两手，第五是双足；眼睛，鼻子，两耳，财产和全身。”[69]

然而，区别于鄯善的“割除睾丸”的刑罚，《摩奴法论》第十一章的规定更偏重赎罪，而且，在这里，若发生与师父保护下的女人的不正当关系，此人应自己将生殖器全部割除，而非由政府或其他权威处理。《摩奴法论》在判罚上的总体原则是，犯人以身体哪个器官犯罪，就应割除这个器官，不当的便溺、男女性行为才会导致这种肉刑[70]；或者如上文摘录的条目所述，作伪证也会导致割除生殖器。可见，古印度没有仅仅割除睾丸而不割除下体其他部分的规定，并且，涉及下体的刑罚一般都与相应的排泄、性犯罪相关，这两点都极大地区别于佉卢文书中的“muṣǵa chiṃdavo”。

由此，可以得出结论，佉卢文书中所谓“muṣǵa chiṃdavo”十分接近汉地的“宫刑”。从时间上来看，记载了具体宫刑案例的两汉与鄯善国使用佉卢文的时期重合度很高；从刑罚方式来看，两者均是割除睾丸；从判刑依据上来讲，两者实际上均是对于“大逆不道”“违抗权威”者的惩罚。并且，由于《汉书》记载宫刑曾直接影响楼兰国，佉卢文书中割除睾丸的刑罚很可能源自中原王朝的影响。

小　　结

中国所出佉卢文书中记载了大量当地刑罚，根据文书中涉及刑罚的词汇，可以总结为10个表示不同刑罚范畴的词汇与词组，即daṃḍa（惩罚）、aviṃdhama（罚金）、muǵesa（罚金）、śiṭha（惩戒）、prahara（杖罚）、nigraha（囚禁）、hastagada（拘捕）、baṃdhana（囚禁）、maṣu khoritaǵa（剃须）、muṣǵa chiṃdavo（割除睾丸）。从

---

[66] 段晴、才洛太《青海藏医药文化博物馆藏佉卢文尺牍》，8页。

[67] 沈家本《历代刑法考》，183页。

[68] 蒋忠新译《摩奴法论》，225页。

[69] 蒋忠新译《摩奴法论》，148—149页。

[70] 例如“如果撒尿，应该割掉其阴茎”，蒋忠新译《摩奴法论》，162页。

具体判罚案例来看，在鄯善国，针对民间纠纷，除了情节严重的案例，很少会判处一方罚金或体罚；对于违抗判决、违抗权威以及违约者，多会施加罚金甚至体罚。鄯善的刑罚反映出了当时的一些社会情况。

鄯善作为丝绸之路上的一个重要绿洲，它的方方面面都可以看出源自多种文化的影响，刑罚亦是如此。通过对比，“杖罚”（prahara）、“剃须”（maṣu khoritaǵa），“割除睾丸”（muṣǵa chiṃdavo）这三种刑罚与中原王朝的当时施行的刑罚较为类似，通过文献资料，可知一些特定中原王朝的刑罚曾在一定程度上影响了鄯善；而通过语言学与出土文献证据，可以看出佉卢文书中的罚金（aviṃdhama）与帕提亚、巴克特利亚契约文化中罚金的一致性。

Punishment in Kharoṣṭhī Documents found in China and Its Possible Origin

Jiang Yixiu

From the late 19th century on, there were numerous Kharoṣṭhī manuscripts discovered in Niya and Lou-Lan, China. The secular Kharoṣṭhī manuscripts found in China consist of edicts, letters, contracts and account books, containing valuable information about the ancient Shan-shan society in the 2nd to 4th centuries C.E.

The present research focuses on the punishment recorded in the Kharoṣṭhī documents and its possible origin. By examining all Kharoṣṭhī documents found in China so far, including several newly discovered documents translated by me, we can draw the conclusion that there are ten words for different forms of punishments in Kharoṣṭhī manuscripts, which are “daṃḍa”, “aviṃdhama”, “muǵesa”, “śiṭha”, “prahara”, “nigraha”, “hastagada”, “baṃdhana”, “maṣu khoritaǵa”and “muṣǵa chiṃdavo”. In ancient Shan-shan, most disputes concerning personal injuries and properties could be settled without punishment. Breaking a contract or taking action against the authorities generally incurred penalties.

As an oasis along the Silk Road, ancient Shan-shan was greatly influenced by the civilizations nearby, such was the penal system in Shan-shan. Four specific kinds of punishments of Shan-shan might have been influenced by other civilizations. Three of them were very similar to those punishments of the Han and Wei dynasties, and one of them might have a Bactrian or Parthian origin.

高昌货币史上的毯本位时代

裴成国

中古时期吐鲁番盆地的货币形态经历了毯、叠布、银钱、铜钱等阶段。银钱和铜钱都是金属货币，在吐鲁番盆地的流通情况此前研究亦较多。本文拟对毯本位时代作一研究。

吐鲁番文书是我们研究的基本史料，先对相关成果进行综述。武敏先生在《5世纪前后吐鲁番地区的货币经济》一文中指出，自十六国时期的高昌郡至阚氏高昌国，毯是主要支付手段；毯是以较粗经纬织成的厚重织物，其原料可以是毛，也可以是棉，吐鲁番文书涉及的大概可视为毛毯，这反映当时高昌畜牧业比较发达，可以提供相当的毛毯原料；从阚氏高昌永康年间的张绾等传供帐等材料可知当时用作交换、流通手段的商品就有毯、床、大绢、行緤和赤违等5种，当时本地的商品交易尚未达到使用单一的实物货币①。卢向前先生在《高昌西州四百年货币关系演变述略》中划分了一个纺织品本位阶段（367—560），其中第一个时期是毯为主要一般等价物时期（367—482）；明确的时期划分主要依据的是当时所见时间最早和最晚的文书的年代；毯当时作为一般等价物发挥交换手段、支付手段、价值尺度等功能，也具备贮藏手段的功能；根据道人法安举锦券中锦的规格，推测一张毯的规格为长八尺至九尺五寸之间，宽四尺至四尺五寸之间②。韩森和荣新江先生《高昌居民如何把织物当作货币》认为550年以前高昌居民作为货币使用的毯是作为赋税从地方居民那里收取上来的③。

因为资料总体较少，我们还有很多情况不清楚，比如毯本位的时代，毯和其他实物货币的关系怎样？在粮食、绢帛等实物货币并行流通的背景下，毯为何会成为主要货币？毯作为货币何时以及因何会被取代？本文借助新资料试作探讨。

关于高昌毯本位时代货币流通情况的重要新资料有五件契约，其中两件是徐俊先

---

① 武敏《5世纪前后吐鲁番地区的货币经济》，殷晴主编《新疆经济开发史研究》，乌鲁木齐：新疆人民出版社，1992年，219—222页。

② 卢向前《高昌西州四百年货币关系演变述略——敦煌吐鲁番文书经济关系综述之一》，作者著《敦煌吐鲁番文书论稿》，南昌：江西人民出版社，1992年，218—222页。

③ Valerie Hansen and Xinjiang Rong , How the Residents of Turfan Use Textiles as Money, 273-796 CE，*Journal of the Royal Asiatic Society*, series 3, 23/2(2013); 此据中译本韩森、荣新江《高昌居民如何把织物当作货币（公元3-8世纪）》，孟宪实、朱玉麒主编《探索西域文明——王炳华先生八十华诞祝寿论文集》，上海：中西书局，2017年，219页。

生从俄藏敦煌文献中找出来的④，即《前秦建元十三年（377）赵伯郎买婢券》（编号：Dx.11414V）、《前秦建元十四年（378）赵迁妻买田券》（编号：Dx.02947V）。另外三件来自香港克利斯蒂（佳士得）拍卖行自行印制的拍卖品图录中的三件文书照片，文书出土的时间和地点不详。王素先生对这三件契约文书进行了研究，张传玺先生则对三件契约的定名、定性及释读断句等问题提出了一些不同意见⑤。在两位先生的研究成果基础之上，笔者将三件契约定名为《北凉玄始十年（421）康黄头母子赁舍券》《北凉建平四年（440）支生贵卖田券》《北凉建平五年（441）张鄯善奴夏葡萄园券》。先将五件契约分别逐录如下：

《前秦建元十三年（377）赵伯郎买婢券》（以下简称“《赵伯郎买婢券》”）

1　□元十三年十月廿五日，赵伯郎从王□买小

2　幼婢一人，年八，愿贾（价）中行赤毯七张，毯即

3　□（毕），婢即过，二主先相和可，乃为券□（约）。

4　□券后，有人仍（认）名及返悔者，罚□（赤）

5　毯十四张入不悔者。民有私约，约当

6　□□（二主）。□书券侯□奴共知本约。□□

《前秦建元十四年（378）赵迁妻买田券》（以下简称“《赵迁妻买田券》”）

1　□元十四年七月八日，赵迁妻随[

2　]苏息黑奴，买常田十七亩，贾（价）交

3　]张，贾（价）既毕，田即蹑，□□

4　]□开□□，西共王泄分畔

5　]□更□

《北凉玄始十年（421）康黄头母子赁舍券》（以下简称“《康黄头母子赁舍券》”）

　　　　口子　　母子

1　玄始十年五月四日，康黄头、受恩三〔人〕

　　　　与马雒赁参（叁）年，

2　以城东舍参（叁）内，交与贾（价）毯拾仵（伍）

　　付。

3　张。贾即毕，舍即二主先和后可，

4　乃为券书。券成之后，各不得

5　反悔，悔者罚毯卅张，入不悔者。

6　时人张先，书季芳，共知言要。

7　沽各半。

---

④ 徐俊《俄藏Dx.11414＋Dx.02947前秦拟古诗残本研究——兼论背面券契文书的地域和年代》，《敦煌吐鲁番研究》第6卷，北京：北京大学出版社，2002年，205—220页。

⑤ 王素《略谈香港新见吐鲁番契券的意义——〈高昌史稿·统治编〉续论之一》，载《文物》2003年第10期；收入作者著《汉唐历史与出土文献》，北京：故宫出版社，2011年，289—294页；张传玺《关于香港新见吐鲁番契券的一些问题》，《国学研究》第13卷，北京：北京大学出版社，2004年，361—367页。王素先生对张传玺先生意见的回应参见《汉唐历史与出土文献》所收本文最后的“后记”。

《北凉建平四年（440）支生贵卖田券》（以下简称"《支生贵卖田券》"）

1 建平四年十二月十六日，支生贵田地南部干田
并床麦

2 五口与道人佛敨，交贾（价）毯十张。田即付，

3 毯即毕。各供先相和可，后成券。

4 各不得返悔，悔部（倍）罚毯廿张。二主

5 各自署名。倩道人佛敨为治渠。杨

6 毅时见。

《北凉建平五年（441）道人佛敬夏葡萄园券》（以下简称"《佛敬夏葡萄园券》"）

1 建平五年正月十一日，道人佛敨以毯贰拾张，□

2 张鄯善奴蒲陶一年。贾（价）既毕，蒲陶并绳

3 索即蹑畔相付。二主先相和可，不相逼强，

4 乃为券书。券成之后，各不得反悔，悔者

5 倍罚毯肆拾张，入不悔者。民有私要，律

6 所不断。官租酒仰敨。时人张奴子，

7 书券弘通，共知言要。沽各半。

以上五件契约除《赵迁妻买田券》残缺较多之外，其他四件都完整。从《赵迁妻买田券》的残存部分可见"张"，所使用的货币很可能也是"毯"。另外洋海一号台地四号墓所出的《北凉某年二月十五日残文书》中有"牛贾毯廿张"[⑥]。从4世纪末叶到5世纪中叶，年代跨度六十余年，六件契约和文书涉及田地、牛和奴婢买卖、房舍和葡萄园的租赁，当事人也跨僧俗两界，共同点是都是民间契约，都使用使用了"毯"作为货币，可见当时毯在民间的流通相当普及，这是新资料带给我们的重要认识。

这一时期有无其他形式的货币呢？《北凉玄始十二年（423）翟定辞为雇人耕床事》（编号：66TAM59：4/1）

1 玄始十二年□月廿二日，翟定辞：昨廿一日

2 顾（雇）王里安儿、坚强耕床到申时，得

3 大绢□疋＿＿＿今为□与□安、坚二口＿＿＿

4 ＿＿＿＿＿＿＿＿＿＿等□可＿＿＿

5 ＿＿＿＿＿＿＿＿＿＿状如前[⑦]。

这件翟定的辞虽然也有残缺，但主要内容明确，翟定雇两人耕床，支付的雇佣价格是大绢若干匹。这件文书说明，民间的一些雇佣活动也有以大绢作为雇佣价格的情况。相较于以毯作为货币的情况，使用绢作为货币的此件似为仅见。如果我们考虑当时高昌郡发达的蚕丝业，赋税征收"租丝"，并且还征收户调和口税形式的丝[⑧]，那么当地完全具备以丝绸作为流通货币的条件。选择毯，而不是丝绸作为主要流通货币，其中的原因后

⑥ 荣新江等主编《新获吐鲁番出土文献》，北京：中华书局，2008年，216页。

⑦ 唐长孺主编《吐鲁番出土文书》（壹），北京：文物出版社，1992年，16页。

⑧ 参见裴成国《吐鲁番新出北凉计赀、计口出丝帐研究》，《中华文史论丛》2007年第4期，65—103页。

文再作分析。

除少量的民间经济活动使用丝绸作为货币，官方的经济活动中还有使用粮食支付酬劳的，《某人条呈为取床及买毯事》（编号：63TAM1：24）即反映了这种情况。文书内容如下。

1　杨奣从刘普取官床四斛，为丝十三两。

2　□□得床十一斛，作丝二斤三两半。阎儿前买毯贾（价）

3　　　　　　　　　　　　　　　　　　　　　　　］条呈[⑨]

这件文书此前有学者作过研究，武敏和卢向前两位先生对其中“为丝”和“作丝”的理解不同，武敏先生认为“为丝”和“作丝”都是指缫丝，四斛和十一斛分别是缫丝十三两和二斤三两半的酬值[⑩]；而卢向前先生认为应当是借取官床四斛和十一斛分别以丝十三两和二斤三两半偿付，但他们都从阎儿处买得毯作价交纳[⑪]。将“为丝”和“作丝”理解为偿付官床的价格从文字上看不如武敏先生“缫丝”的理解贴切；另外，将第二行的后半句“阎儿前买毯贾”也合并理解确实不合情理。当时毯作为货币使用具有普遍性，举借官床径可以直接以毯偿付；没有偿付之前，似乎无需先以丝绸作价，而后最终再以毯偿付；并且“阎儿前买毯价”的“价”字按照卢向前先生理解的逻辑完全是多余的，直接记作“阎儿前买毯若干偿付”即可。以上的这些矛盾使得卢向前先生的解释已经无法成立，关于“为丝”和“作丝”还是武敏先生解释为“缫丝”更为妥帖，“阎儿前买毯价”后面内容残缺，则是应当单独理解的另一事项。

重新审视这件“条呈”，其上行官府文书的性质首先应当明确。第1行和第2行前半段都是官府为雇人缫丝支付粮食的记录，按照这一逻辑，“阎儿前买毯价”后面应当是官府从阎儿处买毯支付粮食的记录。通过以上分析，我们可以得出两个认识。其一，当时粮食也可以用于支付雇佣价格，是丝绸之外的另一种实物货币类型。其二，与民间普遍采用毯作为支付货币不同的是，官府的毯的来源似乎不足，仍需要以粮食从民间购买。从北凉时期的《相辞为共公乘芆与杜庆毯事》来看[⑫]，当时官府至少征收“枣值毯”，这说明毯也是百姓给官府缴纳赋税时选择的货币之一。在粮食和丝绸也充当实物货币的情况下，官府需要仍以粮食购入毯，这说明毯对官方而言也是更为通行的基础货币，官府需要保证存有一定数量的毯以供日常的开支。由此可知，高昌郡时期毯作为基础货币的地位也是官方认可和推行的结果，在蚕桑丝织业已经很发达的时期毯的基础货币地位也没有受到冲击。

毯是文书所见吐鲁番地域的第一种重要货币类型，在4、5世纪长期被使用。毯的织造本身是畜牧业发展的结果。作为典型绿洲农业社会的高昌郡时代为何选择毯作为主要货币，这一问题迄今未见有人探讨。

---

⑨　唐长孺主编《吐鲁番出土文书》（壹），6页。

⑩　武敏《从出土文书看古代高昌地区的蚕丝与纺织》，《新疆社会科学》1987年第5期，94页。

⑪　卢向前《高昌西州四百年货币关系演变述略——敦煌吐鲁番文书经济关系综述之一》，作者著《敦煌吐鲁番文书论稿》，221页。

⑫　唐长孺主编《吐鲁番出土文书》（壹），105页。

我们对吐鲁番地区4、5世纪的绿洲农业了解不多，从现存的文书中可以看到当时的高昌郡存在许多种名称的土地类型，如果与高昌国时代之后土地类型减少为部田、常田两种的情况相比，高昌郡时期土地类型名称的繁多反映的很可能是当时土地垦辟、生产发展的情形。从洋海一号台地四号墓所出《前秦（？）田亩簿》中我们看到小麦、桑、蒲陶三种作物集中出现[⑬]，反映出当时粮食作物和经济作物可能都有不小规模。此时的高昌地区除了粮食作物的种植以外，有发达的蚕桑丝织业，还征收“租酒”。至于毛毯织造需要依赖的发达的畜牧经济目前未见相关资料。高昌郡时期毯能够作为主要货币长期流通很可能还有高昌郡之外的其他来源。

自西汉戊己校尉设置之后至公元450年之前的吐鲁番盆地一直存在两个政治中心，一个是以高昌城为中心的高昌壁、高昌郡、大凉政权为发展序列的东部，另一个是以交河城为首都的车师前国政权。关于车师前国的情况，《汉书·西域传》《后汉书·西域传》《晋书·西戎传》《魏书·西域传》等有记载，但内容都较为简略，对于车师与东部高昌的关系除了沮渠氏入据高昌到车师亡国之间有较多记载之外，其余时段我们所知甚少。

嶋崎昌认为作为游牧族群姑师分裂的结果产生的车师前国与其他山北诸国，都应属于阿尔泰人种。到东汉时，车师诸国仍然被称为“车师六国”，可能表示这些国家仍然保持了姑师（车师）人的语言或习俗，而与焉耆西南的雅利安人不同。车师山北诸国应当是游牧或以游牧为主，位于吐鲁番盆地的车师前国逐步农耕化[⑭]。余太山认为车师前国王治虽以“城”名，但其生产方式很可能也是畜牧为主。余太山又举《后汉书·耿恭传》所载建初元年正月，汉军击车师于交河城，获“驼驴马牛羊三万七千头”作为证据[⑮]。《魏书·西域传》所载车师诸国仅余车师前国和山北的且弥国[⑯]。车师前国汉代以后的经济情况我们所知甚少，但畜牧业应当仍然发达。

出土文书显示，高昌郡时期和高昌国早期长期以毯作为主要货币，毯在当时为民众生活日常行用，并且数量相当不少。麹氏高昌国时期的文书中可见以羊供祀、雇人放羊等情况；高昌郡时期和高昌国早期的文书中常见有马，亦见有骆驼，但未见有涉及羊者，估计当时也有羊的饲养，但数量似乎不多[⑰]。织造毯的主要原料为羊毛，此外还有骆驼毛和牦牛毛[⑱]。高昌郡及高昌国早期即便存在较为发达的羊群饲养业，是否就有发达的毛织业这也是一个值得质疑的问题。因为就纺织业情况而言，目前的研究成果显示当时的纺织业主体无疑是蚕桑丝织业和棉纺织业。与这一时期文书中大量出现的

⑬ 荣新江等主编《新获吐鲁番出土文献》，185页。

⑭ 嶋崎昌《姑師と車師前·後王國》，作者著《隋唐時代の東トゥルキスタン研究—高昌國史研究を中心として—》、東京：東京大学出版会，1977年，29—47頁。

⑮ 余太山《两汉魏晋南北朝正史“西域传”所见西域诸国的农牧业、手工业和商业》，作者著《两汉魏晋南北朝正史西域传研究》，北京：中华书局，2003年，348—349页。

⑯ 余太山指出此且弥国应即《汉书·西域传》所载的西且弥国，作者著《两汉魏晋南北朝正史西域传要注》，北京：中华书局，2005年，444页。

⑰ 吐鲁番的绿洲生态自身应无力承载较大规模的畜牧业。

⑱ 武敏《从出土文物看唐代以前新疆纺织业的发展》，《西域研究》1996年第2期，5—14页；贾应逸《浅论新疆古代毛纺织业的发展》，《新疆文物》2005年第4期，42—47页。

作为货币的毯相比，衣物疏中则完全看不到毯以及其他毛织品的衣物[19]。这一时期的墓葬中出土了毛织物，但数量很少。哈拉和卓3号墓曾出土一驼色毛织物残片，同墓出建兴三十六年（348）柩铭[20]；哈拉和卓90号墓曾出土土罽一片，同墓出永康十七年（482）文书[21]。阿斯塔那68号墓的两具尸体分别用破毡、柴草裹捆入葬，衣着情况不明，墓葬年代在3世纪中到6世纪初[22]。墓葬出土文献反映出当时衣着用料与纺织业发展情况相一致，这些情况表明毯在当时主要是作为货币而流通。这就进一步让我们推测，4、5世纪吐鲁番盆地使用毯作为货币很可能与同在盆地的车师国有密切的关系。

与车师前国的交往，我们能找到的资料很少，所知最多的是450年前后沮渠安周率众攻破交河城，车伊洛率余部逃亡焉耆[23]。在前凉329年在高昌建郡之后长达一百多年的时间里，车师前国和高昌郡之间没有见于史籍的交往和战争记录，笔者认为以绿洲农业为主的高昌郡和以畜牧为主的车师前国之间经济的互补性很强，既然在吐鲁番盆地能和平共处一百多年，在史籍没有记载的背后应当是两地之间日常的密切的经济交往。前文分析的《某人条呈为取床及买毯事》显示当时的高昌官府确实用粮食购买毯，最直接便利的来源应当即为毗邻的车师，而普通百姓间的日常交往既可以互通有无，也使得毯在高昌长期作为主要货币流通成为可能。

柔然的首领社仑在402年自建可汗尊号，此后势力不仅向南渗入中原地区，而且还向西扩张至西域各地。约在太延元年（435）二月，焉耆、车师等国遣使入贡于魏。北魏则于同年五月派遣王恩生、许纲为首的20人出使西域，但遭到柔然的竭力阻挠，王恩生等也被柔然拘禁。不论柔然还是北魏，势力进入西域都应该在5世纪之后，高昌郡地区在4世纪后半即开始使用毯作为货币，显然应该排除柔然或鲜卑的影响。尽管目前资料缺乏，毯很可能是从高昌建郡的4世纪上半叶就是当地的主要流通货币，而重要背景即是盆地西半部的车师前国的存在。从当地的货币形态来看，高昌自建郡时期开始当地百姓的生活中最重要的日常交易就是与交河城的车师前国的交易。

车师前国在450年被沮渠安周所灭，车伊洛的儿子歇收集遗散一千余家归焉耆镇[24]，车师前国的人口可能大部分被带到焉耆，这可能很大程度影响了吐鲁番盆地西部原车师前国境内的畜牧业生产和毛毯织造，东部地区由高昌郡发展而来的高昌国可能不再拥有此前高昌郡时代的稳定的毯的来源，货币结构可能因此发生变化。我们看到阚氏高昌时期主要货币形态确实发生了变化。

---

⑲ 孔祥星《从吐鲁番出土的衣物疏看十六国和麹氏高昌国时期的纺织品》，《中国历史博物馆馆刊》1984年第6期，52—60页。墓中能够埋纳衣物疏的多为社会上层，只能反映一部分社会群体的情况，这是必须说明的。

⑳ 新疆维吾尔自治区博物馆《吐鲁番县阿斯塔那—哈拉和卓古墓葬发掘简报》，《文物》1973年第10期，19页。

㉑ 新疆博物馆考古队《吐鲁番哈拉和卓古墓群发掘简报》，《文物》1978年第6期，9页。

㉒ 新疆维吾尔自治区博物馆《吐鲁番县阿斯塔那—哈拉和卓古墓群清理简报》，《文物》1972年第1期，9页。

㉓ 王素《高昌史稿·统治编》，北京：文物出版社，1998年，253页。相关讨论参见孟宪实《吐鲁番新出一组北凉文书的初步研究》，沈卫荣主编《西域历史语言研究集刊》第1辑，北京：科学出版社，2007年；收入荣新江等主编《新获吐鲁番出土文献研究论集》，北京：中国人民大学出版社，2010年，71—86页。

㉔ 《魏书》卷三〇《车伊洛传》，北京：中华书局，1974年，723页。

卢向前先生把毯作为一般等价物的时代的下限定在482年是因为出土了《高昌张绾等传供帐》的哈拉和卓90号墓出土了一件纪年文书，年代正是482年。今天随着资料的增加，我们的认识也需要更新。洋海1号墓出土的《阚氏高昌永康十二年（477）十二月十四日张祖买奴券》记载“永康十二年润（闰）十四日，张祖从康阿丑买胡奴益富一人，年卅，交与贾行緤百叁拾柒疋”㉕。这件契约表明477年时行緤已经成为流通货币，是目前所见行緤作为货币使用的最早记录。由于阚氏高昌时期的文书目前所见仍然非常有限，以叠布作为货币的起始时间，随着新资料的出土将来完全有可能再提前。前文所录建平四、五年（440、441）《支生贵卖田券》和《佛敬夏葡萄园券》都使用毯作为货币，而到阚氏高昌永康年间（466—485）叠布已经成为货币，说明期间确实发生了货币形态的更替。这期间的重大政治形势变化就是车师前国的灭亡和依附柔然的阚氏高昌取代沮渠氏大凉政权。那么到底是哪一种因素发挥了主导作用呢？柔然是游牧帝国，畜牧毛纺织业是基本产业，柔然统治高昌之后当地的货币形态反而变为叠布，这种变化应当与柔然无关；当地的经济形态没有发生重大变化的情况下，车师前国的灭亡仍然是最可能的因素。显然，宗主国柔然生产的毯当时没有进入高昌国经济体系的稳定渠道，所以主要货币形态才会发生变化。

阚氏高昌的永康年间是一个典型的货币形态交替时期，叠布和毯都在发挥着货币功能。为分析方便，逐录《高昌主簿张绾等传供帐》再作分析。

（前缺）

1　　］匹，毯六张半，付索寅义，买厚绢，供涑□。

2　］半斤，付双　（爱），供□涑。

3　出行緤卌匹，主簿张绾传令，与道人昙训。

4　出行緤五匹，付左首典（兴），与若愍提懃。

5　出赤违一枚，付　（爱）宗，与乌胡慎。

6　王阿钱条用毯六张，买沾缵。

7　　］匹，付得钱，与吴儿折胡真。

8　　　］赤违一枚，付得钱，与作都施摩何勃

\- -

9　　］緤一匹，赤违一枚，与秃地提懃无根。

10　　］月廿五日，出緤二匹，付□富买宍（肉）供□□。

11　出毯一张［　　　

12　出行緤□［　　　

13　　］行緤［　　　

14　　］行緤三匹，赤违三枚，付隗已隆，与阿祝至火下。

15　　　　］张绾传令，出疏勒锦一张，与处论无根。

16　　　　　　　　　　　］摩何丘□

17　　　　］緤一匹，毯五张，赤违□枚，各付已隆，供鍮头［　　　㉖

㉕ 荣新江等主编《新获吐鲁番出土文献》，125页。

㉖ 唐长孺主编《吐鲁番出土文书》（壹），122—123页。

笔者认为此件文书的性质应该是阚氏高昌中央官府仓部的织物及毯等支出账[27]。仓部支出的以行緤为最多，织物类型较为明确的16条中有10条都有行緤（以“匹”为单位者），可以确定有毯的4条。其中确定只有行緤一种织物的有4条，行緤加毯的2条（其中有一条又另加赤违），行緤加赤违的2条，只用毯的2条（其中第11行的后缺，或许后面又另加赤违），只用赤违的2条，只用绵的1条。从织物登录的顺序来看非常固定，有行緤时一定首先登录，其次是毯、赤违，丝毫不乱。织物支出的用途，绝大多数的用途是供给外来使者，他们主要来自宗主国柔然[28]，还有一部分织物用于购买商品，所见共有三例，即第1行用行緤和毯购买厚绢，第10行用行緤购买肉，第6条用毯购买沾缵。整件文书涉及的织物类型很多，行緤、毯、疏勒锦、绵以及赤违都有出现。从文书反映的情况来看，当时的高昌国行緤是货币，这是毋庸置疑的，并且主要货币实际上已经在向行緤转移，尽管也有单独用毯和毯与行緤配合充当货币的情况，这与5世纪前后吐鲁番盆地的情况已经有明显的差别。从整件仓部支出账来看，尽管织物类型很多，行緤的支出量明显占最大比重，反映作为国家财富的货币已经向行緤集中。

从文书中的三条交易情况来看，阚氏高昌时期行緤和毯似乎并无明显的区分，甚至第1行中买厚绢都是行緤和毯共用。那么为何在数量并不太大的支付中，有时候使用行緤，有时候使用毯，而有时候又两者兼用呢？纺织品作为货币的明显缺陷就是分割之后会影响使用价值，我们看到第1行用行緤和毯一起购买厚绢的交易中，毯的数量是六张半，另又搭配行緤若干匹，笔者认为可能是因为毯的单位最小即为“半匹”，为了凑成与购买商品相当的价值，所以将毯和行緤配合使用才完成了交易。

在货币的毯本位逐渐终结的5世纪末叶，丝织品一度成为重要货币，毯本位时代偶尔会使用的丝织品发挥了更大的作用。在《高昌主簿张绾等传供帐》中我们已经看到疏勒锦，在西域丝织业发展的背景下，锦也成为重要货币的备选。

反映锦作为货币被使用的例子，最为典型的是《高昌承平八年（509）翟绍远买婢券》（以下简称“《翟绍远买婢券》”）。

1　承平八年岁次己丑九月廿二日，翟绍远从石阿奴

2　买婢壹人，字绍女，年廿五，交与丘慈锦三张半，

3　贾（价）则毕，人即付。若后有何（呵）盗仞（认）名，仰本

4　主了；不了，部（倍）还贾（价）。二主先和后券，券成

5　之后，各不得返悔，悔者罚丘慈锦七张，入不

6　悔者。民有私要，要行二主，各自署名为信。

7　券唯一支，在绍远边。倩书道护[29]。

这件麴氏高昌国初年的契约中，翟绍远从石阿奴处买婢一人使用的是龟兹锦三张半，如

---

[27] 参见裴成国《〈高昌主簿张绾等传供帐〉再研究——兼论阚氏高昌时期的客使接待制度》，《西域研究》2013年第4期，67—71页。文中所引此件文书录文依笔者研究改订。

[28] 罗新《高昌文书中的柔然政治名号》，《吐鲁番学研究》2008年第1期；收入作者著《中古北族名号研究》，北京：北京大学出版社，2009年，155—165页。

[29] 唐长孺主编《吐鲁番出土文书》（壹），92—93页。

果结合延寿年间的《高昌延寿四年（627）赵明儿买作人券》、粟特文《高昌延寿十六年（639）张因嵩买婢券》都使用了萨珊波斯银币的情况来看[30]，《翟绍远买婢券》的特殊性就显得尤为突出。和《翟绍远买婢券》同时的还有两件契约，即《高昌承平五年（506）道人法安弟阿奴举锦券》[31]《高昌义熙五年（514）道人弘度举锦券》[32]。两件契约中阿奴和道人弘度都是向翟绍远举锦，约定偿还锦及锦生布若干。锦是高等级的丝织品，普通平民不太可能举锦用于自己穿着；之所以要举锦很可能还是用于购买商品时的支付。通观4—8世纪五百年间吐鲁番地区的货币史，尽管4世纪和7世纪都曾以绢作为辅助货币，但使用锦作为流通货币却仅仅出现在6世纪初叶前后。之所以如此，一个重要背景就是当时西域丝织业的发展进步，作为标志的就是龟兹锦、疏勒锦等有地域特色的织锦纷纷出现。从这个角度来说，6世纪初叶高昌行用的锦其实也是一种区域性的货币，应当不局限在高昌一地。锦到高昌和平元年（551）仍然出现在借贷契约中，但到6世纪中叶之后就完全不见，萨珊波斯银币强势占领了流通领域。至于锦退出流通领域，一方面是萨珊银币的冲击所致，另一方面也是市场选择的结果。锦作为高等级的丝织品充当货币，具有币值高，不宜分割，不便携带等诸多缺陷，所以在萨珊银币这种真正意义上的国际通货大量流入之时，锦和行緤、毯就彻底退出流通领域。

高昌故城出土的窖藏萨珊银币铸造于4世纪，显示这种银币很早就已经流入中国，学界认为这与当时前秦经营西域有关。在当时欧亚大陆交通不畅，贸易受阻的背景下，流入吐鲁番的萨珊银币数量必定有限，因而流入的银钱也无法成为流通货币[33]，尽管银钱与当时的流通货币毯相比具有突出的优点。到6世纪中叶突厥统一中亚，交易成本降低，跨地区的贸易迅速发展，萨珊银币此时大量流入吐鲁番，才成为当地的流通货币。

如果再往前追，吐鲁番地区的货币史早在史前时期已经开始。洋海墓葬中发现的货贝证明早在公元前10世纪吐鲁番地区已经在使用中原地区广泛流通的货贝，并且吐鲁番地区的货贝与甘青地区相同，都来自太平洋沿岸[34]。洋海货贝的发现证明当时吐鲁番盆地使用的就是一种国际通行货币。

从公元前的货贝，到4、5世纪的毯，再到6、7世纪的萨珊波斯银币，吐鲁番盆地货币史的变迁，既与区域经济的发展密不可分，也和当时欧亚大陆的国际形势息息相关，而哪种货币能够长期担当主要流通货币则又与货币自身的特点密切相关。4—5世纪高昌地区长期使用毯作为主要流通货币，既与车师前国与高昌间的长期稳定交流为前提，也因为毯当时本身也是西域及河西地区的通行货币。5世纪中叶以后行緤逐渐取代毯的主要货币地位，但无论行緤和锦都没有长久，最终让位给更为通行的萨珊波斯银币。

㉚ 《高昌延寿四年（627）赵明儿买作人券》，唐长孺主编《吐鲁番出土文书》（贰），北京：文物出版社，1994年，241页。《高昌延寿十六年（639）张因嵩买婢券》，吉田豊、森安孝夫、新疆ウイグル自治区博物館《麹氏高昌国時代ソグド文女奴隷売買文書》，《内陸アジア言語の研究》Ⅳ，1989年，15頁。柳洪亮汉译文载《新疆文物》1993年第4期，108—115页。

㉛ 唐长孺主编《吐鲁番出土文书》（壹），88—89页。

㉜ 唐长孺主编《吐鲁番出土文书》（壹），94—95页。

㉝ 裴成国《麹氏高昌国流通银钱辨正》，《北京大学学报》2016年第1期，132页注释1。

㉞ 吕恩国《洋海货贝的历程》，《吐鲁番学研究》2016年第1期，14页。

The Study of the Age of Blanket Standard in the Monetary History of Gaochang District

Pei Chengguo

This paper studies the condition that how woolen blanket had been used as money in Gaochang district during 4 and 5 century. Newly published contracts show that blanket had been circulated universally among the people from the second half of 4 century to the middle of 5 century, while grain and silk were only been used as subordinate money. Different from the condition of universal private usage, the source of blanket for government seems inadequate. The previous study show that the dominant textile industry in Gaochang was silk weaving industry and the proof for thriving blanket weaving industry was very little. The fact of long-term usage of blanket as money among Gaochang people can attribute to existence of the Front Jushi Country which located in the western part of the Turfan basin and had flourishing husbandry. The author argues that the close routine communication of two places was the reason that blanket could be used as money in Gaochang. The Front Jushi Country was annexed by Juqu Clan of Gaochang kingdom in 450, and most population migrated to Yanqi, the nearby oasis country. This led to the disappearing of source of blanket and the end of age of blanket standard. Thereafter cotton cloth became dominant currency.

移健与时健

——源自亲属称谓的古突厥名号

陈　恳

一、引　　言

古突厥亲属制度属奥玛哈类型的线性变体[①]。其中atï一称既可指侄子又可指孙子，yigän一称既可指外甥又可指外孙；但是在亲属制度属爱斯基摩类型的现代欧洲语言中，一般只用一个词（如英语的nephew）既表示侄子又表示外甥[②]。早期学者对此多未及措意，在相关论述中常易出现偏差，或至得出错误的推论。例如，鄂尔浑卢尼文碑铭《阙特勤碑》与《毗伽可汗碑》的作者Yoluĝ特勤，本是阙特勤与毗伽可汗的侄子（atï）[③]，但前贤在从德语及英语等西方语译文转译为汉文时，将之翻译为“甥（？）/外甥”，导致后学以为非阿史那氏的外甥也能出任特勤，甚至推出古突厥人有“视甥如侄”的现象[④]。由于古突厥的亲属称谓系统与现代人习用的爱斯基摩类

① 人类学家按照亲属称谓的归并方式将亲属制度分为若干个类型，现代欧洲各语言的系统大都属于爱斯基摩类型（Eskimo），现代土耳其共和国的系统则属于苏丹类型（Sudanese），其他类型还有夏威夷类型（Hawaiian）、易洛魁类型（Iroquois）、克劳类型（Crow）和奥玛哈类型（Omaha）等，参见S. Baştuĝ, “Kök Türük Kinship Terminology: an Omaha Model”, *Central Asiatic Journal*, Vol. 37, No. 1/2 (1993), pp. 4, 16; 威廉. A. 哈维兰著，瞿铁鹏、张钰译《文化人类学（第十版）》，上海：上海社会科学院出版社，2005年，308—313页。

② yigän一词有yeĝen/yegen/yegän/yägän/yägin/yigen/yigän等多种转写形式，本文在非特别引用时统一写作yigän。参见K. Grønbech, “The Turkish system of kinship”, *Studia Orientalia Ioanni Pedersen Septuagenario A.D. VII id. nov. anno MCMLIII a Collegis Discipulis Amicis Dicata*, Copenhagen 1953, p. 124; S. Baştuĝ, “Kök Türük Kinship Terminology: an Omaha Model”, pp. 4, 8-10.

③ 因Yoluĝ特勤是毗伽可汗与阙特勤两兄弟共同的atï，故其不可能是两人的孙子，更有可能是两人的侄子，但也有可能是两人的堂侄或堂侄孙，不过，由于两人的叔父默啜的后裔已基本被阙特勤清洗，因此大可排除此可能性，故Yoluĝ特勤是两人共同的侄子即是其兄弟的儿子，参见S. Baştuĝ, “Kök Türük Kinship Terminology: an Omaha Model”, p. 10.

④ 这一误解流传甚广，罗新先生在讨论北魏直勤名号制度时曾指出并纠正之。参见韩儒林《突厥文〈阙特勤碑〉译注》，《韩儒林文集》，南京：江苏古籍出版社，1990年，392、398页；岑仲勉《突厥集史》，北京：中华书局，1958年，879、886、891—892、917页；韩儒林《突厥官号考释》，《穹庐集——元史及西北民族史研究》，上海：上海人民出版社，1982年，318页；蔡鸿生《突厥法初探》，《历史研究》1965年第5期，89页；蔡鸿生《唐代九姓胡与突厥文化》，北京：中华书局，1998年，91页；罗新《北魏直勤考》，《历史研究》2004年第5期，30页；罗新《中古北族名号研究》，北京：北京大学出版社，2009年，92页。

型和苏丹类型有所不同，因此对相关的材料需要进行细致的辨析，才能避免出现类似的失误。

在对中古北族名号的较新研究中，有学者发掘出了一类来自亲属称谓的名号，主要代表为高句丽/新罗的“加/阿干”和拓跋鲜卑的“阿干”，其源头可上溯至东胡，该类名号来自古蒙古语的*aka/aga，本是对兄长的称谓；另外，拓跋鲜卑虽然将“阿干”用作官称（作为职务的名号），同时也仍然将其作为亲属称谓使用，而*aka/aga在传入突厥之后，既用作官称也用作官号（作为修饰性美称的名号）⑤。不过，对于这类名号作为官号的意义表达问题，则较少见到相关的讨论，原因大概是基于对北族官号制度的如下认识：“北族官号都起自美称，形成官号之后，就具有一定的稳定性，其应用并不一定都与该美称的原始意义相应。”⑥本文认为，这一认识或许对官称更为适用，而对于官号来说，原始意义的表达可能仍然在一定程度上发挥效用，尤其作为亲属称谓的官号更是如此；前述提及的*aka/aga传入突厥后用作官号的例子比较偏晚近，其中很多情况下官号和官称已经难以区分，可暂置不论；本文拟讨论另外两个来自亲属称谓的古突厥名号，通过对较早期材料的分析可以看出，它们作为亲属称谓的原始意义表达常常仍然是有效的。

二、突厥语yigän的词义是“外甥/外孙”

对于yigän的词义，突厥学界的相关研究已经比较充分，一般均认为其包括外甥（姐妹的子女）和外孙（女儿的子女），这在突厥语族中也是十分常见的⑦；而对于鄂尔浑古突厥语来说，yigän或许还包括姑表亲（父亲姐妹的子女），这正是较为典型的奥玛哈类型⑧。如果按照可扩展的标准奥玛哈类型的判定规则，自身父系族群所有女性的子女都是同一类，使用同一个亲属称谓⑨，那么yigän在理论上还可以推广到更远的亲属关系，不过通常而言，其主要还是指与自身关系较近的亲属，即姐妹的子女和女儿的子女，亦即外甥和外孙，但无论是外甥还是外孙，无疑都属于与自身父系族群不同的其他父系族群，对于本族群来说，由于yigän所在族群娶本族群女性为妻，即其为本族群女性提供丈夫，故可视其为本族的婿族。

与atï的情形相类似，yigän究竟指外甥还是外孙需要结合上下文背景进行分析，这一特点在鄂尔浑卢尼文碑铭《苏吉碑》中有比较明晰的呈现。《苏吉碑》第8行这样写

---

⑤ 罗新《高句丽兄系官职的内亚渊源》，作者著《中古北族名号研究》，175—193页；关于北族政治名号中“官称”与“官号”的区分，参见该书前言第2页。

⑥ 罗新《再说暾欲谷其人》，作者著《中古北族名号研究》，223页。

⑦ K. Grønbech, “The Turkish system of kinship”, p. 124; S. G. Clauson, *An Etymological Dictionary of Pre-Thirteenth-Century Turkish*, Oxford: Clarendon Press 1972, p. 912; S. Baştuĝ, “Kök Türük Kinship Terminology: an Omaha Model”, pp. 7-9.

⑧ S. Baştuĝ, “Kök Türük Kinship Terminology: an Omaha Model”, p. 8.

⑨ S. Baştuĝ, “Kök Türük Kinship Terminology: an Omaha Model”, p. 5.

到："我看到了我的yigän和我的atï。现在我死了。"对于此处的两个亲属称谓词yigän和atï，学界的汉译各式各样，或译作"外甥、外孙"和"孙子"[10]，或译作"甥侄和孙子"[11]，或译作"外甥和侄子"[12]，都不够准确[13]，事实上，在该行之前，碑主还提到他有三个儿子和三个女儿，并且给儿子和女儿都完成了婚姻，那么碑主在死前所看到的yigän和atï，就应该理解为女儿的子女和儿子的子女，即译作"外孙和孙子"，才更为合理[14]。

yigän一词在更晚时代的回鹘文契约中也经常出现，其词义依然是"外甥/外孙"[15]。近年有学者提出回鹘文契约中的yägän（即yigän）不是"外甥"而是"嫂（婶）子"[16]，但这一新说却难以成立，因为在其论证链条最关键的第三个环节存在失误，其说为：

> yägän不是"外甥"与"侄子"，"外甥"与"侄子"在古代突厥语文献中都有专门的词汇。阙特勤碑中称"侄子"为"atï"："bu bitig bitigmə kül tigin atïsï yolluq tigin bitidim（我yolluq特勤，阙特勤的侄子写此碑文）"。《突厥语大词典》称外甥为"qïk̡an"。现代维吾尔语称外甥、侄子为jiyən[17]。

说yägän不是"侄子"并无问题，问题出在汉译本《突厥语大词典》称外甥为"qïk̡an"上，这一说法是不正确的，因为汉译本中的qïk̡an系采用了一种相对特殊的音标符号[18]，它的另一种更通行的转写为čïqan，正是本文后面将要讨论的另一个亲属称谓，其词义是姨表兄弟即母亲姐妹的儿子，这和外甥（自身姐妹的儿子）显然不同。Clauson提到阿拉伯语原文本的《突厥语大词典》对čïqan的释义是"ibnu'l xala"（"姨妈的儿子"，即姨表兄弟），它也出现在察合台语中，作çığan，意思相同[19]；Dankoff和Kelly在对《突厥语大词典》的英译本（1985）翻译中也将此词的释义译作

---

⑩ 李经纬《突厥如尼文〈苏吉碑〉译释》，《新疆大学学报》1982年第2期，115、117页。

⑪ 耿世民《古代突厥文碑铭研究》，北京：中央民族大学出版社，2005年，226页。

⑫ 洪勇明《古代突厥文〈苏吉碑〉新释》，《中央民族大学学报》2010年第1期，127—128页；白玉冬《〈苏吉碑〉纪年及其记录的"十姓回鹘"》，《西域研究》2013年第3期，109页。

⑬ 国外学者对这两个词的翻译也有分歧，一种是"女儿和儿子的孩子们"（Ramstedt, 1913, s. 5; Бернштам, 1946, c. 52; Кляшторный, 1959, c. 163; EDT, p. 40; Sertkaya, 2001, s. 311）；另一种是"侄甥和孙子"（Orkun, 1994, p. 157; Малов, 1951, c. 77; 1952, c. 85; ДТС, c. 67; Tekin, 2003, s. 108; Кормушин, 2008, c. 77; 2009, c. 182）；还有一种变体是"兄弟姐妹的孩子们"（Бернштам, 1946, c. 52）。参见B.B. Тишин, К древнетюркской системе родства // *Orientalistica Iuvenile*. Сб. ст. молодых ученых Ин-та востоковедения РАН. 2012. — Вып. IV. — С. 94-95.

⑭ S. Baştuĝ, "Kök Türük Kinship Terminology: an Omaha Model", p. 7.

⑮ S. G. Clauson, *An Etymological Dictionary of Pre-Thirteenth-Century Turkish*, p. 913.

⑯ 刘戈《释回鹘文契约中的yägän》，《民族研究》2005年第6期，69—72页；刘戈《回鹘文买卖契约译注》，北京：中华书局，2006年，140—147页。此文也有英译版，参见Liu Ge, Kou Juxia (Xi'an, Shaanxi): "An Elucidation of *yägän* in the Contract in Uygur", *Kinship in the Altaic World. Proceedings of the 48th Permanent International Altaistic Conference, Moscow 10 – 15 July, 2005.* Edited by Elena V. Boikova and Rostislav B. Rybakov. *Asiatische Forschungen*, vol. 150. (Wiesbaden: Harrassowitz Verlag, 2006). pp. 211-217.

⑰ 刘戈《释回鹘文契约中的yägän》，70—71页；刘戈《回鹘文买卖契约译注》，143页。

⑱ 麻赫默德·喀什噶里著、校仲彝等译《突厥语大词典》，北京：民族出版社，2002年，前言9—10页（凡例）。

⑲ S. G. Clauson, *An Etymological Dictionary of Pre-Thirteenth-Century Turkish*, p. 409.

“母亲姐妹的儿子”；在《突厥语大词典》的土耳其语译本（1945/1986）中，Atalay对此词的释义存在歧义：“yeĝen, hala ve teyze oĝlu”（p.v.4,p.147）“外甥，姑妈和姨妈的儿子”，他将teyze oĝlu（姨妈的儿子，即姨表兄弟）和hala oĝlu（在土耳其语中是姑妈的儿子，即姑表兄弟；在阿拉伯语中是姨妈的儿子，即姨表兄弟）并列在一起也许尚可理解，但yigän一词（现代土耳其语作yeĝen，是侄子、外甥的意思）并未出现在《突厥语大词典》中，故Atalay将其包括之举令人费解[20]，而这很可能正是汉译本将qïk̡an错误地解释为“外甥”的由来——因为《突厥语大词典》汉译本主要根据现代维吾尔语译本转译而来，现代维吾尔语译本又系主要参考土耳其语译本转译而来[21]。事实上，回鹘文契约中的yigän之后几乎总是跟着tağay，后者表示母亲的兄弟或父亲（舅父/外祖父），因此与其连称的yigän不可能表示“嫂/婶”，而只能解释为“外甥/外孙”，或者依照奥玛哈类型的定义，可以更准确地概括为父系族人中近亲女性（姐妹、女儿、姑母等）的子女，tağay则代表母系族人的男性亲属（舅父、舅表兄弟、外祖父等），两者合起来连称的词组yigän tağay就表示所有的异姓亲族[22]，将其翻译为“甥舅”略显不确，但基本含义是接近的，或许译为“甥族与舅族”会更准确。

三、卢尼文名号中的yigän可表示亲属称谓

在鄂尔浑卢尼文碑铭中，有若干经典的大碑铭曾提到yigän。《阙特勤碑》东面第33行有“yägin silig bag”，汉译“叶勤悉利伯克”，是作为阙特勤骑过的马的名号[23]，该例无法确定其中的yägin是否表示亲属称谓的意义。回纥卢尼文《磨延啜碑》西面第8行有“qatun yigäni öz bilgä büñi”，译为“可敦的侄子öz bilgä büñi”[24]，这里的yigäni更可能是表示亲属称谓而非名号，由于其前后文残缺，无法作进一步的考证，只是根据本文前面的讨论可知，将其译作“侄子”是不够准确的，更好的译法应是“外甥/外孙”。《阙利啜碑》中出现了两位yigän čor，一位是sir irkin的儿子，另一位是tadïq čor

---

⑳ S. Baştuĝ, “Kök Türük Kinship Terminology: an Omaha Model”, p. 12.

㉑ 赵明鸣《〈突厥语词典〉语言研究》，北京：中央民族大学出版社，2001年，32—33页；麻赫默德·喀什噶里著、校仲彝等译《突厥语大词典》，前言9页（凡例）；艾尔肯·伊明尼牙孜·库吐鲁克著、木合塔尔译《关于〈突厥语大词典〉及其手抄本》，《中国维吾尔历史文化研究论丛》第3辑，北京：民族出版社，2003年，221—222页；许克里·哈鲁克·阿卡林著、刘钊译《千年前、千年后——麻赫默德·喀什噶里与〈突厥语大词典〉》，北京：民族出版社，2009年，122—123页；陈宗振《关于〈突厥语大词典〉汉文译本的翻译质量问题》，《民族翻译》2010年第2期，56页。

㉒ S. Baştuĝ, “Kök Türük Kinship Terminology: an Omaha Model”, p. 15.

㉓ 芮传明《古突厥碑铭研究》，上海：上海古籍出版社，1998年，170页。

㉔ 白玉冬《〈希内乌苏碑〉译注》，朱玉麒主编《西域文史》第七辑，北京：科学出版社，2012年，94页。洪勇明先生的翻译与之类似，参见洪勇明《回纥汗国古突厥文碑铭语言和历史研究》，中央民族大学哈萨克语言文学系2009年博士学位论文，57页。

或tarduš küli čor的儿子[25]，这里的yigän显然都是作为人的名号出现，但由于对相关人物之间的亲属关系缺乏其他材料参证，故而此例名号中的yigän是否表示亲属称谓仍然无法确定。

近年日本学者大泽孝对鄂尔浑河流域的浩勒·阿斯嘎特（Хөл Асгат）碑铭进行了重新解读，发掘出了一些新的材料[26]。据其考证，第一碑正面石像右上方位于鸟像下方的雄山羊印记表明碑主是可汗阿史那宗室，鸟像右上方的三个卢尼文字母应释读为šNš即“阿史那”，由此碑主被释读为“阿史那家族的köl tudun的弟弟altun tamγan tarqan”，碑铭的镌刻者则是“apa yegän irkin”[27]；在第二碑的背面，镌刻着数行以碑主的口吻发出的哀号，其中有好几句“yegänim ä（我的yegän啊）”，多达至少三处[28]，从之前的E4行是碑主在呼唤qaŋïm（我的父亲）、ögäm（我的母亲）及atïm（我的侄子/孙子）等亲属来看[29]，这几处很可能是碑主在呼唤镌刻者[30]，则此数处yegän就不是镌刻者的名号，而是碑主对镌刻者的亲属称谓，即镌刻者是碑主altun tamγan tarqan的yegän即外甥或外孙。由此可知，作为亲属称谓的yegän可以与镌刻者名号apa yegän irkin中的yegän相呼应，表示“外甥/外孙”的本义，于是镌刻者应为某阿史那可汗的外甥或外孙，即其母阿史那氏为当朝或之前某可汗的姐妹或女儿。该碑主所卒于的猪年较可能是723年[31]，据此推断，此可汗较可能是毗伽可汗默棘连，则碑主可能是默棘连的兄弟，其兄köl tudun也是；而镌刻者apa yegän irkin既是毗伽可汗默棘连的yegän，同时也是其弟碑主altun tamγan tarqan的yegän，故应排除是两人的外孙的可能性，于是可以推出：apa yegän irkin是碑主altun tamγan tarqan及其兄köl tudun的外甥，其名号中的yegän很可能表明他同时也是可汗的外甥。这样，浩勒·阿斯嘎特碑铭就提供了一个例据，证明古突厥名号中的亲属称谓也可以表示其原始的意义。

㉕ Tekin和芮传明释读作tadïq čor，耿世民和Aydin则读作tarduš küli čor，参见T. Tekin, *A Grammar of Orkhon Turkic*, Bloomington, Indiana University, 1968, pp. 258, 295; 芮传明《古突厥碑铭研究》，304页；耿世民《古代突厥文碑铭研究》，182页；E. Aydin, Küli Çor Yazıtı ve Yazıtla İlgili Sorunlar Üzerine Notlar, *Dil ve Edebiyat Araştırmaları*, vol. 5, 2012, s. 257.

㉖ 大澤孝「ホル·アスガト（Хөл Асгат）碑銘再考」，『内陸アジア言语の研究』25, 2010, pp. 1-73. 此碑也称为伊赫—阿斯赫特（Ixe-Asxätä/İhe Ashete）碑，参见路易·巴赞著、耿昇译《突厥历法研究》，北京：中华书局，1998年，219页；路易·巴赞著、耿世民译《古代突厥碑铭》，收入耿世民《古代突厥文碑铭研究》，316页；O. Ünal, İhe Ashete Yazıtı: Yeni Bir Okuma ve Anlamlandırma Denemesi, *Bilig* (Bahar 2005, Sayı: 73), s. 271-294.

㉗ 大澤孝「ホル·アスガト（Хөл Асгат）碑銘再考」，pp. 29-30, 32-36, 39-40, 50-56. 案此碑中的yegän不是通常的ygn或yIgn形式，而是写作ykn，可能是讹写或方音所致，参见O. Ünal, İhe Ashete Yazıtı: Yeni Bir Okuma ve Anlamlandırma Denemesi, s. 276, 282-283. 此外，巴赞也认为此碑的雕刻者名号为yegän irkin，参见路易·巴赞著、耿昇译《突厥历法研究》，220页。

㉘ 见于E7、E9、E10行，另有几处难以辨识，参见大澤孝「ホル·アスガト（Хөл Асгат）碑銘再考」，pp. 28, 31.

㉙ -m为名词单数第一人称领属附加成分，qaŋ和ög分别意为父亲和母亲，atï意为侄子或孙子，日译误作从兄弟或叔父，参见S. Baştuğ, “Kök Türük Kinship Terminology: an Omaha Model”, pp. 9-10, 12; 大澤孝「ホル·アスガト（Хөл Асгат）碑銘再考」，pp. 28, 31.

㉚ 突厥、契丹等北族有模拟墓主语气发话的铭文传统，不同于中原碑志体例，参见陈述《契丹政治史稿》，北京：人民出版社，1986年，47页；罗新《再说暾欲谷其人》，作者著《中古北族名号研究》，215页。

㉛ 路易·巴赞著、耿昇译《突厥历法研究》，220页；大澤孝「ホル·アスガト（Хөл Асгат）碑銘再考」，pp. 46-47.

在与浩勒·阿斯嘎特碑铭位于同一地域的、鄂尔浑河与土拉河之间的阿尔哈南（Арханан）山上，有三行卢尼文刻铭，在第一行中出现了若干专名，其中明白无疑的是qunčuy（公主）和kül tarqan（阙达干），另外一些词则有各种不同的释读[32]。С. Г. Кляшторный（1990）和Ц. Баттулга（2005）都将开头的五个词释读为täŋrikän qunčuy yigän butur irkin，对于其中出现的yigän，Баттулга将其看作亲属称谓而非名号，即将上述词组释译为："圣天公主的外甥/外孙butur俟斤"；Кляшторный则将其看作名号[33]。其实两种理解完全可以共存，因为"qunčuy（公主）"的名号意味着出自可汗宗室，可能是可汗的姐妹或女儿，那么依据本文前面对亲属称谓yigän的分析，其子女拥有表示可汗外甥/外孙的名号yigän就是相当合理的。在С. Каржаубай（1980）的释读版本中，kül tarqan之后的词被释读为küdegü，意为"姐夫/妹婿/女婿"[34]，与前面出现的"qunčuy（公主）"正好般配，并且，无论是姐妹/女儿还是姐夫/妹婿/女婿，其子女的亲属称谓都是yigän，这也从侧面印证了另两个版本释读出的yigän成立的可能性是较高的。上述分析表明，尽管对阿尔哈南铭文的释读还存在争议，但从已有成果中透露出来的信息仍然能够在一定程度上佐证：古突厥名号中的亲属称谓也可以表示其原始的意义。

另一个出现yigän名号的卢尼文碑铭是《雀林碑》，该碑铭字数不多，释读争议却很大，就连最基本的铭文行进方向和排列顺序都难以达成一致[35]。近年日本学者铃木宏节对此碑作了重新解读，根据其对铭文及印记的检讨提出，该碑碑主为tun yägän irkin，是突厥第二汗国阿史那氏成员，系出自汗国创立者骨咄禄兄弟的旁系家族的人物[36]。值得指出的是，在对碑主名号的考证过程中，铃木氏注意到yägän是古突厥语中表示"外甥"的亲属称谓，于是认为yägän irkin属于骨咄禄下一代的可能性更高，由此得出的结论是：碑主似为骨咄禄兄弟的子嗣，其名号irkin（颉斤）则承袭自骨咄禄的父亲[37]。可是，既然承认在名号中出现的yägän可以表示其本义"外甥"，那么就应该同时意识到外甥是姐妹的子嗣，属于外家亲属，因而必定不可能是阿史那氏成员，则铃木氏所谓骨咄禄兄弟旁系家族人物的推论便无法成立。事实上，依照前述对浩勒·阿斯嘎特碑铭镌刻者apa yegän irkin身份的考证可类似推知，此碑中的tun yägän irkin更有可能是骨咄禄的yigän即外甥或外孙，所以肯定不属阿史那家族，而从碑铭中印记方面的证据来看，

---

[32] 蒙古国学者Баттулга在其讨论阿尔哈南山刻铭的文章中，除给出自己的新考释之外，也列出了前人的另两种考释，即С. Каржаубай (1980)和С. Г. Кляшторный (1990)，其中Каржаубай (1980)有汉译文。参见С. 卡尔扎乌拜著、忒莫勒译《阿尔哈南的突厥铭文》，《蒙古学资料与情报》1984年第4期，48—50页；Ц. Баттулга, *Монголын Руни Бичгийн Бага Дурсгалууд*, Улаанбаатар, 2005, с. 115-121.

[33] Ц. Баттулга, *Монголын Руни Бичгийн Бага Дурсгалууд*, с. 118.

[34] Каржаубай将küdegü俄译为зять，意为"女儿或姐妹的丈夫"，参见Ц. Баттулга, *Монголын Руни Бичгийн Бага Дурсгалууд*, с. 116; *Древнетюркский словарь*, Ленинград, 1969, с. 324。

[35] İ. Kormuşin, Çoyr Runik Kitabesinin Yeni Okuma Yorumlaması Hakkında. *Orhon Yazıtlarının Bulunuşundan 120. Yıl Sonra Türklük Bilimi ve 21. Yüzyıl Konulu III. Uluslararası Türkiyat Araştırmaları Sempozyumu Bildiriler Kitabı.* Ed. Ülkü Çelik Şavk. Ankara: Türk Dil Kurumu Yay, 2011, s. 511-518.

[36] 鈴木宏節「突厥チョイル碑文再考」，『内陸アジア史研究』24, 2009, pp. 1-24.

[37] 骨咄禄父亲名号为"骨咄禄颉斤"，参见鈴木宏節「突厥チョイル碑文再考」，pp. 16-18.

其属于阿史德家族的可能性较高[38]，由此也可以进一步推知，骨咄禄有姐妹或女儿的夫婿出自阿史德家族。从汉文史料可以知道，骨咄禄的弟弟默啜有女婿阿史德胡禄或阿史德觅觅[39]，而骨咄禄的儿子毗伽可汗默棘连也娶阿史德部的暾欲谷之女为妻[40]，这些记载都可与上述推论相印证，表明阿史德与阿史那两个家族存在密切的通婚关系。无论如何，从碑主名号中的yägän可表"外甥/外孙"的含义来看，这很可能提供了又一个例证，表明古突厥名号中的亲属称谓也可以表示其原始的意义。

四、汉文史料中的移健等名号

古突厥—回鹘语中的yigän有一个常见的汉文对音，即"移健"，日本学者羽田亨早在研究吐鲁番出土回鹘文时即已指出此点[41]。其中提到的《唐书·回鹘传》中的回纥别部首领"移健颉利发"在某些史料中又作"夷健颉利发"[42]，可见"夷健"也是yigän的对音之一[43]，后文将会指出，yigän的汉文对音尚不止于此。依照前述对卢尼文名号中yigän含义的分析，可以得出如下推论：汉文史料中带有名号"移健""夷健"或其他类似对音名号的蕃人，有可能出自某一突厥语宗主部族首领或国主的婿族，于是可拓展相关史料的运用。

1. 疏勒王裴夷健

乾陵蕃臣石像中有疏勒王裴夷健密施[44]，其人也见于《册府元龟》卷九七〇《外臣部·朝贡第三》："圣历元年……四月，疏勒王裴夷健……遣使朝贡。"另外《旧唐书》卷一九八《西戎传》在对疏勒国的介绍中提到："其王姓裴氏。贞观中，突厥以女妻王。"案，贞观年号为627—649年，圣历元年为698年，若假设裴夷健正是贞观中突厥下嫁给疏勒王的公主所生之子，在年代上并无不合之处，同时，"夷健"是yigän的对音，出现在名号中也可表示亲属称谓"外甥/外孙"的含义，于是此疏勒王裴夷健很可能就是贞观中以女妻疏勒王的某位突厥可汗的外孙，因而获得了"yigän/夷健"的名

㊳ С. Каржаубай也认为，《雀林碑》中的Тон Йеген иркин（即tun yägän irkin）系出自阿史德暾欲谷的部族，而非突厥的颉跌利施可汗即骨咄禄的部族。参见С. Каржаубай, *Объединенный каганат тюрков в 745-760 годах (по материалам рунических надписей)*, Астана, 2002, с. 159.

㊴ 王国维《唐贤力苾伽公主墓志跋》，作者著《观堂集林》，石家庄：河北教育出版社，2001年，827页。

㊵ 《旧唐书》卷一九四上《突厥传上》记载："毗伽可汗以开元四年即位，本蕃号为小杀。……暾欲谷以女为小杀可敦，遂免死。"北京：中华书局，1975年，5171页。

㊶ 羽田亨《吐魯番出土回鶻文摩尼教徒祈願文の斷簡》，《羽田博士史學論文集》（下），京都，1958年，331页。

㊷ 《资治通鉴》卷二一二，北京：中华书局，1956年，6732页；《全唐文》卷二一元宗皇帝《移蔚州横野军于代郡制》，北京：中华书局，1983年，251页。

㊸ 按照蒲立本（E. G. Pulleyblank）的构拟，"移健"和"夷健"的晚期中古音都是*ji-kɦian`，参见E. G. Pulleyblank, *Lexicon of Reconstructed Pronunciation in Early Middle Chinese, Late Middle Chinese, and Early Mandarin*. Vancouver: University of British Columbia Press, 1991, pp. 147, 365, 366。

㊹ 陈国灿《唐乾陵石人像及其衔名的研究》，《文物集刊》第2辑，北京：文物出版社，1980年，197页。

号，疏勒国主的裴氏也相应成为突厥可汗的婿族。此处的突厥无疑是指西突厥，只是贞观中西突厥政局动荡，可汗频频变易，要确定具体是哪一位突厥可汗尚有困难，不过联系到唐太宗曾要求乙毗射匮可汗需割西域塔里木盆地五国作为迎娶唐朝公主的聘礼，而这五国中即有疏勒，表明其时疏勒在西突厥泥孰系控制之中㊺，那么此可汗有可能即出自泥孰一系。无论如何，此例印证了上述推论：汉文史料中带有名号“移健”“夷健”或其他类似对音名号的蕃人，可能都出自某一突厥语宗主部族首领或国主的婿族。

2. 契丹首领伊健啜

裴夷健的例子只是印证了之前的推论，下面要讨论的例子则会有新的发现，这就是后突厥默啜朝末年的契丹首领伊健啜。《新唐书》卷二一九记载：“开元二年，尽忠从父弟都督失活以默啜政衰，率部落与颉利发伊健啜来归，玄宗赐丹书铁券。”很明显，“伊健”是yigän的又一种汉文对音，“伊健啜”可复原为yigän čor，后者在卢尼文《阙利啜碑》中出现了两次。也有学者认为，上述与契丹首领李失活一同背弃默啜降唐的颉利发伊健啜并非契丹人，而是后突厥人㊻，可是另一处史料明确记载是“契丹伊健啜”㊼，则此伊健啜可以确定是契丹首领。于是，根据上述推论可知，其名号中的yigän表明该氏是突厥可汗的外甥或外孙，则其母是突厥可汗的姐妹或女儿，其父是突厥可汗的姐夫/妹婿或女婿，由此便更新了传统史料的认识，这里的突厥可汗很可能即是默啜，而契丹首领娶突厥阿史那氏为妻因而成为突厥可汗默啜之婿的隐秘史实，本文或许是第一次揭出，可补史阙。

3. 回纥首领移健颉利发、后突厥使者移健达干

前文已经提到，后突厥默啜朝末年有回纥别部首领移健（夷健）颉利发，此名号可复原为yigän iltäbär㊽，按照前述推论，yigän的名号表明该氏族可能是突厥可汗的婿族，则此首领也可能是默啜的外甥或外孙，案回纥首领娶阿史那氏为妻的先例见于吐迷度之侄乌纥娶车鼻可汗之女㊾，则此移健颉利发的名号所揭示出的亲属关系相当于为上述通婚传统增加了一则例证。另外，后突厥后期有出使唐朝的使者移健达干㊿，可复原为yigän tarqan，也可能出自突厥可汗的婿族，但其部落名未见记载，时在736年，可汗是

㊺ 吴玉贵《突厥汗国与隋唐关系史研究》，北京：中国社会科学出版社，1998年，354—361页。

㊻ 马驰《唐代蕃将》，西安：三秦出版社，1990年，97—98页。

㊼ 《册府元龟》卷九八一《外臣部·盟誓》记载：“（开元二年）十一月己酉，赐丹书铁券于奚都督乌褐颉利发、契丹伊健啜。”南京：凤凰出版社，2006年，11359页。

㊽ 有学者将“移健颉利发”复原为irkin iltäbär，然而irkin与“移健/夷健”并不能精确对音，irkin的常见唐代汉文对音是“俟斤/颉斤”。参见佐口透著、余大钧译《〈新唐书·回鹘传〉笺注》，余大钧译《北方民族史与蒙古史译文集》，昆明：云南人民出版社，2003年，170页。

㊾ 《旧唐书》卷一九五《回纥传》记载：“贞观二十二年，吐迷度为其侄乌纥所杀。……乌纥、俱罗勃，并车鼻之婿也。”5197页。

㊿ 岑仲勉《突厥集史》，452页。

毗伽可汗默棘连之子登利可汗，则此移健达干或为登利之外甥、默棘连之外孙[51]。

4. 葛逻禄首领苾伽叶护顿阿波移健啜

从突厥第二汗国灭亡到回纥汗国建立，漠北的政局经历了剧烈的变动，这期间，汉文史料中出现了一位三姓葛逻禄首领“苾伽叶护顿阿波移健啜”[52]，可复原为bilgä yabγu tun apa yigän čor[53]，按照前述推论，yigän的名号表明该氏族可能出自某统治部族首领的婿族，鉴于当时漠北政治局势的复杂多变，此葛逻禄首领究竟是何部之婿族已难于探明，其候选者有突厥、拔悉密和回纥，而考虑到突厥在传统上余威尚存，故仍以突厥的可能性为较高，相关的旁证也倾向于支持这一推测：从卢尼文本布格尔（Bombogor）碑铭来看，曾有突厥公主嫁往葛逻禄[54]，那么其所生子嗣的名号中就有可能出现yigän，则对于葛逻禄首领娶突厥阿史那氏为妻因而成为突厥可汗之婿的假说，此处也从名号含义分析的角度补充了一则例证，予以充实。

五、突厥语čïqan的词义是“姨表兄弟”

在古突厥亲属称谓的词语中，与yigän意义相近而常常混淆的另一个词是čïqan，前文在讨论yigän的词义时已经提及此词。《突厥语大词典》中没有出现yigän，但却明确列出čïqan一词，并解释其词义是“母亲姐妹的儿子”即“姨表兄弟”。Baştuĝ曾经援引Clauson（1972）及Tekin（1988）的看法，对čïqan词义为“姨表兄弟”的论点表示怀疑[55]，不过结合卢尼文《阙特勤碑》和汉文史料相关记载加以考证即可得知，这一怀疑是不成立的，čïqan的确是表示“姨表兄弟”的亲属称谓[56]。

čïqan在鄂尔浑卢尼文碑铭中总共只出现了三次，分别是《阙特勤碑》北面第13行、《阙利啜碑》西面第1行和第2行[57]。对于《阙特勤碑》中出现的čïqan，早期释读

[51] 在毗伽可汗之后继位的有两位登利突厥可汗，其中第一位登利可汗又名伊然可汗，在位时间是734—740年，参见陈浩《登利可汗考》，《西域研究》2016年第4期，33—38页。

[52] 岑仲勉《突厥集史》，470—471页。

[53] “apa yigän/阿波移健”这一名号也见于本文第三节中提到的浩勒·阿斯嘎特碑（碑主为altun tamγan tarqan）的镌刻者的名号“apa yegän irkin”中，需要指出的是，古突厥语“apa/阿波”并不是某种特定的亲属称谓，而只是一个表示“年长、高级（senior）”的修饰词，所以它与别的亲属称谓同时出现在名号中并不会产生矛盾。参见S. Baştuĝ, “Kök Türük Kinship Terminology: an Omaha Model”, p. 14。

[54] Баттулга在2005年首次发表了Bombogor碑铭的释读，称其为在蒙古国境内发现的第一处刻有关于葛逻禄及拔悉密的记载的卢尼文碑铭；Şirin在其基础上进一步研究，提出该碑是为纪念死去的“颉利毗伽公主”（il bilgä qunčuy）而建，公主来自突厥（或回纥）宗室，是葛逻禄叶护的妻子或儿媳。Баттулга (2005)有汉译文，参见Ц·巴图土拉格著，哈斯巴特尔、陈爱峰译《一组突厥卢尼文刻铭研究（二）》，杨富学编著《回鹘学译文集新编》，兰州：甘肃教育出版社，2015年，61—68页；Şirin之文参见H. Şirin, Bombogor Inscription: Tombstone of a Turkic Qunčuy (“Princess”), *Journal of the Royal Asiatic Society / FirstView Article* / November 2015, pp. 1-9.

[55] S. G. Clauson, *An Etymological Dictionary of Pre-Thirteenth-Century Turkish*, p. 409; S. Baştuĝ, “Kök Türük Kinship Terminology: an Omaha Model”, p. 12.

[56] 芮传明《古突厥碑铭研究》，261页。

[57] 耿世民《古代突厥文碑铭研究》，135、178页；芮传明《古突厥碑铭研究》，227、302页。

者给出的解释各式各样，大多不得要领，Tekin将其解释为“外甥，表亲，姨母的儿子”，始接近正解[58]；芮传明先生结合汉文史料相关记载，将该处的čïqan考定为“姨弟”，其结论已无可置疑[59]。对于《阙利啜碑》中出现的两处čïqan，学者大都将其视作名号，但对该名号的含义及来源则有多种不同的推测，莫衷一是[60]；或以为它是一个表示类似“御弟”的荣耀性称号，音译作“赤汗”[61]。其实，突厥语词čïqan在唐代汉文中有一个常见的对音，这就是“时健”[62]。作为突厥名号出现的汉文“时健”要比卢尼文čïqan更多见，另外粟特文材料中也有一处疑似名号čïqan的例子。基于古突厥名号中亲属称谓可以表示其本义的前提推论，以下将对与名号čïqan相关的数种语言（以汉语为主）材料中的例子进行分析，以检验前提成立的可能性，同时测试其在史料中发掘新论点的有效性。

在《阙利啜碑》中，西面第3行出现了“元老阙利啜”（uluγ küli čor）[63]，其名号之一是第1行出现的čïqan tonyuquq，大泽孝推测说，因为čïqan是母亲的姐妹的儿子之义，这可能表明元老阙利啜的母亲与骨咄禄和默啜的母亲是姐妹，都出自阿史德氏，则元老阙利啜就母系来说与骨咄禄和默啜是姨表兄弟关系，所以拥有čïqan（姨表

---

[58] 对于《阙特勤碑》中的čïqan，Thomsen和Orkun未予翻译（Thomsen, 1896, p. 114; 1935, p. 106; Orkun, 1994, s. 52, 53），Мелиоранский翻译为“石匠？”（1899, c. 77），Малов译作“官员”（1951, s. 377, 43, 33, 27），Tekin译作“甥、侄，姨母的儿子”（1968, p. 80, 323, 237, 272）、“yeğen（土耳其语，词义与英语的nephew相当，意为兄弟姐妹的儿子，亦即甥、侄）”（1998, s. 52, 53）、“表亲”（1998, s. 101; 2003, s. 66, 242），Кононов译作“甥、侄”（1980, c. 215），Ergin译作“yeğen”（2002, s. 21）。参见B.B. Тишин, К древнетюркской системе родства // *Orientalistica Iuvenile*. Сб. ст. молодых ученых Ин-та востоковедения РАН. 2012. — Вып. IV. — С. 96-97。

[59] 芮传明《古突厥碑铭研究》，261页。

[60] 国外多数学者都将其视作名字或称号（Orkun, 1994, s. 136, 907; Malov, 1959, s. 25, 27, 28, 106; Tekin, 1968, s. 257, 293, 323; 2003, s. 242），其中一些也将其视作汉语词（Orkun, 1994, s. 790; Gabain, 1950, s. 307; Malov, 1951, s. 377; 1959, s. 106）。受Thomsen、韩儒林等前贤推测的影响，国内学者多以为čïqan是一个汉语进入突厥语的借词，即其来自汉语“旗官”；但岑仲勉有所质疑，并给出了他认为更好的汉语词源“署官”；参见B.B. Тишин, К древнетюркской системе родства // *Orientalistica Iuvenile*. Сб. ст. молодых ученых Ин-та востоковедения РАН. 2012. — Вып. IV. — С. 96-97; 岑仲勉《突厥集史》，906页；韩儒林《突厥文〈阙特勤碑〉译注》，《韩儒林文集》，446页；李国香《从〈福乐智慧〉看汉维民族的文化交流》，《西北民族大学学报》1990年第1期，80页；王延武《“黄姓纛官”究为何官？》，陈国灿、刘健明主编《〈全唐文〉职官丛考》，武汉：武汉大学出版社，1997年，269页；耿世民《古代突厥文碑铭研究》，182页；林幹《突厥与回纥史》，呼和浩特：内蒙古人民出版社，2007年，322页。

[61] 芮传明《古突厥碑铭研究》，305页。

[62] “时健”的中古音，高本汉构拟为*zi-gʽi̯ɐn，蒲立本（E. G. Pulleyblank）构拟为*dzɨ-gɨanʰ，与“čïqan”基本接近；参见高本汉著、潘悟云等译《汉文典》，上海：上海辞书出版社，1997年，429、112页；E. G. Pulleyblank: *Lexicon of Reconstructed Pronunciation in Early Middle Chinese, Late Middle Chinese, and Early Mandarin*. Vancouver: University of British Columbia Press. 1991. pp. 282, 147. 在笔者之前，已有祖耶夫（Ю. А. Зуев）提出čïqan可能是阿史德时健俟斤中“时健”的突厥语原文，并将其与中亚穆格山出土粟特文书中的ck'yn相联系（见下文），不过祖耶夫关于该词词源的观点却是：其来自汉语“筮官”，即负责占卜的官员，以此论证其关于阿史德是专职负责占卜与监察的部落的主张，参见Ю. А. Зуев, Каганат Се-яньто и Кимеки (к Тюркской этногеографии Центральной Азии в середине VII в.), *Shygys*, 2004, № 1, c. 20.

[63] 芮传明《古突厥碑铭研究》，305页。

兄弟）的名号[64]；但大泽孝推测其出自阿史德氏因而与元珍发生关联则不能成立，殆因按照他的假设，元老阙利啜的母系是阿史德氏，既如此，其父系就不可能也是阿史德氏。不过，大泽孝的考证尽管存在瑕疵，他却注意到了对名号中čïqan的亲属称谓本义的使用[65]。事实上，第一，如果将元老阙利啜名号中的tonyuquq与暾欲谷及元珍相联系，那么他的确有可能出自阿史德氏，这样一来他的母系就必定不属阿史德氏；第二，尚无证据表明骨咄禄和默啜的母系属阿史德氏；第三，元老阙利啜所持的名号čïqan未必表明他是骨咄禄和默啜的čïqan即姨表兄弟，也可能表明他是之前某可汗的čïqan。基于上述三点来对史料进行重新检视，果然有新的发现：在《全唐文·裴行俭碑》中有“伏念弟元珍”一语[66]，其中“弟元珍”疑似正是čïqan tonyuquq的对译！这就意味着，元老阙利啜有可能与阿史德元珍勘同，其名号中的čïqan表明其是骨咄禄的旧主暨先驱可汗阿史那伏念的姨弟，汉文中的“弟”应理解为“姨弟”，若理解为同族兄弟则不可避免将与伏念和元珍分属阿史那氏和阿史德氏的事实相矛盾[67]。因此，“弟元珍”应复原为“姨弟元珍”，是对元老阙利啜名号之一čïqan tonyuquq的意译，其音译则可拟为“时健暾欲谷”。元珍在后突厥复兴初期地位极高，汉文史料提到总

㉔ Takashi ŌSAWA, “Who Was Apa Tarkan during the Reign of the Second Eastern Turkic Kaghanate in Mongolia?”《欧亚学刊》第6辑，北京：中华书局，2007年，210页。

㉕ Добрович在关于阙利啜碑碑主身份的文章中认为，阙利啜是颉跌利施可汗骨咄禄的čïqan，也许是阿史德部的一员，拥有名号“暾欲谷”，后者也是突厥历史上的著名人物、颉跌利施可汗的助手和谋士阿史德元珍或暾欲谷的名号；但其将čïqan错误地理解为“甥/侄”（俄语原文用племянник，意为兄弟姐妹的儿子，相当于英语的nephew）而非“姨表兄弟”，且该说只是提出论点，缺乏进一步的考证；参见М. Добрович. К вопросу о личности главного героя памятника Кюли-чору, *Центральная Азия от Ахеменидов до Тимуридов: археология, история, этнология, культура*. Материалы международной научной конференции, посвященной 100-летию со дня рождения Александра Марковича Беленицкого (Санкт-Петербург, 2-5 ноября 2004 года) / Отв. ред. В. П. Никоноров. СПб., 2005, С. 86-89.

㉖ 《全唐文》卷二二八张说《赠太尉裴公神道碑》：“是年也，伏念弟元珍拥其余种复叛”，2306页；另参见岑仲勉《突厥集史》，301页；戴良佐编著《西域碑铭录》，乌鲁木齐：新疆人民出版社，2013年，88页。

㉗ 伏念是颉利可汗从兄之子，无疑出自阿史那氏；元珍的族姓则有阿史德氏和阿史那氏两说。通行的说法是元珍姓阿史德（大部分学者甚至不认为元珍姓阿史德是一个问题，只有少数学者提及此点并认为元珍姓阿史那的说法有误，如刘义棠），但也有学者如岑仲勉、张广达、雷加骥等认为其姓阿史那。案史料中只有杜佑《通典》卷一九八《突厥中》（5434页）和《新唐书》卷一一一《王方翼传》（4135页）记作“阿史那元珍”，其他如《旧唐书》卷一九四上《突厥上》（5167页）、《新唐书》卷二一五上《突厥上》（6044页）、《资治通鉴》卷二〇三（6412页）、《唐会要》卷九四《北突厥》（1691页）及《太平寰宇记》卷一九六《突厥下》（3749页）等都记作“阿史德元珍”，《资治通鉴》卷二〇三在首次提到阿史德元珍时胡注所引杜佑之说也作“阿史德元珍”，可见《通典》中的“阿史那元珍”当为讹误，点校本中也已改订为“阿史德元珍”，参见《通典》，北京：中华书局，1988年，5445页。此外，如果认为元珍姓阿史那，那么必定不能同时认为元珍就是暾欲谷，因为暾欲谷姓阿史德且与阿史那骨咄禄联姻，而阿史那元珍绝不可能成为毗伽可汗阿史那默棘连的岳父，由此所谓“阿史那元珍与暾欲谷是同一人”这一提法本身即是自相矛盾故而无法成立的。参见刘义棠《新唐书突厥传考注》，作者著《突回研究》，台北：经世书局，1990年，612页；岑仲勉《突厥集史》，1015、1023页；张广达《唐代六胡州等地的昭武九姓》，《北京大学学报》1986年第2期，78页；雷家骥《武则天传》，北京：人民出版社，2001年，440页。

管材山贼时，列举顺序是元珍、骨咄禄、贺鲁[68]，将元珍放在最前面，这也从另一个方面印证了其作为先驱可汗姨弟的巨大威望。

若上述新说可成立，接下来的问题是：伏念的母亲与元珍的母亲既为姐妹关系，则她们出自哪一部族？显然，由于父系的关系，阿史那部与阿史德部已被排除在外，那么他们的母亲只能出自另一个部族，以下试推证这一部族可能是薛延陀。伏念本在夏州，夏州有阿史那部，也有薛延陀部，后者是阿史那思摩夫人统毗伽可贺敦延陁的部族[69]，思摩的婚姻表明当时已有阿史那部与薛延陀部通婚的先例，而在伏念叛唐称汗时有薛延陀部落曾打算前往投奔伏念[70]，似说明伏念与薛延陀部关系匪浅，则其母系有出自夏州薛延陀的可能。据《资治通鉴》卷一九八所记诸事顺序，漠北薛延陀汗国灭亡时阿史德时健俟斤部落连同薛延陀余部南下投唐，时间当在646年6月至648年2月之间，这一南下投唐事件，极有可能促成了两个合流，即阿史德部的合流与薛延陀部的合流[71]，正是这两个合流，滋生了两者与夏州阿史那部的联姻，进而导致了元珍的出生——暾欲谷的生年也正好位于这一时段[72]！元珍的父亲可能是阿史德时健俟斤部落首领，其母亲则可能出自夏州薛延陀部并且是伏念母亲的姐妹，因而元珍便正是伏念的姨表兄弟。由此，可以更加圆满地解释暾欲谷（设若其可与元珍勘同的话）为何对sir族即薛延陀部族异常熟悉——因为这是他的母系部族[73]；也可以解释为何《阙利啜碑》东面第9行中提到sir俟斤的儿子名号为yigän čor——yigän čor的母亲出自阿史那宗室，父亲出自薛延陀部故而是突厥可汗的婿族[74]。此处顺带指出另一个支持元老阙利啜可勘同于暾欲谷的证据：巴赞认为"阙利啜"这一名号应读为köl ič čor，其中ič意为"内部"，属于各种古突厥名号的构成部分，用来指某些"内"官，表示其与可汗家族具有很密切的联系（可能是血统关系），即阙利啜应为突厥可汗的内部亲属[75]，而如果假设元老阙利啜即是暾欲谷，那么其子阙利啜为暾欲谷之女娑匐可敦的兄弟，对于当朝的毗伽可汗来说就是妻舅或内兄/内弟，故而确实当得起内亲ič之名。

---

⑱ 《旧唐书》卷五《高宗本纪下》载："戊戌，命将军程务挺为单于道安抚大使，以招讨总管讨山贼元珍、骨笃禄、贺鲁等"，111页。其中"总管讨山"应订正为"总管材山"，参见岑仲勉《突厥集史》，306页；芮传明《古突厥碑铭研究》，18页。

⑲ 鈴木宏節「突厥阿史那思摩系譜考——突厥第一可汗国の可汗系譜と唐代オルドスの突厥集団」，《東洋学報》第87卷1号（2005），57—60页；尤李《阿史那思摩家族考辨》，《中国边疆民族研究》第4辑，北京：中央民族大学出版社，2011年，30—31页；胡蓉、杨富学《长安出土〈统毗伽可贺敦延陁墓志〉考释》，《青海民族研究》2017年第1期，119—120页。

⑳ 《册府元龟》卷四四三《将帅部·败衄第三》载："会延陁部落西行，诣伏念"，4994页；另参见岑仲勉《突厥集史》，298页。

㉑ 阿史德部的合流指漠北的时健俟斤阿史德部与漠南的突厥阿史德部合而为一，薛延陀部的合流指漠北的真珠毗伽可汗夷男薛延陀部与漠南的思摩夫人统毗伽可贺敦薛延陀部合而为一。

㉒ 巴赞认为，暾欲谷可能生于646年之前不久，卒于726年之后，享年80多岁，参见路易·巴赞著、耿昇译《突厥历法研究》，223页。

㉓ 关于卢尼文中的sir族可勘同于汉文中薛延陀部族的看法，参见芮传明《古突厥碑铭研究》，181—182页。

㉔ yigän表示婿族，参见本文第二节的考证。

㉕ 路易·巴赞著、耿昇译《突厥历法研究》，223页。

六、汉文史料中的时健等名号

1. 回纥首领时健俟斤

反抗突厥自立的回纥首任君长为时健俟斤，其生活的年代大约在隋末唐初[76]，“时健俟斤”可复原为突厥语čïqan irkin[77]。根据古突厥名号中亲属称谓可以表示其本义的前提来推论，其名号中的“时健”表示其为当时某突厥大首领的姨表兄弟。七世纪初年，漠北的时健俟斤率领回纥反抗木杆系泥撅处罗可汗，叛立后自称俟斤，和契苾、薛延陀等部在准噶尔盆地建立铁勒汗国遥相呼应[78]；与之同时发生的则是启民可汗在隋朝支持下北伐，击败俱陆可汗阿史那思摩，重新控制部分漠北铁勒部落[79]，那么，时健俟斤的行动或可视为对启民北伐的呼应；其后，西突厥射匮可汗崛起，击败铁勒汗国，降服契苾和薛延陀部落，在郁督军山的回纥等六部落投奔启民之子始毕可汗[80]，似表明时健俟斤与启民系突厥关系较为亲密。从时健俟斤之子菩萨与颉利可汗之侄欲谷设年龄相近可以推测[81]，时健俟斤与颉利可汗大约是同辈人，则与时健俟斤为姨表兄弟关系的某突厥大首领当为启民系某可汗，即时健俟斤之父与启民系某可汗是连襟，这就意味着两部都与另一部落联姻，即都娶另一部落的女子，但因史料不足，这一共同的联姻部落尚难以确定。

2. 同罗首领俟利发时健啜

薛延陀汗国覆灭之际，附唐的铁勒诸酋中有同罗部落的首领俟利发时健啜[82]，可复原为“iltäbär čïqan čor”，据此可以推测，同罗部的首领或是薛延陀可汗的姨表兄

---

⑯ 刘义棠《漠北回鹘可汗世系、名号考》，作者著《维吾尔研究》，台北：正中书局，1977年，97—98页；刘美崧《两唐书回纥传回鹘传疏证》，北京：中央民族学院出版社，1989年，8页；林幹、高自厚《回纥史》，呼和浩特：内蒙古人民出版社，1994年，12—13页。

⑰ 对于“时健俟斤”中的“时健”，一些学者将其复原为йеген/jegän，亦即yigän，如Каржаубай便认定作为名号的“时健”（Джиген）暗示其是可敦部族，因джеген = йеген意为“母系的外甥”，佐口透也提到“有将时健之原语释作jegän（甥，或用作专名）的说法”，这无疑是混淆了čïqan和yigän，两者在语音和语义上都相距甚远，故而难以成立，参见С. Каржаубай, *Объединенный каганат тюрков в 745-760 годах (по материалам рунических надписей)*, с. 159；佐口透著、余大钧译《〈新唐书·回鹘传〉笺注》，余大钧译《北方民族史与蒙古史译文集》，170页。

⑱ 杨圣敏《回纥史》，长春：吉林教育出版社，1991年，46页。

⑲ 岳绍辉《唐〈李思摩墓志〉考析》，《碑林集刊》第3辑，西安：陕西人民美术出版社，1995年，54页；艾冲《唐太宗朝突厥族官员阿史那思摩生平初探——以〈李思摩墓志铭〉为中心》，《陕西师范大学继续教育学报》2007年第2期，61页；尤李《阿史那思摩家族考辨》，18—19页。

⑳ 《旧唐书》卷一九九下《北狄传》，5344页；《新唐书》卷二一七下《回鹘传下》，北京：中华书局，1975年，6134页。

㉑ 菩萨主要活动于贞观年间，欲谷设与之相仿，是同时代人；关于此欲谷设的出身，史料记载不一，有颉利可汗之子、之弟及兄子等多种说法，朱振宏先生考订其本为颉利可汗之兄始毕可汗之子、突利可汗什钵苾之弟，因收继婚制度而成为颉利可汗之子，参见朱振宏《阿史那婆罗门墓志笺证考释》，《魏晋南北朝隋唐史资料》第28辑，武汉：武汉大学出版社，2012年，133—139页。

㉒ 岑仲勉《突厥集史》，735—736页。

弟，这与同罗（胜兵三万）在薛延陀汗国中为仅次于薛延陀（胜兵八万）和回纥（胜兵五万）之后的第三大部落的地位相符合[83]，也与同罗和薛延陀两者牙帐及居地比较接近有密切关系[84]，在薛延陀汗国发动大军南侵思摩统率下的附唐突厥部落的军事行动中，薛延陀本部军队之外为首的即为同罗，说明其是薛延陀汗国最为重要的支柱部落之一[85]；薛延陀可汗家族为巩固其在漠北不甚牢靠的统治而与同罗间接联姻的可能性是相当高的，这一从亲称式名号推出的结论也可补史料记载之阙。此同罗首领时健啜之父同罗某某与夷男系薛延陀某可汗是连襟，这就意味着两部都与另一部落联姻，但因史料不足，这一共同的联姻部落尚难以确定。

3. 高昌公主时健大官

吐鲁番出土高昌文书中有“公主时健大官”[86]，可复原为“qunčuy čïqan tarqan”，根据前述推测，此人或是西突厥公主的姨表兄弟，其母与公主之母为姐妹，可能都出自高昌王室之麴氏。值得一提的是，前述卢尼文阿尔哈南刻铭中有qunčuy yigän butur irkin，如按唐代通行汉文对音翻译可构拟为“公主移健磨咄俟斤”，与此处“公主时健大官”的名号在组成结构上颇为相似，正好能够相互参证。

4. 龟兹王时健莫贺俟利发

龟兹王苏伐叠有突厥语名号“时健莫贺俟利发”[87]，可复原为“čïqan baγa iltäbär”，根据前述推测，此人或是西突厥某可汗的姨表兄弟，从苏伐叠在位年代为624年至646年来看[88]，这一西突厥可汗很可能是统叶护[89]，那么按照姨表兄弟的关系，苏伐叠的母亲与统叶护的母亲就是姐妹，而她们所属的部落则有较大可能是鼠尼施。在584年达头可汗降隋之前，有突厥苏尼部万人来降[90]，说明鼠尼施是达头可汗帐下的嫡系部落，则两者可能通婚；此外，达头可汗的汗庭（牙帐）也位于龟兹北的鹰娑川附近，该地从很早的时期以来

---

[83] 段连勤《丁零、高车与铁勒》，上海：上海人民出版社，1988年，394页。

[84] 据《通典》卷一九九、《太平寰宇记》卷一九八及《新唐书》卷二一七下记载，同罗在薛延陀之北，这应是漠北薛延陀汗国时期之事，两者牙帐及主要居地都在土拉河中上游一带，参见岑仲勉《突厥集史》，735—736页；包文胜《唐代漠北铁勒诸部居地考》，《内蒙古社会科学》2013年第1期，50页；陈恳《漠北瀚海都督府时期的回纥牙帐——兼论漠北铁勒居地的演变》，《中国边疆史地研究》2016年第1期，141—142、148—149页。

[85] 《旧唐书》卷三《本纪第三·太宗下》记载：“癸酉，薛延陀以同罗、仆骨、回纥、靺鞨、霫之众度漠，屯于白道川”，53页；《册府元龟》卷九八五《外臣部·征讨第四》记载：“（贞观）十五年十一月，薛延陀尽其甲骑，并发同罗、仆骨、回纥、靺鞨、霫等众合二十万，卒一人马四匹，度漠，屯白道川，据善阳岭，以击思摩之部”，11403页；参见岑仲勉《突厥集史》，224—225页。

[86] 姜伯勤《敦煌吐鲁番文书与丝绸之路》，北京：文物出版社，1994年，102页。

[87] 《旧唐书》卷一九八《西戎传》，5303页；《新唐书》卷二二一上《西域传上》，6230页。

[88] 庆昭蓉《吐火罗语世俗文献与古代龟兹历史》，北京：北京大学出版社，2017年，145页。

[89] 统叶护可汗在位时期（约617—628）大致相当于唐高祖武德年间，两《唐书》和《通典》都提到统叶护授予西域诸国国王以颉利发称号，参见吴玉贵《突厥汗国与隋唐关系史研究》，277—281页；松田寿男著、陈俊谋译《古代天山历史地理学研究》，北京：中央民族学院出版社，1987年，328页。

[90] “突厥苏尼部”可复原为“西突厥苏尼施部”，即西突厥鼠尼施部，参见松田寿男著、陈俊谋译《古代天山历史地理学研究》，336—337页。

就是鼠尼施的牧地，故而达头可汗与之关系密切[91]；而从室点密、达头直到射匮时代，鼠尼施牧地鹰娑川距离西突厥汗庭均非常之近，据此鼠尼施与西突厥可汗阿史那氏之间的关系可能非常紧密，《通典》载“苏尼掌兵之官也”，故而鼠尼施处半啜可能是西突厥初期“掌兵之官”，即武器之制造与管理者[92]；由此，统叶护的母亲有较大可能出自鼠尼施。另一方面，苏伐叠的母亲也有较大可能出自鼠尼施，龟兹王隋时字苏尼咥表明其一度被鼠尼施部控制[93]，所以两者可能通婚，这也符合西突厥与西域诸国通婚的惯例[94]。

5. 处密首领时健俟斤

降附唐朝的瑶池都督阿史那贺鲁叛唐自立时，手下有处密首领时健俟斤[95]，与回纥第一任首领同名，都可复原为“čïqan irkin”，这一材料表明，处密部落的首领氏族是贺鲁的间接联姻部落，这与贺鲁先前担任西突厥乙毗咄陆可汗手下叶护在多逻斯川游牧时所统五部落中即有处密部相符合[96]，且与贺鲁之婿出自胡禄屋阙啜部也不存在矛盾[97]，因后者表明胡禄屋阙啜部是贺鲁的婿族，属于yigän的范畴，与čïqan并不一样。根据前述推测，此处密时健俟斤或是贺鲁的姨表兄弟，那么贺鲁与处密时健俟斤都娶另一部落的女子，这另一部落可能是处月，也可能是十姓之一，例如处木昆或胡禄屋。从贺鲁叛乱被平定后十姓设置都督府时处木昆排位第一来看，处木昆很可能是贺鲁的通婚部族；贺鲁之婿是胡禄屋阙啜，故胡禄屋也是贺鲁的通婚部族；则贺鲁的母亲有可能出自处木昆或胡禄屋；处密、处月、处木昆、胡禄屋的居地均在准噶尔盆地，其中处月接近处木昆，处密接近胡禄屋[98]。贺鲁的可敦可能出自这三部：处木

---

[91] 松田寿男著、陈俊谋译《古代天山历史地理学研究》，337页。

[92] 内藤みどり《西突厥史の研究》，东京：早稻田大学出版部，1988年，153—154页。

[93] 庆昭蓉认为“苏尼咥”是梵语古代王名Sunetra“妙目”的对音，与“鼠尼施”无关；但笔者认为另一种解释似更有说服力：龟兹王“白苏尼咥”这一名号的构造方式类似于同时代的焉耆王“龙突骑支”，两者的名字应来自西突厥部落中的强者鼠尼施和突骑施，从时代背景上看，其时正值西突厥室点密系射匮、统叶护可汗击败木杆系处罗可汗重新统治西域各国之际，白山一带之前在铁勒契苾部统治之下，后归射匮、统叶护，所以龟兹王名字之变易为“苏尼咥”正是这一势力交替的表现，暗示后来属于十姓中五咄陆部落之第四和第五的突骑施和鼠尼施此时随着射匮、统叶护的复辟重返天山北道，从铁勒手中夺回了焉耆和龟兹。参见松田寿男著、陈俊谋译《古代天山历史地理学研究》，327—333页；廖旸《克孜尔石窟壁画年代学研究》，北京：社会科学文献出版社，2012年，261—263页；任宝磊《新疆地区的突厥遗存与突厥史地研究》，西北大学2013年博士学位论文，106—113、136页；庆昭蓉《吐火罗语世俗文献与古代龟兹历史》，129页。

[94] 内藤みどり《西突厥史の研究》，47页注71；吴玉贵《突厥汗国与隋唐关系史研究》，55—59页。

[95] 《旧唐书》卷一〇九《契苾何力传》记载：“永徽二年，处月、处密叛，以何力为弓月道大总管，讨平之，擒其渠帅处密时健俟斤、合支贺等以归”，3293页；参见岑仲勉《突厥集史》，272页；吴玉贵《突厥汗国与隋唐关系史研究》，391页。

[96] 《旧唐书》卷一九四下《突厥传下》记载：“初，阿史那步真既来归国，咄陆可汗乃立贺鲁为叶护，以继步真，居于多逻斯川，在西州直北一千五百里，统处密、处月、姑苏、歌罗禄、弩失毕五姓之众。”5186页；参见任宝磊《多逻斯川、双河及金牙山——唐将苏定方西征路线考辨》，《中国历史地理论丛》2012年第3期，103—104页。

[97] 《旧唐书》卷一九四下《突厥传下》记载：“其咄陆有五啜：……二曰胡禄居阙啜，贺鲁以女妻之。”5186页。

[98] 阿史那贺鲁时期的西突厥诸部中，处木昆部位于今阿尔泰山南麓的额尔齐斯河上游一带，胡禄屋部位于今博尔塔拉自治州一带，处密、处月两部位于以轮台为核心的天山北麓地区，处月居东，处密居西，参见任宝磊《新疆地区的突厥遗存与突厥史地研究》，133—141页。

昆、摄舍提、鼠尼施[99]，则贺鲁的通婚部族可能是：处木昆、胡禄屋、摄舍提、鼠尼施，故这几个部族都有可能；而鼠尼施曾与处月之沙陀部通婚[100]，也可考虑。相较而言，胡禄屋作为贺鲁母族的可能性或许更高一些。

七、穆格山粟特文书中的ck'yn

中亚穆格山出土的粟特文书中提到，迪瓦什梯奇（Dēwāštīč）之前的喷赤干（pnc/Panch/Panjikent地区）领主（即米国国王）为"ck'yn cwr βylk""，这是一个包含三个单词的突厥语名号，其中后两个单词的复原已基本无争议，即突厥语čor和bilgä，其在唐代的通行汉文对音为"啜"和"毗伽"[101]；前一个单词ck'yn的复原则尚无定论，目前有两种主要的论点：一种认为是"tegin/特勤"的变体形式，另一种则认为是"čïqan/时健"的变体形式[102]。由于该形式的名号仅此一见，因而很难判断这两说孰优孰劣。

前一种论点在语音上的阐释更为有力，ck'yn看上去的确很像是tegin的某种古蒙古语变化形式，具体来说可能是嚈哒语变体形式[103]，因为Panch地区连同其东南的若干地区在历史上受嚈哒影响较深[104]，ck'yn cwr βylk"及其父亲pycwtt/Bēsut都拥有βγtyk王的名号，βγtyk一说为突厥语名号的某种意译[105]，一说为地名"巴克特里亚"的某种音

⑨⑨ 内藤みどり《西突厥史の研究》，153—154页。

⑩⑩ 《新唐书》卷二一八《沙陀传》记载："沙陀，西突厥别部处月种也。……龙朔初，以处月酋沙陀金山从武卫将军薛仁贵讨铁勒……金山死，子辅国嗣。……开元二年，复领金满州都督，封其母鼠尼施为鄯国夫人。"6154页。

⑩① 马小鹤《米国钵息德城考》，作者著《摩尼教与古代西域史研究》，北京：中国人民大学出版社，2008年，342—344页。

⑩② 前一种论点见于I. Yakubovich, "Marriage Sogdian Style", *Iranistik in Europa – Gestern, Heute, Morgen*, Wien 2006, p. 315 ; P. B. Lurje, *Personal Names in Sogdian Texts*. Wien, 2010, p. 161，后一种论点见于В. А. Лившиц, *Согдийская эпиграфика Средней Азии и Семиречья*. СПб., 2008, С. 55，参见П. Б. Лурье, Счастливый правитель, царь Пенджикента Чегин Чур Билгä, *Центральная Азия от Ахеменидов до Тимуридов: археология, история, этнология, культура*. Материалы международной научной конференции, посвященной 100-летию со дня рождения Александра Марковича Беленицкого (Санкт- Петербург, 2–5 ноября 2004 года) / Отв. ред. В. П. Никоноров. СПб., 2005, С. 127; А. В. Кубатин, Древнетюркские термины в согдийских документах с горы Муг, *Урало-алтайские исследования*. 2014. № 3 (14). С. 13。

⑩③ 根据6世纪早期宋云行记的说法，嚈哒人在征服犍陀罗后任命了敕懃来统治它，蒲立本认为"敕懃"正是tegin的嚈哒语形式，而嚈哒语更可能是一种古蒙古语，参见蒲立本著，潘悟云、徐文堪译《上古汉语的辅音系统》，北京：中华书局，1999年，190—194页。

⑩④ Panjikent及其东南的Chaghaniyan和Termez在钱币徽记（tamgha）上具有系统的相似性，它们都与曾经统治该地区的嚈哒相关联，参见J. Ya. Ilyasov, "The Hephthalite Terracotta" // *Silk Road Art and Archaeology*. Vol. 7. Kamakura, 2001, pp. 187-200; J. Ya. Ilyasov, "On a number of Central-Asian Tamghas" // *Silk Road Art and Archaeology*. Vol. 9. Kamakura, 2003, pp. 141-143。

⑩⑤ 卢湃沙（П. Б. Лурье）认为，βγtyk可能是突厥语ülüg-lüg的当地语意译，意思是"享受的、有运气的"，参见П. Б. Лурье, Счастливый правитель, царь Пенджикента Чегин Чур Билгä, *Центральная Азия от Ахеменидов до Тимуридов: археология, история, этнология, культура*. СПб., 2005, С. 129-130。

译[106]，后说表明其嚈哒因素确实较多，那么ck'yn这一名号形式来自嚈哒语的可能性就确实存在，而且前此已有嚈哒首领名号为“敕懃”，说明此名号其来有自[107]。

后一种论点在语音阐释上尚有不尽合人意之处[108]，不过或许也可以用嚈哒语变体形式来解释；同时，若将ck'yn cwr βylk"还原为汉文对音形式“时健啜毗伽”，其中的“时健啜”正好与前述薛延陀汗国灭亡时同罗首领的名号相同，两者的时代也相接近，说明该名号是当时突厥语部族首领所常用者之一。此处还可从亲属称谓式名号的角度为这一论点提供若干相关的补证。Panch地区在这一时段的王统情况仍然有许多未明之处，结合钱币学的研究成果，目前大致可以认定的Panch领主依次有这几位：Amogyan/Chamukyan, pycwtt/Bēsut, ck'yn cwr βylk"和Dēwāštīč，他们在统治Panch期间所发行的钱币都已被发现；在这个领主名单中，只有中间两位是父子继承关系，后两位可能是岳父–女婿关系，前两位之间的关系则完全不明[109]。现在基于čïqan语义为“姨表兄弟”的前提，再结合pycwtt/Bēsut可比定为闭拙即658年任米国州刺史的昭武开拙的假说[110]，可以作出如下推论：在西突厥阿史那贺鲁叛唐自立称汗时期，贺鲁属下的Amogyan/Chamukyan为Panch领主，他的一个女儿与粟特贵族昭武开拙（即闭拙/pycwtt）结婚，贺鲁之乱平定、西突厥及昭武九姓粟特诸国附唐之后，pycwtt继位为Panch领主，而Amogyan/Chamukyan的另一个女儿（即pycwtt的妻子的姐妹）为当时附唐继往绝可汗（统五弩失毕部落）或兴昔亡可汗（统五咄陆部落）的可敦，由此pycwtt的儿子就是下一代西突厥可汗的姨表兄弟，故而具有“时健啜毗伽/čïqan čor bilgä”的名号。若此说可从，则上述Panch领主名单中的前两位就也是岳父—女婿关系，恰与后两位之间的关系相同，这说明在当时当地领主女婿继承岳父是政权转移的一种常见形式。

八、结语：亲属称谓式名号的意义

与突厥、唐朝差不多同一时代的吐蕃，同样有亲属称谓式名号的例子。较著名的如

---

[106] 魏义天（Étienne de la Vaissière）认为，βγtyk/βxtyk可能是粟特人或突厥—粟特雇佣军团对巴克特里亚（Bactria/Bactra）的称呼，并将其复原为*Baxt，参见Étienne de la Vaissière, “The Last Bactrian Kings”, M. Alram, D. Klimburg-Salter, M. Inaba, M. Pfisterer (ed.), *Coins, Art and Chronology II. The first millenium C.E. in the Indo-iranian Borderlands*, Vienne : Österreichische Akademie der Wissenschaften, 2010, pp. 213-218.

[107] tegin这一名号在穆格山粟特文书中也有出现，作tkyn，参见A. B. Кубатин, Древнетюркские термины в согдийских документах с горы Муг, *Урало-алтайские исследования*. 2014. № 3 (14). C. 15-16。

[108] 按照通行的转写规则，突厥语čïqan的粟特语拼写形式似乎应该是*cyγ'n，比较γ'γ'n «qaγan»，参见П. Б. Лурье, Счастливый правитель, царь Пенджикента Чегин Чур Билгä, С. 127。

[109] Shinji Hirano, “A New Coin in the Name of Pēčut Lord of Panch”, *The Numismatic Chronicle (1966-)* Vol. 171 (2011), pp. 355-358.

[110] П. Б. Лурье, Счастливый правитель, царь Пенджикента Чегин Чур Билгä, С. 127-128; Shinji Hirano, “A New Coin in the Name of Pēčut Lord of Panch”, p. 356.

“dbon/垒”和“zhang/尚”，分别表示“外甥”和“舅父”的含义[111]。其中dbon作为头衔或名号，出现在与吐蕃联姻的吐谷浑王族或贵族的名号中，下嫁吐谷浑的吐蕃公主所生之子，吐蕃授予其“dBon 'A zha rje”的名号，即“外甥吐谷浑王”之义[112]，如此正可以和前述表示“外甥”的亲称式突厥名号“yigän/移健”相比拟。在上古的殷商时代，也有“亚”这一表示王室亲属的名号，具体而言，作为爵称的“亚”用来指商王王后姊妹的丈夫，亦即商王之连襟[113]。前文所述及的对于内亚名号*aka/aga的讨论，虽然提到了亲属称谓的来源，但其主要是作为官称在使用（作为官号的例子离源头较远，可视为官称的退化情形）[114]，当一个名号作为官称使用时，即已进入远离源头因而本义退化的阶段，所以其作为亲属称谓的原始意义便不再重要。而对于“yigän/移健”和“čïqan/时健”来说，情况则有所不同，在古突厥时代它们都作为官号使用，还没有固定成为官称，说明其尚处于距离源头较近的阶段，因而其作为亲属称谓的本义就还在发挥效用，由此，便可以从亲属称谓式名号的这一角度入手，发掘出某些以往所未曾措意的史料之间的关联。

Yigän and Čïqan: Kök Türk Titles from Kinship Terms

Chen Ken

Kök Türk title could maintain its original meaning when it denoted good reputation and honour. With analysis of the related materials in ancient Türkic and Chinese script, the article proposes that Yijian（移健）and Shijian（时健）in Chinese were two titles originated from kinship terms, and their Türkic original forms were “yigän” and “čïqan” representing “sister's child or daughter's child” and “mother's sister's son”. Such discussion can make people aware of the importance of discovering kinship term title from the historical documents. The article also proves that the meaning of the title “čïqan tonyuquq” in Türkic runic Küli Čor Inscription can be identified as “cousin Yuanzhen”, which is coincident with the appellation “Funian's brother Yuanzhen” recorded in Chinese sources. That's to say, Ashide Yuanzhen was Ashina Funian's cousin, which could be a new evidence to support that Tonyuquq and Ashide Yuanzhen was the same person.

---

[111] 胡小鹏、杨惠玲《敦煌古藏文写本〈吐谷浑（阿豺）纪年〉残卷再探》，《敦煌研究》2003年第1期，90页；林冠群《唐蕃舅甥关系释义》，《中国藏学》2016年第2期，15—18页。

[112] 林冠群《唐代吐蕃对外联姻之研究》，荣新江主编《唐研究》第八卷，北京：北京大学出版社，2002年，181—182页；林冠群《唐蕃舅甥关系释义》，15—17页。

[113] 商代“亚”的身份是商王的连襟，“亚”乃是从商王称呼连襟的用词转成的一种爵称，商王的连襟与商王属于同一兄弟偶分族，他们既是商王的姻亲，同时也是商王的血亲；“亚”作为亲属称谓所表达的是一种基于姻亲关系而产生的王家贵族身份。参见赵林《殷契释亲——论商代的亲属称谓及亲属组织制度》，上海：上海古籍出版社，2011年，379—380页。

[114] 罗新《高句丽兄系官职的内亚渊源》，作者著《中古北族名号研究》，188—192页。

葛儿罕称号考*

白玉冬

在北方民族史研究领域，统治者名号构成政治制度研究的基本材料。毋庸置疑，关于这些名号的讨论有助于我们加深对北方民族政权影响力和政治称号相承性的了解。

笔者此处关注的称号葛儿罕（Gür-khan, Gūr-khān, Gür-ẖan, Kūr-ẖān），汉文标记另有古儿罕、鞠儿汗、阔儿罕、菊儿可汗、居里可汗等，最初是西辽（喀喇契丹）王朝统治者称号，12—13世纪为蒙古高原的游牧部族首领所采用。相比突厥汗国和回鹘汗国充满君权神授思想、稍显冗长的统治者称号①，该称号略显落单孤寂。其简洁干练的风格，可与一代天骄成吉思汗的称号相媲美②，但又不及后者那样威名远扬，诱惑人心。

关于葛儿罕称号，虽然有巴托尔德（V. V. Barthold）、伯希和（P. Pelliot）、魏特夫（K. A. Wittfogel）和冯家昇等学者的介绍和相关辞典条目等，但尚无对不同音值所做的审音勘同等考证性质的专文。而且，就其渊源而言，学术界意见不一，尚未达成共识。拙文旨在抛砖引玉，唯冀有所发现，以求方家指正。

---

* 本文获国家社科基金项目“突厥鲁尼文叶尼塞碑铭整理与研究”（编号15BMZ015）资助。

① 相关研究，主要参见森安孝夫《東ウイグル可汗および西ウイグル国王のクロノロジー》，《ウイグル=マニ教史の研究》（《大阪大学文学部纪要》第31、32卷合刊号），1991年，182—183页；P. Zieme, “Manichäische Kolophone und Könige”, *Studia Manichaica*, Second International Conference on Manichaeism, St. Augustin / Bonn, August 6-10, 1989, eds. G. Wiessner and H. –J. Klimkeit, Wiesbaden, 1992, pp. 323-327; W. Sundermann, “Iran Manichaean Turfan Texts Concerning the Tufran Region”, *Turfan and Tun-huang, the Texts: Encounter of Civilizations on the Silk Route*, ed. A. Cadonna. Firenza: Leo S. Olschki, 1992, pp. 66-71; V. Rybatzki, “Titles of Türk and Uigur Rulers in the Old Turkic Inscriptions”, *Central Asiatic Journal*, vol. 44, no. 2, 2000, pp. 205-292.

② 相关研究主要参见P. Pelliot, *Notes on Marco Polo*, Paris: Imprimerie Nationale, 1959-63, 3vols., vol. 1, pp. 281-363；G. Doerfer, *Türkische und Mongolische Elemente im Neupersischen*, Band 1, Wiesbaden, 1963, pp. 312-315；亦邻真《至正二十二年蒙古文追封西宁王忻都碑》,《中国民族古文字研究会第二次学术讨论会论文》，1983年，收入齐木德道尔吉等编《亦邻真蒙古学文集》，呼和浩特：内蒙古人民出版社，2001年，692页；Igor de Rachewiltz, “ The Title Cinggis Qan / Qaγan Re-examined ”, in W. Heissig and K. Sagaster (eds), Gedanke und Wirkung. Festschrift zum 90. Geburtstag von Nikolaus Poppe, Wiesbaden, 1989, pp.281-98；陈得芝中译文见《成吉思合罕称号再探》，《元史及民族史研究集刊》第16辑，2003年，276—287页；蔡美彪《成吉思及撑黎孤涂释义》，《中国史研究》2007年第2期，99—106页；钟焓《从“海内汗”到转轮王——回鹘文〈大元肃州路也可达鲁花赤世袭之碑〉中的元朝皇帝称衔考释》，《民族研究》2010年第6期，75—82页；白玉冬《成吉思汗称号的释音释义》，待刊稿。

一、问题之所在

关于葛儿罕称号，最早言及的是巴托尔德。他在1926年至1927年编写的关于中亚突厥民族的发展和变迁历史的讲义中，谈到Gür-ḫan（葛儿罕）的Gür有可能就是见于鄂尔浑碑铭、葛尔迪吉（Gardīzī）著《记述的装饰》（*Zainu'l-Axbār*）（成书于1050年前后）和喀什噶里（Maḥmūd el-Kāšġarī）著《突厥语大辞典》（成书于11世纪70年代）的古突厥语词汇kür（原意为勇敢——笔者）或kül（意义不明——笔者）[③]。魏特夫和冯家昇在《中国社会史·辽代卷》中认为该称号是喀喇汗朝统治者称号，但其音值Gūr-xān或Gōr-xan尚未在语源学方面得到诠释，并将其前两个音节勘同为《蒙古秘史》中旁译作“普”的蒙古语gür，指出同源词另有《突厥语大辞典》记录的kür（勇敢），奥斯曼突厥语中的gür（充足、丰富、幸运），还认为该词与满语的goro（远、深远）有关，最终推定Gōr-xan是具有深远力量的统治者，即最高统治者之意[④]。伯希和与韩百诗（L. Hambis）则在《圣武亲征录译注》中，虽然未言及与突厥语、满语之间的关系，但其关于蒙古札达兰部首领扎木合的称号古儿罕和克烈部主王汗之叔父菊儿可汗（Gür-qahan）的意见，与上述魏特夫和冯家昇一致。值得一提的是，二位还专门介绍布莱资奈德（E.V. Bretschneider）在《基于东亚史料的中世纪研究》中提出的意见[⑤]，即该称号kürägän来自蒙古语词kürgän（女婿）[⑥]。此后，伯希和在《马可波罗注》中对上述观点进行了改进和拓展[⑦]。他首先介绍葛儿罕称号在《元史》中作阔儿罕[⑧]，在《辽史》中解释做“漠北君王称”[⑨]，接下来他把葛儿罕与阔儿罕的拼写分别复原为Gör-ḫan与Kör-ḫan，指出二者似乎由了解到该称号回鹘式蒙古文写法的人物给出，且其正确发音并无惯例可循，推定二者原音作Gür-ḫan与Kür-ḫan。之后介绍志费尼（Juwainī）《世界征服者史》（约成书于1252—1260年）记做Gūr-ḫān，其意思为“众汗之汗”，进而对视作蒙古语付马kürägän> kürgän的看法进行了批判，并对前面介绍的巴托尔德意见提出质疑。最终，他虽然提到突厥语中存在kür这一词汇，但主张无论读作Gür-han或Kür-han，gür或kür都是蒙古语词汇。并举出其理由在于《蒙古秘史》的抄本经常给蒙古语中实际发音为k-的字以g-，且蒙古语中存在表示人群的词汇kür。德福（G. Doerfer）在《新波斯语中的突厥蒙古语要素》中，引用大量材料，考证Kūr-ḫān来自突厥蒙古语的kür（勇敢、强大、有力）后续xan（汗），继而发展出Universal Ruler（普天下之汗）

---

③ 威廉·巴托尔德著、罗志平译《中亚突厥十二讲》，北京：中国社会科学出版社，1984年，127页。

④ K. A. Wittfogel and Fêng Chia-Shêng, *History of the Chinese Society: Liao (907-1125)*, The American Philosophical Society, Philadelphia,1949, p. 431.

⑤ E.V. Bretschneider Mediaeval, *Researches from Eastern Asiatic Sources*, Londres, 1888.

⑥ P. Pelliot and L. Hambis, *Histoire des campagnes de Gengis Khan: Cheng-wou ts'in-tcheng lou*, vol. 1. Leiden, 1951, pp. 248-249.

⑦ P. Pelliot, *Notes on Marco Polo*, Paris: Imprimerie Nationale, 1959-63, 3vols., vol. 1, pp. 225-226.

⑧ 《元史》卷一二〇《曷思麦里传》，北京：中华书局，1976年，2969页。

⑨ 《辽史》卷一一六《国语解》，北京：中华书局，2016年，1698页。

之意[⑩]。《伊斯兰百科辞典》Gürkhān条撰者B. Spuler认为可能来自突厥语kür/gür（宽阔、宽广、普遍）[⑪]。村上正二在《蒙古秘史》的译注中，推定该称号有汗中汗，即大汗之意，并介绍奥斯曼突厥语中gür 有“强大的、丰富的”之意[⑫]。罗伊果（Igor de Rachewiltz）在《蒙古秘史》译注中，遵循Universal Ruler之意，但并未给出理由[⑬]。

总之，作为称号，葛儿罕在《世界征服者史》中被记录为众汗之汗之意[⑭]。不谋而合的是，《蒙古秘史》中虽然喀喇契丹的古儿罕之名旁译作人名皇帝或人名[⑮]，王汗叔父古儿罕之名也旁译作人名[⑯]，但扎木合被众人推举的古儿合，旁译作“普皇帝”[⑰]。考虑到《世界征服者史》作者志费尼是13世纪之人，音译《蒙古秘史》成书于14世纪，上述学术界主流主张的葛儿罕为众汗之汗或普天下统治者之意见概无问题。不过，在关于葛儿罕的原音及其由来等具体问题上，前人意见之间仍存在不小差异，尚未达成共识。

二、葛儿罕称号之缘起

如前面所介绍，早年的巴托尔德推定葛儿罕Gür-ḫan的前两个音节来自古突厥语kür或kül。据克劳森（G. Clauson）撰《十三世纪之前突厥语词源词典》，kür原意为勇敢的、英勇的、明显的之意，但扩张意思包括有任性的、快速流动的、胖的、结实的、不可控制的、饱的，而且奥斯曼突厥语中，gür有浓密的、浓厚的之意[⑱]。拉德洛夫（W. Radloff）著《突厥语方言词典》，介绍奥斯曼突厥语的gür有充足、丰富、幸运之意[⑲]。参此而言，古突厥语kür的扩张意思与奥斯曼突厥语gür的词意，和葛儿罕的葛儿gür有

---

⑩ G. Doerfer, *Türkische und Mongolische Elemente im Neupersischen*, Band 3, Wiesbaden, 1967, pp. 633-635, kūr-ḫān.

⑪ B. Lewis, CH. Pellat and J. Schacht (eds.) *The Encyclopaedia of Islam* (New Edition), vol. 2, Leiden: E. J. BRILL, 1991, p. 1143.

⑫ 村上正二《モンゴル秘史》第1册（チンギス·カン物語），东京：平凡社，1970年，323页。

⑬ Igor de Rachewiltz, *The Secret History of the Mongols: A Mongolian Epic Chronicle of the Thirteenth Century*, Leiden · Boston: Brill, 2004, p. 521.

⑭ Ala-ad-Din' Ata-Malik Juvaini, *The History of World-Conqueror*, trans. by J. A. Boyle, Cambridge: Harvard University Press, 1958, p. 62, no. 4; 中译文见何高济译、翁独健校《世界征服者史》，呼和浩特：内蒙古人民出版社，1980年，152—153页注释4。

⑮ 如第177、198节，主要参见栗林均、确精扎布编《〈元朝秘史〉モンゴル語全単語·語尾索引》，《东北亚研究中心丛书》第4号，仙台：东北大学东北亚研究中心，2001年，282—283、364—365页；乌兰《元朝秘史（校勘本）》，北京：中华书局，2012年，197、246页。

⑯ 第150、177节，主要参见栗林均、确精扎布编《〈元朝秘史〉モンゴル語全単語·語尾索引》，216—217、280—281页；乌兰《元朝秘史（校勘本）》，157、196页。

⑰ 第141节。主要参见栗林均、确精扎布编《〈元朝秘史〉モンゴル語全単語·語尾索引》，186—187页；乌兰《元朝秘史（校勘本）》，132页。

⑱ G. Clauson, *An Etymological Dictionary of Pre-Thirteenth Century Turkish*, Oxford: The Clarendon Press, 1972, p. 735.

⑲ W. Radloff, *Versuch eines Wörterbuches der Türk-Dialecte*, 4vols., St. Petersburg, 1893–1911, vol. 2, p. 1637.

相合之处。而且，语音学方面，gür可以视作kür在同期或晚期的浊音化形式。不过，略早于耶律大石的喀什噶里在《突厥语大辞典》中收录的kür är，是冷静、坚强和自豪的男人之意[20]。按喀什噶里曾对包括喀喇契丹建都立国的河中地区在内的中亚地区进行过实地调查，对当时的中亚突厥语部族所操语言中的kür应有足够的了解。而且，波斯伊利汗国宰相拉施特（Rašīd al-dīnī）于14世纪初编撰的《史集》（Jami'al-Tarikh）介绍克烈部与喀喇契丹的古尔汗（Gūr-khān）时，言古尔汗大概是威武的意思[21]。虽然不敢断言正确无误，但这是把Gūr-khān（古尔汗）的Gūr视作突厥语kür（勇敢、威武）。笔者查阅也门Rasūlid王朝国王'Ali Derġam-al-Din（1363—1377年在位）编撰的阿拉伯、波斯、突厥、希腊、亚美尼亚、蒙古六种语言的《国王词典》（The *Rasūlid Hexaglot*）[22]，蒙古帝国时期编撰的西部突厥语库蛮语词典*Codex Cumanicus*[23]，以及14世纪的《华夷译语·高昌馆课》[24]，但均未发现kür。诚然，gür有可能为kür的浊音化形式，巴托尔德所主张的葛儿罕Gür-ẖan的葛儿gür来自古突厥语kür的意见颇有道理。不过，笔者仍然难以想象《突厥语大辞典》记录的kür（冷静、坚强和自豪）在半个世纪左右后不久，即衍生出与汉文"普"意思近同的词意。即，严格意义上的历史语言学分析，并不完全支持葛儿罕Gür-ẖan的gür出自突厥语kür。

而关于葛尔迪吉记录的高昌回鹘建国故事的主人翁Gūr-tegīn的gūr[25]，虽然巴托尔德并未给出含义，但推定该词存在是Kül-tegin（阙特勤）之kül音转的可能性，进而将其与葛儿罕Gür-ẖan的Gür联系在一起。关于Kül-tegin（阙特勤）之kül，学术界意见不一[26]，兹不赘述。克劳森词典虽然收录了kül，指出其构成人名要素，但并未给出具体含义[27]。笔者查阅资料，发现《突厥语大辞典》和《国王词典》收录的是kül（灰）[28]，库蛮语词典*Codex Cumanicus*和《华夷译语》没有收录kül。伯希和怀疑喀什噶里所言回鹘（即高昌回鹘——笔者按）君主带有Köl Bilgä Qan的称号是把kül误以为köl（湖泊）[29]。

---

[20] Mahmūd Kāšġari, *Compendium of the Turkic Dialects,* Edited and Translated with Introduction and Indices by Robert Dankoff, in Collaboration with James Kelly, 3vols, Cambridge: Harvard University Printing Office, 1982-1985, vol.1, pp. 259-260.

[21] 见余大钧、周建奇译《史集》第1卷第2分册，北京：商务印书馆，1983年，145页。

[22] P. B. Golden, ed., *The King's Dictionary: The Rasūlid Hexaglot – Fourteenth Century Vocabularies in Arabic, Persian, Turkic, Greek, Armenian and Mongol*, tr. T. Halasi- Kun, P. B. Golden, L. Ligeti, and E. Schütz, Leiden: Brill, 2000. 相关介绍见Encyclopaedia Iranica：http://www.iranicaonline.org/articles/rasulid-hexaglot，2017年8月12日13点45分。

[23] K. Grønbech, *Komanisches Wörterbuch, Türkischer Wortindex zu Codex Cumanicus*, København: Einar Munksgaard, 1942.

[24] 《华夷译语·高昌馆课》，《北京图书馆古籍珍本丛刊》经部6，北京：书目文献出版社，2000年。

[25] A. P. Martinez, "Gardīzī's Two Chapters on the Turks," *Archivum Eurasiae Medii Aevi*, vol. 2, Wiesbaden: Otto Harrasowitz, 1982, pp. 133-134.

[26] 详见罗新《论阙特勤之阙》，《中国社会科学》2008年第3期，收入作者著《中古北族名号研究》，北京：北京大学出版社，2009年，196—199页。

[27] G. Clauson, *An Etymological Dictionary of Pre-Thirteenth Century Turkish*, Oxford, The Clarendon Press, 1972, p. 715.

[28] Mahmūd Kāšġari, *Compendium of the Turkic Dialects,* vol.1, p. 267；P. B. Golden, ed., *The King's Dictionary: The Rasūlid Hexaglot – Fourteenth Century Vocabularies in Arabic, Persian, Turkic, Greek, Armenian and Mongol*, p. 250.

[29] P. Pelliot, *Notes on Marco Polo*, vol. 1, p. 225.

不过，现在我们已经知道，德藏回鹘文木杵文书中出现的Köl Bilgä Tängri Ilig（智海天王）为汉文史料记录的高昌回鹘国王名智海，亦为高昌回鹘国王之泛称[30]。看来，部分学者主张应读作kül的阙特勤的阙，完全存在释读作köl（湖、海）的可能。如是，古突厥语中存在一个用于人名美称的kül的看法，值得怀疑。即，主张kür是kül之音转的意见，其前提存在极大的可疑性[31]。相反，如前所述，Gūr-tegīn的gūr（gür）可以视作kür的浊音化形式，且kür的本意“勇敢、冷静和自豪”恰恰与葛尔迪吉记录的忍辱负重，最终战胜敌手、夺取政权，并建立起高昌回鹘王国的故事主人翁性格相契合。

与上述巴托尔德的看法相左，魏特夫和冯家昇倾向于把Gür-ḫan（葛儿罕）的gür视作蒙古语gür，而伯希和则直言Gür-han或Kür-han中，gür或kür都是一个蒙古语词汇。按《蒙古秘史》出现词汇古儿兀鲁思（gür ulus，1次）及其宾格形式古儿兀鲁昔（gür ulus-i，2次）[32]。其中，古儿gür旁译为普，兀鲁思ulus旁译为百姓，兀鲁昔ulus-i旁译为百姓行。另外，据伯希和之言，gür ulus 还出现在李盖提（L. Ligeti）刊布的蒙古语写本中[33]。如前文所介绍，伯希和指出《蒙古秘史》经常系统性的把蒙古语的k-音标记为g-音。虽然伯希和把蒙古语表示人群的词汇kür与动词quri-（聚集、集合、聚会；蓄积、积累）联系在一起的想法尚需新材料予以完善[34]，但他把gür视作蒙古语词汇kür（人群、一群、群众）是有据可依的。不过，他把贵由汗致教皇英诺森四世（Pope Innocent Ⅳ）信札的波斯文译本中的突厥语自称，即 kür uluγ ulus-nung taluï-nung qan，译作the Oceanic Khan of the whole great nation，即把此处的kür视作whole（全体）则值得怀疑。

如伯希和自己所言，上述信札的蒙古文印玺中，蒙古统治者自称是yäkä mongγol ulus-un dalai-in qan（伯希和文中把蒙古语的e转写作ä——笔者），这与上述突厥语中的自称互相对证[35]。据冯承钧转译，伯希和把上述蒙古文译作大蒙古民族之海内汗。就

㉚ 森安孝夫《ウイグル=マニ教史の研究》，183—184页，161页注释100；森安孝夫《西ウイグル王国史の根本史料としての棒杭文書》，作者著《東西ウイグルと中央ユーラシア》，名古屋：名古屋大学出版会，2015年，690页第2面第3行，726页注释27。

㉛ A. P. Martinez在研究葛尔迪吉书时，将该词视作Köl Tegin“阙特勤”，兹不从。

㉜ 前者出现于第254节，后者出现于第203节、224节。分别参见栗林均、确精扎布编《〈元朝秘史〉モンゴル語全単語・語尾索引》，528—529页，390—391、440—441页；乌兰《元朝秘史（校勘本）》，351、259、290页。

㉝ P. Pelliot, *Notes on Marco Polo*, vol. 1, p. 226.

㉞ 后元音词quri-出现于约1224年建立的蒙古语碑文《也松格纪念碑》中，然kür是个前元音词。动词quri-是否出自名词kür，尚难以判断。关于《也松格纪念碑》，主要参见B. B. Радлов, *Атласъ древностей Монголіи (Atlas der Alterthümer der Mongolei)*, Санкт-Петербург: Типографія Императорской академіи наукъ, 1892, 图版49-3；韩百诗（Louis Hambis）著、耿昇译《“成吉思汗碑”铭考》，《蒙古学信息》1998年第3期，5页；Dobu, *Uyiγurǰin mongγol üsüg-ün durasqaltu bičig-üd*（道布《回鹘式蒙古文文献汇编》），北京，民族出版社，1983年，3、5页；D. Tumurtogoo, G. Cecegdari (eds.), *Mongolian Monuments in Uighur-Mongolian Script (XIII–XIV centuries), Introduction, transcription and bibliography (Language and Linguistics Monograph Series A-11)*. Taipei: Institute of Linguistics, Academiq Sinica, 2006, pp. 9-10。

㉟ 伯希和著、冯承钧译《蒙古与教廷》，北京：中华书局，2008年，22页。

元朝建立前，蒙古人中曾行用大蒙古国（Yeke Mongqol Ulus）的国号而言[36]，蒙古语ulus虽有人们之意，但此处视作国之意更为贴切。如是，上述突厥语kür uluγ ulus中，第三个词虽然存在转写作回鹘文uluš的可能，但考虑到与之相对应的是蒙古语固定名号yäkä mongγol ulus，然则上述kür uluγ ulus的ulus更可能是蒙古语ulus在突厥语中的借用。换言之，即便上述第三个词可以释读作突厥语uluš，但其已经失去了uluš原有的侧重疆土的country（国家、国土）之意。即，kür uluγ ulus是强大国家之意。大蒙古国是Yeke Mongγol Ulus的直译，汉文“大朝”是其简译[37]，然则kür uluγ ulus 的含义完全可以视作“大朝”。可以认为，kür uluγ ulus是Yeke Mongqol Ulus在突厥语中的对译。笔者的这一看法，与把kür解释做machtvollen（强大）的德福的意见殊途同归[38]。

结合上面介绍的突厥语kür/gür和蒙古语kür/gür的词意，笔者以为西辽统治者之称号葛儿汗的葛儿源自蒙古语族语言的看法更为妥善。那么，契丹人自身遗留的、被认为是蒙古语近亲语言的契丹语材料是否支持笔者的这一推定呢？

不可否认，契丹大小字碑刻文献是关于辽金时期中国北方民族历史研究的重要史源，惜就其解读现状而言，契丹文字资料尚很难作为成熟的史料而利用于历史学方面的研究。虽然如此，部分经专业学者反复释读、词意基本被释清的字词，仍具参考价值。

著名的西安乾陵“无字碑”上镌刻的《大金皇弟都统经略郎君行记》，因有对译的汉文，故而成为契丹小字解读的基本材料。其铭文的汉字部分开头为“大金皇弟都统经略郎君”十字。学术界历经半个多世纪的研究，基本上缕清了汉文与契丹文之间的对应关系。关于契丹文第1行第7字**亜仐**，契丹小字研究小组译作掌[39]。刘凤翥先生进一步指出该字并非音译的汉语借词，按其前后文义和语序应为含有执、掌、握、秉、管等意的动词，同时依据该字在《道宗哀册》第2行中带有所有格词尾，断定其同时是个名词[40]。契丹小字研究小组给出的原字**亜**与**仐**的序号分别是14与245，拟音分别为g?与u[41]。不过，刘先生同时把**亜**的音值构拟为ik[42]，王弘力先生推定**亜仐**可能

㊱ 如元文宗朝所修《经世大典·序录》有云：“世祖皇帝初易大蒙古之号而为大元。”（苏天爵编《国朝文类》卷四〇“帝号”条，四部丛刊缩印元末西湖书院刊本）另参见A. Mostaert and F. W. Cleaves, “Trois documents mongols des Archives secrètes vaticanes”, *Harvard Journal of Asiatic Studies*, vol.15, 1952, pp. 486-491；陈高华等《元代文化史》，广州：广东教育出版社，2009年，3页。

㊲ 萧启庆《说“大朝”：元朝建号前蒙古的汉文国号——兼论蒙古国号的演变》，作者著《内北国而外中国：蒙元史研究》，北京：中华书局，2007年，64—71页；陈得芝《关于元朝的国号、年代与疆域问题》，原载《北方民族大学学报》2009年第3期，收入作者著《蒙元史与中华多元文化论集》，上海：上海古籍出版社，2003年，141页。

㊳ G. Doerfer, *Türkische und Mongolische Elemente im Neupersischen*, p. 634.

㊴ 清格尔泰等《契丹小字研究》，北京：中国社会科学出版社，1985年，592页。

㊵ 刘凤翥《若干契丹小字的解读》，《民族语文》1987年第1期，收入陈乃雄、包联群编《契丹小字研究论文选编》，呼和浩特：内蒙古人民出版社，2005年，563—565页。

㊶ 清格尔泰等《契丹小字研究》，152—153页。

㊷ 刘凤翥《契丹小字解读再探》，《考古学报》1983年第2期，收入陈乃雄、包联群编《契丹小字研究论文选编》，384—385页。

读aγu，音变成au，与蒙古语aguu（伟大—笔者）、达斡尔语au（宽大）对应[43]。陈乃雄先生在整理《契丹小字研究》发表后试拟的原字音值和试释的词语时，收入上述刘凤翥、王弘力二位的研究成果，**亜**的音值拟作g?/ik，**亜仐**的词意拟作掌、宽大[44]。即实先生则推定**亜仐**之意是统、总[45]，并为原字**亜**给出拟音值kur，把见于《道宗哀册》第10行的**亜仐巫**音译作古儿呵，意译作总罕[46]。做为证据，他引用《辽史》的葛儿罕，《蒙古秘史》的古儿合（旁译作普皇帝——笔者），以及《金史》解释作“统数部者或总帅也”的忽鲁、胡鲁，指出葛儿、古儿、胡鲁实是同语，义为统、总，**亜仐**应读作kuru，古儿汗是总汗之意[47]。而关于原字**巫**，契丹小字研究小组编号为53，拟构音值为xa，汗之意[48]，学术界基本认可这一解读[49]。《契丹国志·契丹国初兴本末》记录契丹古八部的产生后，言：“后有一主，号曰廼呵……复有一主，号曰喎呵……次复一主，号曰画里昏呵。”[50]王弘力先生把廼呵、喎呵、画里昏呵分别视作第一可汗、第二可汗、第三可汗之意[51]。虽然其关于第一、第二、第三的解释尚需要新的材料来补充完善，但其把呵视作**巫** xa是有据可依。因为，这可从前面介绍的《蒙古秘史》记录的扎木合称号古儿合旁译作“普皇帝”，即“合”是qan之尾音n脱落后的形式得到佐证。

综上，契丹小字研究成果表明，**亜仐**有统、总之意，**亜仐巫**有总罕之意。考虑到辽道宗是11世纪之人，那么我们可以认为葛儿罕这一称号在耶律大石称帝之前即已经存在。现阶段尚无资料证明契丹的这一称号源自突厥语，故可以认为相关契丹小字的研究成果支持葛儿罕称号源自蒙古语族语言之意见。

三、八姓乌古斯的Qïr Qan

如前面所介绍，葛儿罕称号最初源自契丹，后为克烈部和蒙古部首领所采用。那么，该称号的相承性有无其他可能？

突厥鲁尼文叶尼塞碑铭中，瓦西里耶夫（Д. Д. Васильев）编号为E98的威巴特

---

[43] 王弘力《契丹小字墓志研究》，《民族语文》1986年第4期，收入陈乃雄、包联群编《契丹小字研究论文选编》，443页。

[44] 陈乃雄《近十年来我国契丹字研究》，《内蒙古大学学报》1987年第3期，收入陈乃雄、包联群编《契丹小字研究论文选编》，520、524页。

[45] 即实《契丹小字解读拾零续》，《东北地方史研究》1990年第3期，收入陈乃雄、包联群编《契丹小字研究论文选编》，583页。

[46] 即实《解读总表》，作者著《谜林问径：契丹小字解读新程》，沈阳：辽宁民族出版社，1996年，440、448页。

[47] 即实《哀册拾读》，作者著《谜林问径：契丹小字解读新程》，51—52页。

[48] 清格尔泰等《契丹小字研究》，130、152、155页。

[49] 陈乃雄《近十年来我国契丹字研究》，520页。

[50] （宋）叶隆礼撰，贾敬颜、林荣贵点校《契丹国志》，北京：中华书局，2014年，3页。

[51] 王弘力《契丹小字墓志研究》，《民族语文》1986年第4期，收入陈乃雄、包联群编《契丹小字研究论文选编》，422—423页。

图1 突厥鲁尼文叶尼塞碑铭E98威巴特（Ujbat）第六碑照片

图2 突厥鲁尼文叶尼塞碑铭E98威巴特（Ujbat）第六碑第4—6行摹写

（Ujbat）第六碑，1959年由A. N. Lipsky 发现于威巴特河（自北流入叶尼塞河上游支流阿巴坎河）沿岸，现保管于阿巴坎（Abakan）市哈卡斯博物馆内[52]。碑石高230厘米，长30—60厘米，宽16厘米[53]。明色砂岩制成，两面各3行，共6行文字。关于该碑铭，瓦西里耶夫最先进行了整体介绍[54]，并在《叶尼塞河流域突厥鲁尼文文献集成》中给出了换写（transliteration）、摹写和图版[55]。之后，科尔姆辛（И. В. Кормушин）[56]、阿曼吉奥洛夫（А. С. Аманжолов）[57]、爱丁（E. Aydin）等刊出了摹写、转写（transcription）及其相关研究[58]。此外，哈萨克斯坦“文化遗产”官方网站ТҮРІК БІТІК（http://bitig.org）刊出了碑铭的图版、摹写、转写与译文。

---

[52] 相关介绍主要参见Д. Д. Васильев, *Корпус тюркских рунических памятников бассейна Енисея*, Ленинград, 1983（《叶尼塞河流域突厥鲁尼文文献集成》，列宁格勒，1983年）。

[53] 据瓦西里耶夫1983年书介绍，规格是高260厘米，长60厘米，宽18厘米。

[54] Д. Д. Васильев, *Памятники тюркской рунической письменности азиатского ареала*, Советская тюркология, 1976（《亚洲地区的突厥鲁尼文纪念碑铭》，《苏联突厥语学报》，1976年）, no.1, p. 74）.

[55] Д. Д. Васильев, *Корпус тюркских рунических памятников бассейна Енисея*, pp. 27, 76, 106.

[56] И. В. Кормушин, *Тюркские енисейские эпитафии: тексты и исследования*, Москва, 1997（科尔姆辛《突厥文叶尼塞墓志铭文本及研究》，莫斯科，1997年）, pp. 117-123. 另科尔姆辛在其关于叶尼塞碑铭中的墓志铭语法和铭文内容的专刊*Тюркские енисей- ские эпитафии грамматика, текстология*, Москва Наука, *2008, pp.* 157-158上刊出了相关内容，惜未能过目。

[57] А. С. Аманжолов, *История и теория древнетюркского письма*, Алматы, Мектеп, 2003（《古突厥文的历史与理论》，阿拉木图，2003年）, pp. 145-150.

[58] E. Aydin, R. Alimov & F. Yıldırım, *Yenisey-Kırgızistan Yazıtları ve Irk Bitig*, Ankara, 2013（《叶尼塞黠戛斯碑文集与占卜文书》，安卡拉，2013年）, pp. 187-189.

笔者依据瓦西里耶夫提供的图版、摹写与换写，对E98碑铭进行了重新解读。相比前人的研究，笔者的最大发现在于释读出了词汇ïQ R Q N> qïr qan“葛儿汗”与s k（z）W（G）W z> säkiz oγuz（八姓乌纥、八姓乌古斯、八姓铁勒）（图1、图2）。下面，笔者先给出E98威巴特第六碑的换写、转写（transcription）、中译文，以及最小限度的词注，再做讨论。与先行研究之间存在的差异，因过于繁琐，关键词除外，兹不赘述。遵循的凡例如下：

换写：元音：a>ä/a，i>i/ï，ü>ö/ü，W>o/u，e>e。

辅音：小写字母代表前舌音文字与前后舌双舌音文字，大写字母代表后舌音文字。其中，ṡ和ṣ分别代表用于拼写前后舌双舌音文字s / š的 ʌ 字和◊字，ŋ̇ 代表ŋ的异体文字◈。

符号：（ ）内文字表示能见到残余笔画文字，[ ]内文字表示完全破损文字的推测复原，/表示完全破损文字，：表示碑文所刻停顿符号。

转写：/表示不能复原的破损之处，：表示碑文所刻停顿符号。

译文：（ ）内文字为补充说明，/相当于换写和转写之中不能复原的破损部分。

1. r B W ŋ̇ Y W L: Q z G N D m a: B ü k (m) d m: m / / /
är bung yol: qazγandïm-a: bökmädim: / / /

2. [B] ŋ̇ a: D R L D ŋ̇ z: č s G a: Q i r Q r g: Q ŋ̇ s z Q a L / / /
bung-a: adrïldïngïz: ič asïγ-a: qïrq ärig: qangsïz qal / / /

3. ïQ R Q N: y i r n L D uQ D a:(z)G L G T W ŋ̇ z t g: t r g b g: s i z
qïr qan: yirin alduqda: azïγlïγ tonguz täg: tiräg bäg: siz

4. ŋ̇ č B R s t r g: b g m Y ṡ i r d m / / s i z a
angčï bars tiräg: bägim yasï ärdäm / / äsizm-ä

5. / / l / č r r t(m)/ / s k(z)W(G)W z(ŋ): b g i
/ / ilig čor ärtim / / säkiz oγuzing: bägi

6. ü l r t m: k ü ük b ü r i: Q R ṣ B G N: ü l r t m a
ölürtim: kök böri: qars bayïn: ölürtim-a

译文：[1]我把男人痛苦的路程努力（走完）了！啊！我没有感到满足 / / / [2]悲痛啊！你们离别了，家里的宝贝啊！四十个男儿失去了父亲而留在 / / / [3]当夺取Qïr Qan的领土时，像长着獠牙的野猪一样的迪历匐（Tiräg Bäg）去世了 [4]我是安之末斯迪历匐（Angčï Bars Tiräg Bäg），清纯高尚的品德 / /，我的不幸啊！[5-6] / / 我是国王的啜（čor），/ / 我杀死了八姓乌纥（Säkiz Oγuz，即八姓铁勒、八姓乌古斯）的匐（bäg），我杀死了青狼皮（kök böri qars）部族（baγ），啊！

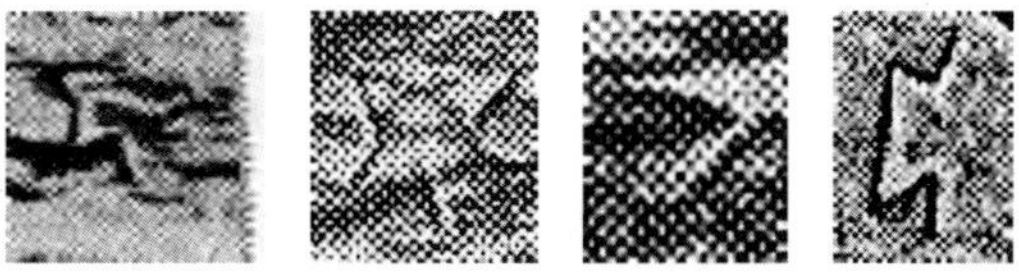

图版1 图版2 图版3 图版4

图3 瓦西里耶夫提供图版

词注

3. ïQ R Q N> qïr qan：瓦西里耶夫换写、摹写均作W R Q N；爱丁等的摹写同瓦西里耶夫，转写作orqon（鄂尔浑）；科尔姆辛、阿曼吉奥洛夫和“文化遗产”网站摹写均作W Y G R Q N，转写作uyγur qan（回鹘汗），其中科尔姆辛在前面补加küč>küč（力量），阿曼吉奥洛夫复原出W Y>uy。据瓦西里耶夫给出的图版（图3），笔者释读作ïQ（图版1）的文字前（右侧）根本没有文字，且该字相比同一碑文的G（如第3行第15字，图版2），不仅缺少G的右上部，且左上部与正下方的竖线之间有一明显的横线相连。瓦西里耶夫的摹写和换写，以及爱丁的转写orqon（鄂尔浑），就orqon之名数次出现在回鹘汗国碑铭中而言，极具魅力。不过，相比同一碑文的W（如第1行第6字，图版3），该字并不向右方尖出呈➤状，而是部分像汉字“中”的左半部，呈ㄣ状。该字与E49 柏布伦（Bay-bulun）第三碑第3行第13字、第4行第19字（图版4）相同[59]。关于柏布伦第三碑的同一文字，科尔姆辛把第3行的转写作s，把第4行的转写作š [60]，爱丁均读作qïš [61]，阿曼吉奥洛夫均转写作š[62]。不过，瓦西里耶夫换写作Q，并在叶尼塞碑铭的字体表上归类为ïQ ◁ [63]。笔者的释读结果是——柏布伦第三碑中，该字应按瓦西里耶夫读法视作ïQ◁的异体字。其第3行的相关文字可换写作T W ïQ m，转写作toqïm，视作动词toqï-（击败）后续构词词缀-m而形成的名词[64]。此种读法与之后的yaγï（敌人）正好呼应，两者共同构成击败的敌人之意。而第4行的相关部分，可换写作R Q ïQ，转写作arquq（固执的、倔强的）[65]，与之后的el（地方）相结合，构成险要之地的意思。是故，笔者把出现于E98威巴特第六碑的该字读作ïQ，与之后的R连读作ïQ R > qïr，视作是限定Q N> qan称号的修饰词。笔者以为，Qïr Qan极可能与葛儿汗有关，详见后文。

5. s k（z）W（G）W z> säkiz oγuz（八姓乌纥、八姓铁勒、八姓乌古斯）：瓦西里耶夫和爱丁读出了开头的s k，但把末尾三字读作Q i z。如图版与摹写所显示，在笔者读作G、上述二位读作Q的文字上方，有一与行文方向几近90° 的近似︿状文字。该字读作W或N均可。且k左侧的文字，据其残余笔画完全可以复原做z。按部族名称Säkiz Oγuz之名还出现于回鹘汗国希内乌苏碑而言[66]，该名称出现于此并不令人感到意外。据希内乌苏碑相关内容，Säkiz Oγuz是与九姓达靼一同发动针对回鹘统治之叛乱的部族集团。仅限于希内乌苏碑内容而言，九姓乌纥之一的拔野古部首领大毗伽都督是这场叛乱的领导者，八姓乌纥视作回纥部除外的九姓乌纥中的八个部落，亦不悖于理[67]。不过，12至13世纪占据蒙古国西部—阿尔泰山一带的乃蛮部之乃蛮，在蒙古语中是八之意，故

---

[59] Д. Д. Васильев, *Корпус тюркских рунических памятников бассейна Енисея,* pp. 30, 69, 108.

[60] И. В. Кормушин, *Тюркские енисейские эпитафии: тексты и исследования*, pp. 172-174.

[61] E. Aydin, R. Alimov & F. Yıldırım, *Yenisey-Kırgızistan Yazıtları ve Irk Bitig*, pp. 126-127.

[62] А. С. Аманжолов, *История и теория древнетюркского письма*, pp. 131-132.

[63] Д. Д. Васильев, *Корпус тюркских рунических памятников бассейна Енисея,* p. 7.

[64] 同样情况另见ölüm（死亡）、ičim（饮料）。

[65] G. Clauson, *An Etymological Dictionary of Pre-Thirteenth Century Turkish*, p. 216.

[66] 东面第1行，参见白玉冬《〈希内乌苏碑〉译注》，朱玉麒主编《西域文史》第七辑，北京：科学出版社，2012年，85页。

[67] 白玉冬《〈希内乌苏碑〉译注》，103页注释säkiz oγuz。

前田直典以为Säkiz Oγuz后来发展成为乃蛮部[68]。关于此处出现的Säkiz Oγuz与乃蛮部之关系，笔者稍后再论。

6. k ü ük b ü r i: Q R s B G >kök böri qars baγ（青狼皮部族）：其中的Q R s，多出现于敦煌出土回鹘语粟特语写本文献中，是毛织品的一种，粟特语作x'rs，汉语作褐子[69]。克劳森解释做衣服[70]。按原意，该词大概代指穿戴狼皮服装之部族。《周书·突厥传》言“侍卫之士，谓之附离，夏言亦狼也”[71]。参此而言，此处的青狼皮部族大概是八姓乌纥君主的侍卫。

就上面给出的E98威巴特第六碑的内容而言，墓主全称为安之末斯迪历匐（Angčï Bars Tiräg Bäg），是国王的啜（čor），在与八姓乌纥（Säkiz Oγuz，即八姓铁勒、八姓乌古斯）的战斗中亡故。Qïr Qan由“青狼皮部族”充当侍卫，应该是八姓乌纥的君主。

关于ïQ R Q N的转写，虽然理论上不能完全否定qur qan、qar qan的可能性，但通常情况下应转写为qïr qan。这一名称尚未在突厥汗国与回鹘汗国的大型碑铭中得到发现，不排除今后在叶尼塞碑铭、蒙古国境内或阿尔泰山一带的突厥鲁尼文碑铭中获得发现的可能。笔者核对词典，发现《国王词典》和库蛮语词典*Codex Cumanicus*，以及《华夷译语·高昌馆课》未收录qïr。不过，《突厥语大辞典》分别给出了神秘、暗褐色、堤坝、独石山等四种意思的qïr[72]，克劳森强调qïr通常是高地或灰色之意[73]，《突厥语方言词典》收录了包括厄运、路面，边缘、山脊，以及刮、杀等意的qïr[74]。喀喇汗朝的优素甫·哈斯·哈吉甫（Yüsüp Xas Hajip）于1070年左右创作的《福乐智慧》（*Qutadγu Bilig*）记录的qïr为“边”之意[75]。高昌回鹘王国前期，由回鹘人胜光法师（Šïngqu Säli）翻译的回鹘文《大慈恩寺三藏法师传》中，qïr与“岑”（小而高的山）对应[76]。据吐送江·依明教授赐教，当代维吾尔语中，qïr仍然有草原或偏远之地等意。笔者承认古突厥语中存在名词qïr，且意思广泛。单纯从语音学而言，上述qïr之中的某一个（如神秘或高地之意的qïr）存在充当八姓乌古斯的君主称号qïr qan之qïr的可能。

---

[68] 前田直典《十世纪時代の九族達靼—蒙古人の蒙古地方の成立—》，《东洋学报》第32卷第1号，1948年，收入作者著《元朝史の研究》，东京：东京大学出版会，1973年，249页。

[69] J. Hamilton, *Manuscrits Ouïgours du IXe-Xe siècle de Touen-Houang, Textes Établis, Traduits*, Paris: Peeters france, 1986, p. 234；N.Sims-Williams & J.Hamilton, *Documents Turco-Sogdiens du IXe-Xe Siècle de Touen-Houang*, (*Corpus Inscriptionum Iranicarum*, Part. 2: *Inscriptions of the Seleucid and Parthian Periods and of Eastern Iran and Central Asia*, Vol. 3: Sogdian), London, 1990, p. 87.

[70] G. Clauson, *An Etymological Dictionary of Pre-Thirteenth Century Turkish*, p. 663.

[71] 《周书》卷五〇《突厥传》，北京：中华书局，1974年，909页。

[72] Mahmūd Kāšgari, *Compendium of the Turkic Dialects,* vol.1, p. 259.

[73] G. Clauson, *An Etymological Dictionary of Pre-Thirteenth Century Turkish*, p. 641.

[74] W. Radloff, *Wörterbuches der Türk-Dialecte*, vol.2, pp. 860-861.

[75] 吐送江·依明《〈福乐智慧〉回鹘文抄本研究》，中央民族大学博士学位论文，2011年，139页。

[76] 汉文版玄奘奏文中有“窃以攀荣奇树，必含笑而芬芳，跪宝玉岑，亦舒渥而贻彩”一文。其中的“岑”被译作qïr。详见Kahar Barat, *XUANZANG—Ninth and Tenth Chapters*, Indiana University Research Institute for Inner Asian Studies Bloomington, Indiana, 2000, p. 28.

四、qïr qan与居里可汗

上一节末尾介绍Qïr Qan之qïr存在源自古突厥语qïr的可能。本节从Qïr Qan所属集团Säkiz Oγuz（八姓乌纥、八姓铁勒、八姓乌古斯）着手，探讨Qïr Qan的另外一种可能性。

众所周知，黠戛斯汗国统治中心位于叶尼塞河上游。据日本学者枡本哲介绍，哈卡斯共和国乡土博物馆所藏阿巴坎河沿岸出土的玉冊断片，内有“贡”“封疆”“大唐咸通七年”等文字。枡本先生指出该玉冊反映了唐朝的冊封体制，但同时认为自唐朝受赐玉册的人物应属于黠戛斯政权内汉人[77]。笔者则以为上述受唐册封的人物应为当时的黠戛斯可汗[78]。而发现于E98威巴特第六碑西北方约10千米处的E32威巴特第三碑，记录为了装饰墓葬从突厥汗杀人石之处带来九人[79]。突厥汗杀人石所在之地无疑是在漠北。反言之，E32威巴特第三碑的墓主极可能参加过9世纪40年代的黠戛斯可汗名下出兵漠北的战争。而且，据瓦西里耶夫提供的叶尼塞碑铭分布图[80]，可知包括威巴特河谷在内的阿巴坎河流域为用于纪念社会上层人物的叶尼塞碑铭的一大集中地。看来，阿巴坎河流域在古代黠戛斯社会中不会处于边缘地带，应是黠戛斯政治中心地区。参此而言，E98威巴特第六碑中记录的国王视作黠戛斯政治核心地区的某一“国王”，甚至视作黠戛斯可汗亦于理可通。即，可以认为E98碑墓主是黠戛斯汗国军队将领，是在参加对Qïr Qan统领的八姓乌纥的战争中殒没。

Qïr Qan所属部族集团Säkiz Oγuz（八姓乌纥、八姓乌古斯、八姓铁勒），还见于回鹘汗国希内乌苏碑。其内容反映749年之际，Säkiz Oγuz主要活动在漠北杭爱山脉至色楞格河一带[81]，因与九姓达靼共同发动针对回鹘统治的叛乱而被追击。据这些内容，可知当时的Säkiz Oγuz 并无统帅集团整体的可汗。此种情况与E98碑铭所反映的Qïr Qan由“青狼皮部族”充当侍卫，并任Säkiz Oγuz 集团君主这种情况有别。诚然，仅限于希内乌苏碑内容而言，Säkiz Oγuz 视作回鹘除外的九姓铁勒中的八个部族不悖于理。不过，E98威巴特第六碑记录的Säkiz Oγuz看来拥有一位统领整个部族集团的首领Qïr Qan。大概在蒙古高原中西部活动的Säkiz Oγuz集团聚集在拥有汗号的某位首领之下，这不太可能是在另一个强势的漠北政权——比如回鹘或黠戛斯掌控蒙古高原时期。就此而言，E98威巴特第六碑存在属于回鹘西迁，且黠戛斯已经退回叶尼塞河流域本土以后，即10世纪已降的可能性。如此，我们不得不重新考虑Säkiz Oγuz与乃蛮部之间的关系。

由于乃蛮（Naiman）之音值是蒙古语八之意，故前田直典推定乃蛮出自回鹘时代的Säkiz Oγuz。乃蛮部居地，核心位于阿尔泰山至额尔齐斯河流域一带。12世纪后半叶

---

[77] 枡本哲《南シベリアアバカン近郊発見の玉冊片について》，《大阪府埋葬文化財协会研究纪要—设立10周年纪念论集—》3，1995年，347—348、359页。

[78] 白玉冬《叶尼塞碑铭威巴特第九碑浅释》，《民族古籍研究》第2辑，2014年，146—147页。

[79] 第10行，参见Д. Д. Васильев, *Корпус тюркских рунических памятников бассейна Енисея*, p. 26；E. Aydin, R. Alimov & F. Yıldırım, *Yenisey-Kırgızistan Yazıtları ve Irk Bitig*, pp. 93-94.

[80] Д. Д. Васильев, *Корпус тюркских рунических памятников бассейна Енисея*, p. 10.

[81] 白玉冬《回鹘碑文所见八世纪中期的九姓达靼（Toquz Tatar）》，《元史及民族与边疆研究集刊》第21辑，2009年，155—157页。

的鼎盛时期，其势力东扩至杭爱山，南抵准格尔盆地北缘，西南越过额尔齐斯河抵达叶密立（Īmil）河地区，北抵叶尼塞河上游克姆契克（Kemchik）河流域[82]。另外，据《元史·地理志·西北地附录》谦谦州条，以及记录8世纪中后期内亚民族分布情况的敦煌出土P.t.1283地理文书等，我们可以了解到8世纪时期乃蛮部居地在色楞格河—叶尼塞河—唐努山一带[83]。大概乃蛮部作为黠戛斯属部参加了击溃回鹘汗国的战争，但在10世纪30年代之前，在东部天山一带为高昌回鹘所兼并，后来又因高昌回鹘国力日趋平庸而脱离其控制[84]。《史集》记录乃蛮部的君主纳儿乞失—太阳罕（Nāqiš Tāyānk）和阿尼阿惕（Aniāt）合罕联合击溃过乞儿吉思部（即黠戛斯）[85]。羊年（1199），当乃蛮部遭到蒙古部攻击时，乃蛮的不亦鲁黑罕逃到了乞儿吉思的谦谦州地区[86]。总之，乃蛮部历史与黠戛斯本土有着密切关系。

据巴合提先生考述，蒙古部兴起之前的乃蛮部可视作汗国[87]。在其整理得出的12世纪末至13世纪的乃蛮王族世系表上，并未出现Qïr Qan或与其相关的汗的称号。《辽史·道宗纪》寿隆三年（1097）闰二月丙午条载："阻卜长猛撒葛、粘八葛长秃骨撒、梅里急长忽鲁八等请复旧地，贡方物，从之。"[88]《金史·粘割韩奴传》言："是岁（金世宗大定十五年，1175年）粘拔恩君长撒里雅、寅特斯率康里部长孛古及户三万余求内附，乞纳前大石所降牌印，受朝廷牌印。"[89]上文中的粘八葛、粘拔恩即乃蛮部[90]。据此，巴合提先生指出乃蛮部曾服属于辽朝，也曾被纳入西辽王朝之中[91]，正是。如前所述，E98威巴特第六碑记录的Säkiz Oγuz难以勘同为回鹘除外的九姓乌纥中的八部，然则包括希内乌苏碑在内，史料记录的Säkiz Oγuz最大可能即是乃蛮部前身。

《元史·布鲁海牙传》介绍其为畏吾人，随其主内附，充宿卫后云："太祖西征，布鲁海牙扈从，不避劳苦，帝嘉其勤，赐以羊马毡帐，又以居里可汗女石抹氏配之。"[92]查元明善撰《平章政事廉文正王神道碑》，言布鲁海牙子廉希宪"妣石抹氏，

---

[82] 植村清二《乃蠻小考》，《和田博士古稀紀念東洋史論叢》，东京：讲谈社，1962年，151—152页；巴合提·依加汗《蒙古兴起前的乃蛮王国》，《内蒙古社会科学》1991年第5期，68—71页。

[83] 森安孝夫《チベット語史料中に現れる北方民族——DRU-GUとHOR——》，《アジア·アフリカ言語文化研究》第14辑，1976年，24—25页。

[84] 白玉冬《有关高昌回鹘的一篇回鹘文文献——xj222-0661.9文书的历史学考释》，《中国边疆史地研究》2014年第3期，145—146页

[85] 余大钧、周建奇译《史集》第1卷第1分册，222页。

[86] 余大钧、周建奇译《史集》第1卷第2分册，149—150页。

[87] 相关考证，见巴合提·依加汗《乃蛮述略》，《新疆大学学报》1987年第1期，62—64页。

[88] 《辽史》卷二六《道宗纪》，347—348页。

[89] 《金史》卷一二一《粘割韩奴传》，北京：中华书局，1975年，2637页。年代据《金史》卷七《世宗纪》，162页。

[90] 主要参见J. Marquart, Über das Volkstum der Komanen, in W. Bang and *J. Marquart, Osttürkische Dialektstudien,* Berlin, 1914, p. 167；伯希和《库蛮》，冯承钧译《西域南海史地考证译丛二编》，北京：商务印书馆，1962年，34页；巴合提·依加汗《乃蛮述略》，60—61页。

[91] 巴合提·依加汗《蒙古兴起前的乃蛮王国》，68页。

[92] 《元史》卷一二五《布鲁海牙传》，北京：中华书局，1976年，3070页。史料解释承蒙大阪国际大学名誉教授松田孝一先生、大阪大学松井太教授赐教，深表感谢。

追封魏国夫人”[93]。按元太祖西征花剌子模是在太祖十四年（1219），则上文的居里可汗应为时人。此居里可汗，自然可与西辽君主称号葛儿罕相联系起来。不过，西辽君主出自耶律氏，则其女不应为石抹氏。

石抹氏，即萧氏。陈永志先生以为据奚族、萧族的源流关系及其与契丹族间政治关系、地缘关系而言，萧族即是奚族[94]。关于奚族与萧族之间关系的讨论业已超出本文范围，兹不赘述。若遵循上述陈先生意见，则乃蛮王曲出律的出身或与奚族有关。比鲁尼（Bīrūnī）著《麻苏迪宝典》（*al-Qānūn al-Mas'ūdī*，1030年后不久成书）和喀什噶里撰《突厥语大辞典》，以及马卫集（Marvazī）著《动物的自然属性》（*Ṭabā'i' al-ḥayawān*，约1120年成书）均记录蒙古高原西部有Qay族存在[95]。学术界基本认同该Qay族即奚族[96]。

马卫集著《动物的自然属性》第19节记录有由喀喇汗朝首都喀什噶尔经由于阗到达沙州后，通往Ṣīn（秦，即中国）、契丹和回鹘（西州回鹘）的三条路线[97]。米诺尔斯基（V. Minorsky）指出有关从沙州到达契丹首都之路程的原始情报，当来自见于马卫集书和葛尔迪吉书的、约牛年（1027）同西州回鹘使者一同访问哥疾宁朝的契丹使者[98]。考虑到比鲁尼当时正奉职于哥疾宁朝宫廷，且直接接触过契丹使者，笔者以为其关于蒙古高原西部有Qay族存在的消息当来自契丹使者，其可靠性毋庸置疑。笔者此前曾考证，xj 222-0661.9回鹘文书记录隶属契丹的六姓达靼人曾归顺高昌回鹘，并成为乃蛮部之别贴乞部（Betki/Betkin）的王子们，且这一归顺与契丹对蒙古高原游牧民的征讨有关[99]。因拙文旨意所在，此处不能就乃蛮王国的构成进行进一步探究，只能给出笔者当下的看法。即，乃蛮王国的主体属于操突厥语部落，但其中包含部分蒙古语族部落等。可能因为部族之间的整合等原因，迁往蒙古高原西部的Qay族部分并入了乃蛮，或成为了乃蛮的上层阶级。如是，上面介绍的相关元太祖西征史料中出现的居里可汗可视作窃取西辽帝位的乃蛮王曲出律。前面介绍乃蛮可视作Säkiz Oγuz的后裔，然则曲出律的居里可汗之称号自然存在源自上述E98碑铭之Qïr Qan的可能。不过，考虑到曲出律是窃取西辽帝位，其称居里可汗更可能是为了突出自己在西辽政权内部的正统性。如此，这也从侧面反映出乃蛮部对契丹的葛儿汗称号并不陌生。如是，极可能在辽道宗朝之前业已出现，且被用于西辽统治者正式称号的葛儿汗称号，有可能如王汗的叔父和扎木合之称号那样，为辽朝属部乃蛮统治者所借用。

---

[93] 苏天爵编《元文类（下）》卷六五，北京：商务印书馆，1958年，937页；李修生主编《全元文》卷七六〇《元明善》四，南京：江苏古籍出版社，2001年，352页。

[94] 陈永志《奚族为辽之萧族论》，《辽金史论集》第11辑，2009年，96—121页。

[95] 关于相关史料的介绍和分析，主要参见刘迎胜《9～12世纪民族迁徙浪潮中的一些突厥、达旦部落》，《元史及北方民族史研究集刊》第12、13合期，1989—1990年；收入《新疆通史》编撰委员会编《新疆历史研究论文选编》，乌鲁木齐：新疆人民出版社，2008年，1—8页。

[96] 刘迎胜《9～12世纪民族迁徙浪潮中的一些突厥、达旦部落》，5—8页。

[97] V. Minorsky, *Sharaf al-Zamān Ṭāhir Marvazī on China, the Turks and India*, pp. 18-19.

[98] V. Minorsky, *Sharaf al-Zamān Ṭāhir Marvazī on China, the Turks and India*, pp. 76-77.

[99] 白玉冬《有关高昌回鹘的一篇回鹘文文献——xj222-0661.9文书的历史学考释》，《中国边疆史地研究》2014年第3期，144—145页。

总之，E98威巴特第六碑记录的Säkiz Oγuz，代指乃蛮部的可能性最大。Säkiz Oγuz的Qïr Qan之称号，虽然存在出自古突厥语的可能性，但亦存在借自契丹语的可能性。

综上，笔者的最终意见是，西辽统治者称号葛儿汗很难言其出自突厥语，相反源自蒙古语族语言的可能性极大。而学术界关于契丹小字的研究成果反映葛儿汗之称号在契丹朝时即已经开始使用。突厥鲁尼文叶尼塞碑铭中，E98威巴特第六碑记录有部族集团名称Säkiz Oγuz，其首领名称为Qïr Qan。Säkiz Oγuz最大可能是指乃蛮部。元太祖西征时的居里可汗代指窃取西辽地位的乃蛮王曲出律。契丹统治者的称号葛儿汗有可能被其属部乃蛮部首领所借用，从而被记录为Qïr Qan。

On the Title *Gür-khan*

Bai Yudong

As the ruler's title of Qarā-Khitāy, *Gür-khan* means the khān of khāns (i.e. the King of Kings). There's no final conclusion or concrete researches about the origin of this title in academia. It does not originate from Turkic language according to the Turkic language materials of the 11th century. The title may have its root in the Mongolian language because of a word *kür* (i.e. crowd) in the Middle Mongolian language. Studies on the Khitan Small Script show the title *Gür-khan* was used early in the Liao Dynasty. The present author finds new clues in the Yenisei Inscriptions, especially the Ujbat VI Inscription. There is a tribe named Säkiz Oγuz, with its ruler named Qïr Qan in this inscription. Säkiz Oγuz refers to Naiman. Jü Li qaghan during the period of Chingis Khan's expedition to the West refers to Naiman prince Ch'ü-ch'u-lü who later usurped the power of Qarā-Khitāy. *Gür-khan*, as a title of Khitan ruler, was probably borrowed by the ruler of Naiman and then recorded as Qïr Qan.

中国元代景教碑铭纪年辨析

马小鹤

2009年徐文堪先生在对牛汝极先生的《十字莲花：中国元代叙利亚文景教碑铭文献研究》（简称《十字莲花》）的书评中指出：澳大利亚考察队对泉州海交史博物馆所藏叙利亚文景教碑作了实地考察和研究，对牛氏的译释都有所征引。他们的最终报告定于2014年问世[①]。

最近在研究泉州景教（Nestorianism）、明教（Manichaeism）时，再次拜读《十字莲花》，并对照了澳大利亚考察队的最终报告（简称*Zayton*），发现二者有时对同一方叙利亚文回鹘语景教碑铭（简称“叙利亚文碑铭”）的年代释读相同，但换算的公元年份不同，未知孰是，遂选择22方蒙元景教碑铭，对其纪年作一辨析。22方碑铭中，阿力麻里（缩写A）3方、百灵庙—王墓梁（BW）1方，共4方叙利亚文碑铭只有塞琉西纪年（Seleucid era）。泉州4方叙利亚文碑铭既使用塞琉西纪年，也使用突厥十二生肖纪年[②]；其中1方（B22）只保存了塞琉西纪年。百灵庙—王墓梁1方、泉州3方、赤峰（C）1方，共5方碑铭既使用塞琉西纪年，也使用桃花石十二生肖纪年。泉州1方回鹘文碑铭只有十二生肖纪年。扬州（Y）1方叙利亚文、汉文碑铭保存了塞琉西纪年、突厥十二生肖纪年和元代纪年。百灵庙—王墓梁1方、泉州2方，共3方叙利亚文、汉文碑铭保存了突厥十二生肖纪年和元代纪年；泉州1方（B51）只保存了汉文之元代纪年，附于此组之末。泉州八思巴文、汉文铭文3方使用元代纪年。

碑铭的名称根据《十字莲花》而稍有修改，泉州碑铭缩写B的号码为吴文良原著，吴幼雄增订，《泉州宗教石刻》（简称吴幼雄）的编号。与年代有关的术语首次出现时，在叙利亚文原文模拟后加注标音（transliteration）与转写（transcription放在{}中）。文后有纪年词汇索引供读者参阅。

---

① 徐文堪《也谈〈十字莲花〉——兼谈叙利亚文景教碑在中国发现和研究的情况》，《东方早报·上海书评》2009年3月15日。网址：http://www.duxieren.com/shanghaishuping/200903.shtml 2017年12月30日下载。本文承蒙徐文堪、邹新明、吴赟培先生指正，特此致谢。

② 突厥，狭义专指曾建立突厥汗国的古突厥人；广义指从古至今使用突厥语族语言的人。唐代的回鹘/回纥人、元代的畏兀儿人、当代的维吾尔人都属于其列。由于本文讨论的数字、生肖等均起源于古突厥人，因此继续沿用“突厥”一词。

一、塞琉西纪年

法国突厥学家路易·巴赞（Louis Bazin）大作《古突厥社会的历史纪年》第八章专门讨论景教徒突厥人的双重历法。他研究了550方楚（Ču）河流域叙利亚文景教墓石，其中有80%都被断代。塞琉西纪年以公元前312年10月1日为起始计年。他归纳出了断代公式：为了获得公元纪元的年份，只要在塞琉西纪年的数字中减掉312，就会获得包括10月1日到12月31日（含这一天在内）之间的时间。若从中减去311，就会获得包括1月1日到9月30日（含这一天在内）之间的时间了[3]。按照这个公式可以换算下面3方墓碑的西历年份。

1. 阿力麻里墓碑2（阿2=A2）

新疆阿力麻里出土多方叙利亚文景教墓碑，此碑中间有一个十字架，两边各有一行叙利亚文。

叙利亚文译文：

基督徒阔里吉思（Georges）于1677年逝世[4]。

纪年辨析：

第3行：1677年（ܒܫܢܬ ܐܬܪܥܙ bšnt 'tr'z {bašnat 'tr'z}），以一个叙利亚文字母代表一个数字：ܐ=1000，ܬ=400，ܪ=200，ܬܪ=600，ܥ=70，ܙ=7。1677年减掉312，即西历1365年10月1日至12月31日（含这一天在内），1677年减掉311，即1366年1月1日到9月30日。牛汝极指出：最后一个字母不太清楚，也可能释读为1674年（ܐܬܪܥܕ 'tr'd {'tr'd}），合西历1362/1363年。因为塞琉西纪年某年总是跨西历两年，因此应该像这样写两个西历年份，而澳大利亚团队在这一点上并不统一[5]。

2. 阿力麻里墓碑4（阿4=A4）

此碑无十字架和莲花图案，阴刻5行叙利亚文。

叙利亚文译文：

依玛户尔（Imaγur）牧师于1654年故去并离开此世[6]。

纪年辨析：

第4行：1654（ܐܬܪܢܕ 'trnd {'trnd}）年，以一个叙利亚文字母代表一个数字：ܢ=50，ܕ=4。1654年即西历1342/1343年。

---

③ 参见Bazin, p. 414. 澳大利亚团队说明：泉州景教碑铭纪年是公元前311年塞琉古一世（Seleucus I）建立塞琉古王国为基准的纪年。见*FPTZ*, p. 255。

④ 图版见成振国《新疆阿力麻里古城又发现了一块基督教叙利亚文刻石》，《文物》1985年第1期，50页。《十字莲花》，58—59页。Georges现多译为“乔治”。

⑤ Dickens, p. 406.

⑥ 图版见黄文弼 1963，558页：图三之1。《十字莲花》，60—62页。

3. 阿力麻里墓碑9（阿9=A9）

墓碑中上部有十字架莲花座，两侧各有一位天使，其下是有拜火教特点的六层台基。莲花座和六层台基的左边有3行叙利亚文，右边有2行叙利亚文。

叙利亚文译文：

亚历山大纪年1613年，溘然长逝，远离了这个聂斯脱里之世界，他是（《圣经》）解经家，有福的卡利亚（Karia）之子⑦。

纪年辨析：

第1—2行：亚历山大纪年1613年（ܫܢܬ ܐܛܪܝܓ ܐܠܟܣܢܕܪܘܣ šnt'tryg 'lksndrws {bašnat atrig alksandros}），亚历山大即马其顿的亚历山大三世（Ἀλέξανδρος ὁ Μέγας，前356-323年），通称亚历山大大帝。所谓“亚历山大纪年”实指塞琉西纪年。以一个叙利亚文字母代表一个数字：ܝ=10，ܓ=3。亚历山大纪年1613年合西历1301/1302年。

4. 百灵庙—王墓梁墓碑6（百6=BW6）

内蒙古百灵庙附近毕其格图好来陵园出土叙利亚文墓碑。

叙利亚文译文：

……一千六百五十（年）……（叙利亚纪）年哈兹然月……二十日……作纪年吧！这是……之墓⑧。

纪年辨析：

第1行：年份用突厥数字：一千（ܡܝܢܓ myng {mïng}）六（ܐܠܛܝ alṭy {altï}）百（ܝܘܙ ywz {yüz}）五十（ܐܠܝܓ 'lyg {älig}）（年），合西历1338/1339年。

第2—3行：哈兹然（ܚܙܝܪܢ ḥzyrn {ḥaziran}）月（ܐܝ ܢܝܢܓ 'y nyng {ay-nïng}）……二十日（ܝܓܝܪܡܝܢܟܝ ygyrmynčy {yigirminči}），哈兹然月即叙利亚历的10月，合西历6月⑨。巴赞列出了叙利亚月份及与其对应的西历月份，根据其算法⑩，叙利亚历1650年Ḥezirān月（20日？），便是欧洲儒略历的1339年6月（20日？）。

二、塞琉西—突厥生肖纪年

1. 泉州叙利亚铭文6（泉6=B22）

碑的下部和右边都被破坏。碑的上部应该左右各有一个天使，现仅存左边一个天使。

---

⑦ H.-J. Klimkeit, “Christian Art on the Silk Road”, *Künstlerischer Austausch = Artistic exchange: Akten des XXVIII. Internationalen Kongresses für Kunstgeschichte, Berlin, 15.-20. Juli 1992*, herausgegeben von Thomas W. Gaehtgens. Berlin: Akademie Verlag, 1993. p. 479, p. 483, note 14, p. 486, fig. 6.《十字莲花》，65—66、226页。

⑧ 盖山林1991，图版一五七-6。《十字莲花》，78—79页。

⑨ *Syriac Dictionary*, p. 137. “哈兹然月”与“二十日”中间有字不可辨认，故“二十日”是否即哈兹然月之二十日并不能完全确定。

⑩ Bazin, p. 414. 中译本，493页。

天使下有8行从左向右竖读的叙利亚文，被破坏的右半部也应有对称的天使和叙利亚文。

叙利亚文译文：

以圣父、圣子和圣灵的名义，直到永远。马其顿城菲利浦汗王之子亚历山大汗王纪年一千六百八十年……⑪

纪年辨析：

第3行：来自马其顿（ܡܩܕܘܢܝܐ mqdwny' {maqadonya}）城（ܦܐܠܝܩ ܠܝܩ p'lyq lyq {balïq-lïq}），古代马其顿包括今马其顿共和国及希腊北部，曾是一个王国，但景教碑铭的作者将其当作一个城市⑫。

第4行：菲利浦（ܦܝܠܝܦܘܣ pylypws {pilipus}）汗王（ܟܐܢ k'n {qan}）之子（ܐܘܟܠܝ 'wkly {oγlï}）⑬，菲利浦即古马其顿国王菲利浦二世（Philip II of Macedon，前382—前336年），亚历山大大帝之父。

第5—6行：亚历山大汗王（ܐܝܠܝܓ ܟܐܢ 'ylyg k'n {ilig qan}）纪年（ܣܐܟܝܫܝ s'kyšy {saqïšï}），即塞琉西纪年。

第6—8行：牛汝极释读为：ܡܢܓ ܝܝܠ ܐܠܛܝ ܝ ܣܝܟܙ ܐܘܢ////// mng yyl 'lṭy y[wz] sykz 'wn //////{[mïng yïl altï yü[z] säkiz on//////}，翻译为一千六百八十年。但是他说明："希腊历1680年对应于西历大约是1368-1369年，但原文中的后两位数字不清楚，因而不能确定1680年是否确切。"⑭澳大利亚考察队则释读为：

ܡܝܢܓ ... ܐܠܛܝ ܝܘܙ ܐܘܢ ܣܟܝܙ ܝܝܠ m[yng]（?）'lṭy ywz 'wn sxyz yyl（?）[...] { mïng altï yüz on säkiz yïl [...]}，翻译为1618年⑮。希腊历1618年合西历1306/1307年。

此碑被破坏的右半部的叙利亚文铭文很可能有突厥十二生肖纪年。

楚河流域叙利亚文景教徒墓碑中，准确地提到逝世日子的5方墓碑中，仅有3方以指出叙利亚文阳历及其日子的办法而提及其时间。而中国景教徒墓碑中保存墓主逝世月日的却至少有16方。但是，除了上述百灵庙-王墓梁墓碑6是指出古叙利亚文阳历月及其日子的办法而提及其时间之外，其他15方墓碑均未用此法，不过可以用其他方法确定其西历年月日。

2. 泉州叙利亚文铭文4（泉4=Q4）

此碑长方形，四周雕有连续的缠枝花纹，碑中刻19行叙利亚文。

叙利亚文译文：

以圣父、圣子和圣灵的名义，直到永远，阿门！马其顿城菲利浦汗王之子亚历山大汗王纪年一千六百三十年，突厥纪年羊年十月初八日，神父阔里吉思

---

⑪ 吴幼雄1988，1018页，图版柒3。*Zayton*, pp. 95, 204-205.《十字莲花》，139—140页。

⑫ *Zayton*, pp. 162-166.西方称元代北京为"汗八里（Khanbaliq）"意为"可汗之城"。

⑬ 参阅Dickens, p. 418.

⑭ 《十字莲花》，139—140页。

⑮ *Zayton*, pp. 95, 204-205.Dickens, p. 422.

完成了弥施訶的使命，愿他的灵魂永远在天堂安息吧！怀念他吧！阿门[16]！

纪年辨析：

第4—10行：马其顿城菲利浦汗王之子亚历山大汗王纪年一千六百三十（ܘܛܘܙ wṭwz {otuz}）年（ܝܝܠܝܢܛ yylynṭ' {yïlïn-ta}），合西历1318/1319年。巴赞分析：塞琉西年一般均开始于12生肖纪年周期的某个X年，这个塞琉西年的前三分之一的时间（4个月，从西历十月到元月），就处于这个X年中，其余三分之二的时间（8个月，从西历二月到九月）则处于该周期中的X+1年中。如果用S来指塞琉西纪年的话，那么，大家可以期待从中找到近三分之一的S=X的对应关系，三分之二属于S=X+1的类型。然而，实际上，328种情况具有S=X +1的对应关系，14种情况具有S=X的对应关系，13种情况属于其他的对应关系（可能为错误的历法推算）。S=X+1和S=X的例证之比例，不是2：1，而是要高出20多倍[17]。按照巴赞S=X+1的算法，塞琉西纪年一千六百三十年合西历1319年。

第11—12行：突厥（ܛܘܪܟ ṭwrk {türk}）纪年羊（ܟܘܝ kwy {qoy}）年（ܝܝܠ yyl {yïl}）十（ܐܘܢܘܢܟ 'wnwnč {onunčï}）月（ܐܝ 'y {ay}）初八（ܣܐܟܝܙܛܐ s'kyzṭa {säkiz-tä}），即元仁宗延祐六年己未十月八日，合西历1319年11月20日。“十月”并未用叙利亚阳历月份的名称，而是用回鹘文序数词+“月”来表示：“第十个月”，为阴历的月份。

3. 泉州叙利亚文铭文8（泉8=B18）

此碑碑额刻一横额，额内浮雕一十字架配莲花座，两旁有带翼天使，横额下阴刻叙利亚文25行。碑的两边各阳刻一弧云浪纹。

叙利亚文译文：

以圣父、圣子和圣灵的名义，直到永远。马其顿城菲利浦汗王之子亚历山大帝王纪年一千六百零八年，突厥纪年猴年戒月初十，幸福的女牧师阿依-库都尔夫人（Ay Qudur qatun）在其三十二岁时完成了上帝的使命。愿这位将军（sängüm）的伴侣的灵魂在天堂永久地与萨拉（Sarah）、丽菩恰（Rebekka）、腊菏勒（Rahel）等圣洁的贵妇同归故里……愿她英名永存……她被安葬在此墓中，愿她的灵魂在天国安度！愿她流芳百世！阿门[18]！

纪年辨析：

第3—7行：马其顿城菲利浦汗王之子亚历山大帝王（ܐܝܠܝܓ ܟܐܢ 'ylig k'n {ilig qan}）纪年一千六百零八（ܣܟܙܢܟ skznc {säkizinč}）年，合西历1296/1297年。

---

⑯ 《泉州宗教石刻》、澳大利亚考察队均未提及此铭文。牛汝极 2007，10页说：“此二碑现藏泉州海外交通史博物馆，牛汝极1999年11月访问泉州时，见到此碑并拍照描摹（图16）。”但第45页图版说明为：“图16：泉州叙利亚铭文3—4，上图（铭文3）由吴文良刊布（《泉州宗教石刻》图82.1），下图（铭文4），墓碑文字极不规范（《泉州宗教石刻》图82.2）。”图版确实为《泉州宗教石刻》的图82.1和82.2，但此二图为同一块碑，82.1是照片，82.2是涂粉后照片。《十字莲花》，130页则改为：“图版7—3：泉州叙利亚铭文3—4，左图（铭文3）由吴文良刊布（《泉州宗教石刻》图82.1），右图（铭文4），墓碑文字极不规范，牛汝极摄。”

⑰ Bazin, pp. 417.

⑱ Forster 1954, pl. XV. 吴文良，31页，图79。《十字莲花》，146—150页。*Zayton* pp. 92, 191, 说此碑尚未刊布释读，未注意到牛汝极 2007，19、24—27、46页（图21、22）已经释读和汉译了此碑。

第8—9行：突厥纪年猴（ܦܝܟ̰ܝܢ pyčyn {bičin}）年戒（ܟ̰ܟܫܦܛ čkšpṭ {čakšaput}）月初十（ܐܘܢ 'wn {on}），即元成宗元贞二年丙申十二月十日，合西历1297年1月4日。

čaxšaput，表示“十二月”，突厥语或回鹘语中此词出自摩尼教粟特语cxš'pδ，意为“戒斋之月”，其对应的汉文当为“戒月”。在福建晋江华表山草庵摩尼光佛造像旁的汉文碑铭中确实出现过“戒月”⑲。在霞浦文书《摩尼光佛》《四寂赞》中也出现过“戒月”。

第12行：三十二（ܐܝܟܝ 'yky {iki}）岁（ܝܐܫܝܢܛܐ y'šynṭ' {yašïnta}），提及死者年龄。

4. 泉州叙利亚文铭文10（泉10=B50）

叙利亚文译文：

以圣父、圣子和圣灵的名义，直到永远。马其顿城菲利浦汗王之子亚历山大帝王纪年一千六百二十四年，突厥纪年牛年三月六日，此基娅姆达（Qyāmthā）女牧师（xušta(č)）在其故地完成了耶稣的使命，其灵魂将在天堂安息，愿人们怀念她吧！阿门⑳！

纪年辨析：

第4—11行：马其顿城菲利浦汗王之子亚历山大帝王纪年一千六百二十（ܝܝܓܝܪܡܝ yygyrmy {yigirmi}）四（ܛܘܪܛ ṭwrṭ {tört}）年，合西历1312/1313年。

第12—15行：突厥纪年牛（ܐܘܘܕ 'wwd {ud}）年三（ܐܘܟ̰ܘܢܟ̰ 'wčwnč {üčünč}）月六日，即元仁宗皇庆二年癸丑三月六日，合西历1313年4月2日。

突厥生肖纪年实际与中国生肖纪年吻合，故又称桃花石纪年，即中国生肖纪年。

三、塞琉西—桃花石生肖纪年

1. 百灵庙—王墓梁墓碑2（百2=BW2）

叙利亚文译文：

以圣父、圣子和圣灵的名义。在马其顿城菲利浦汗王之子亚历山大汗王纪年

---

⑲ Takao Moriyasu, “On the Uighur *čxšapt ay*”, in *Studia Manichaica: IV. Internationaler Kongress zum Manichäismus, Berlin, 14.-18. Juli 1997*, herausgegeben von Ronald E. Emmerick, Werner Sundermann und Peter Zieme. Berlin: Akademie Verlag, 2000. pp.429-40, esp. 429-32.

⑳ 牛汝极《泉州新发现的叙利亚文回鹘语景教碑铭》，《西域研究》2004年第3期，91—93、124页。《十字莲花》，152—156页，释读为“十月六日”，合西历1313年10月25日。*Zayton* p. 212翻译为：“以圣父、圣子和圣灵的名义，直到永远。马其顿城菲利浦汗王之子亚历山大帝王纪年一千六百二十四年，突厥纪年牛年三月六日午夜，此坎萨夫人（Lady (*Khatun*) Qamča）完成了上帝的使命。[……]他制备了此不朽的石碑[……]（或：曼古塔什(Mangutash) 起来……）”，注74：mängu tash这个名字意为“不朽的石头”。Dickens, pp.407-8释读墓主之名为：ܩܝܡܬܐ qyāmthā，意为“复活”，xuštanč意为“女牧师”，可能为人名的一部分 。pp.422-423对Mangutash的释读存疑。关于墓主之名“基娅姆达”，参阅П. 科科夫措夫撰、陈开科译《阿力麻里出土的叙利亚基督教徒墓碑碑文考释》，朱玉麒主编《西域文史》第二辑，北京：科学出版社，2007年，249页。

一千六百零二年，桃花石纪年虎年十月初七日……特勤（Tägin）……在其三十三岁时完成了上帝的使命。愿人们怀念他吧！愿他的灵魂在天堂安息吧！阿门！阿门[21]！

纪年辨析：

第2—4行：在马其顿城（ܦܐܠܝܩ ܠܝܩ p'lyq lyq {balïq lïq}）菲利浦汗王之子亚历山大汗王纪年一千六百（零）二（ܐܝܟܝ 'yky {iki}）年（ܝܝܠܝܢܛܐ yylynṭ' {yïl-ïn-ta}），合西历1290/1291年。澳大利亚考察队抄录牛汝极的换算，作1290年[22]。

第4—6行：桃花石（ܛܐܒܟܐܓ̰ ṭ'bk'č {tabγač}）纪年虎（ܦܐܪܣ p'rs {bars}）年（ܝܝܠ yyl {yïl}）十（ܐܘܢܘܢܓ̰ 'wnwnc {onunč}）月初七（ܝܝܛܝ yyṭy {yiti}），即元世祖至元二十七年庚寅十月七日，合西历1290年11月10日。澳大利亚团队英译为“十二月”，恐误[23]。

第8行：三十三岁，为死者年龄。

2. 泉州叙利亚文铭文1（泉1=B17）

此碑上刻一个十字架，下面刻有11行叙利亚文。

叙利亚文译文：

以圣父、圣子和圣灵的名义。亚历山大汗王纪年一千六百十三年，在桃花石纪年牛年十月二十六日，高昌（Qočo）城人图克迷西·阿塔·艾尔（Tuγmiš Ata-Är）之子乌什塔·塔斯汗（Üšta Tasqan）在他六十七岁时，来到刺桐（Zitun=Zayton）城并完成上帝的使命。他的灵魂将在天国安息。阿门[24]。

纪年辨析：

第2—3行：亚历山大汗王纪年一千六百十三年，合西历1301/1302年。根据楚河流域景教碑铭双重历法的绝大多数例证，按照S=X+1的公式，澳大利亚考察队将塞琉西纪年1613年换算成1302年[25]，是有理由的。但是，此碑的纪年恰巧属于S=X的对应关系。

第4—5行：在桃花石纪年牛年十（on，笔误，应作onunč）月二十六日（ܐܠܛܝܛܝ ܝܝܪܡܝ），即元成宗大德五年辛丑十月二十六日，合西历1301年11月26日。

第8行：六十（ܐܠܛܡܝܫ 'lṭmyš {altmiš}）七（ܝܝܛܝ yyṭy {yiti}）岁，为死者年龄。

㉑ 盖山林 1991，图版一五九。《十字莲花》，72—75页。

㉒ “城”Dickens, p.413作ܦܐܠܝܩ ܠܝܩ.《十字莲花》，73页作ܦܐܠܝܩ ܠܝܩ。*Zayton*, p.168作ܦܐܠܝܩ ܠܝܩ。

㉓ “桃花石”， Dickens, p.418作ܛܐܒܟܐܓ̰, *Zayton*, pp.168作ܛܐܒܟܐܓ̰，《十字莲花》，73页作ܛܐܒܟܐܓ̰. *Zayton*, pp.169翻译为“第十二月”. Dickens, p.414指出其误。

㉔ Foster 1954, pp.14-15, pl. XIII. 吴文良，30—31页，图76。*Zayton*, p.179-180. 将第7行第3个词释读为 ܐܘܫܛܐ 'wšṭ' {ušṭa}，音译为人名“乌什塔（Awshṭa）”；将第9行第1个词释读为 ܓ̰ܝܛܘܢ čyṭwn {zïtun}，翻译为“刺桐（Zitun [i.e. Zayton]）”。牛汝极将第7行第3个词释读为ܩܫܫܐ qšš' {qašïša}，曾将此词翻译为priest（牧师），见Niu Ruji, “Nestorian inscriptions from China (13th-14th C.)”, in *Jingjiao: the Church of the East in China and Central Asia*, edited by Roman Malek in connection with Peter Hofrichter. Sankt Augustin: Institut Monumenta Serica, 2006. p. 236. 牛汝极2007，6—7页原文模拟、标音、转写均未变，将此词音译为人名“乌斯提克”。将第9行第1个词释读为 ܙܐܝܛܘܢ z'yṭwn {zaytun}，也翻译为“刺桐”。Dickens, pp.415-416将人名转写为Üšta，将刺桐复原为ܙܝܛܘܢ。

㉕ *Zayton*, p. 180.

3. 泉州叙利亚文铭文2（泉2=B20）

叙利亚文译文：

以圣父、圣子和圣灵的名义，直到永远，阿门。马其顿城菲利浦汗王之子亚历山大帝王纪年一千六百十六年，桃花石纪年龙年十月十六夜，教会纪年九月十二夜……纪念[他……]吧[26]。

纪年辨析：

第4—9行：马其顿城菲利浦汗王之子亚历山大帝王纪年一千六百十六年，合西历1304/1305年。如前所述，按照巴赞S=X+1的公式，澳大利亚考察队将其换算成西历1305年[27]，是有理由的。但是，此碑也恰巧属于S=X的对应关系。

第10—12行：桃花石纪年龙（ܠܘܘ lww {luu}）年十月十六夜（ܟܝܟ̰ ܐܣܝ kyč'sy {kičäsi}），即元成宗大德八年甲辰十月十六日。

牛汝极认为："中国纪年龙年10月16日对应于西历1304年10月16日，参见KLEIN, 2000, p.344。"[28] KLEIN, 2000, p. 344有关信息如下（笔者在德文后附汉文翻译）：

1616	Drachen龙	1. Okt.十月 1304-30. Jan.一月 1305
	Schlange蛇	31. Jan.一月-30. Sept. 九月 1305[29]

Klein的年表只是根据吉尔吉斯斯坦（Kyrgyzstan）出土的景教碑铭，详细说明塞琉西纪年与十二生肖纪年的对应关系。塞琉西纪年1616年对应1304年10月1日到1305年1月30日的龙年（的九至十二月）加上1305年1月31日到9月30日的蛇年（的正月至八月）。并不能据此得出龙年十月十六日对应西历1304年10月16日。还是要用牛汝极一般用的方法，查陈垣的《中西回史日历》或其他工具书，确定龙年十月十六日即大德八年甲辰十月十六日，合西历1304年11月13日[30]。

第13—15行：教会（ܣܘܝܪܘܓ swyrwg {sürüg}）纪年九月十二夜。由于原文不易辨认，释读仍难确定。教会纪年（the ecclesiastical（i.e. the congregation's）calendar）是何种纪年，仍有待于专家们进一步探讨[31]。

4. 泉州叙利亚文铭文7（泉7=B19）

此碑形制大致与泉8相同。横额下先刻两个叙利亚字母，似为ܐܗ，可能意为"啊"！下刻20行叙利亚文。

㉖ 吴文良，33页，图84。*Zayton*, pp. 195-198.牛汝极2007，8—10页译为："以圣父、圣子和圣灵的名义，直到永远，阿门！马其顿城的菲利浦汗之子亚历山大大帝纪年1616年，中国纪年龙年10月16日，叙利亚纪年……10月……吧！（13. sürün saqïšï 14.///y on ay 15. ///ḥc///b(o)ksyb）"

㉗ *Zayton*, p. 196.

㉘ 牛汝极 2007年，10页。《十字莲花》，130页。

㉙ *Das nestorianische Christentum an den Handelswegen durch Kyrgyzstan bis zum 14. Jh.*, Wassilios Klein. Turnhout, Belgium: Brepols, 2000. p. 344.

㉚ 陈垣《中西回史日历》，北京：中华书局，1962年，660页。本文其他地方据此换算中西历，不再一一注明。

㉛ Dickens, pp. 420-421英译为"会众纪年（(according to) the calculation of the flock）"。

叙利亚文译文：

马其顿的菲利浦汗王之子亚历山大纪年一千六百零一年八月初八，……桃花石纪年牛年九月初七，……之妻——基娅姆达夫人（Lady Qyāmthā）在其二十岁时完成了上帝的使命。（其躯体）安葬在此墓中。愿这位基娅姆达夫人的灵魂在天堂（安息）。她的（丈夫？）、儿子们、她的女儿们和子孙们……。愿人们永志不忘。阿门[32]！

纪年辨析：

第1—3行：马其顿的（ܡܩܕܘܢܝܐ ܠܝܟ mqdwny' lyk {m（a）qdonya-lïg}）[33]菲利浦汗王[之子]亚历山大汗王纪年一千六百零一（ܒܝܪ ܬܐ byr t' {bir-tä}）年八（ܣܐܟܝܙܢܟ s'kyznč {säkizinč}）月初八（ܣܐܟܝܙ s'kyz {säkiz}），年份用塞琉西纪年，月份和日期却用突厥序数词、数词。塞琉西纪年1601年合西历1289/1290年。

第7—8行：桃花石（ܛܐܒܟܐܟ ṭ'bk'č {tabγač}）纪年牛年九（ܛܘܟܙܘܢܟ ṭwkzwnč {toqzunč}）[34]月初七，即元世祖至元二十六年己丑九月七日，合西历1289年9月22日。

第14行：二十岁，为死者年龄。

巴赞研究的楚河流域景教碑铭中，有4方是完全用突厥文写成。蒙元景教碑铭中，赤峰墓砖铭文只有四个叙利亚文词汇，其他都是用回鹘文写的。

5. 赤峰墓砖铭文（赤峰=C）

内蒙古赤峰市松山区出土墓砖正面中上部是一个大型十字架图案，十字架上方的两边各有一行叙利亚文。

叙利亚文译文：

仰之，信之。

在十字架下方的两边各有四行回鹘文。回鹘文译文（C）：

亚历山大帝王纪年一千五百六十四年；桃花石纪年牛年正月二十日。这位京帐首领药难（Yawnan）——部队的将军，在他七十一岁时，完成了上帝的使命。愿这位大人的灵魂永久地在天堂安息吧[35]！

---

[32] Foster 1954, pl. XVI.吴文良，31页，图78。*Zayton*, pp. 93, 192-194. 说此碑尚未释读，未注意到牛汝极 2007，19—24、46—47页（图19、20）已经释读和汉译了此碑。也没有把塞琉西纪年1601年换算成西历。Dickens, pp.418-420做了修正。《十字莲花》，140—146页的释读颇为不同："以圣父、圣子和圣灵的名义。马其顿城的菲利浦君王之子（不见于原文模拟、标音、转写一笔者按）亚历山大帝王纪年1601年8月8日，另据希腊历1601年，中国纪年牛年七月（ܛܘܫܒܥ）初七，申马克（ܫܡܥܘܢ）夫人……申马克夫人离开了这个世界……圣洁的申马克夫人在其20岁时完成了上帝的使命。我们将其安葬在此墓中。愿这位圣洁的夫人的灵魂在天堂安息。她所有的儿子们将永远[怀念？]她。愿人们永志不忘！阿门！"但是，将第8行第一个词释读为ܛܘܫܒܥ，即叙利亚语"七月"，何以出现在中国纪年中？不如将此词释读为ܛܘܟܙܘܢܟ，即突厥语的"第九"。

[33] Dickens, p. 418.

[34] "桃花石"，《十字莲花》，142页作ܛܐܒܟܐܟ。参阅Dickens, p. 418。

[35] 乔吉《读赤峰市出土的古回鹘文碑铭》，《蒙古学信息》1995年第2期，1—4页，刊布了图版。Hamilton & Niu, pp. 147-155. 第二节中文本。最后一行极为模糊，较难辨认。《十字莲花》，106—113页。Yawnan现多译作"约翰"。

纪年辨析：

回鹘文第1—2行：亚历山大汗王纪年（” l’xsntwrws {alaqsantoroz} x’n {qan} s’xyšy {saqïš-ï}）一千（mynk {mïng}）五（pyš {beš}）百（ywz {yüz}）六十（” ltmyš {altmïš}）四（tört）年。合西历1252/1253年。

第2—4行：桃花石（t’bx’č {tabγač}）纪年牛（’wd {ud}）年正（’r’m {aram}）月二十（ykrmyk’ {yegirmikä}）（日）[36]，即蒙古宪宗三年癸丑正月二十日，合西历1253年2月19日。

第6行：七十（yytmyš {yetmiš}）一（pyr {bir}）岁（y’šynt’ {yašinta}），为死者年龄。

巴赞研究的楚河流域景教碑铭中，有35方专一地参照了生肖纪年。如果仅有生肖纪年，没有塞琉西纪年，则无法做进一步研究。但是泉州回鹘文铭文不同，因为它使用了中国“建除满”纪年体系，可以换算成西历。

四、十二生肖纪年与“建除满”纪年体系

泉州回鹘文铭文（泉回=B23）

此碑碑额刻一横额，额内浮雕一十字架配莲花座，十字架上有一华盖，两边各有一天使。横额下阴刻回鹘文8行。石碑两边各阳刻莲花花边。

回鹘文译文：

> 幸福而圣洁的也里可温（ärkägün）贵妇（xaḍun）玛尔达（marḍa）公主（tärim），于羊年戒月，满，二日，完成了上帝的使命。愿她在神圣的天堂（安息）[37]。

纪年辨析：

第4行：羊（xwyn {qoyn}）年（yyl {yïl}）戒（čxšpwd’ {čaxšapuḍa}）月（” y {ay}）。čaxšapuḍa多作čaxšaput，表示“十二月”，其对应的汉文当为“戒月”。

第5行：满（mṅ {man}），二日（’yky k’ {iki-kä}），man为中国古代十二“建除满”体系排行第三“满”的汉字译音。巴赞考证：羊年十二月，满，二日，应该是蒙古时代1331年12月31日[38]。

蒙元景教碑铭明显不同于楚河流域景教碑铭的地方在于引进了汉文和元代纪年。扬州叙利亚文景教碑铭既使用塞琉西—突厥双重纪年，又使用汉文元代纪年。这方碑铭确证突厥生肖纪年与元代干支纪年完全吻合。

㊱ 巴赞认为：这是正月的一个特殊名称，即不是使用序数词的birinč āy。aram āy（有时也作ram āy），可能是由佛教传入的，可与伊朗文rām（意为“欢乐的”“高兴的”）相比较。这是一个“欢乐月”，即新年节庆之日。Bazin, p. 294.

㊲ 吴幼雄1988，1017—1018页，图版捌3。Hamilton & Niu, pp. 155-164.第二节中文本。*FPTZ*, pp. 268, 274. *Zayton*, pp. 95, 131-133.《十字莲花》，157页说“横额下阴刻叙利亚文21行”，误。Dickens, p. 405.

㊳ Hamilton & Niu, pp.162-163.第二节中文本，276—277页。

五、塞琉西—突厥生肖纪年与元代纪年

扬州叙利亚文、汉文铭文（扬州=Y）

此碑左侧有12行从左向右竖读的叙利亚文。

叙利亚文译文：

以我主耶稣基督的名义。亚历山大汗王纪年一千六百二十八年，突厥纪年蛇年三月初九日，大都月合乃（Ioannis）执事之伴侣也里世八（Älïšba）夫人三十三岁时完成了上帝的使命故去了。她就葬在此墓地。愿她的灵魂永久地在天堂与萨拉（Sarah）、丽蓓恰（Rebekka）、腊菏勒（Rahel）［等］圣洁的公主们同归故地。愿她的英名永存！愿她流芳百世！阿门，啊，阿门！

在叙利亚文墓志之后（右边），有三行也从左向右竖读的**汉文**：

大都忻都（Hindoo）妻也里世八（Elizabeth）之墓，三十三岁身故，五月十六日明吉，岁次丁巳延祐四年三月初九日[39]。

纪年辨析：

第2—3行：亚历山大汗王（ܐܠܟܣܢܕܪܘܣ ܟܐܢ ’lksndrws k’n {Alaksandros qan}）纪年（ܣܐܟܝܫ s’kyš {saqïš}）一千六百二十（ܝܝܓܝܪܡܝ yygyrmy {yigirmi}）八年（ܝܝܠܝܢܛܐ yylynṭ’ {yïlïn-ta}），即西历1316/1317年。

第3—4行：突厥（ܛܘܝܪܩ ṭwyrq {türk}）纪年蛇（ܝܝܠܐܢ yyl’n {yïlan}）年三月初九（ܛܘܟܘܙ ṭwkwz {toquz}），这与“丁巳延祐四年三月初九日”相合，即西历1317年4月20日。澳大利亚考察队换算成1317年5月20日[40]，误。

三月初九日，在汉文中似为立碑的日子，在突厥语中则明确指出是死亡（执行上帝的指令）的日子。此外，汉文部分尚提到下葬的日子：五月十六日，即在墓主去世两个多月后[41]。

第6行：三十三（ܐܘܓ̰ ’wč {üč}）岁（ܝܐܫܝܢܛܐ y’šynṭ’ {yašinta}），为死者年龄。

这个特例有三种纪年，但是既然使用了元代纪年，大可不必再用塞琉西纪年。蒙元景教碑铭中至少有7方已经不用塞琉西纪年，其中3方进一步确证生肖纪年与元代干支纪年吻合。

㊴ 图版及汉文录文见王勤金《元延祐四年也里世八墓碑考释》，《文物》1989年第6期，553—554、573页。Geng, Klimkeit & Laur.《十字莲花》，114—118页。*Zayton*, pp. 171-174.Elizabeth现多译为“伊丽莎白”，Ioannis译为“约翰”。Dickens, p. 414-415认为，第5行的萨木沙ܫܡ ܫܐ如果不是中文名字或头衔，即为ܫܡܫܐ之讹，意为“执事（deacon）”。

㊵ *FPTZ*, p. 269. *Zayton*, p. 174.

㊶ 参阅Geng, Klimkeit & Laur, p. 166.中文本，324页。

六、十二生肖纪年与元代干支纪年

1. 百灵庙一王墓梁墓碑1（百1=BW1）

内蒙古百灵庙附近敖伦苏木古城东北墓地有一古墓，墓北有一不规则条形石碑，上刻两行**汉文**：

亡化年三十六岁，泰定四年六月二十四日。

此碑之旁，有一残碑，碑的上部有十字架和莲花座，其下为文字部分，从左至右依次为叙利亚文（4行）、回鹘文（6行）、汉文（4行）。

叙利亚文译文（BW1S）：

这是阿兀剌编帖木剌思（Abraham Tömüräs）——京兆府达鲁花赤（taruqačï）之墓……在十八年中做[达鲁]花赤，宣来后来怯怜口（ger-ün köbegüt）……从二次授宣到三次授宣，三十六岁时……完成了上帝的使命，兔年六月二十[四日记]。

回鹘文译文（BW1U）：

这是阿兀剌编帖木剌思（Abrabim Tömüräs）……之墓……在任十八年的[达鲁] 花赤中，达鲁花赤（taruqačï）……怯怜口（ger-ün köbegüt）……三次授宣，三十[六岁时……完成了上帝的使命，第四年六月二十四日[记]。

汉文：

这坟阿兀剌编帖木剌思的，京兆府达鲁花赤……[达鲁]花赤宣来后来怯（连）[怜]口都总府副都总管，又……宣二道，前后总授宣三道。享年三十六岁，终。泰定四年六月二十四日记[42]。

纪年辨析：

叙利亚文第3行：三十六（ܐܠܛܝ 'lṭy {altï}）岁（ܝܐܫܝܢ ܛܐ y'šyn ṭ' {yašin-ta}），为死者年龄。

第4行：兔（ܛܐܒܝܫܟܐܢ ṭ'byšk'n {ṭaβïšqan}）年（ܝܝܠܝ yyly {yïlï}）六（ܐܠܛܝܢܟ 'lṭynč {alṭïnč}）月（ܐܝ 'y 'y {ay}）二十（ܝܓܝܪܡܝ ygyrmy {yigirmi}）[四日]（ܛܘܪܛ ṭ[wrṭ ...] { ṭ[örṭ ...]}）。

回鹘文第4行：三十[六岁时]（'wtwz [...] {otuz [...]}），为死者年龄。

第6行：第四（twyrtync {törtinč}）年（yyl {yïl}）六（'ltync {altïnč}）月（" y {ay}）二十（ygyrmy {yigirmi}）四[...]（twyr [...] { tört [...]}），"第四年"当对应汉文的"泰定四年"；"六月"则使用突厥语序数词+月。

可以推定不管是叙利亚文书写的突厥十二生肖纪年及其月日，还是回鹘文书写的年

㊷ 盖山林 1991，271—272页+图版一五八。盖山林《元代汪古部地区的景教遗迹与景教在东西文化交流中的作用》，黄盛璋主编《亚洲文明》第一集，合肥：安徽教育出版社，1992年，121—122页，图版十一。《十字莲花》，67—72页。Abraham现多译为"亚伯拉罕"。

月日，都对应元朝正朔：泰定四年（丁卯）六月二十四日，即公元1327年7月13日。正如澳大利亚团队所指出的；一旦进入传统中国文化圈，以王朝纪年为基础的传统中国纪年体系就必然会影响景教撰碑者。百灵庙三语碑铭就是一个例证[43]。

2. 泉州铭文5（泉5=B21）

此碑是一方尖拱形景教徒墓碑，上部刻十字架、云朵和火焰，下刻12行叙利亚文。

叙利亚文译文：

以圣父、圣子和圣灵的名义，阿门。此为阔里吉思（George）之子王（Wang）之子马里王芣道（Mar Wang Fudao）之墓。第十（ku=癸）年将军（sängün）……牛年七月二十四日完成了上帝的使命。愿其永在天界[44]。

碑的背面有五行**汉文：**

大元故□校尉光平路阜平縣王芣道公，至正己丑七月念四日何思岔（？）志[45]。

纪年辨析：

叙利亚文第7—9行：牛年七月（ܝܝܛܝܢܟ yyṭynč {yitinč}）二十四日，即汉文所言元顺帝“至正（九年）己丑七月念四日”，合西历1349年8月8日。

3. 泉州铭文9（泉9=B37）

墓碑右边是两行叙利亚文。

叙利亚文译文：

此为蛮子（Minzi，即Manzi=江南）诸路主教（mār ḥasyā）马里失里门（Mar Solomon）阿必思古八（Episqopa）之墓。管领扫马（Sauma）率领（悼念者？）书于牛年八月十五日[46]。

叙利亚文左边是两行从右向左竖读的**汉文：**

管领江南诸路明教、秦教等也里可温，马里失里门（Mar Solomon）阿必思古八（Episqopa）马里哈昔牙（mār ḥasyā）。皇庆二年岁在癸丑八月十五日

㊸ *Zayton*, p. 166. “泰定”误录为“太定”。

㊹ Foster 1954, p. 16, pl. XIV.吴文良，31页，图77.1-3。*Zayton*, pp. 94, 199-204. 唐莉（Tang Li, p. 353-358）英译为：“以圣父、圣子和圣灵的名义。此为光平路阜平一（等）将军王芣道。大元桃花石牛年七月二十四日，他五十四岁完成了上帝的使命。愿其永远安息。神与我们同在。”《十字莲花》，139页翻译为：“以圣父、圣子和圣灵的名义。亚历山大帝王纪年1660年（=公元1349年），突厥纪年牛年7月14日。在二十岁时，斯尔塔（Sirta）完成了上帝的使命，愿其灵魂永久地在天堂安息。7月铭记，阿门！”Dickens, p. 421英译为“马里王芣道之子王巴尔阔里吉斯之墓”。

㊺ 《十字莲花》，136页录作：“光平路自阜平县”，“自”字衍。

㊻ *Zayton*, pp. 102, 206-209. Dickens, p. 422.诸家对第一个词的释读尚有不同意见：唐莉释读为Mani ärk-lär-nïng，英译为“摩尼教与也里可温（Manichaeans and Yelikewen）”。见Tang Li, pp. 345-350.牛汝极释读为maqe aylï-lar-nïng，汉译为“马可家族的”。《十字莲花》，152页翻译为：“这是马可家族的主教大人马里失里门·阿必思古八之墓。牛年八月十五日扫马领（队）来此并题铭。”在注释中有关于马尔埃里查（Mar Elijah）的叙述恐误，笔者将在其他文章中讨论。

帖迷答扫马（Tiemida Sauma）等泣血谨志[47]。

纪年辨析：

叙利亚文第2行：牛年（ܝܝܠ yyl {yïl}）八（ܣܟܙܢܟ skznč {säkizinč}）月十五（ܦܝܫܛ pyšṭ' {biš-tä}），与"皇庆二年岁在癸丑八月十五日"吻合，即西历1313年9月5日。

通过这些例子，可以进一步确定在汉地，突厥十二生肖纪年与元代干支纪年吻合。

4. 泉州汉语铭文（泉汉=B51）

此碑当为一座须弥座祭坛式石墓中的几块石碑之最后一块，前面的石碑可能有叙利亚文回鹘语铭文，用突厥十二生肖纪年。因此将此碑附于十二生肖纪年与元代纪年类之末。此碑本身有14行从右向左竖读的**汉文：**

于我明门，公福荫里。匪佛后身，亦佛弟子。无憾死生，升天堂矣。旹大德十年岁次丙午三月朔日记。管领泉州路也里可温掌教官兼住持兴明寺吴咹哆呢嗯（Wu Antonius）书[48]。

纪年辨析：

"旹（时）大德十年岁次丙午三月朔日"即元成宗大德十年三月初一，合西历1306年4月14日。

元代纪年的干支吻合十二生肖，二者兼用，无非因为回鹘人景教徒更熟悉十二生肖，当他们进一步华化以后，十二生肖已无保存必要，单用元代纪年即可。

七、元代纪年

元代纪年包括三方泉州八思巴文—汉文双语铭文。

1. 泉州八思巴文—汉文铭文1（八1= B44）

此碑碑面浮刻双重尖拱，在内尖拱上部刻有十字架，配卷云承托，卷云下居中刻两行八思巴字，当为汉语音译。

八思巴文译文：

翁叶杨氏墓道。

---

[47] 吴文良，45—46页，图108。吴幼雄，395—403页。牛汝极2007，27页，录为"泣泪谨志"。所有学者标点时，均在"明教、秦教等"后面加逗号，将"也里可温"与下文联系在一起，理解为"马里失里门"是"也里可温（=景教）"主教。但森安孝夫提出，应在"也里可温"后面加逗号，理解为"也里可温"是包括"明教、秦教等"在内的夷教的通称。Moriyasu, Takao, "The Discovery of Manichaean Paintings in Japan and Their Historical Background", in *'In search of truth': Augustine, Manichaeism and other gnosticism: studies for Johannes van Oort at sixty*, edited by Jacob Albert van den Berg ... [et al.] Leiden; Boston: Brill, 2011, pp. 348-57.

[48] 志诚、叶道义《泉州发现也里可温吴咹哆呢嗯碑》，《海交史研究》1986年第1期，93—96页，图3。牛汝极2007，27页误录为"无憾生死"。唐莉将"旹"释读为"昔（？）"，书碑者录为"吴咹哆呢思"，见Tang Li, pp. 351-352. *Zayton*, p. 142将书碑者录为"吴安哆尼嗯"。Antonius现多译为"安东尼"。

八思巴文左右各有一行**汉文**：

延祐甲寅，良月吉日。[49]

纪年辨析：

"延祐甲寅"即元仁宗延祐元年甲寅，合西历1314年，无具体月日。

2. 泉州八思巴文铭文2（八2= B41）

此碑碑面也浮雕双重尖拱，在内尖拱上部阳刻十字架配莲花座，两边各有一天使，下面居中阴刻两行八思巴文。

八思巴文译文：

开珊居延珂子云墓。

八思巴文左右各有一行**汉文**：

至大四年辛亥，仲秋朔日谨题[50]。

纪年辨析：

"至大四年辛亥"即元武宗至大四年辛亥，"仲秋"意为秋季的第二个月，即农历八月，"朔日"即农历每月初一，合西历1311年9月13日。

3. 泉州八思巴文铭文4（八4= B42）

此碑碑面也浮雕双重尖拱，内尖拱上部阳刻十字架配卷云，卷云下居中阴刻两行八思巴文。

八思巴文译文：

易公刘氏墓志。

八思巴文左右各有一行**汉文**：

旹岁甲子，仲春吉日[51]。

纪年辨析：

"时岁甲子"无法确定具体年份，由于碑的形制与延祐甲寅的八思巴文铭文1相似，与甲寅最近的甲子为元泰定元年；"仲春"为农历二月。"吉日"的推算方法主要有两种，一种是"十二值日"，另一种是十二地支配"十二神煞"。十二值日为：将"建、除、满、平、定、执、破、危、成、收、开、闭"12个字分别注在黄历中每个日期的下方。凡与"除、危、定、执、成、开"6个字对应的日子，即黄道吉日，其他即

---

[49] 叶道义、志诚《泉州再次发现八思巴文基督教碑》，《海交史研究》1986年第1期，96页。吴幼雄1988，1018页，图版柒1。牛汝极2007，33—34页。*Zayton*, pp. 106, 138-139释读为"翁散（？）杨氏墓道（ung šan yang ši mu taw）"。

[50] 蔡美彪释读为：开珊朱延珂子云墓（Kaj Šan zèu jen kó tshi' uin mú），吴文良，33—34页，图85。照那斯图《元代景教徒墓志碑八思巴字考释》，《海交史研究》1994年第2期，120—121页，释读为"开、山、朱、延、可、訾、云、墓"；*Zayton*, p. 135释读为"凯珊居延珂子云墓"，但将此文题目误录为《元代景教徒墓志碑八斯巴字考释》。《十字莲花》，159—160页释读为：开珊·居延女儿云之墓（kaj san dzen jen ko dzi yin mu）。

[51] Foster 1954, pl. XII, pp. 13-14. Moule建议："甲子仲春吉日"合1324年2月25日。吴文良，33—34页，图86。牛汝极2007，35页，作"仲秋吉日"。唐莉（Tang Li, pp. 358-360）录为"（ ）岁甲子，仲秋吉日"。*Zayton*, pp. 105, 136-137，作"时岁吉日，仲秋吉月"。

黑道凶日。因此一个月中远不止一个吉日，无法确定“甲子仲春吉日”的具体日期，只能推测为在西历1324年2月25日至3月25日之间。

八、表　　格

上述各碑文的纪年列表如下（表1）。

表1

分类	碑铭	缩写	文字	塞琉西纪年	生肖	元代纪年	西历年代
1. 塞琉西纪年	阿2	A2	叙	1677			1365/1366
				或1674			或1362/1363
	阿4	A4	叙	1654			1342/1343
	阿9	A9	叙	1613			1301/1302
	百6	BW6	叙	1650.6.(20.?)			1339.6. (20.?)
2. 塞琉西—突厥生肖纪年	泉6	B22	叙	1680	?		1368/1369
				或1618	?		或1306/1307
	泉4	Q4	叙	1630	羊10.8.		1319.11.20.
	泉8	B18	叙	1608	猴12.10.		1297.1.4.
	泉10	B50	叙	1624	牛3.6.(?)		1313.4.2. (?)
3. 塞琉西—桃花石生肖纪年	百2	BW2	叙	1602	虎10.7.		1290.11.10.
	泉1	B17	叙	1613	牛10.26.		1301.11.26.
	泉2	B20	叙	1616	龙10.16.		1304.11.13.
	泉7	B19	叙	1601	牛9.7.		1289.9.22.
	赤峰	C	回	1564	牛1.20.		1253.2.19.
4. “建除满”	泉回	B23	回		羊12.2.		1331.12.31.
5. 三种纪年	扬州	Y	叙	1628	蛇3.9.		1317.4.20.
			汉			丁巳延祐4.3.9.	
6. 十二生肖纪年与元代纪年	百1	BW1	叙		兔6.24.		1327.7.13.
			回			4.6.24.	
			汉			泰定4.6.24.	
	泉5	B21	叙		牛7.24.		1349.8.8.
			汉			至正己丑[9.]7.24.	
	泉9	B37	叙		牛8.15.		1313.4.20
			汉			皇庆癸丑2.8.15.	
	泉汉	B51	叙?	?	?		1306.4.14.
			汉			大德丙午10.3.1.	

续表

分类	碑铭	缩写	文字	塞琉西纪年	生肖	元代纪年	西历年代
7. 元代纪年	八1	B44	八				1314
			汉			延祐甲寅1.	
	八2	B41	八				1311.9.13.
			汉			至大辛亥4.8.1.	
	八4	B42	八				1324.2.25. —3.25.?
			汉			甲子仲春	

九、结　　语

本文分析的22方蒙元景教碑铭虽然数量不大，但是可以为巴赞对景教徒突厥人塞琉西—生肖纪年双重历法的研究提供重要补充。

楚河流域碑铭分布的地域集中而单一，但22方蒙元景教碑铭分布的地域广阔，包括新疆阿力麻里、内蒙古百灵庙—王墓梁和赤峰、江苏扬州与福建泉州。

这22方碑铭的刊布、释读和研究经过众多中外学者的努力，其中包括成振国、黄文弼、克里木凯特（H.-J. Klimkeit）、盖山林、福斯特（J. Foster）、吴文良、吴幼熊、乔吉、哈密屯（J. Hamilton）、王勤金、耿世民、劳尔（J. P. Laur）、志诚、叶道义、蔡美彪、照那斯图、唐莉等。牛汝极则为集大成者，他首次释读了不少碑铭，也改进了另一些碑铭的释读。澳大利亚团队刘南强（Samuel N. C. Lieu）、弗兰茨曼（M. Franzmann）、埃克尔斯（L. Eccles）等人在茨默（Peter Zieme）、通厄洛（A. van Tongerloo）等学者的协助下，又在前人的基础上，作了新的努力。迪肯斯（M. Dickens）对*Zayton*写了详细的书评。本文是在这些成就的基础上，对22方碑铭的纪年作一辨析。

这22方碑铭最早者为西历1253年（C），最晚者为1365年（A2）[52]，比楚河流域碑铭（西历1201—1345年）晚一些。这些年代也均经换算而得，未提及“基督纪年”（公元）。这些碑铭的文字中，仍以使用叙利亚文为主（16方）[53]，但是只有宗教套语才是真正的叙利亚语，其他部分只是以叙利亚字母记录回鹘语。有1方铭文以回鹘文为主，同时使用了4个叙利亚文词汇（C）；只有1方碑文完全用回鹘文书写（B23）；还有1方碑文回鹘文与叙利亚文、汉文并用（BW1）。一个新的特点是，这些碑文中，有3方汉文与叙利亚文并存，有1方（B51）现存只有汉文，但很可能原来也是汉文与叙利亚文并存。另有3方使用八思巴文和汉文。摩尼教华化较深，主要使用汉文，与此相比，景教使用多种语言与文字说明其外来属性尚比较鲜明。

---

[52] 如果接受牛汝极对B22的一种释读的话，那么最晚者为1368年。

[53] 如果假设B51前面一方或数方碑铭为叙利亚文，则总计17方。

在墓主及其亲属、撰碑者的名字中，古叙利亚的“基督教徒名字”占优势，如阔里吉思（A2、Q4、B21）、药难（C）、月合乃（Y）、马尔达（B23）、也里世八（Y），阿兀剌编（BW1）、马里失里门（B37）、扫马（B37）、吴咹哆呢嗯（B51）等，也有数见于回鹘文世俗文书和佛教文献跋语中的图克迷西（B17）这样的人名。

在元帝国的广大疆域内，汉语无疑是最大多数人讲的语言，我们可以看到汉文化对这些碑铭越来越深的影响。景教徒回鹘人的语言应该是回鹘语。教会语言古叙利亚语不是一般景教徒回鹘人的语言，但他们可能会背诵一些最常用的叙利亚语宗教套语，墓碑上的叙利亚语宗教套语很可能是他们都熟悉的。受过较多教育的信徒也可能会念一些叙利亚文的宗教文献。蒙古文化的影响体现在最后3通八思巴字—汉文碑铭上，不过八思巴字是用来记录汉语的。

第一组只用塞琉西纪年的4方碑文与楚河流域景教徒突厥人的碑文最为接近，其特点已经巴赞详细分析。其他18方铭文中，赤峰铭文（C）属于蒙古宪宗蒙哥时代（1209—1259）；17方碑铭都属于元代。这18方铭文显示其纪年不仅是楚河流域景教徒突厥人所用双重纪年的延续，同时也是晚期回鹘人历法科学与畏兀儿—蒙古历法的延续。另一方面，还受到元代纪年越来越大的影响。敦煌、吐鲁番文书等资料显示，高昌、沙州、甘州回鹘已掌握了汉人复杂的纪年术。蒙古人使这种十二生肖的汉族—突厥族古老历法得以在整个庞大的帝国获得了前所未有的成功。

巴赞已经清楚说明塞琉西纪年与儒略历的对应关系，楚河流域的景教徒墓碑保留的唯一时间是逝世的时间。蒙元22方景教徒墓碑保留的时间，除了墓主逝世的时间之外，至少有1方碑铭提到了墓主去世两个多月后的“五月十六日”，可能是下葬的日期（Y）；还有1方铭文保存了“教会纪年九月十二夜”（B20），1方铭文保存了“第十（ku=癸）年”（B21），1方铭文用回鹘语提及了塞琉西纪年的月日：“八月初八”（B19）：不过还很难确定这些日期意味着什么。楚河流域景教徒墓碑有394个使用塞琉西纪年的年份，或使用古叙利亚文数字，或使用古叙利亚语，只有12个例子，即近3%使用突厥语。在蒙元22方墓碑中，有14方使用塞琉西纪年的年份，其中只有4方使用古叙利亚文数字，10方（即约71%）使用回鹘语。在22方蒙元墓碑中，有4方只用塞琉西纪年（18%强），10方塞琉西纪年与生肖纪年并用（约40%），1方只用生肖，4方生肖与元代纪年并用，3方只用元代纪年。

十二生肖的名称是以古叙利亚文和突厥文出现在铭文中的。古叙利亚文纯属突厥语名词的译音，与回鹘文相比，差异很小。比如：回鹘文“羊”写作qoyn，而叙利亚字母拼写为qoy。

巴赞研究了355方墓碑，概括出塞琉西历法与十二生肖历法之间的对应关系。S=X+1和S=X的例证之比例，不是2∶1，而是要高出20多倍[54]。但在兼用塞琉西纪年和十二生肖纪年的9通蒙元景教碑铭中，5种情况属于S=X+1的类型（Q4、B18、B50、C、Y），4种情况具有S=X的对应关系（BW2、B17、B20、B19）。S=X+1和S=X的例

---

[54] Bazin, p. 417.

证之比例是5∶4，高出不多。

巴赞在楚河流域可以断代的355通碑文中，发现错误的总数为13通（不足4%），现已观察到的96%以上的历法推算是正确的。因此，蒙元景教碑铭第二、三组塞琉西纪年、十二生肖纪年推算全部正确，可以换算成西历年月日，并不出人意料。第二、三组共9通碑铭应该可以说明：制作这些墓碑的景教徒遇到宗教方面的事务，就使用塞琉西纪年，日常生活则使用十二生肖纪年，并用不误。类似的例子是民国以来兼用西历与农历的华人：绝大部分人，尤其是城市居民，在工作、周末休假以及国定假日方面，使用西历；但是，大多数华人仍然记得自己以及近亲的生肖，也不会错过端午、中秋、春节等农历节日。

巴赞研究的楚河流域叙利亚文景教墓碑中，一般都没有具体日月，写有时间的部分被保存下来并尚堪卒读的429方墓碑中，唯有8方例外。其中仅有三方以指出古叙利亚文阳历月及其日子的办法而提及其时间：

（1）“鸡年，1560年Ḥezirān月3日”，相当于公元1249年6月3日，古叙利亚文墓碑（LC 10-12，第60号碑）。

（2）“1576年，牛年，Ādār月23日”，相当于公元1265年3月23日，古叙利亚文墓碑（LD 8，第11号碑）[55]。

（3）“1611年，鼠年……”出现在一方双语碑文中，于其术语中以叙利亚文开始并以突厥文继续（LC42-44和 139，第11.3号碑）：“sïčgan yïl ärdi, adarnïŋ 22 kün ärdi, öldi。”其意为：“他逝世于鼠年，Ädär月22日。”（相当于公元1300年3月22日）

另外有2方墓石以参照礼仪年的逝世之具体日子，其中之一指出了古叙利亚文的阳历月名称。其他3方逝世的古叙利亚文阳历月是在未指出日子的情况下提供的[56]。在此不赘。

相比之下，22方蒙元景教墓碑能确定月日的高达15例，占68%强，比例要高得多。不过只有未计入的一方碑文（BW6）可能以指出古叙利亚文阳历月及其日子的办法而提及其时间，其他均以别的方式确定具体年月日：8方以塞琉西纪年确定年份，以生肖纪年确定月日；1方（B23）以生肖纪年配合中国古代十二“建除满”体系确定年月日；1方（Y）兼用塞琉西、生肖、元代纪年确定年月日；4方兼用生肖与元代纪年确定年月日（其中一方[B51]生肖纪年未保存下来）；1方仅用元代纪年确定年月日。能确定具体年月日的碑文占这样高的比例，很可能是受汉文化的影响。

楚河流域的景教墓碑均彻底背离了真正的突厥文墓碑传统，其中最重要一点，就是墓碑中从未提及“死者的年龄”（唯有一处例外）。22通蒙元景教墓碑中则有7通提及死者的年龄。这可能并非对真正突厥文墓碑传统的回归，而是周围汉族文化的影响所致。

巴赞指出，楚河流域景教碑铭中，从未提及过汉族—突厥族的阴历月。它在当时和在该地区肯定是世俗和民用的月份。文献提到的所有月份均为古叙利亚文的，系使用阳历月的景教宗教历法中的月份（完全与儒略历的月份相吻合）；同样，每星期的日子也

---

⑤⑤ LD原来将1576年换算成公元1266年。

⑤⑥ Bazin, pp. 425-7. 中译本，507—509页。

仅仅以古叙利亚文记载。这样的日子从未在突厥文的墓碑中出现[57]。

早在8世纪，唐代天文学家已经记载："夫七曜者，所谓日月五星下直人间，一日一易，七日周而复始，其所用各各于事有宜者，不宜者，请细详用之。忽不记得，但当问胡及波斯并五天竺人总知。尼乾子、末摩尼常以蜜日持斋，亦事此日为大日，此等事持不忘。"[58]景教徒也总是知道七曜（一星期七天）的。但是，蒙元景教墓碑中却未见提及七曜。与楚河流域景教墓碑大相径庭的是，蒙元景教墓碑除了一例（BW6）使用古叙利亚文的月份名称之外，其他月份全部用回鹘文的序数词、数词，全部是汉族—突厥族的阴历月。而且阴历月与元代纪年吻合，4通叙利亚文与汉文兼用的碑铭证实了这一点。

巴赞指出，楚河流域景教墓碑在参照塞琉西纪年方式上，古叙利亚文直接指出年代，未使用引言式的程序用语；突厥文文献则于该数字前加上"aleksandros xan sakïš"，意为"亚历山大大帝纪年"（7次，见LC139-141和LD19-21）。这种表达方式有两次被简化为sakïš（历时，日历推算法，见LC138-140）。大家还会发现，将这种纪年归于亚历山大大帝（晏驾于公元前323年）的做法，实际上是由其继承者之一塞琉古·尼卡托尔（Séleucos Nicator）所创立，此人比亚历山大大帝晚11年于公元前312年逝世[59]。

蒙元使用塞琉西纪年的景教墓碑中，阿力麻里的2方、百灵庙的1方未见引言式的程序用语，阿力麻里的1方（A9）在年份前使用了"alksandros"即"亚历山大"。泉州1方（B17）、赤峰1方（C）、扬州1方（Y）使用了"alqsantros qan sakïš"，其他7方都在年份数字前面加上"maqadonya balïq-lïq pilipus qan oγlï alqsantros qan sakïš"，意为"马其顿城的菲利浦汗王之子亚历山大汗王纪年"。有时会略有变化，比如称亚历山大为帝王。虽然用叙利亚字母书写，但专用名词之外，其他词汇，如"城（balïq）""汗王（qan）""帝王（ilig qan）""之子（oγlï）""纪年（saqïšï）"都是回鹘语。

22方蒙元景教墓碑数量不大，但变化相当大。第一类阿力麻里的3方和百灵庙的1方（BW6）与楚河流域景教墓碑很类似。第二、三、五类，即塞琉西纪年与突厥纪年或桃花石纪年并用者，与楚河流域景教墓碑明显的不同之处是塞琉西纪年年份、十二生肖纪年的月日，都用回鹘语表示，月份皆为阴历月份。第六类已经放弃塞琉西纪年，兼用生肖纪年与元代纪年，第七类放弃了生肖纪年，只用元代纪年。第六、七类的墓碑，已经很难仅仅靠纪年方式确定其为景教碑铭，其中3方（BW1、B21、B37）仍有叙利亚文部分显示其与其他景教墓碑的联系，泉州1方仅有汉文部分保留下来的墓碑（B51）主要因为撰碑者为"也里可温"，才得以推测其与景教的联系；3方八思巴文碑则因其十字架等图形才得以推测为景教墓碑。

---

[57] Bazin, p. 428.

[58] 不空译、杨景风注《吉凶时日善恶宿曜经》，《大正藏》第21卷，No.1299，卷下，"宿曜经七曜直日历品第八"。http://buddhism.lib.ntu.edu.tw/BDLM/sutra/chi_pdf/sutra10/T21n1299.pdf

[59] Bazin, p. 428.

纪年词汇表

《十字莲花》法文版附有一般（法文）、中文、叙利亚文词汇表（pp.324-344），但无叙利亚文原文。本文有些词汇的释读有所修订。澳大利亚考察队的初步报告（简称*FPTZ*）有关文章附有7方碑铭的词汇表（pp.273-278），有叙利亚文原文，且注明《13世纪前突厥语语源词典》（简称Cl.）的出处，对一般读者比较方便，现在按照其格式，将本文18方碑铭有关纪年的叙利亚文、叙利亚文回鹘语、回鹘文词汇与专用名词列为下表。

1. 叙利亚文词汇

ܐܬܪܝܓ 一千六百十三A9.1
ܐܬܪܢܕ 一千六百五十四 A4.4
ܐܬܪܥܙ 一千六百七十七 A2.3
ܫܢܬ 年 A2.3, A4.4, A9.1
ܚܙܝܪܢ 哈兹然月（Ḥezirān）BW6.2
ܦܐܠܝܩ ܠܝܩ 来自……（城）B22.3,

2. 叙利亚文回鹘语词汇表

älig 五十（Cl., p. 141）
ܐܠܝܓ BW6.1
altï 六（Cl., p. 130）
ܐܠܛܝ B22.7, BW6.1, Y.2, BW2.4, Q4.9, B19.3, B17.3, 5, B20.8, 9, 12, B18.7, B50.9
altïnč第六（Cl., p. 131）BW1U.6,
ܐܠܛܝܢ BW1S.4
altmïš 六十（Cl., p. 130）C.2
ܐܠܛܡܫ B17.8
aram（ram）正月（Bazin, p. 294）C.3
ay 月（Cl., p. 265）B23.5, BW1U.6, C.3,
ܐܝ BW1S4, B50.14, Y.4, BW2.6, B19.3, 8, B21.8, B17.5, Q4.12, B20.11, [14], B18.9
ܐܝ ܫܝܓ BW6.2, B37.2
balïq 城（Cl., p. 335）；在年代套语中指马其顿王国
ܦܐܠܝܩ B17.9
ܦܐܠܝܩ ܠܝܩ BW2.2, B22.3, Q4.4/5, B20.4/5, B18.3, B50.5
bars 虎（Cl., p. 368）
ܦܐܪܣ BW2.5

bičin 猴（Cl., p. 295）

ܦܝܟܝܢ B18.8

bir 一（Cl., p. 353）C.6

ܒܝܪ ܫܬܐ B19.3

biš 五（Cl., p. 376）

beš C.2

ܦܝܫܐ B37.2

čaxsap（a）t 戒（Cl., p. 412）

caxšapuda B23.4

ܝ ܚܫܦܛ B18.9

iki 二（Cl., p. 100）

iki-kä B23.5

ܐܝܟܝ BW2.4, [B20.14,] B18.12

ilig 国（Cl., p.141）

ܐܝܠܝܟ ܟܢ 帝王 B20.7, B18.5, B50.8, B22.5/6,

kičä 夜（Cl., p. 694）

ܟܝ ܐܗܪ B20.12, [15

luu 龙（Cl., p. 763）

ܠܘܘ ܝܝܠ 龙年B20.11

man 满（中国古代“建除满”体系排行第三“满”字译音）B23.5

mïng 千（Cl., p. 346 bïŋ）C.1

ܡܝܢܟ B22.6, BW6.1, Y.2, BW2.3, Q4.6, B19.2, B17.3, B20.8, B18.6, B50.9

oγul 后裔，孩子，儿子（Cl., p. 83）

ܐܘܓܠ 之子 B22.4, BW2.2, Q4.6, [B19.1,] B20.6, B18.4, B50.7, B17.7

on 十（Cl., p. 166）

ܐܘܢ B22.7（牛汝极B22.8）, B37.2, B21.7, B17.3, 4, B20.9, 12, 14, B18.9

onunč 第十（Cl., p. 187）

ܐܘܢܘܢܟ BW2.5, Q4.12, B20.11, [B17.4

otuz 三十（Cl., p. 74）

BWU1.4

ܐܘܛܘܙ BWS1.3, Y.6, BW2.8, Q4.10, B18.12

qan 汗王（Cl., p. 630）C.1

alaqsantoroz qan 亚历山大汗王 C.1

ܦܝܠܦܘܣ ܟܢ 菲利浦汗王B22.4, BW2.2, Q4.5/6, B19.1, B20.5, B18.4, B50.6

ܐܠܟܣܢܕܪܘܣ ܟܢ 亚历山大汗王 Y.2, BW2.3, Q4.7, B19.2, B17.2

ܐܠܟܣܢܕܪܘܣ ܐܝܠܝܟ ܟܢ 亚历山大帝王 B22.5/6, B20.6/7, B18.5, B50.8

qoyn 或qoy羊（Cl., p. 631）

qoyn B23.4,

ܩܘܝ Q4.11

säkiz 八（Cl., p. 823）

ܣܟܝܙ BW1S.2, B22.8（牛汝极ܣܟܝܙ）, Y.3,

ܣܐܟܝܙ B19.3, B18.7,

ܣܐܟܝܙܬܐ Q4.12

säkizinč第八（Cl., pp. 823-824）

ܣܟܝܢܟ = ܣܟܝܝܢܟ B37.2,

ܣܐܟܝܝܢܟ B19.3

saqïš 从……算起，计算，纪年（Cl., p. 816）C.1, 3,

ܣܐܟܝܫ B22.6, BW2.3,5, Q4.8,11, B19.2,7, B17.2, 4, B20.7, 10, 13, B18.5/6, 8,

B50.8, 12

ܣܐܟܫ Y.2, 3

sürüg 群，信众，教会，会众（Cl., p. 850）

ܣܘܪܘܓ B20.13

tabγač 桃花石（Cl., p. 438），突厥人对中国的称呼 C.2

ܛܐܒܓܐܟ B19.7, BW2.4, B17.4, B20.10,

tavïšgan 兔（Cl., p.447）

ܛܐܒܫܓܐܢ BW1S.4

toquz 九（Cl., p. 474）

ܛܘܩܘܙ Y.4, B20.14

toquznč 第九（Cl., p. 474）

ܛܘܩܘܙܢܟ B19.8

tört 四（Cl., p. 534）BW1U.6, C.2,

ܛܘܪܛ BW1S.4, B21.9, B50.11

törtinč 第四（Cl., p. 535）BW1U.6

türk 突厥（Cl., p.542）

ܛܘܪܩ Y.3, B50.12

ܛܘܪܟ Q4.11, B18.8,

üč 三（Cl., p. 18）BW1

ܐܘܟ BW1S.3, Y.6, BW2.8, B17.3

üčünč 第三（Cl., p. 29）

ܐܘܟ ܘܢܟ B50.14, Y.4

ud 牛（Cl., p. 34）C.3

ܐܘܘܕ ܝܝܠ 牛年 B37.2, B21.7/8, B17.4, B50.13

ܐܘܕ ܝܠ 牛年 B19.7

ܐܘܕ ܝܝܠ 牛年 B21.6

yaš 生命，岁（Cl., p. 975）

yašinta C.6

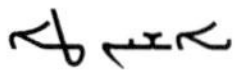 BW1S.3

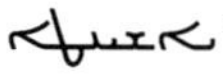 Y.6, 7, BW2.8, B17.8, B19.14, B18.12

yetmiš 七十（Cl., p. 891）C.5

yigirmi 二十（Cl., p. 915）BW1U.6,

yegirmikä C.4

 BW1S.4, B21.8,

 Y.3, B17.5, B19.14, B50.10

yigirminč 第二十（Cl., p. 915）

 BW6.3

yïl 年（Cl., p. 917）

 Q4.8, B19.2, B19.7, B20.8, 13, B18.6, B50.9

 B17.2

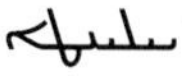 Y.3, BS4.10, B17.3, Q4.10, B50.11

qoyn yïl 羊年B23.4

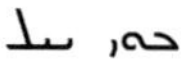 羊年 Q4.11

törtinč yïl 第四年 BW1U.6,

 兔年 BW1S.4

ud yïl 牛年 C.3

 牛年B19.7, B37.2, B17.4, B50.13

 牛年 B21.6

 蛇年 Y.4

 虎年 BW2.4,

 龙年B20.11

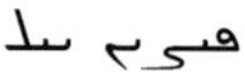 猴年B18.8

yïlan 蛇（Cl., p. 930）

 Y.4

yiti 七（Cl., p. 886）

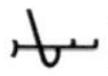 B17.8, BW2.6, B19.8

yitinč 第七（Cl., p. 892）

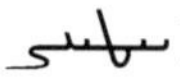 B21.8

yüz 百（Cl., p. 983）C.2

B22.7, BW6.1, Y.3, BW2.4, Q4.9, B19.3, B17.3, B20.8, B18.7, B50.10

3. 专用名词

alaqsantoroz 亚历山大（Alexandros）C.1

ܐܠܟܣܢܕܪܘܣ A9.1/2, Y.2, BW2.3, Q4.7, B19.2, B17.2, B20.6, B18.5, B50.7

Macedonia 马其顿

ܡܩܕܘܢܝܐ B22.3, BW2.2, Q4.4, B20.4, B18.3, B50.4

ܡܩܕܘܢܝܐ ܠܟ 马其顿的 B19.1,

P（h）ilipos 菲利浦

ܦܝܠܝܦܘܣ B22.4, BW2.2, Q4.5, B19.1, B20.5, B18.4, B50.6

参考书目缩略语

Bazin =Bazin, Louis, *Les systèmes chronologiques dans le monde turc ancient*, Budapest: Akadémiai Kiadó ; Paris : Editions du CNRS, 1991.中译本：〔法〕路易·巴赞著、耿昇译《古突厥社会的历史纪年》，北京：中国藏学出版社，2014年。

Cl.= *An etymological dictionary of pre-thirteenth-century Turkish* [by] Gerard Clauson. Oxford, Clarendon Press, 1972.

Foster 1954=Foster, J., "Crosses from the walls of Zaitun", *Journal of Royal Asiatic Society*, N.S.（1954）, pp. 1-25（with 17 pls.）

FPTZ= From Palmyra to Zayton: epigraphy and iconography, edited by Iain Gardner, Samuel Lieu and Ken Parry. Turnhout, 2005.

盖山林 1991=盖山林《阴山汪古》，呼和浩特：内蒙古人民出版社，1991年。

Geng, Klimkeit & Laur=Geng Shimin, H.-J. Klimkeit, J. P. Laur, "Eine neue nestorianische Grabinschrift aus China", *Ural-Altaische Jahrbücher* v. 14（1996）, pp. 164-175. 中译本：《景教扬州碑研究》，载耿世民《西域文史论稿》，兰州：兰州大学出版社，322—330页。

Hamilton & Niu=J. Hamilton et Niu Ruji, "Deux Inscriptions Funéraires Turques Nestoriennes de la Chine Orientale", *Journal Asiatique*, No.1, 1994, pp. 147-164.第一节中文本：〔法〕James Hamilton、牛汝极《赤峰出土景教墓砖铭文及其族属研究》，《民族研究》1996年第3期，78—83页。第二节中文本：哈密屯、牛汝极《泉州出土回鹘文也里可温（景教）墓碑研究》，《学术集林》卷五（1995年），270—281页。

黄文弼 1963=黄文弼《元阿力麻里古城考》，《考古》1963年第10期，555—561页。

牛汝极 2007=牛汝极《福建泉州景教碑铭的发现及其研究》，《海交史研究》2007年第2期，1—48页。

LC=*Syrisch-nestorianische grabinschriften aus Semirjetschie*, herausgegeben und erklärt von D. Chwolson; nebst einer Beilage: *Über das türkische Sprachmaterial dieser Grabinschriften*, von W. Radloff; mit drei phototypischen Tafeln und einer ebensolchen von Julius Euting ausgearbeiteten Schrifttafel. St. Pétersbourg: Commissionnaires de l'Académie impériale des sciences, 1890.

LD=*Syrisch-nestorianische Grabinschriften aus Semirjetschie*, neue Folge, herausgegeben und erklärt von D. Chwolson. St.-Petersburg : Commissionnaires de l'Académie impériale des sciences, 1897.

《十字莲花》=牛汝极《十字莲花：中国元代叙利亚文景教碑铭文献研究》，上海：上海古籍出版社，2008年。法文版：上海：上海古籍出版社，2010年。

Syriac Dictionary= A compendious Syriac dictionary: founded upon the Thesaurus syriacus of R. Payne Smith, edited by J. Payne Smith (Mrs. Margoliouth), Oxford: Clarendon Press, 1903（reprinted 1979）.

Tang Li=Tang Li, "A New Investigation into several East Syrian ("Nestorian") Christian Epitaphs Unearthed in Quanzhou: Commentary and Translation". In *Bibel, Byzanz und Christlicher Orient: Festschrift für Stephen Gerö zum 65. Geburtstag*, herausgegeben von D. Bumazhnov, E. Grypeou, T.B. Sailors und A. Toepel. Leuven, 2011, pp. 343-361.

吴文良=吴文良《泉州宗教石刻》，北京：科学出版社，1957年。

吴幼雄 1988=吴幼雄《福建泉州发现的也里可温（景教）碑》，《考古》1988年第11期，1015—1020页，图版柒—捌。

吴幼雄=吴文良原著、吴幼雄增订《泉州宗教石刻》，北京：科学出版社，2005年。

Zayton =*Medieval Christian and Manichaean remains from Quanzhou(Zayton)*, Samuel N.C. Lieu, Lance Eccles, M. Franzmann, I. Gardner, K. Parry. Turnhout, 2012. 书评：M. Dickens, book review, *Hugoye: Journal of Syriac Studies*, Volume 17,2(Summer 2014, pp. 395-429) 2017.12.30. 下载：http://www.bethmardutho.org/index.php/hugoye/volume-index/618.html

Analysis of the Dating Systems of Nestorian Inscriptions from the Yuan Dynasty in China

Ma Xiaohe

We can use a table to show the result of this research:

Systems	Inscription	Languages	Seleucid era	Calendar of the twelve animals	Regnal system of Yuan	Christian era
1. Seleucid Era	Almalik2	Syro-Turkish	1677			1365/1366
			Or 1674			Or 1362/1363
	Almalik4	Syro-Turkish	1654			1342/1343
	Almalik9	Syro-Turkish	1613			1301/1302
	BW6	Syro-Turkish	1650.6.(20.?)			1339.6. (20.?)
2. Seleucid -Turkish Calendar of the twelve animals	B22	Syro-Turkish	1680	?		1368/1369
			Or 1618	?		Or 1306/1307
	Quanzhou4	Syro-Turkish	1630	Sheep year 10.8.		1319.11.20.
	B18	Syro-Turkish	1608	Monkey year 12.10.		1297.1.4.
	B50	Syro-Turkish	1624	Ox year 3.6.(?)		1313.4.2. (?)
3. Seleucid -Chinese Calendar of the twelve animals	BW2	Syro-Turkish	1602	Tiger year 10.7.		1290.11.10.
	B17	Syro-Turkish	1613	Ox year 10.26.		1301.11.26.
	B20	Syro-Turkish	1616	Dragon year 10.16.		1304.11.13.
	B19	Syro-Turkish	1601	Ox year 9.7.		1289.9.22.
	Chifeng	Uighur	1564	Ox year 1.20.		1253.2.19.
4. "jian chu man"	B23	Uighur		Sheep year 12.2.		1331.12.31.

Continued

Systems	Inscription	Languages	Seleucid era	Calendar of the twelve animals	Regnal system of Yuan	Christian era
5.Three Systems	Yangzhou	Syro-Turkish	1628	Snake year 3.9.		1317.4.20.
		Chinese			dingsi Yanyou 3.9.	
6. Calendar of the twelve animals and Regnal system of Yuan	BW1	Syro-Turkish		Hare year 6.24.		1327.7.13.
		Uighur			4.6.24.	
		Chinese			Taiding 4.6.24.	
	B21	Syro-Turkish		Ox year 7.24.		1349.8.8.
		Chinese			Zhizheng jichou [9.]7.24.	
	B37	Syro-Turkish		Ox year 8.15.		1313.4.20
		Chinese			Huangqing guichou 2.8.15.	
	B51	Syro-Turkish?	?	?		1306.4.14.
		Chinese			Dade bingwu 10.3.1.	
7. Regnal system of Yuan	B44	Phags-pa				1314
		Chinese			Yanyou jiayin 1.	
	B41	Phags-pa				1311.9.13.
		Chinese			Zhida xinhai 4.8.1.	
	B42	Phags-pa				1324.2.25.-3.25.?
		Chinese			Jiazi in mid-spring	

Abbr.: BW= Bailingmiao-Wangliangmu; B=sigla used in Wu Youxiong 吴幼雄.

苏公塔碑

——丝绸之路文化交融的标志

乌苏吉　卡里米安　撰；徐维焱　译

引　　言

鉴于目前已有的大量的论文和专著，丝绸之路上的多文化交流已不再是一个难懂的问题。然而东西方交流历史之久远，文化差异之巨大，至今仍有许多问题尚在争论之中，而未曾得到公认的结论。19世纪起广为人知的“丝绸之路”，无疑是连接波斯和中国、远东的最重要的古老陆上道路[①]。这条路的北道穿越花剌子模（Khwārazm）、卡拉库姆地区（karākorum），中段经过梅尔夫（Merv）、布哈拉（Bokhārā）和撒马尔罕（Samarkand）。北道还连接着巴尔赫（Balkh）、塔里干（Tāleghān）和巴达赫尚（Badakhshān），东极于喀什噶尔。喀什噶尔，一些历史文献称之为“中国的第一座边境城市”[②]，和“伊斯兰世界的边界”[③]，是这条道路的重要节点。由于这座城市毗邻塔克拉玛干大沙漠，到达此处的商队不得不选择绕行，躲避这片沙漠。也正是从这里，这条路一分为二，北路和南路分别经由吐鲁番和于阗（今和田），到达当时的国都长安（今西安）。分别位于塔克拉玛干沙漠的北部、西部和南部的天山、帕米尔高原和昆仑山，共同造就了这条东西走向的沙漠通道。众多的商队利用这条道路，经由北道的吐鲁番或南道的于阗到达中国的国都，甚至远至朝鲜半岛。

位于丝绸之路东西诸道的十字路口的吐鲁番，自然成为了多种文化汇聚的焦点。多元文化的交融清晰地体现在吐鲁番居民日常生活的方方面面。他们的语言、文字、宗教、民俗、传统，无一不是研究丝绸之路文化史的重要资料。那些留存至今的文物，可以被视为这个地区文化交流最直接、最清楚的体现。吐鲁番的苏公塔碑便是这些历史遗存之一，却迄今没有得到太多的关注。这一古老的碑铭藏于汉文名为“苏公塔”的经文学校中，碑文所使用的语言结构和词汇具有极为重要的研究价值。然而至今仍无专文研究苏公塔碑

---

① 伊朗在阿契美尼德时期（前550—前330）、帕提亚时期（前247—224）、萨珊时期（224—651）和伊斯兰初期，与中国有共同的边界。

② Al-Ṭabarī, Muḥammad ibn Jarīr (1967), *Tarikh al-Rusul wa al-Muluk*（泰伯里《历代先知与国王史》）, Beirut, Dār al-Torāth, vol. 6, p. 500.

③ Al-Sama’ani, Abu Saeed Abdulkarim al-Tamimi (1962), *Al-Ansab*, Abdurrahmān b. Yahyā al-Yamāni. eds. Beirut, Dār al-Torāth, vol. 11, p. 22.

的语言特色及其展现出的多元文化。基于这种状况，本文将在重新细读苏公塔碑文的基础上，探讨其中阿拉伯、波斯、察合台语以及中国文化融会交织的历史现象。

吐鲁番在丝绸之路上的文化地理位置

吐鲁番不仅拥有独一无二的气候条件，同时具有不同寻常的经济和文化的地理条件。著名的中国当代史学家张广达、荣新江教授合作撰写的论文《吐鲁番绿洲及其探险简史》中，描述了吐鲁番的地理和文化地位：

> 吐鲁番盆地位于中国新疆维吾尔自治区的东部，夹在觉罗塔格山、库鲁克塔格山及天山山脉的其他支脉之间，占地面积为50 147平方千米。盆地中的一些地区低于海平面100多米，最低处为负154米。这里是世界上仅次于死海的第二低地。气候极为干燥，但其灼热的高温有利于农作物生长。天山融化的雪水灌溉了这片土地，流出山谷的河流通过灌溉渠系统到达这些绿洲。灌溉系统为这块肥沃的土地提供了丰富的水源，而这是当地自古以来繁荣的文化所不可或缺的条件[④]（图1）。

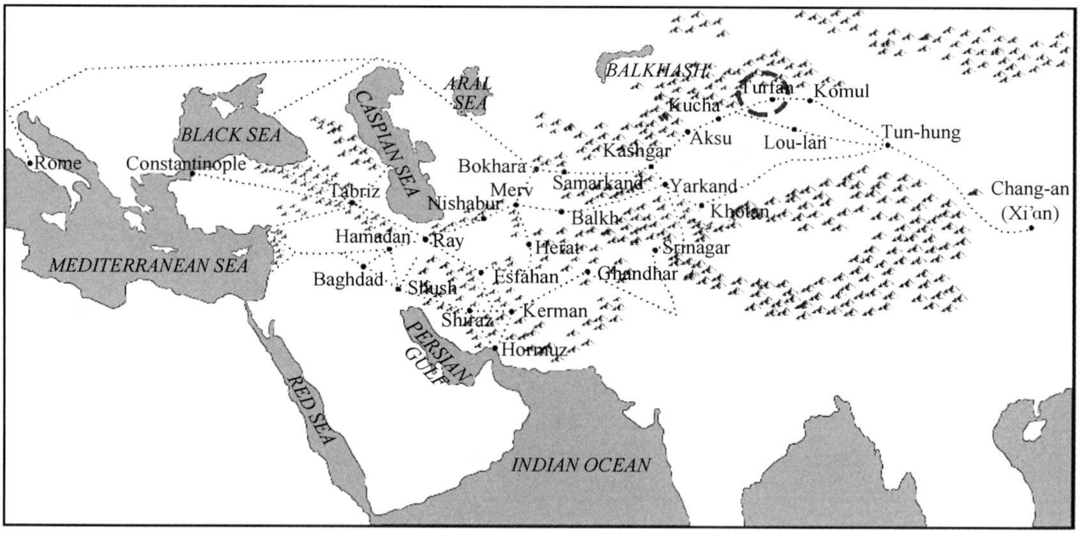

图1　吐鲁番在丝绸之路上的位置

1873年，英国的一支探险队在中国东北部的考察报告中，也曾对吐鲁番的地理和文化地位有如下概括：

> 喀什噶尔的最东端属于山麓地带，同时也是戈壁沙漠的边界。与其他地区迥然不同的是，这里没有河流，唯有两三条微小的溪流，会在洪水季节短时间

④ Zhang Guangda and Rong Xinjiang (1998), “A Concise History of the Turfan Oasis and Its Exploration”（张广达、荣新江《吐鲁番绿洲及其探险简史》）, in *Asia Major*, third series, Vol. 11, No. 2, pp. 13-14.

> 地奔涌而出。此处的水源是山麓地下的泉水，泉水经由暗渠流向地表的农业定居点。穆斯林将这种暗渠称作坎儿井（karez），汉人称之为井，卡尔梅克人称之为Nunkhun-bikha。旧城，被人们叫做Kuhna或“老吐鲁番”，用以区别于西边的乌什—吐鲁番。这里曾经是中国和西亚商路上的一座繁荣的商业城市。同一地区还有一些较小的城镇，也是活跃的居民点和手工业据点，但是在历经最近的动乱之后，那里再也没有商人和财富了[⑤]。

在丝绸之路的中段，吐鲁番居于商路的核心位置，这样的地理条件为这座城市带来了独一无二的特色。

> 作为位于塔克拉玛干沙漠北缘贸易线路上的一个重要绿洲，吐鲁番是许多不同民族的家园：原住民（中原人称“车师”或“姑师”），从5世纪开始涌入的大批汉族移民，7、8世纪从伊朗文化区而来的粟特商人，9世纪在当地建立首都的回鹘人，14世纪征服了这里的蒙古人。只有两个中原王朝直接统治过这里，唐朝的640—803年间和清朝的1756—1911年间[⑥]。

事实上，吐鲁番毫无疑问是多种文化交融之处，其所受的影响来自东面的中国、朝鲜半岛和日本，西面的波斯、阿拉伯，北面的突厥、蒙古，以及南方的印度文化——尽管程度较小。随着各种商品的流入，外来的文化也渗透进了吐鲁番居民的日常生活中。作为前伊斯兰时期的邻居，波斯和远东各国之间的商品交换通过陆路和海路同时进行。相应地，这为中国人，尤其是吐鲁番地区的居民逐渐熟悉波斯的文化与文明铺平了道路。在波斯文明对丝路这一地区的影响中，波斯语最具代表性。苏公塔碑文中所使用的波斯语，便是波斯和中国历史关系的一个显例。在介绍和考查碑文的全貌之前，有必要做一个简单的说明。

自19世纪“丝绸之路”的概念广为世人所知以来，关于波斯和远东沿陆路进行的文化、经济交流，至今已有了众多的研究成果。这些研究成果直接指向两大文明之间的中介——河中地区和粟特地区的历史。换言之，在伊斯兰时代波斯诸王朝史研究的领域里，丝绸之路在波斯语东传过程中的作用成为了一个历史研究论题，并且已有众多学者投身其中。在他们的研究里，伊朗学者和伊朗学家们不论是单独研究伊朗，还是留意于伊朗与中国之间的经济文化交流，都注意到了作为古代波斯文明一部分的河中和粟特地区的地理和文化地位，为这一主题的研究贡献了大部分成果。作为丝绸之路中段的一种伊朗方言，粟特语的使用历史可以追溯到公元7至8世纪[⑦]。伯希和率先撰文研究了丝路中段地区粟特语的重要地位，并基于中国的史料证明了在这个时期粟特语被当做一种通

---

⑤ *Report of a Mission to Yarkund in 1873, under Command of Sir T. D. Forsyth, K. C. S. I., C. B., Bengal Civil Service, with Historical and Geographical Information regarding the Possessions of the Ameer of Yarkund*（《由孟加拉民政部门的托·道·佛塞斯爵士率领的1873年赴叶尔羌使团报告书（附：有关叶尔羌埃弥尔占领地的历史和地理情报）》），Calcutta: The Foreign Department Press, 1875, pp. 49-50。

⑥ Zhang Guangda & Rong Xinjiang (1998), p. 13.

⑦ 粟特语是10世纪伊斯兰化之前的粟特地区（乌兹别克斯坦和塔吉克斯坦北部）曾经使用的中古东部伊朗语。相关内容，参看Yoshida, Yutaka(2016), “Sogdian language. Description”（吉田丰《粟特语概述》），in *Encyclopedia Iranica*, online edition, available at http://www.iranicaonline.org/articles.

用的语言[⑧]。粟特字母由阿契美尼德帝国的宫廷书写文字衍生而来。历史证据表明，这一时期，粟特语也对中国的人名和文化有显著的影响[⑨]。从7世纪起，粟特人将伊朗的文化和文明从丝绸之路的中段传播到更远的地方，塔克拉玛干沙漠的北缘和吐鲁番地区的回鹘人皈依了摩尼教，摩尼教成为了回鹘人的主流宗教，摩尼文成为他们的主要书写系统。20世纪初，德国考古学家第一次在吐鲁番地区发现了大量摩尼教的遗存[⑩]，并将部分成果整理发布[⑪]。

摩尼教在这一地区的影响力无疑代表了伊朗语言、文化、书写系统的强势地位。尽管如此，在12世纪蒙古人统治中国和波斯的时候，这种强势地位才到达顶峰。中国研究者刘迎胜写道：

> 成吉思汗和他后世的征服者们给穆斯林世界带来了特殊的契机。蒙古人征服中亚地区早于宋朝（960—1279），大量的穆斯林军人、官员、商人、学者、奴隶随着蒙古人的军队进入了中原，并且大多最终定居于此。一般来说，那时波斯语在中国同时扮演着四种角色[⑫]。

随着伊朗向中国的庞大的移民浪潮，不少伊朗人进入了元朝（1271—1368）的官僚体系，波斯语成为了中原官僚系统的官方用语之一。在此之后，波斯语成为丝绸之路中段的一种通用语。维吾尔人因为摩尼教的关系，对伊朗语言与文化早已谙熟，其文化与文字也深受波斯语的影响，借用了许多波斯语中的宗教和官僚词汇。这一时期的文本文献有力地印证了波斯语和维吾尔语的融合。苏公塔碑就是这种多文化融合的标志。即使表面上由汉文和察合台文写就，更细致的调查显示，这一篇碑文中融合了波斯语、阿拉伯语、察合台语、汉语等四种语言，是文化交融的明显例证。

---

⑧ Pelliot, Paul(1916), “Le «Cha-tcheou-tou-tou-fou-t’ou-king» et la colonie sogdienne de la région du Lob nor”（伯希和《沙州都督府图经及蒲昌海康居聚落》）, in *Journal Asiatic* ,pp.104-105. Skaff, Jonathan Karam（2003）, “The Sogdian Trade Diaspora in East Turkestan during the Seventh and Eighth Centuries”（斯加夫《7—8世纪新疆地区的粟特贸易迁流》）, in *Journal of the Economic and Social History of the Orient*, Vol. 46, No. 4, pp. 475-524.

⑨ Yoshida, Yutaka(2016), “Personal names, Sogdian in Chinese sources”（吉田丰《中国史料中的粟特语人名》）, in *Encyclopedia Iranica*, online edition, available at http://www.iranicaonline.org/articles.

⑩ 1902—1907年，柏林民俗学博物馆（Berlin’s Museum für Völkerkunde）连续派遣了三支考古考察队前往新疆地区，调查了吐鲁番的遗址和洞穴。在吐鲁番，考察队发现了大量的写本和其他遗物。1909年，俄罗斯科学院也派了考古探险队到达新疆，主要调查吐鲁番的洞窟。1905—1913年，德国探险队发表了探险报告和图片，指出在哈拉和卓和高昌古城的遗址中有一个摩尼教寺庙，同时，还另有一个可能原属摩尼教的寺庙。Chao Huashan (1996), New evidence of Manichaeism in Asia: A description of some recently discovered Manichacan temples in Turfan（晁华山《亚洲摩尼教的新证据：吐鲁番新发现的摩尼教寺院》）, in *Monumenta Serica*，vol. 44, p.26. 荣新江《一个入仕唐朝的波斯景教家族》，叶奕良编《伊朗学在中国论文集》第2集，北京：北京大学出版社，1998年，82—90页。

⑪ Sundermann, W(1981), Mittelianische Manichaische Texte kirchengeschichtlichen Inhalts（宗德曼《中古伊朗语摩尼教教会史写本文献》）, Berlin, Akademie-Verlag.

⑫ Liu, Yingsheng(2010), “A lingua Franca along the Silk Road: Persian language in China between the 14th and the 16th centuries（刘迎胜《丝绸之路的通用语：14—16世纪波斯语在中国》）, in *Aspetcts of the Maritime Silk Road: From the Persian Gulf to the East China Sea*, Ralph Kauz, ed. Harrassowitz Verlag. Wiesbaden, p. 87.

吐鲁番苏公塔经学院中的碑铭

18世纪上半叶，在被称作“新疆”的地区，清朝（1644—1912）的康熙皇帝正面临着蒙古部落准噶尔的入侵。1720年，准噶尔的攻势正猛，一位名为额敏和卓的地方领主率领维吾尔族人马加入了清军。1729年，清军着手反攻准噶尔部。额敏和卓不但为清军提供了有力的后勤保障，还率领部众跟随清军并肩作战。皇帝授予额敏和卓丰厚的赏赐和尊号，以表彰他在战争期间的功绩。1758年，乾隆帝命其参赞境内穆斯林信徒的相关事务。

> 1755—1759年之间，额敏和卓参加了清朝对准噶尔蒙古和穆斯林反抗者的战争。后来，额敏和卓担任了清朝在穆斯林地区的代理人，直到1777年去世⑬。

图2 考察吐鲁番苏公塔碑铭（自右至左：北京大学波斯语专业王一丹教授、本文作者乌苏吉）

晚年的额敏和卓在皇帝的鼎力支持下，开始在吐鲁番附近营建经学院。然而直到额敏和卓去世时也未能竣工，未竟的经学院及壮丽的尖塔由他的儿子苏莱曼完成。在工程的尾声，苏莱曼用察合台文和汉文立下了石碑，用以纪念父亲和他的杰作。笔者曾沿丝绸之路考察，途经新疆地区⑭，从乌鲁木齐和库车到哈拉和卓和吐鲁番。在吐鲁番，笔者造访了额敏和卓的经学院并阅读了其中的碑文（图2）。与其他一些学者的看法不同，笔者认为苏公塔绝不是一座清真寺。这座建筑设计有数量众多的小型礼拜室，碑文中也称建立的乃是一所“麦德里斯”（*mädrisä*，经学院），这一切都说明这里是教授伊斯兰教义的场所，也因此才会称之为“麦德里斯”。这座建筑的规划和设计模仿了伊朗的经学院的形制，其砖结构也受到伊朗麦德里斯的影响（图3）。

碑文中使用了“道堂（ḥangah）”一词，波斯语对应词为khangha，表明建造者具有神秘倾向，是为苏非派的信徒设计了这所“hangah”。“Khangah”或者“khanga”

---

⑬ Kim kwangmin(2012), Profit and Protection: Emin Khwaja and the Qing Conquest of Central Asia, 1759—1777（金光明《受益与保护：额敏和卓与中亚的清朝统治，1759—1777》）, in *The Journal of Asian Studies*, vol. 71, No. 3(August 2012), p. 604.

⑭ 笔者之一乌苏吉应邀前往新疆师范大学，作了“波斯文献里的喀什噶尔”的讲座。译者按：演讲论文《波斯文献中关于喀什噶尔在丝绸之路上的地位的记载》（林喆译，王一丹校）发表在《新疆师范大学学报》2012年第6期，8—14页。

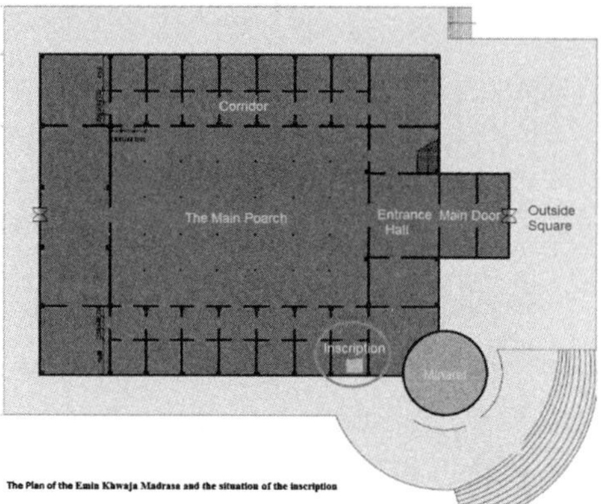

图3　苏公塔平面图及碑铭的位置

是个波斯语词，指的是苦行僧和苏菲信徒祈祷的场所。这表明了苏公塔的建筑结构深受苏菲派——一种通过呼罗珊（伊朗东部省份）和河中地区流传至丝绸之路中段的教派——的影响。为了更清晰地介绍碑文以及碑文中用词的语源，下文首先列出碑文的察合台语文本，然后作转写、翻译，最后以表格形式列出词源（见图4）。

图4　苏公塔碑铭

察合台语碑铭原文：

[1]هوالله الملك المستعان[2] سلاطين زمان و خواقين[3] دوران صاحب العدل[4] والاحسان باعث الامن و[5] الامان مروج شريعت غراى[6] نبوى و مزّين طريقت ثنيهٔ[7] مصطفوى اعنى سليمان ثانى ملك [8]جهان زنورديدهٔ ايمين خوجه وانك[9] صاحب قران بو مدرسهٔ ميمونهٔ منوره[10] بو منارهٔ منقش معمورهٔى اول[11] شهنشاه عالى مقدار و عزيز القدر[12] برخوردار يعنى پدر بزركوارلارى[13] لطف عنايت الهى بر له صحت و عافيت[14] سال مباركلارى سكسن اوج ياشقه يتكان[15] محلده شكركزارليق شرايطين بجا[16] كلتوروب اول عالى درجات بمينك [17]بوليدا اتاب يخشى نيت و عالى همت برله[18] صدقهٔ جاريه قيليب تأريخ قه مينك[19] يوز سكسن بردا ولايت حسابيدا[20] موش بيلى تعمير قيلغان خانه گا [21]اوز دستى دين يته مينك سر كموش خرج لاگان.

转写：

[1]Hovällah äl-mälek äl-mostáan[2]sälatin-i zäman va khävaghin-i [3]dowran ṣaḥib äl-ádl-i[4]väl eḥsan baīth äl-amni va [5]al-äman morävviji šareát-i ğärra-yi[6]näbäve vä mozäyin-i t̕äreğät-I thäney-I [7]moṣtäfäve äána suläman-I thane mälik [8]jähan zi noor-I Emin Khojih wang [9] ṣaḥibqran bu mädrisä'i mäymunäi' munävvärä [10]bu munaräi' monäqäš-i mä'muräyi ävväl 'ali miqdar vä 'äziz äl-qädr[11] bärḥudar yä'ni pidär buzrugvarlari [12]luṭf énayät-i ilahi bir läh ṣihat vä 'afiyät [13]sal mubaräkläri säksän üč yašqa yätkän [15] mäḥäldä šükürkäẕarliq šärayäṭin

bäja[16] kältürüp äväl ‘ali däräjat bi-menik[17] yolida atab yaẖši niyät vä ‘ali ḥimmät birlä [18]ṣädäq-ye’ jariyä qilip tariḥ qa ming[19] yüz säksän birdä vilayät hisabida[20] muš yele tä’mir ğileğanḥangah[21] öz dästi din yättä ming sär kümüš ḥärjlagan.

翻译：

真主赐福！时间之主，时代之可汗（合罕，khagan），正义与恩惠的拥有者，太平的守护者，穆斯塔法信仰的发扬者，苏莱曼二世，世界之王，额敏和卓眼中的光芒（即额敏和卓之子），福星高照之王（指在位三十年以上者）。光明赐福的麦德里斯，声名显赫，奇盛之塔，由杰出而高贵的国王建造，他即今日国王的父亲，愿神赐福与他。教历1180年（公元1766年），鼠儿年，他耗费了税款和收入中的7000银币，建立了这座经学院和道堂，时年八十三岁。

汉文碑文⑮：

1 大清乾隆

2 皇帝旧仆吐鲁番郡王额敏和卓率□扎萨克□苏赉满等念额敏和

3 卓自受命以来寿享八旬三岁□赖

4 上天福庇并无纤息灾难保佑群生因此答报

5 天恩虔修塔一座费银七千两整爰立碑记以垂永远可为名教恭

6 天恩于万一矣

7 乾隆四十三年端月吉日立

汉文大意：

1 清朝乾隆年间

2 额敏和卓，吐鲁番的统治者，中国皇帝的旧仆

3 额敏和卓时年八十三岁。依赖

4 上天赐予百姓幸福，上天佑人远离不幸。臣民因此感谢上天和皇帝。

5 为了答谢皇帝和上天，他怀着一颗真诚的心，花费七千两银子修建了这座塔，并且立下永恒不朽的石碑，彰显他引以为傲的虔诚信仰。

6 乾隆四十三年农历一月吉日。

7 感谢上天和皇帝。

显而易见，波斯语、阿拉伯语、察合台语词汇在碑文中混同使用，显示了中国、波斯、阿拉伯、察合台文化的交汇。碑文朴实的风格同样受到来自中世纪波斯divani（宫廷体）风格的影响。一些称号例如*sälatin-i zäman*（时间之主）、*khävaghin-i dowran*（时代之可汗），*saḥib äl-adl-iväl eḥsan*（正义和恩惠的拥有者），*baïth äl-amni va a-äman*（正义与平安的保证人），*morävviji šareát-i ğärra-yi näbäve*（先知信仰的发扬者），*suläman-I thane*（苏莱曼二世）、*säḥibqran*，都与波斯传统碑刻中的词组极为相似，在伊斯兰时代波斯的宫廷体文本中被广泛使用。事实上，这篇碑文中融合了多种文化，如中国、波斯、阿拉伯和维吾尔原生的艺术和书写的传统。吐鲁番苏公塔碑文是丝

⑮ 汉文碑文及其大意，据原碑校核，对作者原文有所补正——译者按。

绸之路要冲上，多种文化交织的代表。下表用词源学的方法展示了碑文中波斯语、阿拉伯语、察合台语的词汇，表明了碑文中用语的多样性（表1）。

表1

语言学解释（仅限于波斯语）	波斯语词汇	阿拉伯语词汇	察哈台语词汇
“耶扎菲”词组[16]	 Sälatin-e zäman	 Hovä ällah	 bu
“耶扎菲”词组	 ḫävaqin-e dowran	 älmälek	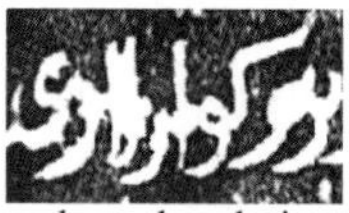 buzrukvarlari
“耶扎菲”词组	  Morävej-e šäri ‘ate näbävi	 almostä ‘an	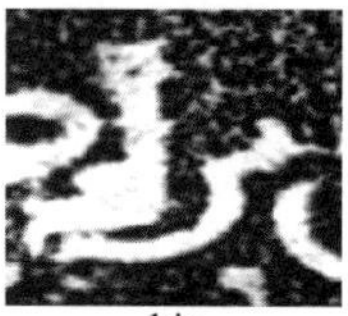 bir
“耶扎菲”词组	 Mozäyen-e ṭäriqat-e säniyye	 ṣaḥib äl ‘adl	 jämal(?) mubaräkläri
“耶扎菲”词组	 Suläiman-e sani	 äleḥsan	 säksän üč
单词	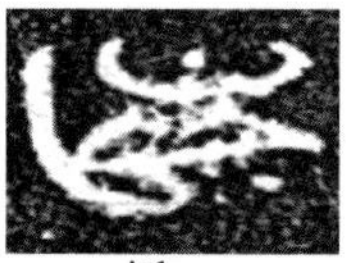 jähan	 Baeth älämn	 yašqa yätkän
介词短语+耶扎菲	 ze nure	 älaman	 mäḥäldä
介词短语+耶扎菲	 ze dideye	 ä ‘ana	 šükürkäẕarliq

⑯ 耶扎菲，波斯语语法术语，指表示修饰语与被修饰语之间的关系、置于被修饰语之后的附加元音“e”。——译者按。

续表

语言学解释（仅限于波斯语）	波斯语词汇	阿拉伯语词汇	察哈台语词汇
单词	 ṣaḥibqran	 bemälek	 šärayäṭin bäja
介词短语+耶扎菲	 mädrisä’I mäymunäi’ munävvärä	 ävväl	 kältürüp
耶扎菲词组	 munaräi’ näqš mä’m ä’muräi	 ‘aziz älghädr	 ning
耶扎菲词组	 šahinšah ‘ali miqdar	 šärayäṭin	 yolida
单词	 bärḫordar	 ävväl	 tab yaḫši
单词+耶扎菲词组	 yä’ni pädär buzrukvar	 niyyät	 birlä
耶扎菲词组	 luṭf inayät elahi	 ‘ali himmät	 qilip
连词词组	 ṣeḥät vä ‘afiyät	 tariḫ	 ming
单词	 šükürkäẓarliq	 tä’mir	 yüz säksän

续表

语言学解释（仅限于波斯语）	波斯语词汇	阿拉伯语词汇	察哈台语词汇
单词	 ‘ali däräjat	 ḥärj	 birdä vilayät
耶扎菲词组	 ṣäliqä’ jariyä	 moṣṭäfävi	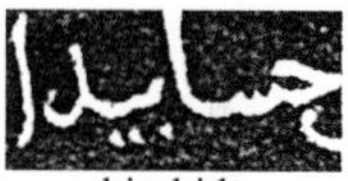 hisabida
单词	 ḥangah		 muš yili
			 qilğan
			 öz dästidin
			 yättä ming
			 sär kümüš
			 lagan

结　　语

作为东西社会文化与传统交流的最重要纽带之一，丝绸之路为历史学和社会学提供了广阔的研究空间。新疆地区位于丝绸之路中段，是中国、印度、波斯文化圈的腹心地带，具有极为重要的地位。这里的建筑、碑刻、文书、绘画，都是多种文化交叉影响下的产物，吐鲁番苏公塔碑就是一个典型的例证。建立在18世纪后半叶的苏公塔，既是纪念性质的经学院，也是恢弘壮丽的伊斯兰高塔，碑文上交织着波斯、阿拉伯、察合台语词。这种词汇和短语的交错，使得这篇碑文成为了丝绸之路文化交融中的一个极其重要的例证。本文介绍了碑文语言上和文本上的特点，并将其作为文化交融的象征。苏公塔碑充满艺术性和装饰性的构造，同样具有广阔的研究潜力，有待丝路研究领域的方家们进一步深入探讨。

附记：本文英文刊载于*Acta Via Serica*, vol. 2, no. 1, June 2017, pp. 31-47. 经作者授权翻译并校正，首刊于此。

（王一丹　校译）

The Turfan Minaret Inscription: A Symbol of Cultural Confluence on the Silk Road

Mohammad Bagher Vosooghi and Hassan Karimian
(tr. Xu Weiyan)

The corridors to the north and south of the Taklamakan Desert are the most important regions for cultural confluence on the Silk Road, where caravans made it to the Chinese capital or the Korean Peninsula by the northern road, through the city of Turfan, or the southern path of Khutan. Being an important part of the Silk Road in the course of history, this region was heavily influenced by the cultures of various nations and ethnic communities whose merchants utilized the road to advance their business. The region's language, writing system and literary structure were also affected so much that in the course of its tumultuous history, many words, phrases and terms belonging to neighboring cultures found their way into the region, leaving their mark on its linguistic structure. Of the cultural exchanges that took place between the peoples of the region, conspicuous traces can be seen in the architecture, music, literature, texts, and inscriptions. Located in the Turfan region, the minaret of Su Gong is host to an inscription which bears many signs of such exchanges. As so far no independent research has been conducted to identify the cultural, literary and structural features conveyed in this inscription, the present paper is an attempt to study the inscription in terms of the script language and syntax in order to unravel the effects of cultures prevalent on the Silk Road on this particular inscription. This study mainly aims to investigate the linguistic structure of the inscription and the impact of the Persian language on Silk Road culture. In fact, we approach the inscription as a symbol of cultural exchange on the Silk Road and will focus on the tradition of Persian inscription-making which affected the Turfan inscription.

傅斯年图书馆藏内阁大库档案中的徐松资料

朱玉麒

清代嘉道年间的学者徐松（1781—1848，字星伯），于嘉庆十年（1805）考中进士，曾经担任翰林院编修，十五年，简任湖南学政，十七年，因事遣戍伊犁，二十五年赐环。道光年间，又先后担任内阁中书、榆林知府等职。通籍之后的这些重要履历，在机构完备、文牍有序的清代政府机构档案里，都会留下记录。因此，查询宫中档案，更是从事徐松生平研究的重要途径。笔者在撰写《徐松与〈西域水道记〉研究》之际[①]，适逢中国第一历史档案馆（以下简称“一档馆”）的档案文献陆续开放，因此得以利用其中资料，对其遣戍经历和前后任职多所补苴。

一档馆开放的全宗档案里，记录徐松事迹的材料，出现在内阁、军机处、宫中档等三个全宗里，但是一档馆所藏，并不是今存这些清宫档案的全部。以内阁大库档案为例，光绪二十五年（1899）以来，因为库墙倾倒修建，庋藏在内阁大库中的部分书籍、档案被移放在外。其中档案部分装袋移出，辗转存放于国子监中。清帝逊位之后，民国教育部在国子监设立历史博物馆，这些档案移交该馆保管，并随其迁移到午门。1921年，教育部和历史博物馆因为经费困难，移出档案中不太完整的部分被分装约八千麻袋，卖给同懋增纸店重造粗纸，幸得罗振玉花重价买出，其后大部分转手于李盛铎。1929年，中研院史语所从李盛铎处买下了约七千麻袋左右的内阁大库档案，大部分于1936年迁运南京，成为今天台湾“中研院”史语所傅斯年图书馆（以下简称傅图）藏31万件内阁大库档案（以下简称“傅图内阁档”）的基础[②]。

傅图内阁档的整理与公布，也一直在不断推进。如目前我们可以通过“‘中央’研究院暨台北故宫博物院：明清与民国档案跨资料库检索平台”的网页，查询到内阁大库档案每一件档案的著录信息。不过，想要看到相关档案的影印图版，仍须获得账号或前往“中研院”及其相关共享单位，才能得到授权。笔者在撰写《徐松与〈西域水道记〉研究》时，即曾搜寻到其中与徐松履历相关的部分档案，但是无法获得完整的细节，只

---

① 朱玉麒《徐松与〈西域水道记〉研究》，北京：北京大学出版社，2015年。

② 内科大库档案的辗转分合，可参郑天挺1951年撰《〈明末农民起义史料〉序》，收入作者著《探微集》，北京：中华书局，1980年，289—301页，尤其293页关于内阁大库档案的散藏表格。

能通过其内容提要在书中作出备注③。

今年3月至5月间，笔者获北京大学人文基金资助，并得到史语所的访问邀请，在傅图获睹内阁档的完整影像资料，并列印细读相关档案。兹将所获徐松资料录文整理如下，并作分析，俾与拙著《徐松与〈西域水道记〉研究》公布之一档馆相关资料互相发明，使徐松生平履历的细节更为清晰。在此谨向史语所开放内阁档的公器精神、王明珂所长的热情邀请、傅图工作人员的敬业服务致以谢意。

一、吏部为新进士授职事

本件档案登录号196949-001，题名"吏部为新进士授职事"，系史语所明清档案工作室所拟。该工作室于各件档案还著录有责任时间、责任者、内容提要、登录号、高广、文件别、文本、文向、版本、附件、质材、装潢、保存状况、类型、语文等各种信息。本件内容提要云：

> 嘉庆十年五月八日，吏部移会稽察房新科进士一甲三名彭浚徐颋何凌汉业经授职外，徐松等著改为翰林院庶吉士，补行朝考之吕子班等均著分部学习等因奉上谕一道。

正是因为提要中出现"徐松"名字，才使得笔者得以从31万件档案中检索确认此件文书与徐松生平相关者，以下各件也都以此为据。如此，则未能在提要和题名著录中出现"徐松"字样而有关徐松的档案，恐仍被遗漏。对于档案文献出现研究对象姓名的全文检索，须得文献原本的全方位数字化处理，方能实现。不过，以徐松为档案主体的文献，基本应该为著录所包含，于此应该感谢明清档案工作室数据化加工的贡献。

作为完整的档案文书，本件有正页和粘单组成，题写档案名称和签收日期等丰富的文书内容的正页，是明清档案工作室著录本件文书信息的基础。该正页是一个简便的折式文书，首开一面正中，有大字题书"移会"二字，说明了该文件的性质是中央机关之间的平行文书。嘉庆《大清会典》所谓："通政司、大理寺行文，除各部院用咨外，余皆用移会；六科、各道、内廷各馆、内阁典籍厅、稽察房、中书科等处，与各部、院、寺、监行文，均用移会。"④"移会"二字上方，书有"稽察房""吏谕"字样，下方则书有"新科进士□□授职等由""五月初八日"字样，根据下面抄录的正式移会文字，

③ 朱玉麒《徐松与〈西域水道记〉研究》66页注1："史语所藏内阁大库档案也有嘉庆十七年二月吏部、礼部移会稽察房的初彭龄奏折（登录号：137140-001、114113-001）等史料，可能也有散出的相关判决内容。"88页注5："如史语所内阁大库档案有道光十年七月汉票签处移付典籍厅的档案（登录号175084-001），基本内容即记录内阁中书徐松于道光元年正月到阁行走，三年四月补缺，五年十月告假，六年十月销假，十二月补缺，八年三月二十八日丁母忧，道光十年七月二十六日服阕到阁行走，相应移付贵厅转行吏户两部查照。参史语所内阁大库档案检索网页：http://archive.ihp.sinica.edu.tw/mctkm2c/mctkm2o?@@81661326 。"此外，该书附录之《徐松年谱简编》中若干事迹，亦据当时检索所见著录中的内容提要而系年者，如其任内阁中书时期，于道光元年正月到阁行走，三年四月补缺，五年十月告假，六年十月销假，十二月补缺，八年三月丁母忧，十年七月服阕，到阁行走；又于道光十五年十二月由内阁中书充文渊阁检阅官等。参《徐松与〈西域水道记〉研究》，312—315、318页。

④ 嘉庆《大清会典》卷二三"礼部·仪制清吏司四"，嘉庆二十三年武英殿印本，叶九下。

可知这些是稽察房收到吏部抄出上谕移会后记录下来的收到日期和更为简洁的提要文字（图1）。正式的移会公文，则书写在“移会”二字的左侧：

吏部为移会事。嘉庆十年五月初五日，内阁抄出新进士授职奉上谕一道。相应抄录，移会可也。须至移会者。

计粘单一纸。

右移会

稽察房

嘉□

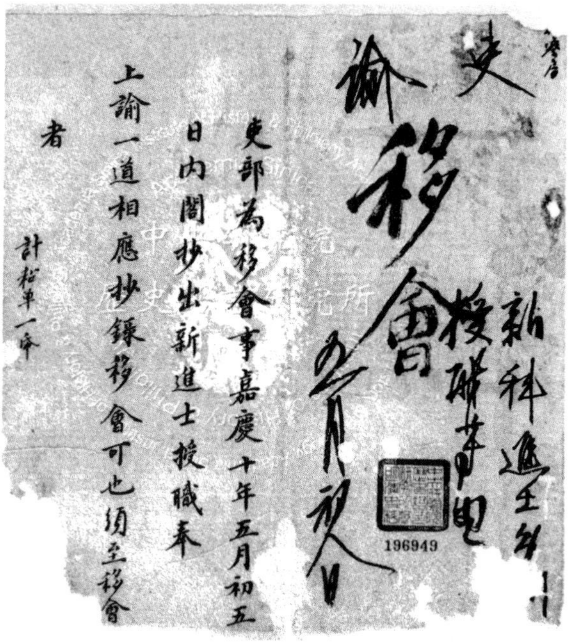

图1 《吏部为新进士授职事》移会折封

这是一件例行公事的文书。根据清代政务文书的传送程序，这件文书是由都察院所属的六科值日给事中领出内阁所存皇帝上谕正本，而分发吏科进行抄录，并交出吏部，再由吏部移会稽察房的[5]。稽察房是内阁的下设机构，掌稽察各部院对遵旨议覆事件的执行情况，嘉庆《大清会典》“稽察房”条云：“掌覈各部院已结未结之事。月终则汇奏（各部院遵旨议覆事件，由票签处传抄后，稽察房按日记档，俟各部院移会到时，逐一覈对，分别已结几件、未结几件，每月汇奏一次）。”[6]而新进士授职属于吏部执掌范围，因此由吏科抄出交稽察房，正是程序所规定者。其中的粘单，是上谕的正文内容：

嘉庆十年五月初五日，内阁抄出：初四日，奉上谕：新科进士一甲三名彭浚、徐颋、何凌汉业经授职外，徐松、李兆洛、石葆元、张聪贤、孙尔准、王珙、姚元之、谢崧、程德楷、盛唐、程家督、史谱、董桂敷、章汝金、汪全德、孙源湘、马瑞辰、童璜、胡敬、邵葆钟、潘际云、苏绎、彭邦畴、于克家、葛宗昶、李可琼、蒋诗、聂铣敏、费卿庭、吴遇坤、顾寅、张锡谦、陈鸿墀、何彤然、徐鉴、倪思莲、张志廉、程伯銮、汪汝弼、王德本、曹芸绸、陈玉铭、李建北、周尚莲、邱煌、陈宗畴、翟锦观、和桂、程元吉、何增元、鲁垂绅、姚原绶（绂）、周寿椿、陈俊千、孙升长、胡承珙、李黼平、觉罗宝兴、许绳祖、郭承恩、龚元鼎、邹植行、宗室崇弼、钱人杰、叶申万、张光焘、帅承瀚、穆彰阿、徐学晋、秦基、徐铨、黄步堂、平志、萧朗峰、张濂堂、色卜星额、严烺、崇绶、刘谦、裘元淦、何承先，着改为翰林院庶吉士。补行朝考之吕子班及秦绳曾、程家祥、蒋策、王廷浚、那丹珠、那清安、朱为弼、汪继培、童槐、吉禄、尹佩棻、宗室德遐，均着分部学习。吴玉堂本

⑤ 嘉庆《大清会典》卷五四：“凡科抄，给事中亲接本于内阁，（以给事中一人直日，赴内阁接本。）各分其正抄、外抄，而下于部。”叶三上。括号内文字原为双行夹注，本文以下引用同此。

⑥ 嘉庆《大清会典》卷二，叶二一下。

系兵部候补主事，着以该部主事即用。杨嗣曾、向肇隆、刘绍琯、余光超、吴宝裕、徐玉立、吴存楷、蓝桂、张秀芝、林庆章、凌泰交、邓应熊、郭泰成、王寿、冯春晖、刁家驹、杨欲仁、王允楚、雷长春、郑祖琛、骆应炳、周阶平、吴淞、甄士林、奚大壮、王炘（圻）、邓传安、王大同、钱楙勋、诸嘉乐、刘广澍、欧阳敬、王森文、时铭、黄承吉、敏登额、冯晋锡、程晋、李荫枢、翟凤翱、缪庭槐、万希煜、牟安儒、何诒霈、邓方城、王铨、符鸿、王泉之、张崐、叶以倌、刘铭常、陈三立、石长甲、吉钟颖、宋宜福、白钟岳、王橡、张范东、韩履宠、张之昶、段克莹、丁兆祺、郭志青、达春布、魏襄、刘坛、易含章、吴沆、王鋆、包菜、林家和、徐钧、颜廷彦、王作肃、邹绍观、陈周书、熊士鹏、傅廷兰、温炘、辛炳晟、张树勋、牛霆、张际熙、姚宝煃、刁家騋、苏廷菜，均着交吏部签掣分发各省，以知县即用。陈兰策本系捐纳候选同知，着交吏部掣省分发，以同知即用。余着归班铨选。钦此。

这件上谕，是对嘉庆十年乙丑新科进士及当年补行朝考者的任职安排。文书有部分文字残损之处，可以根据《清实录》的记载予以补正⑦。不过，《清实录》记载嘉庆年间的事情，是在仁宗去世后的道光年间，由实录馆的馆臣据前朝档案编纂而成，其形成时间反在本文书之后。

徐松作为众多授职新进士的一员，所以能在简短的内容提要中被提及，是由于他在新科进士中特殊的名次。按照清代进士考试的常规，一甲三名进士在放榜之后即行授官，状元授予翰林修撰，榜眼与探花授予翰林编修之职⑧。二甲以后的进士则需要经过殿试后的朝考，根据殿试和朝考的综合排名，选成绩优异者授予翰林院庶吉士，列次等者用为各部主事、中书或地方知县。徐松在乙丑科的殿试中获得二甲一名、朝考中获一等二名，因此综合排名仍为一甲三名进士后二百多人中的卓然独秀者，从而成为引见后授职的排头。

傅图内阁档中与徐松有关而年份最早的这件文书，记录了徐松走上仕途的第一步。

二、湖南学政徐松坐名敕书

本件档案登录号105777-001，为云龙版框纸本卷轴，高广56.8厘米×175.7厘米，满文、汉文双语书写，汉文左行，满文右行。兹录汉文如下：

敕提督湖南学政、翰林院编修徐松：自古帝王治天下，率以兴贤育才为首务。稽察前制，学政用词臣，督率之任至重也。近来士习未变，文事未彰，良由督学各官不能仰体朕意。今特命尔前往湖南提督各府州县学。尔尚端轨仪，

---

⑦ 《清仁宗实录》卷一四三，《清实录》，北京：中华书局，2008年影印本，第29册，955—956页。以上所录文书加框者，系文书残损，据《清实录》补字；括注文字，系文书抄录错别字，而据《清实录》正字。以下录文格式，同此凡例。

⑧ 《清仁宗实录》卷一四三：“（嘉庆十年五月）乙酉，授一甲一名进士彭浚为翰林院修撰，二名进士徐颋、三名进士何凌汉为翰林院编修。”《清实录》第29册，955页。

崇经术，勤劝课，严坊刻，振维新之典，革积衰之弊，毋尚华而遗实，毋避怨以市恩，俾士有真才，国收实用。湖南，人文所萃，尤宜加意作新，多方鼓励，以称朝廷培植人材至意。所属道府州县及提调等官，凡关系学政者，听尔据实考核。其礼部提准申饬事宜，当著实举行。向有传谕严禁考试情弊，尔当恪奉遵依。至于本处督抚，各有攸司，不得互相干预。如遇公事交接暨文移往来，俱照平行。其布、按二司接见礼仪、往来文书，有干系学政者，俱照学院衙门例行。尔受兹委任，务严绝情面，一秉虚公，振拔孤寒，澄汰污贱，教士有程，取文有法，俾士风丕变，时惟尔功。如或蹈常袭故，违命旷职，亦惟尔罚。尔其慎之，故敕。

嘉庆十五年十一月二十二日（钤印“敕命之宝”）

本件文书属于皇帝下达诏令文书中的敕谕或敕书文件，“敕书是以皇帝名义授给地方重要文武官员的凭证文件，其中规定各该官员的职权范围和任职要求作为明确责任和行使职权的法律依据”[9]。根据官员级别的高低，分为坐名敕书和传敕两类，乾隆《大清会典》称：“外任官督抚、学政、盐政、织造、提督、总兵等官，撰给坐名敕书；布政使、按察使、道员、运使及副将、参、游等官，止给传敕。”[10]坐名敕书的内容，根据官员的职责，撰为程式性的套语，对照傅图内阁档中另藏徐松伯父徐立纲（1735—1803）在乾隆四十五年（1780）授予安徽学政的坐名敕书[11]，即可知其雷同之处。

虽然如此，坐名敕书却是非常重要的身份和权力象征，因此制作考究、费时较长，在由内阁完成满汉文的书写和钤盖“敕命之宝”之际，受命出任的学政往往都已经在地方履任，故敕书多由宫中提塘官邮递出京，寄达本人。本件文书题署的日期是“嘉庆十五年十一月二十二日”，而根据一档馆藏宫中档徐松《奏报到任日期并谢恩事》的文书[12]，徐松于嘉庆十五年十月二十八日即抵达长沙府，接任学政关防并书籍文卷，三日后便上奏了到任情形。可见这件坐名敕书的敕谕是在其接任之后才由京中寄递前来。

按照清代的规定，颁给下级官员的传敕只列官衔，并不具名，因此任满后不必缴销，而是转交接任者收掌即可。颁给高等级地方官员的坐名敕书，则须在任满之后缴送六科查验销号，送交内阁保存。我们能够在内阁大库档案中获睹这一文书，是早为清代文书档案的流程所规定了的。不过，徐松的这份坐名敕书，显然在其嘉庆十六年底因赵慎畛参奏、由初彭龄查办而被革职拿问时，未及任满，就缴送归公了。

因此，这件展示徐松在而立之年春风直上的坐名敕书，到达的时间落在其任职之后，收回的时间却早于其任职的可能期限，预示了徐松此后蹭蹬的仕途经历。

---

⑨ 张我德等编《清代文书》，北京：中国人民大学出版社，1996年，7页。本文有关清代档案文书之常识叙述，多参考该书，不一一出注。

⑩ 乾隆《大清会典》卷二“内阁”，文渊阁四库全书本，叶六上。

⑪ 《安徽学政徐立纲坐名敕书》，傅图内阁档登录号105397-001。

⑫ 徐松《奏报到任日期并谢恩事》，档号：04-01-13-0191-017。

三、礼部为学政徐松考试勒索事

本件文书档案登录号137140-001，明清档案工作室的著录信息遗漏题名；根据其格式，定拟如上标题。该文书也是一份带有粘单的纸本折件，正页折封题大字“移会”，正页上书“礼”字，左右题：“初彭令（龄）等奏审明湖南学政徐松考试勒索等款定拟一折。二月初三日。”左边折页书移会文字：

礼部为移会事。仪制司案呈：嘉庆十七年正月二十七日，内阁抄出钦差侍郎初　等奏审明湖南学政徐松考试勒索及出题割裂并发卖武童弓箭等款定拟一折，奉朱批：刑部议奏。钦此。钦遵到部。相应抄录原奏，移会稽察房可也。须至移会者。

计粘单一纸。

右移会

稽察房

＿＿＿＿年二月　日

明清档案工作室在著录信息中的责任时间记作“嘉庆17年2月？日”，当系根据移会文字未予填写日期的残缺部分作出的标注。其实这份移会文书的责任时间，应该根据稽察房收到文书后在“移会”封题上标注的“二月初三”作为其最后责任日期。下一份文书《吏部为学政徐松考试勒索事》明清档案工作室标注责任时间为“嘉庆17年2月5日”，即照此例。

粘单一纸，抄录移会文字的全部内容[13]：

内阁抄出：臣初彭龄、臣广厚跪奏为审明定拟具奏事。窃照给事中赵慎畛参奏湖南学政徐松考试勒索及出题割裂并发卖武童弓箭等款。臣等钦遵谕旨，请将徐松革职拿问，同讯出大概情形，业经恭折奏闻，一面檄调宝庆府知府及教官来省质讯在案。嗣据该府柳迈祖、邵阳县学教官周世举于上年十二月二十六日到省，臣等即提集犯证，隔别研讯。

［如］原参徐松按试宝庆乘轿进棂星门、士子纷议不服、经提调官惩责轿夫始息一节。审据徐松供称：是日天雨，轿夫并不在下马牌住轿，伊因轿帘放下，未经查知，直至角门檐下住轿，始行知悉，当将轿夫呵斥，并无坐轿进棂星门。质之宝庆府知府柳迈祖、县学教官周世举，亦称棂星门向来不开，出入俱由角门，学政都从下马牌下轿，步行入角门。士子见学政在角门檐下始行住轿，不知系轿夫错误，颇有谈论，并无纷议不服、将轿夫责惩始息之事。

---

[13] 下录“内阁抄出”之后的文字，系本移会对于初彭龄《奏为审明已革湖南学政徐松考试勒索等款一案按律定拟事》原本的抄录，原本今藏一档馆宫中档全宗，档号：04-01-08-0120-001（以下简称“一档馆本”）；又有军机处录副作《奏为审拟原学政徐松考试勒索出题割裂并发卖武童弓箭等情形事》，档号：03-1541-014。以下录文中的中括号［ ］中文字，系据一档馆本所补；圆括号（ ）中文字，亦据一档馆本正字。

又原参各府州县每学发交排律经文一百二十册，派价转重、教官赔累难堪一节。讯据该学政家人刘贵供称：伊主刻有《经文试帖新编》一册，每到各府州考试时，［发］交教官卖给生童，大学一百四十册至一百二十册，中学七八十册至四五十册，小学二三十册不等。每册取工价银三钱六分，伊主原吩咐教官听生［童］自愿购买，如有不愿买者，即将原书缴还，不必勉强。共考过六府三州，发过书四千零一十册，各教官缴还书一千六百三十册，实卖出书二千三百八十册，收过元丝市平银八百五十六两八钱，除每册工价银一钱六分共工本银三百八十两八钱外，实得余利银四百七十六两。至发过长沙府学一百四十册，长沙、善化二县学各一百二十册，三学教官缴价时，原说书已发完，有几名未缴（交）价，系该教官先行垫缴，伊主并无抑勒赔垫。质之长沙府、县学教官，据称徐学政分发书籍，原有生童不愿购买不必勉强之语，但生童中贫苦者多，内有已经散给未经交价者，伊等先措银垫缴、随后向生童收回是实。臣等查该学政考过已有六府三州，恐发卖书籍不仅二千三百八十册，其所得余利亦断不止四百七十余两，随提徐松严行究讯，据称：我刻有《经文试帖》发售生［童］取利，实属糊涂妄为，但刊刷书籍，实止六千册。除卖出二千三百八十册外，其各学缴还一千六百三十册，并其余各书，俱现存署中。至每册实需刊刷工价银一钱六分，我止得余利银四百七十六两，有工匠可质等语。臣等随提工匠质讯，并吊取所存书册，与徐松所供相符。

又原参招发（覆）取列优等生员，每于点名前各缴钱数百文一节。据该学政家人刘贵、承差周琪供，系该学政考取各学生员在一等前列者，欲将文字选定刊刻，令每人各缴刊价钱二百文。计考过六府三州共六十二学，每学取［钱］六七百文不等，统共收钱三十七千八百文，余（除）买黎版（梨板）用去钱九千九百文外，刘贵现存钱二十千，周琪存钱七千九百文。因该学政未将文字选定发刊，是以此项钱文尚存，并未侵用。臣等恐不止此数，摘传长、善两县学前列优等生员质讯，据称每名实止缴钱二百文，尚有不能足数者，与刘贵等所供相同，此外实无多索。

又原参加增红案陋规至十数两、恐人不遵悬牌示谕一节。讯系该学政家人刘贵起意，与同主家人杨元及书办唐联芳、已故书办谢汉韬、承差蒋谦商允，因红案陋规已奉例禁，无钱使用，令蒋谦向新进童生覆试时讨取喜钱，内中有给有不给，所给钱数自一二千文及五六百文不等，并无索取十余两之多。前后考至六府三州，共得钱六百六十余千文，刘贵分钱二百四十余千，杨元分钱一百六十千，唐联芳分钱一百二十千，谢汉韬分钱一百千，蒋谦分钱四十千。该学政并不知情，亦无悬牌示谕之事。臣等查该家丁刘贵与书办唐联芳等内外交通，索取喜钱，至六百余千之多，该学政徐松何致漫无觉察？且徐松发卖书籍，尚图取利，岂独［于］此项钱文毫无入己之事，难保非授意勒索，阳托喜钱为名，隐蹈红案陋规旧习，不得不切实根究，随提该学政严讯，据称：刘贵等索取喜钱，我实［在］并不知情，如果我欲图加增红案陋规，授意勒索，难瞒众人耳目，求传各学教官、廪生、生员质审。臣等随传长沙府、县学及邵阳县教官，并摘传廪生及新进生员等查讯，据称：实止家人、书役讨取喜钱，并非徐学政加增红案陋规。果有其事，何肯代为隐饰。似尚可信。

又原参每县发备卷二三十名，每名索取数金，准作佾生一节。据该学政徐松供称：定例每学额设佾生三十六名，我到任后，查各学佾生多有缺额，随于考取童生备卷内，挑取数卷，传令到案验看奖赏，以示鼓励。至牌示教官，传谕各该童静候奖赏，不得先行回归，如不到学每（报）名，毋许入册充佾。原要本童到案验看，以杜假冒顶替，并非希图需索。惟不遵谕（例），由州县会同教官考选，这是我错处。等语。

又原参纵容家丁凌辱士子，指斥为苗子，即出“子曰苗子”题目一节。不特该学政坚称出题本属无心，并非有意讥诮，即讯之教官等，亦止称该学政场规至（过）严，并不派教官监场，专派家丁查号。见有生童交头接耳、出号行走，即扭票罚跪，是以士子多有怨望，并无非礼凌辱、并斥为“苗子”情事。

又原参考试教官及招覆新生卖给熟食索钱一节。讯系家人（丁）刘贵每逢考试教官，预（豫）备熟食点心，送给各教官，赏银一二钱不等。并茶房吴八、刘六先期买备点心，放在考棚，卖给招覆新生，虽较寻常买价稍昂，为数尚属无多。

又原参考试武童，强取弓箭、仍复发卖一节。审缘轿夫张勇见武童射箭时[⑭]，箭拔（枝）落靶，随同熟（执）事人役大家抢（捡）拾，该武生（童）等多有用钱赎取，每支（枝）七八文不等，并未抢弓。

至原参出题割裂经文一节。据该学政供称：为防闲生童抄袭旧文起见。但如“緌綈（饰）”“宝（室）车”“至于犬”“不畜牛”“驷不及舌至虎”“南宫适出至东里”等题，虽系防闲抄袭，实属割裂句读，有乖文体，殊失命题课士之道。

以上各款，臣等逐一推鞠，反覆研审，似无遁飾（饰）。该学政徐松无可置辨（辩），惟称：我蒙皇上天恩，简放学政。不知检束，出题割裂文，违例滥准佾生，不派教官监场，于家人、书役、轿夫籍（藉）端勒索，毫无觉察，既令优等生员出钱刊刷试卷，又将自己书籍散买（卖）渔利，实属辜负天恩，只求将我从重治罪，还有何辩。各等供。据此，查律载“监临官挟势将自己物货散与都（部）民多取价者，［计］渔（余）利准不枉法论”；又“不枉法赃折半科罪”；又“名例称准，但准其罪，罪止杖一百、流三千里”。又律载“官吏非因公务科敛人财物入己者，计赃以不枉法论，无禄人，罪止杖一百、流三千里”，各等语。此案，学政徐松除出题割裂文义，违例滥收（取）佾生，不派教官监场，及失察家人、书役、轿夫勒索喜钱，散卖熟食，抢拾箭枝，并令优等生员出钱刊刷试卷各款，或咎止降罚，或赃非入己，均属

---

⑭　“武”后傅图内阁档本衍“生”字。

轻罪不议外，其将书籍分派教官，转令生童购买，除去工本银外，计得余利银四百七十六两，应依“监临官挟势将自己物货散与都（部）民取价者，计赃准不枉法论，罪止杖一百、流三千里”。该学政卖书渔利，种种失察，又复任意派令家人查号，割裂命题，以致士论沸腾，实属猥鄙不职。徐松前已请旨革职，应请发往新疆效力赎罪。

家人刘贵充当长随，与在官人役无异。因红案陋规久奉例禁，辄起意串同书差唐联芳［等］向新进童生索取喜钱，统共计赃至六百六十千之多，实属胆玩；查索取喜钱，非因公务科敛，应以不枉法论，该犯分得赃银二百四十余千，折半一百二十两。刘贵除起意散给教官熟食索取赏银轻罪不议外，应照“官吏非因公务科敛人财物入己，计赃以不枉法论，无禄人，杖一百，流三千里”律，杖一百，流三千里。书办唐联芳分得钱一百二十千[⑮]，折半六十两，应依不枉法赃六十两，杖七十、徒一年半，无禄人减一等，杖六十，徒一年，定地发配承差。蒋谦分得钱四十千，折半二十两，应依不枉法赃二十两，杖八十，无禄人减一等，杖七十，折责发落，仍革役。谢汉韬分得钱一百千，业经病故，应毋庸议。茶坊吴八、刘六向新进生童（童生）散卖点心，取利虽为数无多（几），亦属不合，应与抢拾武童箭杖（枝）卖钱之张勇，均照不应重律，杖八十，折责革役。张勇递籍管束。承差周琪向优等生员索钱刊刷试卷，系该学政徐松主使，且赃未入己，应请宽免。以上各赃出钱人，并未首告，且散处六府三州，不能一一给还，应照数追出，入官充公。逸犯杨元缉获另结。

再，红案陋规，已奉谕旨饬禁，虽不敢公然勒索，但学政家人、书吏籍（藉）称喜钱名色，索要钱文，亦恐日久弊生，复踵故辙。臣等即严行申禁、有犯立惩，以期永绝弊端。

除供册咨部外，谨将审明定拟缘由，合词恭折驰奏，并徐松亲供，敬呈御览。伏乞皇上睿鉴训示［施行］。谨奏。

嘉庆十七年正月十九日，奉朱批：刑部议奏。钦此[⑯]。

徐松在湖南学政任上，于嘉庆十六年底遭到赵慎畛参奏“考试勒索及出题割裂并发卖武童弓箭等款”，嘉庆皇帝敕命初彭龄查办。这件文书抄录了初彭龄在嘉庆十七年正月初七日从长沙上奏的徐松案件审查、拟罪奏折，以及嘉庆皇帝在正月十九日的朱批意见，由礼部移会稽察房。礼部的主要职能是主管朝廷重要典礼、全国学校和科举考试，以及藩属和外国往来之事，嘉庆《大清会典》所谓：“掌考五礼之用，达于天下，以赞上导万民，凡班制论材之典，达诚致慎之经，会同职贡之政，燕飨饩廪之式，百司以达于部，尚书、侍郎率其属以定议。”[⑰]徐松担任学政这一派委在一省地方文教的首席长官，自然与礼部职能有重大关联，因此由礼部作为相关的职能部门而移会稽察房，以便

⑮ “芳”后傅图内阁档本衍“等”字。

⑯ “嘉庆十七年”云云，是嘉庆帝朱批时间。一档馆本无此句。而于“谨奏”后有批红“刑部议奏”，下作“嘉庆十七年正月初七日”，是初彭龄上奏时间。

⑰ 嘉庆《大清会典》卷一九，叶一上。

后者监督此案的议奏结案。

这一文书抄录初彭龄原奏全文，从时间上看，是在嘉庆朱批八日后的正月二十七日，从内阁抄出交送礼部，礼部于二月初三日移会稽察房者。完整的移会文书让我们了解徐松勒索案件在各部院之间的流转，而抄写的文字遗漏、错误种种，也使我们认识到抄转过程中的失真情况。

在以往的研究中，只有陈垣先生的《记徐松遣戍事》据军机处录副本附录了该拟奏文字[18]，除了抄录过程中产生新的文字错误外，对于徐松家人刘贵等处分的拟奏文字及对红案陋规的意见，从“家人刘贵充当长随”至“以期永绝弊端”一段，悉数未录，亦未予说明，容易误解为这一抄录文字即是拟奏的全部；笔者撰《徐松与〈西域水道记〉研究》，限于体例，亦仅摘录全部奏文的拟罪判决文字[19]。此次据一档馆本做出校勘，全文录呈，以见初彭龄审办徐松案件之全豹，并为下揭《湖南巡抚为王臣勋等应追入官赃银屡追无完等案》文书张本。

四、吏部为学政徐松考试勒索事

本件文书档案登录号137140-001，也是一份带有粘单的纸本折件，正页折封题大字“移会”，正页上书“吏”字，左右题：“初彭令（龄）奏审明湖南学政徐松考试勒索等情一折。二月初五日。”左边折页书移会文字：

吏部为审明等事。考功司案呈：内阁抄出初　等奏前事，等因。除移咨刑部核覆完结外，相应知照可也。须至移会者。

计粘单一纸。

右移会

稽察房

嘉庆十七年二月　　日

（此处有签署人名）

粘单一纸，抄录移会文字的全部内容：

内阁抄出初　等奏：窃照给事中赵慎畛参奏湖南学政徐松考试勒索及出题割裂并发卖武童弓箭等款一案，该学政徐松无可置辨（辩），惟称：“我蒙皇上恩典，简放学政，不知检束，出题割裂经文，违例滥准佾生，不派教官监场，于家人、书役、轿夫藉端勒索，毫无觉察，既令优等生员出钱刊刷考卷，又将自己书籍散（买）卖渔利，实属辜负天恩，只求将我从重治罪，还有何辨（辩）。”各等供。据此，查该学政徐松除出题割裂文义，违例滥取佾生，不派教官监场，及失察家人、书役、轿夫勒索喜钱，散卖熟食，抢拾箭枝，并令

---

⑱　陈垣《记徐松遣戍事》，《国学季刊》第5卷3号（1936年9月），141—150页；收入陈乐素、陈智超编校《陈垣史学论著选》，上海：上海人民出版社，1981年，371—381页。

⑲　朱玉麒《徐松与〈西域水道记〉研究》，59—60页。

优等生员出钱刊刷试卷各款，或咎止降罚，或赃非入己，均属轻罪不议外，其将书籍分派教官，转令生童购买，除去工本银外，计得余利银四百七十六两，应作（依）“监临官挟势归自物货散与部民多取价者，计赃准不枉法论罪，止杖一百、流三千里”。该学政卖书渔利，种种失察，又复任意派令家人查号，割裂命题，以致士论沸腾，实属猥鄙不职。徐松前已请旨革职，应请发往新疆效力赎罪。谨奏。嘉庆十七年正月十九日，奉朱批：刑部议奏。钦此。

以上内容，也是对“湖南学政徐松考试勒索及出题割裂并发卖武童弓箭等款一案”审查、拟罪的报导。对照初彭龄《奏为审明已革湖南学政徐松考试勒索等款一案按律定拟事》，该文书撮抄了后半部分徐松认罪及初彭龄定拟徐松罪名的文字。如前所述，稽察房是“掌覈各部院已结未结之事”的，吏部则是文职官员的管理机关，嘉庆《大清会典》总括为：“掌天下文职官吏之政令，以赞上治万民。凡品秩铨叙之制，考课黜陟之方，封授策赏之典，定籍终制之法，百司以达于部，尚书、侍郎率其属以定议。”[20]关于湖南学政被革职遣戍的案件，自然关涉到吏部对于任免文官的职责，由其移会稽察房，也是自然的程序。不过从礼部抄送稽察房的移会文书来看，作为学政的徐松考试勒索等款案件，似乎与礼部的关联更加密切，因此移会粘单所载文书悉数抄录初彭龄奏折，内容更为翔实。吏部的移会，只是一般性的过场。

礼部和吏部移会的这两份文字，注定了徐松前期仕途生涯的终结。

五、湖南巡抚为王臣勋等应追入官赃银屡追无完等案

本件文书档案登录号112196-001，是由湖南巡抚广厚上奏嘉庆皇帝的题本，是政府公文中奏疏类上行文书的一种，用满文和汉文两种文字书写。折封“题”字右上，有批朱“该部议奏”，右下有“廿二，刑，户”字样，当系提示下达刑部、户部议奏的标注。兹录题本汉文如下：

兵部侍郎兼都察院右副都御史巡抚湖南等处地方提督军务兼理粮饷臣广厚谨题为详请核题事。据湖南按察使恒敏详称：案准刑部咨：入官赃贰拾两以上、给主赃叁拾两以上，监追壹年之久，勘实力不能完者，开具本犯情罪轻重、监追年月久近、赃数多寡，于年底汇题。等因。遵照在案。今查……又据长沙、善化二县详：一件遵旨等事已革湖南学政徐松考试勒索并发卖书籍渔利一案，刘贵所分钱贰佰肆拾伍千文照追入官等因，嘉庆拾柒年贰月贰拾柒日奉准部覆在案。今据长沙、善化二县详称：查刘贵名下应追入官赃钱贰佰肆拾伍千文，监追无缴，并经详咨该犯原籍著追。旋准直隶宝坻县覆称：提讯刘贵之母刘王氏并保邻胡宗莬坚供刘贵并无资产，实系赤贫，无力完缴，取结移覆，相应详情豁免。……各等情，由府到司。查得……又据长沙府详：据长沙、善化二县详称已革湖南学政徐松考试勒索并发卖书籍渔利案内刘贵名下应追所分

⑳ 嘉庆《大清会典》卷四，叶一上。

钱贰佰肆拾伍千文屡追无完，准据直隶宝坻县查明，刘贵并无产业，委系赤贫，无力完缴。……各等情，均经取结加结，由府详请豁免前来。覆查杨百训、胡宗璜、刘贵、张大顺即詹义廷、王臣勋伍犯名下应追入官赃银，既据该州县等查勘，确实俱系赤贫，家无产业，亦无亲属，著追实系力不能完，与豁免之例相符。相应详情核题。等情。前来。臣覆核无异，谨会同湖广总督臣马慧裕恭疏具题，伏祈皇上睿鉴，敕部核覆施行。再查印甘各结，前经咨送，应请无庸重赍，合并陈明。谨会题请旨。

嘉庆拾玖年闰贰月贰拾日，湖南巡抚臣广厚。（钤印“湖南巡抚关防”）

题本正文之后，又有贴黄，是对本章正文的内容提要，其中省略了正文中县府详文的过程，直接引用长沙府的详文，提示了申请豁免追缴不完赃款的中心议题（图2）：

兵部侍郎兼都察院右副都御史巡抚湖南等处地方提督军务兼理粮饷臣广厚谨题为详请核题事。据湖南按察使恒敏详称：案准刑部咨：入官赃贰拾两以上、给主赃叁拾两以上，监追壹年之久，勘实力不能完者，开具本犯情罪轻重、监追年月久近、赃数多寡，于年底汇题。等因。遵照在案。今查湖南省……又据长沙府详：据长沙、善化二县详称：已革湖南学政徐松考试勒索并发卖书籍渔利案内刘贵名下应追所分钱贰佰肆拾伍千文屡追无完，准据直隶宝坻县查明，刘贵并无产业，无力完缴。……各等情，均经取结加结，由府详请豁免前来。覆查杨百训、胡宗璜、刘贵、张大顺即詹义廷、王臣勋伍犯名下应追入官赃银，既据该州县等查勘，确实俱系赤贫，家无产业，亦无亲属，著追实系力不能完，与豁免之例相符。相应详情核题。等情。前来。臣覆核无异，谨会题请旨。

嘉庆拾玖年闰贰月贰拾日，湖南巡抚臣广厚。（钤印“湖南巡抚关防”）

以上题本，是对嘉庆十八年分湖南省辖各府州县入官赃银监追不完案件汇总报请豁免的奏疏。共计汇总五桩案件，此处录文在刘贵前后所省略的，是与徐松无关的杨百训、胡宗璜、张大顺（即詹义廷）、王臣勋四名案犯的事件。

刘贵作为徐松家丁，在徐松的学政贪赃案件中，如前《礼部为学政徐松考试勒索事》的移会文书所揭，曾起意向新进童生索取喜钱、散给教官熟食索取赏银，得赃银二百四十多两。按照律例的规定，他被作为官家的吏员承担罪责，被判杖一百、流三千里，并缴还赃银入官。但是两年之后，刘贵的赃银并未能完缴。通过这一题本，可知这一期间湖南按察使府也曾屡次追缴，并曾行文刘贵原籍直隶宝坻县查明其家底，确属赤贫无产，而无力完缴。湖南巡抚衙门根据刑部所谓“入官赃贰拾两以上、给主赃叁拾两以上，监追壹年之久，勘实力不能完者，开具本犯情罪轻重、监追年月久近、赃数多寡，于年底汇题”的咨文，上奏了请旨豁免的题本。从中可见嘉庆年间对于贪赃案件的追缴过程。

该件文书，用工笔细书仿宋字。这是清初以来形成的定格，后来受到奏本楷书的影响，逐渐向楷书转化，甚至在乾隆二十九年正式下令题本一律使用楷书。从该文书写成于嘉庆十九年的时间来看，这一命令并没有被认真贯彻。

兵部侍郎兼都察院右副都御史巡撫湖南等處地方提督軍務兼理糧餉臣廣厚謹
題為詳請核
題事據湖南按察使恆敏詳稱案准刑部咨入官
贓貳拾兩以上給主贓叁拾兩以上監追壹年
之久勘實力不能完者開具本犯情罪輕重監
追年月久近贓數多寡於年底彙題等因遵照
在案今查湖南省嘉慶拾捌年分據沅州府詳
據署芷江縣詳稱王雙龍毆死楊朋大案內楊
百訓名下所得應追賄和銀貳拾兩屢追無完
提訊保鄰入等僉稱楊百訓並無產業無憑著
追又據常德府詳據沅江縣詳稱郭以文赴京
呈控龍為陞等私案墝堤隱匿官荒案內胡宗
墳名下應追盜賣私壟田畝價銀屢追無完提
訊保鄰及犯妻堅供胡宗墳已經[illegible]故家無產
業無力完繳又據[illegible]沙[illegible]詳據長[illegible]善化二縣
詳稱已革[illegible]南學政徐[illegible]考試勒[illegible]并發賣書
籍漁利案內[illegible]、名下[illegible]分錢貳百肆拾
伍干文屢追[illegible]准據[illegible]抵縣查明劉貴
並無產業[illegible]力完繳文[illegible]長沙府[illegible]據長沙縣
詳稱已革岳常澧[illegible]項[illegible]愧於馬[illegible]陞控案并
於委員拏獲小錢婪索得贓案內張大順即詹
義廷名下應追豁化小錢價銀壹百貳拾兩陸
錢勒追無完准據江西臨川縣查明該犯並無
親屬家產無力完繳又據澧州詳稱李正榜買
存僞造護道榜文案內王臣勳名下應追得受
買經銀陸拾玖兩屢追無完奉准順天府轉據
宛平縣查明該犯並無資產無力完繳各等情
均經取結加結由府詳請豁免前來覆查楊百
訓胡宗墳劉貴張大順即詹義廷王臣勳伍犯
名下應追入官贓銀既據該州縣等查勘確實
俱係赤貧家無產業亦無親屬著追實係力不
能完與豁免之例相符相應詳請核
題等情前來臣覆核無異謹會題請
旨

图2 《湖南巡抚为王臣勋等应追入官赃银屡追无完等案》题本贴黄

刘贵的下落，后来不得而知。在嘉庆十九年闰二月湖南巡抚上奏题本之际，被判流三千里的刘贵肯定早已离开了此地。他的主人徐松，也已经在流放地伊犁开始了踏勘西域的新人生。

六、汉票签为中书到任日期事

本件文书档案登录号144020-001，系移付文书。折封题“移付”二大字，并有标注记号。移付正文云：

汉票签为移付事。照得本处中书徐松于本月十三日经吏部带领引见，补授实缺。查该员即于是日到任任事。并该员到任日期并应行谢恩之处，相应移付贵厅转行吏户两部暨鸿胪寺可也。须至移付者。

右移付

典籍厅

道光六年十二月十七日

中书华□

移付也是一种平行文书。发出和接收文书的汉票签处和典籍厅都是内阁的下属机构。汉票签处“掌校阅汉文本章、拟写票签之式”[21]，后者指对本章中陈述事件拟定具体处理意见，供皇帝裁定。而典籍厅则是“掌章奏文移，（内阁行文各衙门，皆钤典籍厅关防，其稽察钦奉上谕事件处，及内廷修书各馆、俄罗斯馆文移稿案，亦移付本厅借用关防。）治其吏役，收图籍之藏”[22]，徐松在内阁汉票签处补授中书实缺一职，需要移会吏部、户部和鸿胪寺，如上所言，须“移付本厅借用关防”，因此有此移付文书的出现。

该件文书记录了在内阁中书任职的一个细节，即他曾于道光六年十二月十三日由吏部引见，获得汉票签处内阁中书的实缺。徐松赐环回京后，曾于嘉庆二十五年十二月获得内阁中书的起复[23]，是其后期仕途的起点，其后直到道光十六年，获升礼部祠祭司主事、署祠祭司掌印[24]，才告别内阁中书这一官职。在这十六年内阁中书任上的细节，过去并不清楚，赖有汉票签处的两份移付，我们得以知悉其在内阁中书的实缺，主要在汉票签处，期间也曾告假、销假，进进出出，多有辗转，这一点，尤其在下面的移付中表现得最为突出。

七、汉票签为中书徐松服阕到阁行走由

本件文书档案登录号175084-001，亦系移付文书。折封题“移付”二大字，左侧左行书写移付正文：

汉票签为移付事。照得本处中书徐松系顺天府大兴县人。中式嘉庆乙丑科进士。授职编修。因在学政任内缘事革职。二十五年十二月，奉旨以内阁中书用。于道光元年正月，到阁行走。三年四月，补缺。五年十月，告假。六年十月，销假。十二月，补缺。八年三月二十八日，丁母忧。今于本月二十六日服阕，到阁行走。相应移付贵厅转行吏户两部查照可也。须至移付者。

右移付

典籍厅

道光十年七月　　日

---

[21] 嘉庆《大清会典》卷二，叶二〇下。

[22] 嘉庆《大清会典》卷二，叶一七上。

[23] 《嘉庆上谕档》：“嘉庆二十五年十二月二十七日，内阁奉上谕：松筠呈进《新疆识略》一书，据奏系已革编修徐松纂辑，徐松著加恩以内阁中书用。钦此。”一档馆编《嘉庆道光两朝上谕档》，桂林：广西师范大学出版社，2000年，第25册，587页。《清宣宗实录》卷一二“嘉庆二十五年十二月下”：“（己酉，）以纂辑《新疆识略》，赏已革翰林编修徐松内阁中书。”《清实录》第33册，221—222页。

[24] 李星沅《题为榆林知府徐松因病请开缺调理事》：“（徐松）由嘉庆乙丑科进士改庶吉士，散馆授职编修。历充武英殿纂修、文颖馆提调。……道光拾陆年，选授礼部祠祭司主事。”一档馆藏内阁全宗，档号：02-01-03-10732-005。《（道光二十六年）陕西全省同官录》“陕西榆林府知府徐松”页：“……道光十六年，选授礼部祠祭司主事、署祠祭司掌印。”道光二十六年刊本，北京大学图书馆藏编号2253/7189。

中书李□

汉票签付一件为中书徐松服阕到阁行走由存行

侍读管理典籍厅事　玉　文　有

委署侍读　德　常

总办档务　庆　舒　善　福

管档　瑞　恒　耀　烓　爱　德　台　怀　李　庆　崇　英　和　音　盛　崇　恒　西　台　保　文

值宿　福

道光十年七月二十六日

“汉票签付一件为中书徐松服阕到阁行走由存行”及以下文字，可能是附在移付文字后面的典籍厅签收单（图3）。按照典籍厅的收发规定，签单上事先恭楷列书“侍读管理典籍厅事”“委署侍读”“总办档务”“管档”“值宿”所有人员姓名的第一字，然后由当日实际签收人员在签单名下画押。这份文书的画押者，是“总办档务”下庆、善、福三人，“管档”下德一人和“值宿”福一人。因此这一移付较之前一件同类文书，保存的似乎更为完全。

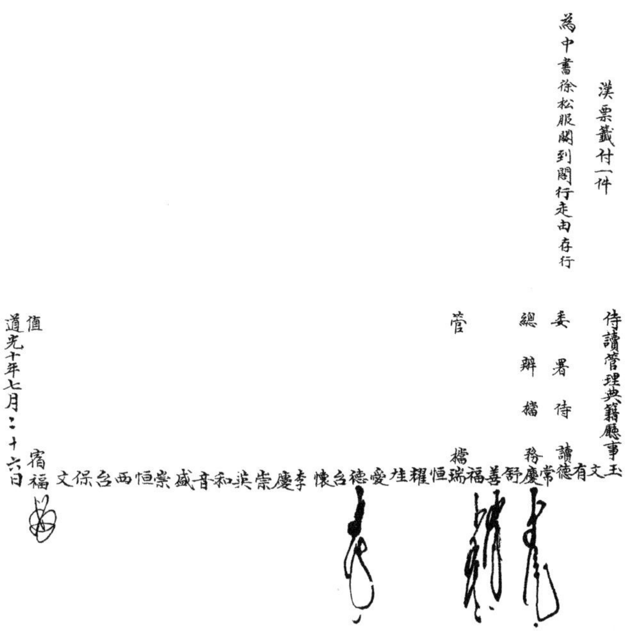
漢票籤付一件
為中書徐松服闋到閣行走由存行
侍讀管理典籍廳事　玉　文　有
委署侍讀　德　常
總辦檔務　慶　舒　善　福
管檔　瑞　恒　耀　烓　愛　德　台　懷　李　慶　崇　英　和　音　盛　崇　恒　西　台　保　文
值宿　福
道光十年七月二十六日

图3　《汉票签为中书徐松服阕到阁行走由》移付签收单

该文书记录了徐松从嘉庆二十五年授职内阁中书十年以来出入于内阁的具体情况。其中“二十五年十二月，奉旨以内阁中书用”的记载，如前所揭，有《嘉庆朝上谕档》《清宣宗实录》等可证，但“于道光元年正月，到阁行走。三年四月，补缺。五年十月，告假。六年十月，销假。十二月，补缺。八年三月二十八日，丁母忧。本月（十年七月）二十六日服阕，到阁行走”，其在内阁中书前十年间的进进出出，均系本文书所独载者。“八年三月二十八日，丁母忧”，虽也有徐松《与徐鉴书》可参[25]，而具体的日期，笔者曾据后者“弟于七月七日百日满，方能出门”，推断其嫡母乔氏卒于三月二十五日[26]，今据移付，则当以八月二十八日为是。

㉕　徐松《与徐鉴书》，承先师启元白教授赐赠，曾于《徐松与〈西域水道记〉研究》中征引。

㉖　《徐松与〈西域水道记〉研究》，315页。

八、翰林院为请充文渊阁直阁校理检阅事

本件文书档案登录号188997-001，是一份带有粘单的纸本折件，正页折封题大字“移会”，右侧书“印信”、左侧书“遵封”二小字，各有标注。正页右上角书“内”字，当系翰林院送交内阁的标记文字。左边折页书移会文字：

翰林院典簿厅为知照事。本院于十二月二十二日具奏，请充文渊阁直阁校理检阅一折。文渊阁直阁事奉朱笔圈出詹事府少詹事蒋立镛充补，文渊阁校理奉朱笔圈出翰林院侍讲福济、博迪苏，詹事府右赞善陈宪曾，翰林院编修郑绍谦、高树勋、高枚、李恩继，检讨谌厚光，编修郭道閎充补，文渊阁检阅奉朱笔圈出内阁中书颜以燠、徐松充补。相应抄录原奏，知照可也。须知移者。

计粘单一纸。右移

内阁典籍厅

道光拾伍年拾贰月　日

粘单一纸，抄录的是当时翰林院上奏请充文渊阁直阁校理检阅事的题本文字，其云：

奏为请充文渊阁直阁校理检阅事。伏查文渊阁直阁事，向设四员，以科甲出身之内阁学士、由内班出身之满汉詹事、少詹事、读讲学士兼充。又文渊阁校理，向设十二员，以内班出身之满汉庶子以下并俸深编检十员开列请充。又文渊阁检阅，向设六员，以科甲出身之中书人员由内阁移送到院请充。今出有直阁事一缺、校理九缺、检阅二缺，因请充补，谨照例咨取衔名，各缮清单，恭请皇上简充直阁事一员、校理九员、检阅二员。为此，谨奏。

本件文书是翰林院典籍厅移会内阁典籍厅的平行文书。翰林院是清代中央机构之一，“掌论撰文史之事，率在院之列而励其学行，以备任使，以充侍从”[27]，是清代科举人才晋升之地，经由翰林院者多可入值内廷，或简放主考、学政之职，是清代文脉的主宰。翰林院下也设有典籍厅，职责与内阁典籍厅同。正是因为如此，用作皇帝讲经筵讲堂和典藏《四库全书》《古今图书集成》等大型图集的文渊阁，也归属于翰林院名下，其直阁、校理、检阅官的缺出，自然由其奏报请充，最后从内阁中书人员中由皇帝圈定了的颜以燠、徐松充补检阅官。这份知照，正是从徐松新任职的翰林院移会给之前任职的内阁者。

过去，我们仅仅知道徐松在道光十六年选授礼部祠祭司主事，以为这是从内阁任职直接调任而来。根据这份移会，则在内阁和礼部任职之间，徐松还有在翰林院担任文渊阁检阅官的新履历。

㉗　嘉庆《大清会典》卷五五，叶一上。

九、吏部为奉上谕一道由

本件文书档案登录号220838-001，折封题大字“移会”，右侧有简明的移会内容和来历记录：

一件内阁抄出：道光二十六年正月二十四日，奉上谕：陕西榆林府知府员缺，著徐松补授。钦此。于二十五日抄出到部。

“移会”二字左侧，为移会文字：

吏部为移会事。所有前事一件，相应抄单移会可也。须至移会者。

右移会

稽察房

道光贰拾陆年贰月初柒日

这份由吏部移会内阁稽察房的文书，虽然简略，却记录了徐松一生最后的任职情况（图4）。

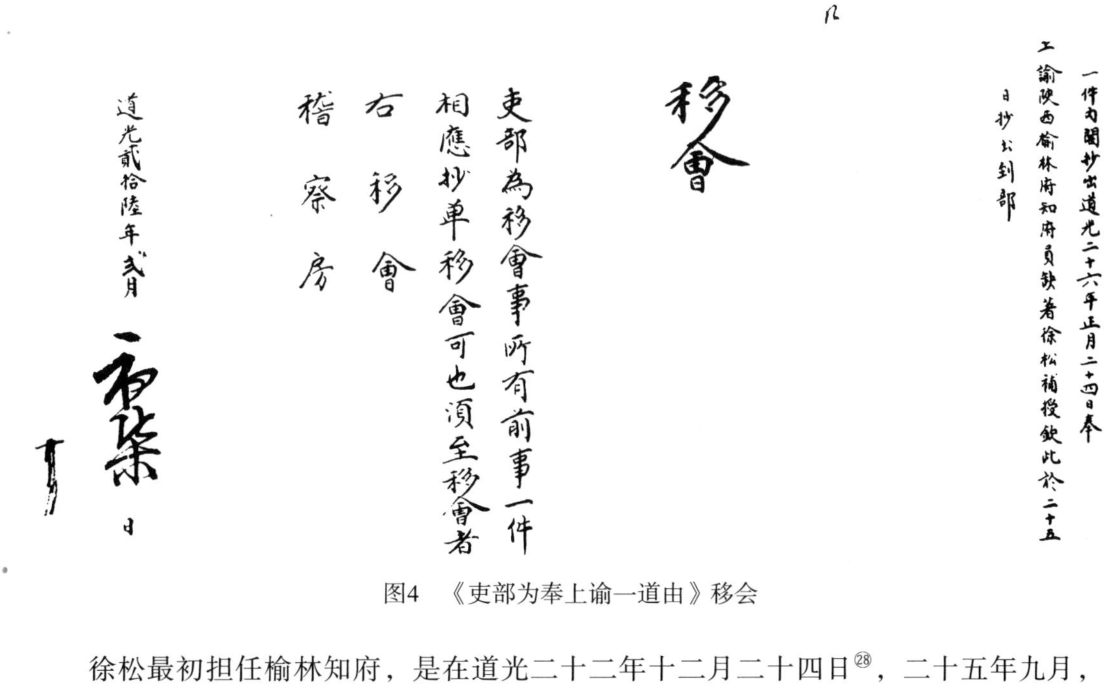
一件內閣抄出道光二十六年正月二十四日奉
上諭陝西榆林府知府員缺著徐松補授欽此於二十五
日抄出到部

移會

吏部為移會事所有前事一件
相應抄單移會可也須至移會者
右移會
稽察房
道光貳拾陸年貳月柒日

图4 《吏部为奉上谕一道由》移会

徐松最初担任榆林知府，是在道光二十二年十二月二十四日[28]，二十五年九月，因病开缺回籍调理[29]。至二十六年正月二十四日，又再次补授榆林知府[30]。以上这些

[28] 徐松《奏为奉旨调补陕西榆林府知府谢恩事》，一档馆藏宫中档全宗，档号：04-01-13-0267-041。

[29] 李星沅《题为榆林知府徐松因病请开缺调理事》，一档馆藏馆藏内阁全宗，档号：02-01-03-10732-005。

[30] 《嘉庆道光两朝上谕档》：“道光二十六年正月二十四日，内阁奉上谕：陕西榆林府知府员缺，著徐松补授。钦此。”第51册，24页。徐松《奏为奉旨补授陕西榆林府知府谢恩事》：“新授陕西榆林府知府臣徐松跪奏为恭谢天恩吁求恩训事。本月二十四日，内阁奉上谕：陕西榆林府知府员缺，著徐松补授。”一档馆藏宫中档全宗，档号：04-01-13-0276-059。

最后的任职，也都有其他清宫档案予以记录，可见清代文牍制度的程序完备和渠道多元。本件由吏部移会内阁稽察房的徐松补授榆林知府文书，也是这个多元渠道中例行公事的反应。

综上，傅图内阁档中的徐松资料，记录了徐松由科举出身到最后任职全过程中的重要环节，构成了徐松前后期履历的重要框架。其中在内阁中书任上的告假、销假，担任翰林院文渊阁检阅官的记录，均为其他资料所未曾言及，对我们理解这一时间段内徐松其他的生平资料有很大的帮助。作为从清代内阁大库中移出的重要部分，傅图内阁档与一档馆等多处清宫档案资料，在徐松生平履历的记录上互相发明，也为复原徐松的任职经历所不可或缺。徐松履历的组合，也成为这些分藏的档案是从事清史研究不可分割有机整体的典型例证；而清代行政文书严密的组织机构和运作流程，于此可见一斑。

Xu Song Materials in the Imperial Cabinet Archive Housed in Fu Ssu-Nien Library

Zhu Yuqi

The archives, about 310 000 files, of the Imperial Cabinet Archive housed in Fu Ssu-Nien Library were originally kept at the Imperial Cabinet Storehouse in the Qing imperial palace and removed from the Storehouse in the late Qing Dynasty. In 1921, “eight thousand sacks” of the Imperial Cabinet Archive were even sold to a paper recycling factory and then these archives changed hands several times. In 1929 most of the archival documents sold to the paper factory were purchased by the Institute of History and Philology, Academia Sinica. Later the institute transported the best of them to Taiwan.

Among these archives, there are 9 documents concerning Xu Song’s biography and these multiple types of files include downward official documents from the emperor, parallel ward official documents between the central agencies, upward official documents reported by the local governments. In these documents some important resumes of Xu Song are recorded, for example, in 1805 he was appointed Hanlin scholar (member of the Imperial Academy) after becoming a metropolitan graduate; in 1810 his position was Xuezheng (Education Supervisor) of Hunan province; in 1812 he was cashiered and exiled to Xinjiang; after 1826 he worked in the Cabinet; in 1846 he served as Zhifu (the governor) of Yulin, etc..

These precious data can be used to improve our understanding of Xu Song's life history by cross-referencing with the Xu Song materials collected in the First Historical Archives of China.

近代伏尔加鞑靼民族主义运动中的“金帐汗国”想象与穆斯林认同

——读阿雅兹·伊斯哈齐《亦德勒—乌拉尔简史》

周思成

一、引　　论

从社会学的理想类型来看，要求全世界穆斯林结成统一共同体（“乌玛”）的伊斯兰教和地方民族主义是一组对立的意识形态。尽管格林菲尔德（Liah Greenfeld）认为，民族主义希望建构的“民族”，其边界尽可以有无限弹性，“不必与任何一个特定的共同体相联系。一个民族可以是全人类”[①]，但正如布鲁巴克（Rogers Brubaker）指出的，民族主义以及作为“想象的共同体”的民族，与其他认同的关键区别仍然在于：任何一个民族都是被想象为有限的，是众多民族中的一员，“多中心”（polycentric）或者“多元”（pluralist）是民族主义的社会本体论，而“乌玛”作为一种超地域和超国家的宗教认同则与此对立[②]。

尽管如此，在历史和现实中，从阿拉伯民族主义到巴基斯坦的民族主义，穆斯林群体和民族主义却演化出多样的结合形式。这种特殊主义的民族主义的产生及其形态，在很大程度上，取决于特定民族的政治精英和文化精英利用本土资源进行社会动员和认同建构的不同方式：一方面，这些精英在动员民众和建构认同，特别是在选择和操纵民族主义的象征符号时，具有相当大的自由度和灵活性；另一方面，他们意图代表的那个民族自身的文化、价值观和制度，他们自身由文化决定的种种信仰和偏好，又会对民族主义活动产生约束作用甚至决定性影响。穆斯林当中的民族主义也是如此[③]。因此，穆斯林共同体和民族主义究竟会以何种形式结合？民族精英在这一过程中究竟扮演何种角色？首先需要通过个案研究来回答，而很难找到某个放之四海皆准的模式或结论。

---

① 〔美〕里亚·格林菲尔德著、王春华等译《民族主义：走向现代的五条道路》，上海：上海三联书店，2010年，“导言”，7页。

② Rogers Brubaker, *Grounds for Difference*, Cambridge and London: Harvard University Press, 2015, p. 116.

③ Francis Robinson, Islam and Muslin separatism, in *Nationalism: Critical Concepts in Political Science*, by John Hutchinson, Anthony D. Smith, London: Routledge, pp. 914-915.

从研究民族精英及其认同建构的视角来看，国际学界对近代俄国穆斯林，特别是其中地位颇为特殊的伏尔加鞑靼穆斯林的民族主义运动的研究，与其他类型的穆斯林民族主义相比，尚属薄弱④。国内的一些研究，主要是在“双泛”（泛伊斯兰主义和泛突厥主义）研究视野下对此问题有所涉及⑤。德国著名蒙古学—伊斯兰学家施普勒（Bertold Spuler）称为“突厥—鞑靼民族独立运动的主要代表人物之一”（einer der Hauptvertreter der türk-tatarischen Unabhängigkeitsbewegung）的阿雅兹·伊斯哈齐（Аяз Исхаки），在20世纪30年代出版了一本简述伏尔加鞑靼人历史的俄文小册子，题为《亦德勒—乌拉尔》（Идель-Урал，本文酌情译作《亦德勒—乌拉尔简史》）。这份文献较好地反映了伏尔加鞑靼民族知识分子自身在历史书写和认同建构方面的某些重要线索。然而，此书问世迄今，仍少人问津，仅施普勒在1937年的《东欧史年鉴》（Jahrbücher für Geschichte Osteuropas）上发表过一篇简短的德文书评（详后）⑥。本文拟以《亦德勒—乌拉尔简史》为中心，从民族精英及其认同建构的研究视角出发，对19世纪末、20世纪初伏尔加鞑靼人民族主义运动作一点初步的回顾和评论，其有纰缪，敬祈方家教正。

二、近代俄国的伏尔加鞑靼人民族主义运动

根据一份1970年代初苏联的人口统计，人口数达5 931 000的鞑靼人是苏联境内第五大民族，仅次于俄罗斯人、乌克兰人、白俄罗斯人和乌兹别克人，也是第二大穆斯林族群。鞑靼人主要聚居在伏尔加河中游和乌拉尔山之间、被称为“喀山伏尔加河流域”的地区，部分散居在苏联各中亚共和国和其他区域⑦。喀山伏尔加河流域大致相当于公元10世纪的布加尔汗国疆域，在蒙古征服时代之后，又属于从金帐汗国分离出来的喀山汗国。伏尔加鞑靼人可能是古代布加尔人与后来陆续来到该地区的钦察人和蒙古人融合而形成的族群，信奉伊斯兰教。1552年，伊凡四世征服喀山汗国之后，伏尔加鞑靼人成

---

④ 关于近代伏尔加鞑靼人的主要研究主要包括：Тамурбек Давлетшин, *Советский татарстан: Теория и практика ленинской национальной политикйи*, London: Our Word Publishers, 1974; Azade-Ayse Rorlich, *The Volga Tatars: A Profile in National Resilience*, Stanford: Hoover Institution Press, 1986. Marie Bennigsen Broxup, ‘Volga Tatars’ in Graham Smith (ed.) *The Nationalities Questionin the Soviet Union*, London: Longman, 1990, pp. 277–289. 德国的施普勒教授也撰写过一本鞑靼人历史的小册子《伏尔加河乌拉尔之间的民族和国家》（Bertold Spuler, *Idel-Ural. Völker und Staaten zwischen Wolga und Ural*. O. Stollberg, Berlin, 1942），遗憾的是此书印数稀少，笔者亦未能寓目。此外，日本学者山内昌之关于鞑靼民族社会主义者苏丹-加里耶夫的研究著作中，也有关于伏尔加鞑靼人历史的较详细介绍，见〔日〕山内昌之『スルタンガリエフの夢:イスラム世界とロシア革命』，東京：東京大学出版会，1986年，1—112页。关于苏联穆斯林特别是鞑靼人的其他英文研究，可参看励轩《中亚之外苏维埃穆斯林的历史编撰学》，沈卫荣主编《西域历史语言研究集刊》第7辑，北京：科学出版社，2014年，527—534页。

⑤ 陈延琪、潘志平主编《泛突厥主义文化透视》，乌鲁木齐：新疆人民出版社，2000年，19—27、108—116页；张来仪《俄国1905年：泛突厥主义从文化宣传转向政治行动》，《俄罗斯中亚东欧研究》2010年第6期，72—78页；昝涛《从历史的角度看“双泛”》，高全喜主编《大观》第5期，北京：法律出版社，2011年，83—109页。

⑥ Bertold Spuler, Idel'-Ural. (Wolga-Ural) by Ajaz Ischaki, in *Jahrbücher für Geschichte Osteuropas*, Jahrg. 2, H. 1 (1937), pp. 115-116.

⑦ Тамурбек Давлетшин, *Советский татарста : Теория и практика ленинской национальной политикйи*, p. 9.

为沙俄统治下的首个穆斯林民族。自命为“第三罗马”的沙俄在鞑靼人中强制推行基督教化政策，通过拆毁清真寺、关闭宗教学校、强制迁徙甚至监禁来强迫鞑靼人改信东正教[⑧]。不过，在叶卡捷琳娜二世统治时期，为了充分利用鞑靼人在商业贸易和文化上的影响力，将伏尔加鞑靼地区作为向中亚扩张的前进基地，沙俄调整了相关政策。1773年叶卡捷琳娜二世颁布的宽容敕令不仅许可伊斯兰教及其相关机构存在，还在奥伦堡创立了穆夫提会议，专一负责伊斯兰宗教人士和宗教学校的管理，在社会生活中适用沙里亚法；与此同时，原先拒绝改信东正教并因此被罚没财产的部分鞑靼贵族也逐渐获得了特权，在18世纪末至19世纪初转化为控制喀山省商业和手工业的商业资产阶级，与伊斯兰宗教学者（乌莱玛）共同构成了伏尔加鞑靼人社会的上层[⑨]。

19世纪末伏尔加鞑靼人经济和教育的发展，与伊斯兰在世界范围内回应西方挑战而滋生的现代主义思潮相呼应，在伏尔加鞑靼人中产生了通过全面改革伊斯兰社会特别是传统穆斯林教育来重塑“乌玛”的“扎吉德运动”（Jadidism）[⑩]。在1905年席卷沙俄各地的革命风潮中，伏尔加鞑靼穆斯林参与组织了三次全俄穆斯林代表大会，希望通过参加党派政治活动，向沙皇递交请愿书和选举代表进入杜马，进一步争取宗教、民族和文化领域的平等权利。1917年二月革命推翻沙俄政权后，伏尔加鞑靼穆斯林又先后召集了二次全俄穆斯林代表大会，选举了全俄穆斯林中央委员会（Милли шуро），召开了穆斯林军事代表大会和宗教人士代表大会，希望向临时政府争取更多的民族自治权利（联邦制下的区域自治或者单一制下的文化自治）。然而，在民族政策方面，所谓“二月体制”不过是用资产阶级临时政府的大俄罗斯主义取代了沙皇俄国的大俄罗斯主义[⑪]，伏尔加鞑靼人民族主义运动也日趋激进。

在十月革命爆发和布尔什维克夺取政权后，在种种因素的影响下，原先倾向于单一制下的文化自治方案、期待全俄穆斯林共同行动的鞑靼民族主义者，转而提出了在伏尔加—乌拉尔地区建立相对独立的“亦德勒—乌拉尔”区域自治邦（Идель-Урал шататы）的设想。1917年11月至1918年1月在乌法召开俄国国内穆斯林民族议会（Миллет меджлисе）后，鞑靼民族主义者决定加紧推行建国方案，选举了临时政府（Милли идаре）成员和6个执行委员会，对布尔什维克政权采取敌视态度。在1918年初召开的第二次穆斯林军事代表大会期间，海军代表托库姆贝托夫（Токумбетов）向布尔什维克支持者宣称：“不需要你们来告诉我们应该如何自决，这是我们自己的事情……如果你们打算干涉我们的内部事务，那么等待着你们的是千百万士兵。”[⑫]布尔

⑧ 这段历史可参看：Тамурбек Давлетшин, *Советский татарстан: Теория и практика ленинской национальной политикйи*,pp. 15-25; Azade-Ayse Rorlich, *The Volga Tatars: A Profile in National Resilience*, pp. 10-47.

⑨ Christian Noack, Russische Politik und muslimische Identität. Das Wolga-Ural-Gebiet im 19. Jahrhundert, in *Jahrbücher für Geschichte Osteuropas, Neue Folge*, Bd. 47, H. 4, pp. 525-537.

⑩ 张来仪《试论近代俄国穆斯林的扎吉德运动》，《世界历史》2012年第2期，33—43页。对于伏尔加鞑靼人中的“扎吉德运动”，更详细的研究可参看：Azade-Ayse Rorlich, *The Volga Tatars: A Profile in National Resilience*, pp. 48-122.

⑪ 〔苏联〕列夫·托洛茨基《俄国革命史》第三卷，北京：商务印书馆，2015年，907—925页。

⑫ Тамурбек Давлетшин, *Советский татарстан: Теория и практика ленинской национальной политикйи*, p. 161.

什维克政权则通过建立民族事务人民委员部下属的中央穆斯林委员会并宣布成立鞑靼—巴什基尔苏维埃自治共和国来回击鞑靼民族主义者的独立建国企图。同年3月，布尔什维克宣布喀山戒严，逮捕了支持独立建国的民族主义领袖。3月底，鞑靼民族主义者匆匆宣告成立的"外乌拉尔共和国"被布尔什维克军队攻陷，喀山全境肃清（这一事件又称"三月革命"）。除内战时期的短暂动荡外，试图在伏尔加中游建立广泛的突厥—鞑靼国家的民族主义运动，自此一蹶不振。鞑靼人中支持布尔什维克的穆斯林共产主义者，在苏维埃政权的领导下建立了鞑靼斯坦苏维埃社会主义自治共和国⑬。

三、阿雅兹·伊斯哈齐与《亦德勒—乌拉尔简史》

图1　阿雅兹·伊斯哈齐（Аяз Исхаки, 1878—1954）

来源：Т. Давлетшин: *Советский татарстан: Теория и практика ленинской национальной политикйи*, pp. 164-165

在20世纪初一波又一波起伏跌宕的革命和民族主义运动风潮中，鞑靼人中间的民族主义精英逐渐成长起来。达夫列特申（Т. Давлетшин）在《苏维埃鞑靼斯坦》一书中曾讨论过鞑靼民族主义者的"代际更替"：早期民族主义运动的主干，也就是他称为"十月革命前"（Дооктябрьские）的民族主义组织及其领袖，以从沙俄统治下解放突厥—鞑靼民族为首要政治目标，通常把本民族利益摆在比阶级利益或无产阶级革命更重要的位置；而十月革命后与布尔什维克合作取代上述民族主义组织的鞑靼社会主义者，真诚地相信与苏维埃政权合作是实现民族自治的更好途径，相信伊斯兰与社会主义可以共存⑭，苏丹—加里耶夫（Султан-Галиев）就是其中之一，后来在联共（布）中出任要职并提出了一套独特的东方民族革命思想。相反，阿雅兹·伊斯哈齐则是十月革命前鞑靼—突厥民族主义运动的代表人物。

阿雅兹·伊斯哈齐1878年2月23日出生于今鞑靼斯坦境内雅乌色尔姆村的一个毛拉家庭⑮。幼年在当地的麦德莱赛接受传统教育，1899年后，进入喀山师范学校学习。年轻的伊斯哈齐热衷参加当时的各种革命活动，加入了具有社会革命党倾向的反沙俄地下组

⑬ Тамурбек Давлетшин, *Советский татарстан: Теория и практика ленинской национальной политикйи*, pp. 55-163; Azade-Ayse Rorlich, *The Volga Tatars: A Profile in National Resilience*, pp. 125-156. 关于同一时期克里米亚鞑靼人和中亚突厥穆斯林的类似政治活动，参看Graham Smith (ed.) *The Nationalities Question in the Soviet Union*, London: Longman, 1990, pp. 322-324，以及昝涛《对泛伊斯兰主义与泛突厥主义的历史性反思》一文中的"十月革命前后中亚的民族主义"部分。

⑭ Тамурбек Давлетшин, *Советский татарстан: Теория и практика ленинской национальной политикйи*, pp. 143-145.

⑮ Аяз Исхаки是伊斯哈齐的土耳其语名字，他的鞑靼语全名为：穆罕默德—嘎贾兹·吉拉德札丁·乌来·伊斯哈科夫。本节关于伊斯哈齐的传记资料，除特别注明外，均来自达夫列特申在著作中为其生平撰写的一个详细脚注：Тамурбек Давлетшин, *Советский татарстан: Теория и практика ленинской национальной политикйи*, pp. 66-67。

织“黎明人”（Танчилар），并担任该组织的刊物《黎明》（Тан，后更名《晨星》）编辑工作。在1905年召开的革命前第一次全俄穆斯林代表大会上，以伊斯哈齐为首的部分激进的鞑靼民族主义者要求将“穆斯林同盟”改组为政党，并且采纳立宪民主党的纲领。在因革命活动度过了一段牢狱和流放岁月后，1914年，伊斯哈齐回到彼得格勒，创办了带有民族主义政治倾向的《祖国报》（Илъ），该报断断续续一直出版到1918年4月，随后被苏维埃政权查禁。1915年以后，伊斯哈齐日益背离社会主义思想和政治激进主义。在推翻沙俄政权后，伊斯哈齐成为俄国穆斯林民族主义运动的活跃分子，是革命后第一次全俄穆斯林代表大会（1917年）的组织者之一，并负责将会上的发言翻译成鞑靼语，他还参与组织了在喀山召开的第二次全俄穆斯林代表大会。在第一次全俄穆斯林代表大会决定选举全俄穆斯林中央委员会的讨论中，伊斯哈齐发表了主题发言，宣称：

> 我认为，本次大会的根本任务在于确定三千万穆斯林——其中包括两千九百万俄国突厥—鞑靼人（в том числе 29 миллионов тюрко-татар Росии）——将要遵循的政治、经济和社会路线。我竭力帮助大会确定这些路线。……我们的历史使命就是将不同职业和不同思想的俄国穆斯林统一到同一个纲领和同一面旗帜之下……在此时此刻，穆斯林的各阶层、各团体和各部族，都应该（哪怕只是暂时地）放弃个人私利和地方利益，团结一致地奠定新事业的基础⑯。

在这一时期，伊斯哈齐极力追求“突厥—穆斯林民族”的统一行动，也是鞑靼人中“民族—文化自治论”的拥护者。正如洛尔里奇（A. Rorlich）所言，寻求俄国境内信仰伊斯兰教的突厥民族的“超地域”文化自治，实质上是泛突厥主义一种表现形式⑰。作为莫斯科穆斯林的代表，伊斯哈齐出席了在乌法召开的俄国国内穆斯林民族议会。在1918年布尔什维克政权挫败鞑靼穆斯林建立自治邦的企图后，伊斯哈齐流亡日本，随后来到欧洲旅居巴黎，最终定居土耳其。在流亡生涯中，他也不曾脱离鞑靼民族主义的政治活动和宣传，在1928年和1930年先后创办了月刊《民族之道》（Милли юл）与《新民族之道》（Яна милли юл），在1931年又创办了刊物《民族旗帜》（Милли байрак）。1931年，他出席了在耶路撒冷召开的首届世界伊斯兰大会。1954年7月22日，伊斯哈齐在土耳其安卡拉逝世，按照他的遗愿，葬于伊斯坦布尔。

《亦德勒—乌拉尔简史》是1933年伊斯哈齐流亡巴黎期间出版的小册子。施普勒为此撰写的书评指出，《简史》是对伏尔加突厥—鞑靼人过去及当前历史的总结，在叙述古代和中世纪历史时主要取材于沃罗比耶夫对喀山鞑靼人物质文化的研究等著作，也委婉地批评了伊斯哈齐过于偏重俄国国内历史的线索，忽略了沙俄曾经就穆斯林臣民与奥斯曼土耳其苏丹进行的外交交涉，以及奥斯曼土耳其对俄国穆斯林民族运动产生的影响⑱。这些评论是否允当，不是本文所要讨论的问题。我们只需指出，除此以外，《亦德勒—乌拉尔

---

⑯ Тамурбек Давлетшин, *Советский татарстан: Теория и практика ленинской национальной политикйи*, p. 98.

⑰ Azade-Ayse Rorlich, *The Volga Tatars: A Profile in National Resilience*, p. 129.

⑱ Bertold Spuler, Idel’-Ural (Wolga-Ural) by Ajaz Ischaki. 施普勒在书评中指出，在欧洲一度广泛流传的观念——土耳其苏丹是全体穆斯林的宗教领袖，对俄国内外政策仍然具有某种影响，例如，在《库楚克开纳吉和约》中，奥斯曼帝国虽然被迫放弃对克里木鞑靼人的宗主权，但沙俄仍然承认土耳其苏丹是俄国穆斯林的宗教领袖。

简史》还以其独特的简约形式体现出突厥—鞑靼民族主义知识分子在历史书写和认同建构方面的若干倾向。

四、伏尔加鞑靼民族主义者的历史书写与“金帐汗国”想象

除序言和结语外，伊斯哈齐的《简史》分为上下两篇，分别论述伏尔加—乌拉尔地区古代和中世纪历史，以及沙俄统治至布尔什维克革命时期的历史。在序言中，伊斯哈齐毫不掩饰地提出，本书旨在简述居住在亦德勒（即伏尔加）河和突厥斯坦之间的土地上的突厥人历史，而“历史告诉我们，这一地区自古以来就属于突厥民族（с давних времен принадлежал тюркским народам）”[19]。通过对这一文本进行解读不难看出，一方面，提出一种简单明了的“伏尔加鞑靼人形成说”，另一方面，建构伏尔加鞑靼人同亦德勒-乌拉尔地区历史上出现过的大型政治体之间的联系，是伊斯哈齐试图证明这一点的两种思路。

对于伏尔加鞑靼人的“族源”，国际民族学界存在三种主要的异说，分别是主张伏尔加鞑靼人是古代布尔加人的后裔的“布加尔人说”，主张他们是金帐汗国统治下的钦察人同蒙古人混合形成的突厥人直系后裔的“钦察人说”，以及作为前二说之折中的“布加尔—钦察人说”（或者称为“修正的钦察人说”）[20]。“钦察人说”的支持者包括某些俄国历史学家、鞑靼民族主义者和流亡历史学家；“布加尔人说”则坚持早在公元8世纪前后，说突厥语的布加尔人就来到了伏尔加中游地区，建立了有着辉煌文明的布加尔汗国，并且在公元9世纪就因为哈里发的遣使而皈依了伊斯兰教，金帐汗国的征服和统治并未给布加尔人的族性和文化造成实质性改变。“布加尔人说”很长时期是苏联官方“钦定”的学说，旨在淡化伏尔加鞑靼人历史中的突厥—蒙古色彩，削弱泛突厥主义的影响[21]。

伊斯哈齐在《简史》中提出，伏尔加鞑靼人正式形成是在蒙古征服之后，“征服者（金帐汗国）与被征服者（布加尔人）都是突厥人，且征服者受到被征服者文化的影响”，“同时，布加尔人自身也吸收了大量的外来人口，这一过程最终产生了后来被称为‘喀山鞑靼人’（казансих татар）的民族（народ）”[22]。他在另一处指出，这个民族之所以被称为鞑靼人，是因为自喀山汗国建立伊始，俄罗斯人就称这个汗国为“鞑靼汗国”或“喀山鞑靼人汗国”；“鞑靼人”本是俄罗斯人对金帐汗国人的称呼，后来强势的喀山汗国一度取代了金帐汗国，从而一切适用于金帐汗国的称呼就被转用来称呼喀山

---

⑲ Аяз Исхаки, *Идель-Урал*, Париж, 1933, p. 4.

⑳ Azade-Ayse Rorlich, *The Volga Tatars: A Profile in National Resilience*, pp. 5-9.

㉑ Katherine E. Graney, *Of Khans and Kremlins: Tatarstan and the Future of Ethno-Federalism in Russi*a, Lanham, etc.: Lexington Books, 2009, pp. 2-3.

㉒ Аяз Исхаки, *Идель-Урал,* p. 9.

汗国及其人民，即居住在伏尔加河和卡玛河之间的群体[23]。可见，伊斯哈齐的“伏尔加鞑靼人形成说”是一种“修正的钦察人说”。

如果说，在伏尔加鞑靼族源中接纳布加尔成分是为了强调“自古”，藉由认同钦察成分以及与此密切联系的“金帐汗国”历史，从“自古”到“以来”的“突厥民族”谱系就保持了连续性。在伊斯哈齐看来，成吉思汗在13世纪建立的蒙古帝国完全是各突厥部族的联合体，从中产生出三大突厥族群：伏尔加乌拉尔地区的“布加尔—钦察”（Болгаро-Кипчакскую）人、突厥斯坦地区的“察合台”人和小亚—巴尔干地区的“塞尔柱”人。蒙古人征服了伏尔加流域，布加尔汗国成为了术赤兀鲁思的一部分，接受金帐汗国统治。而“金帐汗国尽管是蒙古人建立的，但只有金帐汗和一小撮贵族是蒙古人。布加尔人、哈扎尔人、钦察人和其他突厥人构成了金帐汗国臣民的基础”。伊斯哈齐认为，“由于突厥人在文化上比蒙古人优越，蒙古人很快就突厥化了并开始说突厥语。突厥语成为了金帐汗国的官方语言，用来书写诏敕。……因此，金帐汗国有时称为突厥—蒙古国家，或突厥—鞑靼国家”。并且，在伊斯哈齐的“突厥国家谱系”中，继承金帐汗国正统的是代表伏尔加鞑靼人的喀山汗国，而其他两个汗国——阿斯特拉罕和克里米亚（伊斯哈齐称为“Ногайская Орда”，诺盖斡耳朵）在突厥人的历史上被他认为是“不重要”的[24]。

对金帐汗国突厥化以及喀山汗国正统性的强调，不仅是为了消极地证明突厥—鞑靼人在族性、政治体和故土归属上的连续性。自别儿哥开始，金帐汗国历代统治者均信奉伊斯兰教，其疆域一度北至罗斯诸国，南抵克里米亚半岛、高加索和河中地区，西起德涅斯特河，东达西西伯利亚及锡尔河下游[25]，即包括了后来沙俄统治下突厥穆斯林各族居住的大部分区域。虽然伏尔加鞑靼人在十月革命后不得不放弃联合高加索和中亚突厥穆斯林以实现超地域的文化自治，转而追求区域自治，但这样一种突厥化和伊斯兰化的金帐汗国形象，恰好构成大俄罗斯人和东正教的对立面[26]，对于高加索和中亚的突厥民族还是存在一定的政治感召力的。在这个意义上，对金帐汗国的想象带有某种泛突厥主义色彩[27]。

最后值得一提的是，1918年前后寻求建立自治邦的民族精英选择了金帐汗国的象征符号作为“亦德勒—乌拉尔”的徽章和旗帜标志，可以说是鞑靼人的金帐汗国认同在现

㉓ Аяз Исхаки, *Идель-Урал*, p. 14-15.

㉔ Аяз Исхаки, *Идель-Урал*, p. 4; p. 8; p. 12.

㉕ 〔苏〕格列科夫、雅库博夫斯基著，余大钧译《金帐汗国兴衰史》，北京：商务印书馆，1985年，49页。

㉖ 与“鞑靼”和“金帐汗国”相联系的特定认同，如何令俄罗斯人反感，可由以下事实得到说明：1920年，喀山的俄罗斯族居民听说要建立“鞑靼”自治共和国，走上街头举行了游行示威，抗议这一“走向拔都和成吉思汗时代的逆流”，见：Тамурбек Давлетшин, *Советский татарстан: Теория и практика ленинской национальной политикйи*, p. 181. 俄国民族学家季什科夫提到，1978年他访问喀山时，当地的党委领导向他抱怨：“1920年我们铸成大错。我们本应把我们新的共和国命名为‘布尔加尔’……以避免使人回想到鞑靼—蒙古人对俄罗斯的统治……”见〔俄罗斯〕季什科夫著、姜德顺译《苏联及其解体后的族性、民族主义及冲突，炽热的头脑》，北京：中央民族大学出版社，2009年，42页。

㉗ 1944年，苏联专门召开历史学大会批判鞑靼历史研究中将金帐汗国理想化的“错误倾向”，也是出于同一考虑，见：Azade-Ayse Rorlich, *The Volga Tatars: A Profile in National Resilience*, p. 8.

实政治中的某种反映（这或许还表明，当时的伏尔加民族精英只是很不情愿地被迫接受了区域自治的结果）：在《亦德勒—乌拉尔简史》的扉页和末页，都醒目地印有鞑靼民族精英设计出的徽章和旗帜，其主体是一个带环形把柄的双叉金色徽章加上右侧代表伊斯兰的新月，双叉之一带有钩型齿（图2）。这个徽章的原型应该来自拔都或金帐汗蒙哥帖木儿的印记（Tamga，原是突厥—蒙古游牧民给牲畜烙印的财产标志）[28]。这类印记多见于金帐汗国的铸币和诏书（喀山和克里米亚汗国的印记则多呈三叉型或其他形状），而加上新月标记，几乎与金帐汗国鼎盛时期月即别汗的印记如出一辙（图3）。

图2　“亦德勒—乌拉尔”自治邦“国旗”上的徽章（来源：Аяз Исхаки, *Идель-Урал*, p. 53）

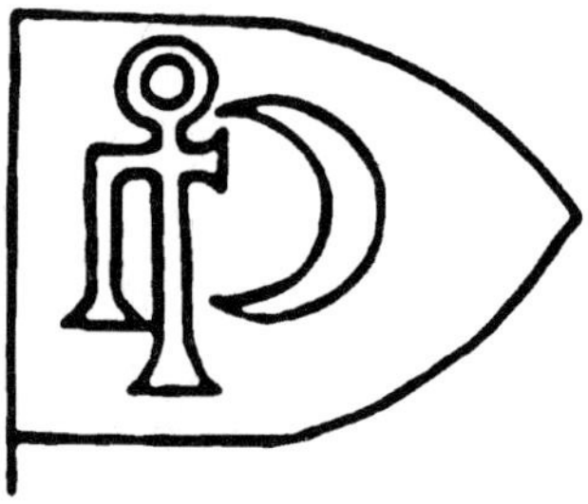

图3　金帐汗国月即别的军旗上的印记与新月图案（来源：Iaroslav Lebedynsky：*La Horde d'Or*, p. 87）

五、伏尔加鞑靼人民族主义运动中的穆斯林认同

曾经有相当长的一段时期，主要依赖欧洲经验的民族主义研究偏好将民族主义视为一种纯粹世俗化的、资产阶级的意识形态，而不够重视其中的宗教因素。在分析鞑靼民族主义的某些特定的思想和行为模式，例如，在解释为何伏尔加鞑靼人更热衷于在俄国内部实现“超地域的文化自治”时，山内昌之就更注重从喀山鞑靼资产阶级广泛的经济利益和商业网络中寻找动机（或许多少也受到了唯物史观的影响）[29]。然而，正如对穆斯林来说，“伊斯兰不只是一种宗教信仰，而且是一种生活方式、一种文化，更重要的是它构成了民族意识的基础”[30]，在民族精英的认同建构方面，伏尔加鞑靼人的伊斯兰教传统和穆斯林身份，其重要性丝毫不亚于“突厥—鞑靼人族性”及其历史。这一遗产对于鞑靼民族精英的认同构建究竟起到过什么影响，在民族认同和宗教认同的重合方

㉘ 关于金帐汗国的“Tamga”，可参看：Bertold Spuler, *Die Goldene Horde: Die Mongolen in Russland 1223-1502*, 2nd ed., Wiesbaden, 1965, pp. 262-263；Iaroslav Lebedynsky, *La Horde d'Or - Conquête mongole et "Joug tatar"*, Paris: Errance, 2013, p. 85.关于中古时期突厥诸部的Tamga，可参看（宋）王溥《唐会要》卷七二《诸蕃马印》，北京：中华书局，1955年，1306—1308页。

㉙ 〔日〕山内昌之『スルタンガリエフの夢:イスラム世界とロシア革命』，113—116页。

㉚ 〔美〕康奎斯特著、刘靖北等译《最后的帝国——民族问题与苏联的前途》，上海：华东师范大学出版社，1993年，32页。

面，是否存在某种“鞑靼特殊性”，这似乎是伏尔加鞑靼人民族主义研究中尚未得到很好的解决的一个问题。我们认为有两点值得注意。

首先，伏尔加鞑靼人的宗教—民族认同，是在沙俄的同化和基督教化政策反复冲击下形成的。伏尔加鞑靼人是首个被沙俄兼并的穆斯林民族，沙俄在统治伏尔加—乌拉尔地区的几个世纪中，极少放松对鞑靼人的强制基督教化和同化政策[31]。伊斯哈齐在《简史》中就花费了几乎三分之二的篇幅来叙述沙俄对伏尔加地区严酷的“基督教化”和“殖民化”政策，对鞑靼农民和商人阶层的迫害，认定“沙俄统治下的鞑靼人的历史就是一部斗争的历史，不仅是争取经济利益的斗争，也是争取文化自立（культурную самостоятелность）的斗争，而文化自立则是一个民族的民族性（национальость）的保障”[32]。德国学者诺雅克（Christian Noack）已经指出，沙俄的宗教政策对于鞑靼穆斯林的民族性格形成有着深刻影响[33]。当然，这种影响并不仅限于压迫；在向中亚伊斯兰国家扩张时，鞑靼穆斯林的信仰对于沙俄来说又是可以利用、值得加以提倡的“超地域”文化资源。

其次，尽管外部压力值得重视，鞑靼人自身伊斯兰信仰的某些历史线索也不容忽视。事实上，沙俄的基督教化和同化政策在鞑靼人中收效不大。到19世纪末，鞑靼穆斯林不仅能够劝诱“叛教”的鞑靼基督徒再次皈依，而且还能派出教团向信基督教的楚瓦什人或立陶宛鞑靼人传播伊斯兰教[34]。《简史》在这方面也提供了一些有趣的材料。例如，伊斯哈齐提到，苏菲派教团在18—19世纪的伏尔加鞑靼人中十分活跃。著名的纳格什班迪耶教团广泛存在于阿拉伯以及凯末尔革命前的土耳其，也是伏尔加—乌拉尔地区最活跃的苏菲教团，该教团在喀山和奥伦堡的两位导师拥有数万名弟子（穆里德）。伊斯哈齐还提到：

> 如果说在阿拉伯和土耳其，苏菲主义（Ишанизм）的使命重在传播灵魂净化之道，那么在亦德勒—乌拉尔，除上述宗教内容外，还宣传政治内容。活跃在鞑靼农村的苏菲导师和弟子，积极向农民宣传反俄思想和沙俄统治的短暂性。最后，他们说，全体穆斯林弟兄，不论属于任何民族，因此要放弃自己的族性。结果，在1897年全俄人口普查时，突厥—鞑靼人都宣布自己是‘穆斯林民族’（мусулъманской национальость）[35]。

据说当时在鞑靼人中还活跃着政治色彩更加浓厚的贝伊西教团，公开宣传消极抵抗俄国异教徒统治和解放“古老的布加尔—穆斯林的地区”，等等。苏菲主义对于鞑靼穆斯林的民族认同的形成究竟有何影响？在鞑靼斯坦，泛突厥主义一开始就在泛伊斯兰主义的旗帜下发声，究竟是政治策略还是宗教文化背景的制约？这些问题似乎值得进一步研究。

暂且不妨认为，伏尔加鞑靼人对于超地域的认同范畴的偏好，是受到了伊斯兰信仰

㉛ 〔美〕康奎斯特《最后的帝国——民族问题与苏联的前途》，24页。

㉜ Аяз Исхаки, *Идель-Урал,* p. 24

㉝ Christian Noack, Russische Politik und muslimische Identität. Das Wolga-Ural-Gebiet im 19. Jahrhundert,.

㉞ Azade-Ayse Rorlich, *The Volga Tatars: A Profile in National Resilience*, p. 80-81.

㉟ Аяз Исхаки, *Идель-Урал,* p. 28-29.

和新兴商人—知识分子阶层的意识形态的共同影响[36]，这种性质的认同，不仅左右了20世纪初俄国穆斯林民族主义运动的实际进程，也对伏尔加鞑靼民族后来的命运产生了深刻影响。其表现之一就是十月革命前俄国突厥穆斯林民族主义运动中的“鞑靼人领导权”（タタール·ヘグモニー，山内昌之）问题——1917年召开全俄穆斯林代表大会，认为自己是俄国穆斯林的总代表的是伏尔加鞑靼人，在会上强烈主张俄国穆斯林摒弃地方利益、为实现超地域的“文化自治”而斗争的，也多数是伏尔加鞑靼人，而对于鞑靼人强烈的泛突厥—泛伊斯兰倾向抱有疑虑的高加索和中亚穆斯林，则多主张在联邦制国家内实施区域自治，各自建立自治国家。高加索和中亚的突厥穆斯林对“鞑靼人领导权”的抵制，直接导致了第二次全俄穆斯林大会后计划中的第三、四次大会流产[37]，最终在种种压力下伏尔加鞑靼人只好试图在伏尔加—乌拉尔地区建立自己的区域自治邦。伏尔加鞑靼人民族认同中的泛突厥—伊斯兰倾向，也导致了苏维埃政权在结束内战后，将伏尔加—乌拉尔地区分割为由鞑靼人和巴什基尔人作为命名民族的两大自治共和国，从而消除了一个以喀山为中心的俄国穆斯林政治文化联合体出现的任何危险[38]。

六、结　　语

以上我们从民族精英及认同建构的视角出发，对伏尔加鞑靼人近代的民族主义运动作了一番简单的回顾，着重分析了《简史》中与历史书写和宗教认同相关的线索。回到“引论”中提到的观点：如果说伏尔加鞑靼人对古代布加尔汗国或金帐汗国历史的想象和书写，更多地显示出民族精英在认同建构，特别是在选择和操纵民族主义的象征符号时，多少具有某种自由度的话，那么或许可以说，鞑靼民族的伊斯兰信仰则从更深层次的维度，影响、约束乃至相当程度上决定了鞑靼知识分子认同建构的结果及其政治实践。今天，当我们重新审视内亚的穆斯林民族时，显然不能够再满足于同意霍布斯鲍姆所说的，布尔什维克党不过是致力于在“那些从未组成过‘民族行政单位’的地方，或从不曾考虑要组成‘民族行政单位’的民族当中，依据族裔语言的分布创造出一个个‘民族行政单位’”[39]。这个论断，对于这些族群的广大普通民众或许是适用的。然而，对中亚和伏尔加地区突厥穆斯林的民族主义运动的研究也告诉我们，早在苏联建立以前，在帝俄的广大领土上就存在着各种各样的民族权利诉求甚至建国方案（尽管并非都要求建立西欧式的独立民族国家），这些诉求和方案，以及提出和拥护这些民族“规划”的政治精英和文化精英，乃至苏维埃政权的回应，都是复杂的，因而值得进一步加以深入研究。

---

[36] 或者如一位研究者所言，鞑靼民族主义是一种“一半基于伊斯兰教，一半基于突厥语民族统一观念的世俗民族主义”，见〔美〕康奎斯特《最后的帝国——民族问题与苏联的前途》，12页。

[37] Тамурбек Давлетшин, *Советский татарстан: Теория и практика ленинской национальной политикйи*, pp. 73-75, p. 105.

[38] Azade-Ayse Rorlich, *The Volga Tatars: A Profile in National Resilience*, pp. 137-138.

[39] 〔英〕霍布斯鲍姆著、李金梅译《民族与民族主义》，上海：上海人民出版社，2006年，199页。

Imagined “Golden Horde” and the Muslim Identity for the Volga Tatars’ Nationalism in Modern Russia: Ajaz Ischaki and His Nationalist Historiography

Zhou Sicheng

From the end of the 19th century to the October Revolution, the Volga Tatars in Russia witnessed some impetuous nationalist movements, one prominent figure of which was Ajaz Ischaki (1878-1954), who wrote in his exile thereafter a brochure titled *Idel-Ural*. A careful examination of this historical writing reveals that those nationalist movements, to a large extent, swayed by Islamic modernism or Pan-Turkism, were manipulated by a group of Tatar nationalists. They attempted an identity construction through rewriting the ancient and medieval history of the mid-Volga region, especially that part involving the Mongol ruling and the Turkification. On the other hand, the formation process of the Tatars national identity in modern times was deeply affected or marked by the religion policies of the tsarist Russia, as well as the indigenous development of the Muslim identity.

刘半农与美国自然史博物馆中亚考察团交涉始末*

王冀青

中国近代历史上，来自西方列强十余国的数百支考察队（探险队）打着“科学”等旗号，进入中国西北内陆各地，掀起了持续百年之久的国际中亚考察运动。国际中亚考察运动的结果，虽然推动了欧、美“东方学”的长足进步，导致古代“丝绸之路”的再发现，但也造成近百万件中国珍贵科学标本和文物的大规模外流，不能不说是中国科学史、文化史上的巨大损失。直到1919年五四运动前后，一批中国爱国知识分子终于意识到国宝流失危机的严重性，于是纷纷组织起来，千方百计抵制外国人来华单独考察或考古。在旧中国军阀混战的动荡年代里，从1925年前后到1935年前后，北京大学等机构的一批精英学者联合社会各界爱国力量，先后成立“中国学术团体协会”“文物维护会”等民间组织，又积极参加“古物保管委员会”等官方组织，并在这些组织的名义下发起了一场场波澜壮阔、惊心动魄、可歌可泣的保护中国西北文物运动，抵制了近十支外国考察队在中国西北的单独考察、考古活动。

北京大学学者抵制的第一支外国考察队，当属美国东方美术史家、考古学家兰登·华尔纳（Langdon Warner，1881—1955）代表美国哈佛大学（Harvard University）福格艺术博物馆（Fogg Art Museum）组建的第二次敦煌考察队（1925年），导致该考察队以失败而告终①。中国学术团体协会成立后成功抵制的第一支外国考察队，是瑞典地理学家、考古学家斯文·赫定（Sven Hedin，1865—1952）领导的第五次中亚考察队，导致该考察队最终被迫改组为中瑞联合“西北科学考查团”，实施了为期8年的考察活动（1927—1935），成为近代历史上中、外平等合作进行科学考察的起始与典范。因完全拒绝与中方合作而被古物保管委员会等组织设法驱逐出境的外国考察队，包括英国考古学家奥莱尔·斯坦因（Aurel Stein，1862—1943）代表哈佛大学福格艺术博物馆和英国大英博物院（British Museum）领导的第四次中亚考察队（1930—1931）②。被迫与中

---

* 本文系国家社会科学基金重大项目“欧洲藏斯坦因新疆考古档案整理与研究”（12&ZD140）子课题成果。

① 参见王冀青《华尔纳与中国文物——〈在中国漫长的古道上〉、〈佛教壁画〉和〈西行日记〉的背景解说》，兰登·华尔纳著，姜洪源、魏宏举译《在中国漫长的古道上》，乌鲁木齐：新疆人民出版社，2001年，附录三，291—435页。

② 参见王冀青《奥莱尔·斯坦因的第四次中央亚细亚考察》，《敦煌学辑刊》1993年第1期，98—110页；王冀青《大英博物院藏中国古物保管委员会反对斯坦因来华考古声明书之研究》，敦煌研究院编《段文杰敦煌研究五十年纪念文集》，北京：世界图书出版公司北京公司，1996年，474—489页。

国学术团体协会等组织合组联合考察队、但结局不欢而散的外国考察队，包括美国古生物学家罗伊·查普曼·安得思（Roy Chapman Andrews，又译“安助斯”“安德鲁”“安得斯”“安特罗”“安德鲁斯”等，1884—1960）代表美国自然史博物馆（American Museum of Natural History，旧译“美国纽约天产博物院”等）领导的1930年度中亚考察团（1930）、法国探险家乔治—马里·哈特（Georges-Marie Haardt，1884—1932）代表法国雪铁龙汽车公司（Citroën Company）领导的雪铁龙横穿亚洲考察团（“一九学术考查团”，1931—1932）等。

2017年，正值西北科学考查团组建90周年纪念，北京大学等单位特举办“北京大学与丝绸之路——中国西北科学考查团九十周年高峰论坛”，为学术界反思这段历史提供了机会。五四运动以后的北京大学以抵制外国人来华考察、保护中国科学和文化材料为己任，在中国学术、教育机构中，始终站在排头兵的位置，涌现出一大批爱国知识分子。其中北京大学中国文学系教授、研究所国学门导师刘复（半农，1891—1934）参与或领导了1925年后中国学术界几乎所有抵制外国人来华考察的运动，令人敬佩。多年前，笔者曾撰写过一篇小文，题为《学者刘半农的另一面》③，介绍这位文弱书生当年奋勇抵制各国考察队的壮举。值此“高峰论坛”召开之际，笔者试以美国自然史博物馆中亚考察团为例，介绍刘半农与该考察团团长安得思之间的艰难谈判经过，追踪他们之间恩怨情仇的来历。本文试图为学术界研究西北科学考查团的历史提供一个可供比较的案例，但主要目的还是为了缅怀刘半农这位铮铮有骨气的中国知识分子，也表达笔者对北京大学的崇敬之意！

一

刘半农于清末先后就读于家乡江苏省江阴县的翰墨林小学（后改称江阴县立三校）、常州府中学（后改称江苏省立五校），1911年辛亥革命期间辍学，以书牍翻译之事佐戎幕，参加革命活动。民国建立后，刘半农于1912年2月至上海，先后任《中华新报》特约编译员、中华书局编辑员。1915年9月，陈独秀（仲甫，1879—1942）创办《新青年》杂志，倡导思想解放和文学革命，胡适（适之，1891—1962）、钱玄同（德潜，1887—1939）、周作人（星杓，1885—1967）等纷纷响应。刘半农也从1916年起积极参与撰稿，做了新文化运动的闯将之一。蔡元培（孑民，1868—1940）于1917年1月就任北京大学校长后，聘刘半农为北京大学预科教授，刘半农从此与北京大学终生结缘。1919年五四运动期间，刘半农坐镇指挥，名声大噪。

因缺少文凭而屡遭胡适等人讥笑，刘半农在功成名就、年近而立之时，突然萌发留学欧洲的念头。他于1919年争取到北洋政府教育部公费留学名额，于1920年2月携家带口踏上了赴欧洲留学的艰辛之路。刘半农首先进入英国伦敦大学学院（University College）攻读语言学，后于1921年6月转入法国巴黎大学（Université Paris）学习实验语

③ 王冀青《学者刘半农的另一面》，《华声视点》2003年第2期，36—39页。

音学，兼在法兰西学院（Collège de France）听课。

刘半农留学英伦期间，在蔡元培的影响下，第一次接触到英藏斯坦因所获中国西北文物。蔡元培于1920—1921年赴欧美考察期间，顺便调查了各国所藏中国西北文物。1921年5月9日、5月10日，蔡元培在刘半农、傅斯年（孟真，1896—1950）等中国留学生陪同下，在大英博物院调查了斯坦因所获敦煌绘画品和写本。据蔡元培5月9日日记记录："午后参观不列颠博物院，晤聘生君（Pinsen）④，见示佛教图像五尊，系自敦煌石室搜得者，闻共有二百余帧云。"⑤又据蔡元培5月10日日记记录："午前携刘君半农、傅君孟真（傅斯年）往观不列颠博物院，访齐勒君（Jiles）⑥，见示敦煌石室中所得古写本；有切韵四卷，小公主信一纸，唐时历本二叶；又有木简若干件，已见沙凡（沙畹）氏书中。"⑦

刘半农转赴巴黎大学留学期间，利用业余时间抄录了法国国家图书馆（Bibliothèque Nationale）藏保罗·伯希和（Paul Pelliot，1878—1945）在敦煌所获文献104件，辑成中国敦煌学史上一部具有划时代意义的著作《敦煌掇琐》三卷本⑧。蔡元培为该书写的序言中介绍说："刘半农先生留法四年，研究语言学的余暇，把巴黎国家图书馆中敦煌写本的杂文，都抄出来，分类排比，勒成此集。"⑨1925年春，刘半农提交《汉语字声实验录》《国语运动史》两篇论文，于3月17日通过答辩，获得法国国家文学博士学位。

就在刘半农留学欧洲的5年期间，美国自然史博物馆开始在中国进行大规模的系列中亚考察活动。长期担任该博物馆馆长的亨利·费尔菲尔德·欧斯朋（Henry Fairfield Osborn，1857—1935）是国际著名动物学家、古生物学家和博物馆学家，他在19世纪末和20世纪初的国际中亚考察狂潮之中，于1900年4月13日在美国《科学》杂志第11卷第276期上发表《第三纪期间欧洲和美洲的地质和动物群关系以及一种非洲动物群持续入侵的理论》一文⑩，预言亚洲中部可能是北方陆栖哺乳动物的一大分布中心，此后又在多种著述中推测中亚是人类的起源地。为了证明欧斯朋的预言与推测，欧斯朋的助手安得思于1912年开始酝酿实施赴亚洲内陆从事大规模的"中亚考察"计划。1915年，安得思向欧斯朋提出了一份建议书，建议美国自然史博物馆在亚洲进行为期10年以上的系列科学考察，这样既可实地验证欧斯朋的理论，同时又可为美国自然史博物馆搜集尚感缺

④ Pinsen显为Binyon之误，指大英博物院主管斯坦因所获敦煌美术品的罗伯特·劳伦斯·宾雍（Robert Laurence Binyon，1869—1943）。

⑤ 蔡元培1921年5月9日日记，蔡元培《西游日记》（一九二一年一月至十月），高叔平编《蔡元培全集》第7卷，北京：中华书局，1989年，348页。

⑥ Jiles显为Giles之误，指大英博物院主管斯坦因所获敦煌写本的莱昂纳尔·翟理斯（Lionel Giles，1875—1958）。

⑦ 蔡元培1921年5月10日日记，《蔡元培全集》第7卷，349页。

⑧ 刘復《敦煌掇琐》，北京：北京大学研究所国学门，1925年。

⑨ 蔡元培《刘復敦煌掇琐序》，刘半农《敦煌掇琐》，卷首。

⑩ Henry Fairfield Osborn, 'The Geological and Faunal Relations of Europe and American during the Tertiary Peried and the Theory of the Successive Invasions of an African Fauna', *Science*, N. S., Vol. 11, Issue 276, 13 April 1900, pp. 561-574.

乏的亚洲动物和古生物标本。欧斯朋深表赞许，于是派安得思于1916—1917年赴中国云南省、西藏地区和缅甸的交界处进行了第一次亚洲考察，于1919年夏、秋两季在蒙古高原北部的沙漠、草原和森林地带进行了第二次亚洲考察，最终将今后大规模“中亚考察”的范围确定在蒙古高原。

安得思结束第二次亚洲考察后，于1920年初返回纽约，随即着手筹备第三次亚洲考察。当时欧美地理学家普遍视蒙古高原为中亚的一部分，因此拟组建的第三次亚洲考察队被正式定名为“美国自然史博物馆中亚考察团（Central Asiatic Expedition of the American Museum of Natural History）”。1921年4月14日，安得思先期抵达北京，租下前中华民国大总统政治顾问乔治·厄内斯特·莫理循（George Ernest Morrison，1862—1920）位于北京弓弦胡同2号的故居，作为中亚考察团今后长期的大本营。随后，美国自然史博物馆的古生物学家瓦尔特·威利斯·谷兰阶（Walter Willis Granger，1872—1941）等中亚考察团员离美赴华。蔡元培于6月5日访问参观美国自然史博物馆时，欧斯朋还向蔡元培吹嘘此事，蔡元培当日日记中记录说：“午后二时参观自然历史博物馆，馆长阿斯波衡君（Osborn），详示美国中亚新远征队之路线，言现已第三次出发矣。”[11]6月28日，谷兰阶等到达北京，与安得思会合，标志着美国自然史博物馆为期10年的第三次亚洲考察活动正式拉开了帷幕。

由于中亚考察团汇聚北京时已错过了最佳考察时间，再加上外蒙古于1921年7月11日擅自宣布独立，安得思只好决定中亚考察团当年不去蒙古高原，而是在中国地质调查所等机构的安排下，于秋天分赴四川、陕西、安徽、湖南等省考察，年底结束了中亚考察团的1921年度考察。1922年4月17日，安得思率中亚考察团离开北京，经张家口赴内蒙古和外蒙古考察，这是中亚考察团的第一次蒙古考察。考察团持有北京政府外交部所颁护照，直达刚宣布独立不久的外蒙古首府乌勒加（Urga，即库伦，今乌兰巴托），发现了很多古代动物化石标本。当冬季即将来临时，中亚考察团于9月13日拔营，于9月22日回到北京，结束中亚考察团的1922年度考察。

1923年4月17日，安得思率领扩编后的中亚考察团离开北京，第二次赴蒙古高原考察。当他们到达外蒙古边界时，外蒙古君主立宪政府已不承认北京政府所颁护照，拒绝考察团入境。安得思只好请久居内、外蒙古的瑞典商人佛朗斯·奥古斯特·兰理训（Frans August Larson，1870—1957）进行斡旋。外蒙古当局在阻挠了一段时间后，于6月11日向中亚考察团发放护照。考察团拿到护照后，进入外蒙古考察。这次考察所获标本数目更大，其中最重要的收获是一种史前恐龙化石，后来被学术界命名为“安得思原始恐龙（*Dinosaur Protoceratops Andrews*）”。除恐龙化石外，中亚考察团还发现了数千颗恐龙蛋化石。10月中旬，中亚考察团团员全部回到北京，结束了1923年度的考察。为了整理资料，筹集经费，安得思决定暂停中亚考察团的1924年度考察计划。

1924年6月中旬，由美国自然史博物馆和卡奈基学会（Carnegie Institution）联合资助的新中亚考察团组建完毕，拟于1925年恢复考察。1925年度的考察计划，主要是走一条新

---

⑪　蔡元培1921年6月6日日记，《蔡元培全集》第7卷，352页。

路线，先至外蒙古境内的察干诺尔（Tsagan Nor），然后向西沿阿尔泰山北麓，直达新疆省。为此目的，安得思于1924年8月底从北京去乌勒加，与外蒙古当局进行协商，双方于1924年9月达成协议。1925年4月15日，安得思率领中亚考察团离开北京，第三次赴蒙古高原考察。5月中旬，当中亚考察团正准备进入外蒙古境时，收到通知说，外蒙古于1924年11月26日又进行了一次革命，废除了君主立宪制，成立了“蒙古人民共和国”，安得思此前与君主立宪制政府所达成的协议全部作废。安得思只好再次赶赴乌勒加，与“蒙古人民共和国”的科学委员会谈判，双方于1925年6月4日达成协议，安得思交付一笔钱后，外蒙古方面同意中亚考察团入境考察。安得思率中亚考察团进入外蒙古境内后，仓促考察了外蒙古西部、阿尔泰山区，8月返回内蒙古，9月回到北京，结束了1925年度的考察。随后，中亚考察团解散，安得思也于10月返回美国，为1926年度的考察做准备⑫。

二

由于美国自然史博物馆中亚考察团的主业是搜集古生物化石，虽然相关报道屡见报端，但并未很快引起中国知识分子的关注。而同一时期美国哈佛大学派遣华尔纳进行的两次福格艺术博物馆敦煌考察队，因为“敦煌”一名的敏感性，反而最早引起了关注。华尔纳于1923—1924年进行第一次敦煌考察期间，用75两银子贿赂了守窟道士王圆禄（1850—1931），剥离敦煌壁画12方，移走敦煌彩塑1身。1925年初，哈佛大学再派华尔纳重返中国，目的之一是率队进行第二次敦煌考察，目的之二是代表哈佛大学与北京大学谈判合作事。

华尔纳留京谈判期间，他派遣考察队先行去敦煌考察，邀请北京大学研究所国学门派人参加敦煌考察队。北京大学研究所国学门教授沈坚士（兼士，1887—1947）、马衡（叔平，1881—1955）等遂决定派北京大学医学院校医陈鹏（万里，1892—1969）加入敦煌考察队，实际目的是监视考察队的行动。陈万里跟随美国考察队西行后，一路上设法与当地政府沟通，阻止美国人的考古活动。1925年5月30日，上海发生“五卅惨案”，随后全国各地掀起了大规模的反帝排外运动。北京大学电令陈万里与美国考察队决裂，迅速东返。随后，以失败告终的敦煌考察队也就地解散，一部分队员途经新疆回国⑬。

陈万里跟随敦煌考察队西行后，沈兼士于1925年春、夏之际给刚在法国获得博士学位的刘半农写信，提及陈万里参加美国考察队之事。刘半农回国前夕，于6月17日离开巴黎时收到这封信。由于沈兼士在信中没有说清原委，引起刘半农对美国人在华考古的不满。刘半农于8月7日到达上海前夕，从轮船上给好友周作人写的一封信中发表意见说：

---

⑫ 本文中关于美国自然史博物馆中亚考察团之起源、经过、结果的综述，如没有特别指明，均依据Roy Chapman Andrews, *The New Conquest of Central Asia, A Narrative of the Explorations of the Central Asiatic Expeditions in Mongolia and China, 1921-1930*, New York: The American Museum of Natural History, 1932, pp. 1-678.

⑬ 王冀青《华尔纳与中国文物》，314—398页。

> 若说我们中国人野蛮不开化，在这不能保存古物的一点上，却正可以当之而无愧！离巴黎前，得兼士来信，说有个美国人要到新疆开掘古物，北大也派陈万里先生同去。当真！这已是中国学术界中破天荒的一件事了。但试问，新疆是中国的土地，美国人岂能自由开掘！若换作美国土地上有什么一宗古物发现了，我们中国人能不能去开掘？可怜我们中国内务部的一般官老爷，对于北京古物陈列所里的一些劳什子，便爱护到什么似的，连看的人要动笔抄写都不许（这是全世界中没有的怪事，其中自有隐衷，姑置不论），偏在这等处，却大阔气而特阔气，哼！好东西，你还配得算有脑筋么⑭？

刘半农虽然不清楚北京大学派陈万里参加美国考察队的内情，但他在信中说的这段话，第一次反映出他坚决反对外国人到中国西北考古的态度。刘半农回国后，从1925年9月起任北京大学中国文学系教授，兼研究所国学门导师。从此以后，在教学、写作工作之余，刘半农也将大量精力放在抵制外国考察队来华考察、保护中国西北文物方面。

1926年3月，安得思率领新组建的中亚考察团回到北京。此时，因中国军阀混战，北京的政治局势已经很混乱。安得思认为，在当时的战争局势下，无法实施1926年度的考察计划。等到6月，时机已过，只好宣布取消当年的考察，中亚考察团解散，安得思随后也返回美国。

安得思暂离中国后，斯文·赫定于1926年底来华，拟实施他的第五次中亚考察，与北京政府农商部地质调查所订立办法8条。刘半农等人闻讯后，立即组织起来，联络在京的国立北京大学研究所国学门、国立历史博物馆、国立京师图书馆、中央观象台、古物陈列所、故宫博物院、清华学校研究院、中国天文学会、中国地质学会、北京图书馆、中国画学研究会、中华图书馆协会等12个机构（一说14个机构，加上地质调查所和国立北京大学考古学会），于1927年春成立“中国学术团体协会”。中国学术团体协会成立后，立即委派刘半农和地质调查所所长翁文灏（咏霓，1889—1971）、北京大学考古学教授马衡等与斯文·赫定接洽谈判，反对他单独去西北进行考察，力争将这次考察置于中国学术团体协会的控制之下。

中国学术团体协会成立后呈交北京政府外交、内政、教育、农商四部备案的《中国学术团体协会章程》共14条，于1927年4月获得批准⑮。其中第2条规定：“本会以保存国境内所有之材料为主旨，以古物、古迹、美术品及其他科学上之重要及罕有材料为范围。”可见文物保护是该协会的重点。第4条规定：“本协会暂借北京大学研究所国学门为会址。”可知该协会的办公地点就在国学门所在的北京大学三院工字楼。中国学术团体协会成立后，推举古物陈列所所长周肇祥（养庵，1880—1954）为代表。

在中国学术团体协会轮番对付斯文·赫定的过程中，刘半农出力最多。正如北京大学哲学系教授徐炳昶（旭生，1888—1976）后来在《徐旭生西游日记》“叙言”中总结的那样：

---

⑭ 1925年8月7日刘半农致周作人信，原件照片载刘小蕙《父亲刘半农》，上海：上海人民出版社，2000年，卷首。

⑮ 《中国学术团体协会章程》（在北京外交、内政、教育、农商四部备案），《东方杂志》第24卷第8号（1927年4月25日），103页。

我国从前对于科学办法不甚讲求，所以对于科学，尤其是对于自然科学的贡献，非常减色。近来从各国留学返国的人很多，已经有了自行研究的能力，而内忧外患频至迭来，不惟不能奖励研究，并且阻碍研究。至外人一方面，则利用其优越的财力，对于我国的科学材料，“予取予求”，毫无限制，而对于珍贵不可多得的材料，则巧取豪夺，潜运境外！如果这一类的情形，不能有所挽救，则我国学术前途，要受到无从计算的损失。因为深切感受到上面所说底危险，所以大家总想把国内的重要学术团体联络起来，组织起来：自己出发到各地搜集材料，以为精深研究的预备。至对于外人，则怀抱友谊，能与吾人合作者固所欢迎，至若企图文化侵略，想攫取科学上珍贵材料者，则设法拒绝，不使再溷吾土。民国十六年（1927年）春，中国学术团体协会就是因为想达到这种目的而组织的。这个时候，恰好有瑞典地理学大家斯文·赫定博士想到我国西北部继续他从前数次所作底考查，来商议合作办法；我们的协会就派人同他交涉。折冲最多者为刘復博士。协商十余次，乃于四月二十六日订立合作办法十九条。协会接受赫定博士的补助，组织西北科学考查团[16]。

在“折冲最多者”刘半农等人的努力下，中国学术团体协会代表周肇祥与斯文·赫定于1927年4月26日在北京大学研究所国学门签订《中国学术团体协会为组织西北科学考查团事与瑞典国斯文·赫定博士订定合作办法》凡19条[17]。根据《合作办法》规定，西北科学考查团理事会监察并指挥该团进的一切活动。随后刘半农被任命为西北科学考查团理事会常务理事，即最高负责人，从1927年起遥控考察团的全进程。

就在中国学术团体协会成立并迫使斯文·赫定就合组西北科学考查团事进行协商的过程中，安得思又领着新组建的1927年度中亚考察团，于1927年4月初来到北京。安得思到北京后发现，中国政局比以前更加混乱和复杂。奉系军阀张作霖（雨亭，1875—1928）虽然控制着北京，但因南京政府北伐军的节节胜利，引发北京附近战事频频。安得思在北京观望期间，目睹了斯文·赫定被迫与中国学术团体签订合作协议的全过程，而类似的协议是中亚考察团无法接受的。于是，安得思决定再次取消1927年度的考察，留在北京等待1928年春天的到来，希望形势好转后再图活动。

西北科学考查团正式组建后，徐炳昶被任命为中方团长，斯文·赫定被任命为外方团长。1927年5月9日，西北科学考查团离开北京，西行考察。由于安得思已决定取消中亚考察团在1927年度的考察活动，原来为中亚考察团服务的瑞典人兰理训也因与斯文·赫定有同胞关系，而加入了西北科学考查团，担任指挥旅行中一切事宜的队长。中亚考察团已备妥的考察用骆驼，也全部转卖给了西北科学考查团。

西北科学考查团走后，安得思一直住在北京，观察事态的发展情况。而中亚考察团的团员们，则暂时返回美国待命。与此同时，安得思还在北京撰写英文文章，攻击中国

---

⑯ 徐炳昶《徐旭生西游日记》（西北科学考查团丛刊之一），北平：中国学术团体协会西北科学考查团理事会刊行，1930年，第1册，2—4页。

⑰ 《中国学术团体协会为组织西北科学考查团事与瑞典国斯文赫定博士订定合作办法》（1927年4月26日签订），《东方杂志》第24卷第8号，103—105页。

学术团体协会反对外国人考察的做法，并为自己以前的行为辩护，为今后的考察寻找借口。据徐炳昶1927年7月27日日记中记录：

看见人家给赫定先生的报，上载美国人Andrews（安得思）自辩护的文章。他开头说我们当时反对Expedition（考察）一字的不当；以后说中国人从Anderson（安特生）工作以后，才晓得历史以前古物的可贵；如果不然，恐怕再迟一百年，还不晓得，那些东西要腐烂于地上地下；以后又说他所拿往美国的东西，并没有商业上的价值，止有学术上的价值，云云。他所说底第一段，或者有点道理。至于中国人跟着Anderson（安特生）才晓得历史以前古物的可贵，那完全是错误的。……中国人因财力不足，不能寻求，何尝是跟着他才知道考古？他所运往美国底古生物，既有学术上很高底价值，无论何国全不能让它随便出境，也是当然的办法。他这样的辩护，真是强词夺理[18]。

种种迹象表明，中国学术团体协会成立之后，在抵制斯文·赫定单独考察计划的同时，也将安得思的中亚考察团锁定为下一个目标。

三

到1928年初，安得思认为中国内战胜负前景仍然不明，无休止等下去终究不是办法，于是决定无论如何也要在1928年恢复考察。他首先于1928年1月给美国自然史博物馆打电报，让中亚考查团的所有团员于4月14日之前到北京汇齐。然后又请美国驻华公使马慕瑞（John Van Antwerp MacMurray，1881—1960）专程拜访北京军政府海陆军大元帅张作霖，获得了张作霖对中亚考察团1928年度考察的支持。为了防备中国学术团体协会的攻击，避免重蹈斯文·赫定的覆辙，安得思决定1928年度考察要秘密出发，封锁新闻报道消息。安得思本人后来对这件事叙述如下：

我发现他们（指张作霖奉系政权）欣然准许我们起身去蒙古。不过我们懂得，绝对不能将我们出发的情况再通过舆论界向外做宣传，因为那样会引发一年前已给斯文·赫定造成极大困难的非官方组织“文物保护协会（Society for the Preservation of Cultural Objects）”对我们采取行动[19]。为此，世界各大报纸和当地新闻机构的外国记者们都给予了最友好的合作，他们全都同意在我们出发之前绝口不提考察团的事，并且严格地遵守了承诺[20]。

---

⑱ 徐炳昶1927年7月27日日记，《徐旭生西游日记》第1册，50—51页。

⑲ 安得思在此提到的“文物保护协会”，显然指中国学术团体协会，但英文名称含义更接近后来反对中亚考察团的“文物维护会”和“古物保管委员会”。中国学术团体协会于1927年4月成立于北京，古物保管委员会于1928年4月成立于南京，文物维护会于1928年6月成立于北京，是三个不同的组织。但其涉外宗旨是一样的，骨干力量基本上也是同一套人马，譬如刘半农同时是这三个组织中最积极的先锋。安得思对此分辨不清，因此在其著作中凡涉及这三个组织中的任何一个时，大都笼统称之为“文物保护协会”，或简称为“文化协会（Cultural Society）”。当时的外国人著作和媒体文章也大都如此。中国读者阅读时，应根据情况判明具体所指。

⑳ Roy Chapman Andrews, *The New Conquest of Central Asia*, p. 345.

为了秘密考察，安得思还将中亚考察团的出发地点从北京的大本营改在张家口的野外基地。1928年3月初，安得思托人从外蒙古库伦购得5000头骆驼，汇集于张家口，与从战区北京一带好不容易买来的125头骆驼汇合。4月3日，中亚考察团员凡38人从美国和北京赶到张家口。

由于中亚考察团1928年度考察未能获得外蒙古政府的入境许可护照，考察活动不得不全部在中国境内进行。按照安得思的计划，考察团先向北，后转西，最后试图找到一条不经过外蒙古而是越阿尔泰山脉的新道路，进入中国新疆省。1928年4月12日，安得思领着庞大的中亚考察团离开张家口，沿着西北科学考查团西行时的大致方向，第四次赴蒙古高原考察。4月26日，中亚考察团转而西行，寻找入疆道路。由于中亚考察团和西北科学考查团的考察工作部分重合，安得思的一部分行程不得不沿着西北科学考查团的足迹前进。

此后，北京的政局急剧变化。1928年4月30日，南京政府的北伐军攻入济南。5月9日，北伐军三路进入直隶境，前锋逼近北京，张作霖通电要求停战。6月3日，张作霖率部退出北京，出关回东北。6月4日，张作霖在皇姑屯被日本人炸死。同日，南京政府委任阎锡山（百川，1883—1960）为京津卫戍总司令，随后北伐军进入北京。

安得思于1928年6月2日经百灵庙到达乌梁素海一带，6月3日在乌梁素海附近收到张作霖已退出北京的消息。此时他意识到，他从张作霖那里获得的一纸护照已失去意义，于是决定中止西进新疆的考察计划，只走到阿拉善沙漠的边缘便开始东返。6月17日，中亚考察团回到二连浩特，然后在内蒙古境内进行了一个多月的化石发掘工作。8月11日，中亚考察团回到张家口，次日返回北京，1928年度考察结束。鉴于北京局势不稳，安得思在结束考察时决定，先不马上将考察团所获化石等标本运回北京，而是稍后再经张家口运回北京，然后经天津海运美国。但是，由于变化了的政治形势，在标本运美过程中，遇到中国学术团体协会和1928年成立的官方组织古物保管委员会、民间组织文物维护会的联合抵制。

早在1927年6月，南京政府成立中华民国大学院，为全国最高学术教育行政机关，任命蔡元培为大学院院长。蔡元培有感于中国向无文物考古专司机构，遂于1928年3月在南京组织古物保管委员会，作为大学院的各专门委员会之一，行使全国最高文物考古管理行政职能。所聘第一批委员共19人：主任委员张继（溥泉，1882—1947），委员傅斯年、蔡元培、张静江（人杰，1877—1950）、易培基（寅村，1880—1937）、胡适、李四光（仲揆，1889—1971）、李宗侗（玄伯，1895—1974）、李煜瀛（石曾，1881—1973）、高鲁（曙青，1877—1947）、徐炳昶、沈兼士、陈寅恪（鹤寿，1890—1969）、李济（济之，1896—1979）、朱家骅（骝先，1893—1963）、顾颉刚（铭坚，1893—1980）、马衡、刘半农、袁复礼（希渊，1893—1987）等，基本囊括了中国学术团体协会的骨干[21]。随着北伐军的胜利，古物保管委员会的职权范围也不断向北扩展。

张作霖退出北京、北伐军占领北京前后，由于古物保管委员会的职权范围还未来得

㉑ 《大学院公报》第1年第4期，上海，1928年，99—100页。

及覆盖北京，为了保护北京文物，刘半农组织了第二个非官方、临时性的文物维护会，或称“北京（北平）文物维护会”“北京（北平）文物临时维护会”等。这个临时性组织寿命短、规模小，只存在了几个月时间，所经手的大事要事也只有“孙殿英盗发清东陵案”和“安得思中亚考察团案”，因此知情者并不多。好在该组织的最早成员之一台静农（伯简，1903—1990）晚年写过一篇回忆录《记“文物维护会”与“圆台印社”》，其中给我们提供了以下线索：

> 安得思的如此行径，不止一次……这且不谈，而我所要谈的是文物维护会这一机构是怎样的，在当时知道的也只有极少数人，事隔半世纪多，更没有人知道了；虽然当时知识分子本着良知与热情，总算作了点事。
>
> 文物维护会发起的动机非常单纯，当十七年（1928年）北伐克服济南后，接着北京的奉军即将退却，那时既没有前后任的交代接受，更没有所谓受降仪式，仓卒之际怕北京文物遭到毁坏，因而有这一组织。委员有沈兼士、陈援庵、马叔平、刘半农、徐森玉、周养庵诸先生，年轻人参与的有常维钧、庄慕陵及我。沈、陈、刘、马四位，都是北京大学研究所国学门导师，国学门在北大三院工字楼，“北京文物维护会”就设在这里，维护会的大木牌也就挂在三院大门前。
>
> ……文物维护会只是极少数的学者临时组成的机构，寿命不过三两个月（从成立到结束我已记不清了），北伐军进了北京城，北京改称了北平，也就解散了。要知道这样的会早解散为妙[22]。

按台静农所记，文物维护会设在北京大学研究所国学门，这与中国学术团体协会会址是相同的。文中提及的文物维护会骨干力量沈兼士、陈垣（援庵，1880—1971）、马衡、刘半农、徐鸿宝（森玉，1881—1971）、周肇祥等都与中国学术团体协会有关，常惠（维钧，1894—1885）、庄尚严（慕陵，1899—1980）、台静农等也都是北京大学毕业生。只是台静农关于文物维护会起止时间等具体细节的记忆，或许不太准确，在此需稍作辩解。

按北伐军克济南的时间是1928年4月30日，奉军退出北京的时间是6月3日，北伐军入北京的时间是6月9日，北京改称北平的时间是6月28日。台静农回忆说文物维护会仓促成立于北伐军克济南后、奉军将退出北京前，时间仍不明确。据《北京历史纪年》一书记录：“（1928年）六月六日，北京地区组织临时文物维持（护）会，由陈垣等负责。”[23]当有所据，似更可信。台静农回忆说文物维护会是在北京改称北平后解散的，具体时间也不明了。但我们可以肯定，至少在10月20日以前，文物维护会的名义仍是存在着的，其寿命应较“三两个月”略长些，证据见下文。刘半农既然是中国学术团体协会西北科学考查团理事会的最高领导（常务理事），自然应被推为文物维护会主席。10月20日在北平协和医学校签订《处置安得思先生一千九百二十八年在蒙古所采标本之办

---

[22] 台静农《记“文物维护会”与“圆台印社”——兼怀庄慕陵先生二三事》，原载台北《联合报》副刊，1982年3月11日，转引自陈子善编《台静农散文选》，北京：人民日报出版社，1990年，8—9页。

[23] 北京市社会科学研究所编《北京历史纪年》，北京：北京出版社，1984年，302页。

法》时，刘半农所署的职衔是“北平文物临时维护会主席”[24]。《北京历史纪年》记录说临时文物维护会“由陈垣等负责”，应是早期的情况。

南京政府控制北京之后，文物维护会并未立即销声匿迹。因为安得思中亚考察团的案子未结，它还没有失去存在的意义。在1928年4月大学院古物保管委员会成立之前，有关文物考古事宜向来由内政部兼管，此后古物保管委员会自认为系全国最高文物考古专司机构，在得知安得思一案后，迅速予以接管，于9月设北平分会于北海团城，以马衡为北平分会主任委员，专门处理此事。

四

首先向美国自然史博物馆中亚考察团发难的组织，是刘半农领导下的文物维护会。1928年8月中旬，安得思率中亚考察团结束第四次蒙古高原考察返回北平不久，文物维护会便在报刊上著文反对中亚考察团。与此同时，文物维护会还函请察哈尔省政府设法在张家口扣留正向北平运输途中的考察团所获标本。安得思从北平的中外报纸上得知这一消息后，立即派考察团员谷兰阶和麦肯兹·扬格（McKenzie Young，？—1931）乘火车赶往张家口，企图先迎接标本运输驼队绕过张家口南行，但国民军一支部队还是在张家口西北万全县万全关顶上将运输驼队俘获，并强行押解到张家口，存放在兰理训的宅院中。此后，这批标本不准美国人接近，由察哈尔省政府派遣4名武装警察守卫，听候南京和北平有关机构的处理意见。

在此期间，安得思和马慕瑞也在北平为争取标本获释而活动。当时北平和张家口一带属阎锡山管辖，为了让阎下令释放标本，马慕瑞派美国公使馆一位秘书陪同安得思，多次和阎锡山驻北平的代表协商，请阎出面干预。坐镇太原的阎锡山打电报回复说：这件事属南京政府外交部长的职权范围，他不便过问。关于标本被扣的经过，安得思在中亚考察团报告书《对中亚的新征服》中回忆说：

> 于是杨格和谷兰阶便乘头班火车去了张家口。我们的运输驼队在万全关顶与士兵相遇，士兵们将我们的驼队带到张家口。谷兰阶劝说察哈尔省政府外交署长将装化石的箱子运到兰里训先生的宅院中，这样可以安全地保管。有4个武装警察守卫着标本，而我们自己的人则不许接近。与此同时，“文物保护协会”给所有的报纸都送去一份最无耻的文章，宣称我们的考察团“侵犯了中国的主权”，我们“偷盗了中国的无价宝藏”，我们是“反政府的间谍”，我们“寻找石油矿藏并走私鸦片”。美国驻华公使立即对此做出了反应，我和美国驻华公使馆的一位书记官去拜访阎锡山将军的代表，阎锡山将军虽然坐镇太原府，但他负责管辖整个西北地区。
>
> 几天之后，阎锡山将军回话说，他拒绝过问这件事，因为那应该是南京政

---

[24] 《处置安得思先生一千九百二十八年在蒙古所采标本之办法》，南京政府内政部年鉴编纂委员会编《内政年鉴》，上海：商务印书馆，1936年，（F）164页。

府外交部部长处理的事情。随后，"文物保护协会"向我们发起了又一轮声势浩大的舆论攻势，情况与斯文·赫定博士前一次碰到的情况一样。政府官员们被吓得屁滚尿流，他们不敢有所作为，生怕被扣上崇洋媚外的帽子[25]。

1928年9月上旬，文物维护会致函南京政府财政部，谓安得思中亚考察团所获古物及生物化石甚多，计划将由天津运往美国，请财政部正式下令扣留。财政部虽管辖天津海关，但对于是否应扣留美国人所获化石标本犹豫不决，遂转请内政部查核并征求意见。内政部在答复中认为，外国人在内地自由采运古物及生物化石出国之事理应严行禁止，请财政部饬天津海关即予扣留。同时，内政部还致电天津特别市政府，请其会同海关办理此事。古物保管委员会于9月设北平分会于团城后，由马衡代表张继专门处理此事，由刘半农代表文物维护会予以辅助。

在万般无奈的情况下，安得思只好从1928年9月中旬开始与文物维护会谈判。稍后古物保管委员会北平分会代替文物维护会成为中方主要代表，双方继续谈判。中方的主要谈判手，始终是刘半农。双方艰苦谈判6周时间后，终于在10月20日达成一项协议，由安得思和古物保管委员会北平分会主任委员马衡（代表古物保管委员会主任委员张继）、文物维护会主席刘半农在北京协和医学校签字生效。该协议名为《处置安得思先生一千九百二十八年在蒙古所采标本之办法》，共7条，全文如下：

（一）标本之处置。

（甲）历史学及考古学材料，全留在中国。

（乙）有脊椎动物化石，送至美国纽约天产博物院，以供研究之用。内中以两全份标本（包括至少每种化石动物之一代表标本）与一全份曾经绘画刊布之标本之模型，送还中国。

（丙）无脊椎动物化石，全留在中国，以供研究之用。研究竣事之后，以一份送纽约天产博物院。

（丁）植物化石，平分。

（戊）植物标本，平分。

（己）动物标本，平分。

（庚）矿物标本，平分。

（二）以前三次所采之化石、植物、动物标本，应以一全份赠予中国（包括一全份在中国所采之有脊椎动物之补成模型）。

（三）为提倡在中国之古生物学与动物学之研究起见，纽约天产博物院须赠与中国以最多数美国之有脊椎动物化石之标本与模型，以供比较之用。又须赠与最多数亚洲动物标本。

（四）凡在蒙古迭次所采有脊椎动物化石，中国学者得至纽约天产博物院研究，博物院应予中国学者以研究上充分之便利。

（五）为提倡两国学术机关合作起见，以后若组采集队，须由纽约天产博

[25] Roy Chapman Andrews, *The New Conquest of Central Asia*, pp. 417-418.

物院与中国国立学术机关共同参加。其规程与研究计划，须由双方协定，并须商得中国政府之同意，始得开始调查、采集或发掘。

（六）大学院古物保管委员会与北平文物临时维护会，为便利运输此项标本出国计，允为代办护照。

（七）若于条文上发生异议时，须以中国文为准。

中华民国 十七年（1928年）十月二十日签于北平协和医学校。

中华民国大学院古物保管委员会主任委员张继；

代表人：北平分会主任委员马衡；

北平文物临时维护会主席刘复；

纽约天产博物院蒙古采集队队长安得思㉖。

处置办法签字后，扣押在张家口的标本共87箱获释，并运送北平。稍后，又有最后一批标本共6箱用汽车从蒙古运往北平。这样，受处置办法约束的标本共93箱。安得思在签订协议后，于1928年10月29日离开北平，经西伯利亚、欧洲大陆和英国伦敦，于11月29日返回美国纽约。其余考察团团员也大部分解散，只留下助理团长谷兰阶等代表中亚考察团，会同古物保管委员会北平分会所聘请的若干专家一起，按协议审查分配搜集品。

经过这场较量，安得思和文物维护会、古物保管委员会等中方组织结下了怨仇。安得思被迫与中方签订上述协议后，一直对此事耿耿于怀。他在1929年出版的《中国年鉴（1929—1930年卷）》上发表《美国自然史博物馆中亚考察团》一文，抱怨说：

尽管在中国根本不存在任何禁止或控制化石搜集与出口的法律，但“文物保护协会”这个非官方组织竟然能向官员们施加很大的影响力，以至于我们的搜集品在张家口被扣留长达6星期之久，……在化石获释并运往北京整理之前，我们被迫和“文物保护协会”签订了一个协议，其中有一条款规定：将来我们若想在中国从事进一步的科学工作，必须事先得到他们的准许㉗。

安得思在《对中亚的新征服》一书中也声称：

在中国，根本不存在任何针对搜集化石和输出化石而制定的法律。我们去蒙古是得到张作霖大元帅同意的，当时他代表着中国北方的合法政府。我们手中的护照同几年前我们所持护照完全一样，都是由美国公使馆出面为我们申请到的。“文物保护协会”没有丝毫的合法权力或道义权力来扣留我们的搜集品。可是他们还是无视这一点而那样做了。我们谈判了6个星期，标本才获释。这给我们造成了巨大的麻烦和巨额的经费开支，而且双方之间都因此产生了敌意㉘。

安得思的此类怨言，反映出他对中国的形势不甚理解，更反映出他对中国维护主权的行动抱有抵触的态度。

㉖ 《处置安得思先生一千九百二十八年在蒙古所采标本之办法》，《内政年鉴》，（F）163—164页。

㉗ Roy Chapman Andrews, ‘The Central Asiatic Expedition of the American Museum of Natural History’, in H. G. W. Woodhead (Ed.), *The China Year Book (1929-30)*, Tientsin: The Tientsin Press, Limited, 1929, pp. 1126-1129.

㉘ Roy Chapman Andrews, *The New Conquest of Central Asia*, p. 418.

刘半农通过与安得思的长期接触，对其人品深恶痛绝。刘半农于1929年12月在北平撰写的杂文《北旧》一文中，怒骂安得思如下：

> 说到了古物保管委员会，就不得不想到安得思那小子！他本是个流氓（诸公如其不信，见面便知端的），学问平常，只是因为挖到了恐龙蛋，美国人就替他大吹特吹，说是二十世纪十大发现之一（我国袁希渊先生，去年在天山一带，不但发现恐龙蛋，而且发现大小恐龙骨数十具）。他于是乎趾高气扬，以开山刨地、翻尸倒骨为终身的职业。他被美国纽约天产博物院任为中亚考古团团长，带领大队人工，到内蒙一带去挖掘古物，前后已有七次，每次总是挖了几十、几百大箱的东西运出去（北平弓弦胡同有一个永久办事处，足见其规模之大）。中国政府既不过问，人民更是全不知道。到去年夏季，他又从内蒙挖了八九十箱东西运回北平，打算从北平运往天津出口，却被文物维护会和古物保管委员会查到了。再一查他的护照，却并没有中国政府允许发掘古物字样，只是允许打猎而已。夫打猎乃地面上之事，打猎而可入地，恐怕美国字典中没有这样的解释罢。于是他虽然强项，也不得不相当的就范。结果把他那八九十个大箱子一起打开，请专家审查，该扣留的扣留，该发还的发还。同时还订了一个协定，由他承认：此后如再往内蒙一带发掘，不得自由行动，须先与中国学术团体接洽，双方订立办法，经由中国政府批准后，方可实行。这在中国方面，已经客气到万分的了。要是咬定了他护照上只许打猎一句话，即使把全部八九十个箱子一齐扣留，他也无屁可放。可是，他一面写了“伏辨”，一面却怀恨在心，怂恿了北平的各鬼子报，将文物、古物两会大骂特骂，说我们此举“是妨害文化”，“是中国人不懂科学的表示”。这种鬼子报，先天里就带着要骂中国人的使命，犹如狗的先天里，就带着要吃屎的使命，所以我们也只是置之不理而已㉙。

刘半农虽喜骂人，但骂外国人到如此程度，实属罕见！若没有强烈的爱国主义思想，当时人一般不会如此痛骂美国人的。

五

安得思虽然领教了文物维护会和古物保管委员会的强硬态度，但还是不打算放弃他领导的美国自然史博物馆中亚考察团。他经欧洲于1928年11月29日返回美国纽约后，整个冬天四处讲演，为中亚考察团未来的活动寻找追加经费。1928年度中亚考察团解散之后，助理团长谷兰阶等一直留在北平，一面负责化石标本运美工作，一面代表安得思与中国方面协商美国自然史博物馆1929年度中亚考察事宜。

应归还美国自然史博物馆并拟运往美国的有脊椎动物化石，以及其他动、植、矿物标本化石，共装10大木箱。装箱时由古物保管委员会北平分会代表与谷兰阶一同监督，

㉙ 刘半农《北旧》，刘半农遗著《半农杂文二集》，上海：良友图书印刷公司，1935年，171—172页。

加贴封条，以示郑重。与此同时，古物保管委员会北平分会又函请南京政府管理华北的最高政治机构“中央政治会议北平临时政治分会”（主席李石曾，委员阎锡山、冯玉祥、张继），发放“美国纽约天产博物院由平运津及出口化石10箱护照”一纸，并请北平临时政治分会分饬北平崇文门税关、天津海关监督转饬税务司免税放行。又考虑到极脆弱的化石在搬运时稍有不慎便可能毁伤，再请北平临时政治分会令各税关，以10箱标本化石已会同查封为由，一律予以免验。北平临时政治分会接函后，认为所运标本化石属研究物品，自应发放免税护照，于是函请南京政府财政部转知税务司免税免验放行，财政部又转请内政部核复，内政部以此案既经中央政治会议北平临时政治分会核准发放护照，且系中、美两国互利的学术交流，应准予查照放行，函复财政部查照。1929年春，10箱化石标本得以运往美国。1929年4月12日，古物保管委员会主任委员张继给南京政府行政院写了一份代电，汇报对这批古生物化石标本的处理经过[30]。

1928年10月23日，南京政府改大学院为教育部，作为大学院各专门委员会之一的古物保管委员会也改隶教育部。古物保管委员会当时看出华北是今后古物保护的重点地区，遂于1929年1月将古物保管委员会总部从南京迁往北平，借北平分会会址团城为总会址，这样便可集中力量与美国方面谈判。对于古物保管委员会的总部、分会短期内汇聚于团城，刘半农在《北旧》一文中介绍说：

> 新兴的文物机关是古物保管委员会。此有总会与北平分会之别，但均设于团城之内。总会主任委员是张溥泉先生，分会主任委员是马叔平先生。这两位，一位是国家的大老，一位是考古界的老大，以任斯职，真可谓人事相宜矣。但委员会只是个监察机构，并无积极的事业可办，所以平时异常清闲，职员们到会划到之后，或静赏团城风景之美，或组织圜坛印社而致力于刻印，亦盛业也。但有的时候，即使有事，也不容易办得圆满（曰“有的时候”者，非全称肯定也）。譬如什么地方的土豪劣绅，用非科学的办法挖掘古董，会中要设法禁止，他有他的“地头蛇”的资格，睬也不睬你。或者是，什么人的兵要砍伐什么地方的古树变价，你去禁止，正所谓“秀才遇着兵，有理说不清”。或者是，有一家古董铺子要将某宗古董卖给外国人，等到你听见了去调查，调查了去扣留，说不定他早已设法运送出口了。即如去年的东陵案，当时文物维护会与古物保管委员会两方，也卖过不少的气力，闹了许久，也没有看见个“水落石出”。所以我向张溥泉先生说笑话：“先生，北平政治分会主席也；其在前清，则大红顶子直隶总督也。以大红顶子直隶总督而犹无能为力，则知中华古物之保管，盖戛戛乎其难也！”[31]

但在团城内，至少还是办过一件“圆满”的事情，即以条约形式束缚了美国自然史博物馆中亚考察团最后阶段的活动。

既然文物维护会的成员大都为古物保管委员会的成员，1928年10月美国自然史博物

---

[30] 1929年4月12日张继致南京政府行政院代电，抄件藏原国民政府行政院档案中，录文见中国第二历史档案馆编《中华民国史档案资料汇编》，南京：江苏古籍出版社，1994年，第五辑，第一编，文化（二），652—654页。

[31] 刘半农《北旧》，《半农杂文二集》，170—171页。

馆中亚考察团所获搜集品案结束之后，文物维护会便自然销声匿迹了。1929年1月，谷兰阶代表仍在美国的安得思访问团城，找到古物保管委员会北平分会主任委员马衡及委员翁文灏、刘半农三人，谈判中亚考察团继续赴蒙古高原考察的条件。由于有《处置安得思先生一千九百二十八年在蒙古所采标本之办法》第5条的要求和限制，马衡、翁文灏、刘半农三人在谈判过程中，参照《中国学术团体协会为组织西北科学考查团事与瑞典国斯文·赫定博士订定合作办法》，拟定出一份《采掘条例》（即《中华民国教育部古物保管委员会与美国纽约自然历史博物馆中亚古生物考察团协定草案》的初稿），作为中方的合作条件提交给格兰吉。该条例共6条，全文如下：

第一条：中亚调查团，受古物保管委员会之委托，前往蒙古调查。

第二条：团员人数，以中西各半为原则，就中各任一人为团长。

第三条：采集所得学术材料，除有脊椎动物化石如第四条所规定外，其余统应留在中国。

第四条：（甲）采集所得有脊椎动物化石重复标本，或与以前所采相同者，统留在中国 。（乙）与以前所采不同，而事实上必须运往美国研究者，得酌量运往美国。其条件如下：

（1）中国应派专门学者前往共同工作，其往返川资及在研究期内之一切费用，由中亚调查团担任。

（2）美国天产博物院对于此项中国学者，应予以独立研究之便利。

（3）研究完毕后，须将原物运还中国。其必须暂留美国作参考者，陈列时应标明寄存字样，并照样制模型二份，送至中国。

第五条：此项协定，经中国国民政府核准后，发生效力。

第六条：若于条文上发生异议时，须以中国文为准[32]。

古物保管委员会的这些条件显然是要置美国自然史博物馆中亚考察团于无利可图的境地，谷兰阶面对这份《采掘条例》无法表态，只好电请安得思速来北平定夺。

1929年3月23日，安得思经太平洋返回北平，然后与谷兰阶一起去团城，又和古物保管委员会谈判数周。起初，安得思认为“这些要求严重违反了全世界其他任何国家的所有先例”，[33]断然拒绝接受，而古物保管委员会也丝毫不让步。稍后，安得思为了能在当年恢复考察，表示可以有条件地接受《采掘条例》，条件是取消其第四条（甲）款的规定。安得思认为，化石只有在科学专家们指导下进行整理与研究之后，才能确定是否属复本，为此目的，应先将化石运至美国自然史博物馆，经整理研究之后再将确定的复本运回中国。但是古物保管委员会对安得思的这一要求不予理睬，认为只有古物保管委员会才拥有最终的权利，来确定哪些化石应留在中国、哪些化石可运往纽约。古物保管委员会于1929年4月给安得思和谷兰阶写的书面答复信函如下：

---

[32] 古物保管委员会所拟定的《采掘条例》，收入《美国中亚古生物考察团重图来华考察消息》，《国立中央研究院院务月报》第1卷第3期，南京：国立中央研究院文书处编辑出版，1929年，55—56页。

[33] Roy Chapman Andrews, ‘The Central Asiatic Expedition of the American Museum of Natural History’, *The China Year Book (1929-30)*, p. 1128.

安得思、谷兰阶先生同鉴：

依迭次会谈之结果，对于先生等所已同意之条件四条，应有说明及补充之细则，兹开列如下：

（一）条件第四条（甲）项所云之标本，系指未经详细研究，即可视为重复者而言。此项标本应立即留存中国。其有必须详加研究者，即属于（乙）项。

（二）研究后运回之标本，应极力选其足为该种之代表者，俾得连同模型合成所采化石全部之完全代表，留存中国。

（三）条件第四条（乙）项一分项所载之中国学者，应由中亚调查团给予各费列下：

旅费：中国银币一千四百元，作为自北平赴纽约头等舟车费及其他零用；

旅费：美金六百元，作为回国旅费，于回时付给；

每月用费：美金一百元，在美研究时，按月付给。

（四）自到纽约博物馆着手工作时起算，满一年前，中国学者应将所研究进程及结果，报告于中国委员会。由委员会决定是否有继续研究之必要，美国博物院学术主任如有意见，中国委员会当予以适当考虑。如决定继续中亚调查团或其组织者，继续担任第二年每月费用。

（五）中国科学家所作之论文，由博物馆或调查团出版，用著作人名字。

以上各点，如荷以书面承认见示，至为纫荷。此颂大安㉞。

就在古物保管委员会与安得思谈判之际，南京政府外交部又向古物保管委员会施压，不同意签订协议。1929年4月11日，外交部给古物保管委员会拍发了如下电报：

津报载，贵会与安得思订立合同，组织中亚调查团，不知是否属实？关于采掘古物，本部与教育、内政二部正在拟订暂行条例。所订合同如与中央颁布之条例不符，恐将来发生困难，希暂缓签字，并见复为盼㉟。

在这样的背景下，中、美双方僵持不下，中方不想再谈，安得思在1929年4月16日的谈判中又推翻以前的协议，谈判最后破裂。

六

1929年4月19日，古物保管委员会主任委员张继给南京政府行政院写了一份公函，对于外交部过分插手考古事宜表示不满。该函全文如下：

敬启者：案查美国纽约天产博物院派安得思于民国十七年（1928年）前往

㉞ 1929年4月古物保管委员会致安得思、谷兰阶信函草稿，转录自1929年4月19日张继致南京政府行政院公函的附件，抄件藏原国民政府行政院档案中，录文见《中华民国史档案资料汇编》，第五辑，第一编，文化（二），656—657页。

㉟ 1929年4月11日南京政府外交部致古物保管委员会电报，转录自1929年4月19日张继致南京政府行政院公函，抄件藏原国民政府行政院档案中，录文见《中华民国史档案资料汇编》，第五辑，第一编，文化（二），654—655页。

蒙古采集标本一案，曾经本会于民国十七年（1928年）十月嘱托北平分会主任委员马衡及北平文物临时维护会主席刘復与安得思商订处置所采标本办法七条，于同月二十日双方签字于北平协和学校在案。

嗣安氏代表谷兰阶氏复于本年二月通知本会“美国天产博物院拟于本年夏季再往蒙古采集有脊椎动物化石，欲先期前来本会接洽，并声明一切条件悉照前订办法办理”等语。本会委员当即与北平分会委员迭开联席会议，悉心研究，拟订办法四条，就中以使中国学者得同往参加及所采有脊椎动物化石重复标本得统留在中国为最要二点。总期于中国主权无损，与美国邦交无妨的原则。决议之后，复与安氏磋商，安氏当时亦无异议，并商明再由本会备函，详述上项四条应有说明及补充之细则，即由安氏以书面承认作为同意之证。

适于本月十二日，接到外交部真（11日）电内开“津报载，贵会与安得思订立合同，组织中亚调查团，不知是否属实？关于采掘古物，本部与教育、内政二部正在拟订暂行条例，所订合同如与中央颁布之条例不符，恐将来发生困难，希暂缓签字，并见复为盼”等因。本会接到此电后，安氏于（十）六日第四次会商原定签定草约之时，忽翻前议，以所拟条件第四条（甲）项所云之标本，在本会系指未经详细研究即可认为重复者而言。在安氏则力持以其个人认为重复者而言，是与本会之立意大相径庭。本会以其持意过坚，复提出一折衷办法，以此项标本到平后可组织一审查委员会，邀同谷兰阶氏共同审查，以定重复与否之标准。安氏亦不应允。交涉至此，似无再与磋商之余地，或者安氏已得美使馆之消息，故作此顿挫，意存观望。虽无从悬揣，而本会则认定学术考查，系学术团体应审慎处理之事，与外交部顾念邦交之旨，亦相背戾。现与安氏商订条例，系继续民国十七年（1928年）在蒙采集之旧案而言，与普通采集古物条例渺不相涉。且本会保管古物，负有专职，中央现既拟订采集古物暂行条例，似应以教育部为主体，或交由本会起草，或征询本会意见，庶几于主权、学术方面两无隔阂。究应如何办理之处，本会现已公推翁委员文灏赴京，前赴钧院面述经过详情，商承一切。除将本会现与安得思拟订条文及函稿三件另纸抄呈外，伏乞俯赐接洽为荷。此致国民政府行政院。附抄三件。

古物保管委员会主任委员：张继。

中华民国十八年（1929年）四月十九日[36]。

古物保管委员会主任委员张继与外交部部长王正廷（儒堂，1882—1961）之间素有矛盾，此后在如何对待安得思、斯坦因等外国考察家等问题上，态度经常相左。安得思与古物保管委员会谈判于1929年4月16日破裂后，愤愤回国。美国自然史博物馆计划的1929年度中亚考察计划，再次化为泡影。

安得思返回美国后，与欧斯朋一起四处著文讲演，向古物保管委员会和中国学术界

㊱ 1929年4月19日张继致南京政府行政院公函，抄件藏原国民政府行政院档案中，录文见《中华民国史档案资料汇编》，第五辑，第一编，文化（二），654—655页。

发动舆论攻势，想借助国际压力迫使中国有关方面让步。安得思主要指责中国方面不懂考古物与化石之间的区别，他认为化石不应属文物保护之列，如他在四处散发的煽动性文章《美国自然史博物馆中亚考察团》中这样说道：

> ……美国自然史博物馆的中亚考察活动被英格兰、欧洲和美洲的各大科学协会誉为本世纪最重要的科学事业之一。
>
> 本来应该在1929年结束这项工作，而且从各个方面看，这一年都应是最关键的时刻。因为本可以在这一年有个结论，如果不去某些特定的地区再进一步考察的话，是无法得出结论的。由于事关所有在华外国科学考察，所以我亟于在此披露为何延误暂停赴蒙古考察的原因所在。
>
> ……
>
> 不管在中国还是在外国，有很多人在脑子里似乎盲然混淆了考古学标本与化石之间的区别。考古学标本是人类的手工制造物，准确地讲应称“古董”，它们与化石是完全不同的，化石是大自然的作品。考古物可以表现其出土国的文明进程，自应留在该国。而化石则展示着自然规律的作用，应是全世界的财产，所有的文明国家都非常重视化石。
>
> 希腊和阿根廷是仅有的两个制定了有关化石搜集与出口法规的国家，但这些法规的限制都很宽松，其他国家的人可以在这两个国家中毫无困难地从事古生物学研究工作。
>
> ……
>
> “文物保护协会”和中国政府的这种刁难态度，意味着所有外国人在华科学工作都必须停止。如果不允许博物馆控制它们的搜集品，博物馆也就不可能派遣代价昂贵的考察团㊲。

欧斯朋甚至做出如下声明：“中亚考察团工作的中断，是个不幸的事件。任何原因导致这一工作的无限延期，都将是科学进步过程中的真正灾难。”㊳

安得思和欧斯朋在国际上的煽动性宣传，竟也取得了一定的效果，西方很多学术机构都为中亚考察团一案指责南京政府和古物保管委员会。按安得思的话说：“中国人拒绝让考察团继续在蒙古活动这件事，引起了整个世界的公愤和抗议，这对中国人有一定的影响。”㊴面对此种局面，中央研究院也不得不代表中国学术界做出如下声明：“按自此次交涉发生后，国外科学家以为我国误认古生物与古美术品，同为无价之宝，不准运出外国，两者混为一谈，致贻无穷纠纷。其实，我国何尝不知古生物与古美术品之区别。”㊵甚至国内也有相当一部分人呼吁放宽限制。

㊲ Roy Chapman Andrews, ‘The Central Asiatic Expedition of the American Museum of Natural History’, *The China Year Book (1929-30)*, pp. 1126-1128.

㊳ 转引自Roy Chapman Andrews, ‘The Central Asiatic Expedition of the American Museum of Natural History’, *The China Year Book (1929-30)*, p. 1129.

㊴ Roy Chapman Andrews, *The New Conquest of Central Asia*, p. 421.

㊵ 《国立中央研究院院务月报》第1卷第3期，55页。

七

1929年夏，欧斯朋和美国国务卿亨利·刘易斯·史汀生（Henry Lewis Stimson，1867—1950）分别在纽约和华盛顿约见中国驻美国公使伍朝枢（梯云，1887—1934），为中亚考察团说项。伍朝枢表示，中国政府可以将古美术品运出中国与地质学古生物学标本运出中国这两个不同的问题分别加以考虑。随后，伍朝枢转请南京政府，设法改轻向美国自然史博物馆中亚考察团提出的条件。1929年6月8日，伍朝枢给国民政府行政院院长谭延闿（组庵，1880—1930）写信如下：

组安院长赐鉴：

敬启者：关于美国自然历史博物院派遣探采家安得思赴蒙探采古生物一案，兹有应行报告之件，谨缮具报告书寄上，至请案核。专此。敬颂党祺。附报告书一扣。

伍朝枢谨启。六月八日[41]。

伍朝枢所附的《报告书》全文如下：

报告书

案美国自然历史博物院（American Museum of Natural History）派人在中国采取古生物亦名石化品（fossils）已十五年，向无禁阻。民国十七年（1928年）五月，探采家安得思（Roy Chapman Andrews）复向蒙古探采，得北京政府之许可，并派兵护送，中途遇险，几至丧命，迫得折回。八月至张家口，又被扣留，省释后旋即赴平。其所采得之物，计三十七箱，除经携带两箱回来外，现尚被扣留者，计在北京二十五箱，在天津七箱。

本年安氏复拟赴蒙，为古物保全会所阻。几经磋商，由该会提出条件。大致探采队应中美人士各半，各就队员中举一人为队长；将来采得之物，如有同样多份者，中美各占其一；如仅一份者，运赴美国研究，制成模型送回中国；并由中国派遣专家入美国自然历史博物院研究，其研究所需及来往费用，概由该院负担，该院并愿予以独立研究之种种便利。安氏及该院均不允。

五月中旬，该院院长塞华德（Sheswood）来见[42]，请枢设法。外交部长史添臣（Stimson）亦约枢赴外部，晤谈数四，极力为之转圜，盖史氏与该院总理奥斯般（Henry Fairfield Osborn）为老同学也。此枢与美方接洽之经过也。

据外交部及该院，可持最重大之理由谓：无论何国，对于采取古物，均不禁止，所禁者时为古人之手工作品耳。不独英、美、德、法各国如此，即向以保全古迹及美术品著名于此之意大利、希腊两国亦然。盖探集古生物，须有专

---

[41] 1929年6月8日伍朝枢致谭延闿信，抄件藏原国民政府行政院档案中，录文见《中华民国史档案资料汇编》，第五辑，第一编，文化（二），658页。

[42] 指欧斯朋的朋友、美国自然史博物馆总监乔治·赫尔伯特·舍伍德（George Herbert Sherwood，1876—1937）。

门之学识，经多年之研究，始能从事，譬之金石、古铜、古磁，须赖鉴赏家辨别真赝，古生物家则更进一步，虽获一鳞一爪，亦可推究古代生物之形体如何伟大，造成模型。是故保全古代人工作品，为保全国粹，经由科学家探古生物，为提倡科学，故截然二事，不能混为一谈也。

渠等并谓：中国对于古生物向不保全，有为工人掘出者，每呼之为龙骨，以供制药之用。故古物保全会所提出者，与其谓为保存古生物之条件，毋宁谓为保全古代人工作品之条件。语颇滑稽，此又美方希望对于采集古生物宜无限制之理由也。

至于去年被扣之古生物五（三）十余箱，当时既得北京政府之许可，然后前往搜集，在法律上应为其所有物，何以复被扣留？现各国学者函札纷驰，时来问讯，因被扣在平津之故，于科学研究已延滞一年。盖采得之古生物必须互相研究，详细比较，从何说起。美国自然历史博物院，则世界最佳之博物院，而最适于研究比较者也。该院总理奥斯般，为现代最老之古生物学家，又为数一数二之地质学者。安得思曾往中国数次，其去年往蒙采集，所需之款，非筹自博物院，而由三百八十人捐集而来，信用所关，对于被扣之物，坚持发还，未始无故。外交部长史添臣，对于此事又极为关切，且谓“此事如有障碍，对两国睦谊，未尝无影响”之语，其注意此事可见矣。

枢闻安氏最迟六月十五须由北平动身，故曾提议先准安氏采集。至其所采得之物，依照立法院现在议定中之法案处理，现在外交、内政、教育三部，已赞同此主张。奥斯般则谓：逆料立法院所颁之保全古物法文，断不至与各国现行者大相违背，亦表示可以接受。但去年被扣之三十余箱古物，至今尚未发还，颇无以对捐款之人，不无怏怏。倘政府能垂予放行，则彼当向该院董事会提议：

（一）由中国教育部或地质学会指派专门家二人，偕安氏前往蒙古采集，其费用由该院负担。

（二）由中国教育部派一专门家来纽约美国自然历史博物院及哥伦比亚大学研究（该大学于此科最精），由该院负担一年费用。（按派人来美研究最佳，惟费用不多，则似可不必由彼负担。）

（三）渠愿助中国成立一博物院，将该院前在中国十五年内所采之石化品，及现代动物品之原物或模型，送回陈列。

（四）渠愿将所费不赀、现在编辑中之《蒙古古生物及地质》巨著十二本，赠与中国；此书于科学及经济，俱有莫大关系。

以上皆外交部长史添臣及博物院长奥斯般之言，谨报告如右[43]。

在伍朝枢的请求下，南京政府外交部、教育部、内政部会拟了一份“合作办法草案”，允许中亚考察团1930年赴蒙古从事考察工作。考察所获古生物学、地质学标本可以运回

㊸ 1929年6月8日伍朝枢致谭延闿报告书，抄件藏原国民政府行政院档案中，录文见《中华民国史档案资料汇编》，第五辑，第一编，文化（二），659—661页。

美国，但考古学搜集品及哺乳动物、鸟类、两栖动物标本须送给中国。为了让古物保管委员会同意该“合作办法草案”，外交部长王正廷还亲赴北京团城游说。

该“合作办法草案”中提出的条件较古物保管委员会于1929年1月所提条件要轻，安得思感到比较满意，为在协议上签字，遂于1929年9月从美国赶回北平。当时他的计划是，在1930年只进行古生物学、地质学和地形测量学工作，这样考察所获标本便可以全运回美国。但是，合作办法草案在国民政府立法院审议时，由于古物保管委员会以国权所在为由表示丝毫不得通融等原因，最后未获批准。

安得思走后，欧斯朋在1929年9月27日出版的《科学》杂志第70卷第1813期上发表一篇题为《美国自然史博物馆中亚探险的中断》的文章[44]，继续向中国学术界施压。随后，欧斯朋于10月22日将该期《科学》杂志寄给刘半农，并附署期同日的信函一封。

八

刘半农收到欧斯朋寄来的文章和附信后，于1929年12月在北平写了《北旧》。其中，关于古物保管委员会与安得思之间的斗争，刘半农做了生动的描述：

> 到今年春季，安得思想再到蒙古去，根据着去年所写伏辨中的话说，来同古物会接洽（其时文物会已停止进行）。古物会就将两年前中国学术团体协会与瑞典斯文·赫定所订西北科学考查团的办法给他看，要他照办。他那里肯照办呢？他表面上虽然说出了许许多多的不同之点，而其实，有一点最不同，是他没有明说而我们看出来的，就是：瑞典是小国，美国是大国，大国有威风，不能照小国的办法！不办就拉倒，而他又死不肯放，横一回竖一回来同我们商量。大约每星期商量一次，经过了十多次，才渐渐的有一点眉目。
>
> 正预备要签订草约了，他忽然食言而肥，将前后所讨论的，全都推翻。于是乎北平各鬼子报的骂声，又突然飞噪起来了。他一面向我们决裂，一面却电请天产博物院院长欧司本找美国国务卿史汀生向中国驻美伍公使交涉，伍公使照电王外长，王外长照电古物会，——这样“城头上出棺材”，打了老大的一个圈子，其目的无非想把从前已经讨论得有眉目的条件，再大大的减轻而已。但大帽子尽可以压下来，我们这班古物会里的宝贝，却也有铁硬的头皮顶着。于是乎王外长来一电，我们复一电；来两电，我们复两电；来三去四，终无结果。
>
> 后来王外长自己到了北平，我们约他到会里来谈谈，他就说：“我们很希望美国国务卿将来帮助我们撤消领事裁判权，所以在这种小事上，最好退让一点。”（皇天后土，实闻此言！）后来又觉得话说得太具体了，改口说：“也未必一定是撤消领事裁判权一件事。总而言之，外交上的手腕，是你拉我掣的

---

[44] Henry Fairfield Osborn, “Interruption of Central Asiatic Exploration by the American Museum of Natural History”, *Science*, N. S., Vol. 70, Issue 1813, 27 September 1929, pp. 291-294.

（说时，以两手握拳作拉掣势）。小地方吃点亏，大地方总可以占些便宜。”（皇天后土，实闻此言！）他这样一说，竟把我们几个宝贝说呆了。原来我们做的事，竟足以妨害撤消领事裁判权，竟足以使我中华民国“革命的外交”上占不到大便宜，这还了得！老苍在上，鉴此愚衷：我们的爱国心，实在不下于王外长。连忙拨转舵来，向王外长说：“得啦得啦！要是真能在这件事上吃些小亏而使国家占到大便宜，我们也未尝不愿意把当初所讨论的条件重加考虑：但求于原则无背，我们总可以退让一些。”于是王外长也很满意，呜的一声，汽车开了。

过几天，安得思从王外长处得到了好消息，约我们面谈一次，我们就把最后让步的限度告诉了他，由他电告美国欧司本。再过几天，安得思又约我们面谈，我们想：这大概是“我们的好消息”罢，中国外交上占大便宜的机会到了。不料一见面，他就说：“奉到欧司本来电，不得与古物保管委员会订结任何协定。”啊哟哟，老天爷降福于我们的王外长啊！劳你驾，费你心，叨你光，中国外交上的大便宜已经占到了多少？而我们几个呆子的脸，可丢到了裤裆里去了？……这时候，一般鬼子报的骂声又起了。

但是，这还不算妙，妙的还在后面。两星期前，我忽然接到美国寄来的一本《科学杂志》（*Science*, Vol. LXX, No. 1813），其中第一篇文章，便是关于这一次交涉的经过的报告，作者就是天产博物院院长欧司本。这报告里说些什么话，当然是可想而知：无非把“妨害文化”“不懂科学”等等罪状，一起加在我们身上。可惜有些遗憾，他把两年前与斯文赫定交涉的中国学术团体协会和现在的古物保管委员会并做了一谈，他又错认古物保管委员会是个私立的机构，说中国政府已经答应了，偏有这私立机关从中作梗。据说欧司本是个有学问的老者（因为他的一门学问我不懂，所以只得据说而已），不比安得思是个纯粹的流氓。然而糊涂至此，亦殊可怜。大概是太老了，快要到地里去了，所以对于地底下的事，转比地面上的事更清楚了！

他在杂志里夹着一页信，是他亲笔签名的，其末段说：“在十一月中（原信十月二十二日写），我要向华盛顿的中国公使，和美国国务卿史汀生，和美国总统，重新提议这一件。同时我请你向北京（“京”字照译）的美国公使，和我们的团长安得思博士接洽，表示你对于中亚考察团的科学上的重要，能于领会，……”吓！好家伙！你一面做文章骂人，一面还要叫我去向美国公使和安得思磕头！欧司本老先生，这还是你太滑稽了呢？还是我刘半农的骨头太贱了呢[45]？

从此以后，刘半农不再愿意与“流氓”安得思见面。与中亚考察团协商谈判的事情，主要由马衡负责。

古物保管委员会寸步不让，而美国自然史博物馆又必须于1930年最后一次赴蒙古高原进行扫尾性考察。在这种情况下，美国方面最后不得不完全让步。1930年1月，欧斯

[45] 刘半农《北旧》，《半农杂文二集》，172—176页。

朋致电古物保管委员会主任委员张继和北平分会主任委员马衡，表示承认古物保管委员会1929年1月提出的《采掘条例》，同时又电令在北平的安得思代表美国自然史博物馆与古物保管委员会共同签署协议。自1930年2月起，双方代表又在团城谈判数次。在安得思做出“此次赴蒙为最后一次、以后天产博物院刊物及公开言论不再有侮辱中国之词句”等保证之后[46]，古物保管委员会同意合作。3月23日，马衡与安得思在团城签署《中华民国教育部古物保管委员会与美国纽约自然历史博物馆中亚古生物考察团协定草案》共6条，全文如下：

第一条：中亚考察团受古物保管委员会之委托，前往蒙古调查。

第二条：团员人数以中西各半为原则，就中各任一人为团长。

第三条：采集所得学术材料，除有脊椎动物化石如第四条所规定外，其余统应留在中国。

第四条：（甲）采集所得有脊椎动物化石，经专门审查委员会审查后，认为重复标本，与以前所采相同者，统留在中国。（乙）其与以前所采不同，而事实上必须运回美国研究者，得酌量运往美国，其条件如下：（1）中国应派专门学者前往共同工作，其往返川资及在研究期间之一切费用，由自然历史博物馆担任；（2）美国自然历史博物馆对于此项中国学者，应予以独立研究之便利；（3）研究完毕后，须将原物运回中国，其必须暂留美国作参考者，陈列时应标明古物保管委员会寄存字样，并照样制模型二份，送至中国。

第五条：本协定经中国政府核准后，发生效力。

第六条：本协定写成二份，附英文译本二份，双方各执正本、译本各一份。

中华民国十九年（1930年）三月二十三日，签于北平团城。

中华民国教育部古物保管委员会代表人、北平分会主任委员马衡。

美国纽约自然历史博物馆代表人、中亚考察团团长安德鲁[47]。

以上所录《协定草案》正文，与1929年1月古物保管委员会所提《采掘条例》大同小异，不同之处主要在于《协定草案》更改了《采掘条例》中的个别字句，使其更为准确严谨，而两者的基本内容和基本精神则完全相同。

1930年3月23日马衡与安得思签署协议后，中、美双方加紧合组受古物保管委员会委托的中亚考察团。组建后的中亚考察团共27人，包括科学家、助手、仆役等。其中主体部分包括中国人12人，外国人7人。考察团中方团长为广东中山大学地质系教授兼系主任张席禔（惠远，1898—1966），副团长为地质调查所技师杨钟健（克强，1897—1979）；考察团美方团长为安得思，副团长为谷兰阶。此后，安得思对中方正、副团长的态度冷淡，因为他认为“杨钟健博士和张席禔博士是由古物保管委员会指定作为中国代表而强加给中亚考察团的”[48]。

---

⑯ 《中亚调查团赴蒙采掘协定》，《申报》1930年5月17日，第3张。

⑰ 《中华民国教育部古物保管委员会与美国纽约自然历史博物馆中亚古生物考察团协定草案》，录文见《中美签定安德鲁蒙古考察团协定》，《国立中央研究院院务月报》第1卷第9期，1930年，67—68页。

⑱ Roy Chapman Andrews, *The New Conquest of Central Asia*, p. 422.

九

就在新的中亚考察团组建完毕时，控制中国北方的阎锡山、冯玉祥开始反对蒋介石和南京政府的活动，北平被晋军接管。1930年4月1日，阎锡山在太原就任陆海空总司令职，随后蒋、冯、阎中原大混战开始。为了争取列强的支持，阎锡山在自任陆海空总司令后，电告各国驻北平公使代办，声明保护外国人的利益。阎锡山的代表也宣布，支持中亚考察团的活动。据安得思在《对中亚的新征服》中说：

> 在1929年至1930年的这个冬天，我能够和他们（古物保管委员会）签定一项协议。根据这项协议，我们可以于1930年前往蒙古。但是，因为他们坚持我们必须将搜集到的哺乳动物、鸟类、两栖动物标本和考古学标本送给他们，我决定只进行古生物学、地质学和地形测量学工作。就在准备工作就绪之际，麻烦又出现了。阎锡山将军和冯玉祥将军起兵反抗蒋介石领导的南京国民政府，叛军控制了华北地区，并且试图建立一个政府。幸好，在新政权中，我有许多朋友，他们向我保证说，他们对我准备进行的考察不会设置任何障碍[49]。

1930年4月底，中亚考察团美方团员谷兰阶等从美国返回中国，准备考察。虽然晋军答应支持中亚考察团，但安得思还是和古物保管委员会商定，由南京政府教育部咨请外交部填发中亚考察团赴蒙古护照。这是因为他吸取了1928年张作霖垮台后中亚考察团遇阻的教训，他坚持“要带上南京政府批准的文件以防万一，万一阎锡山不成功，南京的文件还是必要的”[50]。关于等待考察中的中亚考察团，1930年5月17日出版的《申报》刊登如下消息：

> 美国纽约天产博物院中亚调查团，去年曾拟续往蒙古采掘古动物标本，迭经古物保管委员会与之商订条件，嗣因该团长安得思翻悔前议，双方停止进行。去年十一月间，该天产博物院长欧斯贲函古物保委会，要求继续夏天赴蒙调查，复于本年二月开联席会，并由欧斯贲证明委托安得思为代表在美国《科学》杂志社发表文明，更正前次之误；又声明此次赴蒙为最后一次，以后天产博物院刊物及公开言论，不再有侮辱中国之词句。遂于三月由古物保管委员会推北平分会主任马衡为代表，与该团安得思在团城签字于协定草案。又依协定第五条载明“本协定经中华民国教育部核准后发生效力”，该古物保管委员会已据情呈经教育部核准备案，并由教育部咨请外交部填发护照，径寄北平团城，以便出发[51]。

为了等待南京政府外交部寄往北平团城的护照，安得思让考察团于1930年5月18日先出

---

[49] Roy Chapman Andrews, *The New Conquest of Central Asia*, p. 421.

[50] Roy Chapman Andrews, *The New Conquest of Central Asia*, p. 422.

[51] 《中亚调查团赴蒙采掘协定》，《申报》1930年5月17日，第3张。

发去张家口等待。他本人于5月20日收到古物保管委员会代从南京政府申请到的护照后，才于5月26日赶往张家口，与考察团汇合。当时晋军在北平和张家口之间设置的税站关卡林立，仅张家口城中就有8个税站，中亚考察团先后交税共达数千美元。

1930年5月27日，由安得思和张席褆率领的中亚考察团离开张家口，赴内蒙古考察，从美国自然史博物馆的角度说，这是中亚考察团的第五次蒙古考察。1930年中亚考察团的考察路线是经万全县、张北县，沿张埠往库伦之大道至哈达庙、滂江、二连浩特等地，详细考察的地区为哈达庙、古尔东乌苏、突忽木乌苏、二丁欧布、西苏金喇嘛庙等地，古生物化石出土地主要在狼营一带。7月下旬，中国方面又派裴文中（明华，1904—1982）替换了杨钟健。

在1930年度考察过程中，安得思经常往返于蒙古与北平之间，一是运输标本，二是奉欧斯朋之命试图与古物保管委员会协商，争取今后进一步合作考察之事，但遭婉拒。安得思记录道：

> 7月下旬，当我在北平的时候，我非正式地接触了一下古物保管委员会，目的是想讨论我们在蒙古的进一步工作。但是，古物保管委员会的态度极端冷淡，想做出令人满意的安排是没有什么指望的，这最让人感到泄气[52]。

在这种情况下，安得思结束最后一次在蒙古的旅行，于1930年8月13日从狼营遗址返回张家口。考察团由谷兰阶负责指挥，在蒙古野外再逗留一个月。在张家口，安得思看出阎锡山兵败在即，便趁大乱来临之前，和裴文中一起于9月30日将最后一批标本化石从张家口运回北平。1930年10月5日，谷兰阶率领着大部分考察队员返回北平，1930年度的考察正式结束。

中亚考察团在1930年共获标本化石120箱左右，除绝大部分为有脊椎动物化石外，还采得少量古代植物标本及新石器时代之石器等。中亚考察团解散后，古物保管委员会另组了专门委员会对所获化石进行了审查，其中确认的有脊椎动物化石复本及植物标本和石器等，按照《协定草案》的规定留在中国，其余部分运往美国研究[53]。安得思返回北平后，接到欧斯朋的电令，让他与古物保管委员会进行一次公开的谈判，试图再进行一次中亚考察。由于古物保管委员会采取了断然拒绝的态度，美国自然史博物馆的中亚考察活动至此告一段落。

1930年考察的结束，标志着美国自然史博物馆长达10年的中亚考察活动宣告终结。中亚考察团结束之后，美国自然史博物馆从1932年起陆续出版12大卷本丛书《中亚的自然史》，由切斯特·阿尔伯特·里兹（Chester Albert Reeds，1882—？）主编，集中公布中亚考察团的成果[54]。该丛书的第一卷即安得思著《对中亚的新征服——1921年至1930年间中亚考察团在蒙古和中国的探险记》，封面自取汉文书名为《美国博物馆中亚调查

---

[52] Roy Chapman Andrews, *The New Conquest of Central Asia*, p. 422.

[53] 余逊、容媛编《中亚调查团赴蒙调查之经过》，《燕京学报》第8期，1930年，1614—1615页。

[54] Chester A. Reeds (Ed.), *Natural History of Central Asia*, New York: The American Museum of Natural History , Vols. I-XII.

记》，1932年由美国自然史博物馆出版[55]。《对中亚的新征服》是对美国自然史博物馆中亚考察团整个历史的详细记录，也是我们今天研究美国自然史博物馆中亚考察团的最基本史料。

十

安得思在《对中亚的新征服》的第39章中专设“排外运动”一节，攻击中国爱国知识分子抵制外国考察家的行动。1928年以后，当文物维护会函请察哈尔省政府在张家口扣留中亚考察团所获标本、古物保管委员会向中亚考察团提出《采掘条例》时，安得思丝毫无意检讨自己的行为是否正当，反而将自己的不满先后倾泻到中国方面和斯文·赫定身上。安得思在《对中亚的新征服》一书中先是不准确地得出以下看法：

> 西方人真难以理解“文物保护协会”为什么要这样做。最后分析认为：排外主义是当时和以后我们所遇一切麻烦的根基。排外主义是和全中国境内与日俱增的民族主义倾向相并而行的。只要是反对外国人的，不管任何性质的宣传都会在民众间立即得到响应。“文物保护协会”便是乘机利用向我们考察团发动进攻而在公众面前扩大自己影响的。一年前，当他们与斯文·赫定博士打交道时，他们获得了成功，这给他们自己争得了很大的“面子”。后来，他们又和一个名叫“古物保管委员会（Commission for the Preservation of Ancient Objects）”的官方分支机构（official offshoot）一起，为哈特领导的雪铁龙横穿亚洲考察队（Citroën-Haardt Trans-Asia Expedition）制造了巨大的麻烦，并且还把杰出的英国考古学家奥莱尔·斯坦因爵士从中国突厥斯坦（新疆省）赶了出去[56]。

安得思在《对中亚的新征服》一书第31章的“斯文·赫定考察队”一节中，对斯文·赫定首先接受中国学术团体协会所提条件这一做法也颇有微词：

> （1927年4月初）当我到达北京时，我发现了著名的瑞典探险家斯文·赫定博士。他是在冬天带领着一大队瑞典和德国科学家来这里的，计划乘飞机横越中亚进行综合考察。他的工作在很大程度上得到了德国的康采恩汉莎航空公司（Luft Hansa）的资助，除了与航空有关的学科之外，他的考察还包括其他学科。在北京，他遇到了完全意料不到的阻力。一个自称为“文物保护协会（The Society for the Preservation of Cultural Objects）”的排外组织，发起了一场激烈的舆论攻击，其目标不仅仅是针对斯文·赫定博士，而且也针对其他所有的外国考察团。他们声称：“中国的无价之宝正被劫掠。”即便这种“劫掠”只限于气象观测、地质标本和化石等材料。该协会完全是一个非官方的、

---

[55] Roy Chapman Andrews, *The New Conquest of Central Asia, A Narrative of the Explorations of the Central Asiatic Expeditions in Mongolia and China, 1921-1930*, New York: The American Museum of Natural History, 1932, pp. I-L + 1-678.

[56] Roy Chapman Andrews, *The New Conquest of Central Asia*, p. 418.

非正式的组织，但由于它摇唇鼓舌，散发虚假的宣传材料，竟也成功地激起了非常广泛的愤慨情绪，甚至连政府当局也不敢忽视它的活动。斯文·赫定博士在耽搁了好几个月之后，只好被迫放弃了他的航空考察计划，但仍想努力从已破灭了的计划中挽救出一些事情来做，想组织驼队前往中亚，通过其他形式进行科学考察。即便如此，“文物保护协会”还是坚持要任命一位中国人为考察团的合作团长，并要求将所有的搜集品都送给中国。此外，斯文·赫定博士还被迫接收了10名中国学生和所谓的“教授”作为考察团的团员。

斯文·赫定博士因为不愿意废弃他的全部考察，最终同意了这些过分的要求。我完全理解和同情斯文·赫定博士的处境，不过有一点很明显：他接受了这些十分荒谬的条件，将会给其他考察团的考察工作带来极大的困难。后来的事态发展完全证实了我的预测[57]。

针对安得思《对中亚的新征服》一书中的说辞，斯文·赫定后来在《1927年至1935年在亚洲的考察史》一书第2章“在北京”的“与安得思考察队的比较”小节中辩解如下：

正如我已经指出的那样，安得思在这里表示的悲观情绪是被大大夸张了的。在北京提出的“十分荒谬的条件”中，没有一条能真正实施。我就是这样正确地判断了形势的。我一回北京，中国人就主动地提出要将古生物学和历史考古学搜集品的复本赠送给我。至于说“将会给其他考察团的考察工作带来极大的困难”，那不是我的过错，而是标志着一个新时代开始的、从南方跨越整个中国席卷而来的民族主义风波的结果，这场风波随后带来了安得思本人所说的那种对外国人的盲目憎恨心理。假如我不接受中国人的条件，而是中断一切谈判并拂袖回家，那不过意味着安得思的考察团将是第一个面临中国学界反对派所提条件的考察团。在这种情况下，所提出的条件很可能比反对派和我之间所达成协议中的条件更为苛刻。有一个本身并不重要的故事，说安得思曾在美国出卖了一颗恐龙蛋，以补偿为考察团募得的巨额捐款，这个故事不幸被美国新闻界到处散布，竟成了北京反对派进行攻击的津津乐道的把柄，这无疑比我签定协议一事给安得思带来的破坏更大。

……1929年3月，安得思开始和古物保管委员会谈判，委员会（北平分会）主席为马衡教授，委员为翁文灏博士和刘復（半农）教授。该委员会向安得思提出的条件大致上和我所接受的条件相同，只多了一条要求，即中国专家应与美国专家在美国自然史博物馆中进行合作，这些中国人去纽约的来往旅费及他们在美国的生活费都应由该博物馆支付。对此，安得思说（第421页）：“我们不能接受这些条件，谈判几周之后便不得不放弃考察。”

不能接受这些条件是很自然的事。安得思是为一个自然科学博物馆而去旅行的，他的目的是为该博物馆增加搜集品。如果不允许他保留自己的搜集品，那么他的考察便毫无意义。他手下的第一流专家们凭什么要像奴隶一般、累死

---

[57] Roy Chapman Andrews, *The New Conquest of Central Asia*, pp. 343-344.

累活地去为中国的博物馆工作呢？而且还要自己掏腰包！而我的目的则不同，我不为任何具体的博物馆搜集东西。我手下的古生物学家们如果能够采集发现物并对之进行分类和公布、以便让科学界了解，这对我来说就已经足够了。至于将这些搜集品本身存放在北京呢，还是存放在斯德哥尔摩，那只是一个次要的问题。

……到底是因为我接受了中国人的条件从而给后来在华外国考察家们的前进道路上带来了障碍呢，还是因为在我来前不久已获取自然史、考古、艺术等学科标本的某考察队给我和中国人之间的协商活动带来了严重困难呢？这个问题实际上现在还没有定论，而且也没有多大的历史意义。在中国建立了相对持久的和平之后，会提出些什么条件呢，我们不得而知。但是可以肯定，没有让人过分乐观的理由。

至于我本人，我对自己接受了中国人所提条件这一点从未感到后悔过[58]。

斯文·赫定对自己接受中国人的条件不感到后悔，而安得思对自己接受中国人的条件却始终耿耿于怀，这不正反映了两人在对待中国的态度方面有所差异吗?

斯文·赫定是第一位同意与中国学术界合作的西方探险家，并且在合作过程中平等对待中国科学家，最终赢得了刘半农和整个中国学术界对他的谅解，双方的关系逐渐由相互敌视转为相互尊敬。而刘半农的死，竟然也在一定程度上归因于他对斯文·赫定的尊敬。1935年2月19日是斯文·赫定的七十大寿，瑞典皇家地理学会计划出版纪念文集，向刘半农约稿。刘半农出于对斯文·赫定的尊敬，从1934年5月起就开始着手写祝寿文章。据刘半农1934年5月16日日记说："下午到研究所，白涤洲为余邀来辅大甘籍学生十数人，拟研究其声调，备作为论文，以应瑞典地理人类学会之请，刊入赫定七十生辰纪念册。"[59]后来刘半农决定再写一篇有关北平、绥远沿线方言声调的论文，为斯文·赫定祝寿。为了写这篇文章，刘半农于1934年6月19日携白镇瀛（涤洲，1900—1934）等助手离开北平，前往内蒙古等地实地调查方言音调和声调。但在考察途中，刘半农遭到虱子、蚊子、臭虫之类的叮咬，不幸传染上致命的回归热。他于1934年7月10日抱病提前返回北平后，又被庸医误诊，7月14日才入北平协和医院，当日下午便与世长辞，年仅43岁，葬于北平西郊香山玉皇顶南岗。刘半农去世后，斯文·赫定曾专程前往刘家吊唁，将西北科学考查团的纪念邮票赠送给遗属，以示纪念。

刘半农英年而逝，确实是中国文化史上的一大损失，因为他正处在精力旺盛的人生阶段，本可以为国家的文化和文物保护事业做出更大的贡献。就在刘半农去世的两个多月前，他还盘算着将来去敦煌从事考古工作，在1934年4月23日日记中记录道："晚，马叔平宴甘肃省政府委员张君于东兴楼，招往作陪。张言，敦煌石窟已发者首二窟，尚有第三窟埋土中，候时局稍安，省政府拟设法开发，欲得北平学术界合作。余言此事果成，余虽事忙，亦必抽暇一往。"[60]可惜天不假年，未能如愿以偿。

---

[58] Sven Hedin, *History of the Expedition in Asia, 1927-1935*, Stockholm: Elanders, 1943, Part I, pp. 62-63.

[59] 刘半农1934年5月16日日记，转引自刘小蕙《父亲刘半农》，270页。

[60] 刘半农1934年4月23日日记，转引自刘小蕙《父亲刘半农》，265页。

今天我们回顾90年前以刘半农为代表的一批爱国知识分子保护中国西北文物的业绩，不能不为之感泣。他们面对的不仅仅是强大的外国对手，而且还要随时与弱势政府内的某些官员们做斗争。为了保护中华民族的文化遗产，他们在当时的历史条件下尽了最大的努力，他们的精神值得今天的中国知识分子学习。

On Liu Bannong's Dealings with the Central Asiatic Expedition of the American Museum of Natural History

Wang Jiqing

Liu Bannong (or Liu Fu, 1891-1934), Professor of Chinese Language and Literature of Peking University (1917-1934), was one of the patriotic Chinese intellectuals who devoted themselves to hinder independent foreign expeditions to Northwest China for antiquities and fossils in the late 1920s and early 1930s. During his studies in Europe in 1920-1925 when he first came into contact with the Dunhuang manuscripts acquired by Aurel Stein and Paul Pelliot, Liu realized the importance of preventing future foreign expeditions from smuggling antiquities out of China. Just before his returning to China in August 1925, Liu appealed to colleagues in Peking University to stop Langdon Warner's second Dunhuang expedition. When Sven Hedin came to Bejing in the end of 1926 to prepare for his fifth Central Asian Expedition, Liu and his comrades organized the Federation of Scientific Institutions of China (FSIC) to stop Hedin. Finally, Hedin was forced to change his expedition into a Sino-Swedish "Scientific Mission to North-western China" for which Liu was appointed director of a Supervisory Council. After this monumental success, Liu turned his gun on Roy Chapman Andrews, leader of the Central Asiatic Expedition of the American Museum of Natural History who had carried out several expeditions in China since 1921. When Andrews' 1928 Expedition entered its final stage, Liu and his colleagues organized a Society for the Preservation of Cultural Objects (SPCO) in July 1928 just for detaining Andrews' specimens. Later, Liu opened negotiations with Andrews or his representatives in Beijing. After arduous negotiations, Liu and Ma Heng, on behalf of the newly established National Commission for the Preservation of Antiquities (NCPA), forced Andrews to accept Chinese conditions. According to the agreement signed on 23 March 1930, a Sino-American "Central Asiatic Expedition" was finally organized. Andrews carried out his final expedition under Chinese surveillance in May-October 1930 and then left China on bad terms with Liu and other Chinese scholars.

万里流沙双仲良

——黄文弼与丁道衡的西北考察交谊

吴华峰　徐玉娟

引　　言

1927年5月9日，由中国与瑞典共同组成的“中国西北科学考查团”自北京西直门火车站出发，踏上赴内蒙古、新疆考察的漫漫征程。考查团的成立经过了两个多月的反复谈判与磋商，最终在“中国学术团体协会”强烈要求下①，有10名中方团员加入第一阶段的考察，成为中国乃至世界科学探察史中的创举。尽管出发前历经诸多波折，不过在随后的合作中，却如外方团长斯文·赫定（Sven Hedin）所称，队伍中充溢着“亲情与和谐之音”②。在历时六年的考察活动中③，除了那些值得称颂的考察经历，考查团成员之间的交往，也都是一个个耐人寻味的故事。

特别值得一提的是，在考查团首批中方团员中有两位仲良：一为黄文弼（1893—1966），字仲良，湖北汉川人，负责中方考古工作（图1）。一为丁道衡（1899—1955），字仲良，贵州织金人，研究地质学及古生物（图2）。他们共同的字号仲良，可谓巧合。

在加入科学考查团之际，两仲良均在北京大学任教。黄文弼于1915年考入北京大学哲学门，1918年毕业留校后，任国学门助教，在国学门考古学研究室工作。丁道衡1919年于贵阳模范中学毕业后，“适北京大学在贵州招生，考试列第一名取录”，入北大理

---

① 为反对斯文赫定随意在中国西北地区进行考察，1927年3月，以北京大学国学门沈兼士、马衡、刘半农为首的一批学者，联合清华研究院、历史博物馆、故宫博物院等十余个学术单位组成“中国学术团体协会”，与斯文·赫定为首的瑞典科学家交涉谈判，并针对本次考察达成19条协议，维护了中国的主权与利益。

② 斯文·赫定著、徐十周等译《亚洲腹地探险八年》，乌鲁木齐：新疆人民出版社，1992年，9页。

③ 中方学者认为“中国西北科学考查团”期限为1927年5月至1933年5月。西方学者将1933年10月至1935年2月，由斯文·赫定率领的“绥新公路查勘队”包括在内，一般将考查团时间算作八年。参罗桂环《中国西北科学考察团综论》，北京：中国科学技术出版社，2009年，3—4页。1927年至1933年为时六年的野外考察实际又可以分为两个阶段：1928年5月，考查团中德方团员因故返回。斯文·赫定随后也因处理考察事务及筹集资金回国。1929年初，他带领一批新的中外团员从北平出发沿途考察，1930年底，部分团员再次进入新疆。黄文弼、丁道衡等10人作为首批团员，共同参加了1927年至1930年第一阶段的考察活动。

图1　黄文弼

图2　丁道衡

预科甲部学习，经过“六年艰巨奋斗，终得卒业，以成绩优良留校助教”[④]。在历时三年多的西北考察中，两仲良相互照应，建立了深厚的友谊。他们彼此之间的往来，也成为考查团中方团员团结协作的典型，尤其引人瞩目。

一、黄文弼与丁道衡西北考察期间的交谊过程

中国西北科学考查团首批中方团员的核心人物有队长徐旭生，研究地质、考古的袁复礼，黄文弼、丁道衡，研究地图学的詹蕃勋，照相员龚元忠，及崔鹤峰、马叶谦、李宪之、刘衍淮四名大学学生。1927年5月9日，包括黄文弼、丁道衡在内的九名中方团员先期到达包头集合，经过十余天的准备，于本月20日正式出发考察（图3）。两仲良在考察过程中的交谊也由此拉开了序幕。

考查团自包头出发不久后，就因工作需要分为南、北、中三路前进。南队由袁复礼率领，成员全部是中方团员。黄文弼随徐旭生、斯文赫定率领的中路大队进发，丁道衡在瑞典人那林（Eric Norin）率领的北路分队中。北队与中队相距不远，所以两仲良仍得以常相往来。1927年底进入新疆前夕，北路分队与大队合并。次年一月，黄文弼与丁道衡一起到达了哈密，并在此度过除夕。在哈密修整盘桓的近一个月间，两人几乎日日相伴。

1928年3月初，考查团主要成员们到达乌鲁木齐。在迪化部署完各项事务之后，很快分组开展具体的考察行动。中方团长徐旭生留驻迪化，“黄仲良先到吐鲁番后顺大路附近西行到天山西端；丁仲良亦起于吐鲁番，后循天山根西行至天山西端”[⑤]。丁道衡比黄文弼稍早从乌鲁木齐出发，两人分别数日后，首次在吐鲁番见面，都难以掩饰别后

④　丁小中《丁道衡小传》，李曾中主编《“中国西北科学考查团”八十周年大庆纪念册》，北京：气象出版社，2011年，145页。

⑤　徐炳昶《西游日记》，兰州：甘肃人民出版社，2002年，7页。徐炳昶（1888—1976），字旭生，以字行。加入中国西北科学考查团时为北大教务主任及哲学系教授，主要研究西方哲学。在西北科学考察结束之后，学术研究转向中国历史与考古，并取得重要成就。

图3 考查团中方团员自包头出发时的合影，左一为丁道衡，左二为黄文弼

相聚的喜悦："丁仲良已到此7日矣，相见甚欢。"[⑥]此后，丁道衡由焉耆、库车至阿克苏、喀什，一直到达塔什库尔干，于1929年11月间返回乌鲁木齐。黄文弼在库车与丁道衡会和之后，又穿越塔克拉玛干沙漠，由和田西行至喀什一带，十二月底返回乌鲁木齐，随后又至吐鲁番、罗布泊地区考察。

1930年7月间，西北科学考查团第一阶段的野外考察任务完成。黄文弼与丁道衡、龚元忠同行，从塔城取道西伯利亚返回北平，黄文弼在《日记》中记载了两人考察胜利归来的点滴经历："（1930年7月12、13日）傍晚余与丁坐大车，龚骑马行。"[⑦]"（1930年7月15日）上午10点余与丁仲良骑马先出安集海庄，大雨如注，驰行戈壁中。"[⑧]两仲良一路同行，殊不寂寞。同年九月，他们回到北京，一同拜访了已经先期返回的斯文·赫定。斯文·赫定热情接待了这两位年轻的中国学者：

> 9月15日，我们的两位团员——考古学家黄文弼和地质学家丁道衡来访。他们和摄影师龚元忠一起，昨天从乌鲁木齐回到北京。7月7日，他们乘马车离开乌鲁木齐，经塔城到达谢尔基奥波尔。从那里该改乘火车回到北京。到满洲里时，由于行李未到而停留了一周。我们已经两年半没有见面，此时自然非常高兴[⑨]。

---

⑥ 黄烈编《黄文弼蒙新考察日记（1927—1930）》，北京：文物出版社，1990年，190页。

⑦ 《黄文弼蒙新考察日记（1927—1930）》，558页。

⑧ 《黄文弼蒙新考察日记（1927—1930）》，559页。

⑨ 《亚洲腹地探险八年》，383页。

黄文弼与丁道衡在西北考察期间的交谊，除了生活上的日常往来，自然很大一部分都体现在科学考察方面。1927年8月初，黄文弼发掘黑柳图汉代兵营，即与丁道衡等人一起工作，对此黄文弼《日记》中有详细记载，“（8月6日）晨，丁仲良等来谈后，即派庄永成等从事发掘”[⑩]。“（8月8日）今日丁仲良绘发掘图，庄、靳仍作第二穴。”[⑪]数人协作，各尽所能。8月10日丁道衡随队伍西行，黄文弼则继续留在此地工作了4天。

黄文弼与丁道衡专长不同，两人在中途考察时常相商议，取长补短：“（1927年11月5日）今日将采集品登录，收拾妥帖，直忙了一整天，方告完竣。前在喀顺淖尔所采集化石，请丁仲良检视，渠颇以为疑，乃请丁君选择十余块，待回京后研究。”[⑫]在新疆考察期间，两仲良的考察任务有所不同，但是因考察区域都在南疆，所以联络颇多。1928年7月16日，他们在焉耆相遇，同栖于一处：“3时半至后街店中，即丁仲良所住之店也。时丁仲良等已归1日矣。”次日又共同商讨考察事宜：“上午余同丁仲良合拟一函，致徐先生报告经过。且建议向北京索款。今午本拟请丁仲良午饭，饭后即回四十里城子。”[⑬]迫于考察时间的紧张，两人见面时都来去匆匆，但却抓住一切机会当面交流。

1928年12月在拜城克孜尔石窟考察期间，黄文弼收到团长徐旭生即将返回北平，要到北平及南京办理延长考察事务的消息。即在当日《日记》中描写了急于与丁道衡商量对策的心情：“据最近消息，政府不问外人继续与否，决定自行继续云云。”并说：“此事事关本团前途甚大，俟与丁仲良会议后再行决定。”[⑭]徐旭生返回北平之后，袁复礼代理中方团长。丁道衡团队中的詹蕃勋也因患牙痛随之返回。在野外考察的中方学者，主要就是丁道衡与黄文弼，两人遇事处处相商：

> （1928年12月18日）龚至，据说省政府电催回迪化；丁仲良亦因省政府不准到喀，催赶速回省，故丁亦不久回省云云。后拆丁致刘函，确有其事，余大惊。……此事颇关重要，亦非丁一人之事，乃全体之事[⑮]。
>
> （1929年9月1日）得收丁仲良片及刘春舫函。丁片称袁希渊汇来600余两，询如何办。余即回一片[⑯]。
>
> （1929年10月7日）今日复丁仲良函，并请拨款至焉[⑰]。

团队处境与人员的变化，也促使着两人进一步地紧密联系，正如黄文弼日记中所反映，考察当中的许多实际问题及抉择，都由他们二人共同商议决定。当然，除了科学家的身份与所从事的科学考察之外，黄文弼与丁道衡还时刻面临着其他纷繁的人事关系。为此两仲良处处充当着团队中的“外交家”。如黄文弼在1927年5月18日的《日记》中

⑩ 《黄文弼蒙新考察日记（1927—1930）》，41页。
⑪ 《黄文弼蒙新考察日记（1927—1930）》，42页。
⑫ 《黄文弼蒙新考察日记（1927—1930）》，111页。
⑬ 《黄文弼蒙新考察日记（1927—1930）》，224页。
⑭ 《黄文弼蒙新考察日记（1927—1930）》，362页。
⑮ 《黄文弼蒙新考察日记（1927—1930）》，364页。
⑯ 《黄文弼蒙新考察日记（1927—1930）》，480页。
⑰ 《黄文弼蒙新考察日记（1927—1930）》，497页。

所载，考查团出发不久，两人就一同与当地政府部门周旋："上午住西瑙包店，因骆驼未配齐，故未出发。下午统税局又复刁难，团里派余及丁道衡与其交涉，结果纳税140元了事。"⑱

进入新疆之后，各方面的人事就更加繁复了。黄文弼中不止一次记载两人与地方官僚们往来斡旋之事：

（1928年1月8日）上午飞雪花，颇冷，未出门。下午同丁（道衡）、刘（春舫）拜访（哈密）邮务局长⑲。

（1928年3月15日）上午同丁往拜刘厅长（教育厅长刘文龙），随至阎厅长处（实业厅长阎毓善），谈许久归⑳。

1928年10月8日黄文弼刚至库车，邮务局朱局长即派人来相邀见面："称丁、刘均在彼处，即骑马往赴。谈多时，至夜放归。"㉑《日记》还记载了两人在库车与当地官员庆祝双十节的过程：

今日为10月10日，即国民政府成立日，去年大队在河口，余考察居延海一带，大队于此日曾举行纪念活动。今年在此地，丁、刘又提及纪念事，亦不可不有点缀，乃于上午邀请朱局长至，作来宾，我们四人开起纪念会来。……公推丁仲良为主席，因丁为早期党员也。国人向国旗行三鞠躬礼，静默3分钟，主席宣告开会，演说大义为增进吾等之国家观念㉒。

在库车相聚的数日之间，两仲良不仅要为下一步考察做准备，还要拜访县长以及各类官员，参加各种应酬。考察期间每至一地，情形大类如此。不过正如丁道衡事后回忆所说："到迪化以后一月中，多半都消耗在应酬上，但静极思动，便都积极预备一切出外工作的事物。"㉓一路上的种种"外交活动"，无疑也为考查团与地方官僚之间奠定了良好的人际关系，目的都是为了考察活动的顺利开展。

在黄文弼与丁道衡考察交谊的过程中，还有一些饶有趣味的"意外事件"穿插其间。1927年12月14日，黄文弼于中道迷路，队长徐旭生派人四处寻找，到了晚上，丁道衡专门让人在山上放火发出信号，终于将黄文弼平安地迎接归队。考察途中一路艰辛，谁也无法预料下一步将要面临的困难。在黄文弼迷路后不久，考察队又陷入断粮绝境。1927年11月8日，考查团大队人马从额济纳河出发赴哈密，只准备了四十五天的粮食，但到了十二月底未能按计划到哈密，粮食已即将吃完。队长徐旭生也一度陷入绝望："（1927年12月23日）积思往复，不能自振，也知道世间事全有两方面，未可全向黑暗一面想，然思路即滞，廓除实难。"㉔而黄文弼当日的《日记》却记载了他和丁道衡苦中作乐之举：

---

⑱ 《黄文弼蒙新考察日记（1927—1930）》，5页。

⑲ 《黄文弼蒙新考察日记（1927—1930）》，150页。

⑳ 《黄文弼蒙新考察日记（1927—1930）》，175页。

㉑ 《黄文弼蒙新考察日记（1927—1930）》，291页。

㉒ 《黄文弼蒙新考察日记（1927—1930）》，292页。

㉓ 丁道衡《蒙新探险生涯》，原载《女师大学术季刊》1930年第4期，收入王忱编《高尚者的墓志铭：首批中国科学家大西北考察实录1927—1935》，北京：中国文联出版社，2005年，370页。

㉔ 徐炳昶《西游日记》，133—134页。

（12月23日）12点50分抵一干河川，可以避风雪，乃驻于河沟中。急取材燃火，与丁仲良围火坐谈。见帐篷外雪雾纷飞，徐先生尚在山中吟诗，亦饶雅兴，笑谓在家无此境也。余同丁仲良煮雪作汤，冲山药粉充饥。丁出奶，我出粉，食之味甚美。然在寂寞戈壁之中，数百里内无居民，际此风雪交加，粮食断绝，不幸之中，偶有乐处，至觉愉快倍常也[25]。

考察途中的这些患难之交，以及处于困境之中互相砥砺的事迹，无疑也使得黄文弼与丁道衡之间的关系更近了一步。总之，在整个考察期间两仲良一路相伴。从两人联袂西行，到最后一同偕行回京，可谓善始善终。在所有考查团成员中，交往时间最长也最为密切。他们各自成果的获得，不能不说也是相互支持、彼此帮助的结果，两人的交往亦成为西北科学考查团中的一段佳话。

二、黄文弼致丁道衡书信中的交往细节

西北科学考查团成员的著述丰硕，然而目前所见有关黄文弼、丁道衡交往的直接记载并不多。不过除了《黄文弼蒙新考察日记（1927—1930）》等部分材料之外，新疆师范大学黄文弼中心所收藏的黄文弼致丁道衡书信一通[26]，为考察两仲良交往细节提供了若干线索。这封信写于1928年6月19日，黄文弼在焉耆七个星佛寺遗址考察期间。书信写在便签之上，字迹潦草，想来是黄文弼先生在工作间隙草成。信件全文如下（图4）：

仲良兄：

别来月余何似，甚念。弟抵哈拉沙尔后，休息四日，出发至四十里城子，箱物留此。弟等至明屋（缠名ming，or千房）工作，旧庙，十一人五天，发现泥塑石雕之类无数。

拟在此工作十日，再转至七各幸考查，共二十天左右，方能回四十里城子。又沿途如库尔勒、轮台等地，均有工作，惟本队监工人员犹嫌不足。可否请派王殿丞来帮助几日，如能借用至库车再回兄处更妙。（此行有妙处否？祈示）。兄抵焉耆后路线何如？能告我乎？弟此后走大道，二个月后方能到库车，也许吾兄已走得很远了。

此祝

旅安！

弟黄文弼

六月十九日

㉕ 《黄文弼蒙新考察日记（1927—1930）》，138页。

㉖ 2012年8月，黄文弼先生的家人将黄文弼先生生前使用过的工作绘图赠予新疆师范大学黄文弼特藏馆，这封书信就夹在这批图纸中，由特藏馆工作人员在整理时发现。

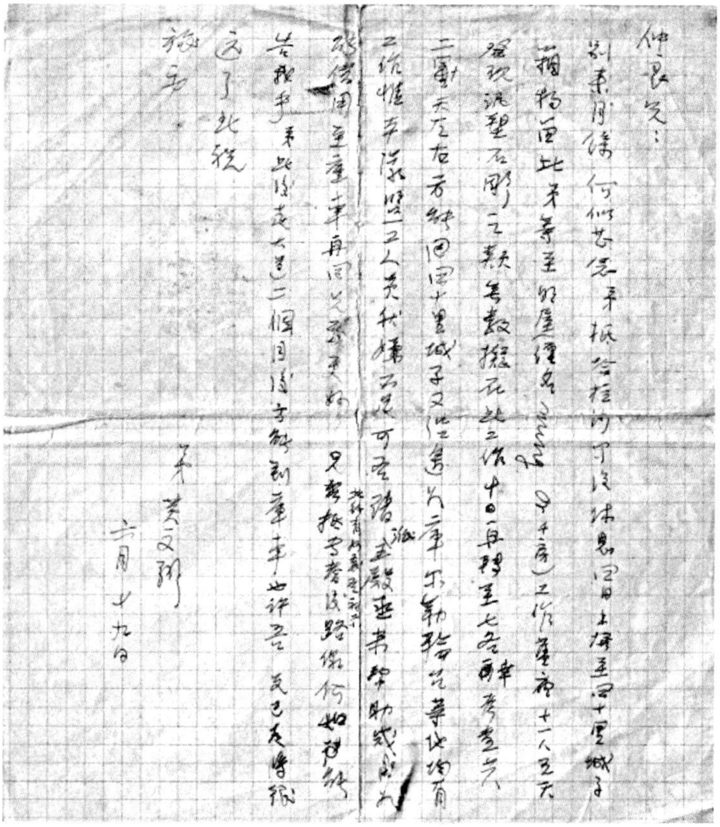

仲良兄：

……

弟 黄文弼

六月十九日

图4　黄文弼致丁道衡书信一通

信中的“哈拉沙尔”，通常作“喀喇沙尔”，系维吾尔语对焉耆地方称谓的音译。“四十里城子”即今焉耆县四十里城子镇，地有博格达沁古城，清人徐松《西域水道记》疑为古焉耆国都“员渠遗址”[27]。黄文弼通过实地考察，则认为此城“是古尉犁国地”[28]。“明屋”系维吾尔语音译，意为千房。“七各幸”为蒙语锡克沁之音译，为今焉耆七个星镇。黄文弼信中的明屋，即今焉耆境内的七个星千佛洞。王殿丞，又作王殿臣，是西北科学考查团的“从行仆人”[29]，后随丁道衡在南疆地区考察。

如前文所述，1928年3月到达乌鲁木齐后，考查团成员遂各自展开独立行动。黄文弼1928年5月18日由吐鲁番出发，带领考查团照相师龚元忠和四名工人先赴焉耆地区，时丁道衡与绘图师詹蕃勋等人尚未动身，相送于途。黄文弼一行于6月7日“抵焉耆县城”[30]，7月21日结束对焉耆地区的考察。通过黄文弼《日记》中的记载，可知他当时在七个星佛寺遗址的具体考察经过：

（1928年6月13日）拟至明屋一看。后查知明屋距七个辛不远，乃决定巡

㉗　徐松著、朱玉麒整理《西域水道记（外二种）》，北京：中华书局，2005年，113页。

㉘　黄文弼《塔里木盆地考古记》，北京：科学出版社，1958年，7页。

㉙　徐炳昶《西游日记》，1页。

㉚　黄文弼《塔里木盆地考古记》，3页。

视一周，限以10日。……游览一周，乃从事发掘[31]。

（6月15日）以三人发掘一塔，余指导之。在塔中发现木柄一，白布小口袋内陈石子及纸片，发现带字瓦片3块。……而大庙处又发现古物甚多。大庙侧有一巷，内积红灰土甚多，几与庙平。工人在此发掘，出现泥塑像模型甚多，皆石膏质[32]。

（6月16日）上午6时起，以6人掘庙，4人掘沟西佛洞。龚先生及福狗子监工，余绘昨日未完之图[33]。

（6月18日）是日大庙中所出泥残佛像更多，象、马、猴之类。……我等在此处发掘，专捡被火焚烧处工作，因未被焚之地悉被外人掘尽，被焚者外人所不顾也[34]。

（6月22日）将所掘出之佛像等件运归，由龚先生押运至四十里城子[35]。

他在明屋考察期间，“所得之遗物，以泥塑残件及木件为多，装运至四十里城市驻处，乃转向霍拉山出发考察”[36]。然而在黄文弼1928年6月19日的日记中，并没有提及给丁道衡写信一事。当天《日记》如下：

（6月19日）上午仍分两队发掘大庙，中已空虚无物。大庙殿中间有土台一方，有一洞。余等发掘于内，亦无遗物。乃迁至沟西掘小庙，略见遗物。惟掘僧房中，发现已毁木器，并有油漆彩画者。僧房连三间，前为大殿，房底为烧砖。迤东有土台，长丈余，四周砖砌若池，疑此间为花园。惜为火焚，整物已不可见也。昨今两日余绘工作图，地层、土色略为表示，大致不差也[37]。

很显然，这封已经写好的信件并没有寄送出去，故而能够在黄文弼先生的遗物中保存至今。那么黄文弼为何没有将信件寄出呢？由于没有直接的文字记载，我们仅能据现有材料对个中原因略作猜测：一方面，或许是囿于当时考察现场的条件限制，信件未及寄出。另一方面，更可能是因为获悉了丁道衡考察途中骑马摔伤的消息，不便再以工作事相扰。据徐旭生《西游日记》1928年6月14日载：“接到丁仲良信一封，言到以拉湖坠马伤腕，休息十日，已痊愈云云。”[38]本年6月28日丁道衡与詹蕃勋及“两个脚夫，一个通事，三个中国仆人”到达焉耆[39]。7月7日，黄文弼与丁道衡在焉耆见面，才互相了解到彼此的近况。这也是二人自五月间吐鲁番分别之后的首次见面，黄文弼在日记中写道：

㉛ 《黄文弼蒙新考察日记（1927—1930）》，203页。

㉜ 《黄文弼蒙新考察日记（1927—1930）》，204页。

㉝ 《黄文弼蒙新考察日记（1927—1930）》，204页。

㉞ 《黄文弼蒙新考察日记（1927—1930）》，205页。

㉟ 《黄文弼蒙新考察日记（1927—1930）》，207页。

㊱ 黄文弼《塔里木盆地考古记》，4页。

㊲ 《黄文弼蒙新考察日记（1927—1930）》，207页。

㊳ 徐炳昶《西游日记》，196页。

㊴ 丁道衡《蒙新探险生涯》，《高尚者的墓志铭：首批中国科学家大西北考察实录1927—1935》，371页。

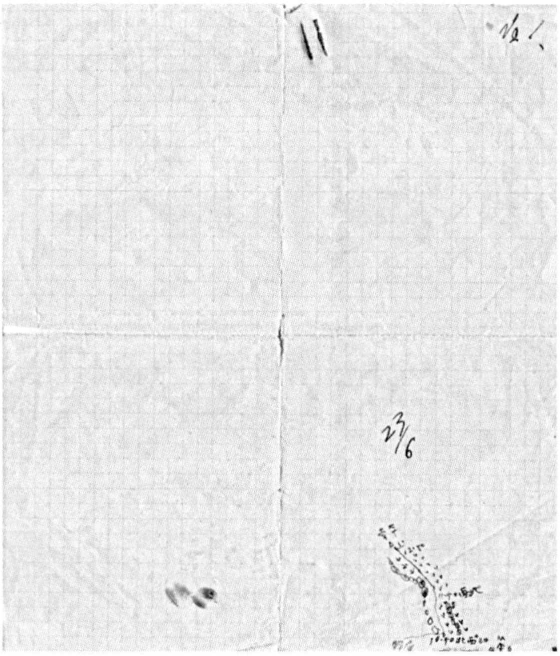

图5　黄文弼致丁道衡信件背面草图全图

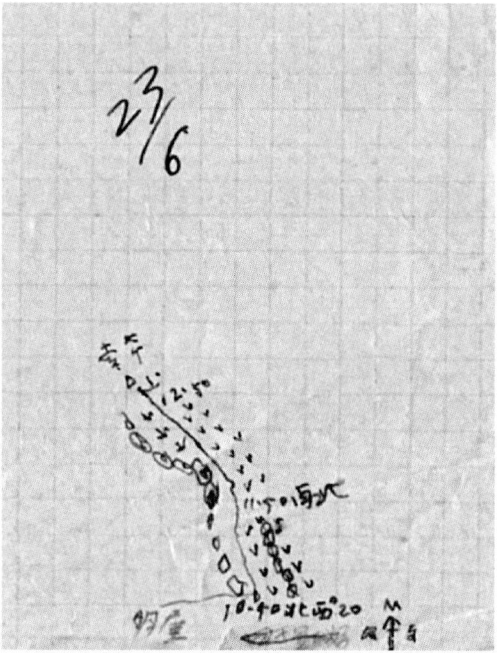

图6　局部（文字：七个幸、西北、明屋、四十里城子）

上午7时发自四十里城子。带维族工役3人，汉族工役1人，余同龚共7人，并驴8头向东北行。9点半抵抚回庄，10里抵河边，将渡河，而丁仲良来，遇于渡口。丁往库尔勒探煤矿，自在吐鲁番分手不见已月余。闻渠在亦拉湖附近坠马伤背，今尚未痊愈，故余特往探，而不知其来也。李谈一会乃别[40]。

黄文弼《日记》中说在两人见面时丁道衡摔伤“尚未痊愈”，与徐旭生所述不同，这当是三人各处一方，得到的消息也不尽一致，从日记中的表述口吻来看，当以黄文弼得到的信息更为准确。总之，通过黄文弼致丁道衡这通因为意外原因没有寄出的信件，更加生动地反映出两人在考察过程中互相配合的细节。

在这封没有寄出的信件背面右下方四分之一处，还绘有一幅在明屋工作的草图，落款是6月23日，应也出自黄文弼先生之手。为保持信件原貌的完整性，兹将背面草图附此。至于这一内容所反映黄文弼在焉耆考察的工作情况，当另文讨论，此不赘述。

除了在考察期间分别向团长徐旭生汇报工作进展之外，两人并未因研究领域的不同而完全独立工作，却是时时都保持着联络与交流。甚至于每日的考察成果、考察队成员的借用等都事无巨细地彼此沟通。此外，从这封信件中，也能看出中方团员在考察之际，由于考查时间与经费的限制，如何严格地制定与实施着考察计划。

如信中说“拟在此工作十日”，自“六月十三日开始工作，六月二十二日停工”[41]，黄文弼确实在七个星千佛洞工作了十天。信中说他在发掘时共雇用了十一人，《日记》

---

[40] 《黄文弼蒙新考察日记（1927—1930）》，216页。

[41] 黄文弼《塔里木盆地考古记》，4页。

也记载6月21日“此处可工作之地方不多，乃决去6人，只留5人工作”[42]。次日“遣散6人，领工资去讫。乃派留下的5人工作”[43]。信中还说他大约“二个月后方能到库车”。果然在本年8月26日，黄文弼就到达了库车，九月初即开始“历访库车、新和、沙雅、拜城等地遗址”[44]。正是由于每到一处考察之前，都有先期的周密计划，才使得中方团员们在有限的时间内取得丰硕的成果，实属难得。

黄文弼《日记》中记载了他由焉耆至库车的行程：四十里城—巴伦台（7月12日）—焉耆（7月16日）—库尔勒（8月1日）—库尔楚（8月2日）—野云沟（8月3日）—策大雅（8月5日）—洋霞（8月6日）—轮台（8月8日）—阿尔巴台（8月23日）—托和乃（8月24日）—库车（8月26日）。正如书信中所言，他是“走大道”到达库车，这段路程即今314国道。

丁道衡也叙述过自己南行的路线：

> 我就决定启程，往裕尔都司去。……第二天便轻装入山了，我们在山里走了四五天。……我们在山里走了七八天，谁还知道山外变成什么样。……我们很平安的到了裕尔都斯，调查几天，又知道前途无事，折往南行，由裕尔都斯到库车的路上，大坂很高，道路多在岩边上走，有一次我们的驴子走滑了，带着箱子滚到岩下去，箱子碎了，驴子伤了，又费了不少力气，方弄上来，过完大坡，也就到了库车[45]。

裕尔都斯一作裕勒都斯，或著勒都斯，即今新疆巴音布鲁克地区。据《库车直隶州乡土志》载：“（库车）城北二百五十里泰来买提达坂界焉耆府所属之著勒都斯。”[46]又由《新疆图志》记载，若从焉耆城出发，西北行“七十里喀喇木墩（蒙古丁纽四苏木牧地），四十里垓布齐山口（由此入山峡），六十里巴龙台（土尔扈特王府在焉，有喇嘛寺，驻喇嘛八九百。有八栅，该部五十四苏木贸易于此），百四十里小裕勒都斯（回语裕勒都斯，星也，谓裕勒都斯河源发如星），三百里大裕勒都斯”。从裕勒都斯再往西“二百里巩古斯达坂，（即空格斯。）出境接伊犁东南支路”[47]。往南，就是丁道衡所走的路线：焉耆—巴伦台—裕尔都斯，再翻越铁里买提达坂来到库车。基本的走向，是沿今218国道至巴音布鲁克，转而南行走217国道，即今独库公路的巴音布鲁克至库车段到达目的地。

两人的考察线路，想必在他们于焉耆第一次见面之后，就已经做了沟通，或许因为两人考察中都需要人手，黄文弼并未当面向丁道衡提出借用王殿丞。这一次丁道衡先于黄文弼从焉耆出发，不久以后两仲良又在库车会师了。

---

[42] 《黄文弼蒙新考察日记（1927—1930）》，207页。

[43] 《黄文弼蒙新考察日记（1927—1930）》，207页。

[44] 黄文弼《塔里木盆地考古记》，13页。

[45] 丁道衡《蒙新探险生涯》，《高尚者的墓志铭：首批中国科学家大西北考察实录1927—1935》，371—372页。

[46] 马大正等整理《新疆乡土志稿》，乌鲁木齐：新疆人民出版社，2010年，321页。

[47] 王树枏等纂修、朱玉麒等整理《新疆图志》，上海：上海古籍出版社，2017年，1541页。

三、余　论

黄文弼在中国西北科学考查团中，主要负责团队的考古工作，他以这次西北科学考察为契机，日后就转向了西北考古与史地学研究，享有“新疆考古第一人”之誉。黄文弼结束第一次的考察之后，后又曾三至新疆。并且历任北平女子师范大学教授、西北科学考查团专任研究员、中央古物保管委员会兼西安办事处主任、西北联大及四川大学教授。建国后任中国科学院考古研究所研究员。1966年在“文革”开始不久，被迫害致死。

丁道衡是地质学及古生物学者，在随西北考查团出发不久时，他就不负众望，于1927年7月5日发现了白云鄂博大铁矿。他“在蒙新工作三年多，‘大半时间都在戈壁山岭中度过’，绘地质图百余张，采得地质材料35箱。风俗物品3箱”[48]。1930年起，丁道衡“任北京女子师范学院讲师”[49]，“民国二十三年，由北大及中华文化教育基金委员会资送德国柏林大学、马堡大学研究地质。在马堡大学得博士学位，继往英法各国与其他地质专家互相研讨半年。于民国二十七年冬返国，在云南建设厅任技正”[50]。1939年至1940年加入川康考查团。此后任武汉大学教授、贵州大学教务委员会主任委员、重庆大学地质系主任等职。一直在祖国西南地区工作，1955年英年早逝。

在整个西北科学考察期间、包括日后漫长的研究生涯中，两位仲良均在各自的研究领域内取得了令世人瞩目的辉煌成就。然而在加入西北考查团之前两人同在北大任职时，尚未见他们有过往来。在1930年西北科学考察结束之后，由于工作性质、经历和所处地域的不同，记载两人直接交往的材料也并不多。目前所见，只有《顾颉刚日记》所记轶事一件：1930年10月19日，时任燕京大学教授的顾颉刚安排黄文弼、丁道衡至燕京大学演讲。“到校，听仲良、道衡演说。……仲良实不能演讲，予为介绍人，对学生有愧色矣。”[51]这个“仲良”，当是指黄文弼先生而言。

此外，在1931—1932年，德国突厥学大师葛玛丽（Annemarie von Gabain）受德国柏林科学院推荐在中国进行一年的研究。黄文弼曾请教葛玛丽，请她帮助解读吐鲁番拓得的回鹘文《土都木萨里修寺碑》。1931年12月22日，葛玛丽将拓片译成德文，再由“铁丁”将德文翻译为中文交给了黄文弼，此信现藏于新疆师范大学黄文弼中心特藏馆[52]。而据朱玉麒老师提示，丁道衡等曾经在考察过程中跟随德国学德文，此时有一定

---

⑱《“中国西北科学考查团”八十周年大庆纪念册》，146页。

⑲ 乐森璕《悼地质学家丁道衡先生》，《“中国西北科学考查团”八十周年大庆纪念册》，152页。

⑳ 丁小中《丁道衡小传》，《“中国西北科学考查团”八十周年大庆纪念册》，146页。

51《顾颉刚日记》卷二，中华书局，2011年，451页。

52 相关研究，参荣新江《黄文弼所获西域文献的学术价值》，荣新江、朱玉麒主编《西域考古·史地·语言研究新视野：黄文弼与中瑞西北科学考查团国际学术研讨会论文集》，北京：科学出版社，2014年，249—259页，特别是其中254—256页，及本论文集彩版8。

的德文基础[53]，后来又曾赴德国留学。这个“铁丁”或即为丁道衡。此问题也有待进一步考察。

黄文弼哲孙黄纪苏先生曾经回忆在“文革”期间，黄文弼先生被红卫兵抄家时的情形，其中有这样一段文字：“其实抄家那天，父亲的床底下泡着一大木盆信件，净是新中国成立以前的一些‘反动’人物写给我祖父的。如果被红卫兵发现了，我们后来的命运就不知道了。信泡烂后从我们家马桶厕所分期分批冲了两天。这些信搁今天都成宝贝了。我祖父不久精神失常了。”[54]是不是还有更多两仲良之间往复的信件、或可证明两人交往的其他证据，在此期间毁于一旦？确实已不得而知了。今天我们能够知道的黄文弼与丁道衡在西北科学考察时期的交谊，不仅展现出近百年前中国西北科学考查团中方团员之间的和谐关系，也成为今人了解两位著名学者在研究起始阶段相互交往的重要见证，因此显得更加弥足珍贵。

The Friendship of Huang Wenbi and Ding Daoheng during the Northwestern Scientific Expedition

Wu Huafeng & Xu Yujuan

From 1927 to 1930, in the first group of Chinese team of “the Scientific Expedition to Northwest China”, there were two members named Zhongliang. They are Huang Wenbi and Ding Daoheng from Peking University. In more than three-year-expedition, they were usually partner with each other and looked after each other most of the time, and both of them made great achievements in this expedition. Their friendship was a much-told story in the investigation group. With reference to the letters of Huang Wenbi to Ding Daoheng collected in the Huang Wenbi Research Center of Xinjiang Normal University, *Huang Wenbi Meng-Xin Kaocha Riji(1927-1930)* and other materials, the article not only shows the friendship of Huang and Ding during the investigation trip, but also details the communication between the Chinese members of the Scientific Expedition to Northwest China in the 1920s and 1930s.

---

[53] 1928年2月在乌鲁木齐期间，徐旭生等人听说德国人艾米尔·特林克勒（Emil Trinkler）在新疆考察之事，曾出于维护国家主权的目的加以阻止。《西游日记》1928年2月29日记载：“请丁仲良将Vossische Leitung去年十二月四号关于德国中央亚细亚探险队的新闻译成中文，托樊交涉署长（樊耀南）转达杨督（杨增新），请其阻止。”174页。

[54] 《大时代与知识分子的精神世界——访黄纪苏先生》，朱玉麒、王新春编《黄文弼研究论集》，北京：科学出版社，2013年，82页。

1949年前后的黄文弼

刘子凡

黄文弼先生是中国西北考古的先驱。1927年，黄文弼以北京大学教师的身份参加西北科学考查团并负责考古工作，赴内蒙古、新疆等地考察。1933年，他再次随绥新公路查勘队赴西北考察。此后，又于1943年、1957年两次赴新疆考察。黄文弼的四次西北考察取得了丰硕的成果，他获得的文物是研究西北史地的重要资料。然而由于时局动荡、战乱相继，黄文弼大量珍贵的采集品历经劫难，竟有部分辗转失散甚至毁于战火。1949年，黄文弼进入中国科学院工作，终于有条件整理完成《吐鲁番考古记》《塔里木盆地考古记》等重要著作，这也是黄文弼所获文物整理与收藏的至关重要的阶段。然而，由于种种原因，有关黄文弼及其文物的一些问题仍然聚讼不已。理清1949年前后黄文弼所获文物的收藏及流转的大致情况，对于进一步利用、研究这些资料也是十分必要的。黄烈先生曾经简略追忆过黄文弼在1949年前后取得的成绩①。近年来日记等相关史料陆续刊布，为我们了解1949年前后的黄文弼提供了更多信息，例如许全胜先生在夏鼐日记中发现了不少关于黄文弼的记载②。本文即拟借助日记等相关材料，梳理1949年前后黄文弼的重要事迹，以期进一步认识这一时期学者与文物的经历。

一、西北科学考查团的结束及其遗留问题

黄文弼在西北考察过程中获得了大量珍贵的考古资料，这些文物的归属也成为西北科学考查团结束后遗留下来的关键问题。黄文弼在蒙、甘有不少收获，1927年在内蒙古发现了王傅德风堂碑和著名的劳伦苏木遗址，在甘肃发现了高昌王世勋碑，皆做了珍贵的拓片。不过黄文弼获得的考古资料主要还是来自新疆，1929—1930年他走访了焉耆明屋遗址、库车克孜尔石窟、和田喀拉墩遗址等塔里木盆地重要遗迹，获得了壁画、泥塑、丝织品、胡语文书等重要文物。1930年，黄文弼在吐鲁番雅尔湖古城（即交河故城）沟北、沟西、沟南墓地进行了发掘，获得了大量墓志和陶器。此外，他还在吐鲁番

---

① 黄烈《中国当代社会科学家·黄文弼传略》，《中国当代社会科学家》第8辑，北京：书目文献出版社，1986年，此据朱玉麒、王新春编《黄文弼研究论集》，北京：科学出版社，2013年，47—48页。黄烈《纪念西北考古的先驱——黄文弼教授》，《文物天地》1987年第6期，此据朱玉麒、王新春主编《黄文弼研究论集》，53—54页。

② 许全胜《黄文弼先生事辑——朱希祖、夏鼐日记中的黄文弼》，荣新江、朱玉麒主编《西域考古·史地·语言研究新视野：黄文弼与中瑞西北科学考查团国际学术研讨会论文集》，北京：科学出版社，2014年，194—207页。

通过各种途径获得了五十余件汉语和胡语文书。同年，黄文弼在罗布淖尔发掘了一些墓地，并在北岸发现了土垠遗址。1935年，黄文弼再次到访土垠遗址时，发现了七十余枚西汉简牍。这就是黄文弼所获文物资料的大貌。

黄文弼的西北考察活动及其所获文物，在学界引起了轰动。在考古工作结束后，考查团随即进入了资料整理阶段。当时考查团设立了4个整理小组，其中乙组便是由黄文弼负责整理考古资料，工作地点在北京大学③。但是很快，1935年黄文弼赴西安主持整修碑林，考查团考古资料也随之分散。黄文弼《罗布淖尔考古记·自叙》载：

> 二十四年冬，余又奉中央古物保管委员会之命驻西安整理碑林。西北科学考察团亦因余故，在西安设研究分所，继续编纂工作……二十六年夏，因中美庚款会补助费用完，经费来源断绝，又适抗战军兴，一部分采集品因参加全国美术展览会之便即存南京。后西安时受空袭，又将存陕之采集品由于清华大学梅校长之协助移存汉口，而余之工作遂完全入于停止状态矣④。

为了整理的需要，黄文弼应是携带了不少文物去西安。1937年抗日战争爆发，一部分黄文弼采集品寄存南京。而“存陕”的文物因为有日军空袭，黄文弼委托清华大学校长梅贻琦协助将其移至汉口保存。不想，这些堆放在汉口英国央行堆栈的考查团采集品，还是有不少毁于战火，黄文弼在抗战后去灰烬中搜寻，也只能徒呼奈何了⑤。根据《马衡日记》1949年10月13日的记载，抗战后汉口尚有劫余文物4箱，解放后仅剩2箱⑥。

随后，黄文弼在抗战时期辗转任教于西北、西南诸大学，并重新开始整理《罗布淖尔考古记》。根据最近公布的1940年黄文弼与李小缘（时任金陵大学研究所主任）的通信，他当时是随身携带了十余枚木简⑦。可见黄文弼并没有将全部存陕文物转寄汉口。而这十余枚木简的下落也颇值得追寻。

抗战后，西北科学考查团理事会恢复工作。《胡适遗稿及秘藏书信》中载有一件胡适的残稿，是关于考查团拟在北平进行整理工作的诸相事宜条目（图1），其中有：

> ⑤存件：北平存件，地质部分归袁希渊，运存清华整理报告；其石器文化部分由裴文中整理；考古部分拟由辅大运存北平研究院，由徐旭生、黄仲良整理报告⑧。

可知，黄文弼留在北京的采集品很可能是寄存在辅仁大学。在1947年2月5日黄文弼致胡适的信中提到：

> 兹奉上考古组恢复工作计划书及经费预算书一帙，并请鉴督，政府若能补助微款，先时散存各地之材料，集中一地，则工作开展至属易易。期以五年，

---

③ 《中科院接管西北科学考察团的有关文件》第1册，中国科学院办公厅档案处档案50-2-27，见张九辰《中国科学院接收“中国西北科学考查团”的经过》，《中国科技史杂志》2006年第3期，239—240页。本文注释中所见中国科学院档案，皆转引自张九辰先生文。

④ 黄文弼《罗布淖尔考古记·自叙》，中国西北科学考察团丛刊之一，1页。

⑤ 黄烈《艰辛的历程 丰硕的奉献——黄文弼先生与西北考察》，《中国边疆史地研究》1992年第3期，35页。

⑥ 《马衡日记——1949年前后的故宫（附诗钞）》，北京：紫禁城出版社，2006年，90页。

⑦ 姜庆刚《黄文弼先生书信考释》，《中国社会科学报》2016年1月18日。

⑧ 耿云志主编《胡适遗稿及秘藏书信》第13册，合肥：黄山书社，1994年，359—361页。

> 必有成功，现所有各集稿件均粗具规模，再加整理研究成书为易也[⑨]。

当时黄文弼对于如何恢复考古工作是有一个具体计划的，他迫切希望能够将散存各地的考古资料先集中起来，再进行整理研究。但这一希望并没能落实。《罗布淖尔考古记·自叙》中提到的寄存南京文物，抗战后实际上是暂存于中研院。石璋如亲自去函黄文弼，说明中研院存有考查团采集品三箱[⑩]。但黄文弼一直未能去南京取回，可能正是因为未能获得相应资金支持，接收计划没有着落。这批文物也最终被运到台湾。

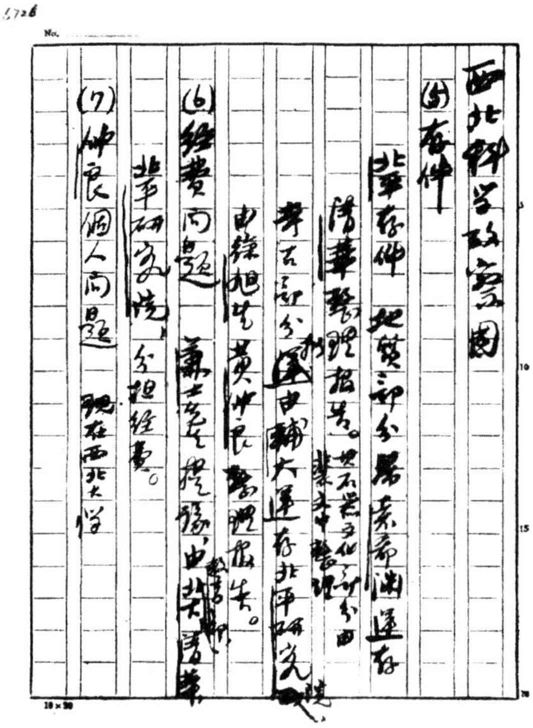
(5) 存件
(6) 经费问题
北平研究院分担经费。
(7) 仲良个人问题
现在西北大学

图1　胡适《西北科学考查团》手稿
（《胡适遗稿及秘藏书信》第13册，360页）

1949年6月，作为考查团常务理事的马衡曾力主请高教会接管考查团，并将考古资料交北大整理[⑪]。黄文弼则一直没有办理，将材料留在了北平研究院。11月25日，在徐旭生、黄文弼等人的建议下，考查团常务理事会最终决定请求新成立的中国科学院来接收[⑫]。当时，北平研究院就是被科学院接管，徐旭生和黄文弼也进入了科学院历史研究所工作。根据《竺可桢日记》1949年12月1日的记载，黄文弼撰写了中国西北科学考查团考查蒙新经过及工作概况，并提交给了时任科学院副院长的竺可桢[⑬]。12月8日，竺可桢与郭沫若院长同到历史所了解工作，黄文弼汇报他正在整理考查团资料，竺可桢还专门向徐旭生询问与瑞典方面交换考察报告的落实情况[⑭]。科学院还详细清查了文物去向问题，为找回采集品和资料做了大量工作[⑮]。

考查团常务理事会原是希望科学院能支持考查团继续工作，但科学院的正式答复是考查团已无存在必要，资料也应加速整理[⑯]。为此，科学院还专门成立了“西北科学考

---

⑨ 耿云志主编《胡适遗稿及秘藏书信》第37册，17—18页。

⑩ 丁瑞茂《史语所藏黄文弼寄存中瑞西北科学考查团文物》，《古今论衡》第22期，2011年，此据朱玉麒、王新春编《黄文弼研究论集》，211—213页。

⑪ 《马衡日记》，69页。

⑫ 《马衡日记》，100页。

⑬ 见《竺可桢全集》第11卷，上海：上海科技教育出版社，2006年，580页。

⑭ 《竺可桢日记》，585页。

⑮ 张九辰《中国科学院接收“中国西北科学考查团”的经过》，242页。

⑯ 《中科院接管西北科学考察团的有关文件》第1册，中国科学院办公厅档案处档案50-2-27，见张九辰《中国科学院接收“中国西北科学考查团”的经过》，241页。

察团结束工作小组”。这一决议大概是出于中科院对于考查团的评价：

中国西北科学考察团系由若干文化学术机关组成。其组成极散漫，故参加的人虽有很多位，但始终没有专人负全责的。

西科团成立时的动机是好的，是想要抵抗帝国主义的，但可惜结果依然是与帝国主义妥协的。[17]

在当时的环境下，显然是不能继续以考查团的名义继续工作了。12月21日，科学院办公厅举行了西北科学考察团结束会议，并宣布了结束办法。其中第2条为：

2.尚待整理研究的古物及地质标本，暂请黄文弼、袁复礼两先生负责保存，并提出整理研究工作计划尅期完成。工作计划连同所需费用，由史学研究所提出，科学院核准照付。此项资料整理完成时，陆续交由中国科学院接收[18]。

明确规定待整理的古物交给黄文弼负责保存，并制定工作计划按期完成，之后再陆续交给中科院接收。虽然考查团已经结束，但黄文弼的考古资料整理工作仍然在中科院的支持和督促下得以继续进行，而且也被委托暂时保存文物。

纵观西北科学考查团后续工作以及结束的过程，可以发现其中还是有不少缺憾。抗战时期珍贵文物的散失与损毁最让人痛惜，科学院可以接收的考查团所获考古资料，可能还是以黄文弼留在北京的一部分为主。存在汉口的部分可能多半焚毁，存南京的部分则已转至台湾。另外值得注意的是，科学院在结束考查团时并没有立即接收文物，而是请黄文弼继续保存并整理。这也为此后的风波埋下了伏笔。

二、“三反”运动中的所谓“《文心雕龙》问题”

所谓黄文弼藏有唐写本《文心雕龙》残卷之事，在20世纪50年代初的“三反”运动中，曾引起中国科学院的轩然大波。但经科学院查明，纯属子虚乌有。80年代此事再次被翻出，甚嚣尘上。考古所夏鼐先生专门委托王世民先生撰文，澄清了事实[19]。近年来，夏鼐、竺可桢等人的日记陆续公布，使我们能更全面地看到事件始末。

所谓“《文心雕龙》问题”，始于王利器《文心雕龙新书·序录》。其中在列举《文心雕龙》版本时提到：

其已知有其书而未得征引的，有：

前北京大学西北科学考查团团员某藏唐写本，约三尺长[20]。

这里的“团员某”，显然就是指黄文弼。这一记载也成为此后不断有人追问所谓黄文弼

---

⑰ 《中科院接管西北科学考察团的有关文件》第1册，中国科学院办公厅档案处档案50-2-27，见张九辰《中国科学院接收“中国西北科学考查团”的经过》，242页。

⑱ 《中科院接管西北科学考察团的有关文件》第1册，中国科学院办公厅档案处档案50-2-27，见张九辰《中国科学院接收“中国西北科学考查团”的经过》，241—242页。

⑲ 王世民《所谓黄文弼先生藏唐写本〈文心雕龙〉究竟是怎么一回事》，《文物天地》1990年第5期，此据朱玉麒、王新春编《黄文弼研究论集》，193—201页。

⑳ 王利器《文心雕龙新书》，北京：巴黎大学北京汉学研究所，1952年。

藏唐写本《文心雕龙》的源头。此书虽然出版于1951年，然而《序录》的落款时间是1950年1月，大致此时王利器就知道了黄文弼可能有唐写本的消息。

据黄文弼自述，是在1951年夏天的“忠诚老实”运动时，“外间有人传说我有敦煌出土的唐写本《文心雕龙》，说是我在敦煌发现的”[21]。而据王世民先生叙述，此事的原检举人就是王利器[22]。在“忠诚老实”运动中，每人都要将自己的全部隐私讲出来，向组织交心。这次检举无疑给黄文弼带来了大麻烦。王利器的消息来源是修绠堂旧书店的小伙计李新乾，李新乾的说法是：“黄先生常到修绠堂闲逛，有一次掌柜的说店里有《文心雕龙》的好版本，黄先生说自己有唐写本，你们那算不了什么，当时只是随口说说，并没有拿出实物。”[23]黄文弼亲自质问时，李新乾说：“是你说的，二尺多长，值多少金子。”而据黄文弼回忆，他手中只有托人自英国影印的英藏S. 5478《文心雕龙》的照片（图2），共23张。小伙计或许是将“二十多张”听成了“二尺多长”，以至于落实到王利器《文心雕龙新书·序录》中的唐写本“三尺多长”[24]。

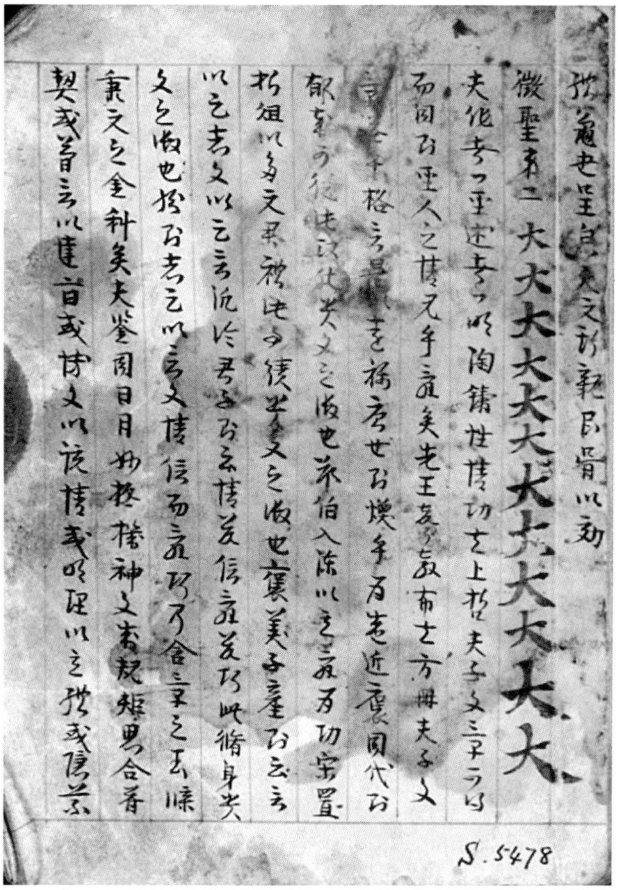

图2　英藏S. 5478《文心雕龙》（IDP）

实际上，黄文弼在自述中也提到，他在1931年时曾将吐鲁番出土《文选序》误认为《文心雕龙》送去展览，而“《文心雕龙》问题”发生后，他才认真比对文献，发现该残片是《文选序》（图3）。或许黄文弼跟李新乾说的就是这件张冠李戴的《文选序》？但无论如何，黄文弼手里确实没有唐写本《文心雕龙》。这原本是一个极简单的误会，然而这一误会还没解释清楚，更大的麻烦就来了。

1952年1月2日，郭沫若召集临时会议，决定即日起在科学院开展“三反”运动，并

[21] 黄文弼《谨述关于〈文心雕龙〉事件的经过》，附于王世民文后，《文物天地》1990年第5期，此据朱玉麒、王新春编《黄文弼研究论集》，200页。

[22] 王世民《所谓黄文弼先生藏唐写本〈文心雕龙〉究竟是怎么一回事》，198页。

[23] 王世民《所谓黄文弼先生藏唐写本〈文心雕龙〉究竟是怎么一回事》，198页。

[24] 黄文弼《谨述关于〈文心雕龙〉事件的经过》，200页。

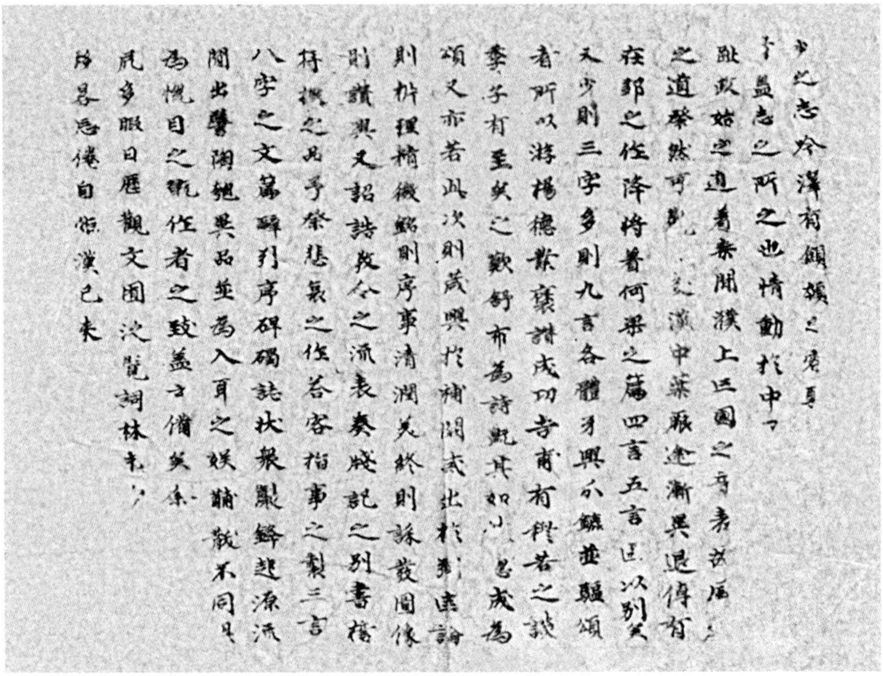

图3　吐鲁番出土《文选序》残片（《吐鲁番考古记》，图7）

要求停止办公，全力投入运动。这是一次 “反贪污、反浪费、反官僚主义”的运动，群众也被发动起来进行热情地检举揭发。黄文弼的所谓“唐写本《文心雕龙》问题”，刚在“忠诚老实”运动中被检举，就又变成了“三反”运动的重点问题。《夏鼐日记》1952年1月16日载：

饭后至苏君处，与王静如、苏秉琦二君谈。王君述及今日郭院长召之至院，及范文澜先生至西郊公园，注意考古所梁所长及黄仲良《文心雕龙》卷子事[25]。

由此可知，考古所当时的主要问题就是副所长梁思永的问题以及黄文弼的《文心雕龙》事，郭沫若与范文澜也都亲自过问。范文澜既是近代史所所长，又是科学院东南区学委会的负责人，考古所、近代史所、语言所的政治学习和运动都归其领导。同时，范文澜又一直研究《文心雕龙》，自然尤其关心黄文弼的问题。

《夏鼐日记》1952年1月17日载：

晨间徐旭生、王静如二先生来所，偕往梁先生处，谈黄仲良先生《文心雕龙》写本事。午餐后至修绠堂查询《文心雕龙》写本事[26]。

实际上，时任考古所副所长的夏鼐1951年初一直在长沙主持发掘，1月15日才返京。当时所长郑振铎很少在所里办公，另一副所长梁思永身体不好，在运动中又很消极，尝谓“无所逃于天地之间”[27]。所以夏鼐一从工地回来，所中的大小事务就都由他来

㉕　《夏鼐日记》卷四，上海：华东师范大学出版社，2011年，458页。

㉖　《夏鼐日记》卷四，459页。

㉗　《夏鼐日记》卷四，459页。

负责了。夏鼐在得知院长过问黄文弼《文心雕龙》问题后，次日便与徐旭生、梁思永等人商议，并亲自去修绠堂调查。前面提到的李新乾的对白，便是出自夏鼐的查问。从“《文心雕龙》问题”前前后后的事情来看，夏鼐先生一直是用非常严谨而负责的态度来对待的。

《夏鼐日记》1952年1月26日载：

> 上午三反运动会，院办公室萧佛先处长，语言所罗常培、吴晓铃，近代史所刘桂五、荣孟源、樊百川、漆侠等亦皆参加，先由黄文弼先生报告关于《文心雕龙》写本事，然后大家发言，皆表示对其报告不能满意，9时始，至12时半始散[28]。

这是一次专门为黄文弼开的“三反”运动会。在历时三个半小时的会上，黄文弼面对院办公室、考古所、语言所、近代史所代表做了关于“《文心雕龙》问题”的报告。上文提到的黄文弼《谨述关于〈文心雕龙〉事件的经过》落款是1月24日，显然就是为这次会议准备的报告材料。根据这份自述，“三反”运动开始后，对于“《文心雕龙》问题”的新检举是1931年水灾筹赈图书展览会目录中，有西北科学考查团提供的《文心雕龙》残卷。黄文弼回忆，这次展会上参展的应是他在吐鲁番获得的《文选序》残片，他因一直无暇仔细研究，便仅根据文意将其臆断为《文心雕龙》。但运动会上的参加者对他的报告都不满意。这一天正是农历腊月三十，明日便是春节。

《夏鼐日记》1952年2月5日载：

> 今日为三反运动检查之最后一天，各组出发工作。……范老来谈，拟后日开会追究《文心雕龙》事[29]。

又2月8日载：

> 上午开会追黄文弼《文心雕龙》事，至12时1刻始散[30]。

春节后不久，范文澜又亲自要求追究黄文弼的“《文心雕龙》问题”，再次召开了一上午的会，但最终也没有什么结果，因为黄文弼手中确实没有所谓的唐写本。

然而，“三反”运动还没有结束，虽然黄文弼的“《文心雕龙》问题”没有结果，但其他问题却要继续追究。很快，黄文弼暂时保存的西北科学考查团采集品就成了新的焦点。《夏鼐日记》1952年2月9日载：

> 今日仍继续作三反运动，已近尾声。贾敬颜、傅乐焕二君至东四七条，点收黄文弼君交出之西北考察团古物[31]。

就在范文澜亲自过问召开的《文心雕龙》追索大会的第二天，考古所开始点收黄文弼保存的西北科学考查团文物。科学院“三反”运动的第一轮检举和追究已经接近尾声，西北科学考查团的问题之前一直没有提出，为何突然在此时开始追讨了呢？王世民先生提到：“黄先生的《文心雕龙》问题既无法落实，转而批评他公私不分，个人发掘的文物

㉘ 《夏鼐日记》卷四，461页。

㉙ 《夏鼐日记》卷四，462—463页。

㉚ 《夏鼐日记》卷四，463页。

㉛ 《夏鼐日记》卷四，463页。

资料不让别人研究等。”[32]我们知道，黄文弼的《罗布淖尔考古记》早已刊布，吐鲁番和塔里木的成果也正在积极整理中，并没有任何隐匿材料的动机。而所谓的“个人发掘的文物资料不让别人研究”，隐隐地还是指向《文心雕龙》。是否是没有在运动中逼黄文弼自己交出唐写本《文心雕龙》，又寄希望于从黄文弼保存的考查团古物中找到呢？这就不得而知了。

《夏鼐日记》1952年2月10日载：

> 上午，刘桂五君来传达院中意见，要我今日再到黄文弼君处，动员他交出东西[33]。

次日，刘桂五又找到夏鼐，要求今天再去动员黄文弼交出文物。显然前一次去点收并不顺利。刘桂五在近代史所工作，他传达的意见或许也代表了近代史所所长范文澜的意思，因为在“三反”运动过程中，夏鼐就经常向东南区学委会的运动负责人范文澜请示工作。

前面提到，1949年底科学院办公厅关于考查团结束办法的正式文件第2条明确说明：“尚待整理研究的古物及地质标本，暂请黄文弼、袁复礼两先生负责保存……此项资料整理完成时，陆续交由中国科学院接收。”然而时隔两年，此项办法即不再执行。在黄文弼尚未完成吐鲁番和塔里木盆地报告整理的情况下，要立即收回文物。我们可以对比一下袁复礼的情况，在清华大学工作的袁复礼负责保管考查团地质资料并进行整理，他是1955年、1958年、1975年分三次将整理完毕的采集品移交社科院考古所[34]。可见，“三反”运动中临时决定追讨黄文弼保存的文物，显然是具有针对性。从需要夏鼐动员来看，黄文弼起初并不愿意交出考查团文物。这些文物既然已经被科学院接收，交出自然也无不可，不过此时交出，黄文弼就相当于承认了对他“公私不分”的批评。

从结果看，黄文弼最后还是很快就老实地交出了暂存的考查团文物。《夏鼐日记》1952年2月11日：

> 上午三反运动，续作批评及自我批评。余以交出千佛洞之古写本、刻本碎片之便，要求大家再做批评[35]。

交出古写本残片的，无疑就是黄文弼了。而考古所2月12日的“三反”会，院中又专门交来了黄文弼问题。在运动中，夏鼐也是压力极大，他在2月15日面见郭沫若，“向郭院长报告审查王利器之文章，并提出辞副所长事”[36]。大概就是指王利器关于《文心雕龙》的文章。

这次点收黄文弼保存的古物，并不是简单地提前收回，而是将其作为“三反”运动中查获的赃物。《竺可桢日记》1952年4月16日载：

---

[32] 王世民《所谓黄文弼先生藏唐写本〈文心雕龙〉究竟是怎么一回事》，198页。

[33] 《夏鼐日记》卷四，463页。

[34] 张九辰《中国科学院接收“中国西北科学考查团”的经过》，243页。

[35] 《夏鼐日记》卷四，463页。

[36] 《夏鼐日记》卷四，466页。

下午和孟和、正之看院中所布置之“三反”运动展览会。对于黄文弼所窃取之敦煌宝物，如唐代宝钞，伏羲女娲像以及西域各国文字所写文件计一百九十余件。又毛宗荫所窃的书，仓库中所堆积的器材，以及各所本位主义的表现。[37]

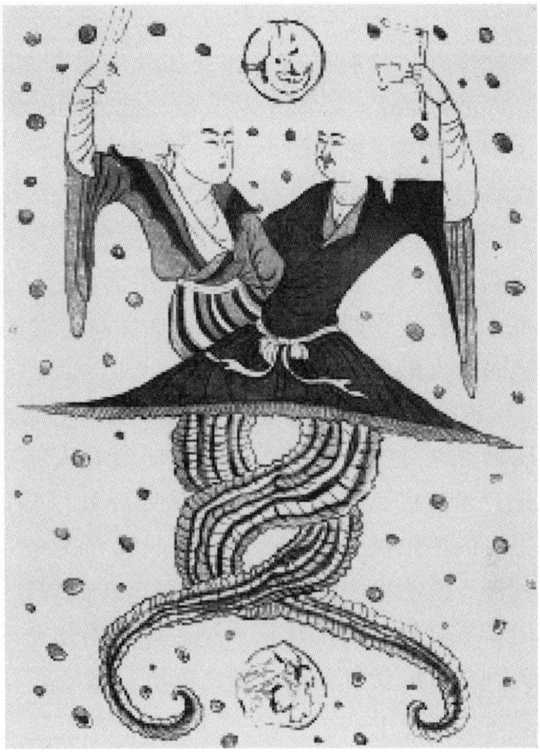

图4 伏羲女娲像
（《吐鲁番考古记》，图61）

科学院的“三反”运动展览会，最引人注目的无疑就是黄文弼“窃取”的“敦煌宝物”。其中提到的“唐代宝钞”应即《吐鲁番考古记》中刊布的“至元通行宝钞”[38]，而“伏羲女娲像”即《吐鲁番考古记》中的“绢画伏羲女娲神相图”（图4）[39]。幸好这些在“三反”运动中被提前收回的文物，最终还是由黄文弼完成了整理和刊布。又《竺可桢日记》1952年4月18日载：

其次报告本院“三反”成绩。计贪污134人，占北京院中人数18%。贪污数五亿二千万元。贪污一亿以上者——A，黄文弼、王振名。一千万以上至一亿者十人。次述“三反”成绩如何保持，人民法庭及改组“三反”办公室。计一小时[40]。

我们可以清楚地看到，原本科学院在接收西北科学考查团时认可的黄文弼暂时保存考查团古物，被定性为贪污。而且黄文弼是科学院“三反”运动中被查出贪污数额最多的，达到一亿以上。

直到8月21日，黄文弼在考古所学习会作了长时间的自我检讨，才算是过关。1953年9月，夏鼐将黄文弼整理完毕的《吐鲁番考古记》交给范文澜检查过，这本刊布了黄文弼所获吐鲁番文书的报告在1954年4月正式出版，当然其中只有唐写本《文选序》。至此《文心雕龙》的事也算是暂告一段落了。

由《文心雕龙》引出的一系列问题，据王世民先生所说，后来成为了考古所学者们的饭后谈资[41]。但在当时人看来，却是惊心动魄。《邓之诚文史札记》1958年12月26日载：

---

[37] 《竺可桢全集》第12卷，600页。

[38] 黄文弼《吐鲁番考古记》，北京：中国科学院，1954年，50—51页，图58。

[39] 黄文弼《吐鲁番考古记》，55—57页，图61。

[40] 《竺可桢全集》第12卷，602页。

[41] 王世民《所谓黄文弼先生藏唐写本〈文心雕龙〉究竟是怎么一回事》，196页。

> 文研遣二人来取书……乃呼文研人问之，所持款为六千，非一万，与前说不符，将取彼所无者百余种，并需立取予所欲留者四种，且追索多年已失之书，类于“三反运动”时，范文澜向黄文弼逼索唐写本《文心雕龙》情态，为予所不能堪[42]。

大致是邓之诚先生意欲出售其辛苦搜集的顺康集部给公家。据其《札记》，他是与中国科学院文学研究所谈好以一万五的价格出售七百种，但文研所来取书时却临时说用六千元买百余种。其中的是非曲直姑且不论，只说文研所来人向邓之诚“追索多年已失之书”时，他立即想到了当年黄文弼被逼索《文心雕龙》的情态。可见《文心雕龙》事对当时学人影响之深。

20世纪80年代，黄文弼的“《文心雕龙》问题”又被重新提起。中国社科院文学所敏泽在《文学评论》工作时听说有人见过唐写本《文心雕龙·隐秀篇》，存于黄文弼处，希望进行调查。王元化从敏泽处得知消息后，便在《日本研究〈文心雕龙〉论文集》的序中提到这件事，又引起学界关注[43]。夏鼐得知此事后，专门写信给原检举人王利器，说明事实原委[44]。王世民、黄烈探访“三反”运动中参与追究《文心雕龙》的亲历者吴晓铃等，都承认只见过吐鲁番出土《文选序》，而没见过《文心雕龙》[45]。前文提到王世民受夏鼐委托撰文澄清，敏泽亦写文说明情况[46]，“《文心雕龙》问题”总算是尘埃落定了。

值得一提的是，王世民访问吴晓铃时，他回忆黄文弼曾说因为这一件文书引出了如此多的灾祸，一气之下，将其撕破，扔进纸篓，过后想想不对，就又捡出来粘好。吴晓铃说只要去查看《文选序》残片是否有撕破的痕迹，就可知他们当年在“三反”运动中所见的是《文选序》，而非《文心雕龙》了[47]。黄文弼《吐鲁番考古记》曾刊出过这件《文选序》残片的图片[48]，最近国家博物馆在其官方微博上刊载了馆藏吐鲁番出土《文选序》的彩色照片，即是黄文弼所获的这一件。从照片上可以清晰地看到撕痕，这也是当时历史的一个见证了（图5）。

无论如何，在考古所接收了西北科学考查团考古资料之后，这批文物总算结束了抗战以来的辗转漂泊。其中又有一大部分文书于1959年调拨中国历史博物馆，吐鲁番出土墓志收藏于故宫博物院，分别在各研究机构和博物馆中得到了妥善的保管。“《文心雕龙》问题”也没有中断黄文弼的资料整理工作，在科学院的支持下，黄文弼出版了《高昌砖集》（增订本），完成了《吐鲁番考古记》《塔里木盆

---

[42] 邓之诚著，邓瑞整理《邓之诚文史札记》下，南京：凤凰出版社，2012年，1131页。
[43] 王元化编《日本研究〈文心雕龙〉论文集》，济南：齐鲁书社，1983年，9—10页。
[44] 《夏鼐日记》1984年2月19日，卷九，325页。
[45] 王世民《所谓黄文弼先生藏唐写本〈文心雕龙〉究竟是怎么一回事》，199页。
[46] 敏泽《关于〈文心雕龙·隐秀〉篇传闻的一点说明》，《光明日报》1993年6月23日，收入敏泽《文化·审美·艺术论文三辑》，太原：山西人民出版社，2002年，203—204页。
[47] 王世民《所谓黄文弼先生藏唐写本〈文心雕龙〉究竟是怎么一回事》，199页。
[48] 黄文弼《吐鲁番考古记》，24—26页，图7。

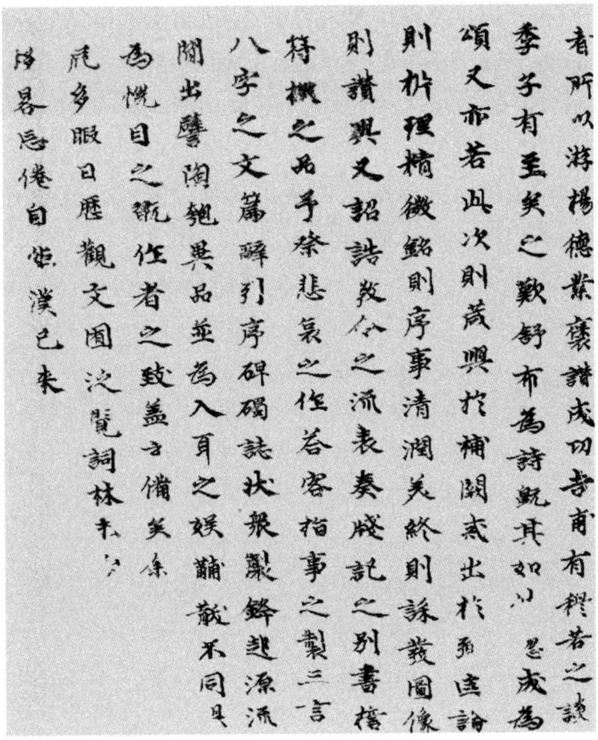
者所以游揚德業褒讚成功吉甫有穆若之談
季子有至矣之歎舒布為詩既其如此總成為
頌又亦若此次則箴興於補闕戒出於弼匡論
則析理精微銘則序事清潤美終則誄發圖像
則讚興又詔誥教令之流表奏牋記之列書檄
符檄之品弔祭悲哀之作答客指事之製三言
八字之文篇辭引序碑碣誌狀眾制鋒起源流
閒出譬陶匏異品並為入耳之娛黼黻不同俱
為悅目之翫作者之致蓋云備矣余
居多暇日歷觀文囿泛覽詞林未嘗

图5　国家博物馆藏《文选序》局部（国家博物馆官方微博）

地考古记》的整理和出版，同时撰写了大量论文。这与民国时期黄文弼饱受战乱和经济崩溃之苦，《罗布淖尔考古记》历尽艰难才得付印的时代，已经不可同日而语了。回顾1949年前后黄文弼及其文物资料的经历，我们也能体会到中国学人所走过的一段特殊经历。

Huang Wenbi in around 1949

Liu Zifan

Huang Wenbi was pioneer of Chinese Northwest archaeology. He was authorized by the Sino-Swedish Scientific Expedition to preserve and research culture relics which he found in 1930s. He lost part of them in War of Resistance Against Japan, and then took most of his culture relics to National Academy of Peiping after war. In November 25th, 1949, the council of Sino-Swedish Scientific Expedition decided to request Chinese Academy of Sciences（CAS）to take over the expediton. Huang Wenbi then turned to work in CAS. He was also authorized to preserve culture relics before finishing his research, though CAS decided to terminate the expediton.

In 1951, Wang liqi writed that Huang Wenbi preserved a manuscript of *Wen-xin Diao-long* in Tang Dynasty. It made great trouble to Huang Wenbi in "movement against three evils" in 1952. In fact, Huang Wenbi only had a collection of photos of Dunhuang manuscript S. 5478 *Wen-xin Diao-long* in British Library. It was a fragment of manuscript *Wen-xuan Xu* he excavated in Turpan that was once mistaken for *Wen-xin Diao-long*. Xia nai and Zhu kezhen's diaries show some colourful details about this story.

《西域文史》第十二辑著译者单位及文章索引

（著译者按姓名首字排序）

白玉冬	兰州大学敦煌学研究所	Ⅻ/233
陈　恳	中国文字字体设计与研究中心	Ⅻ/215
陈婧修	北京大学考古与文博学院	Ⅻ/145
党宝海	北京大学历史学系	Ⅻ/71
江南和幸	日本龙谷大学理工学部/古籍数字化典藏研究中心	Ⅻ/159
姜一秀	荷兰莱顿大学区域研究所	Ⅻ/179
卡里米安	伊朗德黑兰大学考古学院	Ⅻ/277
林铃梅	中国人民大学国学院	Ⅻ/127
刘文锁	中山大学人类学系	Ⅻ/107
刘学堂	新疆师范大学历史学院暨黄文弼中心	Ⅻ/81
刘子凡	中国社会科学院历史研究所	Ⅻ/361
马小鹤	美国哈佛大学哈佛燕京图书馆	Ⅻ/249
孟宪实	中国人民大学国学院	Ⅻ/19
裴成国	西北大学历史学院	Ⅻ/205
庆昭蓉	日本龙谷大学世界佛教文化研究所/北京大学中国古代史研究中心	Ⅻ/159
荣新江	北京大学历史学系暨中国古代史研究中心	Ⅻ/51
王冀青	兰州大学历史学院	Ⅻ/319
王庆卫	西安碑林博物馆	Ⅻ/59
乌苏吉	伊朗德黑兰大学文学院历史系	Ⅻ/277
吴华峰	新疆师范大学文学院暨西域文史研究中心	Ⅻ/349
吴玉贵	复旦大学文史研究院	Ⅻ/33
徐维焱	北京大学历史学系	Ⅻ/277
徐玉娟	新疆师范大学文学院暨黄文弼中心	Ⅻ/349
张庆捷	山西省考古研究所	Ⅻ/1
周思成	北京大学历史学系	Ⅻ/307
朱玉麒	北京大学历史学系暨中国古代史研究中心	Ⅻ/289

《西域文史》简介与稿约

《西域文史》是由北京大学中国古代史研究中心与新疆师范大学西域文史研究中心合办的学术论集，由科学出版社出版，每年一辑。本论集立足西域，以增强和提高西域研究的综合水平为己任，发表具有原创性的学术研究论文、科学报告、书评和综述等。

《西域文史》以中国新疆与中亚等地区的文化和历史为主要研究对象，内容涵盖政治、经济、民族、法律、社会、宗教、美术、文学、语言、地理、考古等多个方面。欢迎中文稿件；如系其他文字稿件，请授予本论集中文首发的权利，由我们聘请专家翻译为中文发表。

《西域文史》的稿件欢迎各方面的自由投稿；也依托于研究中心不定期组织的敦煌吐鲁番学、丝绸之路、中亚史、中外文化交流、文物考古、历史地理文献等专题研讨会，约请专家、学者参与研究，组成专稿。

《西域文史》一经出版，将向作者寄赠样书2册与论文抽印本25册；中国大陆作者，酌付稿酬。

《西域文史》自第十一辑起，每年上半年出版。

来稿务必参照所附《稿件书写格式》、以纸版与电子版两种形式，并附作者简历与详细的通信地址、邮编、电子邮件或其他联系方式，赐寄至以下地址（收到即发回执）：

100871　北京市海淀区颐和园路5号
北京大学中国古代史研究中心
朱玉麒 收
电话：010-62759314　传真：010-62765040
电子信箱：serindia@263.net ；zyq001@pku.edu.cn

《西域文史》编委会
2011年12月12日

Literature & History of the Western Regions
Notice to Contributors

Literature & History of the Western Regions is an academic journal devoted to researches on the ancient Western Regions, covering politics, economy, peoples, society, religion, arts, literature, languages, geography and archaeology.

The journal founded by the Center for Research on Ancient Chinese History of Peking University and the Center for Studies on the Western Regions of Xinjiang Normal University. It is published annually by the Press of Science, Beijing, aims to enhance and upgrade the academic level of the interdisciplinary research to encompass all scholarship on the ancient Western Regions, or closely related. The journal publishes original research papers, book reviews and review articles. Contributions in Chinese or other languages are welcomed. Manuscripts in other languages should not be published or under consideration for publication elsewhere in China. The editorial department will have it translated into Chinese by the experts specially invited once the paper is accepted.

The journal considers all relevant submissions, and also publishes papers presented to the forums or seminars initiated by the Center on Dunhuang-Tupanology, the Silk Road, the history of Central Asia, cultural exchanges between China and foreign countries, archaeology and cultural heritages, historical geographic documents.

Authors will be supplied free of charge with two copies of the relevant issue of the journal and twenty-five offprints of their contributions. Certain remuneration will be paid to the authors of Mainland China.

The journal is published at the first half of each year start with the No. 11.

Please prepare your paper according to the format guidelines of the journal. Manuscripts should be submitted both in print and electronic versions, and your brief biographical sketch, full postal and e-mail address should also be attached.

For contributions and further information, please contact:

Dr. Zhu Yuqi
Center for Research on Ancient Chinese History
Peking University
Beijing 100871
P. R. China

Tel: 0086-10-6275-9314
Fax: 0086-10-6276-5040
E-mail: serindia@263.net;
zyq001@pku.edu.cn

附

稿件书写格式

一、《西域文史》将以简体中文字版发表（必须使用的繁体、异体、俗体字除外），以A4幅面打印。请使用与方正系统排版兼容的WPS、Word等软件。来稿根据研究需要，字数不限。

二、一律使用新式标点符号，除破折号、省略号占两格外，其他标点均占一格。中文书刊与论文题目均用《》括示，此点尤请海外作者注意。

三、第一次提及帝王年号，须加公元纪年，公元前纪年加“前”字，如：乾隆二十一年（1756）、五凤二年（前56）；第一次提及外国人名，须附原名。中国年号和古籍卷、叶数，用中文数字表示，如开元十五年、《旧唐书》卷一四八《李吉甫传》、《新疆识略》卷五叶二三正；其他公历和期刊卷、期、号、页等均用阿拉伯数字。引用敦煌文书，用S.、P.、Ф.、Дx.、千字文、大谷等缩略语加阿拉伯数字形式。

四、注释号码用阿拉伯数字表示，作①、②、③……，其位置标记在标点符号前（引号除外）的右上角。再次征引，用“同上，××页”“同注×，××页”或“同注×，××文，××页”格式，不用合并注号方式。

五、注释一律采用页下脚注方式；除常见的《旧唐书》《新唐书》《册府元龟》《资治通鉴》等外，引用古籍，应标明著者、版本、卷数、页码；引用专书及新印古籍，应标明著者、章卷数、出版地、出版者及出版年代、页码；引用期刊论文，应标明期刊名、年代卷次、页码。如：

1.（清）和宁《回疆通志》，民国十四年（1925）沈瑞麟校印本，卷三叶一三背。

2.（唐）杜佑《通典》卷一六“选举”，王文锦等点校，北京：中华书局，1988年，389页。

3.吴玉贵《突厥汗国与隋唐关系史研究》，北京：中国社会科学出版社，1998年，429页。

4.王素《高昌戊己校尉的设置》《新疆师范大学学报》2005年第3期，5—10页。

引用西文论著，依西文惯例，书刊名用斜体，论文加引号。如：

1. Helen Wang, *Money on the Silk Road: The evidence from Eastern Central Asia to* c. *AD 800*, London, The British Museum Press, 2004, p. 94.

2. E. G. Pulleyblank, “A Sogdian Colony in Inner Mongolia”, *T'oung Pao*, 41, 1952, pp. 317-356.

以上引用，再次出注时，可以省略版本、出版者、出版年代、期刊名、年代卷次等项。

六、论文须附英文题目及简短的英文摘要。

（《西域文史》的创办宗旨特别受到《唐研究》学术理念的影响，格式也主要参照该刊第十卷“简介与稿约”而有所变通，特此说明）

图版1

1．100倍镜头下的大谷3028掺杂青色麻布碎块

2．20倍镜头下的大谷8040“谨”字左侧

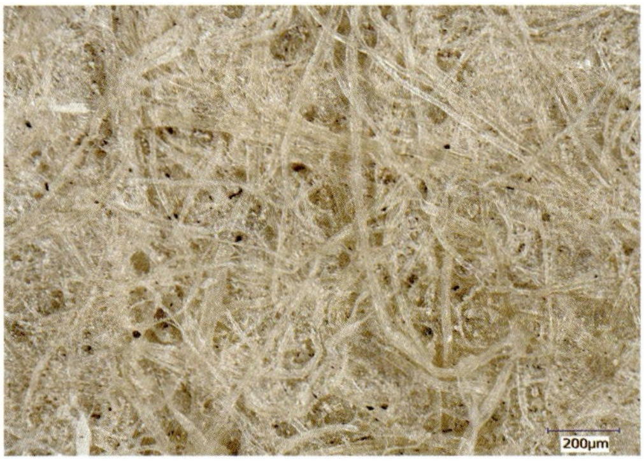

3．200倍镜头下的大谷8040，“如”字背面*

4．20倍镜头下的大谷8071，“人”“代”二字

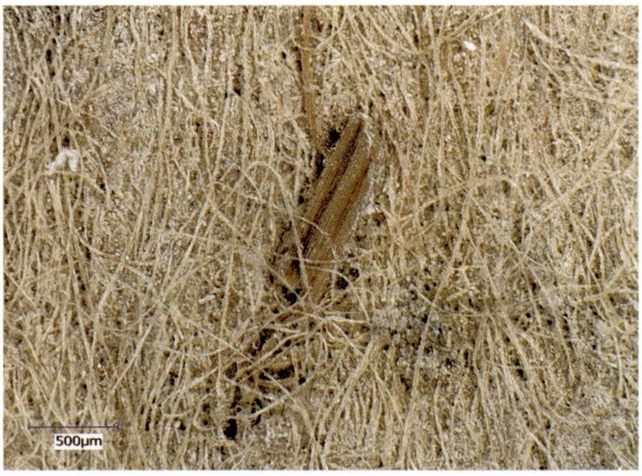

5．同4，100倍镜头，“人”字下方*

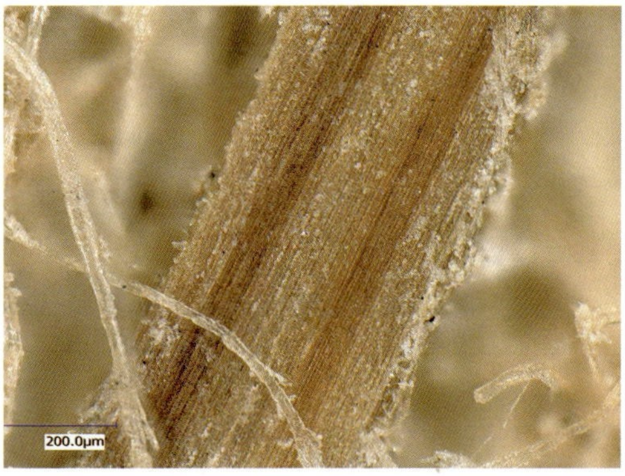

6．同左，500倍镜头*

7．100倍镜头下的大谷8074，“勿”字背面

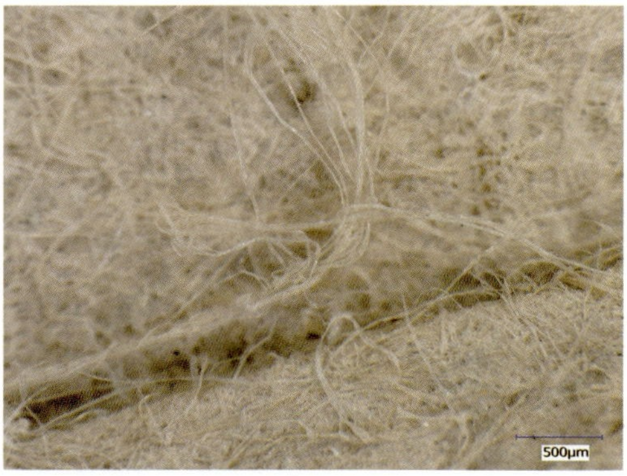

8．100倍镜头，大谷8074，“蓿”字下方（其一）

图版2

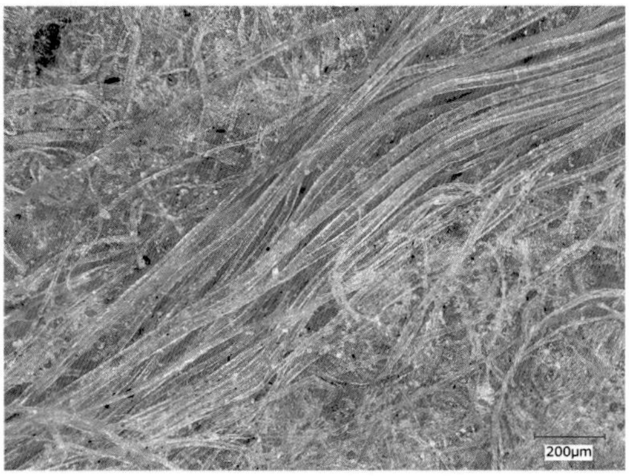

1．200倍镜头，大谷8074，“藉”字下方（其二）

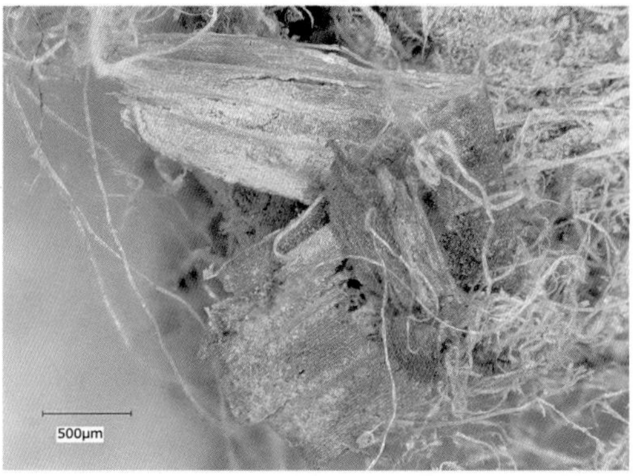

2．100倍镜头，大谷1503第二片纸缘*（参见本文图7）

3．同2，200倍镜头*

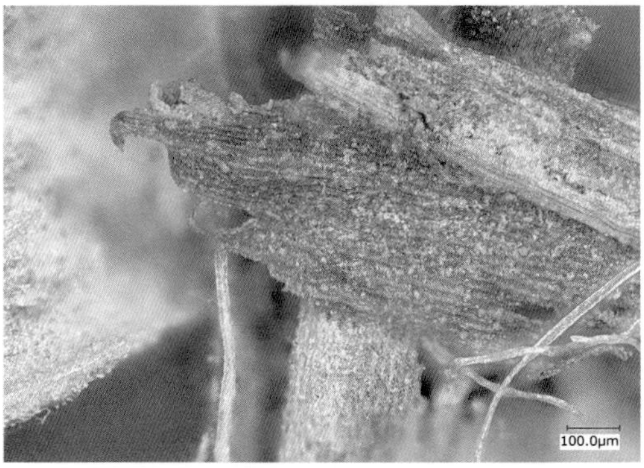

4．3图之右下角旋转放大，500倍镜头*

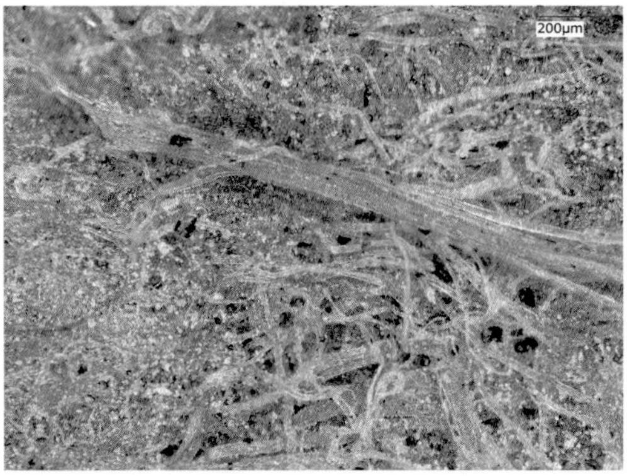

5．200倍镜头下的大谷1514，“西”字右侧*

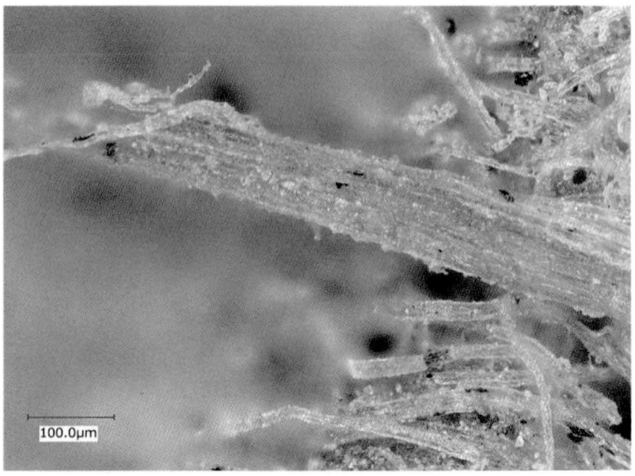

6．同5，500倍镜头*

7．200倍镜头下的大谷1514，第二行“车”字*

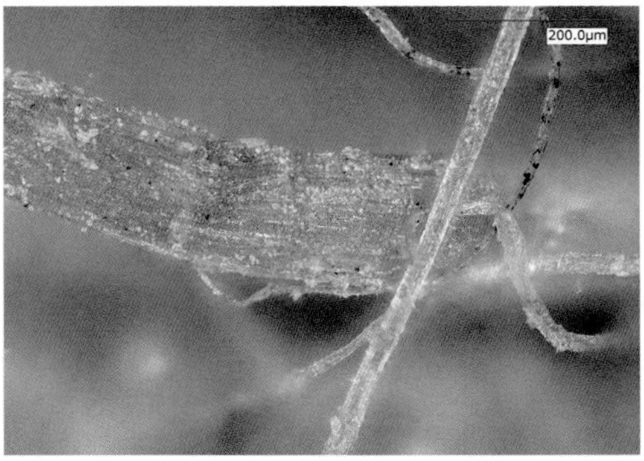

8．同左，500倍镜头*

图版3

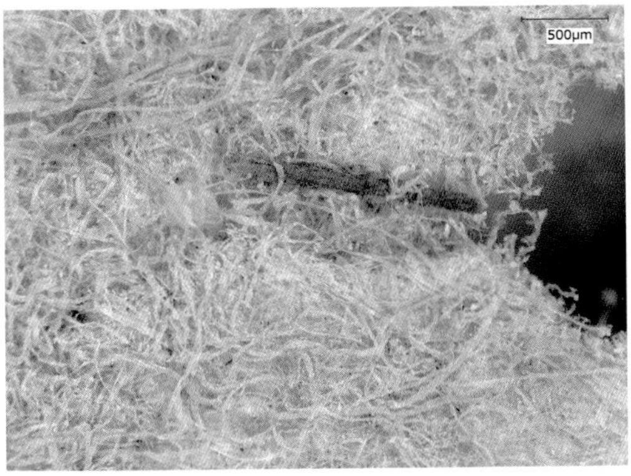

1．100倍镜头下的大谷1529，“一”字背面

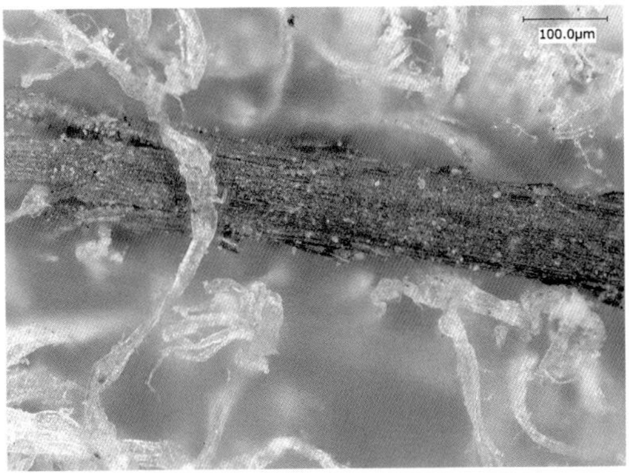

2．同左，500 倍镜头*

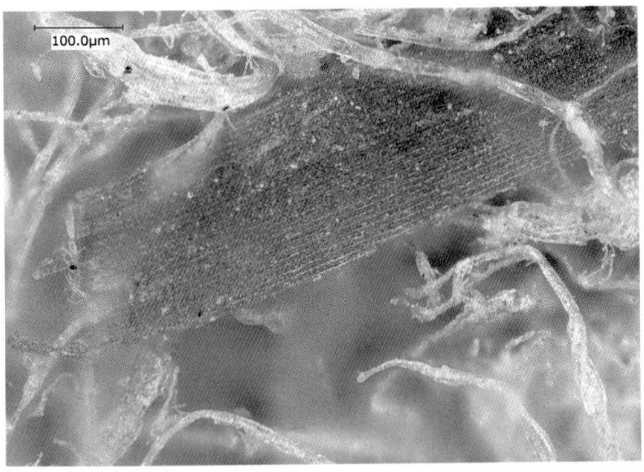

3．500倍镜头下的大谷1529，第三行“邑”字背面*

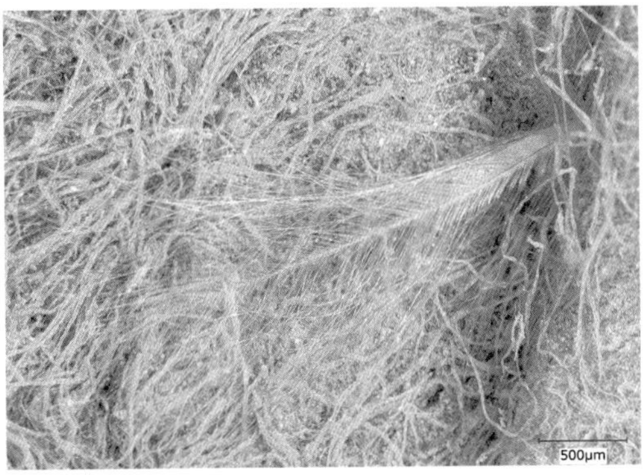

4．100倍镜头下的大谷1503掺杂羽绒*

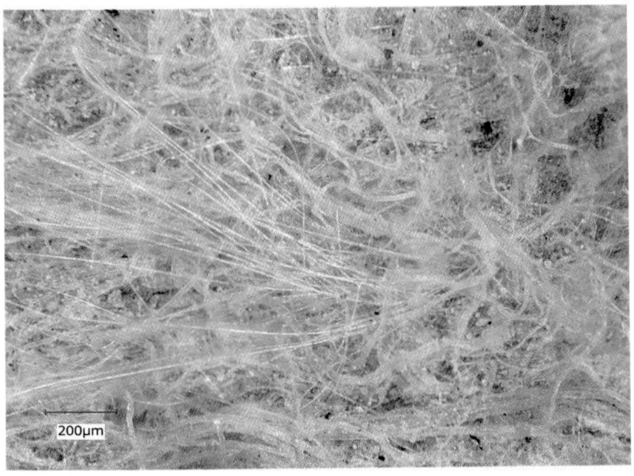

5．200倍镜头下的大谷1535背面掺杂羽绒*

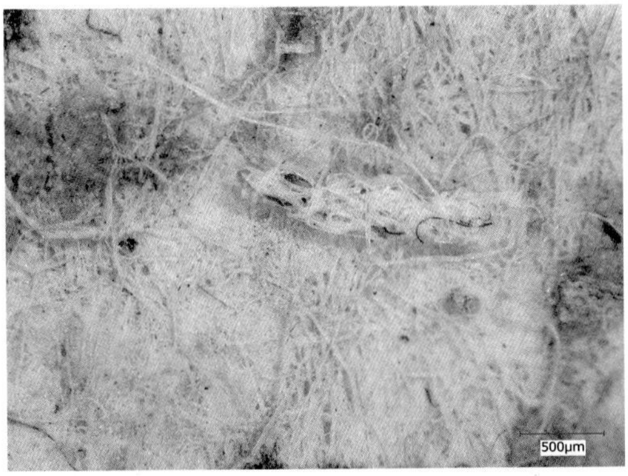

6．100倍镜头下的大谷1546，“将”字右上部*

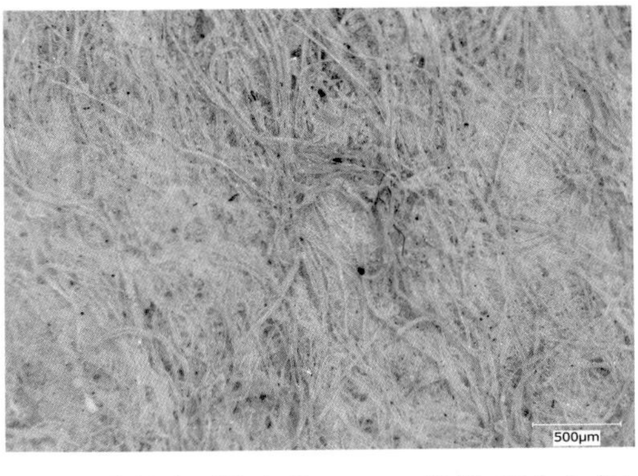

7．100倍镜头下的大谷1546，“过”字左上方*

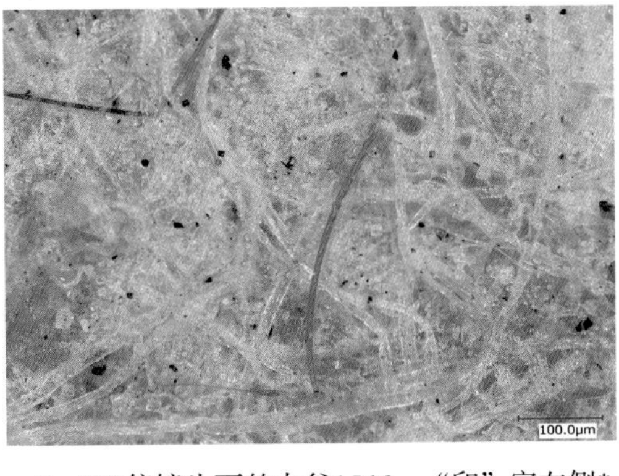

8．500倍镜头下的大谷1546，“印”字左侧*

图版4

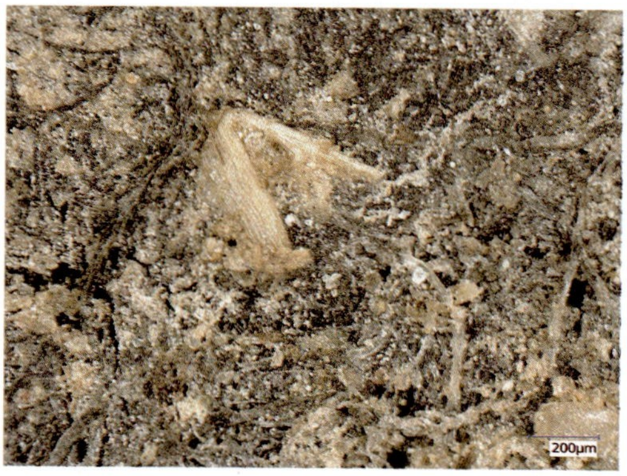

1．200倍镜头下的大谷1546，“将”字内嵌植物部位*

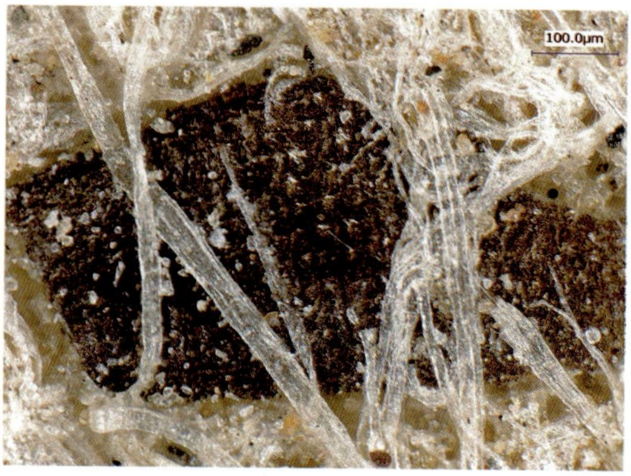

2．500倍镜头下的大谷1546，“过”字左侧*

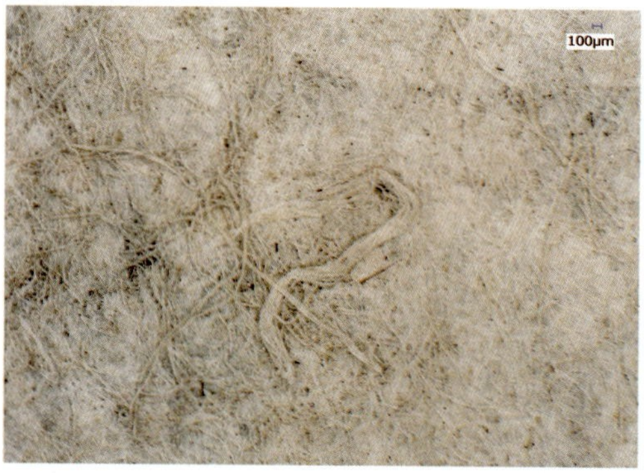

3．50倍镜头下的大谷1546，“印”字左侧余白

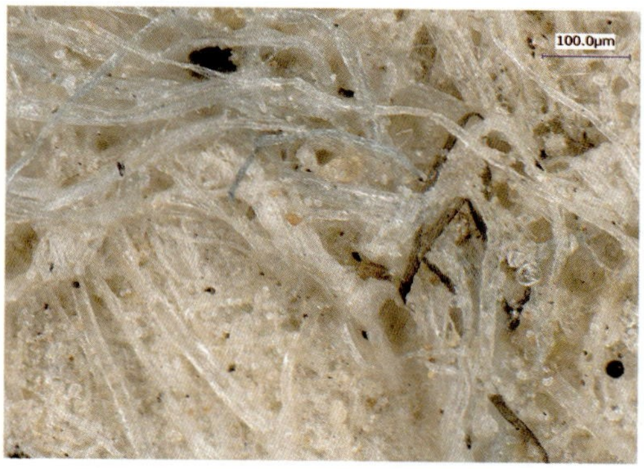

4．同图版3，7，500倍镜头*

5．同图版3，6，500倍镜头*

6．500倍镜头下的大谷1536，第3行“束”字*

7．500倍镜头，粟干燥植株茎秆开裂断片边缘*

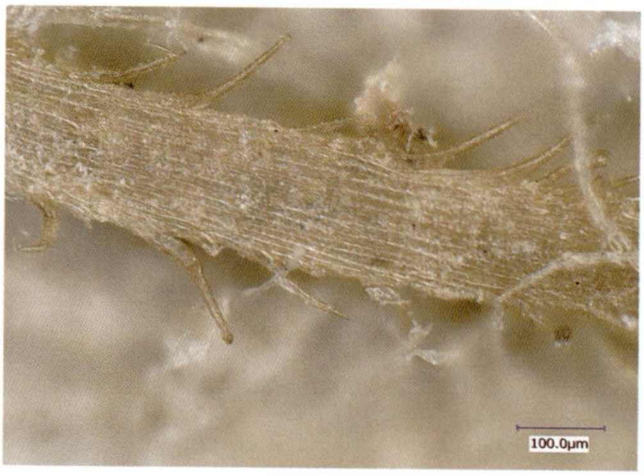

8．500倍镜头下的大谷8041，第5行“各”字背面*

（以上图版正文，见《唐代安西大都护府时期之龟兹当地用纸》）